Unternehmensbewertung und Terminal Value

Regensburger Beiträge zur betriebswirtschaftlichen Forschung

Herausgegeben vom Institut für Betriebswirtschaftslehre an der Universität Regensburg

Michael Dowling, Jochen Drukarczyk, Hans Jürgen Drumm,
Axel Haller, Harald Hruschka, Dirk Meyer-Scharenberg,
Andreas Otto, Klaus Röder, Gerhard Scherrer, Helmut Steckhan

Band 45

PETER LANG
Frankfurt am Main · Berlin · Bern · Bruxelles · New York · Oxford · Wien

Sebastian Lobe

Unternehmensbewertung und Terminal Value

Operative Planung, Steuern und Kapitalstruktur

PETER LANG
Europäischer Verlag der Wissenschaften

Bibliografische Information Der Deutschen Bibliothek
Die Deutsche Bibliothek verzeichnet diese Publikation in der Deutschen Nationalbibliografie; detaillierte bibliografische Daten sind im Internet über <http://dnb.ddb.de> abrufbar.

Zugl.: Regensburg, Univ., Diss., 2004

Gedruckt auf alterungsbeständigem,
säurefreiem Papier.

D 355
ISSN 1430-7375
ISBN 3-631-53907-X

Printed in Germany 1 2 4 5 6 7

www.peterlang.de

Geleitwort

Werden Unternehmen mittels einer der vier einschlägigen DCF-Methoden bewertet, ist die Zerlegung des Prognosezeitraums in zwei oder höchstens drei aufeinander folgende Zeiträume, die i. d. R. als Planungsphasen bezeichnet werden, in Praxis und theoretischen Ansätzen anzutreffen. Der Wert des Unternehmens zu Beginn des Planungszeitraums, dessen wertbildende Faktoren mehr oder weniger pauschaliert abgebildet werden, ist der so genannte Endwert oder auch Terminal Value.
Sein Beitrag zum Unternehmensgesamtwert oder zum Wert des Eigenkapitals im Entscheidungszeitpunkt ist generell von erheblichem Einfluss auf das Bewertungsergebnis, wobei das faktische Gewicht abhängt von der Länge der expliziten Planungsphase(n), den Renditen von Reinvestitionen, Reinvestitionsbeträgen, Steuerregimen und Finanzierungspolitiken.

Dem Problem der Begründung und der Quantifizierung der wertbildenden Faktoren des Endwerts ist die Arbeit von Sebastian Lobe gewidmet. Das Literaturverzeichnis der Arbeit weist aus, dass es an potentiell verwendbarer Literatur nicht fehlt. Dennoch stellt die Arbeit von Sebastian Lobe etwas Besonderes dar, weil sie ein äußerst komplexes Gebiet mit Akribie, hohem Beharrungsvermögen und viel Kombinationsgabe bearbeitet.

Ich wünsche dieser opulenten Arbeit viel Erfolg am Markt.

Regensburg, im August 2005

Jochen Drukarczyk

DIE MENSCHEN WERDEN ALLE
KEINE HUNDERT JAHRE ALT,
UND DOCH MACHEN SIE SICH SORGEN
FÜR 10.000 JAHRE. (Aus China)

Vorwort

Die vorliegende Arbeit beschäftigt sich mit dem Terminal Value in der Unternehmensbewertung. Diejenigen, die sich mit praktischen Unternehmensbewertungen bzw. empirischer Kapitalmarktforschung befassen, sind sich seines dominierenden Beitrags zum Unternehmenswert bewusst. In dem jüngeren wissenschaftlichen Schrifttum keimt eine explizite Auseinandersetzung mit der Thematik auf. Im Vordergrund dieser Arbeit steht eine materielle und formale Analyse des Terminal Value, die sowohl Praktikern als auch Wissenschaftlern bei der Auswahl und Begründung eines Terminal Value-Modells Unterstützung leisten kann.

Meinem Doktorvater, Herrn Prof. Dr. Dr. h.c. Jochen Drukarczyk, möchte ich für vielfältige Förderungen sehr herzlich danken. Sein Werk zur Unternehmensbewertung inspirierte mich als Student zu einem rund zwanzig Seiten umfassenden Brief, der mich letztlich an seinen Lehrstuhl als Wissenschaftlicher Mitarbeiter geführt hat. Jochen Drukarczyk schlug das Thema vor, lud mich ein, an Unternehmensbewertungsgutachten sowie an zwei Auflagen seines Buches „Unternehmensbewertung" (3. & 4. A.) und „Finanzierung" (8. & 9. A.) tatkräftig mitzuwirken. Darüber hinaus überließ er mir alle wissenschaftlichen Freiheiten, das eigene Forschungsprojekt voranzutreiben und war neuen Ideen stets aufgeschlossen. Derart autonom Forschung betreiben zu können, bereitet Freude!
Meinem Zweiten Berichterstatter Herrn Prof. Dr. Michael Dowling sei ebenfalls sehr herzlich gedankt für seinen nicht zu vernachlässigenden Einsatz, sowie Herrn Prof. Dr. Gerhard Scherrer für die bereitwillige Übernahme des Disputationsvorsitzes.

Ohne den starken Rückhalt meiner Familie, insbesondere meiner Mutter und meines Vaters wäre die Arbeit in dieser Form nicht möglich gewesen. Ihnen widme die Arbeit ich für ihre vielfältigen und unermüdlichen Förderungen.
Sarah möchte ich auch für ihre liebevolle Unterstützung danken.

Regensburg, im August 2005

Sebastian Lobe

Inhaltsverzeichnis

Anhangsverzeichnis

Tabellenverzeichnis

Abbildungsverzeichnis

Verzeichnis häufig benutzter Symbole

Ab	=	Abschreibung
AF	=	$[(1+k)^t - 1]/[(1+k)^t \cdot k]$ = Annuitätenfaktor
AR(1)	=	Autoregressiver Prozess erster Ordnung
BA	=	Betriebliche Aufwendungen
BS	=	Bilanzsumme
BS^d	=	Deterministischer Anteil der Bilanzsumme
BS^S	=	Stochastischer Anteil der Bilanzsumme
CFROI	=	Cashflow Return on Investment
D	=	Operative Dividende nach Unternehmensteuern (= Dividende des (fiktiv) eigen-finanzierten Unternehmens)
D_S	=	Operative Dividende nach Unternehmensteuern und Einkommensteuern
D^{MF}	=	Dividende bei Mischfinanzierung nach Unternehmensteuern (= Dividende des auch fremdfinanzierten Unternehmens)
DCF	=	Discounted Cashflow
DUK	=	$k^F \cdot (1-L) + i \cdot L$ = Durchschnittlich gewogene Kapitalkosten vor Steuern
EBIT	=	Earnings Before Interest and Taxes
EBIAT	=	Earnings Before Interest after Taxes
EBITDA	=	Earnings Before Interest, Taxes, Depreciation, and Amortization
E^F	=	Marktwert des Eigenkapitals des auch fremdfinanzierten Unternehmens
EK	=	Bilanzielles Eigenkapital
$E_0[\cdot]$	=	Erwartungswertoperator unter subjektivem Wahrscheinlichkeitsmaß auf Basis des zum Bewertungszeitpunkt t = 0 verfügbaren Informationsstandes
$E_0^w[\cdot]$	=	Gewichteter Erwartungswertoperator (gemäß des Verhältnisses stochastischer Nenner zu erwartetem Nenner)
F	=	Marktwert des Fremdkapitals
F^{au}	=	Autonom geplantes Fremdkapital
F^{wa}	=	Wertabhängig geplantes Fremdkapital
FK	=	Bilanzielles Fremdkapital
FP	=	Forward Price
F^{Pr}	=	Arbitrageäquivalentes Fremdkapital auf privater Ebene
GvS	=	Gewinn vor Steuern
H	=	Gewerbesteuerlicher Hebesatz der Gemeinde
I	=	Bruttoinvestition (Ersatz- und Erweiterungsinvestition)
IO	=	Investment Opportunities
IRR	=	Reinvestitionsrendite
IZF	=	Interner Zinsfuß
JÜ	=	Jahresüberschuss
L	=	F/V^F = Fremdkapitalquote basierend auf mischfinanziertem Unternehmensgesamtwert
L^{Bil}	=	F/BS = Bilanzielle Fremdkapitalquote
L^E	=	F/V^E = Fremdkapitalquote basierend auf eigenfinanziertem Unternehmensgesamtwert
L^{FP}	=	$F/FP(V^F)$ = Fremdkapitalquote basierend auf Forward Price des mischfinanzierten Unternehmensgesamtwerts
M	=	Gewerbesteuerliche Messzahl
M/B	=	Marktwert/Buchwert-Multiplikator

MRP	=	$r_M - i$ bzw. $r_{M,S} - i_S$ = Marktrisikoprämie
N	=	Zeitpunkt
NKW	=	Nettokapitalwert
NUV	=	Netto-Umlaufvermögen
P	=	Arbitragefreier Wert von Pensionsrückstellungen
PR	=	Bilanzieller Bestand an Pensionsrückstellungen
Q	=	$(1+i)/[1+i(1-s_K L)]$ = Multiplikator des Clubb/Doran-Modells
R	=	Rentenzahlung
RG	=	Residualgewinn
ROA	=	Bilanzielle Gesamtkapitalrendite (= Return on Assets)
ROEA	=	Buchrendite der bestehenden Anlagen (= Return on Existing Assets)
ROE_S	=	Eigenkapitalrendite (= Return on Equity) nach Einkommensteuer
SAV	=	Sachanlagevermögen
T	=	Beginn der Endwertphase
TV	=	Terminal Value
UE	=	Umsatzerlöse
V^E	=	Operativer Unternehmenswert (= Wert des (fiktiv) eigenfinanzierten Unternehmens)
$\hat{V}^E$	=	Approximation des operativen Unternehmenswerts
V^{EA}	=	Wert ohne Erweiterungsinvestitionen (= Wert der Existing Assets bzw. Assets in Place)
$V_I^{ESt,F}$	=	Einkommensteuereffekt I der Fremdfinanzierung
$V_I^{ESt,P}$	=	Einkommensteuereffekt I der Pensionsrückstellungen
$V_{II}^{ESt,F}$	=	Einkommensteuereffekt II der Fremdfinanzierung
$V_{II}^{ESt,P}$	=	Einkommensteuereffekt II der Pensionsrückstellungen
V^F	=	Unternehmensgesamtwert bei Fremdfinanzierung
$V^{F,P}$	=	Unternehmensgesamtwert bei Fremdfinanzierung und Pensionsrückstellungen
V^{IO}	=	Wert der Erweiterungsinvestitionen (= Wert der Investment Opportunities)
$V^{USt,F}$	=	Unternehmensteuereffekt der Fremdfinanzierung
$V^{USt,P}$	=	Unternehmensteuereffekt der Pensionsrückstellungen
WACC	=	$k^F \cdot (1\text{-}L) + i(1\text{-}s_K) \cdot L$ = Durchschnittlich gewogene Kapitalkosten nach Steuern (= Weighted Average Cost of Capital)
$WACC_{KG}$	=	WACC mit Kapitalgewinnsteuern
Z	=	$1+(m \cdot i \cdot s_K \cdot L)/[1+i(1-s_K L)]$ = Multiplikator des Clubb/Doran-Modells
ZPR	=	Zuführung zu Pensionsrückstellungen
a_0	=	Konstanter Dividendenbestandteil
b	=	$\Delta I/J\ddot{U}$ = Reinvestitionsquote (bezogen auf den Jahresüberschuss)
d	=	Abschwungsrate des Binomialmodells (= down-rate)
f	=	Fade Rate innerhalb des Investment Opportunities-Ansatzes *(Kapitel 2.)*
	=	Gewerbesteuerlicher Hinzurechnungsfaktor für Schuldzinsen *(Kapitel 3.)*
g	=	Wachstumsrate
g_{BS}	=	Bilanzwachstumsrate
g_D	=	Dividendenwachstumsrate
g_F	=	Fremdkapitalwachstumsrate
$g_{J\ddot{U}}$	=	Jahresüberschusswachstumsrate
g_{RG}	=	Residualgewinnwachstumsrate
g_{UE}	=	Umsatzerlöswachstumsrate

g_V	=	Wachstumsrate des Werts
$g_{\Delta I}$	=	Nettoinvestitionswachstumsrate
g_{RG}^{IO}	=	Residualgewinnwachstumsrate des (hybriden) Investment Opportunities-Ansatzes
i	=	Risikoloser Zinssatz
i^{AA}	=	$i(1-s_K E_0^w[\tilde{L}])$ = Steuerangepasster Zinssatz nach Ashton/Atkins
i^0	=	Zinssatz einer steuerbefreiten Anlage
i_S	=	$i \cdot (1-s_{IF})$ = Risikoloser Zinssatz nach Einkommensteuer
j	=	Zeit-, auch Zustandsindex
k	=	$(D_t + V_t^E - V_{t-1}^E)/V_{t-1}^E$ = Operative Rendite (= Rendite des (fiktiv) eigenfinanzierten Unternehmens): Gesamtrendite (Total Shareholder Return)
k^*	=	$(\Delta S_t^F + \Delta V_t^F - V_{t-1}^F)/V_{t-1}^F$ = Rendite des Steuereffekts der Fremdfinanzierung
k^0	=	$(D_t + V_t^F - V_{t-1}^F)/V_{t-1}^F$ = Rendite bezogen auf Dividende bei Eigenfinanzierung und Unternehmensgesamtwert bei Mischfinanzierung
k^F	=	Rendite des partiell fremdfinanzierten Unternehmens
k_S^F	=	Rendite des partiell fremdfinanzierten Unternehmens nach Einkommensteuer
$k_{S,KG}^F$	=	Rendite des partiell fremdfinanzierten Unternehmens nach Einkommen- und Kapitalgewinnsteuern
k_S	=	$(D_t \cdot (1-s_{IE}) + V_t^E - V_{t-1}^E)/V_{t-1}^E$ =Operative Rendite nach Einkommensteuer
$k_{S,KG}$	=	$(D_t \cdot (1-s_{IE}) + (V_t^E - V_{t-1}^E) \cdot (1-s_{KG}))/V_{t-1}^E$ = Renditedefinition unter Berücksichtigung von Kapitalgewinnsteuern
$k_{S,KG}^*$	=	$k_S - s_{KG} m = k_{S,KG} - s_{KG}$ = Renditedefinition unter Berücksichtigung von Kapitalgewinnsteuern (bei expliziter Bewertung)
m	=	Projektdauer innerhalb des Investment Opportunities-Ansatzes *(Kapitel 2.)*
	=	$(1+i)/(1+k)$ = Miles/Ezzell-Multiplikator *(Kapitel 3.2.)*
	=	$(1+i_S)/(1+k_S)$ = Miles/Ezzell-Multiplikator *(Kapitel 3.3.)*
n	=	Projektdauer
p	=	Subjektive Wahrscheinlichkeit
q	=	Risikoneutrale Wahrscheinlichkeit
r_M	=	Marktrendite
s	=	$1-(1-s^0)(1-s_{IE})/(1-s_{IF})$ = Relativer Steuereffekt der Fremdfinanzierung
s^0	=	$1-(1-fs_{GE})(1-s_K)$ = Kombinierter Unternehmensteuersatz
s^Z	=	$i\,[s^0(1-s_{IE}) - (s_{IF} - s_{IE})] + s_{IE}$ = Steuermultiplikator bei Fremdfinanzierung
s^*	=	$1-(1-s_{IE}) \cdot (i(1-s^0) - g)/[i(1-s_{IF}) - g]$ = Relativer Steuereffekt der Fremdfinanzierung bei autonomer Politik und ewiger Rente mit Wachstum
s_{KG}^*	=	$1-[i(1-s^0) - g] \cdot (1-s_{IE})/[i(1-s_{IF}) - g(1-s_{KG})]$ = Relativer Steuereffekt der Fremdfinanzierung bei autonomer Politik, ewiger Rente mit Wachstum und Kapitalgewinnsteuern
s_{GE}	=	$(M \cdot H)/(1 + M \cdot H)$ = Effektiver Gewerbeertragsteuersatz
s_I	=	Linearer Einkommensteuersatz
s_{IE}	=	Linearer Einkommensteuersatz für Einkünfte aus Eigenkapitaltiteln
s_{IF}	=	Linearer Einkommensteuersatz für Einkünfte aus Fremdkapitaltiteln

s_K	=	Körperschaft- bzw. Unternehmensteuersatz
s_{KG}	=	Steuersatz für Kapitalgewinne auf persönlicher Ebene
t	=	Zeitindex
u	=	Aufschwungsrate des Binomialmodells (= up-rate)
w^{au}	=	F^{au}/F = Anteil autonom geplanten Fremdkapitals zu gesamtem Fremdkapital
Δ	=	Relative Bewertungsabweichung (in %)
ΔD^F	=	Periodische Dividendenminderzahlungen bezüglich Fremdfinanzierung
ΔD_S^F	=	Periodische Dividendenminderzahlungen bezüglich Fremdfinanzierung nach Einkommensteuern
ΔD_S^P	=	Periodische Dividendenminderzahlungen bezüglich Pensionsrückstellungen nach Einkommensteuern
$\Delta D_S^{F,P}$	=	Periodische Dividendenminderzahlungen bezüglich Fremdfinanzierung und Pensionsrückstellungen nach Einkommensteuern
ΔEK	=	(Absolute) Veränderung des bilanziellen Eigenkapitals einer Periode
ΔF	=	(Absolute) Veränderung des Marktwerts des Fremdkapitals einer Periode
ΔI	=	Nettoinvestition (Erweiterungsinvestition)
ΔL^{Bil}	=	$\Delta F/\Delta I$ = Fremdfinanzierungsquote von Nettoinvestitionen
ΔS	=	Periodische Steuerminderzahlungen
ΔS^F	=	Periodische Steuerminderzahlungen bezüglich Fremdfinanzierung
$\Delta S^{F,P}$	=	Periodische Steuerminderzahlungen bezüglich Fremdfinanzierung und Pensionsrückstellungen
ΔV^F	=	Wert des Steuereffekts der Fremdfinanzierung
ΔV^P	=	Wert des Steuereffekts der Pensionsrückstellungen
$\Delta V^{F,P}$	=	Wert des Steuereffekts von Fremdfinanzierung und Pensionsrückstellungen
Ω	=	IRR/k = Multiplikator innerhalb des Investment Opportunities-Ansatzes
α	=	$(k-i)/\left(k-E_0^w\left[\tilde{i}^{AA}\right]\right)$ = Gewichtungsfaktor nach dem Ansatz von Ashton/Atkins
α_1	=	$(1+\omega)/(k-\omega)$ = Multiplikator des Ohlson-Modells
	=	$(1+\omega_{11})/(k-\omega_{11})$ = Multiplikator des Feltham/Ohlson-Modells
α_2	=	$(1+k)/[(k-\omega)(k-\gamma)]$ = Multiplikator des Ohlson-Modells
	=	$(1+\omega_{12})(1+k)/[(k-\omega_{11})(k-\omega_{22})]$ = Multiplikator des Feltham/Ohlson-Modells
α_3	=	$(1+k)/[(k-\omega_{11})(k-\gamma_1)]$ = Multiplikator des Feltham/Ohlson-Modells
α_4	=	$\alpha_2/(k-\gamma_2)$ = Multiplikator des Feltham/Ohlson-Modells
β^U	=	Beta-Faktor eines unverschuldeten Unternehmens innerhalb des CAPM
β^F	=	Beta-Faktor eines verschuldeten Unternehmens innerhalb des CAPM
χ	=	Quote des operativen Cashflows nach Zinsen und Steuern
δ	=	D_t / V_{t-1}^E = Dividendenrendite bei Eigenfinanzierung bezogen auf Unternehmenswert der Vorperiode
δ^*	=	D_t / V_t^E = Dividendenrendite bei Eigenfinanzierung bezogen auf aktuellen Unternehmenswert
ε	=	Zufallszahl
ϕ	=	$(1+k)/k$ = Multiplikator für gewichtete Bestands- und Stromgrößen-Bewertung
γ	=	Persistenzparameter

ν	=	Autonome Residualgewinnkomponente des Ohlson- bzw. Feltham/Ohlson-Modells
π	=	$\chi(1 + i(1-s_K))/(1+i)$ = Multiplikator des Arzac-Modells
θ	=	Haltedauer des Investors einer Anlage
ρ	=	$(D_t - V_{t-1}^E[D_t])/V_{t-1}^E[D_t]$ = Cashflow-Rendite
τ	=	Zeitindex
ω	=	Persistenzparameter bzw. Konvergenzfaktor
ϑ	=	$(1+g_D)/(1+k)$ = Wachstumsrate/Rendite-Multiplikator
I, II, III	=	Phasenindizes

1. Thema und Aufbau der Arbeit

Der Unternehmenswert wird verstanden als Barwert der den Eigentümern zufließenden entziehbaren Überschüsse. Diese haben i.d.R. eine unbegrenzte Laufzeit, wenn von der Insolvenz eines Unternehmens abgesehen wird.[1] Die Prognose der Überschüsse kann grundsätzlich auf zwei Arten erfolgen. Entweder werden diese über einen sehr langen Zeitraum explizit prognostiziert,[2] oder implizit auf Basis einer standardisierten Planung wie etwa dem Modell einer ewigen Rente.
Durchgesetzt hat sich bislang eine Mischung aus beiden Grundtypen. Nach einer relativ kurzen expliziten Detailprognose-Phase werden die danach anfallenden Überschüsse mehr oder weniger pauschal (truncated forecast) über ein Terminal Value-Modell (Endwert-Modell)[3] ermittelt.[4] Bewerter gedenken in aller Regel nicht, für einen unbegrenzten Zeitraum explizit zu planen.[5]

Der Terminal Value wird in dieser Arbeit als derjenige Wert definiert, der nach einer detaillierten, expliziten Planungsphase dem Unternehmen zugemessen wird.[6] Diese Definition führt dazu, dass sich der Terminal Value technisch auch aus mehreren Phasen zusammensetzen kann, und nicht nur aus einer Phase. Dies kann angezeigt sein, wenn unterschiedliche Ausprägungen der ökonomischen Parameter im Zeitablauf erwartet werden und sich diese Ausprägungen z.B. aufgrund von Hysteresis-Effekten relativ lange Zeit nehmen.[7] Ein Beispiel mit einem Zwei-Phasen-Modell als Endwert könnte dann etwa so aussehen:

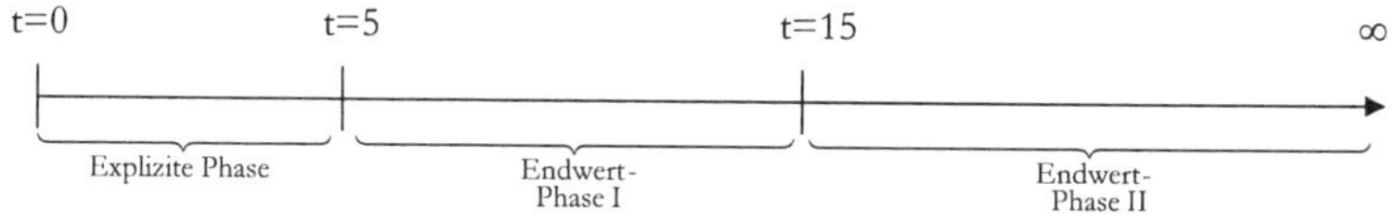

[1] Vgl. zu Modellierungsvorschlägen für die explizite Berücksichtigung der Insolvenz innerhalb der Unternehmensbewertung etwa Casey (2000), Richter (2002a).

[2] Vgl. dazu etwa Copeland/Koller/Murrin (1990), S. 209-212, die von T > 75 ausgehen; Copeland/Koller/Murrin (1994), S. 306-307; Richter (2002a), S. 245-247, der in seinem Beispiel T = 150 ermittelt. Je nach Datenkonstellation und Rechen-Ansatz können sich ganz unterschiedliche kritische T´s ergeben.

[3] Für den Endwert gibt es in der Literatur noch weitere Bezeichnungen wie etwa Restwert (Residual Value) nach Rappaport (1986), Fortführungswert (Continuing Value bzw. Continuation Value) nach Copeland/Koller/Murrin (1990) bzw. Arzac (2005), sowie Horizon Value bei Levin/Olsson in Levin (1998) bzw. Olsson (1998).

[4] Penman/Sougiannis (1998), S. 352, führen aus, dass der Endwert dazu dient, den Fehler zu korrigieren, der entsteht, wenn die Parameter-Schätzung nach Beendigung der expliziten Phase abgebrochen wird.
Ballwieser (1990) beschäftigt sich mit der Fragestellung der Phasendifferenzierung nicht näher, so dass man prima facie zu dem Eindruck gelangen könnte, Ballwieser schwebe eine unbegrenzt explizite Planung vor. Ein Rechenbeispiel zeigt jedoch, dass Ballwieser (1990), S. 184-187, eine zeit- und zustandsabhängige Planung wohl eher nur über einen kurzen Zeitraum für praktikabel hält. Die (zustandsabhängigen) Endwerte werden bei Ballwieser über eine ewige Rente (ohne Wachstum) abgebildet. Vgl. auch Ballwieser (1988), S. 805.

[5] White/Sondhi/Fried (2002), S. W60, formulieren dies so: "From a practical point of view, of course, one would not attempt to forecast individual periods over a very long horizon. One palatable approach is to forecast the near future individually and then impose an assumption as to the appropriate valuation after that period.", bzw. Elton/Gruber/Brown/Goetzmann (2003), S. 456, „Analysts cannot develop year-by-year growth estimates into the indefinite future."; oder etwa Reis/Cory (1994), S. 182; Penman (1998a), S. 305; Hüfner (2000), S. 68; Schultze (2001), S. 126.

[6] In diesem weiten Sinne verwenden etwa auch Henselmann (1999), S. 118; Lee/Myers/Swaminathan (1999), S. 1701-1702, den Endwert-Begriff. In der Literatur wird der Endwert unterschiedlich definiert. Eine sehr enge Definition setzt den Endwert gleich mit der Formel der ewigen Rente (bei Wachstum). Eine etwas weiter gefasste Definition versteht unter dem Endwert den Wert der letzten rechentechnischen Phase. Vgl. etwa Stowe/Robinson/Pinto/McLeavey (2002), S. 74.

[7] Vgl. etwa Dixit/Pindyck (1994), S. 16-17.

Da bei diesem Vorgehen mindestens zwei Phasen unterschieden werden können, nämlich die der detaillierten, eher expliziten Planung, wie die der standardisierten, partiell impliziten Endwert-Planung spricht man in der Literatur auch von Phasendifferenzierung. Dieses rechentechnische Instrument ist keine Errungenschaft der jüngeren Unternehmensbewertungslehre. Preinreich (1932) hat schon relativ früh ein Drei-Phasen-Modell innerhalb des Discounted Cashflow-Ansatzes (DCF) vorgestellt.[8] Dirrigl (1988) erachtet die Phasendifferenzierung als notwendig und konstatiert, dass diese als ein "Grundsatz ordnungsmäßiger Unternehmensbewertung" verstanden werden kann.[9]
Das materielle Problem der Bestimmung eines Endwerts stellt nicht die formale Aufteilung in eine oder mehrere Phasen dar, sondern welche ökonomischen Implikationen mit einem bestimmten Modell verbunden sind.

Es ist ohne Frage praktisch schwierig, finanzielle Konsequenzen als auch deren zeitlichen Anfall zu prognostizieren, wenn - wie üblich - keine konkreten Informationen über die ferne Zukunft vorliegen.[10] Was in diesem Zusammenhang als Phantasterei bzw. überzogener Pessimismus angesehen werden kann, wird nicht immer trennscharf auf der Basis plausibler Prognosen zu beurteilen sein.[11] Manche Autoren verneinen, dass langfristige Prognosen sinnvoll erstellbar seien.[12] Das mag sein, jedoch ist es nicht sonderlich konstruktiv, mangels besserer Alternativen den Kopf in den Sand zu stecken. In Anlehnung an die markante Aussage von Fama/French (1996) zum CAPM gilt deshalb: Terminal Value is Wanted, Dead or Alive!

Neben diesen grundlegenden Problemen sind Methodenfehler zu vermeiden, da diese im Einzelfall gerade bei dem Terminal Value große Dimensionen annehmen können.[13] Das Methodenwissen ist vergleichsweise weit vorangeschritten.
Für die Ermittlung des Terminal Value werden in der Literatur zwei Möglichkeiten vorgeschlagen:[14]

---

8 Vgl. dazu Abschnitt 2.2.2.2. Zu den Vorzügen einer Phasendifferenzierung vgl. etwa schon Graham/Dodd/Cottle (1962), S. 528-529; Miller/Modigliani (1966), S. 344, Fn. 15; Richter (1999a), S. 135; Hüfner (2000), S. 33-34.

9 Vgl. Dirrigl (1988), S. 280, der in diesem Zusammenhang auf ein Gerichtsurteil des LG Frankfurt aus dem Jahre 1986 sowie auf HFA 2/1983 verweist. In dem inzwischen überholten Standard - derzeit wird ein Zwei-Phasen-Modell propagiert - wird technisch von einem Drei-Phasen-Modell ausgegangen. Vgl. Institut der Wirtschaftsprüfer (1983), S. 471. Ebenso Helbling (2002), S. 740, der diese Vorgehensweise unter seinen Grundsatz 17 als einen von 25 Grundsätzen subsumiert. Bei Moxter (1976) und (1983), der die für die deutsche Unternehmensbewertungslehre wegweisenden „Grundsätze ordnungsmäßiger Unternehmensbewertung" verfasst hat, wird diese Vorgehensweise jedoch nicht als Grundsatz diskutiert.

10 Fama (1996), S. 427, sieht die Hauptschwierigkeit der Bewertung darin, wie die zukünftigen Cashflows geschätzt werden. Vgl. auch Grinblatt/Titman (2002), S. 321.

11 Es erscheint generell schwierig, Prognosen ex ante als falsch oder richtig zu beurteilen. Das Attribut „plausibel" bzw. „feasible" bei Myers/Ruback (1987), S. 2, hat einen wesentlich bescheideneren Anspruch als das bei praktischen Unternehmensbewertungen nur schwer einzulösende Kriterium der „Optimalität". Diese Sichtweise scheint angesichts der Vielfältigkeit künftiger Zukunftslagen angemessen.

12 Hierzu etwa schon Williams (1938), S. 187-188.

13 Fernández (2002), S. 56, weist auf in der spanischen Praxis häufig zu beobachtende Fehler bei der Berechnung des Terminal Value hin.

14 Barker (1999) berichtet in einer behavioristisch ausgerichteten Feldstudie, für die britische Analysten und Fondsmanager interviewt wurden, dass diese einen sehr kurzen expliziten Prognosezeitraum (zwei Jahre) wählen, und den Endwert qualitativ schätzen. Der Endwert wird nicht auf Basis eines Modells mit derzeit nicht beobachtbaren Daten ermittelt, sondern wird hauptsächlich in Abhängigkeit von der Qualität des derzeitigen Managements gesehen. Die Operationalisierung dieser Praxis scheint aber schwerlich intersubjektiv nachprüfbar. Wie etwa wird Qualität des Managements definiert? Barker (1999), S. 214, räumt ein, dass die Ergebnisse noch vorläufig sind.
Das Textbuch von Stowe/Robinson/Pinto/McLeavey (2002), das auf die Prüfungen zum Erwerb des international anerkannten Titels „Chartered Financial Analyst®" (CFA) vorbereitet, lässt keine Hinweise für die von Barker gemachten Beobachtungen entdecken.

- Barwerte (DCF-, Residualgewinn-, Investment Opportunities-Ansätze)
- Multiples

Zunächst zu den Multiples (Multiplikatoren). Holt (1962) und Malkiel (1963) etwa verwenden für die Endwert-Phase nach einer expliziten Phase die PE-Ratio der Volkswirtschaft. Diese Vorgehensweise dürfte wohl recht grob sein, da schon erwartete Renditen zumindest für Branchen unterschiedlich sind. In ihrer empirischen Untersuchung gehen Keiber/Kronimus/Rudolf (2002) ähnlich vor und verwenden ein pauschales, unternehmensunabhängiges EBITDA-Multiple von 10. Damit wird unterstellt, dass sich nach Ende der expliziten Planungsphase alle Unternehmenswerte innerhalb (des damalig noch bestehenden Börsensegments) des Neuen Marktes nur um den Skalierungsfaktor EBITDA unterscheiden.[15]

Gegen den hybriden Ansatz aus Barwerten für die explizite Phase und Multiples für die Terminal Value-Phase sprechen empirische Befunde wie theoretische Gründe.[16]
Kaplan/Ruback (1995) berichten, dass empirisch ein hybrides Modell aus DCF-Ansatz für die explizite Phase und Multiple-Ansatz für den Endwert nicht gut abschneide. Ihrer Ansicht nach ist es wahrscheinlich, dass ein Doppelzählungsfehler verantwortlich sei.[17]
Courteau/Kao/O'Keefe/Richardson (2003) zeigen in einer empirischen Studie, dass Abschätzungen des Endwerts von Value Line (VL) der Vorzug gegenüber Abschätzungen mit ausgewählten Multiple-Verfahren zu geben sei. Das Vorgehen des Informationsservices VL bei der Bestimmung des Endwerts ist nicht normiert und scheint dem einzelnen Analysten überlassen zu sein.[18] Wie die Analysten zu ihrem Endwerturteil kommen, ist deshalb leider nicht bekannt. Diese Aussagen deuten auch darauf hin, dass VL-Endwerte vermutlich nicht auf ein „one size fits all"-Modell zurückzuführen sind.

Es scheint sich deshalb nicht zu lohnen, diesen hybriden Ansatz systematisch weiter zu verfolgen. Damit soll nicht gesagt werden, dass eine Marktpreisschätzung über Multiplikatoren zum Bewertungszeitpunkt nicht valide Ergebnisse hervorbringen könne. Die empirische Studie von Kaplan/Ruback (1995) etwa legt nahe, dass Barwerte und Multiples komplementäre Verfahren

---

[15] Vgl. etwa Holt (1962) bzw. Malkiel (1963), deren algebraische Modell-Äquivalenz Warren (1974) zeigt, sowie Elton/Gruber (1995), S. 461-462; Cornell (1993), S. 160-163. DeAngelo (1990), S. 105-108, Cornell (1993), S. 167, und Kaplan/Ruback (1995), S. 1074, berichten, dass diese Vorgehensweise häufig im Investment Banking benutzt wird. Vgl. ebenso Brealey/Myers (2000), S. 81-82, mit M/B- und PE-Ratios, als auch Amram (2002), S. 40 und Keiber/Kronimus/Rudolf (2002), S. 745.

[16] Cornell (1993), S. 168, Brealey/Myers (2000), S. 81-82, sowie vergleichbar Higgins (2001), S. 328, argumentieren, dass Multiples als komplementärer Ansatz zur Verprobung hilfreich seien. Entscheidend für den Erfolg ihres Vorschlags wird sein, dass zum Bewertungsstichtag Unternehmen gefunden werden können, denen vergleichbare ökonomische Parameter zugrunde liegen, wie sie für das zu bewertende Unternehmen *in der Terminal Value-Phase* vermutet werden. Cornell (1993), S. 162, sieht hier einen Vorteil des Ansatzes gerade für kleine, schnell wachsende Unternehmen. Die empirische Studie von Courteau/Kao/O'Keefe/Richardson (2003), S. 32, kann diese Vermutung aber keineswegs bestätigen. Die Fehlermöglichkeiten bei der empirischen Schätzung von Terminal Value-Multiples dürften höher liegen als bei der nicht-hybriden Anwendung, weil mehr Freiheitsgrade in der Modellierung bestehen bzw. explizite Prognoseelemente in der ersten Phase enthalten sind. Vgl. Rappaport (1986), S. 63. Kritisch äußern sich hierzu auch Leibowitz (1999), S. 43-44, Copeland/Koller/Murrin (2000), S. 284-285.
Im Nachhinein kann ein Terminal Value-Multiple über den Terminal Value abgeleitet werden. Eigenständig ist das Verfahren dann jedoch nicht. Die Implikationen des Multiplikators sind transparent, wenn ein Referenzmodell wie etwa das Gordon-Modell für das „Financial Reengineering" eingesetzt wird.

[17] Vgl. Kaplan/Ruback (1995), S. 1074-1076.

[18] Vgl. Courteau/Kao/O'Keefe/Richardson (2003), S. 9. Der Endwert basiert auf einem Residualgewinn-Ansatz.

sind.[19] Für praktische Unternehmensbewertungen empfehlen sie die Wertabschätzung mit beiden Verfahren.[20] Multiple-Verfahren bedürfen aber keines Endwerts. Das mag man als praktischen Vorteil ansehen. Andererseits ist aber auch überhaupt nicht klar, welche Projektionen hinter dem Multiple-Wert stehen, wenn kein Modell als Referenzpunkt dient.[21] Einen Endwert können diese Verfahren dann auch nicht erklären. Insoweit brauchen Multiple-Verfahren in dieser Arbeit nicht näher reflektiert zu werden, weil diese bei Einsatz einer Phasenmodellierung als Endwert inferior erscheinen oder bei einphasiger Modellierung ein Endwert für diese Verfahren irrelevant ist. Kaplan/Ruback (1995) vertreten die Hypothese, dass Verfeinerungen der DCF-Methode mehr Aussicht auf akkuratere Bewertungen versprechen als Verfeinerungen von Multiples.[22]

Die Definition des Endwerts auf der Grundlage eines Barwerts hängt bei gegebenen Überschüssen über den gesamten Lebenszeitraum des Unternehmens davon ab, wie lange die explizite Phase gewählt wird (Perspektive A).[23] Verschiedene Phasenaufteilungen bringen dann unterschiedliche Endwerte hervor, der Gesamtwert bleibt davon jedoch unberührt. Die Vorstellung, dass ein Endwert aufgrund der bloßen Berechnung mit einer bestimmten Methode willkürlich sei, wird nicht geteilt. Es wird betont, dass alle Ansätze theoretisch auf der gleichen Grundlage basieren und daher ein Ansatz nicht willkürlicher als der andere sein kann. Ein hoher bzw. ein kleiner Endwert eines spezifischen Ansatzes lässt *keinerlei* Indikation über die Qualität der Endwert-Prognose zu. Es handelt sich lediglich um unterschiedliche rechnerische Repräsentationen ein und derselben Planung.[24] Die aufgrund eines diskretionären Spielraums nicht einfach zu beurteilende Qualität eines Endwerts bemisst sich nach der Plausibilität seiner ökonomischen Annahmen. Allenfalls (implizite) Annahmen, die ein spezifisches Modell produziert, können als unplausibel bzw. „willkürlich" angesehen werden.

Sind die nach der expliziten Phase anfallenden Überschüsse noch nicht festgelegt, hängt der Endwert und somit der Gesamtwert von der Wahl des operativen Planungs-Modells ab (Perspektive B). Dieser Ausgangspunkt dürfte den Standardfall bei der Anwendung markieren. Beide Perspektiven (A und B) legen nahe, dass es „den Endwert" eines Unternehmens nicht

---

19 Ähnlich auch die Argumentation bei Herrmann (2002), S. 241-244. Fama (1996), S. 427, wirft die Frage auf, ob nicht theoretisch richtige Barwertformulierungen zu große Messfehler im Vergleich zu Multiple-Ansätzen mit sich bringen.

20 Vgl. Kaplan/Ruback (1995), S. 1082.

21 Oft wird das Modell der ewigen Rente zur Erklärung von Multiples herangezogen. Vgl. auch Rappaport (1986), S. 63.

22 Vgl. Kaplan/Ruback (1995), S. 1078. Die Studie von Gilson/Hotchkiss/Ruback (1998) favorisiert DCF-Bewertungen. Vgl. auch Weston (2002), S. 73-76.

23 Ebenso führen unterschiedliche Rechenkalküle wie die Unterarten von Discounted Cashflow-, Residualgewinn- und Investment Opportunities-Ansätzen in aller Regel zu unterschiedlichen Aufteilungen des bei gleichen Annahmen identischen Unternehmenswerts in den Wert der expliziten Phase und des Endwerts.

24 Penman (1992), S. 473, polarisiert in seinem Beitrag "Return to Fundamentals" sehr stark: „Copeland, Koller, and Murrin (1990) spend a chapter on this problem of 'estimating continuing value' after a finite cash-flow forecast period. Any solution is arbitrary and this number may be the most important one to the calculation..." Ganz unklar bleibt, wieso der von Penman (1992) favorisierte Ansatz aggregierter Jahresüberschüsse angepasst um Dividendenzahlungen (vgl. noch Kapitel 2.3.1.) kein Endwert-Problem haben soll, da dieser approximative Ansatz *bestenfalls* auf dem gleichen theoretischen Fundament wie der DCF-Ansatz ruht. Vgl. auch Hüfner (2000), S. 29, 69-73, 79, 92, 304; Hoke (2002), S. 767; Stowe/Robinson/Pinto/McLeavey (2002), S. 270.
Penman (1998a), S. 318, scheint sich (mehr oder weniger direkt) von seiner 1992 veröffentlichten Auffassung gelöst zu haben. So führt er auf S. 304 aus: „Accordingly the paper supplies the terminal value calculations for the dividend discount model. This is somewhat ironic because discounted cash flow and residual income techniques (...) have been proposed to get over the difficulty of determining a terminal value for the dividend discount model. Dividend discounting, it is said, does not work for finite horizons so something more „fundamental" (...) must be forecasted instead of dividends." Vgl. kritisch auch Volkart (2002), S. 111; Christensen/Feltham (2003), S. 292-293; Soffer/Soffer (2003), S. 279.

geben kann.[25] Wie eine explizite Planung vorgenommen werden kann (Vergangenheitsanalyse, Aufstellen von Plan-Bilanzen und Plan-GuV, unternehmensinterne und -externe Analysen, ggf. Auswertung von Analystenschätzungen), ist nicht Untersuchungsgegenstand der vorliegenden Arbeit. Entziehbare Überschüsse können nominal oder real geschätzt werden. In dieser Arbeit werden die Bewertungskalküle auf nominaler Basis definiert.[26]

Die empirische Studie etwa von Courteau/Kao/O'Keefe/Richardson (2003) legt die Schlussfolgerung nahe, dass ein „one size fits all"-Modell auch hinsichtlich des Endwerts nicht empfehlenswert ist.[27] Nicht jede Unternehmenssituation dürfte sich durch ein einziges standardisiertes Verfahren hinreichend beschreiben lassen. Deshalb werden unterschiedliche Angebote für Langfrist-Planungen der Literatur gesichtet, analysiert und partiell erweitert. Diese Planungsangebote legen fest, welche Einflussgrößen als entscheidend erachtet werden. Mögliche Implikationen der Modelle herauszuarbeiten ist wichtig, um einen Abgleich mit empirischem Wissen überhaupt erst zu ermöglichen.

Da der Beitrag des Endwerts zum Barwert des Unternehmens auf Basis der letztlich die Anteilseigner interessierenden Zuflüsse i.a. quantitativ der bedeutendste ist,[28] kann dieser als „Herzstück" der Unternehmensbewertung angesehen werden. Eine umfassende Aufarbeitung dieser zentralen Thematik, deren ökonomische Wichtigkeit auf der Hand liegt, ist in der Literatur erstaunlicherweise nicht zu finden. Einen ersten Schritt in diese Richtung leistet die vorliegende Arbeit.
Zwei Grundsatzfragen werden gestellt: Wie kann das operative Geschäft eines Unternehmens (Aktivseite) und dessen Kapitalstruktur (Passivseite) angesichts eines sehr langen Zeithorizonts geplant werden? Welchen Einfluss können dabei Unsicherheit und Steuern (Unternehmensteuern und persönliche Steuern) auf die Bewertung dieser Pläne ausüben?

Die Arbeit ist entlang dieser beiden Fragestellungen aufgebaut. In dem ersten Hauptteil (Kapitel 2.) werden operative Planungsmodelle analysiert. Ein Ziel ist es, ökonomische Implikationen dieser Modelle offen zu legen, um deren Realitätsnähe einschätzen zu können.
Das Modell der ewigen Rente (mit Wachstum) wird am häufigsten in Theorie und Praxis eingesetzt. Es wird gezeigt, dass diverse Modellformulierungen zwar unterschiedlich erscheinen, bei näherem Hinsehen sich jedoch als Submodelle entpuppen. Ein Vorteil der ewigen Rente ist, dass die Planungsimplikationen aufgrund eines hohen Standardisierungsgrades leicht überschaubar sein können. Ein Nachteil ist, dass die Überschaubarkeit zu Lasten der Abbildungsmöglichkeiten vermutlich realistischerer Fallkonstellationen geht.
Es empfiehlt sich deshalb auch alternative standardisierte Planungsmodelle zum Zweck einer Modellierung des Terminal Value zu analysieren. Das Modell von O´Brien (2003) etwa berücksichtigt den ökonomisch plausiblen Effekt, dass Reinvestitionsrenditen langfristig gegen

---

[25] Das technische Hilfsmittel „Endwert" kann auch einen verschwindend geringen Wertbeitrag haben, wenn die explizite Planung auf sehr lange Zeiträume von 200-300 Jahre ausgedehnt wird, so dass eine Vernachlässigung dann angezeigt sein dürfte. Freilich ergibt sich dann ebenfalls wie bei einer Endwertmodellierung auch das materielle Problem der Parameter-Prognose.

[26] Die Festlegung, ob nominal oder real gerechnet wird, hat bei konsistenter Anwendung keine materielle Auswirkung auf das Bewertungsergebnis. Letztlich geht es bei dieser formalen Fragestellung darum, welcher Ansatz die größere Rechenbequemlichkeit aufweist. Die Literatur spricht sich überwiegend für einen nominalen Kalkül aus. Vgl. etwa Drukarczyk (2003b), S. 500-516.

[27] Es ist nicht ausgeschlossen, dass eine standardisierte noch nicht entdeckte „Super-Endwertformel" existiert, die empirisch für alle Unternehmen gut reüssiert. Jedoch erscheint diese Möglichkeit extrem unwahrscheinlich.

[28] Vgl. etwa Payne/Finch (1999), S. 289; Copeland/Koller/Murrin (2000), S. 267-268; dies gilt insbesondere für in Sanierung befindliche Unternehmen nach Gilson/Hotchkiss/Ruback (1998), S. 16, sowie Gilson (2001), S. 493.

die erwartete Rendite von Eigentümern konvergieren und nicht auf einem einmal fixierten Niveau verharren.[29] Eine derartige Konstellation kann das Modell der ewigen Rente in der Terminal Value-Phase nicht mehr plausibel abbilden. Es interessiert dabei, in welchem Verhältnis buchhalterische Renditen und die ökonomisch aussagekräftigen Reinvestitionsrenditen zueinander stehen, da viele Endwertmodelle nicht auf Reinvestitions-, sondern auf Buchrenditen beruhen.

Weitere Modelle, die sich nicht in das Modell der ewigen Rente mit Wachstum überführen lassen, werden analysiert und partiell erweitert. Auch wenn diese z.T. nicht genuin als Terminal Value-Modelle entwickelt worden sind, so können diese zur Abschätzung für sehr lange Zeiträume eingesetzt werden. Eine Verbindung neuerer Accounting-Forschungsbeiträge, die bislang noch kaum Eingang in die deutschsprachige Literatur gefunden haben, wird mit den im Grunde wohl bekannten Finance-Endwertmodellen in dieser Arbeit hergestellt. Dadurch werden Parallelen und Unterschiede kenntlich, die bei einer isolierten Diskussion nicht zu Tage treten können. Es wird zudem aufgezeigt, dass einige Modelle sich äußerlich zwar ähneln, jedoch zu deutlich unterschiedlichen Bewertungsergebnissen gelangen können. Diese Differenzen werden ökonomisch erklärt.

Partiell wird die These vertreten, dass durch eine Ausdehnung des expliziten Planungshorizonts Bewertungsfehler der mit einer hohen Prognoseunsicherheit belasteten Endwertschätzungen reduziert werden könnten. Es stellt sich die Frage, ob und ggf. unter welchen Bedingungen diese These zutreffen könnte.

Seit den 90er Jahren wird aus den USA kommend in der Literatur partiell die These vertreten, dass zur Abschätzung des Terminal Value die Residualgewinn-Methode der Discounted Cashflow-Methode überlegen sei. Diese These wird mit ihren empirischen wie theoretischen Facetten einer kritischen Analyse unterzogen.

Anschließend wird eine Renditedefinition unter Unsicherheit vorgestellt, mit der subjektiv erwartete Cashflows bei Arbitragegewinnfreiheit diskontiert werden können.

Im dem zweiten Hauptteil (Kapitel 3.) interessiert, wie die Planung der Kapitalstruktur unter besonderer Berücksichtigung steuerlicher Konsequenzen für eine Bestimmung des Terminal Value aussehen könnte. Dieser Hauptteil ist in drei Abschnitte gegliedert. Die Grundmodelle der Discounted Cashflow-Ansätze werden in einem einführenden Abschnitt für eine Welt, in der Steuerwirkungen nicht existieren, kurz vorgestellt. Der zweite Abschnitt untersucht die Auswirkungen von Unternehmensteuern auf den Wert der Fremdfinanzierung vor dem Hintergrund alternativer Finanzierungspolitiken und alternativer Abbildungen anhand der Discounted Cashflow-Ansätze. Diese werden allgemein formuliert, wobei der für den Endwert prominente Fall der ewigen Rente mit Wachstum explizite Berücksichtigung findet. Es wird eine in dieser Form noch nicht geleistete umfassende Zusammenschau, Auswertung und Verallgemeinerung der zahlreichen Literaturbeiträge vorgenommen.

Die Anwendungsbedingungen einer wertabhängigen Politik in Anlehnung an Miles/Ezzell (1980) werden untersucht. Dabei zeigt sich, dass das zulässige Anwendungsspektrum breiter ist, als zuweilen in der deutschsprachigen Literatur vermutet wird. Des Weiteren wird ein Bewertungsvorschlag für eine nach dem Lintner-Modell (1956) implizierte, empirisch als gültig erachtete Finanzierungspolitik unterbreitet. Es wird argumentiert, dass nicht alle der vorgestellten Finanzierungspolitiken gleichermaßen plausibel für den Einsatz innerhalb der unterschiedlichen Prognose-Phasen sind.

Beachtet man die zahlreichen Literaturbeiträge, steht ein reichhaltiges Potential zur Verfügung. In aktuellen Literaturbeiträgen wird die Perspektive oft verengt und das eigentlich schon bekannte,

---

[29] Vgl. dazu etwa die Abbildungen 2-6 bis 2-8 dieser Dissertationsschrift, die von O'Brien (2003), S. 58-59, Figures 1 bis 3, übernommen worden sind.

aber eben nicht diffundierte Potential wird kaum wahrgenommen, was einige der in der deutschen Literatur kontrovers geführte Diskussionen verursacht haben dürfte. Das Panoptikum an Meinungen über Finanzierungspolitiken wird gesichtet. Bei der Auswertung fällt auf, dass es sich um eine Frage handelt, bei der der Versuch, diese apodiktisch mit dem binären Attribut „geeignet/ungeeignet" zu beantworten, wenig Sinn macht. Nicht zuletzt deshalb, weil empirisch gesichertes Wissen hierzu in noch nicht ausreichendem Maße vorhanden ist.
Im dritten Abschnitt werden dann Unternehmensteuern und persönliche Steuern gemeinsam betrachtet. Der Wert der Kapitalstruktur (verzinsliches Fremdkapital, Pensionsrückstellungen) wird anhand klassischer Finanzierungspolitiken mit Discounted Cashflow-Ansätzen eingehend analysiert. Dieser Abschnitt kapriziert sich nicht allein auf die Spezialitäten des deutschen Halbeinkünfteverfahrens in seiner derzeitigen Fassung, sondern betrachtet allgemein ein System mit differenzierten Einkommensteuern und einer persönlichen Kapitalgewinnsteuer. Der Einfluss einer Kapitalgewinnbesteuerung wird in der Literatur weit weniger intensiv diskutiert als der der Einkommensteuer. Im deutschsprachigen Schrifttum wird dieser Problembereich kaum diskutiert. Dies mag damit zu tun haben, dass in dem deutschen Steuersystem *bislang* Kapitalgewinne unter bestimmten Bedingungen nicht versteuert werden müssen. Ein gänzlicher Ausschluss von Kapitalgewinnsteuern erscheint jedoch als ein Extremfall. Eine zusätzliche Berücksichtigung von Kapitalgewinnsteuern neben Einkommensteuern gelangt zu differenzierteren Aussagen, kompliziert i.d.R. jedoch die Analyse. In der Literatur ist der Werteinfluss der Kapitalstruktur unter diesen Bedingungen noch nicht überzeugend untersucht worden.
Diese recht allgemeine Vorgehensweise ist mit der Hoffnung verbunden, die Untersuchungsergebnisse hinsichtlich der Anwendbarkeit für praktische Bewertungsfälle (ein wenig) zu konservieren, was angesichts des sehr schnellen Alterungsprozesses von Steuernormen in heutiger Zeit geboten erscheint.

Kapitel 4. fasst Ergebnisse zusammen.

2. Operative Planungsmodelle

Der Wert des Unternehmens V_0^E wird als Barwert der eigenfinanzierten Dividenden oder äquivalent der Residualgewinne bestimmt. Geht $n \rightarrow \infty$, dann stellt sich die Frage, wie die „blutleere" DCF-Definition gemäß (2-1) bzw. Residualgewinn-Definition gemäß (2-2) nach dem expliziten Planungshorizont mit Leben gefüllt werden kann. Dies ist eine Kernfrage dieser Arbeit.

$$(2\text{-}1)\quad V_0^E = \sum_{t=1}^{n} \frac{E_0\left[\tilde{D}_t\right]}{\prod_{j=1}^{t}(1+k_j)}$$

$$(2\text{-}2)\quad V_0^E = BS_0 + \sum_{t=1}^{n} \frac{E_0\left[\widetilde{RG}_t\right]}{\prod_{j=1}^{t}(1+k_j)}, \text{ wobei}$$

$$E_0\left[\widetilde{RG}_t\right] = E_0\left[\widetilde{J\ddot{U}}_t - k_t \cdot \widetilde{BS}_{t-1}\right] = (ROA_t - k_t) \cdot E_0\left[\widetilde{BS}_{t-1}\right]$$ [30]

Ein Ausweg könnte prima facie nun darin gesehen werden, den Wertbeitrag für eine explizite Planungsphase zu bestimmen und dazu den diskontierten Marktwert des Unternehmens am Ende der expliziten Phase zu addieren. Das Problem ist aber, dass man den erwarteten Marktwert am Ende der expliziten Phase (= Endwert) erst kennt, wenn der Marktwert in $t = 0$ bekannt ist. Das ist aber gerade die gesuchte Größe. Dieser Weg stellt also eine Sackgasse dar.
Planungen in Unternehmen werden i.d.R. nur über einen relativ kurzen Zeitraum erstellt, so dass die Planungsgrundlagen für eine umfassende Unternehmensbewertung noch nicht ausreichen.[31] An einer eigenständigen Planung und Prognose künftiger Überschüsse scheint deshalb kein Weg vorbeizuführen, falls der Unternehmenswert transparent bestimmt werden soll.

Das zweite Kapitel beschäftigt sich mit der Bewertung des operativen Geschäfts (Aktivseite)[32] und ist wie folgt aufgebaut: In dem Abschnitt 2.1. werden Ein-Phasen-Modelle des Endwerts analysiert. Abschnitt 2.2. setzt die Diskussion für Mehr-Phasen-Modelle fort. Die folgende Tabelle 2-1 strukturiert die analysierten Modelle hinsichtlich der relevanten Planungsparameter und des Phasenbezugs. Mehr-Phasen-Modelle weisen i.d.R. einen höheren Flexibilitätsgrad als Ein-Phasen-Modelle aus, sind dafür aber auch oftmals komplexer.

Es werden materielle (ökonomische) Bewertungselemente, die die Investitionspolitik einer eher indirekten bis hin zu einer direkten Messung unterziehen, diskutiert:

- Überschusswachstum
- Buchrenditen und Buchwertwachstum
- Reinvestitionsrenditen und Reinvestitionswachstum

---

30 Wenn ein nach subjektiven Wahrscheinlichkeiten gebildeter Erwartungswert einer unsicheren Variable X des Zeitpunkts t auf Basis des Informationsstandes t-1 gemeint ist, wird dieser notiert als $E_{t-1}\left[\tilde{X}_t\right]$ bzw. $E_{t-1}^{P}\left[\tilde{X}_t\right]$. Äquivalent wird in der Literatur auch die Notation $E\left[\tilde{X}_t \middle| \mathcal{F}_{t-1}\right]$ verwendet.
Der Einfluss von Unsicherheit soll hier noch nicht problematisiert werden. Es wird angenommen, dass die Dividende unsicher ist und daher mit einer risikoadäquaten Rendite zu diskontieren ist. Vgl. Kapitel 2.4.

31 Vgl. z.B. Van Horne (1998), S. 31; Christensen/Feltham (2003), S. 291. Van Horne (1998), S. 727, berichtet, dass in der Praxis der Unternehmensplanung ein Horizont von einem Jahr überwiege, gefolgt von einem Planungshorizont bis 5 Jahre. Nur wenige Unternehmen wie Energieversorger oder öffentliche Unternehmen planten darüber hinaus. Für Deutschland kann diese Praxis generell bestätigt werden. Vgl. Aders/Hebertinger (2003), S. 23-24. Die empirische Studie von Poterba/Summers (1995) deutet darauf hin, dass amerikanische Unternehmen in den neunziger Jahren ihren Planungshorizont kürzer als japanische oder europäische Unternehmen angesetzt haben.

32 Die Bewertung von Finanzanlagen der Aktivseite wird nicht thematisiert.

Phasenbezug / Planungsparameter	Ein-Phasen-Modelle	Mehr-Phasen-Modelle
Überschuss-wachstum	• **Einfache** Wachstumsmodelle - Ewige Rente mit geometrischem Wachstum, v.a. DCF Williams-Modell - Ewige Rente mit arithmetischem Wachstum, v.a. DCF - Autoregressive Modelle AR(1) i.S.v. Francis/Olsson/Oswald bzw. Myers, RG • **Komplexere** autoregressive Modelle AR(1), RG - Ohlson-Modell - Feltham/Ohlson-Modell	• S-Kurven-Modell, verallgemeinerte logistische Kurve und Gompertz-Kurve, DCF • Lineare Wachstumsverläufe, v.a. DCF • H-Modell als rechnerische Approximation, DCF
Buchrenditen und Buchwert-wachstum	• **Komplexeres** autoregressives Modell AR(1), RG Palencia-Modell (Spezialfall: **einfaches** AR(1)-Modell mit $\phi = [g_{BS,t} - g_{BS,\varnothing}] = 0$, d.h. $g_{BS}\ \forall\ t$, sowie Irrelevanz von θ und γ)	• Preinreich-Modell, v.a. DCF • Rozeff-Modell, DCF
Reinvestitions-renditen und Reinvestitions-wachstum	• **Einfache** Wachstumsmodelle - Ewige Rente mit geometrischem Wachstum Gordon-Modell, (Spezialfall: Copeland/Koller/Murrin-Modell) DCF Miller/Modigliani-Modell, IO - Ewige Rente mit arithmetischem Wachstum, IO Solomon-, Mao-Modell • **Komplexere** Modelle mit konvergierenden Reinvestitionsrenditen und - konstantem Reinvestitionswachstum (O´Brien-Modell), IO - konvergierendem Reinvestitions-wachstum, IO	• Miller/Modigliani-Modell und Erweiterungen, IO • Mao-Modell, IO • Konvergierende Reinvestitions-renditen, IO • Allgemeinere Investment Opportunities-Ansätze - Unbegrenzte Projektdauer - Begrenzte Projektdauer und CFROI-Ansatz

Tabelle 2-1: Überblick über Investitionspolitik abbildende Kalküle

Die formale (technische) Umsetzung dieser Planungsannahmen bewerkstelligen neben dem Phasenbezug diverse Rechenansätze, die von einem hohen bis zu einem niedrigen Aggregationsgrad reichen können:

- Discounted Cashflow (DCF)
- Residualgewinn (RG)
- Investment Opportunities (IO) = Wert der Existing Assets + Wert der Investment Opportunities

Welcher Rechenansatz in einem spezifischen Modell herangezogen wird, ist ebenfalls aus der Tabelle 2-1 erkennbar.

In den beiden nächsten Abschnitten wird hauptsächlich davon ausgegangen, dass die den Modellen inhärenten Überschussverläufe Ausdruck von Finanzplanungen sind. In Abschnitt 2.3. hingegen werden Möglichkeiten und Grenzen approximativer Endwertmodelle vor dem Hintergrund der theoretisch und empirisch geführten Diskussion gewürdigt. In Abschnitt 2.4. wird eine Renditedefinition zum Zweck der Unternehmensbewertung unter Unsicherheit vorgestellt.

2.1. Ein-Phasen-Modelle

Der Prototyp einer pauschalierten, mehr oder weniger *unvollständigen* Finanzplanung des Endwerts ist das Modell der ewigen Rente mit geometrischem Wachstum. Welche Implikationen könnten damit verbunden sein? In der Literatur tummeln sich etliche Definitionen für diese wohl einfachste Endwertkonzeption. Gemeinsamkeiten und Unterschiede werden analysiert, da die Modelle trotz ihrer scheinbaren Einfachheit verzwickter sind, als auf den ersten Blick vermutet wird.
In den nächsten Abschnitten werden Modelle betrachtet, die den Komplexitätsgrad vergleichsweise erhöhen, aber auch eine realitätsnähere Abbildung versprechen. Abschnitt 2.1.2. behandelt ebenfalls ein Modell der ewigen Rente, nun jedoch mit arithmetischem Wachstum, sowie autoregressive Modelle, die partiell vergleichbare Eigenschaften aufweisen. In Abschnitt 2.1.3. werden einfache Modelle mit konvergierenden Reinvestitionsrenditen betrachtet, zum einen bei konstantem Wachstum der Nettoinvestitionen wie nach dem Modell von O´Brien (2003) und zum anderen bei konvergierendem Wachstum der Nettoinvestitionen. Parametrisierte Residualgewinnmodelle wie etwa das Ohlson-Modell erscheinen als eine interessante und neuartige Modellierungsmöglichkeit des Endwerts. Eine Auslotung der Leistungsfähigkeit dieser Modelle findet in Abschnitt 2.1.4. statt.

2.1.1. Ewige Rente mit geometrischem Wachstum

Ein (DCF-)Endwert in Gestalt der ewigen Rente (mit Wachstum) ist nach einer empirischen Untersuchung in der US-amerikanischen Praxis Standard.[33] Dieses Ergebnis gilt ebenso für Deutschland.[34] Dieses Modell wird ganz überwiegend in der Literatur eingesetzt, um die entziehbaren Überschüsse, die über einen unbegrenzten Zeitraum nach der expliziten

---

[33] Vgl. Bruner/Eades/Harris/Higgins (1998), S. 18. In der Untersuchung sind mit Unternehmensbewertungen beauftrage Berater befragt worden. Dieses Bild spiegelt nach Bruner/Eades/Harris/Higgins (1998) auch die in der Untersuchung analysierte Selektion einschlägiger Literatur wider. Aber auch Multiples sind im praktischen Einsatz allein oder in Verbindung mit DCF-Ansätzen für die Endwertbestimmung vorzufinden.
Mard/Hitchner/Hyden/Zyla (2002), S. 24, berichten, dass im Rahmen von SFAS 141 und 142 eine Endwertformel nicht mechanisch vorgegeben sei, sondern an die Lebensdauer limitierender Faktoren wie z.B. vertragliche Bestimmungen gebunden sei. Nach Mard/Hitchner/Hyden/Zyla (2002), S. 48 und 93, dürfte das hauptsächlich angewandte Modell das Modell der ewigen Rente sein.

[34] Vgl. etwa Moser (2002), S. 17.

Planungsphase erwartet werden,[35] pauschal als Endwert zu schätzen.[36] Es ist aber auch vorstellbar, das Modell für den Spezialfall eines Unternehmens mit stabil wachsenden *erwarteten* Dividenden einzusetzen, wodurch sich eine explizite Planung erübrigen kann.

2.1.1.1. Abbildungen

Im Folgenden werden vier äquivalente Abbildungen des ewigen Rentenmodells mit Wachstum untersucht. Die Ansätze lassen sich ineinander überführen, unterscheiden sich jedoch insofern, welche Parameter die Ursache, und welche das Symptom darstellen. Die Präsentation der Modelle von Williams, Gordon und Copeland/Koller/Murrin ist an deren historische Abfolge in der Literatur geknüpft. Anschließend wird die disaggregierte Variante des ewigen Rentenmodells, basierend auf dem Investment Opportunites-Ansatz von Miller/Modigliani (1961) behandelt.

2.1.1.1.1. Williams-Modell

Werden die Rendite k und das Wachstum g_D als konstant angenommen, lässt sich die folgende ewige Rentenformel aus (2-1) ableiten:[37]

$$(2\text{-}3)\quad V_0^E = \frac{E_0\left[\tilde{D}_1\right]}{k - g_D}, \text{ wobei } k > g_D$$

Um die Notation der Endwertformeln im Folgenden zu vereinfachen, wird eine explizite Phase nicht eigens vorgeschaltet.[38] Bei dem Modell nach Williams ist die Dividende $E_0\left[\tilde{D}_1\right]$ und die Wachstumsrate g_D zu prognostizieren. Die Dividende stellt einen Bruchteil des Jahresüberschusses (1-b) aufgrund von Reinvestitionen dar.[39] Deshalb ergibt sich in diesem Modell die Reinvestitionsquote b implizit. Ein sich ebenfalls implizit ergebender Parameter ist die

---

[35] Es ist nicht impliziert, dass das Unternehmen selbst eine unbegrenzte Lebensdauer hat - es ist nicht selten, dass Unternehmen verschmolzen, eingegliedert werden, usw. -, sondern, dass die Überschüsse der auch immer wieder neu angestoßenen Projekte praktisch unbegrenzt sprudeln.

[36] Williams (1938), S. 87, empfindet die Erwartung von Dividenden, die ohne Vorschaltung einer expliziten Phase mit konstanter Wachstumsrate ansteigen, für hypothetisch, ja unmöglich. Moxter (1976) steht auch bei Vorschaltung einer expliziten Phase einer ewigen Rente mit Wachstum skeptisch gegenüber. Er beurteilt diese Formel deshalb wohl als problematisch, da sie einen unendlich lange währenden inflatorischen Prozess induziere. Vgl. Moxter (1976), S. 175-177. Jaensch (1966), S. 35, betrachtet eine ewige Rente ohne Wachstum. Dass der Fall einer stabilen Dividende ex post nicht so häufig auftaucht, muss nicht als Argument gegen diese Formel gelten, da in dieser Erwartungen von Investoren ex ante beschrieben werden. Je nach Lebenszyklus des Unternehmens muss Nullwachstum nicht unplausibel sein. Van Horne/Wachowicz (2001), S. 79, Fn. 7, berichten, dass AT & T 36 Jahre eine stabile Dividende von 9 $ von 1922 bis 1958 gezahlt hat. In der englischsprachigen Literatur zur Unternehmensbewertung spielt gleichwohl der Fall des Nullwachstums eine untergeordnete Rolle, der Wachstumsfall dominiert klar. Es scheint nur schwerlich möglich zu sein, a priori die eine oder andere Wachstumsannahme als dominant zu erachten.

[37] Williams wurde mit der erstmals 1938 veröffentlichten Dissertationsschrift bei Schumpeter an der Harvard Universität promoviert. Williams hat die Modell-Grundlagen der Unternehmensbewertung wesentlich mitgeprägt. Zu einer Darstellung der historischen Entwicklung der Unternehmensbewertung und Investitionsrechnung, sowie zu einer Einschätzung vgl. Schneider (2001), S. 769-795. Zu einer Darstellung der Entwicklung der Unternehmensbewertungslehre im deutschsprachigen Raum vgl. Drukarczyk (2003b), S. 128-135.
Diese Formel wurde vermutlich auch schon vor Williams von Versicherungsmathematikern verwendet, so dass der früheste publizierte Einsatz sich mindestens auf das Jahr 1869 datieren lässt. Vgl. Bierman/Hass (1971), S. 1136. Vgl. ebenso Williams (1938), S. 87-89; Graham/Dodd/Cottle (1962), S. 526-528.

[38] Wird angenommen, dass die Endwertphase ab T beginnt, dann gilt freilich: $E\left[\tilde{V}_{T-1}^E\right] = \frac{E_0\left[\tilde{D}_T\right]}{k - g_D}$.

[39] $b = E_0\left[\Delta\tilde{I}_t\right] / E_0\left[\tilde{JÜ}_t\right]$. Das ist bei reiner Eigenfinanzierung gleichbedeutend mit der Thesaurierungsquote.

Reinvestitionsrendite IRR = g_D/b.[40] Bei diesem Modell muss sich der Anwender insbesondere Gedanken über den Ansatz von g_D machen, weil der Wert sehr sensitiv auf Veränderungen dieses Parameters reagiert. Als Substitut für g_D wird zuweilen die langfristige Wachstumsrate einer Volkswirtschaft g_{BIP}[41] bzw. die langfristige Inflationsrate w[42] vorgeschlagen, sowie historische bzw. zukunftsgerichtete, auf Analystenschätzungen basierende Wachstumsraten.[43]

I.d.R. wird unterstellt, dass g_D positiv ist. Es kann aber auch von einer negativen Wachstumsrate ausgegangen werden, sei es dass Marktanteile sinken oder Renditen IRR. Wichtig ist, dass diese Formel nur dann definiert ist, wenn k größer als die Wachstumsrate ist. Diese Regularitätsannahme ist wichtig, weil sonst eine Preisblase entstünde und der Wert in $t = 0$ generell unbestimmt wäre, wenn der Wert zu einem bestimmten Zeitpunkt T unendlich groß wäre. Dies wird in der Literatur auch als *Transversalitätsbedingung* bezeichnet.[44] Der Wert geht im Rentenfall bei $g > k$ mathematisch gegen unendlich.[45] Diese Lösung ist ökonomisch nicht verteidigungsfähig, da die Beobachtung von an der Börse gehandelten Unternehmen zeigt, dass diese keine ideellen Liebhaberstücke mit einem prohibitiven Preis darstellen.[46]

In Literatur sowie in Bewertungsgutachten wird zuweilen eine Symbiose der Annahme Investition ≙ Abschreibung (I = Ab), d.h. JÜ = D, und einer Wachstumsrate größer null versucht, die sich auf jede einzelne Position des Zahlungsüberschusses bezieht. Das bedeutet, dass *keine* Erweiterungsinvestitionen vorgenommen werden. $b = 0$ ist unterstellt. Die Buchrenditen ROA_t gehen im Zeitablauf dann gegen unendlich. Diese implizite Annahme lässt sich ökonomisch aber kaum vertreten, weil sie einen grenzenlosen Planungsoptimismus (sog.

---

40 Ebenso könnte als impliziter Parameter ROA betrachtet werden. Jedoch muss dieser nicht konstant sein. Darauf ist noch zurückzukommen.

41 Vgl. Elton/Gruber/Brown/Goetzmann (2003), S. 454. Barthel (2002), S. 50, verweist darauf, dass in deutschsprachiger Literatur und Judikatur Wachstumsraten von 1 % - 3 % anzutreffen seien. Für den Vorschlag einer Ableitung der Wachstumsrate aus dem Produktionsindex mit dazugehörigen Tabellen vgl. auch Barthel (2002), S. 7-14.

42 Vgl. etwa Richter (2000), S. 278. Bekanntlich kann der pauschale Ansatz dieser Rate zu grob sein, und den individuellen Verhältnissen u.U. nicht gerecht werden. w („Geldentwertungsabschlag") und g_D müssen sich folglich nicht zwingend entsprechen. Mandl (1999), S. 49-51, betont deshalb auch, dass der Ausdruck „Geldentwertungsabschlag" für g_D irreführend sei. Da hier nominal gerechnet wird, braucht eine (indes auch nicht einfach durchzuführende) Separation in reale Bestandteile nicht vorgenommen werden.

43 Timme/Eisenmann (1989) untersuchen empirisch, ob historische, Konsensus- oder auf individuelle Analystenschätzungen basierende Wachstumsraten g_D mehr Informationen enthalten. Die meisten Informationen sind nach dieser Studie in den auf individuellen Analystenschätzungen basierenden Wachstumsraten enthalten. Historische Wachstumsraten schneiden sehr schlecht ab.

44 Vgl. etwa Ingersoll (1987), S. 231; Duffie (1988), S. 198. Die Transversalitätsbedingung besagt, dass zu keinem Zeitpunkt der Wert gegen unendlich gehen darf.

45 Der Wert ist bei $k < g_D$ aus mathematischer Sicht nicht negativ, wie bei Payne/Finch (1999), S. 284; Hüfner (2000), S. 33, Fn. 44; Ballwieser (2002), S. 742, Fn. 50; Prokop (2003a), S. 104, Fn. 522, behauptet wird, weil die Formel (2-3) für diese Konstellation schlicht nicht definiert ist. Vgl. auch Bierman/Hass (1971), S. 1136; Casey/Loistl (2001), S. 624; Stowe/Robinson/Pinto/McLeavey (2002), S. 60.

46 Zu weiteren Lösungsvorschlägen, wie ein solch hypothetischer Zahlungsstrom bewertet werden könnte, vgl. Durand (1957).

„Hockey-Stick"-Effekt)[47] unterstellt.[48]

$$(2\text{-}4)\quad V_0^E = \frac{E_0\left[\widetilde{D}_1\right]}{k - g_D} = \frac{E_0\left[\widetilde{JÜ}_1\right]}{k - g_{JÜ}}, \text{ wobei } k > g_{JÜ} (= g_D)$$

Beispiel: $E_0\left[\widetilde{D}_1\right] = 1; k = 0{,}10.$

Dieser Effekt kann zustande kommen, wenn bei Sensitivitätsanalysen der mutatis mutandis-Charakter einer c.p.-Analyse weicht. In der folgenden Abbildung 2-1 ist der Zusammenhang zwischen der Wachstumsrate und dem Wert nach (2-4) dargestellt.[49]

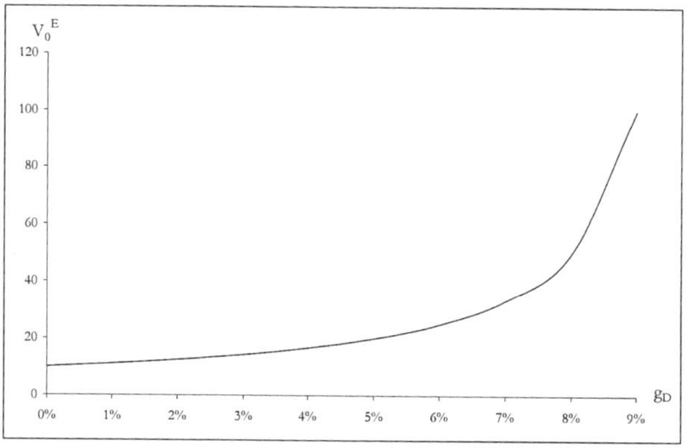

Abbildung 2-1: Wachstum und Williams-Modell

Wenn im Fall der ewigen Rente *ohne* Wachstum I > Ab angenommen wird, hat dies - wird die Zusammensetzung des Cashflows unverändert fortgeschrieben - zur Folge, dass Buchrenditen gegen null fallen werden. *Mit* Wachstum ist diese Konstellation realistisch, wenn die Nettoinvestitions- $g_{\Delta I}$ und Jahresüberschusswachstumsrate $g_{JÜ}$ identisch sind. Diese sind identisch, wenn die Überschussbestandteile mit derselben Wachstumsrate fortgeschrieben werden.

---

47 Vgl. Copeland/Koller/Murrin (1994), S. 306; Herter (1994), S. 71; Bühner (1996), S. 337.

48 Copeland/Koller/Murrin (2000) sprechen deshalb in diesem Fall auch von einer „aggressiven" Formel. Vgl. kritisch Copeland/Koller/Murrin (2000), S. 282-283, Richter (1999a), S.148, Fn. 199. Von Rappaport/Mauboussin (2001), S. 37, wird diese Formel gänzlich unkritisch als *die* Formel für den Fall einer ewigen Rente mit Inflation präsentiert. Es wird unterstellt, dass Wachstum lediglich inflationär bedingt sei (g = w) und völlig auf die Abnehmerseite überwälzbar sei. Eine Annahme, die in dieser Allgemeinheit aber nicht zutreffen muss, sondern einen Spezialfall markiert. Vgl. z.B. Drukarczyk (2003b). Immerhin bemühen sich Rappaport/Mauboussin (2001) um eine Begründung. Vgl. zu dieser Formel auch Booth (2002), S. 13; Coenenberg (2003), S. 1050.
Im Detail kann der Ansatz aber nicht überzeugen, da die Bilanzsumme ohne Reinvestitionen konstant bleibt, während bei dem von Rappaport/Mauboussin eingesetzten WACC-Ansatz der Unternehmensgesamtwert mit einem unterstellten konstanten Verschuldungsgrad (in Marktwerten) aufgrund der inflatorisch wachsenden Zahlungsüberschüsse wächst. Das Fremdkapital wächst auch mit der Wachstumsrate. Das Unternehmen ist nach dieser Planung bilanziell bald überschuldet. Dieser Zustand kann so nicht in alle Ewigkeit fortgeschrieben werden. Grundsätzlich sind dann zwei Möglichkeiten denkbar: Entweder wird das Unternehmen nach Anpassung der bilanziellen Kapitalstruktur weitergeführt oder ein Insolvenzverfahren steht an. Das Problem wird hervorgerufen durch das steigende Fremdkapital aufgrund der WACC-Implikation. Die Problemerkenntnis bereitet auch schon die Heilung in diesem Fall. Eine explizite Planung des FK-Volumens erkennt dieses Problem.

49 Vgl. dazu auch Payne/Finch (1999), S. 286, sowie Casey/Loistl (2001), S. 624.

Der Fall I < Ab hingegen macht langfristig keinen Sinn.
Die nachfolgende Tabelle stellt Kombinationen von I und Ab mit g ≥ 0 % für den Fall zusammen, dass die einzelnen *Bestandteile* der Überschüsse ewig fortgeschrieben werden. Ökonomisch unplausible Kombinationen sind grau markiert.

	1. $g_D = 0$	**2. $g_D > 0$**
A. I > Ab	ROA→0	a) Steady State: ROA = IRR b) allgemein: ROA→IRR c) IRR = k: gleiches Bewertungsergebnis wie B.1.
B. I = Ab	ROA = c[50]	ROA→∞
C. I < Ab	BS→-∞	BS→-∞

Tabelle 2-2: Implikationen des Verhältnisses Investition zu Abschreibung im Fall der ewigen Rente

Die Formel der ewigen Rente ergibt sich als ein Spezialfall von Formel (2-3) bzw. (2-4) mit $g_D = 0$ %.[51]

$$(2\text{-}5)\quad V_0^E = \frac{E_0\left[\tilde{D}_1\right]}{k} = \frac{E_0\left[J\tilde{Ü}_1\right]}{k}$$

Ein Vergleich dieser Modellvariante mit und ohne Wachstum lässt den Endwert mit Wachstum stets höher erscheinen.[52] Der Vergleich ist tückisch, da implizit mit einem höheren g_D jeweils auch ein höheres ROA unterstellt ist, das im Grenzfall b = 0 (I = Ab) gegen unendlich strebt.

2.1.1.1.2. Gordon-Modell
Das von Gordon/Shapiro (1956) konzipierte Dividendenwachstumsmodell - in der Literatur überwiegend als Gordon-Modell verbreitet - reichert die Formel der ewigen Rente ökonomisch an.[53] Über eine konstante Reinvestitionsquote $b \in [0;1[$[54] wird die Höhe der Erweiterungsinvestitionen und deren Profitabilität über eine konstante Reinvestitionsrendite (IRR) erfasst. Die Wachstumsrate ist im Gegensatz zum Williams-Modell kein „deus ex machina“, sondern berechnet sich über $g_{JÜ} = g_D = IRR \cdot b$. Vom Jahresüberschuss werden Reinvestitionen abgezogen, um den entziehbaren Überschuss, d.h. die Dividende im Zähler von Formel (2-6) zu erhalten.[55]

[50] Die Reinvestitionsrendite IRR spielt keine Rolle, da nicht reinvestiert wird.
[51] Vgl. auch zu dieser Formel Williams (1938), S. 77-80.
[52] So etwa bei Günther (1997), S. 156.
[53] Das Modell ist für die Bestimmung des Unternehmenswerts ohne Vorschaltung einer expliziten Phase von Gordon/Shapiro propagiert worden. Die Beziehungen des Modells zu seinen Vorgängern wie Williams (1938) erläutert Gordon (1962), S. 45-45, Fn. 4. Vgl. z.B. auch Van Horne (1998), S. 28-30; Ross/Westerfield/Jaffe (1999), S. 115; Schultze (2001), S. 128-133; Bodie/Kane/Marcus (2002), S. 569; Damodaran (2002), S. 311-313.
Zuweilen wird aber auch das Williams-Modell in der Literatur etwas ungenau als Gordon/Shapiro- bzw. Gordon-Modell klassifiziert. Vgl. etwa Brigham/Ehrhardt (2002), S. 389; Damodaran (2002), S. 323-325; Fernández (2002), S. 114-115; Rudolf/Witt (2002), S. 8-10; Stowe/Robinson/Pinto/McLeavey (2002), S. 59-61.
[54] Miller/Modigliani (1961), S. 419, Fn. 12, äußern sich treffend zu der Annahme b = 1: „pathological extreme cases, fortunately of no real economic significance. An obvious example of such a case is the legendary company that is expected *never* to pay a dividend.“. Bruner (1999), S. 510, vergleicht ein derartiges Unternehmen mit Peter Pan: „*it never grows up;* it never matures (...). This is a crazy implication (...).“.
[55] Vgl. Gordon/Shapiro (1956), S. 105. Gordon/Shapiro beziehen ursprünglich ihre Ausführungen auf ein kontinuierliches Modell und lassen daher ihre Startdividende mit t = 0 beginnen, wie auch Miller/Modigliani (1961). Danach übertragen sie analog diese Vorgehensweise auf das diskrete Modell. *Hier* soll der Wert in t = 0 (ex Dividende) bestimmt werden und damit ist die Dividende in t = 1 einschlägig.

$$(2\text{-}6)\quad V_0^E = \frac{(1-b)E_0\left[\widetilde{JÜ}_1\right]}{k - IRR \cdot b}, \text{ wobei } k > IRR \cdot b$$

An diesem einfachen Modell wird deutlich, dass zusätzliches Wachstum erst dann wertsteigernd wirkt, wenn die durch Erweiterungsinvestitionen generierte Rendite höher als der risikoangepasste Kapitalkostensatz ist, d.h. IRR > k gilt. Lässt man die Dividende der Williams-Formel bei einer Variation von g_D unberührt, dann impliziert dies bei gegebenem b > 0 ein steigendes IRR mit steigendem g_D, da bei $g_{JÜ} = g_D$ gilt: $IRR = g_D/b$. Auf diese tückische Auslegung des Williams-Modells macht das Gordon-Modell aufmerksam.
Die Beziehung hilft abzuschätzen, ob die angesetzte Wachstumsrate plausibel ist. So kann auch das Modell von Rappaport nach Umformulierung in die Form von (2-6) gebracht werden:[56]

$$V_0^E = \frac{\overbrace{(1+g_{UE})\cdot(1-y)\cdot E_0\left[\widetilde{UE}_0\right]}^{E_0[\widetilde{JÜ}_1]} - \overbrace{g_{UE}\cdot E_0\left[\widetilde{UE}_0\right]\cdot z}^{E_0[\widetilde{JÜ}_1]\cdot b}}{k - IRR \cdot b}, \text{ wobei } k > IRR \cdot b \text{ und } b = \frac{g_{UE}\cdot E_0\left[\widetilde{UE}_0\right]\cdot z}{E_0\left[\widetilde{JÜ}_1\right]}$$

Ist die implizierte Reinvestitionsrendite (= g_D/b) bei gegebenem b und g_D zu hoch, dann ist die Wachstumsrate nicht realistisch.

2.1.1.1.3. Copeland/Koller/Murrin-Modell

Das Williams-Modell kann jedoch im Sinne des Gordon-Modells interpretiert werden, indem berücksichtigt wird, dass $g_D = IRR \cdot b$ bzw. $b = g_D/IRR$ gilt. Dieser Beziehung bedient sich auch das Modell von Copeland/Koller/Murrin.[57] Neue Einsichten werden durch die Umstellung der Gordon-Fomel aber nicht geboten. g_D und IRR werden explizit vorgegeben. Ein Implikat dieser Festlegung ist dann b:

$$(2\text{-}7)\quad V_0^E = \frac{E_0\left[\widetilde{JÜ}_1\right](1-g_D/IRR)}{k - g_D}, \text{ wobei } k > g_D$$

Es gilt also: $E_0\left[\widetilde{D}_1\right] = E_0\left[\widetilde{JÜ}_1\right](1-g_D/IRR)$. Um positive Werte für V_0^E zu erhalten, muss $b \in [0;1[$ sein, bzw. anders ausgedrückt $g_D < IRR$, wobei $g_D > 0$, $IRR > 0$.[58]

---

[56] Vgl. zu der Cashflow-Definition Rappaport (1986), S. 52-53. Ein dem Rappaport-Modell sehr ähnliches Modell wird bei Drukarczyk (2003a), S. 189-191, eingesetzt. Die Frage, wie realistisch alternative Wachstumsraten sind, lässt sich modellgestützt dann analog beantworten. Dort wird definiert: JÜ + Ab = UE (1-x); I = c UE; a = Ab/UE.

Es folgt: $$V_0^E = \frac{\overbrace{(1-x-a)\cdot E_0\left[\widetilde{UE}_1\right]}^{E_0[\widetilde{JÜ}_1]} - \overbrace{(c-a)\cdot E_0\left[\widetilde{UE}_1\right]}^{E_0[\widetilde{JÜ}_1]\cdot b}}{k - IRR \cdot b}, \text{ wobei } k > IRR \cdot b \text{ und } b = \frac{(c-a)\cdot E_0\left[\widetilde{UE}_1\right]}{E_0\left[\widetilde{JÜ}_1\right]}$$

Entscheidend ist zum einen die Nettoinvestitionsrate (c-a), als auch die Skalierung durch UE/JÜ.

[57] Copeland/Koller/Murrin (1990), S. 209-212, bevorzugen neben dieser sogenannten „value-driver-formula" für den Endwert eine lange explizite Planung bzw. das Williams-Modell. Vgl. auch Aders (1998), S. 57-58; Richter (1999a), S. 135; Higgins (2001), S. 329, Fn. 4.

[58] Ist b negativ, bedeutet dies, dass desinvestiert wird. Das kann dann sinnvoll sein, wenn IRR < k ist und IRR nicht nur auf die Erweiterungsinvestitionen, sondern auch auf die „assets in place" bezogen ist. Eine abrupte Desinvestition ist - soweit durchführbar - optimal. Ist IRR < 0 und $g_D < 0$, dann kann b trotzdem größer 0 sein, wenn $g_D > IRR$.

2.1.1.1.4. Miller/Modigliani-Modell

Das Modell von Miller/Modigliani (1961) stellt einen *Investment Opportunities-Ansatz* (IO-Ansatz) dar. Es splittet die Dividendenströme des DCF-Ansatzes in intertemporal aggregierte Investitionsprojekte mit deren Rückflüssen auf.[59] Miller/Modigliani bevorzugen diesen Ansatz.[60] Der Ansatz betont, dass sich der Wert des Unternehmens nach einer rudimentären Aufspaltung ergibt aus dem Wert von Investitionen vor dem Bewertungszeitpunkt (Assets in Place, V^{EA})[61] und dem Wert künftiger die Ersatzinvestitionen übersteigender Reinvestitionen (Investment Opportunities, V^{IO})[62], die nach dem Bewertungszeitpunkt durchgeführt werden.

Die Profitabilität künftiger Reinvestitionen wird über IRR erfasst, während die vergangener Investitionen über die Buchrendite der bestehenden Anlagen ROEA (Return on Existing Assets) erfasst wird. Zu beachten ist folgender Unterschied: Während IRR eine ökonomische Rendite darstellt, die den Bezug zu künftig positiven NKW eindeutig herstellt, gibt die Buchrendite ROEA keinen eindeutigen Aufschluss darüber, ob die existierenden Investitionen wertschaffend sind, d.h. einen positiven NKW beitragen. Dies ist der ökonomische Kern des Ansatzes von Miller/Modigliani, der seine Überlegungen auf ökonomischen, und nicht buchhalterischen Renditen aufbaut. Der Ansatz ist ausbaufähig und hat eine Vielzahl von Erweiterungen erfahren, wie im Folgenden noch gezeigt wird.

Der IO-Ansatz ist ein Nebenprodukt des Nachweises von Miller und Modigliani, dass Dividenden- (1961)[63] und Kapitalstrukturpolitik (1958) unter idealisierten Bedingungen d.h. vor allem bei gegebenem Investitionsprogramm (IRR und b sind unabhängig von beiden Politiken) und neutralem Steuersystem nicht relevant sind.

Der Ansatz stellt demnach also „nur" eine disaggregierte Variante des DCF-Ansatzes dar. Er ist aber wertvoll, da er den Zusammenhang zwischen Wertschaffung und Wachstum betont. Diesen Zusammenhang betonen auch das Gordon-Modell und das Copeland/Koller/Murrin-Modell. Wird deren Bedingungs-Konstellation jedoch verlassen, ist nicht klar, wie das Modell weiter auszubauen wäre. Das ist gerade ein Vorteil des Investment Opportunities-Ansatzes, der dann seine Stärke ausspielen kann. Um die Implikationen des Gordon-Modells herauszuarbeiten, wird angenommen, dass die Anzahl und Dauer von Investitionsprojekten unbegrenzt ist und diese eine konstante ökonomische Rendite, den internen Zinsfuss IRR, erwirtschaften, wobei die Reinvestitionsquote b konstant bleibt.[64] Diese Annahmen können relativ leicht aufgrund des modularen Aufbaus verallgemeinert werden.

---

[59] Miller/Modigliani (1961) untersuchen explizit den Fall IRR > k. Weitere Bezeichnung des Ansatzes sind etwa NPVGO (Net Present Value of the Growth Opportunity), vgl. Ross/Westerfield/Jaffe (1999), S. 112, oder einfach PVGO, vgl. Bodie/Kane/Marcus (2002), S. 571, ähnlich Brealey/Myers (2000), S. 82. Bei Copeland/Koller/Murrin (2000), S. 276-277, wird der Ansatz „Business Components Approach" genannt und bei Stewart (1991), S. 306, „Value-Driver Model". Hinsichtlich des Growth Options-Ansatzes vgl. etwa kritisch Danbolt/Hirst/Jones (2002) zu einer empirischen Untersuchung eines Options-Modells von Kester und Brealey/Myers. Eine neuere empirische Untersuchung legt Kester/Lowenstein (2000) vor. Copeland (2000) schätzt die Wachstum-Options-Komponente bei "Robust Growth Companies" gering ein im Gegensatz zu „Emerging Growth Companies".

[60] Vgl. Miller/Modigliani (1961), S. 426.

[61] Leibowitz/Kogelman (1992), S. 55, nennen diese Komponente Tangible Value. Auch Base Case genannt bei Copeland/Koller/Murrin (2000). Hier wird oft vereinfachend eine ewige Rente unterstellt. Diese Annahme lässt sich verfeinern. Dies wird in 2.2.3.4. vorgenommen.

[62] Leibowitz/Kogelman (1992), S. 55, nennen diese Komponente Franchise Value. Auch Growth Opportunities, bzw. Growth Options genannt.

[63] Vgl. auch Brennan (1971), der dies anhand der beiden von Gordon in Grundzügen aufgeworfenen Fälle der Abschnitte 2.1.1.3.1. und 2.1.1.3.2. diskutiert.

[64] Die nachfolgende Formel von Miller/Modigliani wurde ein wenig modifiziert. Konventionsgemäß wurde der Beginn der zu bewertenden Ströme auf den Zeitpunkt t_1 gesetzt. Bei Miller/Modigliani beginnen die Überschüsse wohl in Anlehnung an Gordon ab t_0 zu fließen. Der Bewertungszeitpunkt beträgt jetzt somit t_0.

Der Investment Opportunities-Ansatz könnte als *Analogon* zu dem APV-Ansatz angesehen werden, der ausführlich in Kapitel 3. behandelt wird. Bei Letzterem kann die Eigenschaft der Wertadditivität genutzt werden, um Kapitalstruktureffekte *querschnittsanalytisch* herauszuarbeiten, und bei Ersterem, um das Investitionsprogramm *längsschnittanalytisch* zu zerlegen und anschließend zu bewerten. Der Feinheitsgrad beider Ansätze lässt sich beliebig ausbauen. Die Ansätze können - wie in 3.2.4.2. noch zu zeigen sein wird - auch verbunden werden.
Die folgende Formel erfasst die wohl bekannteste Modellierung des Investment Opportunities-Ansatzes:[65]

$$(2-8)\ V_0^E = \frac{E_0\left[\widetilde{JÜ}_1\right]}{k} + \frac{E_0\left[\widetilde{JÜ}_1\right]}{k} \cdot \frac{b\cdot(IRR-k)}{k-b\cdot IRR}$$
$$= \frac{E_0\left[\widetilde{JÜ}_1\right]}{k} \cdot \left[1+\frac{b\cdot(IRR-k)}{k-b\cdot IRR}\right],\ \text{wobei } k > b\cdot IRR$$

Der erste Term erfasst den Wert der Assets in Place und der zweite den der Investment Opportunities. Ein Beispiel verdeutlicht die Arbeitsweise des Ansatzes.

Beispiel: $E_0\left[\widetilde{JÜ}_1\right] = 100$; $b = 0{,}5$; $IRR = 0{,}1$; $k = 0{,}08$.
$V_0^E = 1.250 + 416{,}7 = 1.666{,}7$.

	t=1	2	3	4
$JÜ_t$	100	105	110,25	...
$-\Delta I_t$	-50	-52,5	-55,125	...
$IRR \cdot \Delta I_1$		+5	+5	...
$IRR \cdot \Delta I_2$			+5,25	...
...				...
D_t	50	52,5	55,125	...

Die Nettokapitalwerte der Investitionsprojekte wachsen mit $g_{JÜ} = g_D = 0{,}5 \cdot 0{,}1 = 0{,}05$,[66] d.h. mit der gleichen Rate, mit der auch Dividenden und Jahresüberschüsse wachsen.

Miller/Modigliani weisen darauf hin, dass es für die Bewertung nicht nötig sei, die annuitätische Struktur der Investitionsprojektrückflüsse anzunehmen.[67] Folgt man dem, bedeutet dies aber, dass dann kein konstantes Wachstum mehr vorliegen muss. Dies hindert eine Äquivalenz mit den anderen besprochenen Modellen nicht generell, jedoch speziell auf Basis des ewigen Rentenmodells. Liegt die annuitätische Struktur vor, lassen sich die Dividenden leicht ableiten. Die annuitätische Struktur wird in der Literatur beibehalten, auch bei der noch zu diskutierenden verfeinerten Variante des CFROI-Modells.

---

[65] Stewart (1991), S. 297, beabsichtigt, die hier vorgestellte Planungskonstellation abzubilden. Die Abbildung erscheint aber nicht vollständig gelungen. Darauf weisen Mandl/Rabel (1997a), S. 665, hin und unterbreiten einen Heilungsvorschlag, der Formel (2-8) sehr nahe kommt.
[66] Der NKW des ersten Projekts in t_1 beträgt +12,5 (=-50+5/0,08), der NKW des zweiten Projekts in t_2 +13,125 usw. Die NKWs bilden also eine unendliche geometrisch wachsende Reihe mit einem Barwert in t_0 von V^{IO}= 12,5/(0,08-0,05) = 416,7.
[67] Vgl. Miller/Modigliani (1961), S. 416, Fn. 6.

Die folgende Tabelle stellt die Varianten der ewigen Rente in einer Synopse gegenüber:

Modell	**Williams**	• **Gordon** • **Miller/Modigliani**	**Copeland/Koller/Murrin**
Explizite Parameter	D und g_D	JÜ, b, IRR	JÜ, g_D, IRR
Implizite Parameter	ROA_t, IRR, b_t, $g_{BS,t}$	ROA_t, g_D, $g_{BS,t}$	ROA_t, b, $g_{BS,t}$

Die eben gezeigten Modelle sind vorherrschend in Literatur und Praxis. Diese haben ausgehend von Williams in den 40er Jahren durch Gordon ein Revival in den 60er Jahren erfahren. Modigliani/Miller haben anschließend Implikationen des Gordon-Modells reformuliert. In den 90er Jahren haben Copeland/Koller/Murrin das Gordon-Modell einem Redesign unterzogen. Beachtet man die Modellnuancen, so ist das Williams-Modell um den Preis ökonomischer Unbestimmtheit weiter gefasst als das Gordon-Modell. Das Gordon- und das Copeland/Koller/Murrin-Modell, sowie das einfache Investment Opportunities-Modell sind äquivalent.
Es ist nicht unüblich, dass bei empirischen Schätzungen dieser Modelle unterschiedliche Werte resultieren. Dies rührt daher, dass die Operationalisierungen der Modelle inkonsistente Parameterschätzungen hervorbringen.[68]

2.1.1.2. Modell-Analyse
Werden Inferenzen bei dem Williams-Modell gezogen, indem von fallenden Buchrenditen etwa ausgegangen wird, dann steigt b, um den Wachstumspfad aufrecht zu erhalten.[69] Dass bei fallenden Buchrenditen mehr investiert wird, erscheint über einen unbegrenzten Zeitraum aber nicht sehr plausibel. Wird das Williams-Modell eingesetzt, dann bietet sich das Gordon-Modell für eine Plausibilitätsprüfung an. Entscheidend ist dabei die Annahme der unbegrenzten Projektdauer ($m \rightarrow \infty$).[70]
Ökonomisch aussagekräftig sind die von Gordon bzw. Miller/Modigliani modellierten Parameter IRR und b, die bei den anderen Modellformulierungen ganz bzw. partiell versteckt sein können.[71]

Gordon argumentiert, weshalb eine erwartete Konstanz der Parameter IRR und b angebracht sei. Auf die lange Sicht bezogen, d.h. für einen Endwert erscheint insbesondere sein Argument nicht unplausibel, dass b langfristig konstant erwartet werden könne.[72] Möchte man das Modell zur Optimierung nutzen, würde bei IRR > k ein höchstmögliches b angestrebt und bei IRR < k ein

68 Statman (1984) nimmt eine vergleichende empirische Studie vor, und kommt zu dem Ergebnis, dass das Investment Opportunities-Modell nach einer für empirische Zwecke zugeschnittenen Interpretation ein wenig besser reüssiere als das Williams-Modell nach (2-3). Statman macht aber auch klar, dass die Modelle theoretisch äquivalent sind. Die Differenzen müssen also durch unterschiedliche, implizite Annahmen bei der empirischen Implementierung hervorgerufen worden sein. Statman belegt damit, dass seine Konkretisierung des Investment Opportunities-Ansatzes eine bessere Abbildung der Daten liefert als seine Konkretisierung des Williams-Modells.
Ashton (1995), S. 3-6, vergleicht Williams- und Gordon-Modell. Dabei werden unterschiedliche Ergebnisse hervorgebracht.

69 Dies kann auch formal anhand der noch zu zeigenden Formel (2-50) belegt werden.

70 Eine Verfeinerung dieser Annahme wird in 2.2.3.4.2. diskutiert.

71 „Every stock price model contains - by design or default - a prediction of future investment and its profitability." Gordon (1962), S. 48.

72 Vgl. Gordon (1962), S. 46-47. Aber im hinteren Teil des Buchs von Gordon wird darauf hingewiesen, dass dies bei einigen Firmen ex post nicht zutreffe. Wenn IRR eine Funktion von b darstellt, dann ist IRR auch konstant, wenn b konstant ist. Vgl. Gordon (1962), S. 94-95.

$b \leq 0$. Jedoch ist es ökonomisch nicht unplausibel, dass diese Ecklösungen bei der ceteris paribus-Annahme nicht ganz unproblematisch sind. Gordon vermutet, dass bei einer Erhöhung von b mutatis mutandis IRR fiele.[73] Gilt IRR = k, was eine ökonomisch besonders plausible Lösung darstellt, bestünde Indifferenz für b.
Das Gordon-Modell gibt trotz seiner Einfachheit erste wichtige Hinweise über den Einfluss des Wachstums auf den Unternehmenswert. Wachstum ist nicht nur für die Unternehmensbewertung, sondern für viele Teildisziplinen der Wirtschaftswissenschaften ein zentraler Begriff. Unternehmenswachstum wird häufig als eine aus Sicht des Managements zu maximierende Zielfunktion angesehen (Baumol). Bei einer marktwirtschaftlichen Ordnung steht Marktwertmaximierung im Vordergrund, da Eigentümern nur der entziehbare Überschuss nach Abzug aller Kontrakteinkommen zusteht, jedoch nicht eine bloße Steigerung der Umsatzerlöse. Wachstum ist so besehen Mittel zum Zweck. Es ist daher zu unterscheiden, ob wertsteigerndes oder -senkendes Unternehmenswachstum in den Planungen zur Ermittlung eines Unternehmenswerts zum Ausdruck kommt. Eine ökonomisch aussagekräftige Messung ist aber leichter gesagt als getan, da die benötigten Informationen nicht einfach zu gewinnen sind.

(1) Beträgt die Reinvestitionsquote b = 0,[74] ist mit Wachstum nicht zu rechnen. Das Modell mündet in eine ewige Rente: $V_0^E = E_0\left[\widetilde{JÜ}_1\right]/k$. Die Annahme nominalen Nullwachstums dürfte nicht sehr realistisch sein.[75]

(2) Beträgt IRR = k,[76] kann vereinfacht werden zu $V_0^E = E_0\left[\widetilde{JÜ}_1\right]/k$.[77] Die Wachstumsrate beträgt aber nicht notwendigerweise $g_D = 0$, sondern kann sich wertneutral innerhalb der Spanne $0 \leq g_D < k$ bewegen. Die wertneutrale Wachstumsrate beträgt:

$$g_D = k \cdot b = k \cdot \frac{b \cdot E_0\left[\widetilde{JÜ}_1\right]}{E_0\left[\widetilde{JÜ}_1\right]} = \frac{k \cdot E_0\left[\Delta\tilde{I}_1\right]}{E_0\left[\Delta\tilde{I}_1 + \widetilde{JÜ}_1\right]}.$$

In der nachfolgenden an Miller/Modigliani (1961) angelehnten Abbildung werden die entziehbaren Überschüsse im Zeitablauf bei Wachstum dargestellt.[78]

Beispiel: $E_0\left[\widetilde{JÜ}_1\right] = 100$; k = 0,1; IRR = 0,1; variiert wird b = 0; 0,2; ...; 0,8.
Es folgen g_D = 0; 0,02; ...; 0,08.

---

[73] Eine Schätzung könne nach Gordon über interne Daten erfolgen. Vgl. Gordon (1962), S. 49-50, S. 93-94.

[74] D.h. nicht, dass überhaupt nicht investiert wird, sondern nur, dass keine Erweiterungsinvestitionen getätigt werden. Erhaltungsinvestitionen für Assets in Place werden vorgenommen; Ab = I.

[75] Vgl. Henselmann (1999), S. 119.

[76] ROA = IRR gilt nicht unbedingt, sondern nur im Steady State-Fall. Vgl. dazu noch den Abschnitt 2.1.1.3.

[77] Bei Copeland/Koller/Murrin (2000), S. 281-282, wird diese Formel auch als Konvergenzformel bezeichnet, weil die Buchrenditen langfristig gegen k konvergieren. Bei der Gordon-Formel konvergieren freilich ganz allgemein die Buchrenditen gegen IRR, ohne dass IRR = k gilt.

[78] Vgl. Miller/Modigliani (1961), S. 423.

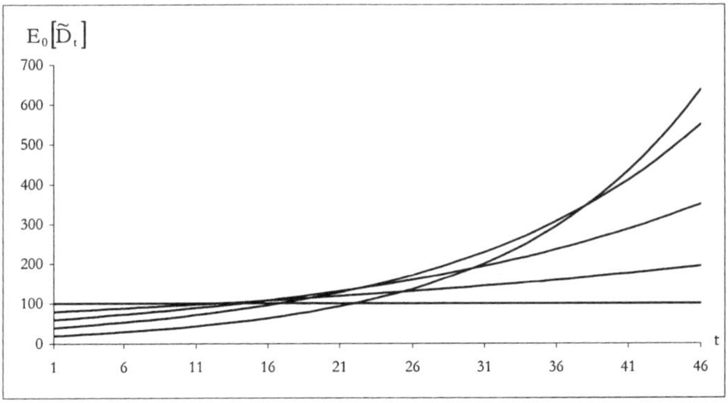

Abbildung 2-2: Wachstum und entziehbare Überschüsse im Zeitablauf

Anfangs niedrige Dividenden überholen im Zeitablauf anfangs höhere Dividenden aufgrund eines höheren Wachstums.

(3) - Gilt IRR > k, steigt der Wert mit steigendem b. Die Wachstumsraten g_D steigen mit steigendem b stark an. Ist b negativ, dann fällt der Wert.[79] Es erscheint nicht sehr realistisch, dass Wettbewerb – es sei denn, es handelt sich um ein staatliches oder natürliches Monopol – dies zeitlich unbegrenzt zulässt.[80]

- Gilt IRR < k, fällt der Wert mit steigendem b.[81] Die Wachstumsraten steigen mit steigendem b moderat.
  Ist b negativ, dann steigt der Wert.[82] Unterstellt ist, dass wertbelastende Projekte desinvestiert werden, für die IRR < k gilt. Die Buchrendite ROA_t bessert sich dadurch zumindest im Zeitablauf auf. Ist zudem IRR-k für die bestehenden Assets positiv, hat das Unternehmen trotz sinkender Unternehmensgröße dennoch Projekte mit weiterhin positivem NKW.
- Fruhan (1984) zeigt empirisch, dass US-Unternehmen mit niedriger (hoher) Rendite viel (wenig) investiert haben, d.h. ein hohes (niedriges) b aufweisen.[83]

(4) Die Modellwerte sind abhängig von g_D, jedoch nicht mehr so stark ausgeprägt wie bei der ersten Modellvariante. Der Grund ist, dass IRR nicht als eine steigende Funktion von g_D aufgefasst wird, wie in Abbildung 2-1 unterstellt.

Ein Vergleich des Gordon-Modells mit und ohne Wachstum fällt differenzierter aus als bei dem Williams-Modell. Der Endwert mit Wachstum ergibt sich aus dem Endwert ohne Wachstum

---

79 Dieser Fall ist in dem Beispiel nicht enthalten.

80 Vgl. auch Herzberg (1998), S. 46-47.

81 Aus normativer Sicht sollten die Projekte dann nicht durchgeführt werden. Diese Konstellation ist langfristig nicht realistisch, weil implizit unterstellt wird, dass Investitionsprojekte mit fortwährend negativen Kapitalwerten von den Eignern geduldet würden oder dass keine Übernahme drohte. Vgl. auch Vgl. etwa Herzberg (1998), S. 47; Richter (1999a), S. 148. Die Buchrenditen konvergieren dann zumindest langfristig gegen IRR. Die Liquidationsannahme ist nicht zwingend. Realistischer erscheint, dass die Renditen zumindest gegen die Kapitalkosten konvergieren. Die Modellierung einer ewigen Rente ist in diesem Fall dann also nicht passend. Vgl. für entsprechende Modellierungen etwa den Abschnitt 2.1.3.

82 Dieser Fall ist in dem Beispiel ebenfalls nicht enthalten.

83 Vgl. insbesondere Fruhan (1984), S. 90, Exhibit VIII. Gleichwohl definiert Fruhan Renditen als Buchrenditen. Vgl. zu dem analytischen Zusammenhang zwischen IRR und ROA noch Abschnitt 2.2.3.4.

$V_0^E = E_0\left[\tilde{JÜ}_1\right]/k$ multipliziert mit $\frac{k \cdot (1-b)}{k - IRR \cdot b}$. Der Multiplikator ist - wie Abbildung 2-3 illustriert - negativ bei k > IRR, gleich 1 bei k = IRR und positiv bei k < IRR. Fraglich erscheint, ob eine von IRR = k abweichende Konstellation für einen unbegrenzten Zeitraum ökonomisch plausibel ist. Im Folgenden wird die Gordon-Formel einer Sensitivitätsanalyse unterzogen.

Beispiel: $k = 0{,}1$; $b \in [0;0{,}45]$ und $IRR \in [0;0{,}2]$. Implizierte Wachstumsraten rangieren dann von 0 bis 9 %.

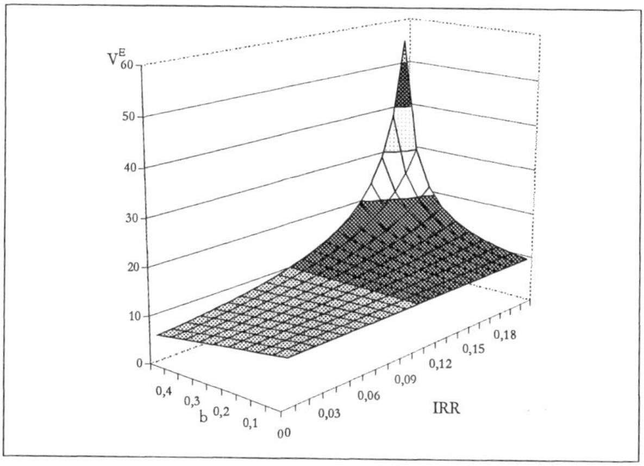

Abbildung 2-3: Gordon-Modell in Abhängigkeit von b und IRR

Die Konstellationen (1) und (2) sind im Ergebnis gleich und implizieren die Formel einer ewigen Rente ohne Wachstum. (2) erscheint ökonomisch plausibler.[84] Eine empirische Untersuchung von Fama/French (2000) belegt für amerikanische Daten, dass Jahresüberschüsse keinem Random Walk folgten.[85] Diese Beobachtung spricht gegen Konstellation (1).

Berkman/Bradbury/Ferguson (1998) gehen in einer empirischen Studie auf Basis von neuseeländischen IPO-Unternehmen von der Annahme IRR = k aus. Sie zeigen, dass dieses Modell mit dem Marktpreis als Bezugspunkt empirisch zu geringeren Fehlern führt als alternative Endwert-Modelle. Als Alternativen werden (2-3) und (2-4) mit g = 0 % bzw. 2 % untersucht.[86]

[84] Diese Annahme ist insofern plausibel, da es in einem kompetitiven Markt langfristig schwierig sein dürfte, ökonomische Überrenditen zu ernten. Einigen wenigen Unternehmen mag eine Outperformance vorbehalten sein. Welche diese sind, dürfte ex ante nur schwer abzuschätzen sein. Vgl. etwa Durand (1957), S. 355; Miller/Modigliani (1961), S. 422-423, Fn. 15; das Modell von Gordon/Gordon (1997), das in Abschnitt 2.2.2. näher untersucht wird; Rappaport (1986), S. 60-63; Durand (1989), S. 15; Stewart (1991), S. 310-311; Myers (1999b), S. 7 (aber bezogen auf Buchrenditen, was Steady State impliziert!); Richter (1999a), S. 198; Copeland/Koller/Murrin (2000), 281-282; Richter (2000), S. 279-281; Fabozzi/Grant (2000), S. 29-33; Francis/Olsson/Oswald (2001), S. 7; Higgins (2001), S. 329; Soffer/Soffer (2003), S. 227-228. Brealey/Myers (2000), S. 83, legen das meiste Gewicht auf ein Barwert-Modell, wobei IRR = k angenommen wird. Dafür wird der Investment Opportunities-Ansatz herangezogen. Äquivalent ist ebenfalls das Gordon- bzw. Copeland/Koller/Murrin-Modell einsetzbar. Ganz ähnlich Higgins (2001), S. 328-329, der das Copeland/Koller/Murrin-Modell zugrunde legt.

[85] Vgl. Fama/French (2000), S. 173.

[86] Klar ist, dass (2-3) und (2-6) analytisch identisch sind, wenn gleiche Annahmen getroffen werden. Diese konsistenten Ergebnisse haben aber keinen Eingang in die Studie gefunden, wie Berkman/Bradbury/Ferguson (1998), S. 30, feststellen.

Die alternativ eingesetzten Endwerte sind nicht konsistent entlang dieser Annahmen spezifiziert und sind somit als Endwert-Approximationen aufzufassen. Da keine der Approximationen empirisch besser abschneidet,[87] mag man diese Studie mit einigem guten Willen als Hinweis werten, dass die Annahme IRR = k zu empirisch plausiblen Resultaten führt.[88] Jedoch wird dieser gute Wille beträchtlich dadurch getrübt, dass in der Studie *nominale* Überschüsse mit einer *real* geschätzten Rendite diskontiert werden.[89] Es würde interessieren, ob ein theoretisch gesichertes Vorgehen das von Berkman/Bradbury/Ferguson (1998) präsentierte empirische Ergebnis replizieren könnte. Die Studie äußert sich zu dieser kritischen Frage leider nicht.

2.1.1.3. Äquivalenz von DCF-, Investment Opportunities- und Residualgewinn-Ansatz

Für die Bestimmung eines Endwertes werden überwiegend Discounted Cashflow- und Residualgewinn-Modelle,[90] aber auch Investment Opportunities-Modelle vorgeschlagen. Die Äquivalenz von Discounted Cashflow- und Investment Opportunities-Ansatz ist schon gezeigt worden. Die generelle Äquivalenz aller Ansätze gilt unbestritten, weil diese auf dem gleichen theoretischen Fundament des Zuflussprinzips an die Eigner ruhen.[91] Gleichwohl garantiert eine Äquivalenz aber nicht, dass diese auch immer in der für den Endwert eingesetzten Formel der ewigen Rente mit Wachstum hält.

Zur Untersuchung dieser Fragestellung wird zunächst die Konstellation des *Steady State* („Gleichgewichtspfad") analysiert. Dies erscheint notwendig, weil diesbezüglich zuweilen Konfusion in der Literatur herrscht. Anschließend wird die ewige Rente bei dem Discounted Cashflow- und dem Investment Opportunities-Ansatz, sowie bei dem Residualgewinn-Ansatz außerhalb des Steady State untersucht.

2.1.1.3.1. Konstellation des Steady State

Steady State (erwartetes homogenes Wachstum) liegt vor, wenn (zumindest) der Erwartungswert *aller* Bilanz-Positionen ab t-1 und *aller* GuV-Positionen ab t mit derselben Wachstumsrate g wächst.[92]

---

87 Dass diese Modelle analytisch nicht äquivalent umgesetzt sind, ist unzweifelhaft. Es ließe sich jedoch vorstellen, dass diese zumindest als approximative Modelle besser abschneiden. Vgl. Kapitel 2.3. zu einer solchen Fragestellung.

88 Unterstellt ist Effizienz des Kapitalmarkts. In der Effizienz des neuseeländischen Kapitalmarkts und des üblicherweise untersuchten, als relativ effizient geltenden amerikanischen Kapitalmarkts dürften Unterschiede bestehen.

89 Vgl. Berkman/Bradbury/Ferguson (1998), S. 28, 32. Ihr Vorgehen könnte so interpretiert werden, wobei n für nominal und r für real steht: $\hat{V}_0^E = \frac{(1-b^n)E_0\left[\tilde{JÜ}_1^n\right]}{k^r - IRR^r \cdot b^n} = \frac{E_0\left[\tilde{JÜ}_1^n\right]}{k^r}$.
Ob dieses empirische Ergebnis zudem verallgemeinerbar ist, erscheint offen, da viele Effekte in die Bewertung einfließen, jedoch eine statistische Kontrolle dieser Effekte - wie etwa bei Kaplan/Ruback (1995) - nicht ersichtlich wird.

90 Nach Kothari (2001), S. 176, Fn. 64, lässt sich der Ansatz bis auf Hamilton (1777) zurückverfolgen. Nach Stowe/Robinson/Pinto/McLeavey (2002), S. 271-272, wird gemäß U.S. IRS Revenue Ruling 68-609 seit ca. 1920 der Residualgewinnsansatz in den USA für die Bewertung kleiner Unternehmen zum Zwecke der Besteuerung eingesetzt. Vgl. auch schon Preinreich (1938), S. 240, mit einem Modell in kontinuierlicher Zeit. In Deutschland ist das Konzept durch Lücke (1955) bekannt geworden. In der englischsprachigen Literatur wird es auch als „EBO"-Ansatz bezeichnet, in dem es Edwards, Bell und Ohlson zugeschrieben wird. Vgl. Bernard (1995). Vgl. ferner Miller/Modigliani (1961), Peasnell (1982), Brief/Lawson (1992).

91 Vgl. etwa Miller/Modigliani (1961); O´Brien (2001), S. 11-12.

92 Vgl. schon Williams (1938), S. 129-135. Dort wird homogenes Wachstum – die Passivseite der Bilanz ist einfach mit EK und FK gestrickt – durch Konstanthalten von $EBIT_t/BS_t$, BS_t/EK_t, i, $BS_{t-1}\cdot(1+g) = BS_t$ erzielt. Für die Gültigkeit des Steady State ist die Clean Surplus-Beziehung essentiell. Vgl. etwa auch Higgins (1977); Edwards/Kay/Mayer (1987), S. 22; Copeland/Koller/Murrin (1990) sowie die Ausführungen dazu von Levin/Olsson (1998a), S. 68-70; Aders (1998), S. 166-170; Levin/Olsson (2000).

Damit g_{BS} bzw. g_{EK}, $g_{JÜ}$ ab t, sowie $g_{\Delta I}$, g_D und g_{RG} ab t+1 mit der homogenen Wachstumsrate g wachsen, müssen Bilanz- und GuV-Positionen natürlich ungleich null sein. Damit auch der Residualgewinn mit der homogenen Wachstumsrate wachsen kann, ist diese Bedingung jedoch noch nicht hinreichend. Es muss zusätzlich $k \neq ROA$ (d.h. $RG \neq 0$) gelten, da sonst g_{RG} nicht definiert ist.[93]

Um den Kern der Definition zu illustrieren, wird von der folgenden rudimentären Bilanz und GuV bestehend aus BS und EK, sowie JÜ ausgegangen:[94]

	t-1	t	t+1	t+2	...
Aktivseite der Bilanz	BS_{t-1}	BS_t $(1+g) \cdot BS_{t-1}$	BS_{t+1} $(1+g)^2 \cdot BS_{t-1}$	BS_{t+2} $(1+g)^3 \cdot BS_{t-1}$	... ...
Passivseite der Bilanz	EK_{t-1}	EK_t $(1+g) \cdot EK_{t-1}$	EK_{t+1} $(1+g)^2 \cdot EK_{t-1}$	EK_{t+2} $(1+g)^3 \cdot EK_{t-1}$	... ...
GuV		$JÜ_t$	$JÜ_{t+1}$ $(1+g) \cdot JÜ_t$	$JÜ_{t+2}$ $(1+g)^2 \cdot JÜ_t$	... ...
Netto-investition ΔI		$-\Delta EK_t$ $-g \cdot EK_{t-1}$	$-\Delta EK_{t+1}$ $-(1+g) \cdot g \cdot EK_{t-1}$	$-\Delta EK_{t+2}$ $-(1+g)^2 \cdot g \cdot EK_{t-1}$	... ...
Dividende D		$= JÜ_t - \Delta EK_t$ $JÜ_t - g \cdot EK_{t-1}$	$= JÜ_{t+1} - \Delta EK_{t+1}$ $(1+g) \cdot [JÜ_t - g \cdot EK_{t-1}]$	$= JÜ_{t+2} - \Delta EK_{t+2}$ $(1+g)^2 \cdot [JÜ_t - g \cdot EK_{t-1}]$	... ...
Residualgewinn RG		$= JÜ_t - k \cdot EK_{t-1}$ $(ROA - k) \cdot BS_{t-1}$	$= JÜ_{t+1} - k \cdot EK_t$ $(1+g) \cdot [(ROA - k) \cdot BS_{t-1}]$	$= JÜ_{t+2} - k \cdot EK_{t+1}$ $(1+g)^2 \cdot [(ROA - k) \cdot BS_{t-1}]$	... ...

Tabelle 2-3: ProForma-Bilanz, -GuV, Dividende und Residualgewinn im Steady State

Es reicht nicht aus, dass die Bilanzpositionen erst ab t mit g neben den GuV-Positionen wachsen, weil sonst für den Residualgewinn in t+1 nicht $(1+g) \cdot [(ROA - k) \cdot BS_{t-1}]$ gilt, sondern $(1+g_{BS,t}) \cdot [(ROA - k) \cdot BS_{t-1}]$.

In der Literatur wird oft ohne nähere Erläuterung von $E_0[\tilde{D}_{T-1}] \cdot (1+g_D)$ bzw. $E_0[\tilde{D}_T]$ als Startdividende für ein Modell mit konstantem Wachstumspfad nach (2-3) ausgegangen:[95]

$$\text{(2-I)} \quad E_0[\tilde{V}_{T-1}^E] = \frac{E_0[\tilde{D}_{T-1}] \cdot (1+g_D)}{k - g_D}$$

$$\text{(2-II)} \quad E_0[\tilde{V}_{T-1}^E] = \frac{E_0[\tilde{D}_T]}{k - g_D}$$

---

93 Dieser Fall ist nicht so pathologisch, wie man zunächst vermuten könnte. Diese Konstellation wird in vielen Modellen unterstellt, so etwa dem in diesem Abschnitt noch gezeigten SF1-Modell, dem Ohlson-Modell, dem Modell von Arzac gemäß (2-55) usw.

94 Ein Hinzufügen weiterer Bilanz- und GuV-Positionen ist problemlos möglich und ändert nichts an der Grundaussage.

95 Mit der Williams-Formel nach Systematik (2-I) warten etwa auf: Williams (1938); Gordon/Shapiro (1956); Miller/Modigliani (1961); Timme/Eisenmann (1989), S. 24; Reis/Cory (1994), S. 183; Kaplan/Ruback (1995), S. 1064; Pike/Neale (1996), S. 100; Benninga/Sarig (1997), S. 426; Saunders (1997), S. 392-393; mit Bezug auf Gordon (1962) Campbell/Lo/MacKinlay (1997), S. 256; Henselmann (1999), S. 120; Lerner (2000), S. 183; Gilson (2001), S. 494; Hail/Meyer (2002), S. 578; explizit Brigham/Ehrhardt (2002), S. 489; Drukarczyk (2003a), S. 189, Formel [5.1].
Nach Systematik (2-II) formulieren Lease/Kose/Kalay/Loewenstein/Sarig (2000), S. 22-25; Haugen (2001), S. 540; Bodie/Kane/Marcus (2002), S. 566-567; Brigham/Ehrhardt (2002), S. 388-392; Wirtschaftsprüfer-Handbuch (2002), S. 80.
In der Literatur finden sich auch Formulierungen zu anderen Endwertmodellen, deren Überschussgrößen durch differenzierte Wachstumsraten formuliert werden. Die Überlegungen zu (2-I) und (2-II) lassen sich analog übertragen.

Nun stellt sich die Frage, a) ob beide Definitionen äquivalent sind und b) in welcher Beziehung diese zum Steady State stehen?

a) Offensichtlich sind beide Systematiken nur äquivalent, wenn gilt:
$E_0\left[\tilde{D}_{T-1}\right]\cdot(1+g_D) = E_0\left[\tilde{D}_T\right]$.

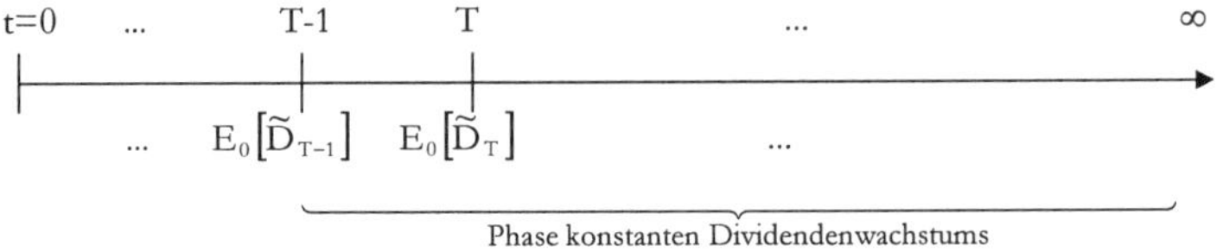

Es könnte dann anstatt (2-I) auch geschrieben werden $E_0\left[\tilde{V}^E_{T-2}\right] = \frac{E_0\left[\tilde{D}_{T-1}\right]}{k-g_D}$, und man ist wieder bei Systematik (2-II) angekommen.
Systematik (2-II) hat den Vorzug, im Fall $g_D \neq g_{D,T}$ weiter gefasst zu sein als (2-I),[96] und im Fall $g_D = g_{D,T}$ sparsamer als (2-I) formuliert zu sein, jedoch zu gleichen Aussagen zu gelangen. (2-II) wird deshalb in dieser Arbeit überwiegend eingesetzt.[97]

Cornell (1993) beobachtet, dass das Williams- und das Copeland/Koller/Murrin-Modells trotz einer identischen Wachstumsrate einen unterschiedlichen Output hervorbringen. Dieses noch nicht einer Lösung zugeführte Problem ist Ausdruck der Tatsache,[98] dass Systematik (2-I) auf das Williams-Modell angewandt wird, obwohl ein konstantes Wachstum erst ab T stattfindet. Die Anwendungsbedingung für den Einsatz von (2-I) ist also gar nicht gegeben. Deshalb ist die Schlussfolgerung Cornells,[99] dass die Modelle nicht äquivalent seien, mit Vorsicht zu genießen. Es wurde hier gezeigt, dass die Modelle formal äquivalent sein können.[100] Cornells Ausführungen belegen vielmehr, dass unterschiedliche Parameter-Annahmen zu unterschiedlichen Ergebnissen führen, was aber auch nicht sonderlich kontrovers sein dürfte.

b) Die Dividende wächst etwa konstant, wenn JÜ und ΔI konstant wachsen. Das impliziert noch nicht Steady State, wenn das Wachstum des Eigenkapitals (Bilanzsumme) in T-1 nicht an g gebunden ist, da nach Tabelle 2-3 gilt: $D_{T+n} = (1+g)^n \cdot [JÜ_T - g \cdot EK_{T-1}]$.

Die beiden Systematiken (2-I) und (2-II) lassen demnach keine sichere Aussage über Steady State zu.[101] An einem Beispiel aus der Literatur wird illustriert, wie leicht man sich Inkonsistenzen einhandeln kann, wenn dies nicht beachtet wird.[102]

96 Wird ein Modell ohne Vorschaltung einer expliziten Phase betrachtet, so ist Systematik (2-I) erheblich restriktiver. Sehr fraglich erscheint, ob eine heutige Dividende alle relevanten Informationen über künftige Dividenden in *einer* Wachstumsrate amalgamieren kann. Der Vorteil ist freilich, dass nur die Wachstumsrate g_D und nicht auch noch $E_0\left[\tilde{D}_1\right]$ zu bestimmen ist.

97 Vgl. auch Brigham/Pappas (1966), S. 160.

98 Vgl. Cornell (1993), S. 146-160. Vgl. zur Verknüpfungsproblematik auch Copeland/Koller/Murrin (2000), S. 279-280.

99 Vgl. Cornell (1993), S. 160.

100 Dass das Williams-Modell das allgemeinere Modell darstellt, wird von Cornell nicht erwähnt.

101 In einem Beispiel von Benninga/Sarig (1997), S. 220-225, wird Systematik (2-I) unterstellt. Steady State gilt in diesem Beispiel nicht, da die Bilanz-Positionen ab T-1 nicht mit g wachsen.

102 Das Beispiel ist Luehrman (1997), S. 146-151, entnommen.

Beispiel: Es soll Steady State gelten ab T-1 = 5 ff. Die Wachstumsrate g beträgt 5 %. $E_0[\widetilde{BS}_4]$ = 270,8 und $E_0[\widetilde{BS}_5]$ = 277,3.[103] $E_0[EB\widetilde{I}AT_5]$ beträgt 27,8,[104] und $E_0[\widetilde{D}_5]$ = 21,3. $E_0[\widetilde{D}_6]$ wird bei Luehrman (1997) gemäß (2-I) ermittelt: $E_0[\widetilde{D}_5]$ (1+g) = 22,4. Der Endwert in T-1 = 5 beträgt bei k = 0,135: $E_0[\widetilde{V}_5^E]$ = 263,5.

Die implizite Unterstellung Luehrmans, dass (2-I) automatisch Steady State hervorruft, trifft nicht zu.

Für $E_0[\widetilde{D}_6]$ gilt vielmehr: $E_0[EB\widetilde{I}AT_5]\cdot(1+g) - g\cdot E_0[\widetilde{BS}_5] =$
$= 27{,}8 \cdot 1{,}05 - 0{,}05 \cdot 277{,}3 = 15{,}3$.

Ob nun nach (2-I) oder (2-II) bewertet wird, ist Geschmackssache: Steady State gilt aber erst ab T-1 = 6 ff. mit dem nicht gerade unwichtigen Ergebnis, dass der Endwert $E_0[\widetilde{V}_5^E]$ nun mit 180 um 32 % kleiner als der ursprüngliche Wert $E_0[\widetilde{V}_5^E]$ ist!

Die hier gezeigten Zusammenhänge gelten auch im Fall der ewigen Rente ohne Wachstum. Da sich Abschreibung und Reinvestition dann entsprechen, ist ebenfalls die Ermittlung des Cashflows differenziert zu betrachten. Die unreflektierte Übernahme des Vorjahreswerts ist nicht einschlägig, wenn in dieser Periode noch keine Vollausschüttung betrieben wird. Wird davon ausgegangen, dass in der Vorperiode reinvestiert wurde, dann erhöht sich der Cashflow entsprechend.[105] Wurde desinvestiert, dann fällt der Cashflow entsprechend. Systematik (2-II) erweist sich also auch hier als vorteilhaft.

Im Steady State-Fall ergibt sich g = ROA · b mit ROA = $E_0[\widetilde{JÜ}_t]/E_0[\widetilde{BS}_{t-1}]$ und b = $E_0[\Delta\widetilde{I}_t]/E_0[\widetilde{JÜ}_t]$. ROA und IRR sind dann identisch. Eine Steady State-Formulierung, die einen Spezialfall des Gordon-Modells darstellt, sieht entsprechend so aus:[106]

$$(2\text{-}9)\quad V_0^E = \frac{E_0[\widetilde{JÜ}_1](1-b)}{k - ROA\cdot b}$$

Eine ebenso äquivalente Formulierung ist:[107]

$$(2\text{-}10)\quad V_0^E = \frac{(1-b)\cdot ROA\cdot BS_0}{k-ROA\cdot b}, \text{ wobei } k > ROA\cdot b$$

Die Formel (2-10) macht deutlich, dass im Steady State ROA > 0 einen positiven Wert nach sich zieht, ROA = 0 einen Wert von null und ROA < 0 einen negativen.

---

103 Die Nettoinvestition $E_0[\Delta\widetilde{I}_5]$ beträgt folglich 6,5.

104 Earnings Before Interest After Taxes.

105 Vgl. konsistent dazu das Beispiel der „Value AG" innerhalb des Steady State bei Drukarczyk (1996).

106 Das Gordon-Model wird z.B. bei Elton/Gruber/Brown/Goetzmann (2003), S. 452; Bodie/Kane/Marcus (2002), S. 570; Grinblatt/Titman (2002), S. 388-390; Schwetzler (2002), S. 592-595; Schultze (2001), S, 129; Fabozzi/Grant (2000), S. 29-32; Baan (1999), S. 261-264, gemäß dem hier analysierten Fall interpretiert. Das Gordon-Model muss aber nicht als Steady State-Modell interpretiert werden, wie der nächste Abschnitt zeigt.
Leibowitz/Kogelman (1990) unterstellen in ihrem Modell den Investment Opportunities-Ansatz innerhalb des Steady State.

107 Durand (1992), S. 86, beruft sich auf Überlegungen zum Steady State nach Williams (1938). Vgl. auch Lo/Lys (2000), S. 351.

Das Marktwert/Buchwert-Verhältnis sieht dann so aus:[108]

$$\frac{V_0^E}{BS_0} = \frac{1}{1+(k-ROA)/(1-b)\cdot ROA}, \text{ wobei } k > ROA\cdot b, ROA \neq 0$$

Sehr ähnlich zu (2-10) ist die äquivalente Formulierung nach Preinreich (1932):[109]

$$\text{(2-11)} \quad V_0^E = BS_0 \cdot \frac{ROA-g}{k-g}, \text{ wobei } k > g$$

Sie macht deutlich, dass bei Identität von ROA und k gilt: $V_0^E = BS_0$. Ist ROA größer (kleiner) als k, dann ist V_0^E größer (kleiner) als BS_0.
Anders ausgedrückt, die Buchrendite auf die Assets in Place (ROEA) stimmt mit IRR auf Erweiterungsinvestitionen überein, d.h. ROEA = IRR = ROA.
Diese Formel lässt sich auch als konvexe Funktion von gewichteten Bestands- (BS) und Stromgrößen (JÜ, D) darstellen:[110]

$$\text{(2-12)} \quad V_0^E = w\phi E_0\left[\widetilde{JÜ}_1\right] + (1-w)E_0\left[\widetilde{BS}_1 + \widetilde{D}_1\right]$$

Bei $\phi = \frac{1+k}{k}$ handelt es sich um den Multiplikator für den Jahresüberschuss, die Gewichte $w = \frac{(1+g)k}{(k-g)(1+k)}$ und (1-w) = $-\frac{g}{(k-g)}$ betragen in der Summe 1. Falls g = 0 % beträgt, wird V_0^E nur auf Basis der Jahresüberschüsse bestimmt. Ist g > 0 % (< 0 %), dann ist w > 1 (< 1), und das Gewicht der Jahresüberschüsse nimmt bei der Bewertung zu (ab). Diese Form des Multiplikator-Ansatzes, in der der Wert aus einer Kombination von Jahresüberschuss und Buchwert (cum Dividende) bestimmt wird, empfiehlt sich besonders für empirische Schätzungen.[111]

Die erwarteten Wachstumsraten aller Bilanz- und GuV-Positionen sind hier noch gleichgeschaltet (homogene Wachstumsraten), im folgenden Abschnitt jedoch nicht. Die Bewertung auf Basis der entziehbaren Überschüsse gemäß der Gordon-Formel und auf Basis von Residualgewinnen ist dann generell identisch. Ausgehend von dem allgemeinen Modell nach Formel (2-2) gilt dann:[112]

---

108 Vgl. Durand (1989), S. 14.

109 Vgl. Brief/Lawson (1992), S. 417, mit Verweis auf Preinreich (1932), S. 276. Es handelt sich um seine Formel [I], die unter dem Punkt (5.c) auf den S. 276-277 näher spezifiziert wird. Vgl. hierzu noch Abschnitt 2.2.2.2. Diese Definition hat sich trotz ihres beträchtlichen Alters ihre Aktualität bewahrt. So setzen diese etwa ein Aders/Galli/Wiedemann (2000), S. 200, wobei sich in deren Gleichung [7] ein kleiner Druckfehler eingeschlichen hat. Die Wachstumsrate wird auf den Buchwert des Eigenkapitals bezogen. Da das Modell aber Steady State impliziert, ist die homogene Wachstumsrate g gleichwohl universell einsetzbar. English (2001), S. 53; Wiedmann/Aders/Wagner (2001), S. 734.
Ausgehend von dieser Formel lässt sich auch die Formel (2-7) nach Copeland/Koller/Murrin leicht ableiten:

$$V_0^E = BS_0 \cdot \frac{IRR-g_D}{k-g_D} \cdot \frac{IRR}{IRR} = \frac{E_0\left[\widetilde{JÜ}_1\right](1-g_D/IRR)}{k-g_D}.$$

110 Vgl. Penman (1998a), S. 319, nach Formel [15c]. Vgl. zu einer vergleichbaren Definition innerhalb des Ohlson-Modells auch Kapitel 2.1.4.1.1.

111 Vgl. Penman (1998b). In dessen empirischer Studie sind die Gewichte im Zeitablauf relativ konstant.

112 Diese Konstellation wird etwa bei Durand (1957), S. 351; McTaggart/Kontes/Mankins (1994), S. 313-320; Richter (1996c), S. 34-38; Levin/Olsson (1998a); Richter (1999a), S. 42-45; Levin/Olsson (2000); Lo/Lys (2000), S. 349-351; Richter (2000), S. 278-279; Lundholm/O'Keefe (2001a); Schultze (2001), S. 131-132; Herrmann (2002), S. 43-50; Herrmann/Richter (2003), S. 201, zugrundegelegt.

$$(2\text{-}13)\quad V_0^E = BS_0 + \frac{E_0[\widetilde{RG}_1]}{k-g}, \text{ wobei } k > g$$

Die Differenz zwischen Markt- und Buchwert wird als Goodwill bezeichnet.[113]

Es gilt: $g = ROA \cdot b$; $E_0[\widetilde{RG}_1] = E_0[\widetilde{JÜ}_1] - k \cdot BS_0 = (ROA - k) \cdot BS_0$.

Damit die Identität zwischen DCF- und Residualgewinn-Ansätzen gewahrt ist, muss das Kongruenzprinzip (Clean-Surplus-Relation) halten:[114]

$$(2\text{-}14)\quad JÜ_t = BS_t + D_t - BS_{t-1} = D_t + \Delta I_t$$

Äquivalent lässt sich (2-13) auch so formulieren:[115]

$$V_0^E = BS_0 + \left(\frac{E_0[\widetilde{UE}_1]}{k-g}\right)\left(\frac{E_0[\widetilde{JÜ}_1]}{E_0[\widetilde{UE}_1]} - k\frac{BS_0}{E_0[\widetilde{UE}_1]}\right)$$

$$(2\text{-}15)\quad V_0^E = BS_0 \cdot \left(1 + \frac{ROA - k}{k-g}\right)$$

Ausgehend von Formel (2-13) können drei Residualgewinn-Ansätze für die Endwertbestimmung abgeleitet werden, die nach Penman als SF1-3 (Simple Forecasts from Book Values) bezeichnet werden.[116] Zur Interpretation empfiehlt sich die folgende Formel (2-16):

$$(2\text{-}16)\quad V_0^E = BS_0 \cdot \left(1 + \frac{IRR - k}{k - b \cdot IRR}\right)$$

SF1: $V_0^E = BS_0$

Es gilt: $E_0[\widetilde{RG}_1] = 0$; d.h. ROA = IRR = k.

Der pauschale Ansatz eines Buchwerts als Endwert wird in der Literatur kritisch gesehen.[117]

SF2: $V_0^E = BS_0 + \frac{E_0[\widetilde{RG}_1]}{k}$

Es gilt: $E_0[\widetilde{RG}_1] = c$, $E_0[\widetilde{RG}_1] \neq 0$, $b = 0$ bzw. $IRR = 0$ und $ROA \neq IRR \neq k$.

---

113 Eine andere Bezeichnung ist etwa Market Value Added (MVA). Die Bezeichnung ist potentiell irreführend, da sie Wertschaffung suggeriert, obwohl diese buchhalterisch, aber nicht ökonomisch stattgefunden haben muss.

114 Vgl. zu dieser bekannten Beziehung etwa Ohlson (1995), S. 666.

115 Vgl. zu den beiden folgenden Formeln Brigham/Ehrhardt (2002), S. 475, und zu Formel (2-15) auch Hüfner (2000), S. 115; Stowe/Robinson/Pinto/McLeavey (2002), S. 275. Für deren Gültigkeit wird jedoch implizit Steady State voraussetzt.

116 Vgl. Penman (2001a), S. 454-483; Palencia (1999), S. 28-30; auch Stowe/Robinson/Pinto/McLeavey (2002), S. 286.

117 Vgl. etwa Günther (1997), S. 158. Diese Endwertannahme wendet z.B. Schreiber (1983) an. Ferguson (1997), S. 53, 64, hält diese Konstellation für repräsentativ. Ein Modell, das bei kleinen Änderungen in der Wachstumsrate (wahrscheinlich ist das Modell der ewigen Rente gemeint) zu großen Wertausschlägen führe, sei nicht plausibel. Ferguson folgert dann, dass das DCF-Modell für praktische Anwendungen entbehrlich sei, weil es einen längeren Prognosezeitraum benötige. Diese Sichtweise ist etwas überzogen. Der Endwert ist in dieser Konstellation bei dem DCF-Modell der Buchwert, der dann noch zu diskontieren ist. Es werden genau die gleichen Informationen zur Berechnung von Residualgewinnen und von entziehbaren Überschüssen benötigt. Der explizite Planungszeitraum, der sich bis zu dem Zeitpunkt erstreckt, ab dem Residualgewinne null sind, ist für beide Methoden der gleiche. Ähnlich auch Penman (1998a), S. 306-307.

SF3: $V_0^E = BS_0 + \frac{E_0[R\widetilde{G}_1]}{k-g}$, wobei $k > g$

Es gilt: $E_0[R\widetilde{G}_1]$ wächst mit g, $E_0[R\widetilde{G}_1] \neq 0$; d.h. $b \neq 0$, $IRR \neq 0$ und $ROA \neq IRR \neq k$.

Bei der Analyse des Gordon-Modells in 2.1.1.2. ist SF1 unter dem Punkt (2) und SF2 unter dem Punkt (1) thematisiert worden. In beiden Fällen verwendet der DCF-Ansatz eine ewige Rentenformel ohne Wachstum, während dies bei dem Residualgewinn-Ansatz nur unter SF2 der Fall ist. Bei SF3 wird das Analogon zu (3) diskutiert. Dabei wird anhand des Residualgewinnmodells deutlich, dass $V_0^E < BS_0$ gilt, wenn dauerhaft bilanzielle Unterrenditen (negative Differenz aus Buchrendite ROA und geforderter Rendite k) prognostiziert sind und umgekehrt. Ob ein Unternehmen mit $V_0^E < BS_0$ Wert vernichtet hat, ist generell unklar, solange der Einfluss eines zu höheren bilanziellen Wertansätzen neigenden Unternehmens gegeben ist. Im Steady State-Fall gilt jedoch, dass die Reinvestitionsrenditen IRR = ROA eindeutig wertmindernd sind, wenn diese niedriger als k sind. Im Steady State-Fall macht es ausgehend von den konsistenten Ableitungen wenig Unterschied, ob das DCF- oder Residualgewinnmodell eingesetzt wird. Die Modellstruktur bleibt gleich, durch wenige Handgriffe lassen sich beide Modelle ineinander überleiten.[118]

Der Steady State-Fall bedarf nicht eines ewigen Zeitraumes, um einzutreten.[119] Wird dieser jedoch zu einem bestimmten Zeitpunkt verlassen, weil eine ProForma-Wachstumsrate „ausschert", hat dies zwingend zur Folge, dass zumindest eine andere ProForma-Wachstumsrate davon nicht unberührt bleiben kann. Wird der Fall des Steady State verlassen, dann sind die Wachstumsraten heterogen. Der Schluss von einer gegebenen Wachstumsrate für Dividenden bei Eigenfinanzierung z.B. auf die von Dividenden bei Fremdfinanzierung, Residualgewinnen, Bilanzsummen, Jahresüberschüssen ist dann ohne weiteres nicht mehr möglich. Dieser Aspekt wird in den folgenden Abschnitten noch aufgegriffen und vertieft werden.

Zu betonen ist, dass Steady State eine hinreichende, aber keine notwendige Bedingung für die Anwendung der ewigen Rentenformel darstellt.[120] Dieser Fall ist didaktisch sehr nützlich, da i.a. alle Rechenansätze aufgrund der homogenen Wachstumsrate elegant ineinander überführt werden können. Gleichwohl muss diese enge Konstellation zur Anwendung der ewigen Rentenformel nicht vorliegen.
Penman (2001a) weist darauf hin und belegt beispielhaft, dass Residualgewinnmodelle im Fall der ewigen Rente nicht zwangsläufig zu einer Äquivalenz mit DCF-Ansätzen *im Rentenfall* führen müssen.[121] Aus dieser Beobachtung folgert er, dass Residualgewinnmodelle vorteilhafter, da allgemeiner als DCF-Modelle seien. Wie diese Argumentation gewürdigt werden kann, tritt in den beiden nächsten Abschnitten deutlich hervor. Unbestritten erscheint, dass eine Konstellation außerhalb des Steady State vorliegen muss, um Penmans Argument stimmig zu machen. Es wird

---

118 Herrmann (2002), S. 48-49, meint jedoch, dass die Residualgewinnmodelle innerhalb des ewigen Rente-Modells (Steady State) einen Vorteil gegenüber der DCF-Methodik hätten.

119 Im Umkehrschluss gilt, dass Steady State ununterbrochen nur dann gelten kann, wenn Wachstumsraten stets homogen sind. Dies ist gerade bei einem unbegrenzten Planungshorizont wie dem der ewigen Rente erfüllt.

120 Die sehr detaillierte Analyse von Levin/Olsson (1998a) betrachtet ausschließlich den Steady State-Fall. Ebenso Levin/Olsson (2000), S. 7: „The development of the underlying parameters may be shifting over time but in an offsetting way so that the valuation attribute still grows at a constant rate. We have never seen such a model proposed neither in textbooks nor in the research literature, however, so we will abstract from that possibility and treat parametric steady state as a necessary condition.".

121 Vgl. Penman (2001a), S. 674-680.

deshalb gefragt, ob DCF-Modellen oder Residualgewinn-Modellen ein rechentechnischer Vorteil zukommt.

2.1.1.3.2. Ewige Rente von DCF- und Investment Opportunities-Ansatz ohne Steady State

Grundsätzlich ist zu fordern, dass im DCF-Modell die Wachstumsraten des zu bewertenden Überschusses konstant sind. Das Gordon-Modell kann, muss aber nicht Steady State beinhalten:

$$\text{(2-6)}\quad V_0^E = \frac{E_0\left[\widetilde{J\ddot{U}}_1\right](1-b)}{k - IRR \cdot b} \text{ mit } g_D = IRR \cdot b\ \forall t$$

Noch allgemeiner wäre es, wenn nicht alle GuV-Positionen mit einer konstanten Wachstumsrate wachsen müssen, sondern lediglich zu fordern, dass der Überschuss einem konstanten Wachstum unterliegt. Jedoch hat dieser Ansatz dann keine feste Struktur mehr und ist schwer näher zu untersuchen. Gleichwohl bietet diese Idee eine Möglichkeit, die Vorgehensweise von Kaplan/Ruback (1995) einer ökonomischen Interpretation zugänglich zu machen.[122] Berkman/Bradbury/Ferguson (2000) kritisieren die Terminal Value-Modellierung von Kaplan/Ruback (1995) deshalb als fehlerhaft, weil der Zusammenhang zwischen Wachstumsrate und Cashflow wie z.B. in dem von ihnen favorisierten Copeland/Koller/Murrin-Modell nicht endogenisiert wird, sondern exogen vorgegeben ist. Diese Kritik ist formal, zeigt aber nicht unbedingt materielle Defekte auf und erscheint deshalb etwas hart.[123]

Kaplan/Ruback (1995) ziehen in ihrer empirischen Untersuchung mechanisch den Cashflow der Vorperiode heran und nehmen noch eine Adjustierung vor. In ihrem Sample liegt die Abschreibung Ab über den Investitionen I in der letzten expliziten Planungsperiode. Das ist ein Problem.

a) Würde angenommen, dass dies ewig so bleibt, dann würde BS negativ werden. Das ist völlig unplausibel.
b) Kaplan/Ruback (1995) gehen von $Ab_{adj.} = I$ in der ersten Periode des Endwertzeitraums aus.[124] Wird angenommen, dass sich Ab und I ewig (Vollausschüttung) entsprechen, dann bleibt BS konstant. Die Buchrenditen können dann explodieren bei positivem g_D. Auch das ist nicht plausibel (vgl. B.2. in Tabelle 2-2).
c) Es lässt sich ein plausibles Muster erzeugen, indem z.B. davon ausgegangen wird, dass in der ersten Endwertperiode T+1 $Ab_{adj.} = I$ gilt, und anschließend ab T+2 EBITDA und I, als auch $Ab_{adj.}$ - nun jedoch von einem niedrigeren Niveau aus - konstant mit g_D wachsen. Plausibel ist nun, dass g_{BS} und ROA im Zeitablauf fallen. Das Wachstum der Residualgewinne konvergiert dann gegen g_D, lässt sich aber nicht durch ein einfaches Modell a priori beschreiben.

Kaplan/Ruback (1995) sehen einen Verlust der Prognoseschärfe mit zunehmendem Horizont. Das ist zweifellos richtig, jedoch wird das Problem durch den Ansatz des Williams-Modells nicht geheilt, sondern eher undurchsichtiger gemacht, weil etliche Freiheitsgrade in der Interpretation bestehen. Es lassen sich wohlwollende wie unter c), als auch obskur wirkende Implikationen wie unter b) herausschälen. Das Problem der Indeterminiertheit birgt die Gefahr der Interpretation je nach Interessenlage des Käufers oder Verkäufers!

---

[122] Vgl. Kaplan/Ruback (1995), S. 1064. Widmann/Schieszl/Jeromin (2003), S. 808-810, gehen von Wachstum der Gewinne und Vollausschüttung aus. Sie berufen sich dabei auf IDW S1, Tz. 101-104. Diese obige Idee könnte ähnlich auf diesen Fall übertragen werden.

[123] Berkman/Bradbury/Ferguson (2000), S. 72 und S. 76. Warum sollte die Annahme k = IRR für den Endwert stets besser sein als die Annahme, dass z.B. die Residualgewinne nicht sofort, sondern langfristig mit g wachsen?

[124] Die Möglichkeit des Steady State sehen Kaplan/Ruback (1995), S. 1064, verfolgen diesen Gedanken aber nicht weiter.

Wer aufgrund des Arguments der fehlenden Prognoseschärfe vorab nicht festlegen will oder kann, wie eine plausible Bandbreite von Parametern aussieht, muss sich wohl auch unplausible Implikationen vorwerfen lassen. Plausibel erscheint zumindest, dass Wachstumsraten konvergieren und nicht explodieren. Eine solche Bandbreitenangabe könnte dann angegeben werden, um die Freiheitsgrade in dem Williams-Modell einzudämmen.

In der empirischen Untersuchung von Kaplan/Ruback (1995) schneidet das obige Vorgehen anhand des DCF-Ansatzes gleichwohl nicht schlecht ab.[125]

Das Modell nach Gordon betrachtet den Fall, dass IRR für den unendlichen Zeithorizont gegeben ist. Wird nun angenommen, dass die Buchrendite auf die Assets in Place mit derjenigen auf die Erweiterungsinvestitionen nicht übereinstimmt, d.h. ROEA ≠ IRR gilt, dann konvergiert ROA_t langfristig gegen IRR.
Eine Äquivalenz mit dem Residualgewinnmodell in Gestalt der ewigen Rente kann nun nicht hergestellt werden, da kein Steady State vorliegt. Die Wachstumsraten der Residualgewinne sind nicht mehr konstant. $g_{RG,t}$ kann aber gegen g_D im Zeitablauf konvergieren, falls gilt: ROA ≠ k.
Wird die Endwertberechnung nach der Idee des Investment Opportunities-Ansatzes aufgeteilt in Assets in Place und Investment Opportunities, dann lässt sich der Wert auch leicht mit einer modifizierten Rentenformel auf Basis eines hybriden Modells berechnen:[126]

$$(2\text{-}17)\quad V_0^E = BS_0 + \frac{E_0\left[\widetilde{RG}_1\right]}{k} + \frac{E_0\left[\widetilde{JÜ}_1\right]\cdot b\cdot(IRR-k)}{k\cdot(k-g_{JÜ})},\ \text{wobei } k > g_{JÜ}$$

Auch hier gilt: $g_D = g_{JÜ} = IRR \cdot b$;[127] $E_0\left[\widetilde{RG}_1\right] = E_0\left[\widetilde{JÜ}_1\right] - k\cdot BS_0 = (ROEA - k)\cdot BS_0$.
Offensichtlich bilden die ersten beiden Terme den Wert der Assets in Place ab und der dritte Term den der Investment Opportunities ($E_0\left[\widetilde{JÜ}_1\right]\cdot b$ entspricht der Reinvestition). Wollte man den dritten Term mit einem reinen Residualgewinn-Modell berechnen, müssten die inkrementellen Residualgewinne für jede Periode einzeln bestimmt werden, da deren Wachstumsraten nicht konstant im Zeitablauf sind. Die Wachstumsraten $g_{RG,t}^{IO}$ konvergieren zwar gegen g_D, mitunter jedoch erst sehr spät.[128]

---

125 Es sei angemerkt, dass in anderen empirischen Untersuchungen dieses Vorgehen schlechter abschneidet als ein Vorgehen mit Residualgewinnen. Vgl. Kapitel 2.3.2.
Ein Erklärungsgrund für das gute Abschneiden könnte auch das spezifische Sample aus hoch verschuldeten Unternehmen bei Kaplan/Ruback (1995) sein. Dieses ist zudem sehr klein im Vergleich zu den in Kapitel 2.3.2. diskutierten Studien. Kaplan/Ruback (1995) gehen dieser Frage nach, und können keine Hinweise für dieses Argument in ihren Daten entdecken. Vgl. Kaplan/Ruback (1995), S. 1085-1091.

126 Copeland/Koller/Murrin klassifizieren diese Vorgehensweise als ein reines Residualgewinn-Modell. Die Klassifikation scheint nicht besonders glücklich, da der dritte Term den Barwert der Investment Opportunities auf Basis der zusätzlichen Cashflows angibt. Es handelt sich *nicht* um inkrementelle Residualgewinne! Vgl. Copeland/Koller/Murrin (2000), S. 271-272.
Die Unternehmensberatungsgesellschaft Stern Stewart scheint ein reines Residualgewinn-Modell auf Basis des Investment Opportunities-Ansatzes anzuwenden, wobei der Wert der beiden Residualgewinn-Komponenten (Basis-Residualgewinne und inkrementelle Residualgewinne) analog als Current Operations Value (COV) und Future Growth Value (FGV) bezeichnet werden.

127 Dass diese Identität ein Spezialfall ist, wird erläutert bei Miller/Modigliani (1961), S. 422-425.

128 In dem Beispiel beträgt die Wachstumsrate für den Residualgewinn der zweiten Periode 102 %. Der Residualgewinn der ersten Periode beträgt 17,6 - 0,08 · 176 = 3,52 bei k = 0,08. Die Wachstumsrate für den Residualgewinn der 200. Periode ist auf 2,041273 % gesunken.

Beispiel: $BS_0 = 11.000$; $E_0\left[\widetilde{JÜ}_1\right] = 880$; $b = 0{,}2$; $IRR = 0{,}06$ bzw. $0{,}10$; $ROEA = 0{,}08$. Es folgt daraus $g_D = 0{,}012$ bzw. $0{,}02$. Eine Konvergenz der Buchrenditen ROA_t ist erst ab ca. 200 Jahren erreicht. In Abbildung 2-4 sind Buchrenditen (mit konkavem Verlauf bei $IRR = 0{,}10$ sowie konvexem Verlauf bei $IRR = 0{,}06$) und ökonomische Renditen des Beispiels dargestellt.[129]

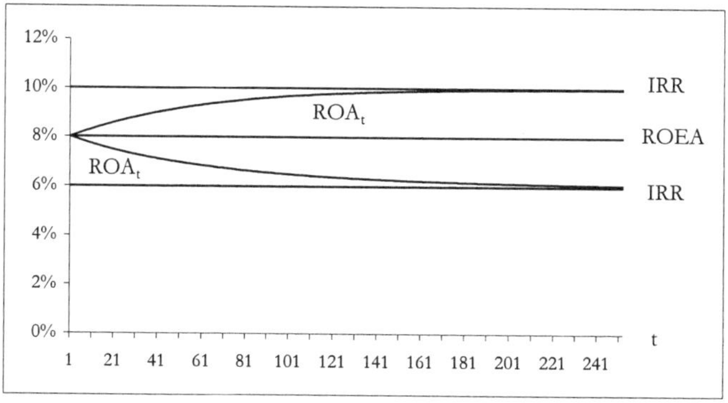

Abbildung 2-4: Buchrenditen und Reinvestitionsrendite des Gordon-Modells

Die Wachstumsraten der Bilanzsumme konvergieren ähnlich gegen g_D wie ROA gegen IRR. Ohne Wachstum bleibt ROEA konstant. Im Fall ROEA = IRR (Steady State) befinden sich die Renditen im Zeitablauf auf einer Linie. In der hier betrachteten Konstellation außerhalb des Steady State hat das DCF-Modell einen Rechenvorteil, da die ewige Rentenformel anwendbar ist.

Wie sieht die Wachstumsrate des Werts V_0^E ($g_{V,t}$) aus?

Es ist unterstellt worden, die von Investoren geforderte Rendite k (Total Shareholder Return) sei konstant im Zeitablauf. Es gilt dann folgende Beziehung zwischen k und $g_{V,t}$:

$$g_{V,t} = \frac{V_t^E - V_{t-1}^E}{V_{t-1}^E} = \frac{V_t^E}{V_{t-1}^E} - 1 = \frac{V_{t-1}^E(1+k) - D_t}{V_{t-1}^E} - 1 = k - \underbrace{\frac{D_t}{V_{t-1}^E}}_{\delta_t}$$

(2-18) $g_{V,t} = k - \delta_t$

D.h. die geforderte Rendite k abzüglich der Dividendenrendite δ_t ergibt $g_{V,t}$. Diese Wachstumsrate gibt die Wertveränderung (Kursgewinnrendite) einer Periode an. Erwartete Dividenden wachsen im ewigen Rentenmodell gleichförmig. Nach Umstellen der Williams-Formel (2-3) erhält man: $g_D = k - \frac{E_0\left[\widetilde{D}_1\right]}{V_0^E}$

g_V und g_D sind in diesem Fall identisch und konstant.[130] Für die Konstellation der ewigen Rente ohne Wachstum entsprechen sich Dividendenrendite δ und geforderte Rendite k, die Kursgewinnrendite g_V sowie g_D betragen null.

---

[129] Vgl. auch Copeland/Koller/Murrin (2000), S. 275.
[130] Vgl. etwa Bodie/Kane/Marcus (2002), S. 568.

Bislang wurde davon ausgegangen, dass die im Modell der ewigen Rente angesetzten erwarteten Überschüsse konsistent mit der prognostizierten Rate wachsen. In der Literatur wird jedoch auch noch eine andere Variante bemüht, in der das Modell der ewigen Rente als ein „Stellvertreter" interpretiert wird.
Liegt etwa der Fall ewig gleichmäßig wachsender Dividenden (kein Steady State) vor, und wird das Residualgewinn-Modell eingesetzt, müssten die Wachstumsstrukturen genau genommen detailliert erfasst werden. Soll ein Stellvertreter als Modell eingesetzt werden, gibt es zwei Stellschrauben: entweder die Wachstumsrate (Nenner),[131] oder der Überschuss (Zähler) wird manipuliert, wie die nachfolgende Formel-Definition zeigt:[132]

$$V_0^E = \frac{E_0\left[R\widetilde{G}_1\right] - E_0\left[B\widetilde{S}_1 - (1+g_D)BS_0\right]}{k - g_D} + BS_0$$

Die ökonomische Interpretation dieser amalgamierten Größen ist nicht ganz einfach. Die Wachstumsraten der erwarteten Unternehmenswerte sind dennoch weiterhin konstant, da die Dividenden konstant wachsen und mit der gleichen erwarteten Rendite diskontiert werden. Für das DCF-Modell ist die ewige Rentenformel also anwendbar. Im Steady State-Fall beträgt der zweite Term des Zählers null und die übliche Rentenformel der Residualgewinn-Methode kommt zum Vorschein.

Gentry/Reilly/Sandretto (2003) verwenden für unterschiedliche DCF-Modelle als Endwert das Modell der ewigen Rente mit Wachstum, obwohl Steady State nicht vorliegt. Um die Bewertungen nach den unterschiedlichen Methoden dennoch gleichnamig zu machen, suchen sie für den jeweiligen DCF-Ansatz nach der stellvertretenden Wachstumsrate. Diese stellvertretenden Wachstumsraten (implied terminal growth rate) sind a priori nicht bekannt und haben nur bestätigenden Charakter. Es handelt sich dabei um fiktive Wachstumsraten, nach denen als Unbekannte der Gleichung - ähnlich der Internen Zinsfußmethode - aufgelöst wird. Eine ökonomische Interpretation solcher Wachstumsraten ist nicht einfach.[133] Eine ausführlichere Analyse, die eigenständig ist, und nicht auf das Bewertungsergebnis zurückgreifen muss, zeigte, dass die Wachstumsraten nicht konstant sind.

---

131 Prokop (2003a), S. 153-154, stellt eine rechnerische Barwert-Identität in t = 0 her durch die Annahme konstanter, differierender Wachstumsraten für den DCF- und den RG-Ansatz. Es ist zu betonen, dass es sich dabei nicht um „korrekte" - so Prokop -, sondern allenfalls um stellvertretende Wachstumsraten handeln kann. Entweder sind die Wachstumsraten homogen (Steady State-Konstellation), oder aber heterogen. Das bedeutet dann i.d.R., dass die Wachstumsrate eines Parameters (z.B. RG) zwar zeitkonstant sein kann, nicht jedoch die eines anderen Parameters (z.B. D).

132 Vgl. zu dieser Formel Soffer/Soffer (2003), S. 271-273, [12.6], und für eine Ableitung vgl. S. 290-291. Soffer/Soffer (2003), S. 227-228, stellen diese Formel für die von ihnen präferierte Konstellation IRR = k dar. Gleichwohl ist die Formel auch außerhalb dieser Konstellation einschlägig. Zudem ist anzumerken, dass im Steady State deren ansonsten wohl zutreffende Kritik an Buchrenditen nicht greift, da in diesem Grenzfall Buchrenditen und ökonomische Renditen identisch sind.

133 Vgl. zu Interpretationsversuchen Gentry/Reilly/Sandretto (2003), S. 14-16. Aufgrund unterschiedlicher Wachstumsraten zu Aussagen über Über- oder Unterbewertung mittels einer Methode zu schließen, ist problematisch. Es müsste klar sein, welche Referenzannahme bzgl. einer konstanten Wachstumsrate valide sein soll. Eine derartige tiefergehende Diskussion unterbleibt aber bei Gentry/Reilly/Sandretto (2003). Damit ist auch unklar, welche Methode in dem 2-Phasen-Modell mit der ewigen Rente für einen Endwert besser geeignet ist.

Wird davon ausgegangen, dass auch das Basismodell nicht über eine ewige Rente dargestellt werden kann, könnte analytisch auf den Einsatz dieser Formel verzichtet werden. Jedoch finden auch hier Stellvertreter-Lösungen Eingang in die Literatur.[134] Der ewigen Rentenformel kommt dann keine eigenständige ökonomische Erklärungskraft zu, sondern dient der optisch griffigen Verpackung einer Bewertung von komplexen Zahlungsmustern. Der „als ob"-Einsatz der ewigen Rentenformel ist nur dann mathematisch begründbar, wenn das dahinter stehende Zahlungsmuster auch geplant worden ist. Ansonsten wäre der Einsatz der Formel Traumtänzerei.

2.1.1.3.3. Ewige Rente von Residualgewinn-Ansatz ohne Steady State

Das Residualgewinnmodell wird i.d.R. in Abhängigkeit von ROA definiert. Wird angenommen, dass b und ROA nun nicht mehr konstant ($g_{BS,t} = ROA_t \cdot b_t$), sondern zeitabhängig sind, haben DCF- bzw. Investment Opportunities-Methode keinen Rechenvorteil mehr, da die Wachstumsraten nicht konstant sind. In dieser Konstellation bietet sich das Residualgewinn-Modell für eine Berechnung mit der ewigen Rentenformel an, wenn die Wachstumsraten g_{RG} konstant sind.[135] Die Wachstumsraten des Unternehmenswerts sind im Gegensatz zum DCF-Modell mit konstantem Wachstum nicht mehr konstant. Wie die Wachstumsraten der übrigen Parameter aussehen, ist a priori nicht fixiert.[136] Damit g_{RG} konstant im Zeitablauf bleibt, hat zu gelten:[137]

$$E_0\left[\widetilde{RG}_t\right] = (ROA_t - k) \cdot E_0\left[\widetilde{BS}_{t-1}\right]$$

$$E_0\left[\widetilde{RG}_{t+1}\right] = E_0\left[\widetilde{RG}_t\right](1+g_{RG}) = (ROA_t - k) \cdot (1+g_{X,t}) \cdot E_0\left[\widetilde{BS}_{t-1}\right](1+g_{BS,t})$$

Beträgt die Wachstumsrate der Überrendite $g_{X,t} = 0$, dann liegt Steady State vor; ändert sich ROA_t, dann muss sich auch $g_{BS,t}$ ändern.

Bei der Modellierung der ewigen Rente wird oft implizit Steady State unterstellt. Dies hat die angenehme Recheneigenschaft, dass DCF- und RG-Ansätze durch die ewige Rentenformel jeweils ineinander überführt werden können. Es wäre unnötig einengend, nur eine Steady State-Modellierung für die ewige Rente zu betrachten.[138] Dann geht zwar die Recheneigenschaft verloren, nicht aber die Identität der Ansätze. Welcher Ansatz leichter handhabbar ist, wird letztlich von den ökonomischen Basisannahmen geprägt.

Wie ist nun Penmans These zu beurteilen, Residualgewinn-Endwertmodelle seien allgemeiner als DCF-Endwertmodelle, da DCF-Modelle bei weitem länger bräuchten, um auf einen gleichmäßigen Wachstumspfad zu gelangen?

---

[134] Vgl. das „Vereinfachungsprinzip" von Moxter (1983), S. 80-81 und S. 83-84, bezogen auf die ewige Rente. Vgl. Wagner (1994), S. 1195-1197, zur Surrogatmaßlösung des sogenannten einkommensapproximativen Gewinns nach Moxter ebenfalls bezogen auf die ewige Rentenformel. Vgl. auch Dirrigl (1988), S. 280-282.

Im Rahmen einer Multiple-Verprobung sucht Schwetzler (2003), S. 80, ausgehend von einem Dividendendiskontierungsmodell mit geometrisch fallenden Wachstumsraten nach einer stellvertretenden Dividenden-Wachstumsrate („persistent growth rate"), die mathematisch äquivalent in die ewige Rentenformel eingesetzt werden kann.

[135] Soffer/Soffer (2003), S. 273-278, 286, stellen auch diese Modellierung des Endwerts vor, kritisieren aber, dass der Bezug zur ökonomischen Rendite IRR analytisch nicht klar ist. Gleichwohl kann SF2 als Endwertmodell zu empirisch reliablen Werten führen, d.h. Marktpreise werden gut approximiert. Vgl. etwa in 2.1.4.1.1. das Francis/Olsson/Oswald-Modell (2001). Vgl. für SF2 und SF3 auch Nissim/Penman (2001).

[136] Dinstuhl (2003), S. 135-136, meint, dass bei gegebenen Residualgewinnen mit $g_{RG} < 0$ die Dividenden (Cashflows) eindeutig ableitbar seien. Dies trifft i.a. nicht zu. Selbst für den einfachen Fall eines Steady State mit Wachstum ist seine Umrechnungsformel [3.33] auf S. 136 nicht einmal einschlägig. Die ansatzweise Ableitung dieser Formel unterstellt ausgehend von seiner Formel [3.31], dass zumindest in der ersten Periode Vollausschüttung angenommen wird. Diese Annahme erscheint arbiträr.

[137] Die Ableitung von g_{RG} wird später noch in 2.2.2.1. mit (2-52) präzisiert.

[138] Diesen Eindruck erwecken etwa Levin/Olsson (1998a) und Lundholm/O´Keefe (2001a).

Fasst man die vorangegangenen Überlegungen zusammen, wird die Einseitigkeit der These deutlich. Hier wurde gezeigt, dass der Steady State-Fall (homogene Wachstumsraten) den Überschneidungsbereich für die Anwendbarkeit der ewigen Rentenformel in beiden Modellen definiert, während außerhalb dieses Äquivalenzfalles jedes der beiden Modelle jeweils einen Anwendungsvorteil für sich beanspruchen kann. Je nach Datenkonstellation lässt sich dann - wenn überhaupt -[139] entweder nur bei dem DCF-, oder nur bei dem Residualgewinn-Modell die Formel der ewigen Rente ansetzen. Das benachteiligte Modell hat dann jeweils explizit die einzelnen Positionen zu modellieren, bis annähernd eine erwartete Konvergenz in den Parametern eingetreten ist.[140]

2.1.1.4. Buch- und Reinvestitionsrenditen

Generell sind Wachstumsinvestitionen ökonomisch wertsteigernd, wenn deren Nettokapitalwert positiv ist. Die entscheidende Frage lautet: Welche künftigen Nettokapitalwerte, in denen der Wertbeitrag aller angestoßenen Projekte eines Jahres *verdichtet* ausgewiesen wird, kann ein Bewerter auf Basis seines heutigen Informationsstandes erwarten? Der Investment Opportunities-Ansatz operationalisiert diese Frage, indem die Reinvestitionsrenditen $IRR_t = \frac{D_{t-1,\tau}}{\Delta I_{t-1}}$ unbegrenzt ($m \to \infty$) gleich bleibender Projektüberschüsse bestimmt werden.[141] Jahresüberschüsse und Dividenden sind das Resultat der Investitionsprojekte, wie die untenstehende Tabelle 2-4 zeigt. Der Vorteil dieser disaggregierten Variante ist, dass Aussagen über die künftige ökonomische Wertsteigerung möglich werden, was mit den aggregierten Größen Jahresüberschuss JÜ, Buchrendite ROA oder Dividende D nicht ohne weitere Zusatzannahmen möglich ist.

	t=1	2	3	4	5	...	N	...
V_0^{EA}	$+ D_{0,1}$	$+ D_{0,2}$	$+ D_{0,3}$	$+ D_{0,4}$	$+ D_{0,5}$	...	$+ D_{0,N}$	...
$NKW_{1,0}$	$- \Delta I_1$	$+ D_{1,2}$	$+ D_{1,3}$	$+ D_{1,4}$	$+ D_{1,5}$	...	$+ D_{1,N}$	...
$NKW_{2,0}$		$- \Delta I_2$	$+ D_{2,3}$	$+ D_{2,4}$	$+ D_{2,5}$	...	$+ D_{2,N}$	...
$NKW_{3,0}$			$- \Delta I_3$	$+ D_{3,4}$	$+ D_{3,5}$	...	$+ D_{3,N}$	...
$NKW_{4,0}$				$-\Delta I_4$	$+ D_{4,5}$	...	$+ D_{4,N}$	...
...					...	...	...	...
	$JÜ_1$	$JÜ_2$	$JÜ_3$	$JÜ_4$	$JÜ_5$	...	$JÜ_N$	...
V_0^E	D_1	D_2	D_3	D_4	D_5	...	D_N	...

Tabelle 2-4: Zusammenhang zwischen Zahlungen auf Projektebene, Jahresüberschüssen auf Unternehmensebene und Dividenden

Mit einer zeilen- oder spaltenweisen Aggregation kann der Wert äquivalent ermittelt werden:

$$V_0^E = \underbrace{V_0^{EA} + \sum_{j=1}^{\infty} NKW_{j,0}}_{V_0^{IO}} = \sum_{t=1}^{\infty} \frac{E_0[\tilde{D}_t]}{(1+k)^t}$$

[139] Vgl. die folgenden Abschnitte für komplexere Modelle.

[140] Eine solche Konvergenz kann, muss aber nicht eintreten. Dann, wenn b_t z.B. oszilliert und nicht nur einen einmaligen Schock bei danach gleichbleibendem b darstellt. Der Rechenvorteil ist daher nicht gering zu schätzen vor dem Hintergrund eines sehr langen Horizontes.

[141] Miller/Modigliani (1966), S. 385, Fn. 58, betonen den Unterschied zwischen ROA und IRR, wobei IRR als Reinvestitionsrendite bzw. als Projektrendite bei ewiger Laufzeit („perpetual rate of return"), und nicht als Interner Zinsfuß des gesamten Unternehmens bzw. als Buchrendite des Aggregats $JÜ_t/BS_{t-1}$ aufzufassen ist.

Unter den getroffenen Annahmen gilt NKW > 0, wenn IRR > k. Bei gleich bleibenden Buchrenditen - Steady State ist hiervon ein Spezialfall - sind IRR und ROA identisch.[142] Falls IRR_t also durch die normalerweise projizierte Größe ROA_t approximiert werden soll, sind beide Größen nur dann äquivalent, wenn sich ROA_t von ROA_{t-1} nicht unterscheidet. Generell divergieren daher Buch- und Reinvestitionsrenditen.[143]

Insofern ist es interessant, bei einem gegebenen ROA-Muster implizierte Reinvestitionsrenditen zu bestimmen, um die Plausibilität der Planung zu überprüfen.

Stigler (1963) argumentiert auf Basis von Buchrenditen: „There is no more important proposition in economic theory than that, under competition, the rate of return on investment tends towards equality in all industries."[144]
Neuere Untersuchungen messen der Branche Gewicht zu, aber auch originären Firmeneffekten. Nach der empirischen Untersuchung von Bunke/Droge/Schwalbach (2002) überwiegen in Deutschland Firmeneffekte.[145]
Durand (1989) meint, dass auf ewig keine Überrenditen erwirtschaftet werden könnten und, dass deshalb langfristig der Buchwert dem Marktwert entspreche.[146] Innerhalb des Steady State ist die These logisch nachvollziehbar. Jedoch ist die Annahme problematisch, da auch persistent hohe Buchrenditen empirisch beobachtet werden. Buchrenditen sind in empirischen Studien vorherrschende Surrogate für die Profitabilität von Unternehmen(steilen).[147] Diese können a)[148] Ausdruck mangelnden Wettbewerbs (monopolistischer bzw. oligopolistischer Tendenzen) bzw. innovativen Unternehmertums nach Schumpeter und/oder b) konservativer Bilanzierungspolitik sein.[149] Insbesondere Letztere dürften persistent sein. Residualgewinne bedienen sich dieser Information:

$$E_0\left[\widetilde{RG}_t\right] = E_0\left[\widetilde{JÜ}_t\right] - k \cdot E_0\left[\widetilde{BS}_{t-1}\right] = \underbrace{(ROA_t - k)}_{\text{"Spread"}} \cdot E_0\left[\widetilde{BS}_{t-1}\right]$$

142 Dieser Zusammenhang bleibt etwas verdeckt bei Grinblatt/Titman (2002), S. 389.
143 Vgl. die Formel (2-74) in 2.2.3.4.1.
144 Vgl. Stigler (1963), S. 54. Der sich daraus ergebende Fragenkomplex wird von Brealey/Myers (1996), S. 992-993, an zweiter Stelle als eines der „10 unsolved problems that seem ripe for productive research" positioniert: „But why do some companies earn economic rents while others in the same industry do not? Are the rents merely windfall gains, or can they be anticipated and planned for? What is their source, and how long do they persist before competition destroys them? Very little is known about any of these important questions." Unverändert sind diese Aussagen in Brealey/Myers (2000), S. 1010-1011, geblieben.
145 Differenziertere Schlüsse für die USA lässt auch die Untersuchung von McGahan/Porter (2002b) zu.
146 Vgl. Durand (1989), S. 13. Ähnlich Rappaport (1986); Stewart (1991), S. 289; Coenenberg/Schultze (2002b), S. 607-608 und S. 615. Coenenberg/Schultze (2002b) argumentieren, dass langfristig „eine branchenübliche, durchschnittliche Rendite in Höhe der Kapitalkosten" einschlägig sei.
147 Vgl. z.B. Mueller (1977), (1986), (1990), Fama/French (2000), Nissim/Penman (2001), McGahan/Porter (2002a), (2002b). Dass Buchrenditen gegen Kapitalkosten konvergieren, wird in den meisten Studien nicht untersucht und dürfte angesichts der Messschwierigkeiten von k auch kein leichtes Unterfangen darstellen.
148 Welcher Sachverhalt (tendenziell) vorliegt, ist in der ökonomischen Literatur umstritten.
149 Vgl. schon Gordon (1962), S. 98; Feltham/Ohlson (1995), S. 693; Beaver (1998), S. 79; Kothari (2001), S. 178; Penman (2001a); Nissim/Penman (2001), S. 122; Skogsvik (2002), S. 6-8. Vgl. aber auch Hüfner (2000), S. 78, insbes. Fn. 143.
Lundholm/Sloan (2004), S. 210-211, weisen auf die persistent hohe Buchrendite des Markenartiklers Kellogs von rund 60 % hin. Diese ist sehr hoch, weil der Markenwert nicht bilanziert wird. Die Annahme k ≠ ROA kann deshalb durchaus plausibel sein. Nicht plausibel ist jedoch die Annahme IRR = ROA ≈ 60 % im Steady State. Vermutlich wird die Annahme $m \rightarrow \infty$ des Standard-Investment Opportunities-Ansatzes hier nicht zutreffen. Eine Verfeinerung des Ansatzes kann auch solche Situationen erklären, ohne dass phantasiebeladene NKW's impliziert wären. Vgl. den Abschnitt 2.2.3.4.2.

Ist der Spread in jeder Periode gleich null, d.h. gilt: $ROA_t = k_t \; \forall \; t$, dann ergibt sich: $V_0^E = BS_0$.[150] Ist der Spread größer (kleiner) null, ist der Residualgewinn auch größer (kleiner) null. Eine Interpretation jedoch, dass ökonomischer Wert geschaffen (vernichtet) wird, mag auf der Zunge liegen, ist aber mit Vorsicht zu genießen, auch dann, wenn der Spread über einen unendlichen Zeitraum besteht. Eine derartige Interpretation ist üblich, überfrachtet aber die Konzeption des buchhalterischen Residualgewinns mit einem Bedeutungsinhalt, der durch diesen theoretisch nicht geleistet werden kann. Man betrachte das vorherige Beispiel. Gilt IRR = 10 % und k = 10 %, dann wird durch Erweiterungsinvestitionen kein Wert geschaffen. Die Buchrenditen verlaufen aber unterhalb der 10 %-Linie, bis sie gegen diese konvergieren.[151]

Die Interpretation der Wertvernichtung („Underperformer") ist trotz ständiger negativer Residualgewinne nicht angebracht.[152] Hier gilt als Maßstab der ökonomischen Wertschaffung die Erwartung positiver Nettokapitalwerte von Reinvestitionen im Gegensatz zu einer buchhalterischen Wertschaffung, die „Wertschaffung" allein dann schon indiziert, wenn Kapitalkosten die Buchrenditen übersteigen. Ob zukünftige NKW´s positiv (negativ) sind, vermag eine buchhalterische Wertschaffung theoretisch *nicht* zweifelsfrei zu beantworten.[153]

Das Modell der ewigen Rente dürfte das am häufigsten eingesetzte Barwertmodell zur Bestimmung eines Endwerts sein.[154] Die ewige Rente (mit geometrischem Wachstum) bildet den erwarteten Überschuss eines Unternehmens ab, das sich in einer Reifephase befindet und dort verharrt.[155] Ein konzeptionelles Problem bei der Rentenformel ergibt sich, wenn für die nächste Periode ein Wert von g_D erwartet wird, der über k liegt. Wird g_D perpetuiert, wird ein unsinniger Output produziert. Bei exakter Berechnung ergibt sich die ökonomisch unplausible Vorstellung eines unendlich hohen Werts.[156] Wird g_D eingesetzt in die Rentenformel, erhält man bei positivem Überschuss einen negativen Wert. Dieser ist mathematisch nicht gültig, weil die Formel für $g_D \geq k$ nicht definiert ist.

---

150 Werden m.a.W. die Cashflows mit ROA_t diskontiert, ergibt sich ebenfalls: $V_0^E = BS_0$. Vgl. Peasnell (1982), S. 367.

151 Das Durandsche Gleichgewicht kann also rund 200 Jahre auf sich warten lassen, wenn kein Steady State zu Beginn der Endwertphase vorliegt.

152 Der Grund ist, dass die Bilanzsumme die Residualgewinne beeinflusst. Wird für die Bilanzsumme der Marktwert des gesamten Unternehmens herangezogen, lässt sich der Mangel beheben. Gleichwohl wird ein buchwertbasierten Residualgewinnen zugesprochener Vorteil, nämlich der Prognoseresistenz, damit aufgehoben, und der Residualgewinn bewegt sich auf den oft als unpraktikabel verpönten ökonomischen Gewinn zu. Eine Orientierung an üblichen ProForma-Bilanzkonventionen wird dann zugunsten einer ProForma-Marktwertbilanzierung verlassen.

153 Der Aussage von Stewart (1991), S. 299, muss mit Vorsicht begegnet werden: „EVA ties directly to the creation of value". Ebenso unglücklich erscheint in diesem Zusammenhang eine Aussage Hüfners (2000), S. 65. „Residualerfolge messen als Differenz jener Komponenten die über die marktübliche Wertsteigerung hinaus erzielten vorteilhaften Maßnahmen für Aktionäre." Eine Überlegenheit von Residualgewinnen gegenüber Cashflows bei der Wertmessung proklamiert Stewart (1991), S. 350; ebenso z.B. McTaggart/Kontes/Mankins (1994), S. 317; Hüfner (2000), S. 305. Eine Fallstudie von Drukarczyk/Schüler (2003a) belegt, dass buch- und marktwertbasierte Residualgewinne ähnliche Signale liefern können.

154 So empfehlen etwa Copeland/Koller/Murrin (1990), S. 218-223, als Endwert hauptsächlich das Modell der ewigen Rente mit Wachstum im Steady State, wie auch Levin/Olsson (1998a), die sich bei ihrer sehr detaillierten Analyse auf diesen Fall beschränken. Hachmeister (1995), S. 86-88, 270, empfiehlt ebenfalls lediglich das Modell der ewigen Rente (mit Wachstum).

155 Empirisch schneidet das Modell der ewigen Rente ohne Vorschaltung einer expliziten Phase nicht sonderlich gut ab. Vgl. Payne/Finch (1999), S. 284, mit weiteren Literaturhinweisen. Gleichwohl zeigt die empirische Studie von Herrmann/Richter (2003), dass das Modell der ewigen Rente als theoretischer Referenzpunkt für eine ökonomisch stichhaltige Ableitung von Multiples gute Dienste leisten kann.

156 Das Unternehmen wächst aus allen Fugen und übernimmt langfristig die Weltwirtschaft. Dieser Alptraum ist ganz unrealistisch.

Frühe Phasen und Übergangsphasen eines Unternehmens mit einem zuweilen disruptiven Charakter können mit der Rentenformel nicht exakt abgebildet werden.[157] Wird ein Zahlungsmuster für einen bestimmten Zeitraum mit variablen Wachstumsraten prognostiziert, was den Normalfall darstellt, dann wird eine Kombination aus expliziter Phase und Rentenformel als Endwertmodell empfohlen.[158] Es empfiehlt sich jedoch daneben auch komplexer gestrickte Ein-Phasen-Endwertmodelle zu betrachten, weil übliche Planungshorizonte von 10-20 Jahren u.U. zu kurz sind, um auf den für die ewige Rente notwendigen gleichmäßigen Wachstumspfad der Überschussgröße zu gelangen.[159] Das folgende Modellangebot verspricht einen größeren Flexibilitätsgrad, der der Individualität von Überschussverläufen innerhalb der Endwert-Phase besser als das Modell der ewigen Rente gerecht werden kann.[160]

2.1.2. Ewige Rente mit arithmetischem Wachstum und autoregressive Modelle

Ein Modell, das ein arithmetisches Wachstum von Dividenden betrachtet, kann wie folgt begründet werden: Investitionen $E_0\left[\Delta\tilde{I}\right]$ und damit verbundene Renditen IRR werden als im Zeitablauf konstant angenommen. Investitionen werden ewig vorgenommen und die Rückflüsse daraus fallen unbegrenzt an. Nach dem Investment Opportunities-Ansatz sieht dies so aus:[161]

$$(2-19)\quad V_0^E = \frac{E_0\left[\widetilde{J\ddot{U}}_1\right]}{k} + \frac{E_0\left[\widetilde{J\ddot{U}}_1\right]\cdot b_1}{k}\cdot\frac{IRR-k}{k}$$

$$= \frac{E_0\left[\widetilde{J\ddot{U}}_1\right]}{k}\cdot\left[1+b_1\cdot\frac{IRR-k}{k}\right]$$

Beispiel: $E_0\left[\widetilde{J\ddot{U}}_1\right] = 100$; $b_1 = 0{,}2$; IRR = 0,1; k = 0,08.

$V_0^E = 1.250 + 62{,}5 = 1.312{,}5.$

	t=1	2	3	4
$J\ddot{U}_t$	100	102	104	...
$-\Delta I$	-20	-20	-20	...
$IRR \cdot \Delta I$		+2	+2	...
$IRR \cdot \Delta I$			+2	...
...				...
D_t	80	82	84	...

157 Vgl. auch Bierman/Hass (1971), S. 1136; Copeland/Koller/Murrin (1994), S. 306-307; Penman (1998a), S. 316; Henselmann (2000), S. 152-153; Dellmann/Dellmann (2001), S. 75, halten die Annahme der ewigen Rente zwar für heroisch, halten an dem Modell aber dennoch fest. Begley/Feltham (2002), S. 13, verwerfen das Modell der ewigen Rente mit Wachstum, und nehmen alternativ ein komplexeres Residualgewinnmodell mit linearen Informationsdynamiken an. Vgl. zu solchen Modellen Kapitel 2.1.4.1.

158 Vgl. Holt (1962); Brigham/Pappas (1966); Ross/Westerfield/Jaffe (1999), S. 105-106; Ohlson/Zhang (1999), S. 437; Haugen (2001), S. 541; Brigham/Ehrhardt (2002), S. 393-396 und S. 467-468, nun auch Wirtschaftsprüfer-Handbuch (2002); früher wurde ein Drei-Phasen-Modell präferiert, vgl. UEC (1980) bzw. HFA 2/1983.

159 Man denke z.B. an folgende Konstellation: Werden die Überschüsse von strategischen Geschäftseinheiten disaggregiert (bottom up) prognostiziert und als Endwert die ewige Rente jedoch mit jeweils unterschiedlichen Wachstumsraten eingesetzt, kann der aggregierte Endwert i.d.R. nicht mehr durch eine ewige Rente mit Wachstum repräsentiert werden.

160 Tichy (1999), S. 104, sieht die Problematik der ewigen Rente ebenfalls, zieht aber als Alternative einen Liquidationswert heran. Wie gerade diese Alternativenwahl (Aufgabe der Going Concern-Prämisse) durch ein Abgehen von der ewigen Rente begründet ist, ist nicht offenkundig.

161 Vgl. die Formel [5.6] $V_0^E = \frac{E_0\left[\widetilde{J\ddot{U}}_1\right]}{k}\cdot\left[1+b_1\cdot(\Omega-1)\right]$, wobei $\Omega = \frac{IRR}{k}$, von Solomon (1963), S. 59-60, sowie Mao (1966), S. 96, Fn. 5.

Der Wert von 1.312,5 ist bedeutend geringer als in dem Beispiel des einfachen Investment Opportunities-Modells von 1.666,7. Zwei Gründe sind ausschlaggebend. Zum einen ist die Höhe von b_1 bedeutend geringer als im Investment Opportunities-Modell. Zum anderen wird nicht wie im Investment Opportunities-Modell mit einem konstanten b anteilig vom wachsenden Jahresüberschuss, sondern absolut gleichbleibend reinvestiert. Das bedeutet, dass b_t im Zeitablauf asymptotisch gegen null geht.
Die Dividendenwachstumsraten $g_{D,t}$ fallen im Zeitablauf ebenfalls asymptotisch gegen null. In der folgenden Abbildung zeigt sich, dass bei unterschiedlichen Ausgangswachstumsraten $g_{D,1}$ = 10 %, 5 % und 2,5 % die Konvergenz gegen null recht langsam verläuft.

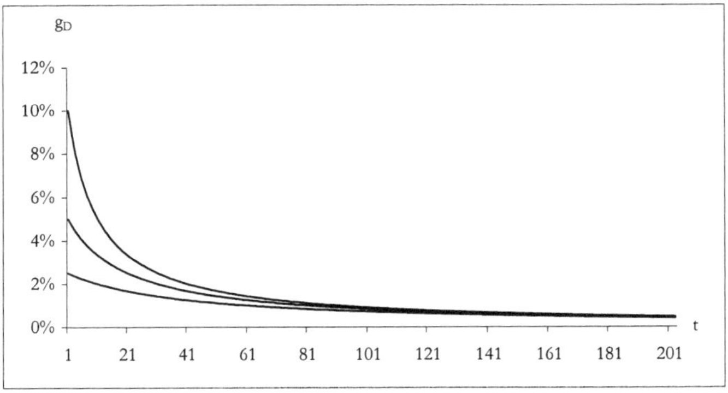

Abbildung 2-5: Dividendenwachstumsraten bei arithmetischem Wachstum

Im DCF-Modell ergibt sich folgende Formel:[162]

$$(2\text{-}20)\quad V_0^E = \frac{E_0[\tilde{D}_1] + E_0[\tilde{D}_2 - \tilde{D}_1]/k}{k} = \frac{E_0[\tilde{D}_1]}{k} + \frac{E_0[\tilde{D}_2 - \tilde{D}_1]}{k^2} = \frac{E_0[\tilde{D}_1](1 + g_{D,2}/k)}{k}$$

Selbst ein sehr hohes, k übersteigendes $g_{D,2}$ ist aufgrund der Konvergenz unproblematisch. Der Wert des Unternehmens ist endlich. Werden konstante Reinvestitionsrenditen eingesetzt, konvergieren die Buchrenditen gegen IRR.

Es liegt hier offensichtlich kein Steady State vor, die Wachstumsraten sind heterogen: $b_{t-1} \cdot IRR = g_{JÜ,t} \neq g_{D,t} \neq g_{RG,t}$.

Dennoch ist die Formel bei arithmetischem Wachstum interessanterweise ebenfalls analog anwendbar nach der Residualgewinn-Methodik.

$$(2\text{-}21)\quad V_0^E = BS_0 + \frac{E_0[R\tilde{G}_1](1 + g_{RG,2}/k)}{k}$$

Die Modelle nach (2-19) bis (2-21) sind barwertäquivalent. Der Unterschied zwischen dem Investment Opportunities-Ansatz und den anderen Modellen ist jedoch, dass dieser eine explizite Annahme darüber trifft, aus welchen Investitionsprojekten die Dividende gespeist wird. In

[162] Vgl. zu dem zweiten Ausdruck auch Park/Sharp-Bette (1990), S. 110 („Ramp"), sowie Hurley/Johnson (1994), S. 51, Formel [4a], wobei sich dort ein kleiner Druckfehler eingeschlichen hat.

diesem Zuge erhält man Auskunft darüber, ob diese Projekte wertschaffend sind, d.h. ob IRR > k gilt, sowie über die Dauer der ökonomischen Überrenditephase und das Reinvestitionsvolumen $E_0[\Delta\tilde{I}]$. Der aggregierten Dividende kann man diese Information nicht entnehmen und man ist auf Interpretation angewiesen.[163] Diese Transparenz des Investment Opportunities-Ansatzes ist ein Vorteil, der den anderen Ansätzen im Allgemeinen fehlt. Der erste Term in (2-19) beschreibt den Wert der bestehenden Investitionsprojekte (Existing Assets) V^{EA} = 1.250 verstanden als ewige Rente. Der zweite Term gibt den Nettokapitalwert zukünftiger Investitionsprojekte, d.h. der Wachstumsmöglichkeiten (Investment Opportunities) V^{IO} = 62,5 wieder.[164]

Das Modell des arithmetischen Wachstums hat sich bislang nicht durchsetzen können und führt neben seinem großen Bruder, dem Modell des geometrischen Wachstums, ein Schattendasein.[165] Der entscheidende Unterschied ist, dass bei Letzterem absolut geometrisch wachsende Reinvestitionen berücksichtigt werden, und bei Ersterem der Reinvestitionsbetrag konstant bleibt. Die empirischen Untersuchungen von Vertretern des CFROI-Ansatzes legen nahe, dass ohne nähere Betrachtung des Einzelfalls mindestens eine reale (!) Wachstumsrate der Nettoinvestitionen zwischen 1,5 % - 2 % realistisch sei.[166] Dies spricht nicht generell für diese Variante des Investment Opportunities-Ansatzes nach (2-19).

Ein hiervon zu unterscheidendes Konvergenzmodell ermittelt künftige Wachstumsraten von Dividenden über einen konstanten Konvergenzfaktor ω. Langfristig konvergieren die Wachstumsraten dann gegen $g_{D,N}$.[167]

(2-22) $g_{D,t} = g_{D,t-1} - (g_{D,t-1} - g_{D,N}) \cdot \omega = g_{D,t-1} \cdot (1-\omega) + \omega \cdot g_{D,N}$

Soll aufgrund eines derartigen Modells der Wert bestimmt werden, ist eine numerische Ermittlung mit der heutigen Technologie kein Problem mehr.[168] Das Modell arithmetischen Wachstums nach (2-20) konvergiert gegen $g_{D,N} = 0$. Jedoch ist ω nicht konstant, sondern variabel (ω_t). Der Wachstumsverlauf nach (2-22) ist dem der Abbildung 2-5 gleichwohl vergleichbar.

Die Wachstumsrate g_D unterliegt nach (2-22) einem *autoregressiven Prozess erster Ordnung* AR(1), die Dividende selbst nicht. Wird nun von einem autoregressiven Prozess der Dividende ausgegangen, erhält man:

(2-23) $D_t = a_0 + (1 + g_{D,N}) \cdot D_{t-1}$

---

[163] So gibt in (2-20) bei der zweiten Formel der erste Term den Wert einer konstanten Dividendenreihe wieder, der zweite Term den Wert der arithmetisch wachsenden Inkremente $E_0[\tilde{D}_2 - \tilde{D}_1]$. Das Modell lässt offen, ob die zusätzliche Dividende Wert schafft oder nicht.

[164] Der NKW des ersten Investitionsprojekts beträgt + 5 (= -20 + 2/0,08) in t_1, der des zweiten in t_2 ebenfalls +5 usw. Bei unendlicher Investitionskette beträgt V^{IO} dann 5/0,08 = 62,5.

[165] Hurley/Johnson (1994), S. 52-53, Yao (1997), S. 101-102, argumentieren auf Basis von selektiv gewählten Beispielen, was als „anecdotal evidence" gewertet werden könnte, dass arithmetisches Wachstum neben geometrischem Wachstum ohne Vorschaltung einer expliziten Phase realistisch sein könnte.
In den in Abschnitt 2.2. folgenden Phasenmodellen findet dieses Modell etwa Eingang in das Mao-Modell. Vgl. auch das S-Kurvenmodell von Williams, das in der zweiten Phase einen vergleichbaren Wachstumsverlauf hat.

[166] Vgl. Abschnitt 2.2.3.4.

[167] Vgl. Günther (1997), S. 152, sowie Henselmann (1999), S. 122, in Analogie zu dem CFROI-Modell. Vgl. dazu Abschnitt 2.2.3.4.2. Dort ist das Wachstum bezogen auf Netto-Investitionen. Die Wachstumsraten von Netto-Investitionen und Dividenden differieren i.d.R, so dass auch die Bewertungen differieren werden. Systematisch liegt eine Identität im Steady State vor. Schwetzler (2003), S. 80, setzt eine Modellierung nach (2-22) mit $g_{D,N} = 0$ ein.

[168] Eine exakte Formel für einen auf diesem Prozess beruhenden Wert lässt sich m.E. nicht mit einer überschaubaren Anzahl von Termen herleiten.

Langfristig konvergiert die Wachstumsrate g_D gegen $g_{D,N}$, wenn $g_{D,N} > 0$ %. Falls $g_{D,N} < 0$ % ist, konvergiert g_D langfristig gegen 0 %. Auch der Verlauf von g_D nach (2-23) ist dem in Abbildung 2-5 vergleichbar. Für diesen Prozess kann folgender Barwert bei unbegrenztem Horizont abgeleitet werden:[169]

$$(2\text{-}24)\quad V_0^E = D_0 \cdot \frac{1+g_{D,N}}{k-g_{D,N}} + \frac{a_0}{k} \cdot \left(1+\frac{1+g_{D,N}}{k-g_{D,N}}\right), \text{wobei } k \neq g_{D,N}$$

Wird $g_{D,N} = 0$ gesetzt, zeigt sich, dass (2-20) nahezu ein Spezialfall von (2-24) ist.

$$V_0^E = D_0 \cdot \frac{1}{k} + \frac{a_0}{k} \cdot \left(1+\frac{1}{k}\right) = D_0 \cdot \frac{1}{k} + a_0 \cdot \frac{1+k}{k^2}$$

Nahezu deshalb, da das Inkrement - a_0 in (2-23) - schon ab t = 1 zur Dividende zählt, in (2-20) hingegen erst ab t = 2: $D_t = a_0 \cdot (t-1) + D_1$. M.a.W. ist a_0 in (2-23) vor-, und in (2-20) nachschüssig. Dies zeigt sich auch an dem zusätzlichen Faktor (1+k) des zweiten Terms.

Ein Nachteil klassischer Endwertverfahren wie der ewigen Rente wird darin gesehen, dass oft ein Verharren der Performance unterstellt ist.[170] Zu optimistische Planungen (Hockey Stick-Effekt) würden begünstigt. Das Verharren von IRR ist unzweifelhaft mit einigen Modellen verbunden. Das nachfolgende Modell schlägt eine Modellierung vor, die es erlaubt, konvergierende Reinvestitionsrenditen in einem einfachen Endwertmodell explizit abzubilden.

2.1.3. Konvergierende Reinvestitionsrenditen

2.1.3.1. Konstantes Wachstum der Nettoinvestitionen

Nach einem Modell von O'Brien (2003) wird davon ausgegangen, dass die Rendite neuer Investitionsprojekte IRR im Zeitablauf gegen die Kapitalkosten konvergiert, d.h. die Differentialrenditen (Über- bzw. Unterrenditen) sind befristet. Zudem ist es O'Brien ein Anliegen, das Modell in eine einfache Formel zu gießen.[171] Eine ewige Laufzeit der neuen Investitionsprojekte wird angenommen. Künftige Reinvestitionen werden vereinfachend über eine im Zeitablauf konstante Wachstumsrate $g_{\Delta I}$ erfasst.

$$(2-25)\quad V_0^E = \frac{E_0\left[J\tilde{\ddot{U}}_1\right]}{k} + \frac{E_0\left[\Delta\tilde{I}_1\right]}{k} \cdot \left(\frac{IRR_1 - k}{k+f-g_{\Delta I}}\right), \text{ wobei } k+f-g_{\Delta I} \neq 0$$

$$= \frac{E_0\left[J\tilde{\ddot{U}}_1\right]}{k} \cdot \left[1 + b_1 \cdot \frac{IRR_1 - k}{k+f-g_{\Delta I}}\right]$$

Ein Vergleich des Investment Opportunities-Ansatzes (2-8) nach Miller/Modigliani (1961) mit (2-25) zeugt von einer ausgeprägten Isomorphie des Kalküls.[172] Diese kann aber nicht darüber

---

169 Vgl. analog die Ableitung in Fn. 233.

170 Vgl. Lewis (1994), S. 107-109, 122, 130.

171 Formal gesehen konvergiert IRR gegen k nur asymptotisch, so dass die Differentialrenditen genau genommen unbegrenzt sind. Die ökonomisch ins Gewicht fallenden Differentialrenditen sind aber durch den Diskontierungsvorgang begrenzt.

172 $b \rightarrow b_1$

$IRR \rightarrow IRR_1$

$b \cdot IRR \rightarrow g_{\Delta I} - f$

hinwegtäuschen, dass die Implikationen dennoch sehr unterschiedlich sind. Interpretierte man den i.d.R. negativen Term ($g_{\Delta I}$-f) als b·IRR, bedeutete dies, dass im Zeitablauf trotz gleichbleibendem IRR desinvestiert wird. In dem O´Brien-Modell wird weiterhin investiert, jedoch konvergiert IRR im Zeitablauf gemäß einer spezifischen Funktion gegen k.

Wird angenommen, dass $f - g_{\Delta I} = 0$ gilt, reduziert sich Formel (2-25) *nahezu* zu der äußeren Gestalt von Formel (2-19), die das Modell arithmetischen Wachstums darstellt.

$$V_0^E = \frac{E_0\left[\widetilde{JÜ}_1\right]}{k} \cdot \left[1 + b_1 \cdot \frac{IRR_1 - k}{k}\right]$$

Auch hier hält als Begründung nicht das Modell arithmetischen Wachstums, da Reinvestitionen und Reinvestitionsrenditen - wie IRR_1 im Gegensatz zu IRR aus (2-19) andeutet - nicht konstant bleiben, sondern geometrisch wachsen bzw. fallen. Beide gegenläufigen Effekte heben sich genau auf, weil $f - g_{\Delta I} = 0$ gilt. Insoweit sind die Bewertungsresultate nach (2-25) und (2-19) zwar identisch, die ökonomische Begründung ist aber jeweils eine andere.

Wie funktioniert nun das Modell nach O´Brien?
$E_0\left[\Delta\tilde{I}_1\right]$ und IRR_1 stellen die Reinvestitionsauszahlung sowie die Reinvestitionsrendite für das in t_1 startende Aggregat der Investitionsprojekte dar. Ein eventuelles Wachstum der Reinvestitionen im Zeitablauf wird über $g_{\Delta I}$ erfasst. Ein Absinken der Reinvestitionsrendite für neue Projekte wird technisch über einen Degressionsfaktor f („Fade") bewirkt. Ein Beispiel soll die Kalkülstruktur des Ansatzes erhellen.

Beispiel: $E_0\left[\widetilde{JÜ}_1\right] = 100$; $E_0\left[\Delta\tilde{I}_1\right] = 50$ ($b_1 = 0{,}5$); $IRR_1 = 0{,}10$; $g_{\Delta I} = 0{,}05$; $f = 0{,}15$; $k = 0{,}08$.
$V_0^E = 1.250 + 69{,}44 = 1.319{,}44$.

	t=1	2	3	4
$JÜ_t$	100	105	110,1	...
$-\Delta I_t$	-50	-52,5	-55,125	...
$IRR_1 \cdot \Delta I_1$		+5	+5	...
$IRR_2 \cdot \Delta I_2$[173]			+5,1	...
...				...
D_t	50	52,5	54,975	...

Im Vergleich zum Investment Opportunities-Ansatz nach Formel (2-8) wird in der obigen Formel (2-25) b·IRR durch $f - g_{\Delta I}$ ersetzt. Das Wachstum der NKW_t der Investment Opportunities beträgt also $-f + g_{\Delta I}$.[174] Klar ist, dass das O´Brien-Modell allgemeiner als der einfache Investment Opportunities-Ansatz von Miller/Modigliani ist. Beide Modelle sind dann identisch, wenn 1) f = 0 und 2) $b = E_0\left[\Delta\tilde{I}_1\right] / E_0\left[\widetilde{JÜ}_1\right] = g_{\Delta I}/IRR_1$ gilt. Vergleicht man das obige Ergebnis des Beispiels mit dem des einfachen Investment Opportunities-Ansatzes, fällt auf, dass V^{IO} nun 69,44 im Vergleich zu 416,7 beträgt. Der Wert ist niedriger, weil die Rendite IRR_t im

---

[173] IRR_2 beträgt nach (2-26): $IRR_2 = 0{,}08 + (0{,}1 - 0{,}08) \cdot \left[\frac{1 - 0{,}15 + 0{,}05}{1{,}05}\right]^1 \approx 0{,}09714$.

[174] Die hier vorgeschlagene Interpretation deckt sich nicht ganz mit der von O´Brien (2001), S. 5. Dort wird diese Beziehung nur approximativ gesehen.

Zeitablauf gegen k konvergiert. Das Wachstum der Reinvestitionen bleibt weiterhin konstant mit $g_{\Delta I}$. Von Interesse ist nun, ab welchem Zeitpunkt T sich Renditen und Kapitalkosten ungefähr gleichen. Wie entwickelt sich die Rendite im Zeitablauf?

$$IRR_t = \frac{\left[\frac{E_0\left[\Delta\tilde{I}_1\right]\cdot(IRR_1 - k)(1-f+g_{\Delta I})^{t-1}}{k} + E_0\left[\Delta\tilde{I}_1\right]\cdot(1+g_{\Delta I})^{t-1}\right]\cdot k}{E_0\left[\Delta\tilde{I}_1\right](1+g_{\Delta I})^{t-1}} =$$

$$= \frac{(IRR_1 - k)(1-f+g_{\Delta I})^{t-1} + k(1+g_{\Delta I})^{t-1}}{(1+g_{\Delta I})^{t-1}}$$

Weiter vereinfacht ergibt sich:

$$\text{(2-26)} \quad IRR_t = k + (IRR_1 - k)\cdot\left[\frac{1-f+g_{\Delta I}}{1+g_{\Delta I}}\right]^{t-1}$$

Der Barwert der Investment Opportunities wird ermittelt, indem (2-26) in die folgende Formel eingesetzt wird:

$$V^{IO} = \sum_{t=1}^{\infty}\frac{E_0\left[\Delta\tilde{I}_1\right]\cdot(IRR_t - k)}{k}\cdot\frac{(1+g_{\Delta I})^{t-1}}{(1+k)^t} = \frac{E_0\left[\Delta\tilde{I}_1\right]}{k}\cdot\sum_{t=1}^{\infty}(IRR_t - k)\cdot\frac{(1+g_{\Delta I})^{t-1}}{(1+k)^t}$$

Nach Vereinfachungen ergibt sich dann der schon in (2-25) gezeigte Wert der Investment Opportunities:

$$V^{IO} = \frac{E_0\left[\Delta\tilde{I}_1\right]}{k}\cdot\left(\frac{IRR_1 - k}{k+f-g_{\Delta I}}\right)$$

Die hier vorliegende Interpretation weicht von der O´Briens ein wenig ab. Sie stellt jedoch eine analytisch nachvollziehbare Beziehung zwischen den Parametern f, IRR_1, $g_{\Delta I}$, k und IRR_t her.[175]

Die Buchrendite ROA_t fällt nicht gleichmäßig wie die inkrementelle Rendite IRR_t, sondern weist einen „Hügel" auf. Dieser kommt zustande, weil ROA_t gewichtet über ROEA ($=\frac{100}{1250}=0{,}08=k$) und IRR_t ermittelt wird. In den ersten Jahren ist IRR_t zwar relativ hoch, die relative Gewichtung ist aufgrund der absolut wie relativ kleineren Investitionen aber gering. Die Gewichtung nimmt im Laufe der Zeit zu, jedoch nimmt IRR_t ab, so dass sich nach ca. 10 Jahren die Buchrendite von ca. 8,4 % wieder dem Kapitalkostensatz von 8 %, der „Normalrendite" nähert. Der Schnittpunkt zwischen IRR_t und ROA_t markiert das Maximum von ROA_t. Würde nicht wie in Abbildung 2-6 angenommen ROEA = k gelten, konvergierte ROA_t auch mit k, entweder von oben oder unten kommend, je nachdem ob ROEA > k oder ROEA < k ist.

---

175 Vgl. die Berechnungen der Renditen bei O´Brien (2001), S. 8. Die Berechnungen von O´Brien und dessen Erläuterungen decken sich nicht mit denen von Formel (2-26). O´Brien lässt die Renditen geometrisch um den Faktor (1-f) fallen: $ROA_t^* = k + (ROA_1^* - k)\cdot(1-f)^{t-1}$. Hier fallen die Renditen (IRR) geometrisch um den Faktor $\left[\frac{1-f+g_{\Delta I}}{1+g_{\Delta I}}\right]$ wie in (2-26) angegeben. Die in Abbildung 2-6 nicht gezeigte Kurve von ROA_t^* verliefe nur geringfügig unterhalb der Kurve von IRR_t.

Es empfiehlt sich, diese Zusammenhänge grafisch zu veranschaulichen. Je nach Parameter-Konstellation können diese freilich unterschiedlich aussehen, so dass eine a priori-Aussage der Beziehungen erschwert ist.

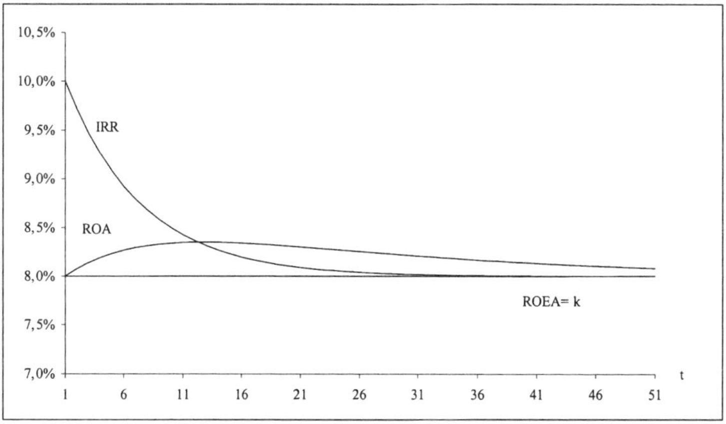

Abbildung 2-6: Reinvestitionsrenditen (IRR_t) sowie Buchrenditen der Existing (ROEA) und Total Assets (ROA_t) nach dem O'Brien-Modell

IRR_t nähert sich k asymptotisch, so dass $IRR_t = k$ keinen endlichen Wert hat. Ein Blick auf die Daten des Beispiels zeigt, dass nach ca. 25 Jahren (T = 25) kaum noch Überrenditen erzielt werden. Nähme man an, dass Überrenditen für Investitionsprojekte nach T = 25 gänzlich entfielen, beträgt $V^{IO} = 68{,}72$.[176] Die Differenz von 0,72 ist gering. Die Implikation ist, dass der ökonomisch bedeutsame Überrenditezeitraum in dem Beispiel ca. 25 Jahre beträgt. Diese Zeitdauer wird indirekt durch die Modellparameter gesteuert.[177] Eine nachträgliche Plausibilitätsprüfung ist daher zu empfehlen und ist der Preis der Renditeprognose nach (2-26), die die Einfachheit des Modells bewirkt.[178] Das Modell verwendet die ökonomisch plausible Eigenschaft fallender Projektrenditen.

In dem Fall, in dem Kapitalkosten nicht erwirtschaftet werden, geht das Modell davon aus, dass sich die Renditen IRR den Kapitalkosten k allmählich wieder annähern. Diese Annahme ist insoweit plausibel, da Unterperformance kaum ewig anhalten dürfte. Der Anpassungsprozess findet im Modell jedoch nicht sprunghaft, sondern in kleinen Schritten statt. Geht man c.p. von $IRR_1 = 6\ \%$ aus, beträgt der Wert $V^{IO} = -69{,}44$ und die Renditekurven IRR und ROA[179] wären in Abbildung 2-6 symmetrisch an der Kapitalkostenachse (ROEA = k) von 8 % gespiegelt.

---

176 Vgl. für eine Berechnung die noch kommende Formel (2-68).

177 Andere Modelle steuern diesen Zeitraum explizit. Vgl. etwa das Zwei-Phasen-Modell des Investment Opportunities-Ansatzes bzw. das Mao-Modell in Abschnitt 2.2.3.1. und 2.2.3.2.

178 O'Brien sieht diese Eigenschaft als einen Vorteil seiner Modellbildung an. Vgl. O'Brien (2001), S. 2.

179 Dies ergibt sich unmittelbar aus dem Zusammenhang zwischen IRR und ROA bei unbegrenzter Projektdauer:

$$(2-74)\quad ROA_t = ROA_{t-1} \cdot \frac{1 + b_{t-1} \cdot IRR_t}{1 + b_{t-1} \cdot ROA_{t-1}}$$

. Vgl. Abschnitt 2.2.3.4.1.

Ob ein derartig langsamer Prozess plausibel ist, muss hinterfragt werden.[180]

Die Bewertung ist c.p. identisch, solange $f-g_{\Delta I}$ konstant bleibt. Z.B. könnte von $f-g_{\Delta I}$ = 0,05+0,05 anstatt $f-g_{\Delta I}$ = 0,15-0,05 ausgegangen werden. Der Überrenditezeitraum wird aufgrund des niedrigeren Parameterwerts von f dann aber gestreckt. Dieser positive Effekt kompensiert wertmäßig exakt den negativen Effekt der negativen Reinvestitionswachstumsrate.

In dem einfachen Miller/Modigliani-Modell (ewige Rente) entspricht $g_{JÜ,t} = b_{t-1} \cdot IRR_t$ zugleich der Wachstumsrate der Dividenden und der Wachstumsrate des Werts, weil alle GuV-Parameter sowie die Reinvestitionen gleichmäßig wachsen.
In O'Briens Modell, wie auch in anderen Modellen, die den Fall der ewigen Rente verlassen, besteht dieser Zusammenhang i.d.R. nicht mehr, die Wachstumsraten sind heterogen. Die folgende Abbildung 2-7 zeigt den zeitlichen Verlauf der Wachstumsraten $g_{V,t}$, $g_{JÜ,t}$ und $g_{D,t}$. Es wird deutlich, dass $g_{JÜ,t}$ und $g_{V,t}$ nach 20 Jahren fast identisch sind. Bis zu diesem Zeitpunkt sind auch die substantiellen Überrenditen abgebaut. Nach ungefähr 120 Jahren konvergieren alle Wachstumsraten gegen die als konstant unterstellte Rate $g_{\Delta I}$ = 5 %. Da sich die Wachstumsraten langfristig an $g_{\Delta I}$ orientieren, ist ein langfristiger Durchschnittswert für $g_{\Delta I}$ anzusetzen, falls die Rate zu Beginn der Endwertphase einen sehr hohen Wert annimmt.
Möchte man die Konstellation einer ausgehend von einem hohen Niveau gegen den Durchschnitt konvergierenden Rate $g_{\Delta I}$ exakter modellieren, ist dies mit der O'Brien-Formel nicht mehr abbildbar. Eine einfache Modellierung dieser Konstellation wird in dem nächsten Abschnitt präsentiert.

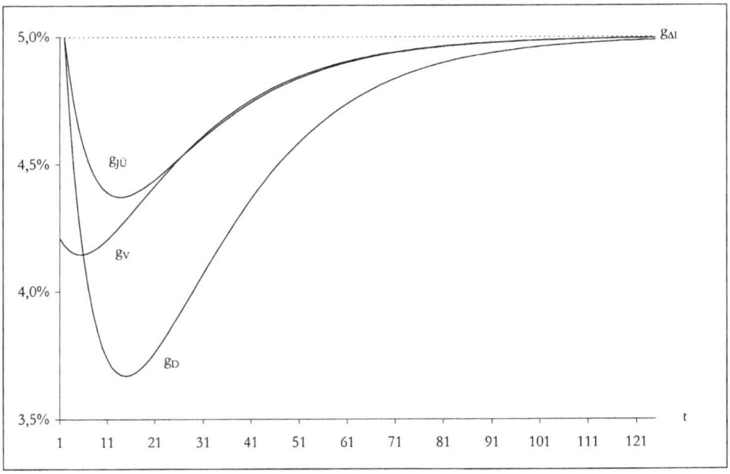

Abbildung 2-7: Wachstumsraten $g_{\Delta I}$, $g_{V,t}$, $g_{JÜ,t}$, $g_{D,t}$ nach dem O'Brien-Modell

Das Wachstum des erwarteten Unternehmenswerts $g_{V,t}$ vollzieht sich hier nicht mehr gleichförmig, wie es im Williams-Modell zu erwarten war. Die Raten $g_{V,t}$ und $g_{D,t}$

180 Ein Zwei-Phasen-Modell könnte einen schnelleren Prozess mit sprunghafter Änderung zu k modellieren. Vgl. Abschnitt 2.2.3.3. hierzu. Eine weitere Möglichkeit bestünde darin, den Konvergenzprozess durch eine Erhöhung des „Aufholfaktors" f z.B. auf 0,5 zu beschleunigen.

(Dividendenwachstum) verlaufen deshalb auch nicht synchron.[181] Dies impliziert, dass die Zusammensetzung der als konstant unterstellten Rendite k aus Dividenden- δ_t und Wertänderungsrendite $g_{V,t}$ nicht konstant bleiben kann. Langfristig können die Wachstumsraten aber konvergieren, wie das Beispiel zeigt. Die nicht abgebildete Dividendenrendite δ_t (= k - $g_{V,t}$) fällt im Zeitablauf und konvergiert gegen 3 %.
Die Wachstumsraten von Residualgewinnen hängen von ROA, k und g_{BS} ab.[182] Es ist generell nicht davon auszugehen, dass langfristig eine Konvergenz von g_{RG} gegen die Steady State-Wachstumsrate $g_{\Delta I}$ stattfindet.[183] Die Residualgewinne bewegen sich auf einen Wert von ca. 10 zu, und g_{RG} konvergiert somit gegen null. Ein solcher Fall kann auch in dem einfachen Miller/Modigliani-Modell eintreffen, wenn wie in dem O´Brien-Modell von ROA = IRR ausgegangen wird.

Die Abbildung 2-7 deutet an, dass es ungeschickt wäre, die dem vorgestellten Modell zugrunde liegenden Annahmen über ein DCF- oder Residualgewinn-Modell abzubilden.[184] Die einfache Lösung stellt der Investment Opportunities-Ansatz dar, auf dem die Formel von O´Brien beruht.

O'Briens Modell unterscheidet sich von dem einfachen Miller/Modigliani-Modell dadurch, dass b_1 zum einen nicht konstant bleibt,[185] und zum anderen, dass sich b_t implizit ergibt.[186] Langfristig konvergieren $g_{JÜ}$ gegen $g_{\Delta I}$ (= 5 %) und IRR gegen k (= 8 %), so dass auch eine Konvergenz gegen b = 0,625 (= 0,05/0,08) zu erwarten ist. Die Abbildung bestätigt diese Vermutung.

---

[181] Vgl. Elton/Gruber/Brown/Goetzmann (2003), S. 452-453; Haugen (2001), S. 543-545. Vgl. Drukarczyk (1993), S. 208, zu einer Anwendung von g_V im Rahmen einer Plausibilitätsschätzung des Wertes in t = 0.

[182] Vgl. (2-52) in Abschnitt 2.2.2.1.

[183] Steady State ist definiert als homogenes Wachstum von Bilanz- und GuV-Positionen. Langfristig konvergiert das O´Brien-Modell gegen Steady State, wie auch das einfache Miller/Modigliani-Modell, wenn es sich nicht schon darin befindet.

[184] Durch Umformulierung von (2-25) lässt sich eine DCF-Formel ableiten, die der Gestalt der ewigen Rente ähnelt. Im Zähler befindet sich die Dividende der ersten Periode:

$$V_0^E = \frac{E_0\left[\widetilde{JÜ}_1\right](1-b_1)}{k(1-b_1)\cdot\left(k+f-g_{\Delta I}\right)\cdot\left[k(1-b_1)+b_1\cdot IRR_1+f-g_{\Delta I}\right]^{-1}}$$

Die Formel ist ökonomisch indes nicht leicht interpretierbar, da die variierenden Wachstumsraten $g_{D,t}$ (vgl. Abbildung 2-7) intransparent über eine stellvertretende Wachstumsrate wiedergegeben werden. Vgl. zu aussagekräftigeren DCF-Formeln diesbezüglich den Abschnitt 2.2.3.4.1.

[185] Abgesehen von dem Spezialfall: 1) f = 0 und 2) $b = E_0\left[\Delta\tilde{I}_1\right]/E_0\left[\widetilde{JÜ}_1\right] = g_{\Delta I}/IRR_1$.

[186] Aus $1+g_{\Delta I,t} = \frac{b_t\left(1+b_{t-1}\cdot IRR_{t-1}\right)}{b_{t-1}}$ folgt $b_t = \frac{\left(1+g_{\Delta I,t}\right)\cdot b_{t-1}}{1+b_{t-1}\cdot IRR_{t-1}}$. Vgl. auch Abschnitt 2.2.3.4.1.

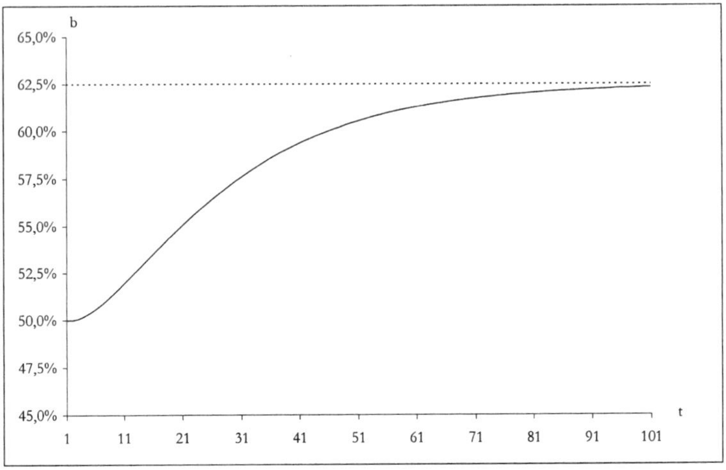

Abbildung 2-8: Reinvestitionsraten b_t nach dem O´Brien-Modell

An dem Beispiel fällt auf, dass b im Zeitablauf ansteigt. Wird eine höhere Reinvestition in t =1 angenommen, dann kann b im Zeitablauf fallen.[187] Anhand des Beispiels ist *ein* durch das Modell induzierter Musterverlauf diskutiert worden. Was passierte in dem Beispiel, wenn f = 0 gesetzt würde? Es besteht eine Identität mit dem Miller/Modigliani-Modell, da beide Bedingungen 1) f = 0, sowie 2) $b = E_0[\Delta\tilde{I}_1]/E_0[J\tilde{\ddot{U}}_1] = g_{\Delta I}/IRR_1$ erfüllt sind.[188] In Abbildung 2-6 bliebe IRR gleich und ROA konvergiert analog zur Abbildung 2-4 gegen k. Alle Wachstumsraten in Abbildung 2-7 sowie b in Abbildung 2-8 blieben konstant. Die nicht abgebildete Wachstumsrate des Buchwerts konvergierte jedoch ausgehend von 4 % gegen 5 %, weil kein Steady State vorliegt (ROEA ≠ k). Mit dem O´Brien-Modell kann auch ein temporär negatives Wachstum ausgehend von negativen Dividenden modelliert werden, das aber relativ rasch in ein positives Wachstum übergeht.[189]

Das Modell ist insofern relativ flexibel und rechnerisch leicht zu handhaben.[190] Gleichwohl wird diese Attraktivität um den Preis von Nacharbeiten zu erkaufen sein.[191] Sind die implizierten Rendite- und Wachstumsmuster plausibel für den jeweiligen Bewertungsfall? Trifft dies nicht zu, müssen Adjustierungen an den Parametern vorgenommen werden. Ist die Kalibrierung nicht erfolgreich, wird man ein anderes den Anforderungen entsprechendes Planungsmodell auswählen

187 Üblicherweise wird angenommen, dass die Thesaurierungsquote im Zeitablauf fällt. Das O´Brien-Modell kann, muss aber nicht diese Eigenschaft aufweisen. b ist hier bei Eigenfinanzierung definiert. Wird Fremdfinanzierung berücksichtigt, kann b^{MF} im Zeitablauf sinken.

188 Wäre 2) nicht erfüllt, dann wäre keine Identität mehr mit dem Miller/Modigliani-Modell vorhanden. Vgl. den Fall 3 bei O´Brien (2003).

189 Weitere Zeitreihen befinden sich quantitativ aufbereitet im Appendix von O'Brien (2001).

190 O´Brien vergleicht sein Modell mit dem Investment Opportunities-Ansatz und dem Residualgewinn-Modell SF3 vor dem Hintergrund des Steady State. Vgl. O´Brien (2001), S. 11 und 14. Gleichwohl kann sein Modell z.B. auch nicht alle Muster von SF3 nachbilden, wenn es sich *außerhalb* des Steady State befindet. Insofern ist das Modell nach O´Brien nicht unbedingt flexibler. Es werden dann einfach unterschiedliche Annahmen abgebildet.

191 Denjenigen, die mit Unternehmensbewertungen betraut sind, sollten die Modellimplikationen transparent sein, um ihre Plausibilität im Einzelfall überprüfen zu können. Das Modell legt zwar einige Parameter explizit fest, andere Parameter ergeben sich aber implizit.

müssen. Eine empirische Evaluierung im Vergleich zu einem Referenzmodell ist bislang in der Literatur (noch) nicht zu finden.

2.1.3.2. Konvergierendes Wachstum der Nettoinvestitionen

Dass die Nettoinvestitionswachstumsraten unverändert bleiben, obwohl die Reinvestitionsrenditen sinken, muss im Einzelfall nicht plausibel sein. Soll daher ein auf ein Normalniveau fallendes Wachstum der Nettoinvestitionen mit dem Ziel einer einfachen Bewertung modelliert werden, kann analog wie in Abschnitt 2.1.3.1. vorgegangen werden. Der Fade-Prozess für IRR_t wird nun jedoch nicht mehr nach dem O´Brien-Modell gemäß (2-26) modelliert, sondern gemäß (2-27):[192]

$$(2\text{-}27)\quad IRR_t = k + (IRR_1 - k)\cdot\frac{(1-f)^{t-1}}{\prod_{\tau=1}^{t}(1+g_{\Delta I,\tau-1})}$$

Wird (2-27) eingesetzt in $V^{IO} = \frac{E_0[\Delta\tilde{I}_1]}{k}\cdot\sum_{t=1}^{\infty}(IRR_t - k)\cdot\frac{\prod_{\tau=1}^{t}(1+g_{\Delta I,\tau-1})}{(1+k)^t}$, lässt sich überführen in den Unternehmensgesamtwert:

$$(2-28)\quad V_0^E = \frac{E_0[J\tilde{Ü}_1]}{k} + \frac{E_0[\Delta\tilde{I}_1]}{k}\cdot\left(\frac{IRR_1 - k}{k+f}\right)$$

$$= \frac{E_0[J\tilde{Ü}_1]}{k}\cdot\left[1 + b_1\cdot\frac{IRR_1 - k}{k+f}\right],\quad \text{wobei } k+f \neq 0$$

Auch diese Formel sieht dem Miller/Modigliani-Modell sehr ähnlich, unterscheidet sich aber, weil keine Desinvestitionen, sondern konvergierende Reinvestitionsrenditen und Wachstumsraten der Nettoinvestitionen impliziert sind.

Beispiel: $E_0[J\tilde{Ü}_1] = 100$; $E_0[\Delta\tilde{I}_1] = 50$ ($b_1 = 0{,}5$); $IRR_1 = 0{,}10$; $f = 0{,}15$; $k = 0{,}08$.
$V_0^E = 1.250 + 54{,}35 = 1.304{,}35$.

Werden innerhalb des Beispiels aufgrund der Konvergenzformel (2-22) - nun bezogen auf $g_{\Delta I,t} = g_{\Delta I,t-1} - (g_{\Delta,t-1} - g_{\Delta,N})\cdot a$, wobei $g_{\Delta I,N} = 0{,}05$ und $a = 0{,}1$ - die Wachstumsraten der Nettoinvestitionen einmal für $g_{\Delta I,1} = 0{,}15$ (gestrichelte Linien), und einmal für $g_{\Delta I} = 0{,}05$ (durchgezogene Linien) ermittelt, ergeben sich die Reinvestitionsrenditen in Abbildung 2-9.

Die Abbildung deutet an, dass der Effekt einer höheren Wachstumsrate durch eine niedrigere Rendite wertneutral kompensiert wird. Sollen allgemeinere Konvergenzprozesse für IRR_t und $g_{\Delta I,t}$ eingesetzt werden, kann der Investment Opportunities-Ansatz entsprechend erweitert werden. Die von O´Brien angestrebte Einfachheit des Formelkalküls muss i.a. dann aber aufgegeben werden.[193]

---

[192] $g_{\Delta I,0}$ beträgt per Definition null. Der nach O´Brien unterstellte fade-Prozess ist so konstruiert, damit sich eine einfache Kalkülstruktur ergibt. Ein nach CFROI-Vertretern empirisch gestützter Prozess konvergiert zwar auch gegen k, weicht aber von (2-26) ab. Vgl. hierzu (2-22), sowie insbesondere Fn. 393.

[193] Vgl. für eine Lösung die Formel (2-70) in Abschnitt 2.2.3.4.1.

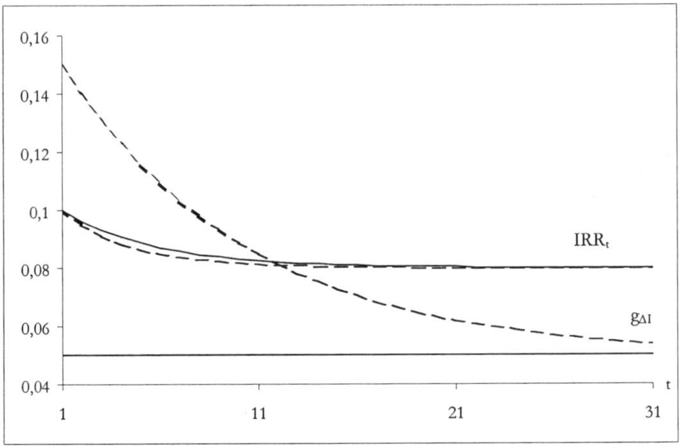

Abbildung 2-9: Reinvestitionsrenditen und Wachstumsraten der Nettoinvestitionen

2.1.4. Parametrisierte Residualgewinn-Modelle

Parametrisierte Residualgewinn-Modelle stellen spezifische Ausprägungen des Residualgewinn-Ansatzes (RG-Ansatz) dar. Während sich dieser in seiner nicht-parametrisierten Form nach (2-2) nicht festlegt, wie die Residualgewinn-Zeitreihe aussieht, spezifizieren parametrisierte Residualgewinn-Modelle diese. Der zunächst leblosen formalen Hülle des Residualgewinn-Ansatzes wird zu einem ökonomischen Eigenleben verholfen.

Das auf einer linearen Informationsdynamik basierende Ohlson-Modell sowie das Feltham/Ohlson-Modell sind in der Literatur viel beachtet. Diese Modelle kreieren auf sparsame („parsimonious") Weise fernab der bislang gezeigten Pfade eine plausibel wirkende Residualgewinn-Prognose, ohne dass Plan-Bilanzen und -GuVs explizit aufzustellen wären. Des Weiteren wird das Modell von Francis/Olsson/Oswald (2001) - letztlich ein Spezialfall des Ohlson-Modells - dargestellt, dessen Konstruktion aus dem relativ besten empirischen Fit gemäß einem Box/Jenkins-Test herrührt.

Abschließend wird das empirisch getestete Endwert-Modell von Palencia (1999) betrachtet, welches hingegen Buchrenditen und -wachstum einem interdependenten autoregressiven Prozess unterwirft.

2.1.4.1. Direkte Wachstumsplanung

2.1.4.1.1. Ohlson-Modell

Das Ohlson-Modell (1995) ist nicht in rechentechnische Phasen aufgeteilt, sondern verarbeitet einige wenige Parameter aufgrund seiner linearen Modellstruktur zu einer impliziten Prognose über einen unbegrenzten Planungszeitraum. Das Modell wird bislang ausnahmslos ohne Vorschaltung einer expliziten Phase in empirischen Studien eingesetzt. Das Modell kann sich aber auch als Endwert qualifizieren.

Planbilanzen müssen wie bei dem Modell der ewigen Rente ebenfalls nicht eigens aufgestellt werden. Die Zeitreihen ergeben sich automatisch in dem geschlossenen Modell. Einige wenige

Parameter-Prognosen sind nötig. Jedoch sind diese im Zeitablauf konstant und deshalb hält sich der Prognose-Aufwand in engen Grenzen.[194]
Das Ohlson-Modell ist ein Residualgewinn-Modell. Ein Reiz des Modells besteht darin, wie es die Residualgewinne im Zeitablauf prognostiziert. Die Bezeichnung lineare Informationsdynamiken (LIM) steht für diese Zeitreihengenerierung. Sie funktioniert im Prinzip so:
Der Residualgewinn der nächsten Periode setzt sich zusammen aus einem Skalar $(1+\omega)$[195] des Residualgewinns der *jetzigen* Periode und aus einem künftigen Residualgewinn (ν_0), der nicht von einem vergangenen bzw. dem jetzigen Residualgewinn abhängig ist. Er ist in der jetzigen Periode auch noch nicht in Bilanz und GuV aufgeschienen.[196] Diese neben Bilanz und GuV „zusätzliche Information" schlägt sich erst in der nächsten Periode in der Rechnungslegung nieder. Diese Prognose ist interessant, da bei dem Gordon-Modell nach (2-I) künftige Dividenden allein von der heutigen Dividende abhängen.[197] Bei dem Modell nach (2-II) wird nicht konkretisiert, ob und wie ggf. künftige Dividenden mit heutigen Dividenden zusammenhängen.

(2-29) $\widetilde{RG}_{t+1} = (1+\omega)\widetilde{RG}_t + \nu_t + \tilde{\varepsilon}_{1,t+1}$

Beide Residualgewinn-Komponenten unterliegen einem autoregressiven Prozess ersten Grades, d.h. AR(1). Künftige ν_t fallen in Abhängigkeit des Persistenzparameters γ.[198]

(2-30) $\tilde{\nu}_{t+1} = (1+\gamma)\nu_t + \tilde{\varepsilon}_{2,t+1}$

Da es sich um ein Modell unter Unsicherheit handelt, sind den beiden Formulierungen Zufallsterme mit einem Erwartungswert von null assoziiert: $E_0[\tilde{\varepsilon}_{1,t+1}] = E_0[\tilde{\varepsilon}_{2,t+1}] = 0$.[199]

Die geschlossene Form des Modells sieht dann bei dem unterstellten *ewigen Horizont* nach Vereinfachungen so aus:[200]

(2-31) $V_0^E = BS_0 + \alpha_1 RG_0 + \alpha_2 \nu_0$,

$$\text{wobei } \alpha_1 = \frac{1+\omega}{k-\omega}$$
$$\alpha_2 = \frac{1+k}{(k-\omega)(k-\gamma)}.$$

Die Bewertung ist äquivalent mit den generalisierten DCF- bzw. RG-Formeln nach (2-1) und (2-2). Gleichwohl wird sich zeigen, dass ein direktes Nachrechen des Ohlson-Modells mit den generalisierten Modellen ohne zusätzliche Annahmen nicht möglich sein wird. Die implizierten Zeitreihen können komplex sein. Ohne EDV-Unterstützung wird ein Nachrechnen sehr mühselig.

---

194 Das Modell lässt sich in die Klasse der sogenannten stationären Markov-Modelle einreihen. Vgl. Christensen/Feltham (2003), S. 316-317.

195 Bei Ohlson ist etwa $1+\omega$ definiert als „ω". Die Nomenklatur seines Beitrages wird an diejenige dieser Arbeit angepasst.

196 Z.B. zu erwartende Umsatzerlöse aus neuen Aufträgen. Eine Anzahlung ist noch nicht erfolgt.

197 Diese Annahme erscheint sehr restriktiv.

198 Time-lags könnten leicht berücksichtigt werden. Vgl. Lundholm (1995), S. 752.

199 Ohlson (1995) betont, dass das Modell kompatibel mit den Thesen von Miller/Modigliani (1961) ist. Steuern, Fremdfinanzierung werden nicht explizit berücksichtigt. Der elementare, noch ausbaufähige Charakter des Modells wird von Ohlson selber an mehreren Stellen betont.

200 Vgl. Ohlson (1995), S. 669. Das Modell lässt sich als ein Unterfall des Modells von Feltham/Ohlson (1995) ansehen. Vgl. Feltham/Ohlson (1995), S. 706, sowie Abschnitt 2.1.4.1.2. Das Modell ist in der Originalfassung auf risikoneutrale Investoren ausgerichtet. Die Unsicherheit wird hier durch risikoangepasste Renditen abgebildet.

Eigenschaften des Modells

(1) Wird keine explizite Phase vorgeschaltet, verwendet das Modell zur Schätzung der Zeitreihen - wie Systematik (2-I) auch - IST-Daten von BS_0, RG_0, v_0, um eine Bewertung auf Basis künftiger, stochastischer Residualgewinne vornehmen zu können. Zudem sind neben k die Persistenzparameter ω und γ zu prognostizieren.[201]

(2) Werden keine über einen aktuellen Residualgewinn hinausgehenden Informationen erwartet, d.h. beträgt $v_0 = 0$, dann ergibt sich das Modell der ewigen Rente mit Wachstum auf Residualgewinnbasis. Das Ohlson-Modell kann insofern als ein *verallgemeinertes* Modell der Ausprägungen SF1-3 angesehen werden. Die Zeitpunkte 0 und 1 werden über ω miteinander verbunden, wie in Systematik (2-I) schon beschrieben. Da gilt: $v_0 = 0$, ist ω äquivalent mit g_{RG}.

$$V_0^E = BS_0 + \frac{(1+\omega)RG_0}{k-\omega} = BS_0 + \frac{(1+g_{RG})RG_0}{k-g_{RG}}$$

Ein solches Modell mit negativen Wachstumsraten g_{RG} wird in der Literatur auch als Endwert vorgeschlagen.[202] Es ist zu betonen, dass Steady State dadurch keineswegs impliziert sein muss.[203]

Die Annahme $v_0 = 0$ ist bei Systematik (2-I) heroisch, da lediglich per heute bekannte Rechnungslegungsdaten den Marktwert bestimmten. Ist Systematik (2-II) angenommen, dann besteht für SF3 diese Verknüpfung nicht.

(3) Gilt $v_0 \neq 0$, lässt sich das Modell nicht mehr ohne weiteres über die generalisierten Modelle (2-1) bzw. (2-2) nachvollziehen. Ein Grund liegt darin, dass BS im Zeitablauf vom Modell unbestimmt bleibt.[204] Dies hat zur Folge, dass die Werte V_t^E ab $t > 0$ unbestimmt sind. Also sind Annahmen z.B. über BS_t zu treffen, um D_t bestimmen zu können oder vice versa. Diese Annahmen können anschließend auf ihre Plausibilität geprüft werden, indem die implizierte ROA-Zeitreihe betrachtet wird.

(4) Residualgewinne werden als autoregressiv angenommen. Diese konvergieren gegen 0 („mean reversion"). Die Persistenzparameter betragen innerhalb eines „unbiased accounting", d.h. Markt- und Buchwerte gleichen sich im Zeitablauf an:[205]

$-100\,\% \leq \omega < 0\,\%$, $-100\,\% \leq \gamma < 0\,\%$.

ROA muss in diesem Modell nicht gegen k konvergieren. Entweder konvergiert ROA gar nicht (z.B. bei $\omega = -2\,\%$; $\gamma = -10\,\%$; $g_{BS} = -5\,\%$), oder ROA konvergiert gegen einen anderen Wert als gegen k (z.B. bei $\omega = -5\,\%$; $\gamma = -10\,\%$; $g_{BS} = -5\,\%$; Konvergenz gegen 38, 50 %).

Man gelangt auch zu endlichen Werten bei folgender Formulierung:[206]

$-100\% < \omega < k$, $-100\% \leq \gamma < k$

Die autoregressive Eigenschaft von Residualgewinnen ist aber in diesem Modell dann nicht mehr vorhanden, wenn gilt: ω *oder* $\gamma \geq 0\,\%$.

---

201 „known by the market, but unknown to researchers". Ohlson (2001), S. 110.

202 Vgl. Dechow/Hutton/Sloan (1999). Dort wird empirisch geschätzt, dass die negative Wachstumsrate g_{RG} für den amerikanischen Markt etwa 38 % betrage. Zu einer praktischen Anwendung vgl. auch Bauman (1999).

203 So interpretieren aber Lo/Lys (2000), S. 349-351, das Ohlson-Modell, indem sie ausführen, dass es das Gordon-Modell miteinschließe. Beide Modelle können allenfalls im Steady State äquivalent sein.

204 Vgl. auch Christensen/Feltham (2003), S. 328. In dem Ohlson-Modell sind künftige Residualgewinne unabhängig von der Bilanzsumme, d.h. autoregressiv.

205 Vgl. Ohlson (1995), S. 668.

206 Vgl. Ohlson/Zhang (1999), S. 439; Ohlson (2001), S. 9; dieser Zusammenhang könnte gerade bei ewig fortwährender konservativer Bilanzierung Sinn machen. Vgl. Ohlson (2001), S. 118, Fn. 4.

Im Ohlson-Modell wird die Vorstellung, dass früher oder später keine ökonomischen Renten mehr aufgrund einsetzenden Wettbewerbs erzielt werden können, über ein Konvergieren der Residualgewinne hergestellt.[207] Gleichwohl ist zu betonen, dass über die Profitabilität künftiger Investitionen (IRR) explizit noch keine Aussage getroffen ist.

Beispiel: $BS_0 = 1.000$; $RG_0 = 100$; $\nu_0 = 10$; $\omega = -5\ \%$; $\gamma = -10\ \%$; $k = 10\ \%$.

$$V_0^E = 1.000 + 633{,}33 + 366{,}67 = 2.000.$$

Eine äquivalente Darstellung des Ohlson-Modells fügt Gewinne und Dividenden einerseits sowie Buchwerte andererseits über einen gewichteten Durchschnitt zusammen:[208]

$$(2-32)\ V_0^E = \underbrace{k\alpha_1}_{z}\left((1+k)/k \cdot J\ddot{U}_0 - D_0\right) + \underbrace{(1-k\alpha_1)}_{1-z}BS_0 + \alpha_2\nu_0$$

Beispiel: $J\ddot{U}_0 = 199$; $D_0 = 189$ ($BS_{-1} = 990$).

$$V_0^E = 1.266{,}67 + 366{,}67 + 366{,}67 = 2.000.$$

Die Flussgrößen zum Zeitpunkt der Bewertung dienen als Startpunkt für die Zeitreihengenerierung, werden aber nicht in die Bewertung direkt miteinbezogen. V_0^E ist also auch hier nach der üblichen Konvention Ex-Dividende definiert, wie dies die generalisierten Modelle anzeigen.
(2-32) zeigt, dass im Extremfall $z = 1$ der Buchwert keinerlei Erklärungswert für den Marktwert hat und im Extremfall $z = 0$ allein der Buchwert neben dem Wertbeitrag $\alpha_2\nu_0$ den Marktwert erklärt. Beide Fälle sind extrem, so dass Mischfälle eine realistischere Konstellation darstellen dürften.

Es ist charakteristisch für das Ohlson-Modell, dass die aus heutiger Sicht erwarteten Residualgewinne $E_0\left[\widetilde{RG}_t\right]$ gegen null konvergieren. Der spezifische Verlauf des Beispiels kann der Abbildung 2-10 entnommen werden.[209]

---

[207] Im Vergleich dazu werden im einfachen IO-Ansatz gegen IRR konvergierende Buchrenditen angenommen. Wie oben erwähnt, ist dies nicht unbedingt kompatibel. RG können auch bei steigendem ROA fallen, wenn BS relativ stark fällt: $RG_t = BS_{t-1}\ (ROA_{t-1}\text{-}k)$.

[208] Vgl. Ohlson (1995), S. 670-672. Es kann gezeigt werden, dass (2-12) einen Spezialfall von (2-32) darstellt, wenn

- $\nu_0 = 0$,
- Steady State ($\omega := g_{RG} = g$) und
- eine Beziehung nach (2-I), d.h. $J\ddot{U}_0\ (1+g) = J\ddot{U}_1$, gilt.

[209] Bei kleineren ω-Werten als in dem Beispiel können die Residualgewinne auch monoton fallend verlaufen, solange $\gamma < 0$. Bei $\omega = 0$ und $\gamma < 0$ bzw. umgekehrt konvergieren die Residualgewinne bei JÜ und ν größer null gegen einen positiven über null liegenden Wert. Ist $\omega = \gamma = 0$, dann verlaufen die Residualgewinne linear. Ist $0 < \omega, \gamma < k$, dann wachsen die Residualgewinne exponential im Zeitablauf an.

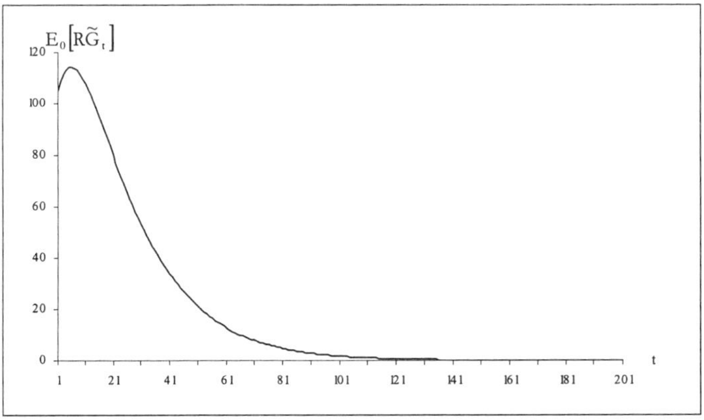

Abbildung 2-10: Erwartete Residualgewinne $E_0\left[\tilde{RG}_t\right]$ im Ohlson-Modell

Manche Autoren veranlasst die Struktur des Ohlson-Modells zu der Aussage, dass dieses Modell das Endwertproblem lösen könnte.[210] Das Modell erstellt implizit eine Langzeitprognose, ohne eine größere Gedankenanstrengung des Bewerters zu fordern. Zudem ist es ein ökonomisch allgemeiner formuliertes Modell als das Modell der ewigen Rente auf Basis des Residualgewinn-Ansatzes, da „sonstige Informationen" Eingang finden.
Das *materielle* Problem der langfristigen Prognose kann auf Basis des Ohlson-Modells aber nicht als generell gelöst angesehen werden. Die RG-Konvergenzhypothese etwa muss nicht geteilt werden, wenn „biased accounting" vorliegt. Zudem wird die Eleganz des Modells um den Preis einer gewissen *Intransparenz* erkauft. So ist vor einer Berechnung nicht klar, welche Länge des (buchhalterischen) Überrenditezeitraums veranschlagt ist. Klar ist a priori nur, dass der Zeitraum der Übergewinne begrenzt ist. Im obigen Beispiel sind dies ungefähr 100 Jahre. Werden die Parameter geändert, dann kann sich die Länge bedeutend verkürzen oder verlängern. Zudem zwingt das Modell nicht zur Klarheit über künftige Werte $E_0\left[\tilde{V}_t^E\right]$ und Bilanzsummen $E_0\left[\tilde{BS}_t\right]$. Diese Parametersparsamkeit wird oft als Vorteil in der Literatur gesehen. Jedoch ist nicht bekannt, was eigentlich im Detail erwartet wird, bevor weitere Berechnungen durchgeführt worden sind.

Das Ohlson-Modell stellt daher ein Modellangebot an den Bewerter dar, das die operative Planung - neben vielen anderen Modellen - in bestimmter Weise spezifiziert.

---

[210] Vgl. Bernard (1995); Lin (1999), S. 9; Hüfner (2000), auch Möller/Hüfner (2002), S. 421. Prokop (2003b), S. 179-180, sieht das Ohlson-Modell aufgrund der Ein-Phasen-Struktur als attraktiv an.
Bei Feltham/Ohlson (1999), S. 179, werden die Probleme klar aufgezeigt:
a) Wichtig ist, dass der Buchwert vom Marktwert in t = 0 nicht weit entfernt ist und, dass b) die Residualgewinne absolut sinken im Zeitablauf. Zum Punkt a) äußert sich das Modell von Ohlson nicht.

Um JÜ, D, BS und ROA bestimmen zu können, muss dem Modell mehr Struktur verliehen werden.[211] Das kann man z.B. dadurch erreichen, indem künftige Bilanzsummen durch einen einfachen Wachstumsprozess spezifiziert werden: $E_0\left[\widetilde{BS}_1\right] = BS_0\,(1+g_{BS})$.[212]

JÜ (= RG_t + k BS_{t-1}) und Dividenden (=JÜ – BS_1 +BS_0) sehen dann bei stationärem g_{BS} = 1 % - erstmals angewandt für $BS_1 = BS_0\,(1+ g_{BS})$ - so aus:

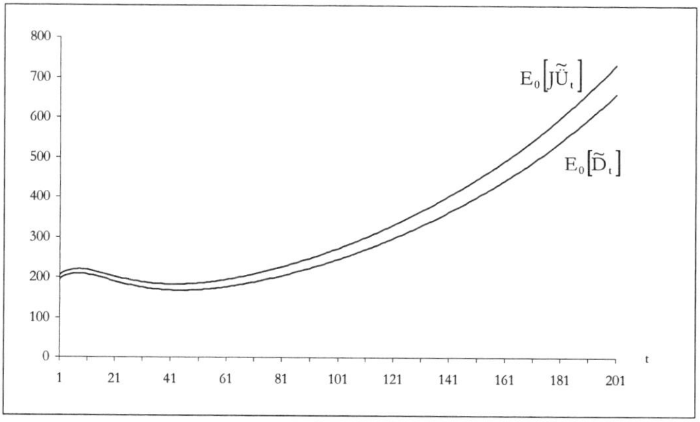

Abbildung 2-11: Erwartete Jahresüberschüsse $E_0\left[\widetilde{JÜ}_t\right]$ und Dividenden $E_0\left[\widetilde{D}_t\right]$

Nach expliziter Berechnung des Beispiels gibt das DCF-Modell die gleiche Antwort wie das Residualgewinn-Modell.[213] Gleichwohl stellt eine DCF-Bewertung der Annahmen des Ohlson-Modells einen Umweg dar. Als nächste Frage stellt sich, wie Buch- und Unternehmenswerte im Zeitablauf aussehen?

---

[211] Im Fall ω = -1 und ν = 0, d.h. die Gleichungen (2-29) und (2-30) indizieren einen Wert von null, entspricht der Buchwert stets dem Marktwert, d.h. M/B = 1. Es ist jedoch nicht unbedingt impliziert, dass k mal dem Buchwert dem Jahresüberschuss entspricht. Anders aber Hüfner (2000), S. 56.
Levin (1998), S. 246, meint, das Kongruenzprinzip sei hinreichend für die Bestimmung einer spezifischen Dividendensequenz eines jeden Bewertungsmodells. Das trifft hier offensichtlich nicht zu, da BS und JÜ nicht spezifiziert sind.

[212] Andere Prozesse sind natürlich ebenso vorstellbar; dieser dient nur der Illustration. Von dieser einfachen Modellierung gehen etwa auch Christensen/Feltham (2003), S. 327, [10.8b], aus.

[213] Dies wird bei Ohlson (1995) auch formal nachgewiesen.

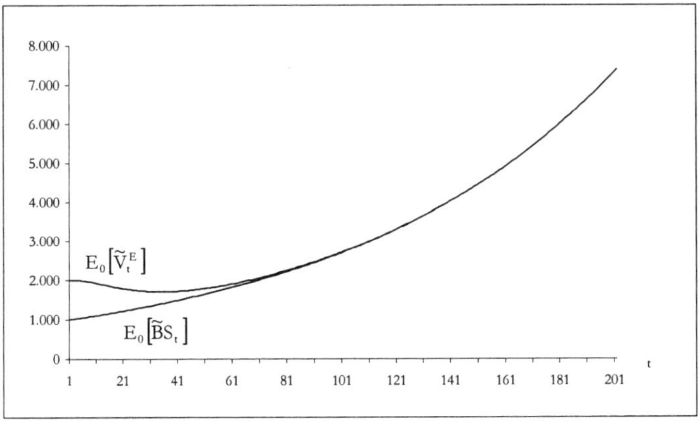

Abbildung 2-12: Erwartete Buch- $(E_0[\tilde{BS}_t])$ und Unternehmenswerte $(E_0[\tilde{V}_t^E])$

Es zeigt sich, dass mark-to-market-accounting („unbiased accounting") impliziert ist, sobald die Residualgewinne abgeschmolzen sind. Wie sehen die Buchrenditen aus? Die folgende Abbildung beantwortet diese Frage.

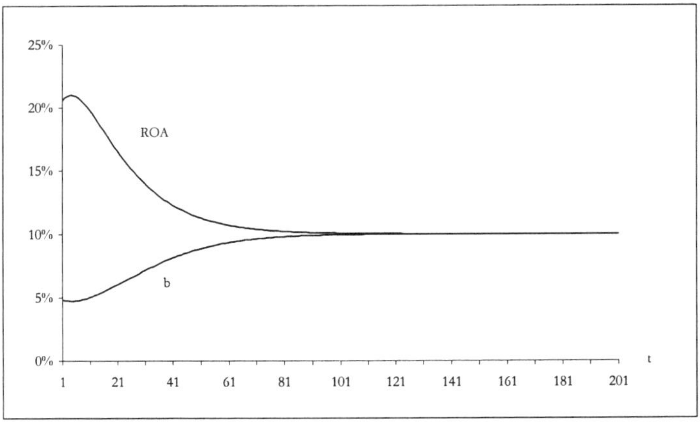

Abbildung 2-13: Buchrenditen ROA_t und Reinvestitionsraten b_t im Zeitablauf

Für die Wachstumsraten der Unternehmenswerte, Jahresüberschüsse und Dividenden kann beobachtet werden, dass alle Wachstumsraten langfristig gegen die höchste Wachstumsrate konvergieren, sei es g_{BS}, ω, oder γ.[214]

214 Unterstellt wird hier freilich, wie eingangs notiert, dass die Entwicklung von BS aufgrund einer konstanten Wachstumsrate bestimmt wird.

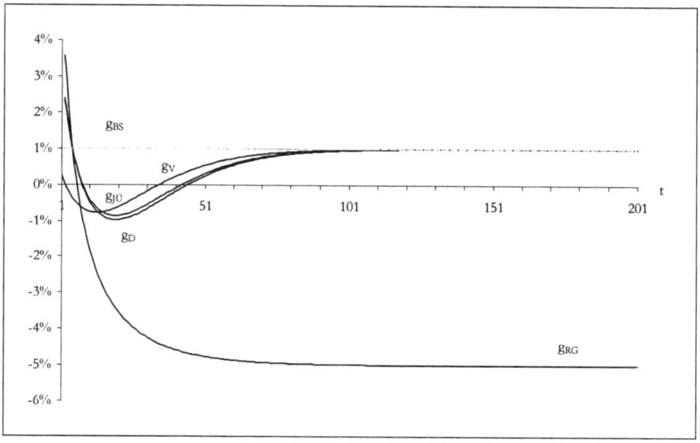

Abbildung 2-14: Wachstumsraten $g_{BS,t}$, $g_{V,t}$, $g_{JÜ,t}$, $g_{D,t}$, $g_{RG,t}$

Die Wachstumsrate der Residualgewinne g_{RG} konvergiert gegen ω (hier: -5 %) bzw. gegen γ. g_{BS} kann keine Rolle spielen im Ohlson-Modell (1995), da die Persistenzparameter die Dynamik des Residualgewinns bestimmen. Die Abbildung zeigt, dass sich das Ohlson-Modell deutlich von üblichen Modellierungen unterscheiden kann. Die explizite Planungsphase müsste etwa 100 Jahre betragen, um anschließend das Rentenmodell als Endwert einzusetzen. Würde ein Drei-Phasen-Modell herangezogen, zeigt in dem Beispiel der Verlauf von $g_{D,t}$ des Ohlson-Modells eine gewisse Ähnlichkeit.[215]

Das Ohlson-Modell hat keinen direkten Bezug zum Investment Opportunities-Ansatz, weil es schlicht keine Aussage über IRR_t trifft. Der Bezug zu wertschaffenden Nettokapitalwerten in der Zukunft bleibt somit offen. In der Literatur wurde aber mehrfach die These vertreten, das Ohlson-Modell könne keine positiven NKW-Projekte[216] sowie (Abbruchs-)Optionen abbilden. Ohlson (2003) widerlegt die erste These[217] und hegt i.a. auch Zweifel an der zweiten These.[218]
Die Bedeutung des Ohlson-Modells wird vor allem in der Accounting-Literatur sehr hoch eingeschätzt.[219] Davon zeugen die vielen empirischen Untersuchungen und Verfeinerungen, die das Ohlson-Modell ausgelöst hat.[220]

---

215 Vgl. die noch folgende Abbildung 2-23 in Abschnitt 2.2.1.2..

216 Vgl. z.B. Lo/Lys (2000), S. 347. Ablehnend zu dieser These auch schon Feltham/Ohlson (1995), S. 719-720; Livnat (2000), S. 369.

217 Vgl. auch Pope/Wang (2003).

218 Zur Abbildung von Optionen in Residualgewinn-Modellen vgl. etwa Yee (2000), Ashton/Cooke/Tippett (2003).

219 Sehr zeitnahe, geradezu überschwängliche Einschätzungen stammen z.B. von Bernard (1995), Lundholm (1995), Clubb (1996).

220 Vgl. zu einem Überblick etwa Stober (1999); Lo/Lys (2000), S. 355-365. Vgl. kritisch Myers (1999b) zu bislang durchgeführten empirischen Studien zum Ohlson-Modell und zur Prognoseleistung des Ohlson-Modells.

Ist LIM eine gute Annahme?[221] Die empirischen Belege stimmen nicht euphorisch.[222]
Wie werden ν_0[223] und Persistenz-Parameter geschätzt?[224] In empirischen Studien wird oft $\nu_0 = 0$ gesetzt,[225] mit der Begründung, dass eine Abschätzung schwierig sei. Das ist nicht sinnvoll, wenn ν_0 ungleich null ist.[226] Myers (1999b) operationalisiert ν_0 z.B. durch neue Patente, die Zulassung eines Arzneimittels für pharmazeutische Unternehmen, neue Verträge mit langer Laufzeit, unbearbeitete Auftragseingänge (Order Backlog).[227] Dieser Indikator wird bevorzugt von Myers (1999b). Jedoch sind die Ergebnisse ernüchternd, da die Erklärungskraft gering ist.[228]

Im Durchschnitt wird mit den untersuchten Spezifikationen der Wert im Vergleich zu den Marktpreisen unterschätzt.[229] Dies könnte so interpretiert werden, dass die im Ohlson-Modell überwiegend negativen Residualgewinn-Wachstumsraten den Wert unterschätzen oder, dass die in das Modell eingehenden Parameter nicht konstant sind.[230]

Francis/Olsson/Oswald (2001) fragen sich, ob mechanische Residualgewinn-Prognosen zu einer besseren Bewertung führen als mechanische Gewinn-Prognosen.[231] Empirisch schneiden mechanische Residualgewinn-Prognosen in der Studie besser ab. Fama/French (2000) belegen jedoch, dass Buchrenditen empirisch besser als Jahresüberschüsse schätzbar seien. Es könnte also sein, dass eine derartige Schätzung zu besseren Ergebnissen führte, wobei jedoch auch noch b_t für ein DCF- bzw. $g_{BS,t}$ für ein RG-Modell zu schätzen wäre. Letztere Idee wird im nächsten Hauptabschnitt 2.1.4.2. aufgegriffen.
Im Folgenden soll die Prognosemechanik von Residualgewinnen näher untersucht werden. Francis/Olsson/Oswald (2001) ermitteln einen autoregressiven Prozess erster Ordnung AR(1)

---

221 Pope/Wang (2000), S. 23-24, argumentieren, dass das Modell von Ohlson zwar „sparsam" ist, und deshalb eine Einbuße an realistischen Abbildungsmöglichkeiten hinzunehmen hat. Bei realistischerer Modellierung sind nach Pope/Wang (2000) jedoch mehr Parameter empirisch zu schätzen, was sich als „relatively demanding in computational terms" darstellt.

222 Vgl. kritisch schon Bar-Yosef/Callen/Livnat (1996), Myers (1999a). Auch eine autoregressive Modellierung zweiten Grades, AR(2), kann das Problem bislang nicht lösen. Vgl. zu Modellspezifikation und Test Callen/Morel (2001). Dennoch könnte es sein, dass die Parameter firmenspezifisch sind und nicht wie in Studien oft unterstellt für das gesamte Sample gelten. Vgl. Callen/Morel (2001), S. 200. Morel (1999) erweitert die Studie von Bar-Yosef/Callen/Livnat (1996) um eine multi-lag-Struktur. Zu einer kritischen Einschätzung mit weiteren Belegen vgl. auch Hüfner (2000), S. 56-57. Die These, dass sich Ergebnisse amerikanischer Studien nicht unbedingt auf die anderer Länder übertragen lassen, belegen in diesem Zusammenhang für Schweden McCrae/Nilsson (2001).

223 Vgl. Ohlson (2001), Hand (2001), S. 122-124.

224 Kothari (2001), S. 181, meint, dass diese Ergebnisse nicht verwundern könnten, weil jedes Unternehmen potentiell einen anderen erwarteten Residualgewinn-Verlauf habe.

225 Vgl. etwa Dechow/Hutton/Sloan (1999).

226 Vgl. Myers (1999b), S. 8. Kritisch auch Ohlson (2001), S. 112-115; Hand (2001), S. 122.

227 Vgl. Myers (1999b), S. 11.

228 Dennoch wird der intuitive Charakter bezüglich ν_0 von Hand (2001), S. 122, betont.

229 Myers (1999a) identifiziert als eine mögliche Ursache dieser empirischen Beobachtung einen Defekt in der empirischen US-Datenbasis. Im Durchschnitt würden Unternehmen nach 10 Jahren verkauft. Der Verkaufspreis, den man als Endwert (Marktwert bei homogenen Erwartungen) interpretieren kann, fehlt aber in der Datenbasis.

230 Diese Interpretation gilt, falls davon ausgegangen wird, dass ein effizienter Kapitalmarkt gilt, und die Renditen k korrekt geschätzt worden sind. Beide Annahmen sind jedoch kritisch und werden kontrovers in der Literatur diskutiert.

231 Bei diesem Ansatz ist zusätzlich noch die Reinvestitionsquote b_t zu schätzen, um den Wert ermitteln zu können. Vgl. Francis/Olsson/Oswald (2001), S. 7-8. Jedoch wird b als konstant unterstellt und unabhängig geschätzt. Würde die Zeitreihe der Gewinne, die über einen AR(2)-Prozess geschätzt wird, verbunden werden mit einer konsistenten Schätzung von b_t auf Basis des Residualgewinn-Ansatzes, würden beide Schätzungen einen identischen Wert hervorrufen. An dieser Divergenz lässt sich der Unterschied zwischen beiden Schätzungen festmachen.

für die Residualgewinne als empirisch valide, der genau zu dem nach Gleichung (2-29) des Ohlson-Modells korrespondiert.[232] γ wird implizit mit null angesetzt.

Wird die Bewertung über einen unendlichen Zeitraum vorgenommen, lässt sich finanzmathematisch folgende geschlossene Formel für den Barwert ableiten:[233]

$$\begin{aligned} V_0^E &= \left(1+\frac{1+\omega}{k-\omega}\right)\frac{\nu_0}{k} + RG_0\frac{1+\omega}{k-\omega} + BS_0 \\ &= \left(\frac{1+k}{k-\omega}\right)\frac{\nu_0}{k} + RG_0\frac{1+\omega}{k-\omega} + BS_0 \\ &= \left[\frac{(1+k)\cdot\nu_0}{k} + RG_0\cdot(1+\omega)\right]\cdot(k-\omega)^{-1} + BS_0 \end{aligned}$$

Diese Formel ist ein Spezialfall der Formel (2-31) des Ohlson-Modells. Bei Myers (1999b) und Francis/Olsson/Oswald (2001) hat sich gleichwohl ein kleiner finanzmathematischer Fehler eingeschlichen.[234] In welchem Ausmaß dieser die empirischen Ergebnisse beider Arbeiten verzerrt hat, vermag ich indes nicht zu beurteilen.

In den empirischen Studien des Ohlson-Modells wird i.d.R. nicht eine explizite Prognosephase vorgeschaltet. Es könnte sein, dass gerade wichtige Informationen der ersten Jahre in dem Ohlson-Modell nicht flexibel erfasst werden. Ob bei einer Vorschaltung einer expliziten Phase die in der Literatur belegten Verzerrungen evaporieren würden, ist eine offene Frage.

Wenn ein derartiges Modell als Endwert aufgefasst wird, können in der expliziten Phase idiosynkratische Informationen erfasst werden.[235] Da der Residualgewinn nach wenigen Jahren bei den empirisch ermittelten Parameterwerten konvergiert, kann der Wert alternativ auch über

---

232 Vgl. Francis/Olsson/Oswald (2001), S. 6, die diese Spezifikation über Box/Jenkins-Tests ermitteln. Prozesse höherer Ordnung wie AR(2), AR(3), usw., beschreiben die Daten nicht so gut.

233 Es ist der Barwert folgender Residualgewinnreihe zu bewerten:

$$\begin{aligned} RG_1 &= \nu_0 + (1+\omega)RG_0 &&= \nu_0 && + (1+\omega)RG_0 \\ RG_2 &= \nu_0 + (1+\omega)(\nu_0 + (1+\omega)RG_0) &&= \nu_0 + \nu_0(1+\omega) && + (1+\omega)^2 RG_0 \\ RG_3 &= \nu_0 + (1+\omega)(\nu_0 + (1+\omega)(\nu_0 + (1+\omega)RG_0)) &&= \nu_0 + \nu_0(1+\omega) + \nu_0(1+\omega)^2 && + (1+\omega)^3 RG_0 \\ &\dots &&= \quad \dots \end{aligned}$$

Es empfiehlt sich hier spaltenweise die Barwertterme zu isolieren. Das Ergebnis ist in der ersten Zeile der obigen Formel wiedergegeben, wobei die nachfolgenden Umformulierungen weitere Vereinfachungen der ursprünglichen Definition darstellen.

234 Wie ein Vergleich mit obiger Formel zeigt, ist die folgende Formel [12] i.V.m. [6] und [13] bei Myers (1999b), S. 5-6, bzw. [2'] bei Francis/Olsson/Oswald (2001), S. 15, nicht korrekt:

$V_0^E = -\frac{\nu_0(1+k)}{k\omega} + RG_0\frac{1+\omega}{k-\omega} + BS_0$; die absolute Abweichung zu obiger Formel, die den ersten Term betrifft, beträgt: $\Delta V_0^E = -\frac{\nu_0(1+k)}{k\omega} - \frac{(1+k)\cdot\nu_0}{k(k-\omega)} = -\frac{(1+k)\cdot\nu_0}{k}\cdot\left(\frac{1}{\omega} - \frac{1}{k-\omega}\right)$.

235 Freilich lassen sich dann nicht die ursprünglichen Parameterschätzungen (für den amerikanischen Markt) übernehmen, weil bei dieser Schätzung eine explizite Phase nicht vorgeschaltet ist. ν_0 beträgt im Mittel (Median) -0,15 (0,03) und $(1+\omega)$ 0,46 (0,49), vgl. Francis/Olsson/Oswald (2001), S. 25, Table 1.
Die Schätzungen beziehen sich freilich auf deren eingesetzte Formel aus Fn. 234.

den Barwert der Residualgewinne der ersten Jahre und eine Formel der ewigen Rente (ohne Wachstum) ermittelt werden.[236]

Das Ohlson-Modell ist - wie das O'Brien-Modell auch - komplexer als das Williams-Modell. Wachstumsraten sind i.d.R. auf nichttriviale Weise heterogen. A priori ist aufgrund des unvollständigen Finanzplan-Charakters des Modells nur bekannt, dass Residualgewinne gegen null konvergieren. Dies legt nahe, die Implikationen bei gegebener Parameter-Struktur näher zu durchleuchten. Dies wird jedoch nur möglich durch Zusatzannahmen.

Markt- und Buchwerte gleichen sich im Zeitablauf an, d.h. $M/B \rightarrow 1$ mit $t \rightarrow \infty$.[237] Dies wird mit dem Begriff „unbiased accounting" belegt. Langfristig konvergieren nach dieser (vermeintlich) plausiblen Eigenschaft die Residualgewinne gegen null. Ohlson selber sieht die Annahme eines „unbiased accounting" für empirische Fragestellungen als unrealistisch an. Die Unterbewertung in den empirischen Studien ist angesichts dieser Annahme erklärbar. Es dürfte auch schwer sein, a priori Anhaltspunkte dafür zu finden, dass Buchrenditen in der deutschen Bilanzierungswelt ökonomische (Reinvestitions-)Renditen reflektieren.

Wenn deshalb „biased accounting" i.S. *einer* spezifischen konservativen Bilanzierung modelliert werden soll,[238] bietet sich das Modell von Feltham/Ohlson (1995) an,[239] das eine Erweiterung des auf „unbiased accounting" basierenden Ohlson-Modells darstellt.[240] Ohlson sieht das Modell von Feltham/Ohlson aufgrund der Modellierung des „biased accounting" für empirische Fragestellungen als weitaus geeigneter an.

2.1.4.1.2. Feltham/Ohlson-Modell

LIM gestaltet sich in dem Modell wie folgt:[241]

(2-33) $R\tilde{G}^{op}_{t+1} = \omega_{11} RG^{op}_t + \omega_{12} BS^{op} \nu_{1,t} + \tilde{\varepsilon}_{1,t+1}$

(2-34) $B\tilde{S}^{op}_{t+1} = \omega_{22} BS^{op} \nu_{2,t} + \tilde{\varepsilon}_{2,t+1}$

(2-35) $\nu_{1,t+1} = \gamma_1 \nu_{2,t} + \tilde{\varepsilon}_{3,t+1}$

(2-36) $\nu_{2,t+1} = \gamma_2 \nu_{2,t} + \tilde{\varepsilon}_{4,t+1}$

Die Zufallsterme haben einen Erwartungswert von null. Die Bewertungsformel sieht dann so aus:

(2-37) $E^F_0 = EK_0 + \alpha_1 RG^{op}_t + \alpha_2 BS^{op} + \alpha_3 \nu_{10} + \alpha_4 \nu_{20}$, wobei

---

236 Vgl. Francis/Olsson/Oswald (2001), S. 6, Fn. 8. Der Residualgewinn beträgt dann in ihrem Modell am Horizont nicht notwendigerweise null, sondern: $\lim_{t \rightarrow \infty} RG_t = \nu_0 + (1+\omega) RG_{t-1} = -\frac{\nu_0}{\omega}$.

237 Vgl. auch Durand (1989) zu einer ähnlichen Annahme.

238 Dass das Feltham/Ohlson-Modell eine spezifische konservative Bilanzierung modelliert, betont Lundholm (1995), S. 758.

239 Unter konservativer Bilanzierung wird in diesem Zusammenhang verstanden, dass langfristig Buchwerte unter Marktwerten liegen. Dies dürfte in den zur Anwendung gelangenden Bilanzierungsregeln ganz überwiegend der Fall sein. Vgl. Liu/Ohlson (2000), S. 322. Der Antipode zu dieser Art des „biased accounting" wird als „aggressive" bzw. „liberale" Bilanzierung gekennzeichnet, die Buchwerte langfristig Marktwerten annähere.

240 Der Einfluss von Fremdkapitaltiteln steht nicht so sehr im Vordergrund, wie der Titel des Aufsatzes (Valuation and Clean Surplus Accounting for Operating and Financial Activities) zunächst vermuten lässt, als vielmehr der Einfluss konservativer Bilanzierung. Vgl. auch Lo/Lys (2000), S. 353. Es wird angenommen, dass sich Steuern nicht verzerrend auf die Dividenden- und Kapitalstrukturpolitik auswirken, bzw., dass Steuern nicht existieren.

241 Vgl. Feltham/Ohlson (1995), S. 702.

$$\alpha_1 = \frac{1+\omega_{11}}{k-\omega_{11}}$$

$$\alpha_2 = \frac{(1+\omega_{12})(1+k)}{(k-\omega_{11})(k-\omega_{22})}$$

$$\alpha_3 = \frac{1+k}{(k-\omega_{11})(k-\gamma_1)}$$

$$\alpha_4 = \frac{\alpha_2}{k-\gamma_2}$$

Es gilt:[242] $-1 \leq \omega_{11} < 0$; $\omega_{12} \geq -1$; $0 \leq \omega_{22} < k$; $\gamma_1 < 0$; $\gamma_2 < 0$.
ω_{12} prägt das Ausmaß konservativer Bilanzierung im Feltham/Ohlson-Modell. Bei $\omega_{12} = -1$ ergibt sich das Ohlson-Modell mit einem „unbiased accounting" als Spezialfall.[243] Gilt $\omega_{12} > -1$, dann ist konservative Bilanzierung impliziert.[244] ω_{22} steuert das Wachstum, jedoch nicht nur das Buchwertwachstum, wie noch zu zeigen ist.[245] Bei den Parametern ν_{10} und ν_{20} handelt es sich wieder um den Einfluss „sonstiger Informationen". Die Persistenzparameter γ bewirken, dass der Einfluss sonstiger Informationen im Zeitablauf verblasst.
Ein Beispiel illustriert den Einfluss konservativer Bilanzierung. Die Kapitalstruktur bestehe nur aus Eigenkapital.[246]
Es könnte auch eine zu (2-32) ähnliche Formel konstruiert werden, indem noch $\alpha_2 BS^{op}$ und $\alpha_4 \nu_{20}$ Berücksichtigung finden.[247]

Beispiel: $BS_0^{op} = EK_0 = 1.000$; $RG_0^{op} = 100$; $\nu_{10} = \nu_{20} = 10$; $\omega_{11} = -5\,\%$; $\omega_{12} = -99{,}5\,\%$;
$\omega_{22} = 5\,\%$; $\gamma_1 = -10\,\%$; $\gamma_2 = -20\,\%$; $k = 10\,\%$.
$V_0^E = 1.000 + 633{,}33 + 733{,}33 + 366{,}67 + 24{,}44 = 2.757{,}8$.

Würde $\omega_{12} = -1$ gesetzt, dann ergäben sich die im vorherigen Kapitel schon betrachteten Graphen des Ohlson-Modells. Im Gegensatz zum Ohlson-Modell sind operative Dividenden und Buchwerte aber hier vollständig spezifiziert.
Residualgewinne, Jahresüberschüsse, Dividenden, Bilanzsummen und der Unternehmenswert wachsen im Zeitablauf innerhalb des Beispiels ohne gegen einen Grenzwert zu konvergieren. Betrachtet man deren Wachstumsraten, so zeigt sich, dass hier ein Steady State approximativ nach ungefähr 80 Jahren erreicht wird.[248]

---

[242] Vgl. Feltham/Ohlson (1995), S. 703.
[243] α_1 und α_3 sind im Ohlson- und Feltham/Ohlson-Modell identisch. Wenn gilt $\omega_{12} = -1$ folgt $\alpha_2 = 0$. Freilich gilt: $\omega_{11} = \omega$ und $\gamma_1 = \gamma$. Dann erhält man die Formel (2-31) des Ohlson-Modells.
[244] Vgl. Feltham/Ohlson (1995), S. 706-709; auch Lundholm (1995), S. 759.
[245] Vgl. Feltham/Ohlson (1995), S. 703-704.
[246] Gemäß dem Modigliani/Miller-Grundmodell hätten andere Kapitalquellen keinen zusätzlichen Werteffekt, auch wenn diese explizit berücksichtigt würden. Vgl. auch Kapitel 3.1. hierzu.
[247] Vgl. Feltham/Ohlson (1995), S. 707.
[248] Im Ohlson-Modell ist auch langfristig Steady State an Bedingungen gebunden: a) g_{BS} muss konstant sein. b) $g_{BS} < \omega$, bzw. $g_{BS} < \gamma$. Es müsste ewig desinvestiert werden, damit eine negative Rate von g_{BS} folgt. In dem obigen Beispiel liegt diese Konstellation nicht vor. Die Wachstumsraten konvergieren nicht gegen g_{RG}.

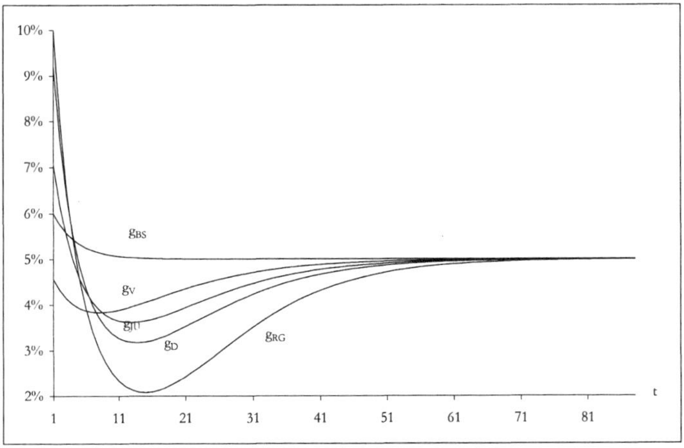

Abbildung 2-15: Wachstumsraten $g_{BS,t}$, $g_{V,t}$, $g_{JÜ,t}$, $g_{D,t}$, $g_{RG,t}$ im Feltham/Ohlson-Modell (1995)

Der Ansatz eines ewigen Rentenmodells nach diesem Zeitpunkt führte dann zu keinem großen Fehler. Die Wachstumsraten konvergieren gegen ω_{22}. Gilt $\omega_{22} = 0$, dann wachsen Jahresüberschüsse, Dividenden usw. ab dem approximativen Steady State Zeitpunkt nicht mehr, sie nehmen endliche Werte an.

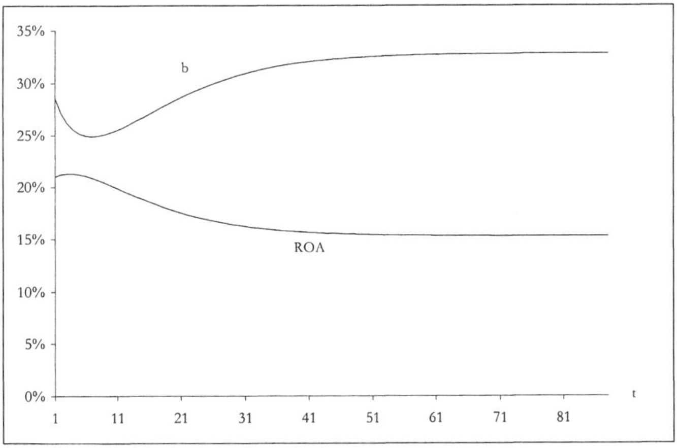

Abbildung 2-16: Buchrenditen ROA_t und Reinvestitionsraten b_t im Feltham/Ohlson-Modell (1995)

Die Buchrenditen nehmen endliche Werte an, auch wenn $\omega_{22} > 0$ ist.[249] Nach ca. 80 Jahren gilt asymptotisch die Beziehung: $g = g_{BS,t} = ROA_t \cdot b_t = \omega_{22}$. In dem Beispiel ergibt sich dann: $ROA_t \approx \omega_{22}/b_t \approx 0{,}05/0{,}3279 \approx 0{,}1525$.

249 Dies ist bei Feltham/Ohlson (1995), S. 693, etwas missverständlich umschrieben.

Die konservative Bilanzierungspolitik spiegelt sich in dem Verhältnis $M/B = \frac{E_0\left[\tilde{V}_t^E\right]}{E_0\left[B\tilde{S}_t^{op}\right]}$, das größer als eins ist.[250] Unklar bleibt in dem Modell, ob positive NKW-Projekte den Unternehmenswert bestimmen.

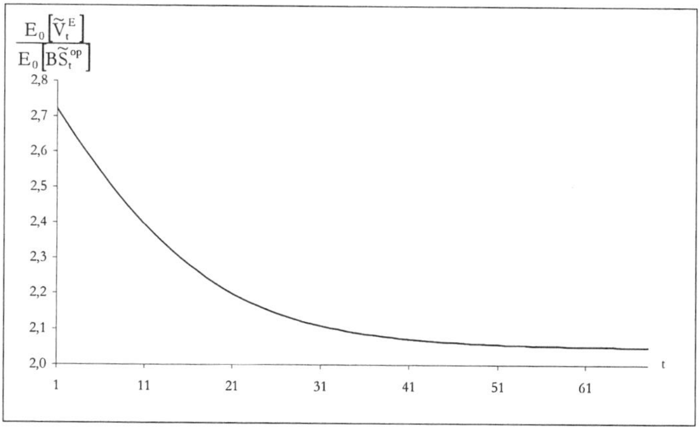

Abbildung 2-17: Erwartete Marktwert/Buchwert-Relationen im Feltham/Ohlson-Modell (1995)

Das Feltham/Ohlson-Modell (1995) ist empirisch getestet worden. Liu/Ohlson (2000) sowie Myers (2000) etwa untersuchen empirische Auslegungsmöglichkeiten. Nicht besonders ermutigend ist die Untersuchung von Callen/Segal (2002). Jedoch scheint das Feltham/Ohlson-Modell besser gerüstet zu sein als das Ohlson-Modell, was aufgrund der realistischeren Annahmen eigentlich auch zu vermuten wäre.

Dieses Modell ist ebenso wie das Ohlson-Modell nicht originär als Endwertmodell konzipiert, lässt sich aber für diesen Zweck einsetzen.[251] Das Modell ist erweitert im Vergleich zum Ohlson-Modell;[252] dennoch: Die operativen Implikationen müssen im Einzelfall nicht unbedingt als plausibel angesehen werden. Daher ist auch hier wieder ein Preis für die einfache Modellstruktur zu entrichten. Es ist nachzuprüfen, ob die Annahmen für das zu bewertende Unternehmen plausibel sind. Wie auch in dem O´Brien-Modell können in den Anfangsjahren negative Jahresüberschüsse durch negative Residualgewinne modelliert werden.

Da eine konservative Bilanzierung empirisch eher zutreffen dürfte, ist ein derartiges Modell auch realistischer als das Ohlson-Modell, das eine langfristige Konvergenz von RG gegen 0 unterstellt.[253]

---

250 Der Idee, dass Buchrenditen gegen Kapitalkosten konvergieren, wird also gerade nicht gefolgt.

251 Vgl. Liu/Ohlson (2000) für das Feltham/Ohlson-Modell (1995). Begley/Feltham (2002) zeigen etwa im Rahmen des hier nicht vorgestellten Feltham/Ohlson-Modells (1996), wie Informationen der ersten (zwei) Jahre integriert werden könnten, und überprüfen ihr Modell empirisch.

252 Zu einer Einschätzung vgl. Beaver (2002), S. 457-459.

253 Den Einfluss einer konservativen Bilanzierung auf g_{RG} mit dem Ergebnis, dass asymptotisch $g_{RG} > 0$ gilt, leitet Zhang (2000) her.

2.1.4.2. Planung auf Basis von Buchrenditen und -wachstum

Palencia (1999) stellt ein Residualgewinn-Endwertmodell vor, das auf konvergierenden Parametern $g_{BS,t}$ und ROA_t aufbaut. Die Buchrenditen konvergieren nicht gegen k, sondern gegen eine unternehmensindividuelle Rate $ROA_{\varnothing}$, die empirisch zu schätzen ist. Ähnlich verhält es sich mit dem Bilanzsummenwachstum. Die Parameter Buchrendite und Buchwachstum unterliegen einem autoregressiven Prozess erster Ordnung - d.h. AR (1) - jedoch werden beide Parameter als interdependent unterstellt. Begründet wird diese Interdependenz damit, dass künftige Buchrenditen bei konservativer Bilanzierung durch Buchwertwachstum beeinflusst würden. Eine hohe Profitabilität würde die Investitionsneigung des Managements und damit das Buchwertwachstum positiv beeinflussen. Das Modell versucht die Bilanzierungspolitik explizit in die Endwertschätzung zu integrieren.

Ein autoregressiver Vektor-Prozess erster Ordnung AR(1) beschreibt das Modell:[254]

$$(2-38)\quad \begin{cases} ROA_{t+1} = \omega(ROA_t - ROA_{\varnothing}) + \theta(g_{BS,t} - g_{BS,\varnothing}) + ROA_{\varnothing} \\ g_{BS,t+1} = \phi(ROA_t - ROA_{\varnothing}) + \gamma(g_{BS,t} - g_{BS,\varnothing}) + g_{BS,\varnothing} \end{cases}$$

Mit den beiden Parametern ROA und g_{BS} ist das Modell vollständig spezifiziert. Ob diese Parameter technisch in einen Residualgewinn-Ansatz, oder einen DCF-Ansatz überführt werden, ist eine Frage der Rechenbequemlichkeit.[255] Der von Palencia gezeigte Residualgewinn-Ansatz ist sicherlich bequemer.[256]

Der Wert lässt sich numerisch bestimmen. Eine einfache, geschlossene Lösungsformel ist bei dem obigen Prozess nicht unbedingt zu erwarten.

Ein Beispiel illustriert die interdependente Berechnung von ROA_t und $g_{BS,t}$ sowie das Konvergenzverhalten der Parameter mit und ohne Interdependenzen.

Beispiel: $ROA_0 = 0{,}05; ROA_{\varnothing} = 0{,}1; g_{BS,0} = 0{,}2; g_{BS,\varnothing} = 0{,}02; \omega = 0{,}5; \theta = 0{,}3; \phi = 0{,}7; \gamma = 0{,}5.$

t	ROA_t ($\theta = 0{,}3$)	$g_{BS,t}$($\phi = 0{,}7$)	ROA_t ($\theta = 0$)	$g_{BS,t}$($\phi = 0$)
1	0,12900	0,075000	0,075000	0,11000
2	0,13100	0,067800	0,087500	0,06500
3	0,12984	0,065600	0,093750	0,04250
4	0,12860	0,063688	0,096875	0,03125
...	...	...	...	...

In Abbildung 2-18 sind die prognostizierten Parameter mit Interdependenzen ($\theta = 0{,}3; \phi = 0{,}7$) dick, diejenigen ohne Interdependenzen ($\theta = 0; \phi = 0$) dünn gekennzeichnet. Eine Berücksichtigung kann einen deutlichen Unterschied ausmachen, besonders bei der Bewertung.

[254] Vgl. Palencia (1999), S. 24, Formel [23].

[255] Wie die allgemeinen Zusammenhänge zwischen den Wachstumsraten noch zeigen werden, lässt sich das Modell z.B. auf Basis von Gleichung (2-50) ohne Probleme in ein DCF-Modell überführen. In diesem Modellrahmen ist das Problem einer „konservativen" Bilanzierung (Buchwerte sind i.d.R. weit niedriger als Marktwerte bewertet) genauso für das DCF-Modell relevant. In dem Residualgewinn-Modell werden unterschiedliche Bilanzierungspolitiken üblicherweise in dem Endwert sichtbar, in dem Endwert des DCF-Modells bzw. einer der „DCF-Optik" analogen Ausgestaltung des RG-Modells jedoch nicht.

[256] Dies gilt auch bei dem Feltham/Ohlson-Modell (1995). Das Ohlson- bzw. das Francis/Olsson/Oswald-Modell haben hingegen einen proprietären Charakter, der eine Berechnung mit dem DCF-Ansatz ohne Zusatzannahmen nicht möglich macht.

ROA bzw. g_{BS} konvergieren mehr oder weniger rasch gegen ihren langfristigen Wert von 10 % bzw. 2 %.
Wird k mit 0,08 veranschlagt, errechnet sich eine relative Prämie auf den Buchwert, hervorgerufen durch den Wertbeitrag der Residualgewinne, in Höhe von ca. 116 % mit Interdependenzen und von ca. 40 % ohne Interdependenzen.

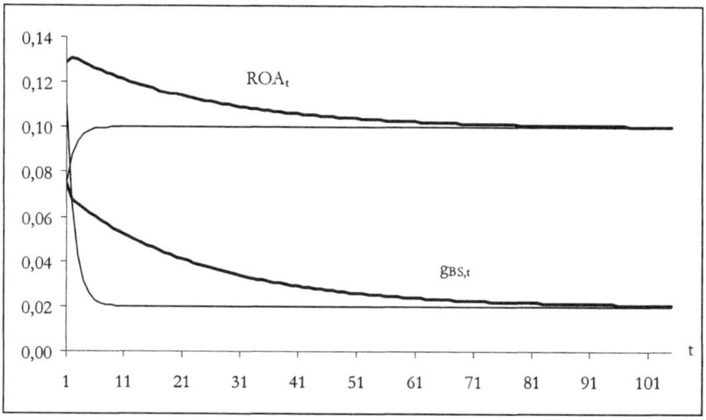

Abbildung 2-18: ROA$_t$ und $g_{BS,t}$ im Palencia-Modell (mit und ohne Interdependenzen)

Palencia belegt empirisch, dass die Bilanzierungspolitik einen deutlichen Einfluss auf den Endwert ausübt, indem er Hypothesen über das Verhalten der Subparameter aus (2-38) prüft.[257] Sein Modell reüssiert besser als SF1, und auch besser als ein einfaches AR(1)-Residualgewinn-Modell.[258]

Eine geschlossene Lösung des Palencia-Modells existiert jedoch, wenn der Spezialfall angenommen wird, dass keine Interdependenzen zwischen der Buchrendite ROA und dem Bilanzsummenwachstum g_{BS} bestehen und g_{BS} für alle Zeit konstant bleibt. D.h., $\phi = (g_{BS,t} - g_{BS,\varnothing}) = 0 \; \forall \, t$. Die Parameter θ und γ werden dadurch irrelevant. Wird dies in Formel (2-38) berücksichtigt, folgt daraus:

$$(2\text{-}39) \begin{cases} ROA_{t+1} = ROA_{\varnothing} + \omega(ROA_t - ROA_{\varnothing}) \\ g_{BS,t+1} = g_{BS,\varnothing} \end{cases}$$

Die geschlossene Lösung für diesen Annahmenkranz kann dann analog zu dem nach Myers (1999b) bzw. Francis/Olsson/Oswald (2001) gezeigten Modell finanzmathematisch abgeleitet werden:[259]

$$(2-40)\; V_T^E = BS_T \cdot \left[\frac{(ROA_{T+1} - ROA_{\varnothing})\omega}{1 + k - \omega(1 + g_{BS})} + \frac{ROA_{\varnothing} - k}{k - g_{BS}} \right] + BS_T$$

257 Vgl. Palencia (1999), S. 26-31.
258 Vgl. Palencia (1999), S. 4, 66.
259 Vgl. die Fn. 233, sowie zu dieser Formel auch White/Sondhi/Fried (2002), S. W63.

Berechnete man nun das obige Beispiel aufgrund von (2-40), ist nicht zu erwarten, dass diese Prämie auf den Buchwert mit der Prämie ohne Interdependenzen $(\theta = 0; \phi = 0)$ von ca. 40 % übereinstimmt. Der Grund ist, dass dort γ noch eine Rolle spielt, hier jedoch keinen Einfluss mehr ausübt. Der Wert nach (2-40) beträgt in T = 0:

$$V_0^E = BS_0 \cdot \left[\frac{(0{,}075 - 0{,}1)0{,}5}{1{,}08 - 0{,}5 \cdot 1{,}02} + \frac{0{,}1 - 0{,}08}{0{,}08 - 0{,}02} \right] + BS_0 = 0{,}3114 \cdot BS_0 + BS_0$$

Die Prämie auf den Buchwert ist damit um gut 9 Prozentpunkte kleiner, da das Buchwertwachstum konstant mit 2 % veranschlagt wird, während es dort von höherem Niveau aus (rasch) gegen $g_{BS,\varnothing} = 2\ \%$ konvergiert.

Wird die Konvergenzrate ω mit null veranschlagt, vereinfacht sich die Formel (2-40) noch weiter zu dem schon aus Formel (2-15) bekannten Spezialfall der ewigen Rente mit Wachstum.

Interessant wäre eine Untersuchung der Frage, ob das Palencia-Modell (1999) tatsächlich empirisch besser im Vergleich abschneidet als das AR(1)-Residualgewinn-Modell etwa in Gestalt des Ohlson-Modells. Diese Frage erscheint offen.

Das mechanische Modell von Palencia verarbeitet weitere Informationen (wie z.B. Analysten-Schätzungen) nicht.[260] Dieser Aspekt etwa und der ad hoc wirkende ökonomische Unterbau - das Modell scheint aufgrund einer statistischen Schätzung abgeleitet - stellen einen Nachteil dieser gleichwohl plausibel wirkenden Modellkonstruktion dar.

Die in diesem Kapitel bislang gezeigten Ein-Phasen-Modelle weisen einen mehr oder weniger hohen Flexibilitätsgrad auf. Dieser lässt sich durch das Vorschalten weiterer Phasen erhöhen. Im Folgenden werden deshalb Mehr-Phasen-Modelle untersucht.

260 Im Vergleich zeigt sich, dass Modelle mit Analysten-Schätzungen empirisch partiell besser abschneiden als ohne. Üblich dabei ist, dass die explizite Prognose nur sehr begrenzt ist (2 Jahre in der Studie von Francis/Olsson/Oswald (2001)), und anschließend ein Endwert ermittelt wird. Vgl. Francis/Olsson/Oswald (2001), S. 17-21.

2.2. Mehr-Phasen-Modelle

Die vorherigen Ausführungen haben beleuchtet, welche Implikationen mit den Ein-Phasen-Modellen verbunden sein können. Dort wurden nach dem Komplexitätsgrad geordnet Planungen auf Basis von Überschusswachstum (z.B. Williams-Modell), Reinvestitionsrenditen (z.B. O´Brien-Modell) und Buchrenditen (z.B. Ohlson-Modell) aufgezeigt:

Planung auf Basis von Dividendenwachstum	Planung auf Basis von Buchrenditen & -wachstum	Planung auf Basis von Reinvestitionsrenditen & -wachstum

Dieser Vorgehensweise wird nun auch bei Mehr-Phasen-Modellen gefolgt, die bei Vorschaltung einer expliziten Phase den Endwert markieren.[261] Üblicherweise wird eine vereinfachte, unvollständige Planung über Wachstumsraten vorgenommen.[262] Einige dieser aus der Literatur bekannten Modell-Variationen werden im nächsten Abschnitt vorgestellt. Eine einfache Planung impliziert nicht zwingend, dass die Modelle deshalb a priori ökonomisch unplausibel sind.
In Abschnitt 2.2.2. (Planung auf Basis von Buchrenditen und -wachstum), sowie 2.2.3. (Planung auf Basis von Reinvestitionsrenditen und -wachstum) werden ökonomisch leichter zu hinterfragende Modell-Variationen vorgestellt und aufgezeigt, wie Inferenzen auf deren Grundlage für die in 2.2.1. beschriebenen einfachen Modelle gezogen werden können. Der ökonomische Gehalt der Modelle wird von Abschnitt zu Abschnitt gesteigert. Besonders die Planungsmodelle auf Basis von Reinvestitionsrenditen und -wachstum werden aus diesem Grund ausgebaut.

2.2.1. Direkte Wachstumsplanung

Eine Planung der Wachstumsraten der zu diskontierenden Überschussgröße scheint vorziehenswürdig, da somit auf direktem Wege künftige Überschüsse bestimmt werden. Gleichwohl bleiben ökonomisch bedeutsame Implikationen dabei noch verborgen.
Zunächst werden nichtlineare Wachstumsverläufe untersucht, worunter auch das S-Modell von Williams fällt. Dieses stellt ein spezifisches Lebenszyklus-Modell innerhalb der Unternehmensbewertung dar, das zeitabhängige Dividenden modellendogen konkretisiert. Anschließend werden Modelle mit durchgängig linear zusammengesetzten Wachstumsverläufen, sowie das approximative H-Modell diskutiert.

2.2.1.1. S-Kurven-Modell, verallgemeinerte logistische Kurve und Gompertz-Kurve

Williams schlägt neben Formeln für ewige und begrenzte Annuitäten (mit und ohne Wachstum) als Phasenmodell ein S-Kurven-Modell vor.[263] Das Modell der logistischen Kurve erinnert an klassische Lebenszyklus-Modelle.[264]

Der Verlauf ist so konstruiert, dass der ersten Phase bis $t = N$ mit linearen Wachstumsraten eine zweite angeschlossen wird mit gegen null konvergierenden Dividendenwachstumsraten.[265] In der derzeit gebräuchlichen Terminologie würde dann von einem „fade" der Wachstumsrate gesprochen. Die Modellierung sieht so aus:

---

[261] Wird eine explizite Planungsphase nicht modelliert, fallen Endwert und gesamter Unternehmenswert definitionsgemäß freilich zusammen.

[262] Das zur Prüfungsvorbereitung zum Erwerb des Titels „Chartered Financial Analyst®" (CFA) einschlägige Textbuch von Stowe/Robinson/Pinto/McLeavey (2002) konzentriert sich auf diese Planungskategorie.

[263] Vgl. Williams (1938), S. 89-96.

[264] Vgl. zum Lebenszyklusmodell von Unternehmen auch Mueller (1972). Es wird berichtet, dass die Deutsche Bank ein ähnliches Lebenszyklusmodell zur Unternehmensbewertung eingesetzt hat. Vgl. O.V. (1998), S. 97.

[265] Dies ist auch bei arithmetischem Wachstum unterstellt.

$$\text{(2-41)}\quad E_0\left[\tilde{D}_t\right]=\begin{cases}E_0\left[\tilde{D}_1\right]\cdot(1+g_{D,I})^{t-1} & ,t\le N\ \text{"Phase I"}\\ 2\cdot E_0\left[\tilde{D}_N\right]-E_0\left[\tilde{D}_1\right]\cdot(1+g_{D,I})^{2(N-1)-(t-1)} & ,t>N\ \text{"Phase II"}\end{cases}$$

Es ist impliziert, dass sich die Dividenden in Phase II asymptotisch dem Zweifachen von $E_0\left[\tilde{D}_N\right]$ annähern. Die Dividende in t = 2N – 1 beträgt: $E_0\left[\tilde{D}_{2N-1}\right]=2\cdot E_0\left[\tilde{D}_N\right]-E_0\left[\tilde{D}_1\right]$. Wie hoch ist der Barwert dieser Dividendenreihe, wenn gilt $k \neq g_{D,I}$ und $t\to\infty$?[266] Diese Frage lässt sich mit der folgenden geschlossenen Formel beantworten:

$$\text{(2-42)}\quad V_0^E=E_0\left[\tilde{D}_1\right]\cdot\left[\frac{1}{k-g_{D,I}}\cdot\left(1-\left(\frac{1+g_{D,I}}{1+k}\right)^N\right)+\left(\frac{2}{k}-\frac{1}{(1+g_{D,I})(1+k)-1}\right)\cdot\frac{(1+g_{D,I})^{N-1}}{(1+k)^N}\right]$$

Beispiel: $E_0\left[\tilde{D}_1\right]=100$; $k = 0{,}1$; $g_{D,I} = 0{,}12$; $N = 12$.

$V_0^E = 2.945{,}89$.[267]

Die charakteristische S-förmige Kurve der zu erwartenden Dividenden sieht in dem Beispiel so aus:

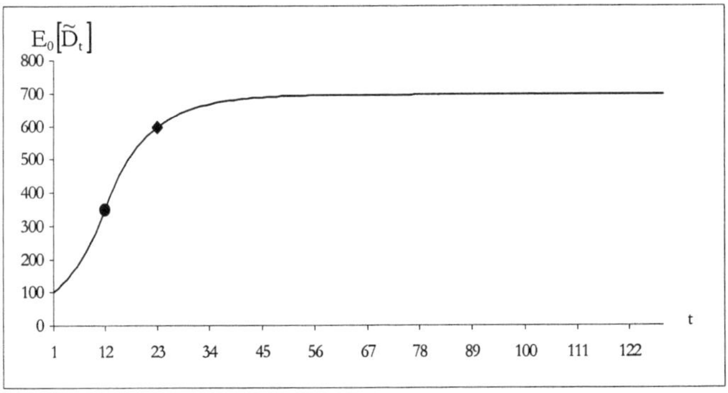

Abbildung 2-19: Erwartete Dividendensequenz im S-Kurven-Modell von Williams

Die Wachstumsraten verlaufen - wie beschrieben - folgendermaßen:[268]

---

266 Im Fall $k = g_{D,I}$ ist der erste Summand $\frac{1}{k-g_{D,I}}\cdot\left(1-\left(\frac{1+g_{D,I}}{1+k}\right)^N\right)$ durch $E_0\left[\tilde{D}_1\right]\cdot\left(\frac{N}{1+k}\right)$ zu ersetzen.

267 Die Dividenden nähern sich $2\,E_0\left[\tilde{D}_{12}\right] = 695{,}71$. Die Dividende in t = 23 beträgt: 595,71. Vgl. in der Abbildung 2-19 den Punkt für $E_0\left[\tilde{D}_{12}\right]$ und die Raute für $E_0\left[\tilde{D}_{23}\right]$. Wird der Dividendenverlauf explizit nach dem Bildungsgesetz (2-41) modelliert, ergibt sich nach Diskontierung der gleiche Barwert wie nach der geschlossenen Formel (2-42).

268 Das S-Kurvenmodell ist rechentechnisch nach (2-41) und (2-42) in 2 Phasen aufgeteilt. Das Modell ließe sich auch einem Drei-Phasen-Modell zuordnen, wenn der Verlauf von g_D in Wachstums- (t = 1-12), Übergangs- (t ≈ 13-56) und Stagnationsphase (ab t ≈ 57) eingeteilt würde.

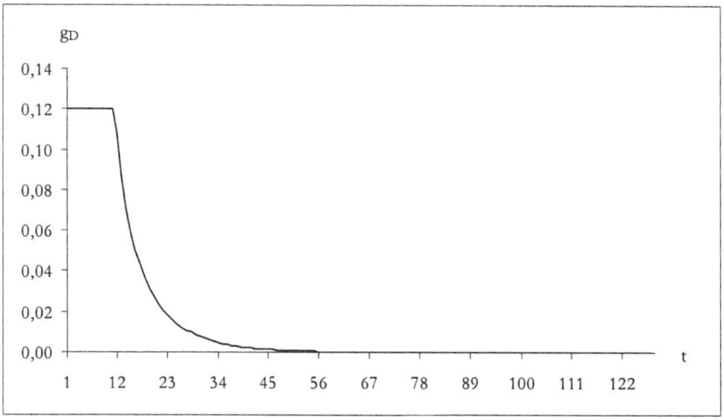

Abbildung 2-20: Dividendenwachstum im S-Kurven-Modell von Williams

Es lässt sich ein Modell formulieren, das einen ähnlichen Wachstumsverlauf wie der zweite Abschnitt des S-Kurven-Modells (fallende Dividendenwachstumsraten) aufweist.[269] Der Prozess für die Dividende gestaltet sich dort so, dass diese mit einer degressiv fallenden Wachstumsrate gegen eine maximale Dividende D_{max} konvergiert:[270]

$$E_0\left[\tilde{D}_t\right] = E_0\left[\tilde{D}_{max}\right] \cdot \left(1-(1-\varphi)^t\right), \text{ wobei } \varphi \in \left]0;1\right]$$

Die Dividende in t = 1 beträgt $E_0\left[\tilde{D}_1\right] = E_0\left[\tilde{D}_{max}\right] \cdot \varphi$. Als Barwertformel ergibt sich mit $t \to \infty$ durch finanzmathematische Basis-Umformungen:[271]

$$V_0^E = E_0\left[\tilde{D}_{max}\right] \cdot \left[\frac{1}{k} - \frac{1-\varphi}{k+\varphi}\right] = E_0\left[\tilde{D}_{max}\right] \cdot \frac{\varphi \cdot (1+k)}{k \cdot (k+\varphi)}$$

Numerische Bestimmungen des Werts außerhalb dieser Modellformulierungen bieten sich an, wenn mehrere Zyklen hintereinander geschaltet erwartet werden.[272] Fällt der Bewertungszeitpunkt nicht mit t = 0 zusammen, weil das Unternehmen nicht am Anfang des Zyklus eingeschätzt wird, gilt dies auch.

Die von Williams eingesetzte logistische Kurve als Basis für zu erwartende entziehbare Überschüsse ist zwar relativ speziell, hat aber den rechentechnischen Vorteil mit Hilfe einer

---

[269] Der erste Abschnitt stellt eine endliche Annuität mit Wachstum dar; die Diskontierung des zweiten Terms auf t = 0 kann unterbleiben, da lediglich dieser betrachtet wird. Vgl. ähnlich das Modell "Growth" bei Park/Sharp-Bette (1990), S. 111.

[270] Im Fall $\varphi \in \left]1;2\right[$ gilt nicht mehr D_{max}, sondern D_{min}. Die Barwertformel ist aber anwendbar. Impliziert sind zyklisch schwankende Dividenden, deren Amplitude aber abnimmt und gegen D_{min} konvergiert. Wird $\varphi = 2$ angenommen, sind ebenfalls zyklisch schwankende Dividenden impliziert, aber mit konstanter Amplitude und zwar mit jeweils zwei Ausprägungen: 0 bzw. $2 \cdot D_{max}$.

Wird $\varphi > 2$ unterstellt, nimmt die Amplitude zu. Die nachfolgende Barwertformel greift dann nicht mehr, i.d.R. strebt der Wert gegen unendlich.

[271] Die Ähnlichkeit zu dem S-Kurven-Modell wird deutlich anhand des ersten Multiplikanden des zweiten Terms von (2-42), wenn umformuliert wird zu:

$$V_0^E = E_0\left[\tilde{D}_{max}\right] \cdot \left[\frac{1}{k} - \frac{1-\varphi}{(1+\varphi)(1+k) - 1 - k\varphi}\right]$$

[272] Z.B. durch Technologiesprünge. Vgl. das S-Kurven-Konzept von McKinsey.

geschlossenen Formel bewertbar zu sein. Eine sogenannte, generalisierte logistische Kurve (nach Richards) sieht so aus:[273]

(2-43) $E_0\left[\tilde{D}_t\right] = E_0\left[\tilde{D}_{min}\right] + \frac{E_0\left[\tilde{D}_{min}\right] + E_0\left[\Delta\tilde{D}_{max}\right]}{\left(1 + Ye^{-B(t-M)}\right)^{1/Y}}$, wobei

$E_0\left[\tilde{D}_{min}\right]$	Potentiell minimale Dividende
$E_0\left[\Delta\tilde{D}_{max}\right]$	Maximale Dividendenerhöhung
e	Eulersche Zahl
B	Koeffizient, der das Krümmungsverhalten (steil, flach) der Wachstumskurve steuert.
M	Koeffizient, der die Länge der Wachstumsphase beeinflusst.
Y	Koeffizient, der Höhe und Lage von $E_0\left[\tilde{D}_t\right]$ beeinflusst.

Der Barwert dieser Dividendensequenz kann numerisch bestimmt werden, was angesichts der heutigen Rechentechnologie problemlos durchführbar ist.

Im Spezialfall $Y \rightarrow 0$ ergibt sich die sogenannte Gompertz-Kurve,[274] d.h. $E_0\left[\tilde{D}_1\right] = E_0\left[\tilde{D}_{min}\right]$:

(2-44) $E_0\left[\tilde{D}_t\right] = E_0\left[\tilde{D}_{min}\right] + \left(E_0\left[\tilde{D}_{min}\right] + E_0\left[\Delta\tilde{D}_{max}\right]\right)e^{-e^{-B(t-M)}}$.

Auch hier lässt sich der Barwert numerisch bestimmen. Der entziehbare Überschuss nähert sich bei (2-43) und (2-44) im Limit $\left(\lim_{t\to\infty}\right)$ asymptotisch dem Grenzwert $\left(E_0\left[\tilde{D}_{min}\right] + E_0\left[\Delta\tilde{D}_{max}\right]\right)$.

Beispiel: $E_0\left[\tilde{D}_{min}\right] = 100$; $E_0\left[\Delta\tilde{D}_{max}\right] = 1.500$; k = 10 %.
Variante (1): B = 0,04; M = 60; Y = 5.
Variante (2): B = 0,02; M = 100; Y = 1.

Die Bewertungsergebnisse V_0^E sind in einer Matrix wiedergegeben.

Dividenden-Funktion / Parameter-Variante	Generalisierte logistische Kurve	Gompertz-Kurve
(1)	8.325,02	1.151,21
(2)	3.194,31	1.080,88

In den beiden folgenden Abbildungen sind die generalisierte logistische Kurve (dünne Linie) sowie die Gompertz-Kurve (fette Linie) auf absoluter und relativer Basis, d.h. als Dividenden bzw. Dividenden-Wachstumsraten, nach den beiden Beispielsvarianten abgebildet. Die Bewertungsunterschiede sind beträchtlich, obwohl bei allen Berechnungen die Dividenden früher oder später gegen $E_0\left[\tilde{D}_{min}\right] + E_0\left[\Delta\tilde{D}_{max}\right]$ = (1.600) konvergieren.[275] Die Modelle approximieren in diesem Bereich dann den Fall einer ewigen Rente. Auffällig ist, dass die generalisierte logistische Kurve zu Parameter-sensitiveren Bewertungen als die Gompertz-Kurve führt. Dies

273 Vgl. mit weiteren Literaturhinweisen: http://www.bioss.ac.uk/smart/unix/mgrow/slides/.

274 BENJAMIN GOMPERTZ, 1779-1865, Börsenmakler, Aktuar, Mathematiker aus England.

275 Im S-Kurvenmodell konvergiert die Dividende gegen $2 \cdot E_0\left[\tilde{D}_1\right] \cdot \left(1 + g_{D,I}\right)^{N-1}$.

hat damit zu tun, dass - wie Abbildung 2-21 zeigt - bei der generalisierten logistischen Kurve in der „Anfangsphase" (ca. 100 Jahre) deutlich höhere Dividenden als bei der Gompertz-Kurve zufließen.[276]

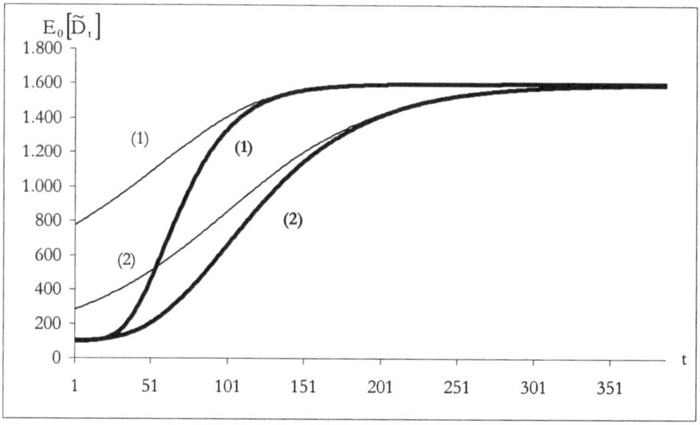

Abbildung 2-21: Erwartete Dividendensequenz bei generalisierter logistischer Kurve und Gompertz-Kurve

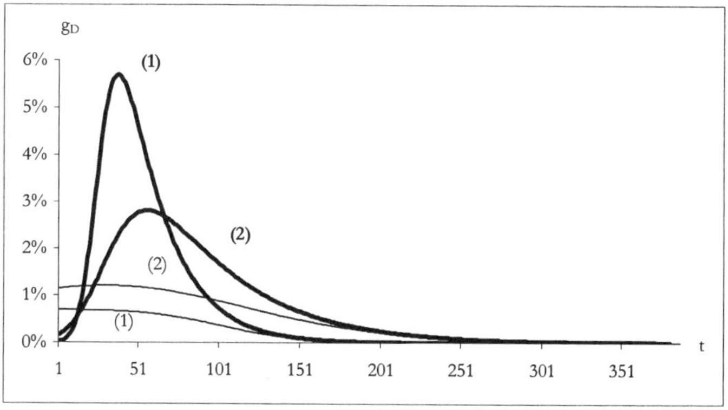

Abbildung 2-22: Wachstumsraten g_D bei generalisierter logistischer Kurve und Gompertz-Kurve

Auch hier verbleibt natürlich die kritische Aufgabe zu bestimmen, in welcher Phase sich das zu bewertende Unternehmen befindet und wie lange die Phasen spezifisch erwartet werden. Das Modell vermag erste Denkanstöße zu liefern. Die Kalibrierung der Modell-Parameter stellt das Hauptproblem dar.[277]

---

276 Die Startdividende ist bei der Gompertz-Kurve in der Nähe von $E_0[\tilde{D}_{min}]$. $E_0[\tilde{D}_1]$ beträgt bei (1) ≈ 100,04 und bei (2) ≈ 101,07. Bei der generalisierten logistischen Kurve kann die Höhe des Startwerts sehr unterschiedlich ausfallen.

277 Vgl. kritisch zum Williams-Modell Durand (1957), S. 361.

Die Dividendenwachstumsraten der ersten Phase bleiben konstant, während diese in der zweiten Phase des S-Kurven-Modells logistisch fallen. In der Literatur werden daneben auch konvex, konkav und v.a. linear fallende Dividendenwachstumsraten vorgeschlagen, die nachfolgend untersucht werden.[278]

2.2.1.2. Lineare Wachstumsverläufe

Üblicherweise wird vorgeschlagen, die Wachstumsraten von Dividenden direkt zu prognostizieren, um zu einer Bewertung innerhalb des Zwei-Phasen-Modells zu gelangen.[279]
In der ersten Phase wird oft ein überdurchschnittlich hohes Wachstum modelliert $\left(E_0[\tilde{D}_1], E_0[\tilde{D}_1](1+g_{D,I}), \ldots, E_0[\tilde{D}_1](1+g_{D,I})^{N-1}\right)$, und in der zweiten Phase ausgehend von $E_0[\tilde{D}_1](1+g_{D,I})^N$ ein „Normal"-Wachstum mit jeweils uniformen Wachstumsraten.[280] Daraus folgt eine Annuitäten-Formel,[281] die definiert ist für den Fall $g_{D,II} < k \neq g_{D,I}$, wobei mit $\vartheta = \frac{1+g_{D,I}}{1+k}$ vereinfacht werden kann:[282]

$$(2-45)\; V_0^E = \frac{E_0[\tilde{D}_1]}{k-g_{D,I}} \cdot \left(1-\vartheta^N\right) + \frac{E_0[\tilde{D}_1]}{k-g_{D,II}} \cdot \vartheta^N = E_0[\tilde{D}_1] \cdot \left(\frac{1-\vartheta^N}{k-g_{D,I}} + \frac{\vartheta^N}{k-g_{D,II}}\right)$$

Diese üblicherweise aufgezeigte Konstellation ist etwas unbefriedigend. Welche Implikationen sich für die unspezifizierten Renditen und Reinvestitionsquoten ergeben, ist unklar. Es gilt: $g_{BS,t} = ROA_t \cdot b_t$. Was jedoch folgt für $g_{D,t}$ daraus?[283]
Es ist zu erwarten, dass die Wachstumsraten in Phasenmodellen grundsätzlich heterogen sind, weil kein Steady State vorliegen kann. Nur im Steady State ist es unwichtig, ob $g = b \cdot IRR$ oder $g = b \cdot ROA$ angesetzt wird.

---

278 Vgl. Brigham/Pappas (1966), S. 158. Eine Stufenfunktion wie auch ein sanfteres Ausgleiten sind altbekannte Vorstellungen. Durand (1992), S. 88, verweist hierzu auf Williams (1938), S. 89-96 und S. 99-102.

279 Vgl. zu dieser Form des Zwei-Phasen-Modells nach Art des Williams-Modells Payne/Finch (1999), S. 288-291; Bodie/Kane/Marcus (2002), S. 585-587; Stowe/Robinson/Pinto/McLeavey (2002), S. 72-73; Elton/Gruber/Brown/Goetzmann (2003), S. 451.

280 Vgl. Holt (1962). Brigham/Pappas (1966), S. 157 bzw. 161, meinen, dass diese Annahme keine plausible Approximation von Investorenerwartungen darstelle. Investoren nämlich nähmen nicht an, dass Wachstumsraten von einer Periode auf die andere fielen, sondern durch auslaufende Wettbewerbsvorteile eher allmählich absänken.

281 Vgl. schon Williams (1938), S. 90-91, zum ersten Teil der Formel. Dort wird $(1+g) \cdot D_0$ anstatt D_1 herangezogen Fernández (2002), S. 122, kommt zu einer anderen Formel, da er im Gegensatz zu der hier hauptsächlich verfolgten Variante (2-II) die Variante (2-I) einsetzt. Die Form der Darstellungsweise ist aber - wie schon erwähnt - Geschmackssache. Zudem findet sich dort auch eine Approximation seiner Formel, die hier aber nicht vorgeführt zu werden braucht.

282 Rechnerisch lässt sich aber auch in dem Fall $k = g_{D,I}$ der Wert ermitteln und zwar nach folgender Formel:

$$V_0^E = E_0[\tilde{D}_1] \cdot \sum_{t=1}^{N} \frac{(1+g_{D,I})^{t-1}}{(1+k)^t} + \frac{(1+g_{D,I})^N}{(k-g_{D,II})(1+k)^N} = \sum_{t=1}^{N} \frac{E_0[\tilde{D}_t]}{(1+k)^t} + \frac{E_0[\tilde{D}_{N+1}]}{(k-g_{D,II})(1+k)^N}.$$

Vgl. zu diesem Sonderfall schon Williams (1938), S. 94-95; Durand (1992); Ross/Westerfield/Jaffe (1999). Der Wert der ersten Phase ergibt sich explizit aus: $E_0[\tilde{D}_1] \cdot \left(\frac{N}{1+k}\right)$. Für die Konstellation, dass gilt: $g_{D,II} = 0$, vgl. Williams (1938), S. 95-96, mit einer Einschätzung, für welche Branchen diese Annahme seiner Meinung nach gelte.

283 Die Annahme einer konstanten Dividendenquote (1-b) sei unplausibel, da mit fallendem g_D für gewöhnlich (1-b) steige. Vgl. Molodovsky/May (1974), S. 201-202, 288, bzw. Damodaran (2002), S. 339. Diese Annahme ist auch expliziter Bestandteil des noch aufzuzeigenden Rozeff-Modells in Kapitel 2.2.2.3. Der oben aufgeworfenen Frage wird im Abschnitt 2.2.2.1. nachgegangen.

Ein Spezialfall des üblichen Modells (2-45) nach Gordon/Gordon (1997) geht davon aus, dass in der zweiten Phase keine ökonomische Wertsteigerung mehr stattfindet, d.h. $IRR_{II} = k$.[284]

$$(2\text{-}46)\quad V_0^E = \frac{E_0\left[\tilde{D}_1\right]}{k - g_{D,I}} \cdot \left(1 - \vartheta^N\right) + \frac{E_0\left[J\tilde{\ddot{U}}_1\right]}{k} \cdot \vartheta^N$$

Das Modell kann als ein hybrides Modell aus DCF- und IO-Ansatz angesehen werden.[285]

Für Unternehmen mit hohen Wachstumsaussichten, wie auch jungen bzw. kleineren und mittelgroßen Unternehmen werden in der Literatur Drei-Phasen-Modelle zurückgehend auf Molodovsky/May vorgeschlagen.[286] Diese Modelle werden mit[287] und ohne Vorschaltung einer expliziten Detailplanungsphase diskutiert.
Die konstante Wachstumsrate innerhalb der so genannten Wachstumsphase (Phase 1) ist i.d.R. höher als in den späteren Phasen und muss geschätzt werden.[288] Danach wird üblicherweise ein lineares Fallen der Wachstumsraten in der Übergangsphase (Phase 2) unterstellt.[289] In der dritten Phase, der Reifephase, wird von einer niedrigeren, unbegrenzten Wachstumsphase ausgegangen.[290] Zudem sind die Phasenlängen I und II abzuschätzen.[291]

---

284 Dies stellt eine weitgehende Interpretation des Modells dar. Vgl. Gordon/Gordon (1997), S. 54.

285 Fruhan (1979), S. 13, formuliert (2-46) als M/B-Modell ein wenig enger aufgrund der Annahme ROA = k, die Steady State in der letzten Phase impliziert:

$$V_0^E = BS_0 \cdot \left\{ \frac{ROA(1-b)}{k - ROA \cdot b} \cdot \left[1 - \left(\frac{1 + ROA \cdot b}{1+k}\right)^N\right] + \frac{ROA}{k} \cdot \left[\frac{1 + ROA \cdot b}{1+k}\right]^N \right\}, \text{ wobei } ROA = k.$$

Varaiya/Kerin/Weeks (1987) untersuchen Fruhans Modell empirisch und können grundsätzlich den theoretisch zu erwartenden Einfluss des Spread auf den Wert bestätigen. In welcher Größenordnung N bei diesem Modell aussieht, wird empirisch leider nicht untersucht. Vgl. Varaiya/Kerin/Weeks (1987), S. 489.

286 Nach Durand (1992), S. 88, geht diese Modellierung auf Molodovsky/May zurück. Vgl. Molodovsky/May (1974), sowie Rozeff (1990) mit weiteren Literaturbelegen; Günther (1997), S. 147-154; Schultze (2001), S. 126-127 mit Verweis auf frühere IDW-Stellungnahmen. Vgl. dazu Fn. 9.

287 Vgl. etwa Fuller/Farrell (1987), S. 352-353; Henselmann (1999) S. 124; Schwall (2001), S. 177-178; Volkart (2002), S. 67.

288 Ein Vorschlag lautet auch, die erste Endwert-Phase zu entfernen, wobei eine explizite Phase vorgeschaltet ist. Dies entspricht im Grundsatz dem Vorgehen bei Wells Fargo. Die explizite Phase in der Analysten Dividenden und Überschüsse prognostizieren, ist dort mit 5 Jahren normiert. Vgl. Elton/Gruber/Brown/Goetzmann (2003), S. 461-464. Stowe/Robinson/Pinto/McLeavey (2002), S. 79-80, berichten, dass auf den „Bloomberg terminals" ein mechanisches Drei-Phasen-Modell zur fundamentalen Bewertung abgerufen werden kann, das in Phase 2 von linear fallenden Wachstumsraten ausgeht.

289 Eine nicht ganz so gängige Variante belässt die Wachstumsrate in Phase 2 ebenfalls auf einem konstanten, jedoch von Phase 1 und 3 unterschiedlichen Niveau. Vgl. Stowe/Robinson/Pinto/McLeavey (2002), S. 77.

290 In dem Modell von Molodovsky/May (1974), S. 203-204, ist nicht eine unternehmensindividuelle, sondern eine einheitliche Wachstumsrate $g_{D,III}$ („Ignorance Rate") vorgesehen. Wie der Name schon indiziert, vertreten Molodovsky/May (1974) die Ansicht, dass eine unternehmensindividuelle Schätzung nicht möglich sei. Die „Ignorance Rate" wird geschätzt z.B. über das Bevölkerungswachstum und einen Kaufpreisindex (Inflationsrate): $g_{D,III} = (1+g_P)\cdot(1+w)-1$. Diese Idee ist bis heute in mehr oder weniger abgewandelter Form erhalten geblieben.
Vgl. etwa die Fn. 41, 42; Haugen (2001), S. 546-548; Stowe/Robinson/Pinto/McLeavey (2002), S. 61, sowie Elton/Gruber/Brown/Goetzmann (2003), S. 454-455. Zuweilen wird auch - wie in dem S-Kurven-Modell - $g_{D,III} = 0\ \%$ angenommen.

291 Haugen (2001) lässt berichten von Durchschnittslängen von 5-6 Jahren bzw. 10-20 Jahren für große amerikanische Kapitalgesellschaften, vgl. Haugen (2001), S. 546.

Verändern sich die Wachstumsraten in Phase II linear, dann können diese so bestimmt werden:[292]

$$(2\text{-}47)\quad g_{D,II,t} = g_{D,I} - \left(g_{D,I} - g_{D,III}\right) \cdot \frac{t - N_I}{1 + N_{II} - N_I}$$

(2-47) ist so definiert, dass die erste Phase N_I Perioden und die zweite $(N_{II} - N_I)$ Perioden dauert. Ab N_{II+1}, dem Beginn der dritten Phase, ergibt sich zum ersten Mal $g_{D,III}$.
In dem vorher gezeigten Zwei-Phasen-Modell entfällt Phase 2, weil $N_I - N_{II} = 0$ beträgt, und (2-47) dann nicht mehr definiert ist. Die folgende Abbildung skizziert das Modell.

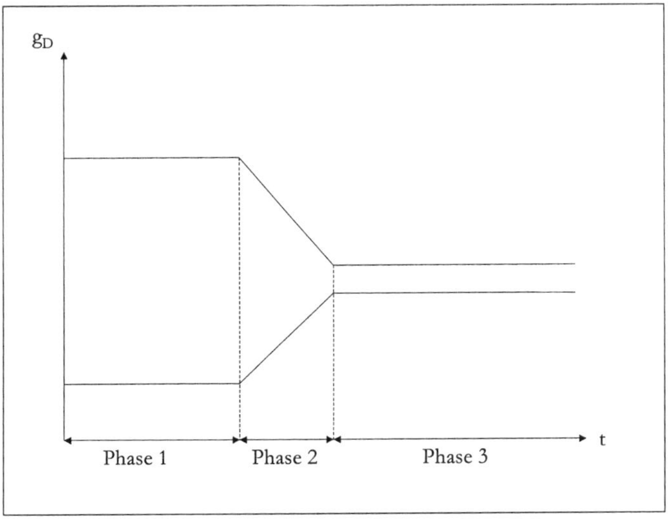

Abbildung 2-23: Idealtypisches Drei-Phasen-Modell

Üblicherweise wird in der Literatur der obere Kurvenverlauf mit fallenden Wachstumsraten beschrieben.[293] Zu den Gründen für diesen Verlauf äußert sich das Modell nicht. Dieser könnte z.B. auf steigende Reinvestitionsraten b und/oder sinkende Buchrenditen ROA zurückzuführen sein.[294] Ob dies aus normativer Sicht sinnvoll ist, kann auf der Grundlage von Buchrenditen nicht zweifelsfrei beantwortet werden, wenn nicht der Spezialfall eines „unbiased accounting" vorliegt.[295]

292 Vgl. zu einer Beschreibung des linearen Algorithmus schon Molodovsky/May (1974), S. 212, sowie zu einer ähnlichen Formulierung von (2-47) Fuller/Farrell (1987), S. 356. Streng genommen fallen die Dividendenwachstumsraten - nicht die Dividende - aufgrund der diskreten Modellkonstruktion nicht linear, sondern arithmetisch.

293 Molodovsky/May (1974), S. 212, weisen auf beide Pfade hin. Phase 1 wird beschrieben als „Years Constant Growth", Phase 2 als „Years Settling Growth". In Phase 3 kommt die „Ignorance Rate" zum Einsatz.

294 Diese Interpretation erschließt sich aufgrund von Formel (2-50), die in Abschnitt 2.2.2.1. noch vorgestellt wird. Deutlich wird anhand von (2-50) auch, dass sich lediglich Inferenzen ziehen lassen, falls weder b noch ROA bekannt sind. Die Parameter (b und ROA) bleiben in der ersten und dritten Phase konstant, bzw. gleichen sich so aus, dass g_D konstant bleibt.

295 Hier entfalten Reinvestitionsrenditen IRR ihre Überzeugungskraft. Sie zeigen deutlich an, ob eine ökonomische Wertsteigerung erwartet wird oder nicht. Darauf ist noch zurückzukommen in Abschnitt 2.2.3.

Der obere Verlauf ist aber auch plausibel für Unternehmen, die in Phase 1 noch überproportional investieren und allmählich die Reinvestitionsraten senken. D.h. fallende Reinvestitionsraten und/oder steigende Buchrenditen ausgehend von einem etwa unterdurchschnittlichen Niveau können impliziert sein.
Ein Vergleich mit den logistischen Wachstumsmodellen zeigt, dass das lineare Wachstumsmodell als eine mehr oder weniger gute Approximation von diesen aufgefasst werden kann, wenn in der dritten Phase von $g_D = 0$ % ausgegangen wird, und die Phasenlänge korrespondierend gewählt wird.

Es ist die vorherrschende Exegese, bei Phasenmodellen Wachstumsraten der Dividenden zu prognostizieren, was mithin die Verwendung des DCF-Ansatzes nahe legt. Jedoch werden diese vereinfachenden Wachstums-Modelle auch intensiv auf den Residualgewinn-Ansatz übertragen. Es ist entscheidend, für welchen Ansatz Wachstumsraten vorgegeben werden, da g_D und g_{RG} außerhalb des Falls der ewigen Rente mit Wachstum innerhalb des Steady State nicht mehr identisch sind.

Zuweilen werden formal identische Phasenmodelle beiden Rechenansätzen übergestülpt, ohne auf Implikationen hinzuweisen.[296] I.d.R. ist es aber ein erheblicher Unterschied, ob das Phasenmodell auf Basis von Residualgewinnen oder Cashflows angewandt wird. Die Werte der ersten und zweiten Phase können sich dann unterscheiden aufgrund unterschiedlicher operativer Annahmen. Entscheidend für die Anwendung ist ebenfalls, ob im Endwert Steady State gilt oder nicht.

Beispiel: $BS_0 = 980$; $E_0\left[\widetilde{BS}_1\right] = 1.030$; $E_0\left[\widetilde{JÜ}_1\right] = 90$. Phase 1 wird mit einem Wachstum von 6 % von t_1 - t_{13}, d.h. N = 12, veranschlagt. Die unbegrenzte Phase 2 hingegen mit einem Wachstum von 3 %; k = 0,09.
Nach dem DCF-Modell gemäß (2-45) erhält man auf Basis der Startdividende in Höhe von 40 (= 90 – 1.030 + 980) einen Wert $V_0^{E,DCF}$ von 856,4. Nach dem Residualgewinn-Modell beträgt der konsistente Residualgewinn 1,8 in t = 1. Daraus folgt analog zu (2-45): $V_0^{E,RG} = 1.018,5$.
Der relative Unterschied der Werte bezogen auf $V_0^{E,DCF}$ beträgt rund 19 %.

Eine Äquivalenz ist bei unvollständigen Planungen nur durch Inferenzen herstellbar. Das Residualgewinn-Modell hat einen Rechenvorteil, wenn die Formel der ewigen Rente übereinstimmend mit den Planungsannahmen angewandt werden kann. Wird unterstellt, dass die Annahmen des DCF-Modells richtig sind, sind die konsistenten Wachstumsraten des RG-Modells hingegen auch in den Phasen variabel.
Einen generellen Vorteil für das DCF- oder das RG-Modell zu sehen, ist schwer, da nicht klar ist, ob Residualgewinne oder Dividenden - wenn überhaupt - dem erwarteten Muster entsprechen. Die weiterführende Frage lautet: Welche operativen Annahmen sind sinnvoll?

Während bei den Modellen im vorherigen Kapitel 2.2.1.1. die Kalibrierung der Modell-Parameter das Problem darstellt, ist hier das Problem die direkte Schätzung von g des interessierenden Überschusses. Da derartige Modelle in der Praxis häufig eingesetzt werden, empfiehlt es sich, Inferenzen zu ziehen, um eine ökonomische Begründung liefern zu können. Da dieses Vorgehen das Pferd von hinten aufzäumt, wäre eine Schätzung der ökonomisch interessierenden Parameter sicherlich der direktere Weg. In manchen Konstellationen könnte aber auch danach gefragt sein,

---

296 Vgl. etwa Stowe/Robinson/Pinto/McLeavey (2002), S. 286.

wie ein spezifischer Überschussverlauf zu bewerten ist. Hier helfen die in 2.2.2. und 2.2.3. zu diskutierenden Modelle dann nicht mehr direkt zur Beantwortung dieser Frage, weil sie den Überschussverlauf endogen bestimmen.

2.2.1.3. H-Modell als rechnerische Approximation

Das H-Modell („Halfway") von Fuller/Hsia (1984) intendiert eine rechnerische *Approximation* (ausgedrückt durch das „^"-Zeichen) des eben gezeigten Drei-Phasen-Modells.[297]

$$\text{(2-48)}\quad \hat{V}_0^E = \frac{E_0\left[\tilde{D}_1\right]}{k - g_{D,III}} \cdot \left[1 + H \cdot \left(g_{D,I} - g_{D,III}\right)\right],$$

$$\text{wobei } H = N_I + \frac{N_{II} - N_I}{2} = \left(N_I + N_{II}\right) \cdot 0{,}5 \text{ und } k > g_{III}$$

Das H-Modell kann also als Williams-Modell auf Basis von $g_{D,III}$ repräsentiert werden, das jedoch noch um einen Auf- oder Abschlag aufgrund der in den ersten beiden Phasen differierenden Wachstumsraten modifiziert werden muss. H markiert den Punkt „auf halber Strecke" innerhalb der zweiten Phase, in der die Wachstumsraten $g_{D,I}$ und $g_{D,III}$ konvergieren.

Beispiel: $g_{D,I} = 10\ \%$, $N_I = 11$; $g_{D,III} = 5\ \%$, $N_{II} = 26$. $E_0\left[\tilde{D}_1\right] = 1$ und $k = 10\ \%$.
Der exakte Wert nach dem intendierten Drei-Phasen-Modell beträgt ca. 38,65 und nach dem vereinfachenden H-Modell ca. 38,5.

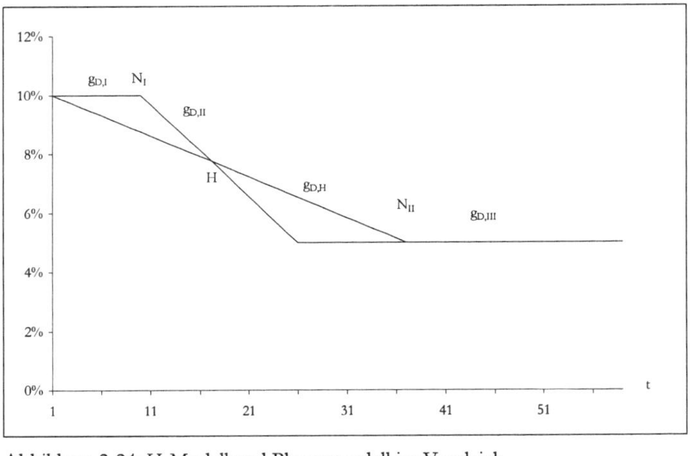

Abbildung 2-24: H-Modell und Phasenmodell im Vergleich

Die Differenz ist in diesem Fall nicht groß. In anderen Fällen kann diese aber zu groß sein, als dass sie als Rechenvereinfachung vertretbar wäre.

Wird ein linear fallendes Dividendenwachstum gemäß $g_{D,H}$ unterstellt nach einer Darstellung von Fuller/Hsia (1984), ergibt sich ein Wert von ca. 32,38.[298] Das H-Modell kann also nicht herangezogen werden, um den Wert dieses Dividendenmusters zu approximieren. Dies entspricht jedoch nicht der Intention des Modells.

297 Vgl. Fuller/Hsia (1984), S. 52, Formel [9], wobei sich ein kleiner Druckfehler eingeschlichen hat. Dort ist das Modell formuliert mit $(1+g) \cdot D_0$ nach Systematik (2-I).

298 Vgl. Fuller/Hsia (1984), S. 53, bzw. Fuller/Farrell (1987), S. 358-359.

2.2.2. Planung auf Basis von Buchrenditen und -wachstum

Der Zusammenhang zwischen Buchrenditen und Wachstum wird dargestellt, um eine Brücke zu den Wachstumsplanungsmodellen zu schlagen und Konvergenzeigenschaften spezifischer Parameter zu untersuchen. Anschließend wird das wegweisende Preinreich-Modell untersucht. Das Rozeff-Modell verwendet standardmäßig Konvergenz-Annahmen bezüglich der Buchrendite ROA und der Reinvestitionsrate b.

2.2.2.1. Buchrenditen und Wachstumsraten

Oftmals wird in der Literatur unspezifisch von „der" Wachstumsrate bzw. unpräzise von der Wachstumsrate „des Unternehmens" gesprochen.[299] Im Steady State braucht keine Differenzierung zu erfolgen, jedoch i.a. in Phasenmodellen. Willkürlich wirkende Implikationen können vermieden werden, wenn man sich die Wirkungsweise von Wachstumsraten bewusst macht. Für Unternehmensbewertungen ist es daher unerlässlich zu präzisieren, welches Wachstum gemeint ist, da der Begriff ansonsten schillernd bleibt.

Welche Aussagen können bei gegebenem g_{BS} über ROA und b getroffen werden? Es gilt der folgende definitorische Zusammenhang:[300]

$$(2\text{-}49)\; g_{BS,t} = \frac{JÜ_t}{BS_{t-1}} \cdot \frac{BS_t - BS_{t-1}}{JÜ_t} = ROA_t \cdot b_t$$

Auf welchen Parametern basiert Dividendenwachstum? Es lässt sich folgende Differenzengleichung ableiten:[301]

$$(2-50)\; g_{D,t} = \frac{ROA_t - g_{BS,t}}{ROA_{t-1} - g_{BS,t-1}} \cdot (1 + g_{BS,t-1}) - 1$$
$$= \frac{ROA_t(1-b_t)}{ROA_{t-1}(1-b_{t-1})} \cdot (1 + ROA_{t-1} \cdot b_{t-1}) - 1$$

---

[299] Vgl. anstatt vieler etwa Arzac (1986), S. 122; Copeland/Koller/Murrin (2000), S. 285.

[300] Vgl. auch Skogsvik (2002), S. 9-10. Im Spezialfall des Steady State entspricht $g_{BS} = g_D = g$. Diese Konstellation schwebt wohl implizit Hachmeister (1995), S. 160, vor. Auch Damodaran (1997), S. 625, geht implizit von einer Konstellation aus, in der gilt: $g_{JÜ,t} = ROA_t \cdot b_t$.

[301] Es versteht sich, dass die Gleichungen nur dann definiert sind, wenn der Nenner des Bruchs jeweils ungleich null ist, d.h. $g_{BS,t-1} \neq ROA_{t-1}$ bzw. $b_{t-1} \neq 1$ (Vollthesaurierung), $ROA_{t-1} \neq 0$.

Die Wachstumsrate g_D nach (2-50) lässt sich auch als Produkt der Wachstumsraten von ROA, (1-b) und BS interpretieren: $g_{D,t} = (1 + g_{ROA,t}) \cdot (1 + g_{(1-b),t}) \cdot (1 + g_{BS,t-1}) - 1$ bzw. $g_{D,t} = (1 + g_{(1-b),t}) \cdot (1 + g_{JÜ,t-1}) - 1$.

Für den kontinuierlichen Fall präsentiert Rozeff (1990), S. 37, die vollkommen analoge Formel [1]: $G_D = G_{(1-b)} + G_{ROA} + G_{BS}$. Diese Formel beinhaltet die gleichen Parameter, jedoch sind diese logarithmiert: $\ln(1+g_j) = G_j$. Im kontinuierlichen Fall gehen die Zeitindizes unter, weil die Zeitinkremente unendlich klein sind.

Die Ableitung von (2-50) sieht so aus:

$$D_t = JÜ_t - \Delta I_t = JÜ_t - (BS_t - BS_{t-1}) = JÜ_t - g_{BS,t} \cdot BS_{t-1};\; g_{D,t} = \frac{D_t - D_{t-1}}{D_{t-1}} = \frac{D_t}{D_{t-1}} - 1;$$

$$g_{BS,t} = \frac{BS_t - BS_{t-1}}{BS_{t-1}} = \frac{BS_t}{BS_{t-1}} - 1;\; ROA_t = \frac{JÜ_t}{BS_{t-1}}$$

$$g_{D,t} = \frac{JÜ_t - g_{BS,t} \cdot BS_{t-1}}{JÜ_{t-1} - g_{BS,t-1} \cdot BS_{t-2}} - 1$$
$$= \frac{(ROA_t - g_{BS,t}) \cdot BS_{t-1}}{(ROA_{t-1} - g_{BS,t-1}) \cdot BS_{t-2}} - 1$$

Welche Aussagen können bei gegebenem $g_{D,t}$ - das ist nach üblicher Exegese der zu prognostizierende Parameter im Zeitablauf in den Phasenmodellen - über ROA_t und b_t (bzw. $g_{BS,t}$) getroffen werden? Soll sich die Dividendenquote ($1-b_t$) invers zur Dividendenwachstumsrate $g_{D,t}$ verhalten,[302] dann zeigt (2-50), dass ROA_t invers zu ($1-b_t$) sein muss.[303]
Wird (2-50) aufgelöst nach ROA_t erhält man:[304]

$$ROA_t = \frac{1+g_{D,t}}{1+g_{BS,t-1}} \cdot \frac{ROA_{t-1}(1-b_{t-1})}{1-b_t}$$

Wann sind $g_{D,t}$ und $g_{BS,t}$ identisch, d.h. (2-49) und (2-50)?

$$g_{BS,t} = g_{D,t} = \frac{ROA_t - g_{BS,t}}{ROA_{t-1} - g_{BS,t-1}} = \frac{1+g_{BS,t}}{1+g_{BS,t-1}}$$

$$g_{BS,t} = g_{D,t} = \frac{ROA_t(1-b_t)}{ROA_{t-1}(1-b_{t-1})} = \frac{1+ROA_t \cdot b_t}{1+ROA_{t-1} \cdot b_{t-1}}$$

$g_{BS,t}$ und $g_{D,t}$ sind identisch, wenn sich ROA_t und b_t (bzw. $g_{BS,t}$) nicht ändern. Die Raten müssen nicht konstant sein, sie können auch variabel sein. Damit diese identisch sind, müssen die Ausprägungen der Parameter der Äquivalenzbeziehung gehorchen.

Wie wachsen Jahresüberschüsse?[305]

$$\text{(2-51)} \quad g_{JÜ,t} = \frac{ROA_t}{ROA_{t-1}} \cdot (1+g_{BS,t-1}) - 1$$

Das Wachstum von Buchgewinnen wird i.d.R. außerhalb des Steady State-Falles nicht übereinstimmen mit dem von Dividenden, wie ein Vergleich der Formeln (2-51) und (2-50) zeigt.
Wann gilt $g_{JÜ} = g_D$?[306]

$$g_{JÜ} = g_D = \frac{1-b_t}{1-b_{t-1}}$$

Offensichtlich sind beide Raten dann identisch, wenn keine Veränderung der Dividendenquote (1-b) bzw. der Reinvestitionsquote b erwartet wird. Diese Annahme trifft offensichtlich bei den Modellen der ewigen Rente nach (2-6), (2-7) und (2-8) zu.

Wie wachsen Residualgewinne $(RG_t = JÜ_t - k_t BS_{t-1})$?

---

302 Diese Konstellation schwebt Damodaran (1997), S. 627, vor. Sie ist auch integraler Bestandteil des Modells von Rozeff (1990).

303 Dieser Sachverhalt wird an einem Beispiel zu dem Rozeff-Modell in Abschnitt 2.2.2.3. illustriert. Vor allem wird deutlich, dass bei linearem Verlauf von b - wie bei Damodaran (1997), S. 627, angenommen - ROA nicht mehr linear verlaufen kann und umgekehrt.

304 Diese Beziehung belegt, wieso das Gordon-Modell außerhalb des Steady State-Falles (Abbildung 2-4) zu unterschiedlichen ROA_t führt. Zwar ist dort b konstant, die Dividendenwachstumsrate und die Wachstumsrate der Bilanzsumme sind aber heterogen. Folglich müssen auch die Buchrenditen heterogen sein.

305 Die Gleichung ist nicht definiert für $ROA_{t-1} = 0$. Anders formuliert: $g_{JÜ,t} = (1+g_{ROA,t}) \cdot (1+g_{BS,t-1}) - 1$.

306 $$g_{JÜ} = g_D = \frac{ROA_t}{ROA_{t-1}} \cdot (1+g_{BS,t-1}) - 1 = \frac{ROA_t(1-b_t)}{ROA_{t-1}(1-b_{t-1})} \cdot (1+ROA_{t-1} \cdot b_{t-1}) - 1 = \frac{1-b_t}{1-b_{t-1}}.$$

Molodovsky/May (1974), S. 203, umschreiben etwas ungenau, dass $g_{JÜ,t}$ die Dividendenquote ($1-b_t$) indiziere. Dies trifft dann zu, falls gilt: $g_{JÜ} = g_D$.

$$(2-52)\quad g_{RG,t} = \frac{(ROA_t - k_t)\cdot BS_{t-1}}{(ROA_{t-1} - k_{t-1})\cdot BS_{t-2}} - 1 = \frac{ROA_t - k_t}{ROA_{t-1} - k_{t-1}}\cdot(1 + g_{BS,t-1}) - 1$$

Falls ROA und g_{BS} (bzw. b_t) langfristig gegen einen festen Wert konvergieren (wobei $k \neq$ ROA), dann konvergiert g_{RG} gegen g_{BS}. Was passiert aber, wenn ROA = k gilt? (2-52) kann nun keine Aussage treffen, ob und wie g_{RG} konvergiert. An zwei schon bekannten Beispielen wird dieser Frage nachgegangen.

a) In dem Beispiel zu dem Ohlson-Modell wird langfristig genau von ROA = k ausgegangen. Eine Konvergenz von g_{RG} tritt dort gegen – 5 % auf, der Residualgewinn geht langfristig gegen null.
b) In dem O'Brien-Modell konvergiert IRR gegen k. Es ist aus dem Beispiel ersichtlich, dass auch ROA gegen k konvergiert.[307] Das hat zur Folge, dass (2-52) dann nicht mehr definiert ist. In dem Beispiel konvergiert g_{RG} gegen 0 %.

Beide Beispiele illustrieren, dass sich generell keine Aussage treffen lässt, wie sich g_{RG} verhält, falls ROA und k konvergieren.[308] Diese Frage ist am Einzelfall zu prüfen.

Wann gilt $g_{JÜ} = g_{RG}$?
(2-51) und (2-52) sind identisch, wenn k und ROA konstant bleiben, wobei $k \neq ROA \neq 0$.

Wann gilt $g_{JÜ} = g_{RG} = g_D$?
Sammelt man die vorherigen Ergebnisse, zeigt sich: k, ROA und b müssen konstant bleiben, wobei $k \neq ROA \neq 0$. Eine Implikation von (2-49) ist dann, dass g_{BS} konstant bleibt. Es wird deutlich, dass der homogene Fall (Steady State) nicht eines unendlichen Zeitraums bedarf.[309]

2.2.2.2. Preinreich-Modell

Preinreich (1932) hat schon früh ein Drei-Phasen-Modell vorgestellt. Dabei handelt es sich um ein hybrides Modell aus DCF- und Multiplikator-Verfahren. In der ersten Phase werden konstant wachsende Dividenden bis N_I angenommen und in der zweiten Phase bleiben diese bis N_{II} konstant. In der dritten Phase wird davon ausgegangen, dass Buch- und Marktwert übereinstimmen. Der Barwert der Residualgewinne in Phase 3 beträgt also null. Eine einfache Inferenz wäre daher dann $ROA_{III} = k$. Es versteht sich, dass bei der Formel gilt: $k \neq g_{BS}$.[310]

---

307 In Abschnitt 2.2.3.5.1. wird noch belegt, wieso ROA dann auch konvergiert.

308 Die Definition des Steady State bleibt unberührt von g_{RG}; sie ist bezogen auf Wachstumsraten von Bilanz und GuV. Differieren also g_{RG} und g, impliziert dies noch nicht, dass Steady State nicht gilt.

309 Weitere noch nicht untersuchte Äquivalenzen betragen:

$$g_{JÜ,t} = g_{BS,t} = \frac{ROA_t}{ROA_{t-1}} = \frac{1+g_{BS,t}}{1+g_{BS,t-1}}$$

$$g_{RG,t} = g_{BS,t} = \frac{ROA_t - k_t}{ROA_{t-1} - k_{t-1}} = \frac{1+g_{BS,t}}{1+g_{BS,t-1}}$$

$$g_{D,t} = g_{RG,t} = \frac{ROA_t - g_{BS,t}}{ROA_{t-1} - g_{BS,t-1}} = \frac{ROA_t - k_t}{ROA_{t-1} - k_{t-1}}$$

310 Vgl. die Formel [I] bei Preinreich (1932), S. 276.

$$(2-53)\ V_0^E = \left[\underbrace{(ROA - g_{BS}) \cdot \frac{1 - \left(\frac{1+g_{BS}}{1+k}\right)^{N_I}}{k - g_{BS}}}_{\text{Phase 1 ("B" bei Preinreich)}} + \underbrace{ROA \cdot \left(\frac{1+g_{BS}}{1+k}\right)^{N_I} \cdot \frac{1 - \frac{1}{(1+k)^{(N_I - N_{II})}}}{k}}_{\text{Phase 2 ("C" bei Preinreich)}} + \underbrace{\frac{(1+g_{BS})^{N_I}}{(1+k)^{N_{II}}}}_{\substack{\text{Phase 3} \\ \text{("A" bei Preinreich)}}} \right] \cdot BS_0$$

Daraus ergibt sich für die Dividendenwachstumsraten der in Abbildung 2-25 skizzierte Verlauf. Dieser unterscheidet sich von dem idealtypischen Drei-Phasen-Modell, weil ein Wachstumssprung in der ersten Phase impliziert ist, und eine Übergangsphase nicht eingebaut ist. Die Wachstumsraten in der zweiten Phase sind fixiert mit 0 %, in der dritten Phase können diese beliebig sein, solange der Dividendenbarwert in N_{II} dem Buchwert entspricht.

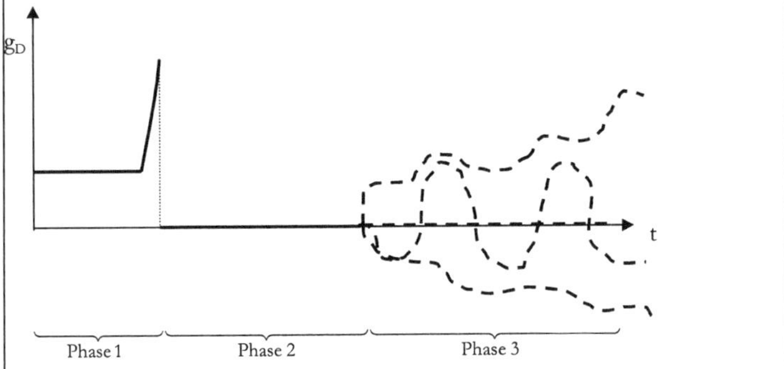

Abbildung 2-25: Dividenden-Wachstumsraten im Preinreich-Modell

Das Modell von Preinreich ist aus heutiger Sicht unzweifelhaft sehr einfach: Die Buchrenditen bleiben in den Phasen 1 und 2 konstant. Der Dividendenwachstumssprung in N_{I+1}, hervorgerufen durch die sprunghafte Parameteranpassung von g_{BS}, als auch der Wert der Phase 3 erwecken den Eindruck einer ad hoc-Wahl. Problematisch ist die Annahme der Konvergenz des Modells gegen ein „unbiased accounting“, eine Annahme, die auch bei dem Ohlson-Modell (1995) kritisch gesehen wird. Das von Preinreich (1932) schon sehr früh vorgestellte Phasenmodell ist im Laufe der Zeit aber verfeinert worden.[311]

Wird die zweite Phase auf einen unendlichen Zeitraum ausgedehnt, dann fällt die dritte Phase aus der Gleichung.[312]

$$(2\text{-}54)\ V_0^E = \left[\left(\frac{1+g_{BS}}{1+k}\right)^{N_I}\left(\frac{ROA}{k} - \frac{ROA - g_{BS}}{k - g_{BS}}\right) + \frac{ROA - g_{BS}}{k - g_{BS}}\right] \cdot BS_0$$

[311] Ob Preinreich der Erste war, der mit einem Drei-Phasen-Modell aufwartete, vermag ich nicht zu beurteilen. Es handelt sich hierbei lediglich um die früheste Quelle, die ich bislang gesehen habe.

[312] Vgl. die Formel [I] bei Preinreich (1932), S. 276.

(2-54) ist mit dem derzeit eher üblichen Zwei-Phasen-Modell nach (2-45) wegen des Dividendenwachstumssprungs in N_{I+1} nicht identisch, jedoch mit dem Endwert Modell nach (2-46), wenn wie in dem Fruhan-Modell (1979) Steady State in Phase 2 unterstellt wird.

Wird davon ausgegangen, dass die zweite Phase in dem Drei-Phasenmodell von Preinreich (1932) nicht auftaucht ($N_I - N_{II} = 0$), stellt die Annahme $ROA_{III} = k$ - wie schon hingewiesen - eine einfache Inferenz dar. Das folgende Residualgewinnmodell lässt sich demnach als ein Spezialfall des Preinreich-Modells auffassen:[313]

$$(2\text{-}55)\; V_0^E = \left[1 + \frac{ROA - k}{k - g_{RG}} \cdot \left(1 - \left(\frac{1 + g_{RG}}{1 + k}\right)^{N_I}\right)\right] \cdot BS_0$$

Folgende Formel spezifiziert das auf Molodovsky/May (1974) zurückgehende Drei-Phasen-Modell aus 2.2.1.2. (vgl. Abbildung 2-23).

$$(2\text{-}56)\; V_0^E = E_0\left[\widetilde{JÜ}_1\right] \cdot (1 - b_I) \cdot \sum_{t=1}^{N_I} \frac{(1 + g_I)^{t-1}}{(1 + k)^t} + \sum_{t=N_I+1}^{N_{II}} \frac{E_0\left[\widetilde{D}_t\right]}{(1 + k)^t} + \frac{E_0\left[\widetilde{JÜ}_{N_{II}+1}\right] \cdot (1 - b_{III})}{(k - g_{III})(1 + k)^{N_{II}}}$$

Die Wachstumsraten von Jahresüberschüssen und Dividenden entsprechen sich ($g_{JÜ} = g_D$) in der ersten und dritten Phase, wenn b sich in der jeweiligen Phase - wie in dem Modell von Fruhan (1979)[314] - nicht ändert.[315] Die Dividenden lassen sich etwa über linear fallende Dividendenwachstumsraten nach (2-47) bestimmen.

2.2.2.3. Rozeff-Modell

Das Drei-Phasen-Modell von Rozeff (1990) ähnelt einerseits dem Preinreich-Modell, weil ROA_t und b_t ($= g_{BS,t}/ROA_t$) explizit modelliert werden, und andererseits dem von Molodovsky/May (1974) ausgebauten Drei-Phasen-Modell. Jedoch werden Dividenden in der Übergangsphase (Phase 2) nicht als linear fallend modelliert, sondern ergeben sich als Resultante aus den linear fallenden Parametern b und ROA.[316] Diese Vorgehensweise impliziert einen nichtlinearen Verlauf der Dividendenwachstumsraten in Phase 2.

---

313 Preinreich (1932) weist auf diese Variante noch nicht hin. Die Ergebnisse beider Vorgehensweisen sind identisch. Nach leichter Modifikation von (2-54) und weiteren Vereinfachungen erhält man (2-55):

$$V_0^E = \left[\left(\frac{1 + g_{RG}}{1 + k}\right)^{N_I}\left(\frac{ROA_{II}}{k} - \frac{ROA - g_{RG}}{k - g_{RG}}\right) + \frac{ROA - g_{RG}}{k - g_{RG}}\right] \cdot BS_0$$

$$= \left[\left(\frac{1 + g_{RG}}{1 + k}\right)^{N_I}\left(1 - \frac{ROA - g_{RG}}{k - g_{RG}}\right) + \frac{ROA - g_{RG}}{k - g_{RG}}\right] \cdot BS_0$$

Ein solches Modell verwendet Arzac (1986), S. 121-125. Arzac (1986) weist auf die Nähe seines Modells zu dem Modell von Fruhan (1979) hin. Vgl. dazu auch die Fn. 285. Ähnlich ist beiden Modellen die Annahme $ROA_{II} = k$. Bei Fruhan (1979) handelt es sich technisch um ein DCF- und bei Arzac (1986) um ein Residualgewinn-Modell.
Die Wachstumsraten befinden sich in Phase 1 in einem Steady State. Nach der Übergangsperiode N_{I+1} wird die Konstellation des Steady State fortgesetzt.

314 Vgl. hierzu das Modell in Fn. 285.

315 Vgl. zu (2-56) Damodaran (1997), S. 626. Die Wachstumsraten entsprechen sich aber nicht unbedingt, wenn wie bei Damodaran (1997) für die erste und dritte Phase $JÜ_0 \cdot (1+g_I)$ bzw. $JÜ_{N_{II}} \cdot (1+g_{III})$ formuliert wird, da b sich ändern kann. Im Zweifelsfall handelt es sich dann bei g_I und g_{III} um g_D.

316 Rozeff (1990) formuliert sein Modell bei Fremdfinanzierung. Der Einfluss der Fremdfinanzierung kann ohne die zentralen Ergebnisse zu verändern, zunächst außen vorbleiben.

Die nach dem Lebenszyklusmodell plausible Vorstellung ist, dass in starken Wachstumsphasen Buchrendite und Reinvestitionen aufgrund profitabel erwarteter Investitionsgelegenheiten hoch sind. D.h. die Dividendenquote ist gering.[317] In der Übergangsphase nehmen Buchrenditen und Reinvestitionsquoten ab (bzw. die Dividendenquoten steigen), und überschüssige Cashflows werden ausgeschüttet,[318] bis sich Buchrenditen und Reinvestitionen auf einem langfristig haltbaren („gleichgewichtigen") Niveau eingependelt haben. Es wird angenommen, dass Buchrenditen aufgrund vermehrten Wettbewerbs fallen, Produktionskapazitäten deshalb nicht erweitert werden und es schwieriger wird, als profitabel eingeschätzte Investitionsgelegenheiten zu finden. Die Dividendenquote ist in der Reifephase (Phase 3) nun höher als in der Wachstumsphase (Phase 1). Das Wachstum der Dividenden ist aber geringer.

Der Algorithmus von Rozeff (1990) sieht nun vor, dass in Phase 1 $g_{D,I}$ und b_I sowie in Phase 3 $g_{D,III}$ und b_{III} gegeben sind. Er vergleicht sein ROPE-Modell[319], das in Phase 2 von linear fallendem b_t und ROA_t ausgeht, mit dem GROW-Modell, in dem $g_{D,t}$ linear fällt. Was in dieser Übergangsphase für b_t und ROA_t im GROW-Modell impliziert ist, ist a priori nicht fixiert. Der Algorithmus von Rozeff (1990) lässt sich folgendermaßen formalisieren:[320]

$$\text{(2-57)}\quad V_0^E = BS_0 \cdot ROA_I \cdot (1-b_I) \cdot \sum_{t=1}^{N_I} \frac{(1+g_{D,I})^{t-1}}{(1+k)^t} + \sum_{t=N_I+1}^{N_{II}} \frac{E_0[\tilde{D}_t]}{(1+k)^t} + \frac{E_0[\tilde{D}_{N_{II}}]\cdot(1+g_{D,III})}{(k-g_{D,III})(1+k)^{N_{II}}}$$

$$= E_0[\tilde{D}_1] \cdot \frac{1-\vartheta^{N_I}}{k-g_{D,I}} + \sum_{t=N_I+1}^{N_{II}} \frac{E_0[\tilde{D}_t]}{(1+k)^t} + \frac{E_0[\tilde{D}_{N_{II}}]\cdot(1+g_{D,III})}{(k-g_{D,III})(1+k)^{N_{II}}}, \text{ wobei}$$

$$E_0[\tilde{D}_t] = \underbrace{BS_0 \cdot ROA_I \cdot (1-b_I)}_{E_0[\tilde{D}_1]} \cdot \prod_{j=1}^{t}(1+g_{D,j}) \text{ und } k > g_{D,III}$$

Die Dividenden sind in der Übergangsphase je nach Modell unterschiedlich spezifiziert.

ROPE-Modell: $g_{D,t}$ ist definiert gemäß (2-50), wobei b_t und ROA_t einem linearen Konvergenzprozess in Anlehnung an (2-47) unterliegen. So gilt z.B. für ROA_t:

$$ROA_t = ROA_I - (ROA_I - ROA_{III}) \cdot \frac{t-N_I}{N_{II}-N_I}.$$

GROW-Modell: $g_{D,t}$ ist definiert gemäß (2-47) $g_{D,II,t} = g_{D,I} - (g_{D,I} - g_{D,III}) \cdot \frac{t-N_I}{1+N_{II}-N_I}$.[321]

---

317 Vgl. auch Bodie/Kane/Marcus (2002), S. 572-573, mit einem Beispiel, das zwei Branchen vergleicht, die sich in einem unterschiedlichen Zyklus befinden.
Dass eine solche Vorstellung nicht für alle Unternehmen gelten muss, verdeutlicht Fruhan (1984), S. 90, Exhibit VIII, für ein Sample amerikanischer Unternehmen von 1966-1975.

318 Überinvestition wird also nicht antizipiert bzw. kann als vermieden bzw. gemildert angesehen werden. Vgl. auch Ferguson (1997), S. 60-62, der bei sehr hohen Buchrenditen von einem allmählichen Abfall der Buchrenditen (geometrisch) und Reinvestitionsquoten ausgeht. Bei negativen Buchrenditen geht er von einem Aufschwung der Buchrenditen (geometrisch) und Reinvestitionsquoten aus. Palencia (1999), S. 46, meint, dass es vernünftig sei (sic!), anzunehmen, dass Analysten mit einem stationärem (1-b) rechneten, so auch Francis/Olsson/Oswald (2001) für ihr „Gewinn-Modell", vgl. Abschnitt 2.1.4.1.1.

319 „ROPE" steht als Abkürzung für Return on Equity und Payout Ratio.

320 Vgl. auch die Formel (2-56).

321 Vgl. zu einer ähnlichen Modellierung auch Skogsvik (2002), S. 9.

Beispiel:[322] $g_{D,I} = 0{,}144$, $b_I = 0{,}8 \Rightarrow ROA_I = 0{,}18$; $g_{D,III} = 0{,}08$, $b_{III} = 0{,}6 \Rightarrow ROA_{III} = 0{,}1333$; $k = 0{,}13$. $BS_0 = 16{,}6667 \Rightarrow E_0[\tilde{D}_1] \approx 0{,}60$; $N_I = 10$; $N_{II} = 20$.

Der Wert gemäß GROW-Modell beträgt nach dieser Modifikation:
$V_0^E \approx 5{,}62 + 5{,}68 + 11{,}77 \approx 23{,}06$.

Nach dem Rozeff-Modell ergibt sich: $V_0^E \approx 5{,}62 + 7{,}48 + 16{,}38 \approx 29{,}48$.

Wieso das Rozeff-Modell einen höheren Wert produziert, ist unmittelbar klar, wenn die implizierten Dividenden-Wachstumsraten sichtbar gemacht werden. Diese sind in der Übergangsphase deutlich höher als im üblichen Drei-Phasen-Modell. Der Wertbeitrag der ersten Phase ist identisch, so dass die Überlegungen Rozeffs prinzipiell auch für ein 2 Phasenmodell anwendbar wären. Für Phase 1 ist nach (2-57) Steady State bei beiden Modellen impliziert. Diese ad hoc-Annahme ließe sich also ohne Einfluss auf die zentralen Ergebnisse Rozeffs modifizieren. Die Wertbeiträge der zweiten Phase unterschieden sich aufgrund der unterschiedlichen Wachstumsraten. Der schon vorher aufgezeigte Zusammenhang (2-50) zwischen Dividendenwachstum und Buchrendite zeigt analytisch, wieso die Wachstumsraten beider Modelle differieren. Innerhalb der dritten Phase sind die Wachstumsraten zwar identisch, die Wertbeiträge unterscheiden sich jedoch, da ungleiche Basisdividenden $E_0[\tilde{D}_{N_{II}}]$ einen Skalareffekt bewirken.

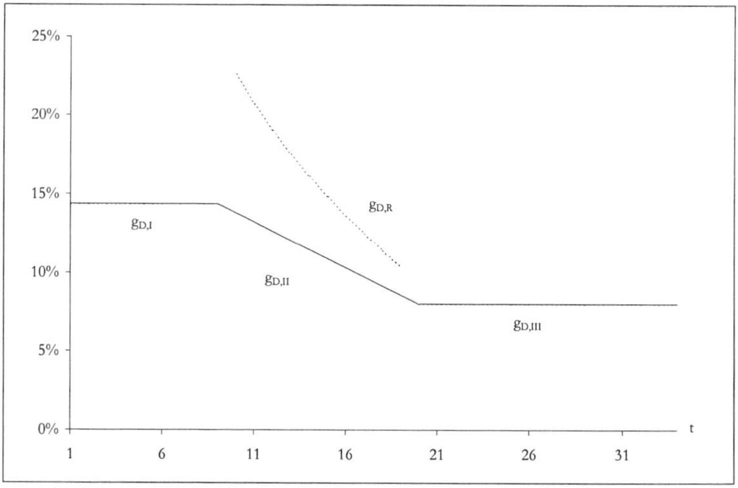

Abbildung 2-26: Dividendenwachstumsraten des üblichen Phasenmodells und des Rozeff-Modells

[322] Das Beispiel ist Rozeff (1990) entnommen, wird aber ein wenig korrigiert, um die Länge der Übergangsphase für beide Modelle anzugleichen. Dem GROW-Modell fehlt in dem Beispiel eine Periode und hat dann nach Rozeff einen (im Beispiel geringfügig) kleineren Wert ($V_0^E = 21{,}82$). Vgl. Rozeff (1990), S. 37.

Was könnte für ROA_t und b_t im GROW-Modell in der Übergangsphase impliziert sein? Bekanntlich ist das Modell hinsichtlich dieser Frage unterdeterminiert. Im Folgenden wird daher eine Interpretation vorgenommen, die konsistent mit dem Kongruenzprinzip (Clean Surplus-Relation) ist. Die gestrichelten Linien in Abbildung 2-27 für Phase 2 zeigen an, wie der Verlauf von ROA_t und b_t im ROPE-Modell aussieht. Diese werden als mögliche Eckpunkte für das GROW-Modell aufgefasst. Wird angenommen, dass b_R dem b des GROW-Modells entspricht, dann folgt daraus ROA_{II} für das GROW-Modell. Wird jedoch von ROA_R ausgegangen, folgt b_{II} für das GROW-Modell.[323] Die durchgezogenen Linien bilden diese Implikation ab.
Es wird eine Tendenz deutlich: Fällt b_{II} stark, dann fällt ROA_{II} auch stark und vice versa. Zwischenformen sind freilich ebenso denkbar. Liegt z.B. b_{II} zwischen den beiden in Abbildung 2-27 betrachteten Kurven, dann wird sich ROA_{II} auch zwischen den entsprechenden Kurven bewegen. Es zeigt sich auch, dass die Beziehungen generell nicht linear sind.[324]

Das Rozeff-Modell produziert eine höhere Bewertung, weil das GROW-Modell entweder niedrigere Buchrenditen und/oder höhere Reinvestitionsquoten aufweist.

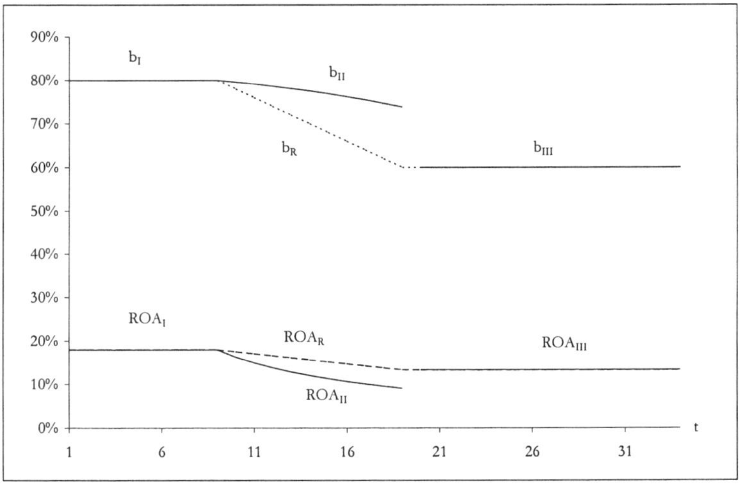

Abbildung 2-27: ROA_t und b_t des üblichen Phasenmodells und des Rozeff-Modells

Bildet man die Wachstumsraten der Bilanzsummen ab, zeigt sich ebenfalls ein Absinken der Wachstumsraten. Die Wachstumsraten des Rozeff-Modells weisen nun den idealtypischen Verlauf des Drei-Phasen-Modells auf,[325] während das GROW-Modell in Phase 2 hiervon je nach unterstellter Parameterkonstellation abweichende Verläufe aufweist.

[323] Dieser Fall wird unterstellt bei Damodaran (2002), S. 341.
[324] Vgl. die Definition von $g_{D,t}$ gemäß (2-50) in Abschnitt 2.2.2.1.
[325] Dies ist auch nicht verwunderlich, da eine lineare Beziehung besteht: $g_{BS,t} = b_t \cdot ROA_t$.

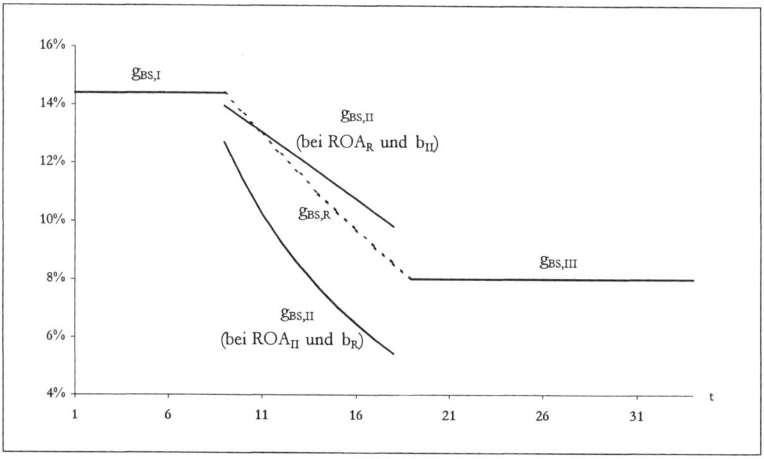

Abbildung 2-28: Wachstumsraten $g_{BS,t}$ des üblichen Phasenmodells und des Rozeff-Modells

Nach Rozeffs empirischem Test ist sein ROPE-Modell für Unternehmen mit hohen Wachstumsaussichten dem üblichen GROW-Modell, das Molodovsky/May (1974) zugeschrieben wird, überlegen.[326]

Das GROW-Modell produziert im Vergleich zu Markpreisen im Durchschnitt zu niedrige Werte. Die Werte des ROPE-Modells sind höher und liefern nach Rozeff eine bessere Approximation. Die Unterschiede zwischen beiden Modellen wären vermutlich weniger dramatisch, wenn Unterschiede nur durch Phase 2 und nicht auch noch durch Phase 3 aufgrund des Skalareffekts hervorgerufen würden.[327] Für den Werteinfluss bedeutend ist also nicht allein Phase 2, sondern von welcher Überschusshöhe in Phase 3 ausgegangen wird.

Wie das ROPE-Modell im Vergleich zu anderen Modellen abschneidet, wird in der Studie nicht untersucht.[328]

Fama/French (2000) bestätigen, dass Buchrenditen empirisch besser schätzbar als Jahresüberschüsse seien und einem Konvergenzprozess unterlägen. Es kann der Schluss gezogen werden, dass eher von einer Konvergenz gegen eine durchschnittliche firmenindividuelle Buchrendite und nicht gegen eine durchschnittliche Buchrendite aller Unternehmen ausgegangen werden kann, da die Daten dann statistisch besser erklärt werden.[329] Diese Beobachtung spricht eher für ein Modell wie das von Rozeff, das fallende Buchrenditen explizit modelliert.

---

[326] Vgl. Rozeff (1990), S. 37-38.

[327] Mit dieser Modifikation würde jedoch das übliche Drei-Phasen-Modell verlassen.

[328] Zu einem dem Rozeff-Modell ähnlichen Vorschlag für die Endwertmodellierung, der jedoch nur kurz verbal umschrieben ist, vgl. McTaggart/Kontes/Mankins (1994), S. 316-317. Dort wird von Wachstumsraten des Buchwerts anstatt von b_t ausgegangen. Die Bezüge sind aber einfach, wie (2-49) zeigt: $b_t = g_{BS,t}/ROA_t$ bzw. $g_{BS,t} = b_t/ROA_t$.

Ein dem Rozeff-Modell ähnliches Modell geht in der Übergangsphase auch von sinkenden b_t aus und lässt statt der Buchrendite explizit das Wachstum von Jahresüberschüssen fallen. Vgl. etwa Van Horne (1998), S. 34-35. Da das Wachstum von Jahresüberschüssen generell nicht mit dem der Bilanzsumme im Phasenmodell übereinstimmt, sind die Modelle nicht exakt ineinander überführbar. Die Beziehung $g_{BS,t} = ROA_t \cdot b_t$ und Formel (2-51) sind i.d.R. nicht äquivalent.

[329] Vgl. Fama/French (2000), S. 169.

Gleichwohl scheint der Konvergenzprozess nichtlinear zu verlaufen.[330] Sehr hohe und sehr niedrige Buchrenditen konvergieren demnach schneller.[331]

Ob Buchrenditen positiv erwartete Nettokapitalwerte künftiger Investitionsprojekte oder eine vom unbiased accounting abweichende Bilanzierungspolitik widerspiegeln, lässt das Modell von Rozeff offen. Diese ökonomisch relevante Frage lässt sich durch Investment Opportunities-Ansätze direkt beantworten. Mit Hilfe dieser im nächsten Abschnitt untersuchten Modelle lassen sich auch Implikationen der in diesem Abschnitt untersuchten Klasse von Modellen herausschälen.

2.2.3. Planung auf Basis von Reinvestitionsrenditen und -wachstum

In dem ersten Abschnitt wurde das Modell der ewigen Rente vorgestellt, das von einem unbegrenzten Überrenditezeitraum T ausgeht. In dem Folgenden werden einige Modellerweiterungen aus der Literatur reflektiert, sowie einige neue Varianten präsentiert.
Den Abschnitt beschließt ein verallgemeinertes Investment Opportunities-Modell, das die bisher in der Literatur formulierten Ansätze integrieren kann.

2.2.3.1. Miller/Modigliani-Modell und Erweiterungen

Innerhalb der Endwertphase selbst kann auch noch einmal unterschieden werden, wie sich einzelne Parameter in bestimmten Phasen ändern. So weisen Miller/Modigliani (1961) darauf hin, dass aufgrund ökonomischer Kräfte des Wettbewerbs die Übergewinnphase vergänglich sei und daher nur für einen begrenzten Zeitraum T auftreten dürfte. D.h. nach T sei die Reinvestitionsrendite IRR gleich k. Dass profitable Wachstumsmöglichkeiten kein perpetuum mobile darstellen, erscheint ganz plausibel.[332]
Der Investment Opportunities-Ansatz liefert nicht eine auf aggregierte Cashflows bezogene, sondern eine auf Projekte bezogene Phasen-Aufspaltung des Unternehmenswerts. Diese Art der Aufspaltung scheint besonders aussagekräftig, weil der Wertbeitrag künftiger Investitionsprojekte betont wird.[333] Die folgenden Betrachtungen gehen davon aus, dass einmal angestoßene Projekte ewig dauern.[334] Der Unterschied zu dem einfachen Miller/Modigliani-Modell (1961) ist, dass profitable Investitionsgelegenheiten nach einer Zeitspanne T schlagartig evaporieren und nur noch Projekte mit einem Kapitalwert von Null durchgeführt werden können.

$$(2\text{-}58)\quad V_0^E = \frac{E_0\left[\widetilde{J\ddot{U}}_1\right]}{k}\cdot\left\{1+\frac{b(IRR-k)}{k-b\cdot IRR}\cdot\left[1-\left(\frac{1+b\cdot IRR}{1+k}\right)^T\right]\right\},\ \text{wobei } k-b\cdot IRR \neq 0$$

---

[330] Vgl. Fama/French (2000), S. 170. Fama/French (2000) definieren die Buchrendite ein wenig unterschiedlich als hier verwendet: $ROA_t = J\ddot{U}_t/BS_t$.

[331] In dem Palencia-Modell (Abschnitt 2.1.4.2.) etwa unterliegen die Buchrenditen einem nichtlinearen Konvergenzprozess. In dem dazu gezeigten Beispiel weisen Buchrenditen diese Eigenschaft auch auf.

[332] Vgl. etwa Miller/Modigliani (1961), S. 422-423, Fn. 15. Copeland /Weston (1988), S. 551 und 554, sehen neben dem einfachen Investment Opportunities-Modell vor allem dieses Modell als nützlich an. Mauboussin/Johnson (1997) bezeichnen den Zeitraum T folglich als "Competitive Advantage Period".

[333] Miller/Modigliani (1961), S. 426, und Miller/Modigliani (1966) bevorzugen aufgrund des modularen Aufbaus diesen Ansatz.

[334] Eine Verallgemeinerung erfolgt in Abschnitt 2.2.3.4.2.

Eine finanzmathematische Vereinfachung, die eine Näherungslösung für (2-58) liefert, schlagen Miller/Modigliani vor:[335]

$$\left(\frac{1+b\cdot IRR}{1+k}\right)^T \cong 1+\frac{T(b\cdot IRR-k)}{1+k}$$

Wird diese Approximation eingesetzt in (2-58) folgt:[336]

$$(2\text{-}59)\quad \hat{V}_0^E = \frac{E_0\left[J\tilde{\ddot{U}}_1\right]}{k}\cdot\left[1+bT\cdot\frac{IRR-k}{1+k}\right]$$

Die Bedeutung von (2-59) dürfte nicht so sehr in der rechentechnischen Vereinfachung liegen, gleichwohl diese relativ robust ist und auch den Fall k-b·IRR =0 bewältigen kann, bei dem (2-58) nicht definiert ist. (2-59) zeigt schnörkellos auf, welche Parameter wichtig sind: Die Zeitdauer der Überrenditegenerierung T, die Höhe der Überrendite IRR-k und die Investitionsquote b.

Beispiel: $E_0\left[J\tilde{\ddot{U}}_1\right] = 100$; $b = 0{,}5$; $IRR = 0{,}1$; $k = 0{,}08$; $T = 3$.
$V_0^E = 1.283{,}77$ nach (2-58) und $\hat{V}_0^E = 1.284{,}72$ nach (2-59).

Die Näherung ist gut. Der Wert V^{IO} ist im Gegensatz zu dem Beispiel des einfachen Investment Opportunities-Ansatzes dramatisch gesunken. Er beträgt nunmehr ca. 2,7 % von V^{EA}! Der Grund ist, dass anstatt von $T = \infty$ von einem befristeten T ausgegangen wird. Wenn T, b und IRR-k relativ klein sind, ist der Fehler, den man bei Vernachlässigung von V^{IO} begeht, relativ gering.
Miller/Modigliani weisen darauf hin, dass ein der S-Kurve nachempfundener Verlauf impliziert sei.[337]

---

335 Diese gilt für relativ nahe beieinander liegende Werte von b·IRR und k, sowie einem kleinen T. Diese Ableitung weicht von der ursprünglichen Formel Miller/Modigliani (1961), S. 423, Fn. 15, ein wenig ab. Miller/Modigliani haben diese mit Bezug auf Weingartner in Miller/Modigliani (1966) korrigiert, vgl. S. 344, Fn. 16. Zu einer ähnlichen Formel im kontinuierlichen Fall vgl. auch Higgins (1974), S. 1190. Arditti/Pinkerton (1978), S. 69, zeigen, dass die ersten beiden Terme der Taylor-Reihe Anwendung finden. Zu der Ableitung und der Abbildungsgüte vgl. auch Copeland/Weston (1988), S. 555, Fn. 7 und 8; in ihrer Approximationsformel [15.23] hat sich ein Druckfehler eingeschlichen.

336 Dieselbe Formel verwenden auch Copeland/Koller/Murrin (2000), S. 154. Stewart (1991), S. 318, benützt die Formel ebenfalls, erläutert aber auch, wann es sich nicht um eine Approximation handelt. Wird nämlich abweichend unterstellt, dass die Reinvestition mit k und nicht mit IRR·b_1 wächst, ist die Formel exakt. Damit wird eine andere Parameter-Konstellation als im obigen Modell unterstellt. Vgl. auch Mandl/Rabel (1997b), S. 339-340, die betonen, dass diese Annahme Stewarts willkürlich erscheine.

337 Zudem betonen Miller/Modigliani (1966), S. 344, Fn. 15, dass die S-Kurve oft in empirischen Studien ökonomisch wohl begründet angewandt werde. Vgl. zu dem Konzept schon früh Williams (1938) in Abschnitt 2.2.1.1. Miller/Modigliani (1967), S. 1300, bekräftigen, dass dieses Modell sehr einfach sei. Empirisch habe es sich dennoch nicht als ineffizient erwiesen.
Die Silhouette einer S-Kurve kommt besonders dann zum Vorschein, wenn in der zweiten Phase $b_{II} = 0$ vorliegt. Die Reinvestitionen sind aufgrund b = 0,5 in der ersten Phase identisch mit der Dividende. Wird durchgehend von b = 0,5 ausgegangen, wird die S-Kurve nicht kenntlich.

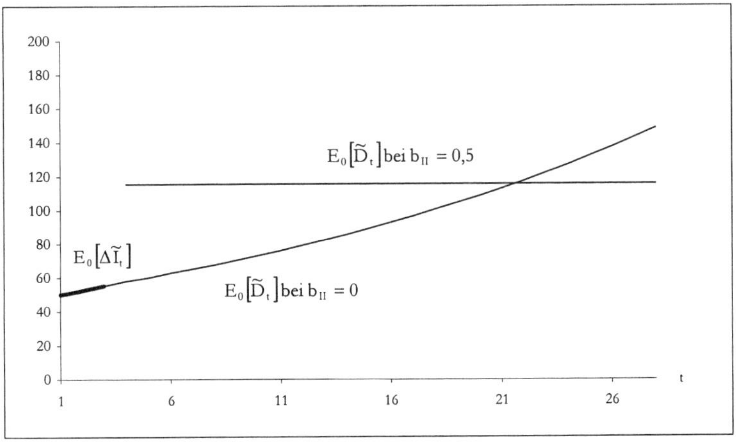

Abbildung 2-29: Dividenden und Reinvestitionen im Investment Opportunities-Ansatz bei begrenzter Übergewinndauer

Danielson/Dowdell (2001) untersuchen eine Konstellation, in der $ROEA_I$, IRR_I mit begrenztem Überrenditezeitraum T, und ROA_{II} explizit vorgegeben werden. In dem Miller/Modigliani-Modell ergibt sich ROA_{II} hingegen implizit. Ein Investment Opportunities-Modell entlang dieser Konstellation könnte etwa wie folgt aussehen:

$$(2-60)\quad V_0^E = \underbrace{\frac{E_0[\tilde{JÜ}_1]}{k}\cdot\left[1-\left(\frac{1}{1+k}\right)^T\right]}_{\text{Wert der Existing Assets bis t=T}} + \underbrace{\frac{E_0[\tilde{JÜ}_1]\cdot b_I\cdot(IRR_I-k)}{k(k-g_{JÜ,I})}\cdot\left[1-\left(\frac{1+g_{JÜ,I}}{1+k}\right)^T\right]}_{\text{Wert der Investment Opportunities}} + \underbrace{\frac{E_0[\tilde{JÜ}^{EA}_{T+1}]}{k\cdot(1+k)^T}}_{\text{Wert der Existing Assets ab t=T+1}},$$

$$\text{wobei } E_0[\tilde{JÜ}^{EA}_{T+1}] = \underbrace{\left(BS_0+\sum_{t=1}^{T}E_0[\tilde{JÜ}_t]\cdot b_I\right)}_{E_0[\tilde{BS}_T]}\cdot ROA_{II} - \underbrace{E_0[\tilde{JÜ}_1](1+g_{JÜ,I})^T}_{E_0[\tilde{JÜ}^{IO}_{T+1}]}$$

(2-60) stellt eine Verallgemeinerung des Investment Opportunities-Modells von Miller/Modigliani mit begrenzter Übergewinndauer nach (2-58) dar. Im Fall $b_I = 1$ ergibt sich:

$$(2\text{-}61)\quad V_0^E = \frac{E_0[\tilde{BS}_T]\cdot ROA_{II}}{k(1+k)^T}.$$[338]

Beispiel:[339] $BS_0 = 100$; $k = 0,10$; $IRR_I = 0,15$; $b_I = 1$; $T = 5$; $ROEA_I = 0,20$; $ROA_{II} = 0,20$.
Nach der einfachen Formel ergibt sich mit $E_0[\tilde{BS}_T] = 234,85$ der Wert $V_0^E = 291,64$. Der gleiche Wert ergibt sich auch für den Investment Opportunities-

338 Vgl. Danielson/Dowdell (2001), S. 99.
339 Das Beispiel ist entnommen aus Danielson/Dowdell (2001), S. 99.

Ansatz nach (2-60): $E_0\left[\widetilde{J\ddot{U}}_1\right] = 20$; $E_0\left[\widetilde{J\ddot{U}}^{EA}_{T+1}\right] = 26{,}74$; $g_{J\ddot{U},I} = 1 \cdot 0{,}15 = 0{,}15$.
Impliziert ist $ROEA_{II} = 0{,}2674$.[340]

Die folgende Abbildung verdeutlicht den Unterschied zu dem Investment Opportunities-Ansatz nach Miller/Modigliani mit begrenzter Überrenditedauer. Dieser besteht darin, dass $ROEA_t$ in Phase I (1 bis T) und II (T+1 bis ∞) variieren kann. Dies hat zur Folge, dass ROA_{II} und $ROA_{I,T+1}$ nicht identisch sein müssen. Sind $E_0\left[\widetilde{J\ddot{U}}_1\right]$ und $E_0\left[\widetilde{J\ddot{U}}_{T+1}\right]$ identisch, dann liegt der Investment Opportunities-Ansatz von Miller/Modigliani mit begrenzter Übergewinndauer vor.

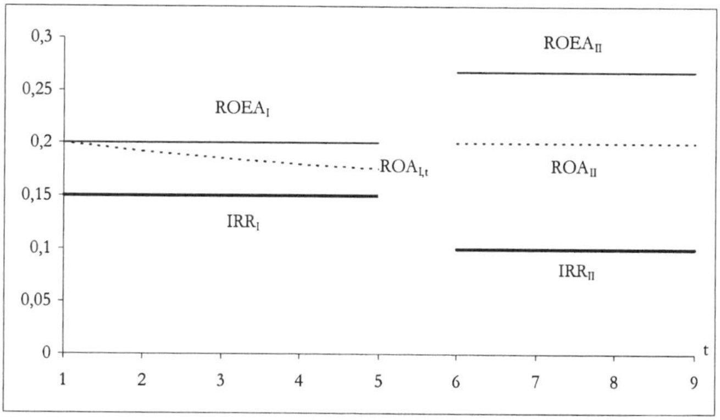

Abbildung 2-30: Reinvestitionsrenditen sowie Buchrenditen auf Existing und Total Assets

Danielson/Dowdell (2001) behaupten, dass $ROA_{II} > k$ Ausdruck ökonomischer Leistungsfähigkeit sei.[341] Die Möglichkeit, dass eine deutlich höhere Buchrendite durch die Bilanzierungspolitik beeinflusst sein könnte, wird nicht gesehen. Diese Möglichkeit erscheint nicht unplausibel. Der „deus ex machina" eines in der Phase 2 erhöhten $ROEA_{II}$ ist ökonomisch nicht ganz leicht verteidigbar. Die Buchrendite wird gesteigert, ohne dass zusätzliche Investitionen getätigt werden.
Danielson/Dowdell (2001) untersuchen dieses Modell auch empirisch,[342] vergleichen es aber nicht mit anderen Modellen.

Bierman (2001) betrachtet den speziellen Fall konstant wachsender Jahresüberschüsse innerhalb der ersten Phase („growth duration"), die voll einbehalten werden (b_I = 100 %), und konstante Jahresüberschüsse in der zweiten Phase, die voll ausgeschüttet werden (b_{II} = 0 %). Seine Ausführungen können wie folgt umgeformt werden:

$$\text{(2-62)} \quad V_0^E = \frac{E_0\left[\widetilde{J\ddot{U}}_1\right]}{k} \cdot \left[\frac{1 + g_{J\ddot{U},I}}{1+k}\right]^T$$

[340] Wird von $ROA_{II} \approx 0{,}17129$ ausgegangen, sind $ROEA_I$ und $ROEA_{II}$ identisch.
[341] Vgl. Danielson/Dowdell (2001), S. 95.
[342] Danielson/Dowdell (2001), S. 119: „the (...) model can explain the relations between operating performance and stock returns".

Die Dividende ab t = T+1 beträgt $E_0\left[\widetilde{JÜ}_1\right]\cdot\left(1+g_{JÜ,I}\right)^T$. Der Unternehmenswert speist sich rechnerisch aus der zweiten Phase.[343] Zu dem Verhältnis von ROA zu k in der zweiten Phase findet sich kein Hinweis.
(2-62) kann als ein spezieller Fall von (2-61) angesehen werden, wenn die Rendite auf die Existing Assets in den Phasen I und II konstant bleibt.

Danielson (1998) untersucht eine Konstellation, in der für einen begrenzten Zeitraum keine Dividenden ausgeschüttet werden. Bleiben nach Abzug der operativen Investitionen noch Mittel zur Verfügung, nimmt er an, dass diese zur Alternativrendite k in Finanzanlagen investiert werden. Der Jahresüberschuss wird auch durch die Thesaurierung in Finanzanlagen erhöht.

$$E_0\left[\widetilde{JÜ}_{t+1}\right]=b_I\cdot E_0\left[\widetilde{JÜ}_t\right]\cdot(1+IRR)+(1-b_I)\cdot E_0\left[\widetilde{JÜ}_t\right]\cdot(1+k)=E_0\left[\widetilde{JÜ}_t\right]\cdot(1+k+b_I(IRR-k))$$

Da die Höhe der Investitionen c.p. über b_I ermittelt wird, hat die Einbehaltung aufgrund der Planungsdoktrin einen erhöhenden Einfluss auf die Höhe des Investitionsprogramms des nächsten Jahres. Gilt zudem IRR > k, dann wird der Unternehmenswert aufgrund des Expansionseffekts erhöht, obwohl die Finanzanlagen selbst nur einen NKW = 0 erzeugen.

Nach T werden keine Überrenditen mehr erwartet. Es folgt:[344]

$$(2\text{-}63)\quad V_0^E=\frac{E_0\left[\widetilde{JÜ}_1\right]}{k}\cdot\left(\frac{1+k+b_I\cdot(IRR_I-k)}{1+k}\right)^T$$

Allgemeiner ist eine vom Einfluss von Finanzanlagen unabhängige Planung des Investitionsprogramms. Dabei wird dann auf den Jahresüberschuss *vor* dem finanziellen Ergebnis abgestellt wie in dem Ansatz von Miller/Modigliani (1961). Wird das identische Investitionsprogramm unterstellt, führen die Ansätze im Grundsatz zum gleichen Resultat, weil die Thesaurierung in Finanzanlagen per se keinen Wert schafft. Wird aber von der Planungsdoktrin Danielsons (1998) ausgegangen, sind zeitvariable b_t impliziert, die in den Formeln von Miller/Modigliani (1961) nicht definiert sind. Einer Erweiterung des Investment Opportunities-Ansatzes, der auch diesen Fall bewerkstelligen kann, wird daher in 2.2.3.4.1. noch präsentiert.

Wird die Rendite der zweiten Phase mit IRR_{II} bezeichnet und wird in Erweiterung zu Miller/Modigliani zugelassen, dass auch $IRR_{II} \neq k$ existieren kann, gilt:[345]

343 D.h. nicht, dass dort die Wertschaffung stattfindet. Im Gegenteil, diese wird erwartet im Zeitraum von t = 1 bis T. Vgl. auch Brief/Lawson (1992), S. 419.
344 Vgl. Danielson (1998), S. 51-52.
345 Als Standardannahme erscheint $IRR_{II} > k$ - wie auch bei dem einfachen Miller/Modigliani-Modell (1961) - nicht geeignet. Ein Grund für dennoch sehr lange Übergewinne könnte etwa eine staatlich (voraussichtlich) garantierte Monopolstellung sein. Für Unternehmen mit etablierten Marken wird bei Copeland/Koller/Murrin (1994), S. 307, davon ausgegangen, dass ein T > 10 Jahre gerechtfertigt sein könne.
Aus normativer Sicht macht $IRR_{II} < k$ freilich keinen Sinn; aus positiver Sicht ist es auch unplausibel zu erwarten, dass dies für einen unbegrenzten Zeitraum möglich sein wird.

$$(2-64)\ V_0^E = \underbrace{\frac{E_0\left[\widetilde{JÜ}_1\right]}{k}}_{V^{EA}} + \underbrace{\frac{E_0\left[\widetilde{JÜ}_1\right]\cdot b_I\cdot(IRR_I-k)}{k\left(k-g_{JÜ,I}\right)}\cdot\left[1-\left(\frac{1+g_{JÜ,I}}{1+k}\right)^T\right]}_{\text{Wert der Übergewinn-Phase I}} + \underbrace{\frac{E_0\left[\widetilde{JÜ}_1\right]\cdot b_{II}\cdot(IRR_{II}-k)}{k\left(k-g_{JÜ,II}\right)}\cdot\left[\frac{1+g_{JÜ,I}}{1+k}\right]^T}_{\text{Wert der Übergewinn-Phase II}}$$

$$= \frac{E_0\left[\widetilde{JÜ}_1\right]}{k}\cdot\left[1+b_I\cdot\frac{IRR_I-k}{k-g_{JÜ,I}}\left(1-\vartheta^T\right)+b_{II}\cdot\frac{IRR_{II}-k}{k-g_{JÜ,II}}\vartheta^T\right]\ \text{, wobei } g_{JÜ,II} < k \neq g_{JÜ,I}$$

Gilt $IRR_{II} = k$, fällt der Term der zweiten Übergewinnphase weg, und man erhält dann die ursprüngliche Formel (2-58) von Miller/Modigliani (1961).[346]

Dieses Investment Opportunities-Modell lässt sich auch als DCF-Modell formulieren. Ein DCF-Modell für diese Konstellation zeigen Copeland/Koller/Murrin (2000).[347]

$$(2\text{-}65)\ V_0^E = E_0\left[\widetilde{JÜ}_1\right]\cdot\left\{\frac{1-g_{JÜ,I}/IRR_I}{k-g_{JÜ,I}}\cdot\left[1-\left(\frac{1+g_{JÜ,I}}{1+k}\right)^T\right]+\frac{1-g_{JÜ,II}/IRR_{II}}{k-g_{JÜ,II}}\cdot\left[\frac{1+g_{JÜ,I}}{1+k}\right]^T\right\}$$

Diese Formel gelangt bei dieser Definition zu einem mit (2-64) identischen Wert.[348] Entscheidend ist, dass *innerhalb* der Phasen die Reinvestitionsquote (definiert über $b_{t-1} = g_{JÜ,t}/IRR_t$) konstant bleibt, und somit dann $g_{JÜ} = g_D$ gilt.

Beispiel:[349] $E_0\left[\widetilde{JÜ}_1\right] = 100$; $k = 0{,}10$; $T = 7$; $g_{JÜ,I} = 0{,}08$, $IRR_I\ (= IRR_{2-8}) = 0{,}15$
$\Rightarrow b_T = 0{,}53333$;[350] $g_{JÜ,II} = 0{,}05$, $IRR_{II}\ (= IRR_{9-\infty}) = 0{,}11 \Rightarrow b_{T+1} = 0{,}45455$.

Nach (2-64) und (2-65) ergibt sich $V_0^E = 1.240{,}67$.

Im Zeitpunkt der Änderung der Reinvestitionsrate unterscheiden sich Gewinn- und Dividendenwachstumsrate. $g_{JÜ}$ und g_D sind für t = T+1 also nicht äquivalent.[351]
Welche Beziehungen bestehen allgemein zwischen IRR (bei üblicher ewiger Projektlaufzeit) und ROA für die Dividendenwachstumsrate? Die Wachstumsrate des Jahresüberschusses $g_{JÜ,t} = b_{t-1}$

---

[346] Danielson (1998), S. 51, interpretiert, dass das Modell von Gordon/Gordon (1997) diese Konstellation auch repräsentieren kann, da dort $IRR_{II} = k$ gilt. Eine Erweiterung des Modells auf $ROEA_I$ und $ROEA_{II}$ - wie die Verallgemeinerung des Investment Opportunities-Modells von Miller/Modigliani mit begrenzter Übergewinndauer in (2-60) zeigt - ließe sich relativ leicht vornehmen.

[347] Vgl. Copeland/Koller/Murrin (2000), S. 285, die diese in die dritte Auflage neu aufgenommene Formel unter der Rubrik „Advanced Formulas for Continuing Value" abhandeln. Copeland/Koller/Murrin zeigen des Weiteren eine (2-65) äquivalente Formel für den schon beschriebenen hybriden Ansatz aus Residualgewinnen und Investment Opportunities auf, der hier aber nicht wiederholt zu werden braucht, da dessen Konstruktionsprinzip schon analysiert worden ist. Vgl. dazu Copeland/Koller/Murrin (2000), S. 285.

[348] Ein analytisch nicht nachvollziehbarer Unterschied besteht: Copeland/Koller/Murrin (2000), S. 285, definieren den Überrenditezeitraum von Phase 1 mit „N", verwenden dann jedoch in der Formel nicht „N", sondern „N-1". Das hat zur Folge, dass der Effekt einer Periode systematisch nicht einbezogen wird. In dem Beispiel beträgt der Wert mit T-1 = 7-1 nur noch $\hat{V}_0^E = 1.220{,}43$.

[349] Die Beispielsdaten sind angelehnt an Copeland/Koller/Murrin (2000), S. 285.

[350] $b_T = 0{,}53333 = 0{,}08/0{,}15$.

[351] Es ist in 2.2.2.1. gezeigt worden, dass sich beide Raten unterscheiden, wenn b zwischen zwei Zeitpunkten geändert wird.

IRR_t in Verbindung mit (2-51) eingesetzt in (2-50) führt nach einigen Umformungen zu folgender Differenzengleichung:[352]

$$\text{(2-66)}\quad g_{D,t} = \frac{ROA_t - (ROA_{t+1}(1 + ROA_t b_t) - ROA_t)/IRR_{t+1}}{ROA_{t-1} - (ROA_t(1 + ROA_{t-1} b_{t-1}) - ROA_{t-1})/IRR_t} \cdot (1 + ROA_{t-1} \cdot b_{t-1}) - 1$$

Der Ausdruck zeigt, dass sich ROA, b und IRR in einem komplexen Verhältnis zu g_D befinden. Wird in dem Beispiel von BS_0 = 1.000 ausgegangen, sind folgende Buchrenditen impliziert: ROA_T = 0,11406108, ROA_{T+1} = 0,11612197, ROA_{T+2} = 0,11581504. Daraus errechnet sich nach (2-66) $g_{D,T+1}$ = 26,23 %.
Es tritt ein Dividenden-Wachstumssprung wie auch in dem Preinreich-Modell auf (vgl. die Abbildung 2-25). Derartige Sprünge wirken etwas rigide. Sie sind hervorgerufen durch die sprunghafte Parameteranpassung. In der Realität sind derartige Brüche in den Wachstumsraten auch zu beobachten. Fraglich ist aber, ob diese unbedingt erwartet werden, oder Ausdruck einer Ex-post-Überraschung sind. Ansonsten gilt $g_{JÜ}$ = g_D für die Phasen I und II, weil b jeweils unverändert bleibt.

Die Reinvestitionsrenditen stellen in dem hier gezeigten Modell eine Treppenfunktion dar. Die Bewegung der implizierten Buchrenditen hängt langfristig davon ab, ob die Reinvestitionsrenditen fallen oder steigen, wie die nachfolgende Abbildung idealtypisch skizziert.[353] ROA_t konvergiert bei b > 0 gegen IRR_{II}. Die Buchrenditen haben nicht zwangsläufig einen monotonen Verlauf.[354]

352 Es gilt auch: $g_{D,t} = \frac{ROA_t(1 - g_{JÜ,t+1} / IRR_{t+1})}{ROA_{t-1}(1 - g_{JÜ,t} / IRR_t)} \cdot (1 + ROA_{t-1} \cdot b_{t-1}) - 1$.

Bei unbegrenzter Projektdauer und annuitätischer Struktur ist IRR_t definiert als der erstmals in t anfallende Projektüberschuss D_t geteilt durch den Reinvestitionsbetrag ΔI_{t-1}.

353 Die Kurven $ROA_{t,n}$ haben mit n = α, γ einen fallenden Verlauf, mit n= β, δ einen steigenden. In Abbildung 2-4 wird n = β, γ betrachtet. Die Abbildung 12.12 bei Copeland/Koller/Murrin (2000), S. 283, unterstellt im Gegensatz zur obigen Abbildung IRR_I = ROEA und stellt den Fall IRR_{II} < ROEA (n = γ) dar. Dieser Fall wird auch zugrundegelegt in Abbildung 12.4 bei Copeland/Koller/Murrin (2000), S. 275.

354 Die Konstellation im Beispiel etwa stellt ein Hybrid aus $ROA_{t,\gamma}$ und $ROA_{t,\delta}$ dar. ROA_t steigt in dem Beispiel von 10 % bis auf ca. 11,6 % in t = 8 (also über IRR_{II}), und konvergiert dann gegen IRR_{II}. Ein solches Hybrid kann entstehen, wenn die Differenz zwischen IRR_I und IRR_{II} relativ hoch und T relativ lang ist.

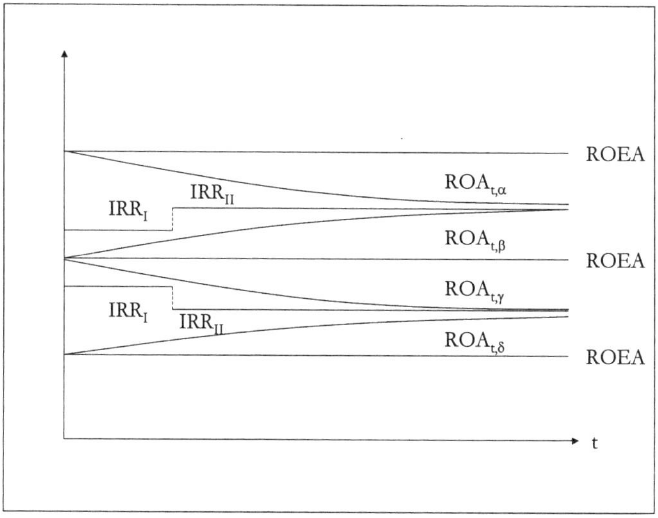

Abbildung 2-31: Idealtypische Buch- und Reinvestitionsrenditen im Zwei-Phasen-Modell

Im nächsten Abschnitt wird das Mao-Modell dargestellt, das durch Variationen von Reinvestitionsraten bei konstantem IRR gekennzeichnet ist.

2.2.3.2. Mao-Modell

Mao (1966) untersucht den Fall, dass die befristeten Wachstumsmöglichkeiten in Anlehnung an eine Gompertz-Kurve bezüglich der Dividenden mit Phasen raschen Wachstums („exponentielles Wachstum"), Stabilitätsphasen („konstantes Wachstum") und relativen Abschwungsphasen („abnehmendes Wachstum") verlaufen können.[355] Um diesen Phasenverlauf zu modellieren, variiert er die Investitionsvolumina im Zeitablauf. Die Reinvestitionsrendite IRR wird unverändert belassen. Die angesetzten Projekte haben ebenso eine ewige Laufzeit. Die drei Phasen lassen sich durch die nachfolgenden Terme beschreiben. Deren Länge muss der Anwender aber selber explizit festlegen.

- Phase I

$$A = \sum_{t=1}^{a} \frac{(1+b_I \cdot IRR)^{t-1}}{(1+k)^t}$$

Dieser Summenausdruck lässt sich finanzmathematisch noch zu einer expliziten Formel erweitern:

$$A = \frac{1}{k - b_I \cdot IRR} \cdot \left[1 - \left(\frac{1+b_I \cdot IRR}{1+k}\right)^a\right], \qquad \text{wobei } k \neq b_I \cdot IRR.$$

355 Vgl. Mao (1966); Mao (1969), S. 399-406; Reilly/Brown (1997), S. 758-763. Taylor (1974), S. 1575, zeigt eine geschlossene Lösungsformel des Mao-Modells.

- Phase II

$$B=\sum_{t=1}^{b}\frac{1}{(1+k)^{t}}$$

Als explizite Formel ergibt sich der Kehrwert des Annuitätenfaktors (AF) bzw. der Rentenbarwertfaktor:

$$B=\frac{(1+k)^{b}-1}{(1+k)^{b}k}$$

- Phase III

$$C=\sum_{t=1}^{c}\frac{(c-t+1)}{c(1+k)^{t}}$$

Auch C lässt sich durch folgende Formel explizit berechnen:

$$C=\frac{(1+k)^{c}-1}{(1+k)^{c}k}-\frac{1}{ck}\left(\frac{(1+k)^{c}-1}{(1+k)^{c}k}-\frac{c}{(1+k)^{c}}\right)=$$

$$=AF_{c}-\frac{1}{ck}\left(AF_{c}-\frac{c}{(1+k)^{c}}\right)$$

Werden die Phasen in der obigen Reihenfolge hintereinander geschaltet, beträgt der Wert:

$$(2-67)\ V_0^E=\frac{E_0\left[J\tilde{\ddot{U}}_1\right]}{k}+\left(\frac{IRR-k}{k}\right)\cdot b_I\cdot E_0\left[J\tilde{\ddot{U}}_1\right]\cdot\left[A+\frac{(1+b_I\cdot IRR)^{a-1}}{(1+k)^{a}}B+\frac{(1+b_I\cdot IRR)^{a-1}}{(1+k)^{a+b}}C\right]$$

$$=\frac{E_0\left[J\tilde{\ddot{U}}_1\right]}{k}\cdot\left\{1+b_I\cdot(IRR-k)\cdot\left[A+(1+b_I\cdot IRR)^{a-1}\cdot\left[\frac{B}{(1+k)^{a}}+\frac{C}{(1+k)^{a+b}}\right]\right]\right\}$$

Mao verweist darauf, dass die Terme A, B und C in beliebiger Reihenfolge (und mehrmals) hintereinander geschaltet werden können. Die Koeffizienten in (2-58) sind dann freilich an die jeweiligen Konstellationen erst noch anzupassen.

Es fällt auf, dass das Modell Maos relativ weit gefasst ist. Es beinhaltet in Phase I das Investment Opportunities-Modell mit unbegrenztem (begrenztem) Überrenditezeitraum, wenn $a \rightarrow \infty$ ($a = T$) und $b = c = 0$. Gilt $a = c = 0$, und $b \rightarrow \infty$ ergibt sich das Modell arithmetischen Wachstums. Dividendenwachstumsraten der ersten Phase, die größer als k sind, stellen wie bei den meisten Mehr-Phasen-Modellen kein Problem dar.[356]

Beispiel: $E_0\left[J\tilde{\ddot{U}}_1\right] = 100$; $b_I = 0{,}5$; $IRR = 0{,}1$; $k = 0{,}08$; $a=b=c=5$.

$V_0^E = 1.250 + 113{,}75 = 1.363{,}75.$

Die Abbildung zeigt, dass der Dividenden-Verlauf einer Gompertz-Kurve nachempfunden ist.[357] In der ersten Phase entsprechen sich Reinvestitionen und Dividenden, da hier $b_I = 0{,}5$ gilt.

---

356 Auch bei dem Ein-Phasen-Modell arithmetischen Wachstums war dies schon kein Problem.

357 Vgl. die Gompertz-Kurve sowie logistische Kurve in Abbildung 2-21, als auch die S-Kurve in Abbildung 2-19. Das Mao-Modell ließe sich einem Drei-Phasen-Modell zuordnen, weil drei wertaneutrale Phasen berücksichtigt werden. Eine Zuordnung könnte aber auch nach der Anzahl der Dividendenphasen zu einem Vier-Phasen-Modell erfolgen.

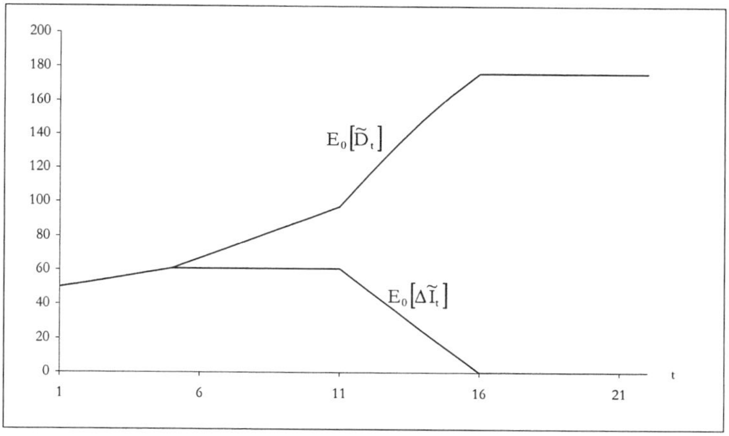

Abbildung 2-32: Dividenden- $E_0[\tilde{D}_t]$ und Reinvestitionszeitreihe $E_0[\Delta\tilde{I}_t]$ im Mao-Modell

Die Dividendenwachstumsraten sehen ein wenig anders aus als die Wachstumsraten des S-Kurven-Modells in Abbildung 2-20. Die Reinvestitionsraten b_t sind im Mao-Modell generell abhängig von der geschätzten Phasenlänge.[358]

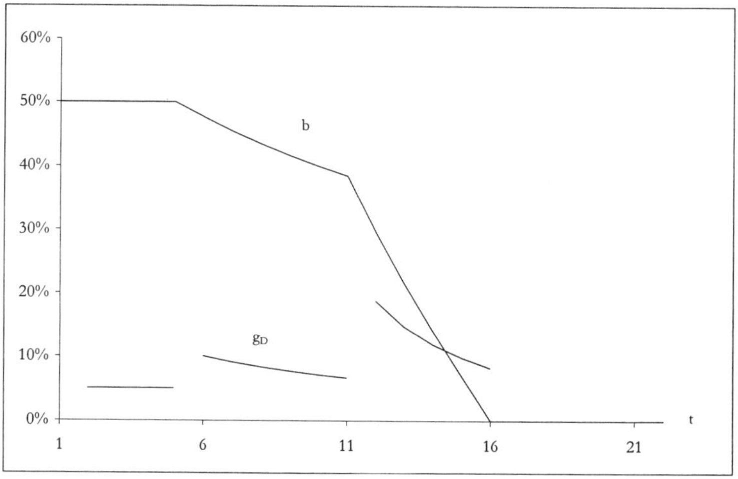

Abbildung 2-33: Dividendenwachstumsraten und Reinvestitionsraten im Mao-Modell

Sieht man sich ROA_t im Zeitablauf an, - unterstellt ist ROEA = k - wird deutlich, dass sich die Überrendite IRR-k positiv auf ROA_t auswirkt. Da die Projekte ewige Überschüsse versprechen,

[358] Die Kritik an der Stationarität des Parameters b von Reilly/Brown (1997), S. 759, ist insofern nicht nachvollziehbar.

ist auch ein unbegrenztes Verweilen der einzelnen Projektüberrenditen sowie der Gesamtrendite ROA über der geforderten Rendite k impliziert.
Die Buchrenditen konvergieren nicht gegen IRR wie im Gordon-Modell, da nach 15 Jahren keine Reinvestitionen mehr stattfinden.

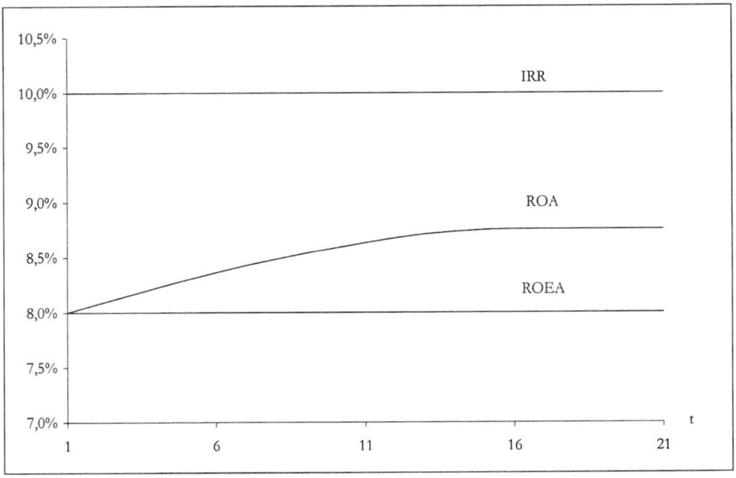

Abbildung 2-34: Reinvestitionsrenditen sowie Buchrenditen auf Existing und Total Assets im Mao-Modell

Das Mao-Modell lässt sich als eine einfach gehaltene ökonomische Fundierung des S-Kurven-Modells auffassen. Sinkende Reinvestitionsraten bewirken den S-Kurven-Verlauf der Dividenden. Weil Mao jedoch von konstanten Renditen IRR ausgeht, wirkt der Investitionsrückgang ein wenig unmotiviert. Diese Annahme dürfte begründungsbedürftig sein, da bei höheren Reinvestitionen empirisch beobachtet wird, dass das Niveau von IRR schwer zu halten ist.[359]
Eine weitere Vorgehensweise könnte daher sein, die Reinvestitionsrenditen IRR_t als wachsende, falls sie von einem sehr niedrigen Niveau starten, oder als fallende Funktion zu modellieren.[360] Diese Idee ist z.B. in dem Modell von O´Brien (2003) einfach umgesetzt worden. Einige Erweiterungen für eine Phasenmodellierung werden nun aufgezeigt.

359 Vgl. etwa Fruhan (1984), S. 90; Madden (1999), S. 166-167, berichtet, dass Unternehmen, die ein starkes Nettoinvestitionswachstum und eine hohe Rendite aufwiesen, empirisch mit einem schnelleren Verfall der Renditen zu rechnen hätten, als Unternehmen mit niedrigem Wachstum. Dieser empirische Zusammenhang sagt wohlgemerkt nichts über die Kausalität aus.

360 Der Vorschlag hierzu für eine relativ komplexe Formel, die in die dritte Auflage von Copeland/Koller/Murrin (2000), S. 286, unter der Rubrik „Advanced Formulas for Continuing Value" neu aufgenommen worden ist, ist kaum nachvollziehbar, da ihre Herleitung nicht gezeigt wird. Zudem tauchen Klammerfehler auf. Diese relativ lange Formel wird hier deshalb nicht wiedergegeben. Problematisch erscheint, dass für den Fall phasengleicher Wachstumsraten und Reinvestitionsrenditen das Ergebnis nicht zu dem Ergebnis des Copeland/Koller/Murrin-Modells auf S. 269, d.h. (2-65), degeneriert. Jedoch ist dies erreichbar, wenn $T \to \infty$ gilt. Ansonsten erscheint der numerische Output des Modells eher unplausibel (im Vergleich zu dem CKM-Modell auf S. 285). In der korrespondierenden deutschen Fassung von Copeland/Koller/Murrin (2002), S. 346, ist die Formel nicht identisch mit Copeland/Koller/Murrin (2000), S. 286, führt aber auch nicht zu plausibleren Ergebnissen.

2.2.3.3. Konvergierende Reinvestitionsrenditen

Der als Ein-Phasen-Modell nach O'Brien konzipierte Kalkül kann zu einem Zwei-Phasen-Modell ausgebaut werden. Dafür wird angenommen, dass der Konvergenzprozess vorzeitig, d.h. nach T abbricht, und sich dann Reinvestitionsrendite (IRR) und geforderte Rendite (k) entsprechen.[361]

$$(2-68)\ V_0^E = \frac{E_0\left[J\tilde{\ddot{U}}_1\right]}{k} + \frac{E_0\left[\Delta\tilde{I}_1\right]}{k}\cdot\left(\frac{IRR_1 - k}{k+f-g_{\Delta I}}\right)\cdot\left[1-\left(\frac{1-f+g_{\Delta I}}{1+k}\right)^T\right]$$

$$= \frac{E_0\left[J\tilde{\ddot{U}}_1\right]}{k}\cdot\left\{1+b_1\cdot\frac{IRR_1-k}{k+f-g_{\Delta I}}\cdot\left[1-\left(\frac{1-f+g_{\Delta I}}{1+k}\right)^T\right]\right\}$$

Auch hier ist die Isomorphie zu dem Miller/Modigliani-Modell (2-58) unverkennbar.

Beispiel: $E_0\left[J\tilde{\ddot{U}}_1\right]=100$; $E_0\left[\Delta\tilde{I}_1\right] = 50$ ($b_1 = 0{,}5$); $IRR_1 = 0{,}10$; $g_{\Delta I} = 0{,}05$; $f = 0{,}15$; $k = 0{,}08$; $T = 5$.

$V_0^E = 1.250 + 41{,}54 = 1.291{,}54$.

Wird alternativ angenommen, dass die Reinvestitionsrendite IRR_T, deren Höhe sich konkret nach (2-26) ergibt, nach T nicht auf k abfällt, sondern bei einem weiterhin mit $g_{\Delta I}$ wachsenden Reinvestitionsvolumen auf dem Niveau von T verharrt, ergibt sich:

$$(2-69)\ V_0^E = \frac{E_0\left[J\tilde{\ddot{U}}_1\right]}{k} + \frac{E_0\left[\Delta\tilde{I}_1\right]}{k}\cdot\left(\frac{IRR_1 - k}{k+f-g_{\Delta I}}\right)\cdot\left[1-\left(\frac{1-f+g_{\Delta I}}{1+k}\right)^T\right]+$$

$$+\frac{E_0\left[\Delta\tilde{I}_1\right]}{k}\cdot\frac{IRR_T-k}{k-g_{\Delta I}}\cdot\left[\frac{1+g_{\Delta I}}{1+k}\right]^T,\ \text{wobei } g_{\Delta I} < k \neq g_{\Delta I} - f$$

Einsetzen von (2-26) $IRR_t = k + (IRR_1 - k)\cdot\left[\frac{1-f+g_{\Delta I}}{1+g_{\Delta I}}\right]^{t-1}$ in (2-69) führt äquivalent zu:

$$V_0^E = \frac{E_0\left[J\tilde{\ddot{U}}_1\right]}{k}\cdot\left\{1+b_1\cdot(IRR_1-k)\cdot\left(\frac{1-\left(\frac{1-f+g_{\Delta I}}{1+k}\right)^T}{k+f-g_{\Delta I}}+\frac{(1-f+g_{\Delta I})^{T-1}\cdot(1+g_{\Delta I})}{(k-g_{\Delta I})(1+k)^T}\right)\right\}$$

Beispiel: Daten s. obiges Beispiel; beide Formeln führen zu dem äquivalenten Wert:

$V_0^E = 1.250 + 41{,}54 + 195{,}35 = 1.250\cdot 1{,}18951475 = 1.486{,}89$.

Klar ist, dass bei $IRR_1 > k$, die zweite Modellierung (2-69) zu einem höheren Wert als (2-68) führt, weil IRR_T nicht auf das Niveau von k abfällt.

---

[361] Durch Einsetzen von (2-26) in $V_0^{IO} = \frac{E_0\left[\Delta\tilde{I}_1\right]}{k}\cdot\sum_{t=1}^{T}(IRR_t - k)\cdot\frac{(1+g_{\Delta I})^{t-1}}{(1+k)^t}$ folgt der Barwert der Wachstumsmöglichkeiten aus (2-68). Geht $T\rightarrow\infty$, gilt (2-25).

2.2.3.4. Allgemeinere Investment Opportunities-Ansätze

2.2.3.4.1. Unbegrenzte Projektdauer

Möchte man eine größere Flexibilität bei der Modellierung von IRR_t und b_t erreichen,[362] lässt sich der Investment Opportunities-Ansatz auf beliebige Reinvestitionsraten und -renditen erweitern. T gibt die Anzahl der Jahre an, in denen Über- oder Unterrenditen erwartet werden. Die Projektdauer bleibt weiterhin unbegrenzt.[363] T ist in aller Regel zeitlich begrenzt. Dies impliziert keineswegs, dass das Unternehmen nach T liquidiert wird. Nach T werden uniforme Dividenden von unbegrenzter Laufzeit erwartet, falls keine Reinvestitionen stattfinden. Die Dividendenstruktur kann aber auch beliebig aussehen, soweit bei deren Ermittlung berücksichtigt wird, dass die Nettokapitalwerte aus Nettoinvestitionen in Höhe von null erwartet werden. Beide Dividendenströme haben dann einen identischen Wert.

$$(2-70)\; V_0^E = \frac{E_0\left[\widetilde{JÜ}_1\right]}{k} \cdot \left[\underbrace{1}_{V^{EA}\,(\text{in } \%)} + \underbrace{\sum_{t=1}^{T} \frac{b_t \cdot (IRR_t - k) \cdot \prod_{\tau=1}^{t} (1 + b_{\tau-1} \cdot IRR_\tau)}{(1+k)^t}}_{V^{IO}\,(\text{in } \%)} \right]$$

Eine Überleitung in ein DCF-Modell ist nicht schwierig. Es sind beliebige geplante Zahlungsstrukturen D_t damit darstellbar. Die äquivalente DCF-Formel berechnet Dividenden ausgehend vom Jahresüberschuss des ersten Jahres, indem die Wachstumsraten der Jahresüberschüsse über $g_{JÜ,t} = IRR_t \cdot b_{t-1}$ prognostiziert werden, und die Reinvestition der Periode über b_t berücksichtigt wird.

$$(2\text{-}71)\; V_0^E = \sum_{t=1}^{\infty} \frac{\overbrace{E_0\left[\widetilde{JÜ}_1\right] \cdot \prod_{\tau=1}^{t} \overbrace{(1 + b_{\tau-1} \cdot IRR_\tau)}^{1+g_{JÜ,t}} \cdot (1 - b_t)}^{E_0[\tilde{D}_t]}}{(1+k)^t}$$

Ebenso lässt sich der Residualgewinn-Ansatz einsetzen,

$$V_0^E = BS_0 + \sum_{t=1}^{\infty} \frac{\overbrace{E_0\left[\widetilde{JÜ}_t - k \cdot \widetilde{BS}_{t-1}\right]}^{E_0[\widetilde{RG}_t]}}{(1+k)^t},$$

wobei eine disaggregierte Variante etwa wie folgt formuliert werden kann:

$$\begin{aligned}
V_0^E &= BS_0 + \sum_{t=1}^{\infty} \frac{E_0\left[\widetilde{JÜ}_1\right] \cdot \prod_{\tau=1}^{t} (1 + b_{\tau-1} \cdot IRR_\tau)}{(1+k)^t} - k \cdot \sum_{t=1}^{\infty} \frac{BS_0 + \sum_{\tau=1}^{t} E_0\left[\widetilde{JÜ}_1\right] \cdot b_\tau \cdot \prod_{\tau=1}^{t} [(1 + b_{\tau-1} \cdot IRR_\tau)]}{(1+k)^t} \\
&= BS_0 + \sum_{t=1}^{\infty} \frac{E_0\left[\widetilde{JÜ}_1\right] \cdot \prod_{\tau=1}^{t} (1 + b_{\tau-1} \cdot IRR_\tau) - k \cdot \left(BS_0 + \sum_{\tau=1}^{t} E_0\left[\widetilde{JÜ}_1\right] \cdot b_\tau \cdot \prod_{\tau=1}^{t} [(1 + b_{\tau-1} \cdot IRR_\tau)]\right)}{(1+k)^t} \\
&= E_0\left[\widetilde{JÜ}_1\right] \cdot \sum_{t=1}^{\infty} \frac{\prod_{\tau=1}^{t} (1 + b_{\tau-1} \cdot IRR_\tau) - k \cdot \left(\sum_{\tau=1}^{t} b_\tau \cdot \prod_{\tau=1}^{t} [(1 + b_{\tau-1} \cdot IRR_\tau)]\right)}{(1+k)^t}
\end{aligned}$$

---

362 Nach dem auf O'Brien aufbauenden Modell etwa sind IRR_t und b_t implizit durch die Parameter k, f und $g_{\Delta I}$ festgelegt.

363 b_0 und IRR_1 betragen definitionsgemäß null.

Alternativ lässt sich (2-70) anstatt mit b_t auch mit $g_{\Delta I,t}$ definieren:[364]

$$(2-72)\ V_0^E = \frac{E_0\left[\widetilde{JÜ}_1\right]}{k} \cdot \left[1 + b_1 \cdot \sum_{t=1}^{T} \frac{(IRR_t - k) \cdot \prod_{\tau=1}^{t}(1 + g_{\Delta I;\tau-1})}{(1+k)^t}\right]$$

Zu beachten ist, dass b_1 als Skalar aus der Summenformel gezogen werden kann im Gegensatz zu b_t in (2-70). Die bislang gezeigten Modelle von Miller/Modigliani, Mao, O´Brien etc. lassen sich als Spezifikationen der allgemeineren Formulierungen des Investment Opportunities-Ansatzes (2-70) und (2-72) ansehen.[365]

Welcher Zusammenhang besteht zwischen $g_{\Delta I,t}$ und dem Wachstum der Bilanzsumme?[366]

$$(2-73)\ g_{\Delta I,t} = \frac{g_{BS,t+1}}{g_{BS,t}} \cdot (1 + g_{BS,t}) - 1$$

Sind künftige Wachstumsraten von Bilanzsummen bekannt, lassen sich die Wachstumsraten von Nettoinvestitionen entsprechend ermitteln. Freilich sind i.a. auch diese Wachstumsraten unterschiedlich.

b_t steht jedoch in keinem einfachen Verhältnis zu IRR_t und $g_{\Delta I,t}$. Ein Absinken von IRR_t und $g_{\Delta I,t}$ im Zeitablauf determiniert noch kein Absinken von b_t. Dies lässt sich durch folgende Umformulierung von (2-73) zeigen, wenn $m \rightarrow \infty$ gilt:[367]

$$b_t = \frac{(1 + g_{\Delta I,t}) \cdot b_{t-1}}{1 + b_{t-1} \cdot IRR_t}$$

b_t kann sinken, gleich bleiben, oder steigen. Konvergieren IRR_t und $g_{\Delta I,t}$ jedoch gegen ihren Langfristwert (z.B. $IRR_\varnothing = k$, $g_{\Delta I,\varnothing}$), dann konvergiert auch b_t:

$$\lim_{t\rightarrow\infty} b_t = \frac{(1 + g_{\Delta I,t}) \cdot b_{t-1}}{1 + b_{t-1} \cdot IRR_{t-1}} = \frac{g_{\Delta I,\varnothing}}{k}$$

Da vergleichende empirische Studien fehlen, ist es m.E. schwierig eine Aussage darüber zu treffen, ob Buchrenditen und Wachstumsraten der Bilanzsumme (bzw. Reinvestitionsraten) oder ökonomische Renditen und Wachstumsraten von Nettoinvestitionen (bzw. Reinvestitionsraten) vorzuziehen sind.[368] Klar ist, dass ökonomische Renditen bzw. noch allgemeiner die Vorhersage

---

364 $g_{\Delta I,0}$ beträgt definitionsgemäß null.

365 Vgl. die Formeln (2-8), (2-19), (2-25), (2-28), (2-58), (2-64), (2-67), (2-68), (2-69). Vgl. Tabelle 2-4 für die Vorgehensweise des Ansatzes und Tabelle 2-5 für eine Synopse der in dieser Arbeit untersuchten Modelle.

366 $g_{BS,t} = \frac{BS_t}{BS_{t-1}} - 1$

$$g_{\Delta I,t} = \frac{BS_{t+1} - BS_t}{BS_t - BS_{t-1}} - 1 = \frac{g_{BS,t+1} \cdot BS_t}{g_{BS,t} \cdot BS_{t-1}} - 1 = \frac{g_{BS,t+1}}{g_{BS,t}} \cdot (1 + g_{BS,t}) - 1$$

367 $b_t = \frac{1 + g_{\Delta I,t-1}}{1 + g_{BS,t-1}} \cdot \frac{g_{BS,t-1}}{ROA_t} = \frac{1 + g_{\Delta I,t-1}}{1 + g_{BS,t-1}} \cdot \frac{b_{t-1}ROA_{t-1}}{ROA_t} = \frac{1 + g_{\Delta I,t-1}}{1 + g_{BS,t-1}} \cdot \frac{b_{t-1}}{1 + g_{ROA,t}} = \frac{(1 + g_{\Delta I,t-1}) \cdot b_{t-1}}{1 + g_{JÜ,t}}$

368 So aber Lewis (1994), S. 122, der deshalb den Investment Opportunities-Ansatz vorzieht. Was den Erfolg empirischer Studien bei der Frage der bevorzugt zu wählenden Parameter angeht, zeigen sich Cornell/Landsman (2003) jedoch pessimistisch.

von Projekt-NKW's das ökonomisch anziehendere Konzept im Vergleich zu Buchrenditen darstellen.[369]
Da sich beide Größen nicht beobachten lassen, müssen sie geschätzt werden.[370] Dies gilt für zukünftige Buchrenditen zwar auch, jedoch gibt es immerhin umfangreiche Vergangenheitsanalysen, die als Ausblick für mögliche Musterverläufe verwendet werden könnten.[371] Gegenwärtig spielen Investment Opportunities-Ansätze gegenüber einfachen Wachstums-Modellen und den Buchrendite-Modellen eine unbedeutendere Rolle.

Zwischen ROA und IRR besteht folgender Zusammenhang:[372]

$$(2-74)\ ROA_t = ROA_{t-1} \cdot \frac{1+g_{JÜ,t}}{1+g_{BS,t-1}}$$

$$= ROA_{t-1} \cdot \frac{1+b_{t-1} \cdot IRR_t}{1+b_{t-1} \cdot ROA_{t-1}}$$

ROA_t kann temporär bei steigendem wie fallendem IRR_{t-1} steigen oder fallen. Die Beziehung zwischen beiden Größen ist also nicht eindeutig.
Wird - wie in vielen empirischen Studien beobachtet - jedoch angenommen, dass Buchrenditen ROA_t langfristig konvergieren, folgt daraus ebenfalls eine Konvergenz von IRR_t gegen $ROA_\varnothing$:[373]

$$\lim_{t\to\infty} ROA_t = ROA_{t-1} \cdot \frac{1+b_{t-1} \cdot IRR_t}{1+b_{t-1} \cdot ROA_{t-1}} = ROA_\varnothing$$

Es ist zu betonen, dass es für die Konvergenz von IRR keine Rolle spielt, wie die Reinvestitionsraten b_t bzw. die Reinvestitionswachstumsraten $g_{\Delta I,t}$ im Zeitablauf „umherschwirren" (konvergierend, zyklisch etc.).

---

369 Der Investment Opportunities-Ansatz kann erweitert werden, indem die annuitätische Struktur der Projektrückzahlungen aufgehoben wird und variable Renditen k berücksichtigt werden.

370 Dass aufgrund der mangelnden Beobachtbarkeit Vereinfachungen nötig sind, erscheint unbestreitbar. Die Operationalisierung über den CFROI-Ansatz wird sehr kritisch in der Literatur beurteilt. Die Nachvollziehbarkeit des Ansatzes anhand der zitierten Literatur lässt m.E. v.a. noch viele Fragen offen. Dennoch sollte nicht verkannt werden, dass der Investment Opportunities-Ansatz mehr ökonomische Information bereit hält als übliche DCF- bzw. RG-Ansätze.

371 So auch das Vorgehen von Nissim/Penman (2001).

372 Nach Vereinfachungen folgt (2-74).

$$ROA_1 = \frac{JÜ_1}{BS_0}$$

$$ROA_2 = \frac{JÜ_1 + JÜ_1 \cdot b_1 \cdot IRR_1}{BS_0 + JÜ_1 \cdot b_1}$$

...

Miller/Modigliani (1966), S. 385, Fn. 58, betonen, dass diese Beziehung in der Literatur noch nicht näher erforscht worden ist. Diese Beziehung ist m.W. nach auch noch nicht in der Literatur gezeigt worden.

373 Der fade-Prozess von Buchrenditen und IRR dürfte i.a. unterschiedlich verlaufen, letztlich konvergieren aber beide Ansätze, so dass langfristig kein Unterschied besteht, falls ein Parameter konvergiert. Ob die Kritik von Young/O'Byrne (2001) speziell am fade-Prozess des CFROI-Ansatzes - vgl. Fn. 393 - im Ergebnis zutrifft, ist eine offene Frage. Klar ist, dass eine Konvergenz von Buchrenditen empirisch belegt ist, so dass ökonomische Renditen dann auch konvergieren.

Was ist für IRR_t nach der obigen Beziehung (2-74) impliziert?[374]

$$IRR_t = \frac{\frac{ROA_t}{ROA_{t-1}} \cdot (1 + b_{t-1} \cdot ROA_{t-1}) - 1}{b_{t-1}}$$

Es lassen sich nun Inferenzen etwa für die unter 2.2.1. gezeigten Wachstums-Modelle sowohl hinsichtlich der Buchrenditen, als auch der ökonomischen Renditen ziehen. Generell scheint es wohl schwer, diese Modelle pauschal als unrealistisch zu kennzeichnen, da plausible Renditeverläufe damit verbunden sein können. Darauf deutet schon die Approximation des S-Kurven-Modells durch das Mao-Modell hin. Mit den hier gezeigten Beziehungen lässt sich eine Analyse des S-Kurven-Modells flexibler nachvollziehen. So lässt sich der Dividendenverlauf etwa mit konvergierenden Reinvestitionsraten (gegen null) und -renditen (etwa gegen k) nachvollziehen. Die Buchrendite konvergiert dann auch je nach Bilanzierungspolitik oberhalb (unterhalb) von IRR bei konservativer (liberaler) Bilanzierung.
Zur Illustration werden Inferenzen für die im Text gezeigten Beispiele des Ohlson- (dicke Linien) und Feltham/Ohlson-Modells (dünne Linien) gezogen. Die Ergebnisse sind in der folgenden Abbildung wiedergegeben. IRR ist in den jeweils unteren Kurven dargestellt.

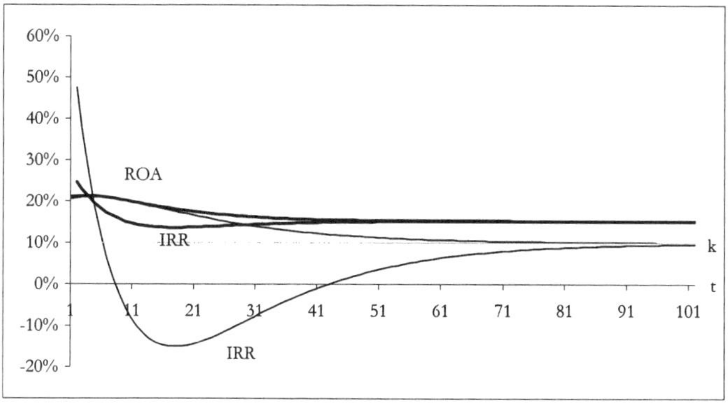

Abbildung 2-35: Inferenz zu Reinvestitionsrenditen des Ohlson- und Feltham-Ohlson-Modells

Die Inferenzen zu beiden Modellen deuten potentiell problematische Annahmen an. Innerhalb des Ohlson-Modells ist die IRR-Zeitreihe über 30 Jahre deutlich im negativen Bereich. ROA und IRR konvergieren gegen k (=10 %). Es gibt zwei Möglichkeiten: Entweder ist die einfache Spezifikation innerhalb des Investment Opportunities-Ansatzes (Unbegrenztheit der Projektdauern, annuitätische Zahlungsstruktur etc.) für dieses Beispiel nicht geeignet, oder partiell die ad hoc-Annahme zu dem konstant wachsenden g_{BS}, die Parameterausprägungen des Beispiels bzw. das Ohlson-Modell selbst[375] stellen das Problem dar.
Bei dem Feltham/Ohlson-Modell erscheint insbesondere die Inferenz bezüglich des Investment Opportunities-Ansatzes nach (2-74) problematisch, weil ROA und IRR deutlich über k (bei ca. 15 %) konvergieren. Das ist deshalb kein Problem des Feltham/Ohlson-Modells, weil die

[374] Anders formuliert: $IRR_t = \frac{(1 + g_{ROA,t}) \cdot (1 + g_{BS,t-1}) - 1}{b_{t-1}} = \frac{g_{JÜ,t}}{b_{t-1}}$.

[375] Wie z.B. die Annahme des „unbiased accounting“.

Buchrendite aufgrund der explizit unterstellten konservativen Bilanzierung durchaus dauerhaft über k liegen kann. Der Investment Opportunities-Ansatz müsste anders modelliert werden (z.B. Einsatzdauer der Investitionsprojekte usw.),[376] um plausiblere Inferenzen ziehen zu können. Im Folgenden wird daher der Investment Opportunities-Ansatz mit begrenzter Projektdauer modelliert.

2.2.3.4.2. Begrenzte Projektdauer und CFROI-Ansatz

Die Implementierung des Investment Opportunities-Ansatzes ist herausfordernd, da künftige IRR_t abgeschätzt werden müssen. Schätzungen künftiger Reinvestitionsrenditen werden gewerbsmäßig von HOLT Value Associates LP geliefert.[377] Für deren modifizierten und weiter verfeinerten Ansatz ist die Bezeichnung Cashflow Return On Investment-, kurz CFROI-Ansatz geprägt worden.[378] Als wesentliche Modifikationen seien genannt:

- Es wird eine endliche Projektlebensdauer (m) der Existing Assets und der Investment Opportunities unterstellt. Dies dürfte ein Grund sein, wieso bei diesem Ansatz c.p. deutlich längere Zeiträume der Überrenditegenerierung veranschlagt werden als bei dem klassischen Investment Opportunities-Ansatz.[379] Im CFROI-Modell von HOLT wird T pauschal auf 40 Jahre veranschlagt.[380] Von danach anfallenden Investitionen wird erwartet, dass sie einen CFROI gleich den Kapitalkosten erwirtschaften. Der NKW beträgt mithin null.
- Das CFROI-Modell rechnet auf *realer* Basis. Die Frage, ob real oder nominal gerechnet werden sollte, kann bei konsistenter Rechnung keine materiellen Auswirkungen auf das Bewertungsergebnis haben. Hier wird eine *nominale* Berechnung beibehalten. Eine nähere Analyse, ob und wie das „Realrechnungsprinzip"[381] innerhalb des CFROI-Modells eingehalten wird, ist nicht Gegenstand dieser Untersuchung.[382]
- Das CFROI-Modell rechnet mit variablen, idiosynkratisch ermittelten Diskontierungssätzen. Auf eine Darstellung von deren Ermittlung wird verzichtet.[383]
- Der Wert der Existing Assets muss nicht als simples Annuitätenmodell ermittelt werden.[384] Auch Restverkaufserlöse können Berücksichtigung finden. Der Einfachheit halber wird in diesem Beitrag auf diese Feinheiten aber nicht näher eingegangen.

---

376 Die Reinvestitionsrate b beträgt nicht null in dem Beispiel, so dass eine über oder unter IRR dauerhaft liegende Buchrendite wie etwa bei dem Mao-Modell nicht modelliert werden kann, wenn m zeitlich unbegrenzt ist.

377 Gehört seit 2002 zu Credit Suisse First Boston. Die Boston Consulting Group (BCG), ein früherer Eigentümer, arbeitet ebenfalls mit einer Variante dieses Konzepts, und war ab 1991 Eigentümer von HOLT. Vgl. Lehmann (1994), S. 5-6, sowie etwa Lewis/Lehmann (1992), Lewis (1994), Stelter/Riedl/Plaschke (2001), Boston Consulting Group (2001), (2002).

378 Hier wird ausschließlich das Bewertungskonzept CFROI skizziert. CFROI wird auch als Instrument zur Performancemessung diskutiert, ist aber nicht Untersuchungsgegenstand dieser Arbeit. CFROI-Definitionen für die Bewertung bzw. Performance-Messung können sich unterscheiden, da Letztere auch leichter kommunizierbar sein müssen. Daher wird neuerdings partiell von dem IRR-Konzept abgegangen. Vgl. zur Performancemessung mit CFROI und dem sogenannten Cash Value Added (CVA) etwa Lewis/Lehmann (1992), Madden (1999), S. 143-160; Stelter/Plaschke (2001); sowie kritischen Würdigungen Hachmeister (1997); Drukarczyk (2003a), S. 164-167.

379 Bei Miller/Modigliani (1966), S. 385, Table 11, wird T für regulierte Unternehmen bedeutend geringer (zwischen 1-12 Jahren) - abgesehen von einem Ausreißer - empirisch geschätzt. Das verwundert auch insofern nicht, da die Projekterfolge in deren Modell (Investment Opportunities-Ansatz mit zeitlich begrenzten Wachstumsinvestitionen nach (2-59)) perpetuiert werden. Bei Higgins (1974), S. 1195-1197, rangieren basierend auf dem gleichen Modell die Schätzungen für T zwischen 2-5 Jahren.

380 Vgl. Lewis (1994), S. 109-135; Madden (1998); Madden (1999), S. 64-81, 161-183.

381 Vgl. Moxter (1983), S. 185-202.

382 Die Art, wie Inflation in ausgewählten Beiträgen von CFROI-Vertretern berücksichtigt wird, wird sehr kritisch beurteilt von Aders (1998), S. 81-94.

383 Vgl. dazu etwa Madden (1999), S. 82-104.

384 Vgl. Madden (1999), S. 175-176.

Es wird explizit darauf hingewiesen, dass das pauschalierte Bewertungsmodell als Endwert eingesetzt werden kann, während eine explizite Planungsphase vorgeschaltet ist.[385]
Die vielen dem CFROI-Modell eigenen Annahmen erschweren eine Vergleichbarkeit der Modelle. Aus diesem Grund ist die Erweiterung des Investment Opportunities-Ansatzes auf die Annahme endlicher Projektdauern beschränkt. Die Projektrendite bei ewiger Laufzeit IRR wird bei endlicher Laufzeit nun als CFROI bezeichnet. Die annuitätische Rückflussstruktur wird beibehalten. Die Berechnung wird aufgrund der Annahme endlicher Projektlebensdauern m dann kaum komplexer. Der Annuitätenfaktor (AF) beträgt nun nicht mehr k, wie im Fall $m \to \infty$, sondern bekanntlich allgemein $AF = \frac{(1+k)^m k}{(1+k)^m - 1}$. In dem Modell wird unterstellt, dass $CFROI_t$ und $g_{\Delta I,t}$ exogen vorgegeben werden. Es ergibt sich dann, wenn für V^{EA} und V^{IO} unterschiedliche Projektdauern m zugelassen werden:[386]

$$(2-75)\quad V_0^E = E_0\left[\widetilde{J\ddot{U}}_1\right] \cdot \left[\frac{1}{AF^{EA}} + b_1 \cdot \sum_{t=1}^{T} \frac{\left(CFROI_t \cdot - AF^{IO}\right) \cdot \prod_{\tau=1}^{t} \left(1 + g_{\Delta I;\tau-1}\right)}{AF^{IO} \cdot (1+k)^t}\right]$$

(2-75) ist kaum komplexer als (2-70), jedoch gilt der Zusammenhang $g_{\Delta I,t} = \frac{b_t(1 + b_{t-1} \cdot IRR_{t-1})}{b_{t-1}} - 1$ nur bei ewiger und nicht bei begrenzter Projektdauer, so dass eine direkte Schätzung von $g_{\Delta I}$ am einfachsten umzusetzen ist.[387] (2-75) stellt wiederum eine Verallgemeinerung von (2-71) dar.

Die „Hurdle Rate", die das Aggregat von Investitionsprojekten zu überspringen hat, um positive Nettokapitalwerte beizutragen, beträgt nun AF^{IO}, und nicht mehr k. Dies ist ein wesentlicher Punkt, der in der Literatur noch nicht hervorgehoben worden ist: Eine Konvergenz von CFROI gegen k unterstellt $m \to \infty$ bei NKW = 0![388]
Gilt also $CFROI_t > AF^{IO}$, wird ökonomische Wertschaffung erwartet. Da bei begrenzter Projektdauer m gilt: $AF^{IO} > k$, kann sich aus einer Inferenz des Feltham/Ohlson-Modells eine Konvergenz von ROA und CFROI oberhalb von k ergeben. Wird $ROA_\varnothing$ z.B. wie im vorherigen Abschnitt mit 15 % bei einem k von 10 % veranschlagt, folgt - wenn plausiblerweise langfristig keine ökonomische Wertschaffung ($ROA = CFROI = AF^{IO}$) angenommen wird - eine Projektdauer von ca. 11-12 Jahren.[389]

Ein ganz wesentlicher Punkt ist nun, dass die häufig eingesetzte Annahme $IRR \to k$ ausgeht von $m \to \infty$.[390]

Ein vereinfachtes Beispiel illustriert den Ansatz nach (2-75).

---

385 Vgl. Lewis (1994), S. 133.

386 $g_{\Delta I,0}$ beträgt definitionsgemäß null.

387 Ebenso gilt deshalb *nicht* generell $g_{J\ddot{U},t} = IRR_t \cdot b_{t-1}$. Die Beziehung gilt hier zeitlich begrenzt für $t \in [1;m+1]$.

388 Wird die Projektdauer auf ewig veranschlagt, erhält man bekanntlich $\lim_{m \to \infty} AF = k$.

389 $AF = \frac{(1+k)^m k}{(1+k)^m - 1}$; $AF = 0{,}15$; $k = 0{,}10 \Rightarrow m \approx 11{,}5267$.

390 Vgl. auch Fn. 84.

Beispiel: $E_0\left[\widetilde{JÜ}_1\right] = 100$; $BS_0 = 1.000$; $k = 0{,}08$; $AF^{EA} = k$; $m = 3$; $b_1 = 0{,}5$; $CFROI_1 = 0{,}7$ bzw. $g_{\Delta I,1} = 0{,}10$: Konvergenz nach Formel (2-22) mit fade-Faktor a = 0,2 bzw. 0,1 gegen $CFROI_\varnothing = AF^{IO}$ bzw. $g_{\Delta I,\varnothing} = 0{,}01$.[391] Es folgt: $AF^{IO} \approx 0{,}388$.
$V_0^E = 1.250 + 183{,}14 = 1.433{,}14$.

Alle Wachstumsraten konvergieren gegen die Steady State-Wachstumsrate $g_{\Delta I,\varnothing}$, wobei die Konvergenz - wie folgende Abbildung zeigt - für g_{RG} eine bedeutend längere Zeitspanne als für g_D in Anspruch nimmt.

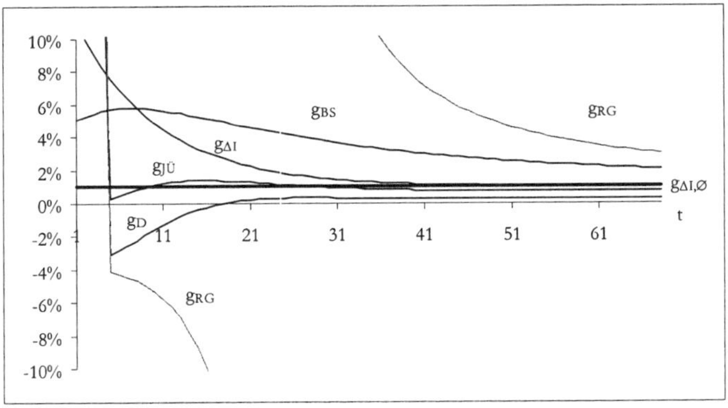

Abbildung 2-36: Differenzierte Wachstumsraten und Investment Opportunities-Ansatz

Auch hier ist zu betonen, dass nach T keine implizite Liquidationsannahme getroffen werden muss. Es ist nun aber im Gegensatz zu (2-70) zwingend erforderlich, dass nach T reinvestiert wird in Projekte mit NKW gleich null, weil aufgrund der Endlichkeitsannahme (m) der Dividendenstrom sonst versiegen und eine endliche Lebensdauer des Unternehmens hervorrufen würde. Vertreter des CFROI-Ansatzes gehen standardmäßig von dieser Annahme aus, da nach T von langfristigen (realen) Wachstumsraten mit $g_{\Delta I,\varnothing} > 0$ % ausgegangen wird.

391 $CFROI_2 = 0{,}7 \cdot 0{,}8 + 0{,}2 \cdot 0{,}388 \approx 0{,}6376$; $g_{\Delta I,2} = 0{,}1 \cdot 0{,}9 + 0{,}1 \cdot 0{,}01 = 0{,}091$ usw.

Nach einer BCG-Schätzung konvergieren weltweit $CFROI_t$ bzw. $g_{\Delta I,t}$ innerhalb von T = 40 Jahren mit einem Degressionsfaktor (fade bzw. decay rate) von 10 % bzw. 20 % gegen den *realen* Kapitalkostensatz des Unternehmens[392] bzw. gegen eine langfristige *reale* Wachstumsrate $g_{\Delta I,\varnothing}$ von 1,5 %, unabhängig davon, ob über- oder unterdurchschnittliche $CFROI_t$ bzw. $g_{\Delta I,t}$ vorlägen.[393]
Es dürfte evident sein, dass außerhalb des CFROI-Modells diese veröffentlichten Parameterschätzungen nicht recht weiter helfen, da sie auf andere Modelle wie z.B. schon das Investment Opportunities-Modell nach (2-70) bzw. dessen Ableger nicht *direkt* übertragbar sind, etwa aufgrund der Endlichkeitsannahme über die Projekte, der Realrechnung etc.
b_t ergibt sich dann implizit wie auch in dem O´Brien-Modell.[394]

Der allgemeinere Investment Opportunities-Ansatz bietet den Vorteil, realistische Konstellationen wie veränderliche Wachstumsraten $g_{\Delta I,t}$ und Reinvestitionsrenditen IRR_t im Endwert abzubilden. Der Ansatz ist zweifelsohne flexibler als eine ewige Rente (mit Wachstum).[395] Das bedeutet nicht, dass der Ansatz deshalb kein Endwertproblem hätte. So vermittelt Lewis (1994) den Eindruck, dass aufgrund einer mechanistischen Prognose von Wachstumsraten und Reinvestitionsrenditen dem Investment Opportunities-Ansatz dieses Problem fern sei.[396] Diese Argumentation scheint allzu formal, denn es erscheint schwer zu

---

392 Fraglich ist, was eine Konvergenz gegen k bei *endlichen m* aussagt. Bei der Modellierung nach (2-75) reicht eine Konvergenz gegen AF, falls NKW = 0 der zukünftigen Projekte intendiert ist. Wird hingegen CFROI niedriger als AF angesetzt, bedeutet dies implizit negative NKW´s!

393 Vgl. Boston Consulting Group (2000), S. 52-54; Boston Consulting Group (2001), S. 64-65; Boston Consulting Group (2002), S. 75. Wie dieser Prozess näher aussieht, wird in der BCG-Studie nicht näher ausgeführt.
Lehmann (1994), S. 184-185, präzisiert den Prozess der CFROI-Konvergenz mit folgender Formel: $CFROI_{t+1} = CFROI_t - (CFROI_t - CFROI_{\varnothing})\cdot\omega$, wobei der Degressionsfaktor ω - wie oben angegeben - mit 10 % veranschlagt wird. Eine Konvergenz unterdurchschnittlicher Wachstumsraten sei aber nicht nachgewiesen. Lehmann (1994) lässt auch erkennen, dass das standardisierte Verfahren problematisch sein könnte, sowie die Daten aus den USA u.U. nicht für Deutschlang gültig seien. Empirische Untersuchungen lägen hierzu nicht vor.
In Lewis (1994), S. 111, beträgt der Degressionsfaktor ω für $g_{\Delta I,t}$ noch 10 % und $g_{\Delta I,\varnothing}$ für Deutschland 2 %; der Prozess wird angegeben mit: $g_{\Delta I,t+1} = g_{\Delta I,t} - (g_{\Delta I,t} - g_{\Delta I,\varnothing})\cdot\omega$. Es werden auch bei Lewis (1994), S. 128, zwei vereinfachte Bewertungsformeln präsentiert, deren analytische Nachvollziehbarkeit jedoch schwer fällt. Eine gewisse Ähnlichkeit der „algebraischen Wertformel (II)“ ist mit der Preinreich Formel (2-11) auszumachen, wobei (II) hingegen mit einem Konvergenzfaktor multipliziert wird.
Madden (1999), S. 164, betont die Individualität dieser Prozesse, und zeigt in den S. 165-167 ein auf empirische Daten gestütztes, gleichwohl differenzierteres Vorgehen auf. Die Beschreibung der Vorgehensweise ist eher deskriptiv und knapp. Einer sehr kritischen Beurteilung wird das Fade-Konzept des CFROI-Modells unterzogen von Young/O´Byrne (2001), S.407-411. Die sehr umfangreiche empirische Literatur bestätigt Mean Reversion von Buchrenditen im Prinzip aber einhellig. Es ist nicht ganz einfach zu sehen, wieso sich diese Eigenschaft - trotz aller Unterschiede im Detail - nicht auch auf den Parameter CFROI übertragen sollte. Gleichwohl muss diese Frage aufgrund mangelnder empirischer Studien bislang offen bleiben.
Es wird propagiert, dass das CFROI-Modell ein robustes Modell sei für den Fall, dass keine individuelle Unternehmensplanung vorliege. Vgl. Boston Consulting Group (2001), S. 11. Die z.T. recht großen Abweichungen zwischen errechnetem Marktwert und -preis, die von der BCG als „Expectation Premium“ deklariert werden, deuten aber an, dass Annahmen des Bewertungsmodells bzw. das Bewertungsmodell selbst verbessert werden können, wenn von der (nicht unumstrittenen) Hypothese eines informationseffizienten, rationalen Kapitalmarktes ausgegangen wird.

394 Allerdings wird dort von einem konstanten $g_{\Delta I}$ und nicht von einem konvergierenden $g_{\Delta I,t}$ ausgegangen. IRR_t unterliegt wie $CFROI_t$ auch einem Konvergenzprozess gegen den Kapitalkostensatz. Dieser ist im Gegensatz zu (2-75) durch die Modell-Parameter normiert. Der ökonomische Konvergenzprozess dauert in dem Beispiel etwa 25 Jahre und nicht 40 Jahre. Zudem ist freilich die Projektdauer m bei O´Brien unendlich und in dem CFROI-Modell endlich.

395 Dass sich die unterschiedlichen Ansätze wertmäßig je nach Parameter-Konstellation erheblich unterscheiden können, dürfte nicht überraschen. Vgl. dazu auch Lehmann (1994), S. 192-193.

396 Vgl. Lewis (1994), S. 130. Ein ähnliches Argument wurde in der Literatur auch als Vorzug des Ohlson-Modells ins Feld geführt.

glauben, dass für alle Unternehmen ein Bewertungsmodell (mit gegebenen Parametern) gelten soll.[397] Langfristig konvergieren g_{BS} und $g_{\Delta I}$, wenn $g_{\Delta I}$ konvergiert.[398]

Die folgende Synopse fasst die in dieser Arbeit behandelten Investment Opportunities-Ansätze knapp zusammen:

Modell	**Merkmale**	**Formel**	**Kapitel**
Miller/Modigliani (1961)	$T \rightarrow \infty$, $m \rightarrow \infty$, b, IRR	(2-8)	2.1.1.1.4.
Solomon (1963), Mao (1966)	$T \rightarrow \infty$, $m \rightarrow \infty$, $g_{\Delta I}$ = 0 %, IRR	(2-19)	2.1.2.
O´Brien (2003)	$T \rightarrow \infty$, $m \rightarrow \infty$, $g_{\Delta I}$, $IRR_t \rightarrow k$	(2-25)	2.1.3.1.
Eigenes Modell	$T \rightarrow \infty$, $m \rightarrow \infty$, $g_{\Delta I,t}$, $IRR_t \rightarrow k$	(2-28)	2.1.3.2.
Miller/Modigliani (1961) Danielson/Dowdell (2001) In Anlehnung an das DCF-Modell von Copeland/Koller/Murrin (2000)	T, $m \rightarrow \infty$, b_I, IRR_I, IRR_{II} = k, $ROA_{II} = ROA_{I,T+1}$ T, $m \rightarrow \infty$, b_I, IRR_I, IRR_{II} = k, ROA_{II} ($ROEA_I$, $ROEA_{II}$) T, $m \rightarrow \infty$, b_I, b_{II}, IRR_I, IRR_{II}	(2-58) (2-60) (2-64)	2.2.3.1.
Mao (1966)	$T \rightarrow \infty$, $m \rightarrow \infty$, $b_{t,I}$, $b_{t,II}$, $b_{t,III}$, IRR	(2-67)	2.2.3.2.
Eigenes Modell	T, $m \rightarrow \infty$, $g_{\Delta I}$, $IRR_{I,t}$, IRR_{II} = k T, $m \rightarrow \infty$, $g_{\Delta I}$, $IRR_{I,t}$, $IRR_{II} = IRR_T$	(2-68) (2-69)	2.2.3.3.
Eigenes Modell	T, $m \rightarrow \infty$, b_t, IRR_t T, $m \rightarrow \infty$, $g_{\Delta I,t}$, IRR_t	(2-70) (2-72)	2.2.3.4.1.
Modellinterpretation des CFROI-Ansatzes	T, m, $g_{\Delta I,t}$, $CFROI_t$, AF^{IO}, AF^{EA}	(2-75)	2.2.3.4.2.

Tabelle 2-5: Synopse zu Modellen des Investment Opportunities-Ansatzes

---

397 Darauf deuten die vielen empirischen Überprüfungen des Ohlson-Modells hin, die zu nicht sehr befriedigenden Ergebnissen führten. Nach der Interpretation von Kothari (2001) ist dies aber nicht als ein Versagen von LIM zu verstehen, sondern bedingt durch die Individualität von Unternehmen.

398 $\lim_{t \to \infty} g_{\Delta I,t} = \frac{g_{BS,t+1}}{g_{BS,t}} \cdot \left(1 + g_{BS,t}\right) - 1 = g_{BS}$

2.3. Approximative und exakte Endwertmodelle

Es wurde eingangs ausgeführt, dass bei der Unternehmensbewertung i.d.R. Phasenmodelle eingesetzt werden, wobei die erste Phase explizit und der sich danach über eine oder mehrere Phasen erstreckende Endwert pauschaliert geplant wird. Nun wurde bislang in dieser Arbeit von der Vorstellung ausgegangen, dass sich die im Bewertungszeitpunkt vorhandenen Informationen in der expliziten Phase detailliert und im Endwert aufgrund der plausibel als niedriger vermuteten Informationsdichte zwar lediglich pauschaliert, aber dennoch niederschlagen.

Eine hiervon streng zu trennende Vorstellung über den Endwert lautet, dass die inhärenten Implikationen eines Endwertmodells tatsächlich gar nicht erwartet werden, sondern – aus welchem Grund auch immer – lediglich davon ausgegangen wird, dass ein spezifisches Modell eine gute Approximation des Endwerts darstellt.[399]

Kurz gesagt, es lassen sich exakte und approximative Endwertmodelle unterscheiden. Erstere werden als „exakt" gekennzeichnet, weil sie alle Bewertungsinformationen auch verarbeiten. Damit soll nicht gewertet werden, ob die vorliegenden Bewertungsinformationen das Attribut „exakt" überhaupt verdienen können.[400]

Das Kapitel ist wie folgt aufgebaut: Zuerst wird die oft geäußerte These analysiert, dass eine Verlängerung des expliziten Planungszeitraums bei approximativen Endwertmodellen zu besseren Bewertungsergebnissen führe. Anschließend wird zu der in der Literatur intensiv debattierten Frage Stellung bezogen, ob Residualgewinn-Ansätze für praktische Bewertungsfälle eine bessere Abschätzung des Endwerts darstellen.

2.3.1. Zur Länge des expliziten Prognosezeitraums: Approximative Endwertmodelle im Vergleich

Zuweilen wird in Literatur und Praxis behauptet, dass der Einfluss des Endwerts bei steigendem Planungshorizont abnehme und durch eine Ausdehnung des Planungshorizonts die Modellierung des Endwerts relativ unwichtig werde.[401] Deshalb könne dann auch ein einfaches Modell wie etwa das der ewigen Rente mit Wachstum als Stellvertreter eingesetzt werden, ohne einen großen Fehler zu begehen. Träfe dies zu, könnte man sich für *praktische Belange* guten Gewissens von den unterschiedlichen Endwertmodellen mit dem Hinweis verabschieden, dass der Einsatz unterschiedlicher Modelle im Ergebnis keinen großen Unterschied machte, und - um ein in diesem Zusammenhang beliebtes „Totschlag-Argument" zu wiederholen - lediglich „Scheingenauigkeit" vorspiegelte. Im Folgenden wird gezeigt, dass diese populäre These i.a. nicht gerechtfertigt ist, weil sie an viel engere Bedingungen geknüpft ist, als deren Anhängern bewusst zu sein scheint.

Wird ein spezifiziertes Referenz-Modell eingesetzt, das einen unbegrenzten Planungshorizont aufweist, kann untersucht werden, welche Abweichung sich ergibt, wenn ab einem beliebigen Zeitpunkt T die explizite Prognose abgebrochen wird, und anschließend ein approximatives Endwertmodell eingesetzt wird.

Um es deutlich zu betonen, theoretisch ist die Frage der Wahl von T nicht von Belang. Unabhängig davon, ob und wie die Sezierung von Überschüssen erfolgt, ergibt sich der gleiche Wert, wenn von den exakten Informationsgrundlagen ausgegangen wird.[402] Durch das Konstrukt des approximativen Endwerts kommt jedoch eine theoretische Unschärfe ins Spiel, die die Frage

[399] Vgl. auch schon die kurze Diskussion in 2.1.1.3.2.

[400] Es erscheint nicht vernünftig zu erwarten, zu dieser Frage eine trennschärfere Abgrenzung erhalten zu können. Bewertungsinformationen wie Planungen künftiger Cashflows, Residualgewinne, Renditen, Wachstumsraten usw. können allenfalls als mehr oder weniger plausibel eingeschätzt werden.

[401] „The idea behind the horizon concept seems to be that posthorizon simplifications introduce only minor valuation errors." Ohlson/Zhang (1999), S. 437.

[402] Dies betonen Copeland/Koller/Murrin (1990), S. 218.

interessant werden lässt, ob das Versprechen einer tolerierbaren Erleichterung der Planung eingelöst werden kann.
Zur Illustration sei der Investment Opportunities-Ansatz nach dem Modell von O´Brien (2003) betrachtet, d.h. Formel (2-25). Als approximatives Endwertmodell wird von der Formel einer ewigen Rente mit Wachstum ausgegangen, die sich aufgrund ihres praktisch häufigen Einsatzes anbietet. In die Formel werden die jeweilige langfristig erwartete Wachstumsrate, sowie der explizit geplante Überschuss aus Periode T eingesetzt.[403] Die Abweichungsergebnisse werden zum einen für den DCF- (durchgezogene Linie), wie für den Residualgewinn-Ansatz (gestrichelte Linie) konkret an folgendem Beispiel gezeigt.

Beispiel: $E_0\left[J\tilde{\ddot{U}}_1\right] = 100$; $BS_0 = 1.500$; $E_0\left[\Delta\tilde{I}_1\right] = 50$ $(b_1 = 0{,}5)$; $IRR_1 = 0{,}14$; $g_{\Delta I} = 0{,}05$;
$f = 0{,}04$; $k = 0{,}08$.
$V_0^E = 1.250 + 535{,}71 = 1.785{,}71$.

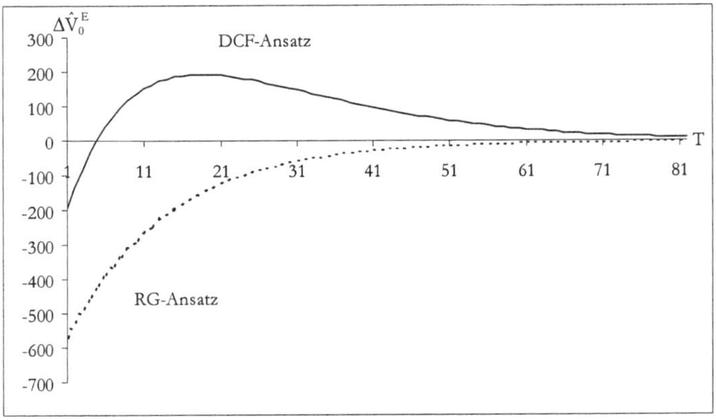

Abbildung 2-37: $\Delta\hat{V}_0^E$-Differenz in Abhängigkeit des expliziten Planungshorizontes T

Nun reüssiert in dem Beispiel der DCF-Ansatz bis T = 15 besser als der Residualgewinn-Ansatz $\left(\left|\Delta\hat{V}_0^{E,DCF}\right| < \left|\Delta\hat{V}_0^{E,RG}\right|\right)$, und ab T > 15 schlechter. Generell erscheint es schwierig, eine Aussage darüber zu treffen, welcher Ansatz besser einen relativ kurz gewählten expliziten Planungshorizont verdauen kann, wenn als Endwert-Approximation eine Formel der ewigen Rente mit Wachstum unterstellt ist.[404] Ab einem hinreichend großen T werden die Approximationsfehler aber tolerabel. Wenn die Transversalitätsbedingung - der auf t = 0 diskontierte Endwert geht gegen null - hält, ist *langfristig* generell mit einer Konvergenz zu rechnen.[405]

---

403 Langfristig geht g_D gegen 0,05 und g_{RG} gegen 0,01. Ob der Überschuss der Vorperiode mit $(1+g_i)$ multipliziert wird oder nicht, ändert das Resultat nicht wesentlich.
404 Wird als Referenzmodell z.B. der Investment Opportunities-Ansatz (CFROI-Modellierung) nach dem Beispiel zu (2-75) eingesetzt, reüssiert der Residualgewinn-Ansatz durchgehend schlechter als der DCF-Ansatz, weil die Wachstumsrate des Residualgewinns bedeutend weiter von der Steady State-Rate entfernt ist als die Dividendenwachstumsrate. Vgl. hierzu Abbildung 2-36. Bei einer anderen Datenkonstellation hätte aber auch der Residualgewinn-Ansatz zu einer kleineren Abweichung führen können.
405 Vgl. auch Ohlson/Zhang (1999), S. 438.

Das Beispiel illustriert, dass bei den üblicherweise relativ kurz unterstellten Planungsdauern von 3-10 (bzw. bis 20) Jahren,[406] das Problem entstehen kann (hier bei dem DCF-Ansatz), dass durch eine Erhöhung des Horizonts der Fehler sogar größer wird, wenn eine approximative Endwertformel eingesetzt wird.
Ein Vorschlag, um zu testen, ob das Endwertmodell Probleme bereitet, sieht eine Verdopplung des ursprünglich gewählten expliziten Prognosehorizonts vor.[407] Wird in dem Beispiel für das DCF-Modell anstatt von T = 10 von 20 Jahren ausgegangen, bringt diese Heuristik wenig, da der approximierte Wert bei hoher $\Delta\hat{V}_0^E$-Differenz nahezu gleich bleibt.
Die bisherigen Ausführungen deuten darauf hin, dass es schwierig sein dürfte, *allgemein* zu zeigen, dass ein längerer Prognosehorizont,[408] geschweige denn ein bestimmter Rechen-Ansatz *analytisch* überlegen sei.[409] Im Zweifel gibt es zwei Alternativen zu einer allzu pauschalen Endwertprognose anhand der ewigen Rente: Entweder wird bedeutend länger explizit geplant, oder eine konsistente, d.h. die vermuteten Zusammenhänge verarbeitende Endwert-Formel eingesetzt.

Ohlson/Zhang (1999) zeigen eine *spezielle* Konstellation auf, in der ein längerer Prognosehorizont *stets* zu besseren Ergebnissen führt. Sie fragen sich, welche Auswirkungen es hätte, wenn ein Bewerter eine explizite Prognose von Residualgewinnen konform mit dem Ohlson-Modell (1995) - jedoch nur für einen begrenzten Planungshorizont - durchführte, sowie für die Bewertung der danach anfallenden Residualgewinne eine vereinfachte Endwertformel einsetzte.
Klar ist auch hier, würde der eingesetzte Endwert exakt die modellendogenen Residualgewinn-Zeitreihe widerspiegeln, hätte aufgrund der Wertadditivität die Phasendifferenzierung keine materielle Auswirkung auf den Unternehmenswert. Ohlson/Zhang (1999) untersuchen zwei approximierende Endwert-Kandidaten (A und B) auf etwaige Bewertungsfehler hin.

- Modellspezifikation A: Ewige Rente mit Wachstum

Zunächst sei die dominierende Endwertkonvention der ewigen Rente mit Wachstum betrachtet. Die Verknüpfung des Residualgewinns zwischen erster und zweiter Phase findet über die Wachstumsrate ω statt, gegen die langfristig g_{RG} in dem Ohlson-Modell (1995) konvergiert, solange gilt $\omega > \gamma$.
Bei der Fehler-Betrachtung reicht es aus, sich auf die zweite Phase zu konzentrieren. Die Abweichung kommt dadurch zustande, dass bei der vereinfachten Endwertberechnung $\nu_0 = 0$ unterstellt ist, während dieser zusätzliche Residualgewinn aufgrund der Informationsdynamik im Ohlson-Modell Beachtung findet. Die Abweichung ist proportional zu ν_0, das ein Skalar darstellt. Der Fehlerterm lässt sich deshalb vereinfachen zu:[410]

$$(2\text{-}76)\quad \Delta\hat{V}_0^E = \underbrace{E_0\left[R\tilde{G}_T\right]\cdot\frac{1+\omega}{(k-\omega)(1+k)^T}}_{\substack{\text{Approximierter Endwert}\\ \text{nach Modellspezifikation A}}} - \underbrace{\sum_{t=T+1}^{\infty} E_0\left[R\tilde{G}_t\right]\cdot(1+k)^{-t}}_{\text{Endwert nach Ohlson-Modell}} = \left(\frac{1+\gamma}{1+k}\right)^T \nu_0\alpha_2$$

[406] Bei der Software von Lundholm/Sloan (2004) etwa lässt sich standardmäßig eine explizite Planungsphasendauer von 5, 10 und 20 Jahren bestimmen.
[407] Vgl. Copeland/Koller/Murrin (1994), S. 307.
[408] So klingt der Vorschlag von Copeland/Koller/Murrin (1990), S. 224, zwar plausibel: „When in doubt, choose a longer rather than a shorter forecast period." Damit wird die Hoffnung verbunden, dass der Fehler monoton abnimmt. Theoretisch ist dieser Vorschlag aber nur unter engen, im Folgenden dezidiert zu zeigenden Referenzmodellen in Verbindung mit spezifischen Endwertmodellen gedeckt.
[409] Diese Feststellung ist insofern aufschlussreich, da Studien *empirisch* einen leichten Vorteil des Residualgewinn-Ansatzes ausfindig machen. Vgl. dazu auch noch den nächsten Abschnitt 2.3.2.
[410] Vgl. Ohlson/Zhang (1999), S. 442 und S. 446-447.

Im Fall $\gamma = -1$ bzw. $\nu_0 = 0$ beträgt die Abweichung offensichtlich null.[411]

- Modellspezifikation B: Aggregierte Jahresüberschüsse angepasst um Dividendenzahlungen

Das in empirischen Untersuchungen eingesetzte Modell B *approximiert* den Endwert über den Ansatz aggregierter Jahresüberschüsse angepasst um Dividendenzahlungen (capitalized aggregated earnings adjusted for dividends). Dieser Ansatz ist allgemein so formuliert:[412]

$$(2\text{-}77)\quad \hat{V}_0^E = \left((1+k)^T - 1\right)^{-1} \cdot \left[\sum_{t=1}^{T} E_0\left[J\tilde{\ddot{U}}_t\right] + \sum_{t=1}^{T} E_0\left[\tilde{D}_t\right]\left((1+k)^{T-t} - 1\right)\right]$$

Der Ansatz ist mit dem Dividendendiskontierungsmodell exakt nur dann kompatibel $\left(\hat{V}_0^E = V_0^E\right)$, wenn gilt: $T \to \infty$. Außerhalb $T \to \infty$ handelt es sich um eine Heuristik zur Wertbestimmung.[413] Der Ansatz provoziert folgende Frage: Sind etwa Jahresüberschüsse in einem ewigen Rentenmodell (mit Wachstum) *direkt* wertrelevant?[414] Dies trifft i.a. aber nicht zu, da gezeigt werden kann, dass der erste Term bei $k > g$ nach Multiplikation mit $(1+k)^T - 1$ einen Wert von null annimmt und das schon bekannte Dividendendiskontierungsmodell im ewigen Rentenfall wieder zum Vorschein kommt.[415]

Wie bewährt sich dieser Ansatz als Endwert angesichts des Referenzmodells von Ohlson (1995)? Es wird wie bei Modell A davon ausgegangen, dass sich der Wert aus dem Buchwert und dem Barwert der Residualgewinne der expliziten Phase zusammensetzt, der nun jedoch, um den Endwert auf Basis der Wachstumsrate ω zu berücksichtigen, noch zusätzlich mit folgendem Term $\dfrac{(1+k)^T}{(1+k)^T - (1+\omega)^T}$ multipliziert wird:

$$(2\text{-}78)\quad \hat{V}_0^E = BS_0 + \sum_{t=1}^{T} E_0\left[R\tilde{G}_t\right] \cdot (1+k)^{-t} \cdot \frac{(1+k)^T}{(1+k)^T - (1+\omega)^T}$$

Ein formaler Unterschied zwischen (2-78) und Modell A ist, dass der Endwert hier multiplikativ und dort additiv erfasst wird.[416] (2-78) kann aber auch durch leichtes Erweitern alternativ definiert werden, so dass der approximierte Endwert gemäß der üblichen additiven Vorgehensweise deutlich wird:

$$(2\text{-}79)\quad \hat{V}_0^E = BS_0 + \underbrace{\sum_{t=1}^{T} E_0\left[R\tilde{G}_t\right] \cdot (1+k)^{-t}}_{\substack{\text{Barwert der} \\ \text{Residualgewinne der ersten Phase}}} + \underbrace{\sum_{t=1}^{T} E_0\left[R\tilde{G}_t\right] \cdot (1+k)^{-t} \cdot \frac{(1+\omega)^T}{(1+k)^T - (1+\omega)^T}}_{\substack{\text{Approximation des Barwerts der} \\ \text{Residualgewinne der zweiten Phase}}}$$

Falls die Transversalitätsbedingung $k > \omega$ eingehalten ist, gilt:

---

411 Für die nun noch zu untersuchende Modellspezifikation B gilt dieses Resultat auch.

412 Vgl. Ohlson (1995), S. 674-675; Ohlson/Zhang (1999), S. 444. Penman (1992), S. 468, wertet diesen Ansatz als „breakthrough". Alternativ kann (2-77) wie folgt formuliert werden, wobei diese Beziehung nützlich ist, da mit ihrer Hilfe (2-77) leichter berechnet werden kann: $\hat{V}_0^E = BS_0 + \dfrac{(1+k)^T}{(1+k)^T - 1} \cdot \sum_{t=1}^{T} E_0\left[R\tilde{G}_t\right] \cdot (1+k)^{-t}$.

413 Vgl. Ohlson/Zhang (1999), S. 444.

414 Penman (1992), S. 470, bejaht dies wortstark.

415 Vgl. Levin/Olsson (1998a), S. 140.

416 Vgl. Ohlson/Zhang (1999), S. 444-445.

$$\lim_{T\to\infty} = \frac{(1+\omega)^T}{(1+k)^T-(1+\omega)^T} = 0$$

Geht T $\to\infty$, gilt also $\hat{V}_0^E = V_0^E$.

Die Bewertungsabweichung beträgt bei endlichem T:

(2-80) $$\Delta\hat{V}_0^E = \underbrace{\sum_{t=1}^{T} E_0\left[R\tilde{G}_t\right]\cdot(1+k)^{-t}\cdot\frac{(1+\omega)^T}{(1+k)^T-(1+\omega)^T}}_{\text{Approximierter Endwert nach Modellspezifikation B}} - \underbrace{\sum_{t=T+1}^{\infty} E_0\left[R\tilde{G}_t\right]\cdot(1+k)^{-t}}_{\text{Endwert nach Ohlson-Modell}}$$

Vergleicht man nun die beiden Modellspezifikationen vor dem Hintergrund des Ohlson-Modells, lässt sich beweisen, dass der Bewertungsfehler - definiert als Wert des Zwei-Phasen-Modells abzüglich des Wertes nach dem Ohlson-Modell - mit zunehmender expliziter Phasenlänge *monoton* abnimmt.
Dieses Ergebnis ist *nicht* trivial. Greift man - wie eingangs gezeigt - andere Kandidaten als Referenzmodelle auf, kann der Fehler je nach Prognosehorizont oszillieren. Allgemeingültige Aussagen, ob mit einem bestimmten Modell oder einem Rechenansatz durch eine Verlängerung des Prognosehorizonts Verbesserungen verbunden sind, scheinen alles andere als leicht getroffen werden zu können.
Der Kern des Beitrags von Ohlson/Zhang (1999) ist daher, dass die absoluten Fehler bei den untersuchten Endwert-Modellen mit steigendem Horizont T *monoton* abnehmen.[417] Das bedeutet, je höher der Planungshorizont gewählt wird, desto zuverlässiger wird die Prognose, wenn als entscheidende Annahme die lineare Informationsdynamik des Ohlson-Modells (1995) zugrundegelegt wird.
Die intuitiv plausibel wirkende Behauptung „eine Erhöhung des expliziten Planungshorizonts bewirkt eine Verbesserung der Bewertungsqualität", findet ihre Bestätigung, wenn den Annahmen des Ohlson-Modells gefolgt wird. Es ist nicht ausgeschlossen, dass noch weitere Annahmenkonstellationen existieren können, bei denen dieses Resultat möglich wird.

Ohlson/Zhang (1999) klären daneben auch die Frage, ob eine Modellspezifikation der anderen hinsichtlich der Approximationsgüte - ausgedrückt durch die Bewertungsdifferenz - eindeutig überlegen ist. D.h.:

$$\underbrace{\left(\frac{\gamma}{1+k}\right)^T \nu_0\alpha_2}_{\Delta\hat{V}_0^E \text{ nach Modell A}} \text{ vs. } \underbrace{\sum_{t=1}^{T} E_0\left[R\tilde{G}_t\right]\cdot(1+k)^{-t}\cdot\frac{(1+\omega)^T}{(1+k)^T-(1+\omega)^T} - \sum_{t=T+1}^{\infty} E_0\left[R\tilde{G}_t\right]\cdot(1+k)^{-t}}_{\Delta\hat{V}_0^E \text{ nach Modell B}} \text{ bzw.}$$

$$E_0\left[R\tilde{G}_T\right]\cdot\frac{1+\omega}{(k-\omega)(1+k)^T} \text{ vs. } \sum_{t=1}^{T} E_0\left[R\tilde{G}_t\right]\cdot(1+k)^{-t}\cdot\frac{(1+\omega)^T}{(1+k)^T-(1+\omega)^T}.$$

Ohlson/Zhang (1999) beweisen, dass der Modellvorschlag B einen größeren absoluten Fehler als das Modell A induziert.[418] Die Modellanalyse kann insofern die in der Praxis weit verbreitete Anwendung des Modells der ewigen Rente mit Wachstum bestätigen.
Demonstriert werden diese Spezifikationen an dem schon in 2.1.4.1.1. gezeigten Beispiel zu dem Ohlson-Modell (1995). Ob der Fehler $\left|\Delta\hat{V}_0^E\right|$ negativ oder positiv ist, hängt – wie (2-76) zeigt –

[417] Vgl. auch Ohlson/Zhang (1999), S. 442.
[418] Vgl. Ohlson/Zhang (1999), S. 445, 448. Das folgende Beispiel belegt auch, dass das Endwert-Modell B ab T > 1 stets inferior gegenüber Modell A ist. Zumindest ist Modell B nicht superior gegenüber A. Im Spezialfall γ = -1 bzw. $\nu_0 = 0$ betragen beide Modellabweichungen null.

allein davon ab, ob ν_0 kleiner oder größer als null geschätzt wird. Hier ist $\nu_0 > 0$, und der Fehler ist negativ.[419] In dem Beispiel wird also aufgrund der Vereinfachungen unterbewertet, und dies aufgrund der Monotonie-Eigenschaft auch durchgängig.[420] Zudem hängt die kritische Länge T von den gewählten Persistenzparametern ab.

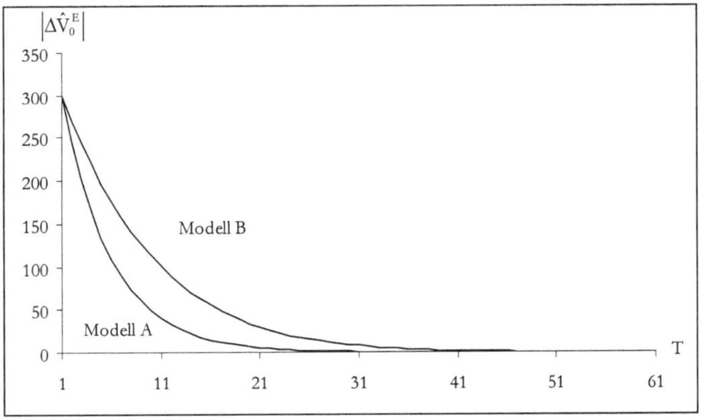

Abbildung 2-38: $|\Delta\hat{V}_0^E|$-Differenz in Abhängigkeit des expliziten Planungshorizontes T

Die Monotonie-Eigenschaft ist i.a. auch innerhalb des Ohlson-Modells (1995) nicht zu erwarten, wenn statt des Residualgewinn-Ansatzes ein DCF-Ansatz Verwendung findet.[421] Wird die LIM-Struktur des Ohlson-Modells (1995) verlassen, indem z.B. die allgemeinere Informationsdynamik des Feltham/Ohlson-Modells (1995) eingesetzt wird,[422] geht die Monotonie-Eigenschaft ebenfalls verloren.[423]

Das Monotonie-Resultat muss auch nicht mehr halten, wenn als Endwertapproximation z.B. $E_0[R\tilde{G}_T] = 0$ herangezogen wird.[424] D.h. es ist a priori dann nicht klar, welche Effekte mit einer Ausdehnung des expliziten Planungshorizontes verbunden sind.

Nun kann eine ähnliche Diskussion auch geführt werden, falls als Referenzmodell von DCF-Modellen mit konvergierenden Wachstumsraten ausgegangen wird, wie etwa dem Modell der ewigen Rente mit arithmetischem Wachstum, dem Modell mit konvergierenden Wachstumsraten nach (2-22), dem AR(1)-Modell nach (2-24) - vgl. hierzu Abschnitt 2.1.2. -, sowie dem S-Kurven-Modell aus Abschnitt 2.2.1.1. Wird als approximatives Endwert-Modell eine ewige Rente (ggf. mit geometrischem Wachstum) angenommen, lässt sich die Monotonie-Eigenschaft nachweisen. Werden nun Bewertungsabweichungen dieser Modelle auf Basis von Residualgewinn-Ansätzen untersucht, hält die Monotonie-Eigenschaft nicht mehr allgemein.

---

419 Lediglich aus darstellungstechnischen Gründen wird in Abbildung 2-38 die $|\Delta\hat{V}_0^E|$-Differenz positiv ausgewiesen.

420 Empirisch beobachtete Unterbewertungen auf Basis des Ohlson-Modells - eventuell hervorgerufen durch die kaum zutreffende Konvergenz eines mark-to-market-accounting am Horizont, bzw. $\omega < 0$ - erführen durch eine derartige Approximation eine zusätzliche durch Vereinfachungen bedingte Unterbewertung.

421 In dem Beispiel ist der Fehler positiv, verläuft aber nicht monoton.

422 Vgl. Ohlson/Zhang (1999), S. 443, Fn. 2.

423 Vgl. Ohlson/Zhang (1999), S. 443-444.

424 Vgl. Ohlson/Zhang (1999), S. 445, Fn. 3. Vgl. auch Nissim/Penman (2001), die dieses Endwertmodell auf empirischer Basis ebenfalls für nicht einschlägig halten.

Was lässt sich aus dieser Diskussion lernen?
Unter der LIM-Struktur des Ohlson-Modells (1995) hält bei dem Residualgewinn-Ansatz die intuitive Vorstellung, dass eine Ausdehnung des expliziten Prognosezeitraums T stets bessere Ergebnisse zu Tage bringt, wenn bestimmte plausible Endwertmodelle zum Einsatz kommen. Glaubt ein Bewerter an diese Struktur, so ist die ewige Rente mit Wachstum ein besserer Schätzer für den Endwert als das Modell B (capitalized aggregated earnings adjusted for dividends).[425]
Es darf bezweifelt werden, dass die Struktur des Ohlson-Modells (1995) *stets* eine plausible Annahme darstellt. Man denke etwa nur an die allgemein schwerlich zu verdauende Implikation der mark-to-market-Bilanzierung.[426]
Ebenso kann für spezifische DCF-Referenzmodelle gezeigt werden, dass das Monotonie-Resultat bei dem approximativen Endwert-Modell der ewigen Rente (mit Wachstum) hält.

Bei dem derzeitigen Stand der Forschung stützen sich Vertreter der Monotonie-These *implizit* auf spezifische AR(1)-Prozesse, die die bislang einzig bekannten Konstellationen darstellen, innerhalb derer diese These analytisch gesichert ist. Bei Verlassen dieser Strukturen erscheint eine Einschätzung über die Güte von approximativen Endwert-Modellen a priori aber schwieriger.
Als Fazit lässt sich daher festhalten, dass im Allgemeinen bislang nichts anderes übrigbleibt, als zuerst explizit eine Vorstellung darüber zu hegen, was nach dem Horizont erwartet wird, und diese Informationen dann auch zu verarbeiten. Die Vereinfachung, ungeachtet der Planungsvorstellungen etwa eine ewige Rente mit Wachstum einzusetzen, lässt sich nicht etwa mit dem Hinweis rechtfertigen, dass der Endwert bei längerer expliziter Phase - gemeint sind damit die in der Praxis üblichen Ausdehnungen bis auf etwa 10 Jahre - nur die Rolle einer Quantité négligeable habe und deshalb eine approximative Endwertformel ausreiche. Im Gegenteil: Der Fehler kann durch ein solches Vorgehen ausgeweitet werden.
Die Vernachlässigung eines Endwertmodells ließe sich allenfalls dann rechtfertigen, wenn die explizite Planung so lange (auf ca. 100 bis 300 Jahre) ausgedehnt wird, bis der Wertbeitrag eines finiten Endwerts (Transversalitätsbedingung) im Bewertungszeitpunkt nahezu null beträgt. In Wissenschaft und Praxis führt ein derartiges Vorgehen aber bislang (noch) ein Schattendasein.[427]

2.3.2. Überlegenheit von Residualgewinn-Ansätzen?

Drei empirische Studien von Penman/Sougiannis (1998), Francis/Olsson/Oswald (2000) und Courteau/Kao/Richardson (2001) beobachten, dass Residualgewinn-Ansätze tendenziell eine bessere Abschätzung des Endwerts als DCF-Ansätze liefern. Diese Beobachtungen haben eine für amerikanische Verhältnisse intensiv geführte Literaturdebatte zwischen Lundholm/O´Keefe (2001a), (2001b) und Penman (2001b) hervorgebracht. Richardson (2001) betont dies in der Editorial Note des Contemporary Accounting Research und kommentiert: "Who is right? All parties agree that it is time to let the reader decide. The exchange (…) would be a good candidate for inclusion in doctoral seminars.".[428]

Der Endwert wird in allen Studien sowohl für Residualgewinn- und DCF-Ansätze über das gleiche Modell einer ewigen Rente mit Wachstum modelliert. Es wurde in Abschnitt 2.1.1.3.1.

---

425 Die Abschätzung eines Endwerts innerhalb der Struktur des Ohlson-Modells lässt sich etwa damit rechtfertigen, dass an das Modell geglaubt wird, jedoch die Persistenzparameter nicht mit Sicherheit bekannt sind und daher auf ein Phasenmodell Rekurs genommen wird. Ansonsten ist es natürlich ein Leichtes, den Fehler ganz zu vermeiden und direkt auf das Bewertungsmodell von Ohlson (1995) zurückzugreifen.
426 Vgl. Christensen/Feltham (2003), S. 328.
427 Vgl. etwa Gebhardt/Lee/Swaminathan (1999), S. 10; Henselmann (2000), S. 151; Francis/Olsson/Oswald (2001), S. 15, Fn. 15, sowie Fn. 2 für zwei Literaturfundstellen, die eine langfristige explizite Planung einsetzen.
428 Begley/Feltham (2002), S. 41, Endnote 4, werten, dass Lundholm/O´Keefe (2001a) Defekte („flaws") der empirischen Studien diskutierten.

gezeigt, dass bei Vorliegen von Steady State alle Ansätze für das Modell der ewigen Rente mit Wachstum äquivalent sind. Ganz offensichtlich liegt in den Studien aber kein Steady State vor, sonst wäre es nicht zu den unterschiedlichen Ergebnissen gekommen.

Gebären die empirischen Studien somit nicht ein Ergebnis, das theoretisch unsinnig ist?
Würde unterstellt, dass es sich um *exakte*, d.h. alle Planungsgrundlagen verarbeitende Endwertmodelle handelte, müsste die Frage bejaht werden. Genau dies unterstellen auch Lundholm/O´Keefe (2001a), (2001b) bei ihrer Kritik der Studien.
Jedoch wird gerade in allen empirischen Studien ausdrücklich betont, dass es sich nicht um eine *exakte*, sondern eine *approximative* Endwert-Konzeption handelt.[429] Dies betont auch Penman (2001b) nochmals. Lundholm/O´Keefe (2001a), (2001b) bewegen sich aber nicht auf dieser konzeptionellen Ebene.

Insofern bleibt zu konstatieren, dass die verhärteten Standpunkte der Protagonisten und Kritiker auf zwei unterschiedlichen, i.a. nicht miteinander zu vereinbarenden Konzeptionen beruhen. Die Kritik von Lundholm/O´Keefe (2001a), (2001b) trifft nicht den Kern der in den empirischen Studien untersuchten Konzeption (approximativer Endwert), sondern stülpt den Studien eine andere Konzeption (exakter Endwert) über. Die dort aufgezeigten Untersuchungen zu dem Modell der ewigen Rente innerhalb des Steady State reihen sich neben frühere Untersuchungen von Penman (1998a), Levin/Olsson (1998a), Levin/Olsson (2000) ein.[430]

Lässt sich aus den empirischen Studien aber etwas lernen, in denen es um die Frage geht, welcher Ansatz auf der Grundlage eines approximativen Endwerts zu einer besseren Nachbildung von Börsenpreisen führt?[431]
Der approximative Endwert ist kein theoretisches Konzept. Es spiegelt nicht tatsächlich die Erwartungen über den Pfad der Überschussgröße und den Endwert wider, sondern hofft lediglich darauf, den Endwert gut approximieren zu können.
Im vorherigen Abschnitt ist aufgezeigt worden, dass dieser Frage analytisch nur nachgegangen werden kann, wenn überhaupt ein Referenzmodell zugrundegelegt wird. Dabei wurde auch schon die Schwierigkeit dokumentiert, zu allgemeingültigen Aussagen bezüglich unterschiedlicher Ansätze zu gelangen.
Die empirischen Studien gehen dem Problem der Festlegung eines Referenzmodells aus dem Weg. Es können somit auch keine Hypothesen gebildet werden, was a priori zu erwarten wäre.[432]
Die Einschätzung von Ohlson/Zhang (1999) erfasst den Zustand dieser Forschungsarbeiten treffend: „ex ante analyses are essential to avoid purely empirical (‚let-the-data-tell-its-own-story') exercises.“.[433]

Eine Vielzahl von offenen Fragen ist mit approximativen Endwertmodellen verbunden wie etwa:
a) DCF- vs. RG-Ansatz?
b) Welches approximative Endwertmodell?
c) Relevanz des Prognosehorizonts bzw. der expliziten Planungsphase?
d) Entity- vs. Equity-Ansatz?

---

429 Vgl. dazu jeweils die Einleitungen von Penman/Sougiannis (1998), S. 346; Francis/Olsson/Oswald (2000), S. 45; Courteau/Kao/Richardson (2001), S. 629.
430 Vgl. insbesondere die Kritik von Levin/Olsson (2000), S. 15.
431 Alle Studien unterstellen Effizienz des Kapitalmarktes.
432 Dies unterstreichen auch die Aussagen von Penman (2001b), S. 682, „tests of utilitarian value of alternative models“, oder etwa Francis/Olsson/Oswald (2000), S. 46, „pragmatic exercise“. Courteau/Kao/Richardson (2001) sprechen von “Ideal” und “Ad Hoc Terminal Values”.
433 Ohlson/Zhang (1999), S. 446.

Zu a) Die Entscheidung, welcher Ansatz gewählt wird, ist bei einem exakten Endwert-Modell eine formale, keine materielle Frage. Bei einem approximativen Endwert-Modell wird die Frage wertentscheidend.

Zu b) Welches Endwertmodell gewählt wird, ist auch eine materielle Frage bei der exakten Konzeption. Bei dieser lässt sich dann auch hinterfragen, was impliziert ist. Bei dem approximativen Vorgehen bleibt dies eher verborgen. Es könnte spekuliert werden, dass andere Endwertmodelle die Rangfolge veränderten.

Zu c) Der Prognosehorizont ist theoretisch bei exaktem Vorgehen irrelevant. Bei approximativem Vorgehen wird der Horizont relevant.

Zu d) Innerhalb eines exakten Modells können zumindest Inferenzen gezogen werden, welche Finanzierungspolitik intendiert sein könnte. Die Frage, welcher Ansatz eingesetzt wird, ist dann eine eher formale Frage. Für ein approximatives Modell bleibt die Anwendung der Ansätze aber im Dunkeln.[434]

Selbst bei Vorliegen eines Referenzmodells wird i.a. eine Beantwortung dieser Fragen zur kasuistischen Kleinarbeit, weil die theoretischen Zusammenhänge in einem approximativen Endwertmodell nicht mehr aufrechterhalten sein müssen. Ohlson/Zhang (1999) haben gleichwohl gezeigt, dass etwa für das Ohlson-Modell (1995) die Punkte b) und c) unter einschränkenden Bedingungen geklärt werden können. Auf weitere mit der Argumentation von Ohlson/Zhang (1999) vergleichbare Ergebnisse ist im vorherigen Abschnitt hingewiesen worden. Wie sollte analytisch eine Beantwortung dieser Fragen ohne ein Referenzmodell überhaupt möglich sein?

Levin/Olsson (2000) und Plenborg (2002) meinen, dass das Ergebnis der Studien vorhersehbar gewesen sei.[435] Levin/Olsson (2000) gelangen zu dieser Aussage, indem als Referenzmodell eine ewige Rente mit Wachstum innerhalb Steady State herangezogen wird, wobei das Steady State-Modell auf einer spezifisch verknüpften Finanzplanung beruht. Ein Rechenbeispiel demonstriert, dass ein approximatives Endwert-Modell in Gestalt der ewigen Rente mit Wachstum besser abschneidet, wenn es auf Residualgewinnen anstatt auf Cashflows basiert. Das Beispiel lässt sich leicht verallgemeinern. Im Steady State gilt bei k ≠ ROA: $V_0^E = \frac{E_0[\tilde{D}_1]}{k-g} = BS_0 + \frac{E_0[R\tilde{G}_1]}{k-g}$.

Wird nun wie bei Levin/Olsson (2000) lediglich der Überschuss variiert, dann ist ersichtlich, dass bei absolut gleichen Änderungen von $E_0[\tilde{D}_1]$ und $E_0[R\tilde{G}_1]$ die $\Delta\hat{V}_0^E$-Differenzen bei beiden Ansätzen identisch ausfallen.[436] Derjenige Ansatz ist robuster, der absolut kleinere Überschussänderungen aufweist. Nun müsste geklärt werden, wieso der Residualgewinn-Ansatz überwiegend die kleineren Differenzen in den Samples zugeschrieben bekommen sollte.
Ähnlich geht Plenborg (2002) vor. Er unterstellt als Referenzmodell eine ewige Rente, wobei gilt: IRR = ROA = k (unbiased accounting), d.h. Markt- und Buchwert entsprechen sich. Approximative Endwert-Modelle auf Basis von DCF- und Residualgewinn-Ansatz in Gestalt der

---

434 Lundholm/O'Keefe (2001a), S. 323-325, argumentieren auf dem Fundament eines exakten Modells. Es ist nicht ganz leicht nachzuvollziehen, wieso sich Lundholm/O'Keefe (2001a), S. 325-327, S. 330-332, dann bei der Darstellung des WACC- und Equity-Ansatzes auf ein so dunkles Konzept wie das der Internen-Zinsfuß-Methode zurückziehen. Vgl. näher hierzu Kapitel 3.2.1. In den empirischen Beiträgen sind einige weitere hinterfragungswürdige Annahmen enthalten, deren Diskussion aber nicht den Kern des hier untersuchten Problems darstellt.

435 Vgl. Levin/Olsson (2000), S. 13-15; Plenborg (2002), S. 315.

436 Wird z.B. der Jahresüberschuss $E_0[J\tilde{U}_1^*]$ außerhalb des Steady State geschätzt, überträgt sich diese Differenz absolut gleich auf $E_0[\tilde{D}_1^*] = E_0[J\tilde{U}_1^*] - gBS_0$ und $E_0[R\tilde{G}_1^*] = E_0[J\tilde{U}_1^*] - kBS_0$.

ewigen Rente mit Wachstum werden untersucht. Plenborg (2002) kommt dabei zu dem Schluss, dass das Ausmaß der Bewertungsdifferenzen bei DCF-Ansätzen größer als bei Residualgewinn-Ansätzen sei.

Levin/Olsson (2000) und Plenborg (2002) gehen bei ihrer Interpretation der empirischen Studien von sehr einfachen Referenzmodellen (ewige Rente mit Wachstum im Steady State bzw. ewige Rente ohne Wachstum) aus. Die Modellierungen rationalisieren die empirischen Ergebnisse ex-post, fußen aber in entscheidendem Ausmaß auf dem Einsatz der einfachen Referenzmodelle, die auch in der äußeren Gestalt den in den Studien eingesetzten approximativen Endwertmodellen entsprechen.
Parametrisierte Residualgewinn-Modelle wie z.B. das Feltham/Ohlson-Modell bzw. Investment Opportunities-Modelle wie das O´Brien-Modell deuten an, dass es unter ökonomisch nicht unplausiblen Annahmen eines bedeutend längeren Prognosehorizonts als üblicherweise veranschlagt bedarf, um in den Rentenfall zu gelangen. Es wurde im vorherigen Abschnitt ausgeführt, dass die Bewertungsabweichungen aufgrund des Einsatzes approximativer Endwertmodelle dann bei DCF- wie auch bei Residualgewinn-Modellen *groß* sein können.

In der folgenden Tabelle werden diese Diskussion betreffende Beiträge entsprechend der Konzeption des approximativen bzw. exakten Endwertmodells geordnet.[437]

a) Approximative Endwert-modelle	Empirie: Penman/Sougiannis (1998) Francis/Olsson/Oswald (2000) Courteau/Kao/Richardson (2001) Theorie: Ohlson/Zhang (1999) Interpretation empirischer Ergebnisse: Levin/Olsson (2000) Plenborg (2002) Replik: Penman (2001b)
b) Exakte Endwertmodelle	Theorie: Penman (1998a) Levin/Olsson (1998a) Lundholm/O´Keefe (2001a), (2001b)

Tabelle 2-6: Einordnung der Literaturbeiträge zu der Residualgewinn-Kontroverse

Als Fazit lässt sich ziehen, dass Lundholm/O´Keefe die Vorstellung des approximativen Modells nicht teilen. Diese Einstellung, die in ihrer Rigorosität an Adornos „Es gibt kein richtiges Leben im falschen."[438] erinnert, wirkt etwas schroff. Endwertmodelle agieren in der Praxis im Spannungsfeld zwischen Approximation und Exaktheit. Eine Untersuchung approximativer Modelle ist daher eine legitime Fragestellung, da somit erste Antworten auf in der Praxis übliches Gebaren möglich werden. Die theoretischen Überlegungen deuten auf die Enge approximativer Endwertmodelle hin. Die empirische Forschung steckt jedoch noch in den Kinderschuhen, da Referenzmodelle zur Hypothesenbildung fehlen. Welches Referenzmodell diese approximativen Modelle eigentlich approximieren, und wieso sie dies gut oder schlecht schaffen, bleibt im Dunkeln. Die bislang in der Literatur vorgebrachten ex-post-Rationalisierungen können nicht recht überzeugen.

---

437 Die Analyse in den Abschnitten 2.1. und 2.2. beruht - soweit nicht eigens darauf hingewiesen wird - auf exakten Endwertmodellen.
438 Adorno (1993), S. 42.

Deshalb scheint der Grad, wie viel aus diesen empirischen Studien gelernt werden kann, eine offene Frage zu sein.[439]

Bezüglich einer Verallgemeinerbarkeit der Studienergebnisse ist Skepsis angebracht (Gelten die Ergebnisse auch in anderen Bilanzierungswelten als US-GAAP?).[440] Derzeit könnte allenfalls der Schluss gezogen werden, dass sich bei einer Nachbildung des spezifischen Vorgehens der Studien ein ähnliches Ergebnis für Unternehmen aus dem Sample im Durchschnitt erwarten lässt. Ob ein solches Vorgehen im einzelnen Bewertungsfall – unterstellt, diese Bedingungen träfen zu - uneingeschränkt zu empfehlen ist, darf bezweifelt werden.
Es erscheint eher sinnvoll, gerade bei der Bestimmung des Endwerts nicht mit Sorgalt zu geizen. In den empirischen Studien wird aufgrund von Zeit- und Ressourcenrestriktionen eine Vielzahl von Unternehmen ohne detaillierte Analyse untersucht.[441] Für praktische Unternehmensbewertungen, in denen nicht nach mechanischen Prognosen für eine plausible Schnell-Bewertung einer Vielzahl von Unternehmen verlangt wird, kommt der seriöse Bewerter i.a. um eine explizite Festlegung, welche Informationen er verarbeitet sehen möchte, nicht herum, und sei es, dass es sich dabei um eine ewige Rente (mit Wachstum) im Steady State handelt.[442] Ob die Verarbeitung exakter Endwerte nun über pauschalierte Modelle erfolgt, was angesichts der üblicherweise geringeren Informationsdichte eher zu erwarten ist, oder über vollständige Finanzplanungsmodelle,[443] falls dem Bewerter sehr langfristige, detaillierte Prognosen vorschweben sollten, erscheint als eine nachgelagerte, technische Frage.[444]
Einleuchten dürfte, dass eine vollständige Finanzplanung der Vorstellung eines approximativen Endwerts widerspricht.

Den neueren Endwertmodellen ist das Charakteristikum eines Konvergenzprozesses gemein. Es liegt eine beachtliche Vielfalt von Angeboten vor. Da die langfristigen Erwartungen von Investoren bunter zu sein scheinen, als diejenigen, die sich bei einer Anwendung des Endwertmodells der ewigen Rente nach einer relativ kurzen expliziten Planungsphase ergeben, sollte diese Angebotsvielfalt auch wahrgenommen und im Einzelfall auf Anwendbarkeit geprüft werden. Welche Konvergenzprozesse nun einschlägig sind, ist eine empirische Frage, zu denen schon einige Ergebnisse vorliegen.[445]

---

439 Francis/Olsson/Oswald (2000), S. 47, vermuten, dass Residualgewinn-Endwertmodelle besser reüssierten, da über lange Zeiträume Residualgewinne besser als Dividenden prognostiziert werden könnten.

440 Vgl. auch Penman/Sougiannis (1998), S. 377. Dass empirische Ergebnisse aus einer bestimmten Rechnungslegungswelt nicht einfach übertragbar auf unterschiedliche Rechnungslegungswelten sind, belegen Bartov/Goldberg/Kim (2001). Sie finden, dass in Deutschland Gewinne nicht besser als Cashflows Bewertungen - im Gegensatz zu den USA - erklären. Im Zuge der Internationalisierung der Rechnungslegung mag sich dieses Bild in Zukunft vielleicht ändern.

441 Vgl. etwa Penman/Sougiannis (1998), S. 355, die im Durchschnitt 4.192 Unternehmen pro Jahr untersuchen. Für Fundamentalbewertungen mit einer großen Anzahl von Unternehmen erscheint das Vorgehen realistisch, obgleich auch hier noch Forschungsbedarf besteht. Vgl. etwa Francis/Olsson/Oswald (2001).

442 Dass dieses Modell kein Nonplusultra darstellt, dürfte dem Leser hinreichend gezeigt geworden sein.

443 Im Prinzip lassen sich die vollständigen Finanzplanungsmodelle der expliziten Prognosephase auch für die Bestimmung der Überschüsse des Endwerts einsetzen, falls alle für die Endwertphase abzubildenden Parameter in diesen Modellen auch enthalten sind.

444 Eine behavioristische Vermutung hingegen lautet, dass eine längerfristige detaillierte Planung zu einer besseren Einschätzung des Unternehmenswertes führe, da eine sorgfältigere Planung damit einhergehe. Diese Vermutung wird geäußert im Zusammenhang mit der Interpretation einer empirischen Untersuchung aus dem Venture Capital Bereich von Dittmann/Maug/Kemper (2002), S. 25-26.

445 Es handelt sich um eine empirische Fragestellung, die zu einem Dauerbrenner der Wirtschaftswissenschaft zählt. Vgl. anstatt vieler etwa Stigler (1963), Fama/French (2000), sowie Fn. 147.

2.4. Unsicherheit und Renditen

Es wird von einem marktorientierten, d.h. Tauschmöglichkeiten berücksichtigenden Kalkül im Gegensatz zu einem individualistischen Kalkül ausgegangen. Ein vollkommener und vollständiger Kapitalmarkt wird angenommen. Es existiert ein eindeutiges risikoneutrales Wahrscheinlichkeitsmaß q.

Wie können Renditen für eine arbitragegewinnfreie Bewertung definiert werden?[446]
Bislang wurde davon ausgegangen, dass die Renditen k (Total Shareholder Return, TSR) deterministisch sind. $\widetilde{D}_t$ und k sind dann *stochastisch unabhängige Zufallsgrößen*. Deswegen kann wie in (2-1) auch das Produkt gebildet werden. Diese Konstellation ist aber eng.[447]

Wie könnte vorgegangen werden, wenn stochastische Renditen zugelassen sind?

Die These, den Wert durch Diskontierung unbedingt erwarteter Dividenden mit unbedingt erwarteten Renditen zu bestimmen, ist i.a. nicht richtig.[448] Wird eine flache, deterministische Zinsstruktur unterstellt, ergibt sich:[449]

$$V_0^E = \sum_{t=1}^{n} \frac{E_0^q[\widetilde{D}_t]}{(1+i)^t} = E_0\left[\sum_{t=1}^{n} \frac{\widetilde{D}_t}{\prod_{j=1}^{t}(1+\widetilde{k}_j)}\right] \neq \sum_{t=1}^{n} \frac{E_0[\widetilde{D}_t]}{\prod_{j=1}^{t}(1+E_0[\widetilde{k}_j])}$$

Da die Zufallsgrößen $\widetilde{D}_t$ und $\widetilde{k}_t$ stochastisch abhängig sind, funktioniert eine Bewertung mit unbedingt erwarteten Renditen nicht, weil der Erwartungswert eines Produkts nicht dem Produkt der Erwartungswerte zweier Zufallsgrößen entspricht.[450] Eine der risikoneutralen Bewertung äquivalente Bewertung kann erreicht werden durch eine Ermittlung von zeit- und zustandsabhängigen Renditen. Dieses Vorgehen ist rechnerisch aufwändig. Ein rechnerisch leichter zu handhabendes Vorgehen wird im Folgenden aufgezeigt.

Unbedingt erwartete Dividenden können bei Korreliertheit von $\widetilde{V}_{t-1}^E$ und $\widetilde{k}_t$ mit *gewichteten*, nicht jedoch mit *einfachen* unbedingt erwarteten Renditen diskontiert werden. Gewichtet wird mit den Wertanteilen der Vorperiode $\frac{\widetilde{V}_{t-1}^E}{E_0\left[\widetilde{V}_{t-1}^E\right]}$, wobei das Superskript w für „weighted" steht. Es besteht

---

[446] Eine Spezifikation des Cashflow-Prozesses bzw. des temporalen Verlaufs der risikoneutralen Wahrscheinlichkeiten erfolgt nicht, um die Definition allgemein zu halten. Die Konstellation eines stochastisch unabhängigen Cashflow-Prozess etwa wird nicht eigens hervorgehoben, da diese für lange Zeiträume sehr unrealistisch und deshalb für praktische Unternehmensbewertungen in einem Endwertmodell sehr angreifbar erscheint.

[447] Vgl. Ohlson (1990), S. 659-660.

[448] Vgl. etwa Ingersoll (1987), S. 220; Ohlson (1990), S. 659-660; Fama (1996), S. 426. Prokop (2003a), S. 71, zeigt eine Bewertungsformel entlang der dritten Definition mit stochastischen Renditen. Diese Bewertung kann i.a. nicht arbitragegewinnfrei sein.

[449] Die Methode der risikoneutralen Wahrscheinlichkeiten etwa hat dieses Problem nicht, wenn im Nenner der Bewertungsformel deterministische Zinssätze stehen.

[450] Dieser mathematische Satz ist ein Allgemeingut der Stochastik. Für Summen hingegen gilt, dass der Erwartungswert einer Summe der Summe der Erwartungswerte entspricht. Vgl. etwa Barth/Haller (1985), S. 205-206.

dann folgender Zusammenhang zwischen $E_0[\tilde{k}]$ und $E_0^w[\tilde{k}]$ bei h Umweltzuständen mit dem Zustandsindex j:[451]

$$\text{(2-81)}\quad E_0^w[\tilde{k}_t] = \sum_{j=1}^{h} \frac{\tilde{V}_{j,t-1}^E}{E_0[\tilde{V}_{t-1}^E]} \cdot \underbrace{p_{j,t} \cdot \tilde{k}_{j,t}}_{E_0[\tilde{k}_t]}$$

$E_0^w[\tilde{k}_t]$ kann nach der auf Modigliani/Miller zurückgehenden Differenzengleichung äquivalent repräsentiert werden:[452]

$$\text{(2-82)}\quad E_0^w[\tilde{k}_t] = \frac{E_0[\tilde{D}_t + \tilde{V}_t^E]}{E_0[\tilde{V}_{t-1}^E]} - 1$$

Der gewichtete TSR setzt sich zusammen aus gewichteter Dividenden- $E_0^w[\tilde{\delta}_t] = \frac{E_0[\tilde{D}_t]}{E_0[\tilde{V}_{t-1}^E]}$ und gewichteter Kursgewinnrendite $E_0^w[\tilde{g}_{V,t}] = \frac{E_0[\tilde{V}_t^E]}{E_0[\tilde{V}_{t-1}^E]}$-1 (≙ Wachstumsrate des Marktwerts).[453]

Die Definition erscheint nützlich, weil sie die üblicherweise geschätzte Größe $E_0[\tilde{D}_t]$ direkt bewerten kann, und ökonomisch auch interpretierbar ist. Wird unterstellt, dass $E_0^w[\tilde{k}]$ im Zeitablauf konstant ist, lässt sich schreiben:[454]

$$\text{(2-83)}\quad V_0^E = \sum_{t=1}^{n} \frac{E_0[\tilde{D}_t]}{(1 + E_0^w[\tilde{k}])^t} = \sum_{t=1}^{n} \frac{E_0^q[\tilde{D}_t]}{(1+i)^t}$$

Die Definition der gewichteten unbedingt erwarteten Rendite $E_0^w[\tilde{k}]$ beinhaltet auch den Fall der einfachen erwarteten Rendite $E_0[\tilde{k}] = k$.

Die hier vorgestellte Renditedefinition wird an einem Beispiel illustriert.

Beispiel: Die subjektive Wahrscheinlichkeit betrage $p_{tj} = p = 0{,}5$[455]; i = 0,06. Es sei von einem eigenfinanzierten Projekt ausgegangen, dessen unsichere Zahlungen sich für den Zweiperiodenfall in einem Binomialmodell mit den assoziierten, risikoneutralen Wahrscheinlichkeiten q_{tj} wie folgt darstellen:

---

451 Äquivalent lässt sich der Zusammenhang zwischen $E_0[\tilde{k}]$ und $E_0^w[\tilde{k}]$ auch so definieren: $E_0[\tilde{k}_t] = E_0^w[\tilde{k}_t] - \frac{Cov_0[\tilde{V}_{t-1}^E, \tilde{k}_t]}{E_0[\tilde{V}_{t-1}^E]}$. Vgl. analog LeRoy/Werner (2001), S. 142. Die Kovarianz ist definiert als Produkt aus dem Korrelationskoeffizienten und den Standardabweichungen: $\rho(\tilde{V}_{t-1}^E, \tilde{k}_t) \cdot \sigma(\tilde{V}_{t-1}^E) \cdot \sigma(\tilde{k}_t)$.

452 Vgl. für den ewigen Rentenfall etwa Modigliani/Miller (1963), S. 438-439, und zu Verallgemeinerungen dieses Falls etwa Ezzell/Miles (1983), S. 28; Inselbag/Kaufold (1989); Inselbag/Kaufold (1997); Drukarczyk (2003b), S. 263.

453 Vgl. (2-18).

454 Falls die Renditen zeitabhängig sind, kann geschrieben werden: $V_0^E = \sum_{t=1}^{n} \frac{E_0[\tilde{D}_t]}{\prod_{j=1}^{t}(1 + E_0^w[\tilde{k}_j])}$.

455 Der jeweilige Knoten wird mit j gekennzeichnet. Es ist freilich nicht notwendig, dass die Wahrscheinlichkeiten p zeit- und knotenunabhängig sind.

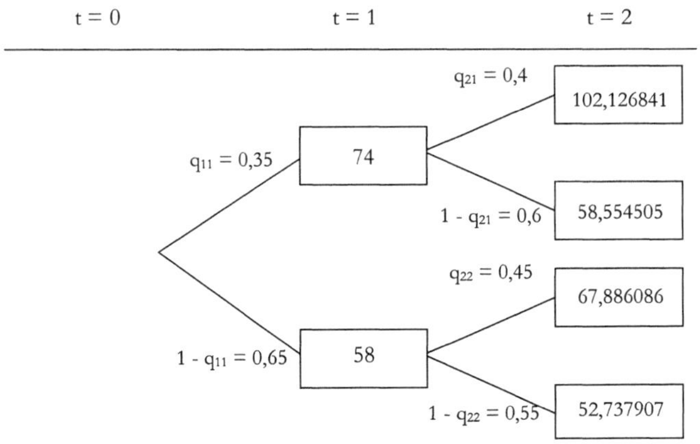

$$V_0^E = \sum_{t=1}^{n} \frac{E_0^q\left[\tilde{D}_t\right]}{(1+i)^t} \approx 118{,}120938.$$[456]

Die nachfolgende Tabelle stellt die Parameter zusammen:

	t = 1	t = 2
$E_0\left[\tilde{D}_t\right]$	66	70,3263349
$E_1\left[\tilde{D}_t\right]$	-	j = 1: 80,340673; j = 2: 60,311997
$E_1\left[\tilde{g}_{D,t}\right]$	-	j = 1: 8,568477 %; j = 2: 3,986201 %
$E_0^w\left[\tilde{g}_{D,t}\right]$[457]	-	6,555053 %
$E_0\left[\tilde{g}_{D,t}\right]$	-	6,277339 %
$E_1\left[\tilde{k}_t\right]$	-	j = 1: 12,078519 %; j = 2: 7,348097 %
$E_0^w\left[\tilde{k}_t\right]$	10 %	10 %
$E_0\left[\tilde{k}_t\right]$	10 %	9,713308 %
δ_t^*[458]	j = 1: 1,03233021; j = 2: 1,03233021	-

456 $E_0^q\left[\tilde{D}_t\right]$ lassen sich als Sicherheitsäquivalente interpretieren. Diese betragen 63,6 für t = 1 und 65,3046859 für t = 2.

457 $E_0^w\left[\tilde{g}_{D,t}\right] = \frac{E_0\left[\tilde{D}_t - \tilde{D}_{t-1}\right]}{E_0\left[\tilde{D}_{t-1}\right]}$

458 $\delta_t^* = \frac{\tilde{D}_t}{\tilde{V}_t^E}$

Der Wert nach (2-83) beträgt $V_0^E = \sum_{t=1}^{n} \frac{E_0\left[\tilde{D}_t\right]}{\left(1+E_0^w\left[\tilde{k}\right]\right)^t} \approx 118{,}120938$. Es ist zu betonen, dass der Barwert offensichtlich nicht mit $V_0^E \neq \sum_{t=1}^{n} \frac{E_0\left[\tilde{D}_t\right]}{\prod_{j=1}^{t}\left(1+E_0\left[\tilde{k}_j\right]\right)}$ identisch sein kann. Jedoch könnte stattdessen mit zeit- und zustandsabhängigen Renditen bewertet werden. Die Berechnung wird dann aufwändiger, wenn die Zeiträume sehr lang sind. Ein solches Procedere findet sich aber kaum in der Literatur noch in der Praxis der Unternehmensbewertung.

In dem Beispiel sind $E_0^w\left[\tilde{k}_t\right]$ und $E_0^w\left[\tilde{g}_{D,t}\right]$ stochastisch, δ_t^* hingegen deterministisch. $E_0^w\left[\tilde{k}_t\right]$ ist zudem zeitkonstant konstruiert worden. Folgende Kombinationen zwischen den Parametern k, δ^* und g_D können nach Abbildung 2-39 unterschieden werden:[459]

	k	$\tilde{k}$
δ^*	I g_D	II $\tilde{g}_D$
$\tilde{\delta}^*$	III $\tilde{g}_D$	IV $g_D / \tilde{g}_D$

Abbildung 2-39: Mögliche Kombinationen von k und δ^*, sowie Implikationen für g_D

In dem Beispiel liegt offensichtlich Quadrant II vor. In der Literatur wird überwiegend Quadrant I unterstellt. Dies galt auch in den vorherigen Abschnitten, um die Notation nicht zu überfrachten. Die Kombinationen III und IV lassen sich analog zu Konstellation II belegen.

Die Definition (2-82) ist seit Modigliani/Miller in der Literatur weit verbreitet und rechnerisch einfach zu handhaben. Sie kann beliebige Muster von Cashflow- und risikoneutralen Wahrscheinlichkeitsverteilungen im Zeitablauf zum Barwert kondensieren. Dies ist deshalb ein Vorteil, da ein Modell mit deterministischen Renditen beliebige Cashflow-Muster aufgrund restringierter Verteilungen konzeptionell nicht erfassen kann. Wird nur Quadrant I zugelassen, werden die Abbildungsmöglichkeiten über risikoadjustierte Renditen kastriert. Risikoadjustierte Renditen sind dann im Vergleich etwa zu einer Abbildung über Sicherheitsäquivalente nicht konkurrenzfähig.

459 Dass $\tilde{g}$ in den Quadranten II und III stochastisch sein muss, ergibt sich aus Laitenberger/Löffler (2002). Die Wachstumsrate kann nicht deterministisch sein.

3. Steuern und Bewertung der Kapitalstruktur

In dem ersten Hauptteil ging es um die Planung des operativen Bereichs (Aktivseite aus Bilanzsicht) für die Endwertbestimmung.

Im dem nun folgenden zweiten Hauptteil interessiert, wie die Planung der Kapitalstruktur (Passivseite aus Bilanzsicht) unter Berücksichtigung steuerlicher Konsequenzen für eine Endwertbestimmung aussehen könnte. Besonders bei der Ermittlung des Endwerts stellt sich aufgrund seines gewichtigen Werteinflusses die Frage, wie sich Steuern auswirken. Eine analytische und damit intersubjektiv nachprüfbare Grundlage ist gegenüber ad hoc-Bewertungsansätzen vorzuziehen. Eine explizite Berücksichtigung des Wertbeitrags ist informativ und macht eine Überprüfung der Implikationen erst möglich.

In dem für den Endwert typischen Fall der ewigen Rente mit Wachstum wird oft unterstellt, dass das Fremdkapital und der Unternehmenswert mit einer betragsmäßig gleichen Rate wachsen. Steady State muss damit jedoch nicht verbunden sein, wenn die Aktivseite der Bilanz (Bilanzsumme) nicht mit g wächst.

Komplexere Endwertmodelle weisen ganz regelmäßig kein homogenes und kein zeitinvariantes Wachstum auf. Die nachfolgenden Ausführungen sind daher flexibel gehalten, damit sie beliebige Wachstumsmuster der Passivseite bewerten können. Wie eine dynamische Kapitalstruktur im Zeitablauf aussehen sollte, stellt ein vielschichtiges normatives Problem dar, das in diesem Rahmen nicht zu beantworten versucht wird. Im Einklang mit der Literatur wird hier unterstellt, dass entweder eine absolute Planungsdoktrin auf Basis von Fremdkapitalbeständen ($\hat{=}$ i.d.R. F-Doktrin) vorliegt oder eine relative Planungsdoktrin auf Basis von Fremdkapitalquoten ($\hat{=}$ i.d.R. L-Doktrin). Welche Größen diese Parameter im Zeitablauf bestimmen könnten und mit welcher Intensität, wird üblicherweise in der Literatur zur Unternehmensbewertung nicht näher spezifiziert. Plausibilitätserwägungen des Bewerters strukturieren dann modellexogen die Passivseite. Die im vorausgegangenen Kapitel diskutierten Angebote für operative Endwertmodelle sind relativ detailliert im Vergleich zu dieser Art der Planung der Passivseite. Das in dieser Arbeit gezeigte Modell der dividendenabhängigen Finanzierungspolitik hingegen modelliert die Fremdkapitalbestände endogen.

In diesem Kapitel werden die in Abbildung 3-1 zusammengefassten Bewertungselemente untersucht. Unterschiedliche Finanzierungspolitiken können dabei einen erheblichen Einfluss auf den Wert der fremdfinanzierungsbedingten Steuereffekte ausüben.

Materielle Bewertungselemente
• Finanzierungspolitik
• Steuersystem
...

Umsetzung

Formale Bewertungselemente
• Planungsdoktrin
• DCF-Ansatz
• Explizit untersuchte Passivpositionen
...

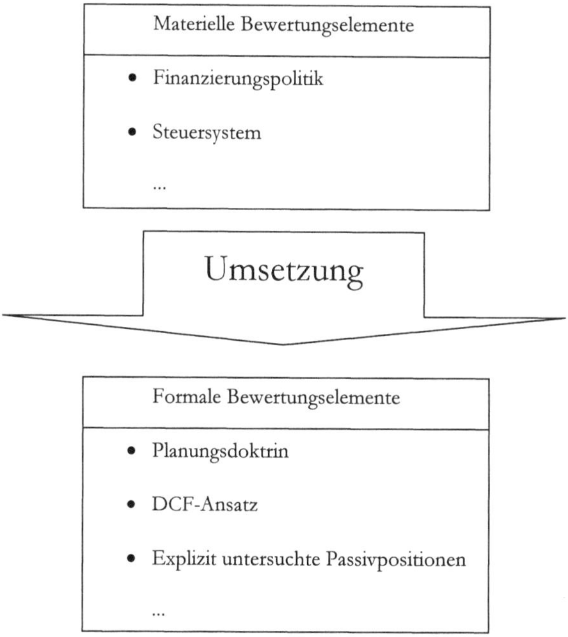

Abbildung 3-1: Überblick über Eigenschaften des Bewertungsproblems

Auch das modellierte Steuersystem hat einen wesentlichen Einfluss auf den Werteffekt. In dieser Arbeit werden zunächst die Grundüberlegungen ohne Steuern geführt. Anschließend wird die Komplexität des Steuersystems schrittweise der Realität angenähert, wie die nachfolgende Abbildung zeigt.

Unternehmensteuer s_K

Unternehmensteuern und differenzierte Einkommensteuern $s^0 (s_K, s_{GE}), s_{IE}, s_{IF}$

Unternehmensteuern, persönliche Einkommen- und Kapitalgewinnsteuern $s^0 (s_K, s_{GE}), s_{IE}, s_{IF}, s_{KG}$

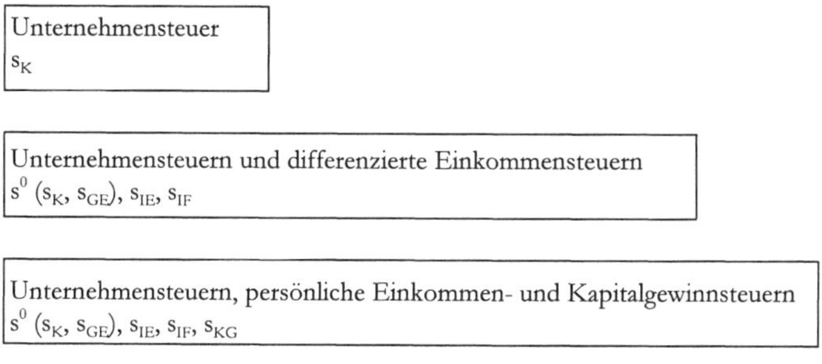

Dieses schrittweise Vorgehen scheint didaktisch ratsam. Die vorausgegangenen Stufen können als Spezialfälle der jeweils nächsthöheren Stufe aufgefasst werden.

Weitere materielle Bewertungselemente, die in dieser Arbeit nur kurz angesprochen bzw. als gegeben angesehen werden, sind etwa:

- Bewertungsperspektive (individualistisch vs. marktorieniert, hier: marktorientiert)[460]
- Risikomodell (Asset Pricing Modelle)
- Dividendenpolitik/Definition der entziehbaren Überschüsse
- Ausfallgefährdung des Fremdkapitals
- ...

Eher formale Elemente, die der Implementierung der materiellen Elemente dienen, stellen etwa die Planungsdoktrin, die Anzahl der explizit untersuchten Passivpositionen (verzinsliches Fremdkapital, Rückstellungen, usw.), sowie die Abbildung anhand von DCF-Ansätzen dar. Manche Literaturbeiträge vermitteln den Eindruck, der Rechenansatz wäre ein Zweck. Hier wird die Ansicht vertreten, dass dieser ein Mittel zum Zweck der Bewertung darstellt. Die formalen Bewertungselemente beeinflussen bei konsistenter Problemformulierung im Gegensatz zu den materiellen Elementen die Bewertung selbst nicht. Durch das Attribut „formal" sollen diese Aspekte keineswegs eine Diskreditierung erfahren. Denn wie die sehr umfangreiche und z.T. kontrovers geführte Literaturdiskussion zeigt, steckt der Teufel im Detail.

Für die DCF-Ansätze wird in der folgenden Abbildung 3-2 zwischen Entity- und Equity-Methode unterschieden.[461]

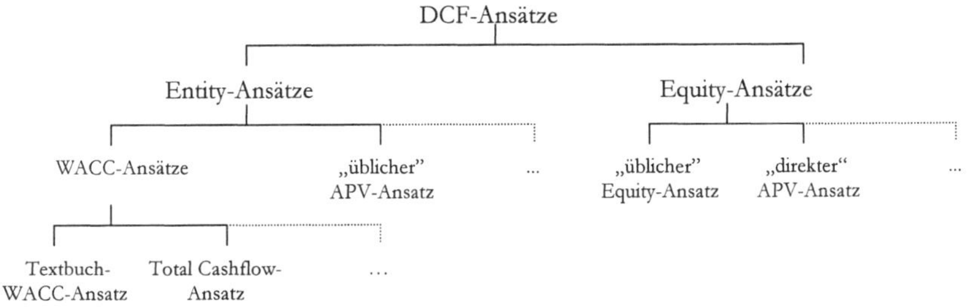

Abbildung 3-2: Überblick über DCF-Ansätze

Der APV-Ansatz kann sowohl der Entity-, wie auch der Equity-Methode zugeordnet werden. Üblicherweise ermittelt der APV-Ansatz einen Unternehmensgesamtwert, und wird daher als Entity-Methode angesehen.[462] Der „direkte" APV-Ansatz hingegen zerlegt die Dividendenbestandteile des Equity-Ansatzes (bzw. sämtliche Zuflüsse an die Eigentümer) entlang deren Risikograd und diskontiert i.d.R. mit differenzierten Renditen. Da das Ergebnis dann wie beim Equity-Ansatz auch der Wert des Eigenkapitals ist, handelt es sich um einen

460 Hier wird die arbitrageorientierte Perspektive nach Modigliani/Miller gewählt. Wertadditivität ist damit gewährleistet. Davon kann bei der individuellen Perspektive nicht ohne weiteres ausgegangen werden. Der APV-Ansatz kann dann „kentern".

461 Entity- bzw. Equity-Methode werden in der Literatur synonym als Brutto- bzw. Netto-Methode bezeichnet. Vgl. etwa Mandl/Rabel (1997b), S. 285; Henselmann (1999), S. 170.

462 Vgl. etwa Böcking/Nowak (1998), S. 686; Drukarczyk/Honold (1998), S. 43; Ballwieser (1999), S. 30; Henselmann (1999), S. 170; Steiner/Wallmeier (1999), S. 3; Baetge/Niemeyer/Kümmel (2002), S. 267-275; Volkart (2002), S. 62-63; Wirtschaftsprüfer-Handbuch (2002), S. 84; Drukarczyk (2003b), S. 200; Prokop (2003b), S. 86. Mandl/Rabel (1997b), S. 285, und Mandl (1999), S. 56, hingegen stellen den APV-Ansatz als einen Ansatz sui generis dar.

modifizierten Equity-Ansatz. Dieser hat den Vorteil lediglich auf eine F-Doktrin, und nicht wie üblich simultan auf eine F- *und* L-Doktrin aufzubauen.

Der „übliche" Equity-Ansatz wird als derjenige Ansatz verstanden, der die letztlich den Eignern zufließenden Überschüsse, die dem Unternehmen entzogen werden können, mit deren geforderter Rendite diskontiert.[463] Das im deutschsprachigen Raum übliche Ertragswertverfahren geht speziell von einer individualistischen Bewertungsperspektive aus.[464]
Weitere Equity-Ansätze der Literatur, die hier nicht näher untersucht werden, ist z.B. der Flows to Equity-Ansatz, der nicht von der geplanten Dividendenpolitik, sondern von einer potentiellen Politik ausgeht, die die „Free Flows to Equity" zugrunde legt.[465] Ebenso ließe sich ein hybrides Modell vorstellen, das von eigenfinanzierten Dividenden D auf den Wert des Eigenkapitals E^F (!) durch eine geeignete Renditedefinition schließen kann.

Innerhalb der Entity-Ansätze lassen sich neben dem „üblichen", indirekten APV-Ansatz diverse WACC-Ansätze unterscheiden. Je nach Finanzierungspolitik, Steuersystem, Anzahl der explizit untersuchten Passivpositionen etc. lassen sich unterschiedliche WACC-Ansätze ableiten. Generell können Textbuch-Renditedefinitionen bzw. deren Variationen ermittelt werden, und je nach Finanzierungspolitik auch eigenständige Definitionen eingesetzt werden. Die Vielfalt der Renditedefinitionen geht einher mit den vielfältigen Definitionsmöglichkeiten des Cashflows als auch des Unternehmensgesamtwerts im Entity-Ansatz. Diese Möglichkeiten werden in den folgenden Abschnitten dokumentiert. Innerhalb des „üblichen" Equity-Ansatzes gibt es keinen Auslegungsspielraum, welche Definition unter dem entziehbaren Überschuss zu verstehen ist. Relevant ist allein der monetäre Zufluss, der bei dem Anteilseigner ankommt. Ebenso ist der Marktwert des Eigenkapitals nicht definitionsabhängig. Diese konzeptionelle Klarheit macht Equity-Ansätze generell attraktiv.
Weitere Entity-Ansätze, die in Kapitel 3.2.1. untersucht werden, stellen der so genannte Z-Flow-Ansatz, sowie der Ansatz von Ashton/Atkins dar. Ebenso ließe sich ein hybrides Modell vorstellen, das von mischfinanzierten Dividenden D^{MF} auf den Unternehmensgesamtwert V^F (!) durch eine geeignete Renditedefinition schließen kann. Diese Spielart wird hier nicht untersucht.

Diese angedeuteten, mannigfaltigen Formulierungsmöglichkeiten vermitteln keine neuen Einsichten, lassen sich aber je nach Datenkonstellation (Finanzierungspolitik, Steuersystem, Planungsdoktrin etc.) rechentechnisch effizient einsetzen.

Nicht intensiv diskutiert bzw. als gegeben angesehen werden weitere formale Bewertungselemente wie etwa:

- Risikoabbildung (risikoangepasste Renditen, Sicherheitsäquivalente, etc.; hier: risikoangepasste Renditen)
- Investment Opportunities-, Residualgewinn-Ansätze, etc.[466]
- ...

---

463 Vgl. Williams (1938), bzw. das „Eignerbezogenheitsprinzip" und „Zuflußprinzip" nach Moxter (1983), S. 23-32 und S. 79-84. Es handelt sich dabei also letztlich um ein Dividendendiskontierungsmodell (Dividend Discount Model). Zuweilen wird in enger Auslegung darunter der Fall der ewigen Rente mit Wachstum verstanden.

464 Vgl. Mandl (1999), S. 57; Drukarczyk (2003b), S. 310-314.

465 Vgl. Damodaran (2002), S. 351-379. Werden die identischen Renditedefinitionen eingesetzt, werden sich die Ansätze i.a. unterscheiden, weil die Cashflows differieren. Bei einer Adjustierung der Renditen gemäß des theoretisch richtigen „üblichen" Equity-Ansatzes kann auch der „Free Flows to Equity"-Ansatz schlüssig eingesetzt werden.

466 Es lassen sich durch Verknüpfungen von Investment Opportunities- und Residualgewinn-Ansätzen mit den denkbar vielen Unterarten der DCF-Ansätze eine Vielzahl weiterer Ansätze kreieren. Ein anderes Bewertungsergebnis wird dadurch aber nicht hervorgerufen, so dass diese Übung hier nicht extensiv durchgeführt wird. Der Investment Opportunities-Ansatz wird in Kapitel 3.2.4.2. auf Basis einer in der Literatur spezifisch aufgeworfenen Fragestellung diskutiert. Diverse mit unterschiedlichen DCF-Ansätzen verknüpfte Residualgewinn-Ansätze werden etwa bei Richter (1996c), Schüler (1998) behandelt.

Häufig berichtete Bewertungsdivergenzen zwischen verschiedenen Berechnungen mit DCF-Ansätzen können vielfältige Ursachen haben. Die häufigsten sind:

- Es werden implizit unterschiedliche Finanzierungspolitiken unterstellt.
- Werden unterschiedliche Planungsdoktrinen (d.h. F- vs. L-Doktrin) nicht aufeinander abgestimmt, implizieren diese i.a. divergierende Fremdkapitalbestände.
- Werden inkonsistente DCF-Formeln eingesetzt, entstehen systematische Fehler.

Bei Vereinheitlichung materieller wie formaler Bewertungselemente führen die DCF-Ansätze zu gleichen Bewertungsresultaten. Entscheidend ist die Kenntnis der stringenten Gleichungen.

Der zweite Hauptteil ist in drei Abschnitte gegliedert. Die Grundmodelle der Discounted Cashflow-Ansätze werden in dem einführenden Kapitel 3.1. aufgezeigt für eine Welt, in der Steuerwirkungen nicht existieren.
Kapitel 3.2. untersucht die Auswirkungen von Unternehmensteuern auf den Wert der Fremdfinanzierung vor dem Hintergrund alternativer Finanzierungspolitiken, Planungsdoktrinen und alternativer Abbildungen anhand der Discounted Cashflow-Ansätze. Eine differenzierte Beurteilung von Finanzierungspolitiken für das Phasenmodell, insbesondere der Endwertphase schließt sich an.
In Kapitel 3.3. werden dann Unternehmensteuern und persönliche Steuern gemeinsam betrachtet. Der Wert der Kapitalstruktur (verzinsliches Fremdkapital, Pensionsrückstellungen) wird anhand klassischer Finanzierungspolitiken mit Discounted Cashflow-Ansätzen eingehend analysiert. Der Abschnitt kapriziert sich nicht allein auf die Spezialitäten des deutschen Halbeinkünfteverfahrens in seiner derzeitigen Fassung, sondern betrachtet allgemein ein System mit differenzierten Einkommensteuern und einer persönlichen Kapitalgewinnsteuer. Diese Vorgehensweise konserviert die Untersuchungsergebnisse, was angesichts des sehr schnellen Alterungsprozesses von Steuernormen in der heutigen Zeit nötig erscheint.

3.1. Werteinfluss der Fremdfinanzierung ohne Steuerwirkungen

Die Grundidee, dass Fremdkapitaltitel auf einem vollkommenen und vollständigen Kapitalmarkt keinen Einfluss auf den Unternehmensgesamtwert haben, ist bereits seit 1958 in der amerikanischen Literatur bekannt und stammt von Modigliani und Miller (MM).[467] Es wird angenommen, dass Zinszahlungen immer geleistet werden können und Fremdkapital nicht ausfallbedroht ist. Eine flache Zinsstrukturkurve liegt vor. Erwartete und versprochene Renditen stimmen für den risikolosen Zinssatz i überein. Es herrschen homogene Erwartungen. Das Investitionsprogramm ist unabhängig von der Kapitalstruktur.[468]

---

[467] MERTON H. MILLER, 16. Mai 1923 – 03. Juni 2000, Nobelpreis 1990; FRANCO MODIGLIANI, 10. Juni 1918 – 25. September 2003, Nobelpreis 1985.

[468] Des Weiteren wird angenommen: Unendliche Teilbarkeit der Wertpapiere; keine (staatliche) Regulierung von Kapitalmarkttransaktionen; keine Transaktionskosten und Informationsbarrieren bzw. -kosten; etwaigen Einlagenerfordernissen werde z. B. durch Kapitalerhöhungen nachgekommen und das aufgenommene Fremdkapital übersteige auch nicht die Bilanzsumme und den Marktwert zu jedem Zeitpunkt und in jedem Zustand. In einer späteren Flut von Veröffentlichungen wurde gezeigt, dass sich einige der Annahmen noch verallgemeinern lassen.

In der Literatur stand man den damals bahnbrechenden Thesen von Modigliani/Miller (1958) anfangs eher skeptisch gegenüber.[469] Die Ideen sind im deutschen Sprachraum publik geworden, wenn auch erst mit der typischen Zeitverzögerung.[470]
Die von Modigliani/Miller (1958) in einer Welt ohne Steuerwirkungen aufgestellten Propositionen I-III nehmen den ewigen Rentenfall an. Die Propositionen sind aber auch gültig unabhängig von der Gestalt der Cashflows[471], den stochastischen Eigenschaften der Rendite k und der Art der Finanzierungspolitik.[472] Proposition I ist die Ausgangsbasis für den Adjusted Present Value-Ansatz (APV).

$$\text{(I)}\quad V_0^F = \sum_{t=1}^{n} \frac{E_0\left[\tilde{D}_t\right]}{(1+k)^t}$$

Proposition II stellt den Equity-, Proposition III den WACC-Ansatz dar. Die *gewichtete unbedingt erwartete* Fremdkapitalquote ist durch $E_0^w\left[\tilde{L}\right] = \frac{F}{E_0\left[\tilde{V}^F\right]}$ definiert, wenn von einem sicheren Fremdkapitalbestand ausgegangen wird, und der Verschuldungsgrad durch $\frac{F}{E_0\left[\tilde{E}^F\right]} = \frac{E_0^w\left[\tilde{L}\right]}{1-E_0^w\left[\tilde{L}\right]}$.[473] In realistischen Fällen werden zukünftige Unternehmensgesamtwerte stochastisch sein. Daher ist dann auch $E_0^w\left[\tilde{L}\right]$ stochastisch. Es handelt sich i.a. bei den eingesetzten Kapitalkosten auch um gewichtete unbedingt erwartete Renditen.

$$\text{(II)}\quad E_0^F = \sum_{t=1}^{n} \frac{E_0\left[\tilde{D}_t^{MF}\right]}{\left(1+E_0^w\left[k^F\right]\right)^t},\quad E_0^w\left[\tilde{k}^F\right] = k + (k-i)\frac{E_0^w\left[\tilde{L}\right]}{1-E_0^w\left[\tilde{L}\right]}$$

$$\text{(III)}\quad V_0^F = \sum_{t=1}^{n} \frac{E_0\left[\tilde{D}_t\right]}{(1+WACC)^t},\quad WACC = i\cdot E_0^w\left[\tilde{L}\right] + E_0^w\left[\tilde{k}^F\right]\cdot\left(1-E_0^w\left[\tilde{L}\right]\right) = k$$

Die Bewertung ist relativ einfach, wenn keine Steuerwirkungen auftreten. Dennoch gilt es auch hier, einige Stolpersteine zu beachten:

a) So wird z.B. behauptet, die MM-Proposition II, die den Equity-Ansatz behandelt, sei im Fall einer ewigen Rente mit Wachstum nicht mehr gültig.[474] Nun könnte dies zutreffen, wenn

---

[469] Vgl. etwa die Repliken von Modigliani/Miller (1959), Modigliani/Miller (1965), Modigliani/Miller (1969), sowie zu einer Einschätzung des Gedankenguts von Miller und Modigliani etwa Ross (1988).

[470] In Kirschbaums Dissertation aus dem Jahre 1967 etwa, die den Einfluss des Fremdkapitals auf den Unternehmenswert diskutiert, werden Modigliani/Miller nicht einmal erwähnt. Vgl. zu einer kritischen Auseinandersetzung mit dem Gedankengut von Modigliani/Miller Gutenberg (1966), früh auch schon Drukarczyk (1970), (1976), Seelbach (1979) unter Berücksichtigung des damaligen Unternehmensteuersystems mit Ertrag- und Substanzsteuern. Das Institut der Wirtschaftsprüfer erkennt diese Vorschläge von Modigliani/Miller nun auch an. Siepe, ein führendes Mitglied des IDW-Arbeitskreises „Unternehmensbewertung", bezieht hierzu ebenso eindeutig Stellung. Vgl. Siepe (1998), S. 327-332, Siepe (1999), S. 815.

[471] Vgl. hierzu auch Bar-Yosef (1977), S. 211-214.

[472] Um die Notation nicht zu komplizieren, wird von k ausgegangen.

[473] $E_0^w\left[\tilde{L}\right]$ ist i.a. nicht identisch mit $E_0\left[\tilde{L}\right]$, sondern stellt eine analog zu (2-81) mit $\frac{\tilde{V}_{t-1}^F}{E_0\left[\tilde{V}_{t-1}^F\right]}$ gewichtete unbedingt erwartete Fremdkapitalquote dar.

[474] Vgl. hierzu Hemmings (1973), S. 1366-1369. Solomon (1963), S. 72, schließt diese Fallkonstellation explizit bei seiner Analyse aus.

Verschuldungsgrade im Zeitablauf variierten. Es lässt sich dann zeigen, dass (II) nur leicht modifiziert werden muss, um zeitabhängige Verschuldungsgrade zu berücksichtigen:[475]

$$(\mathrm{II}')\ E_0^w\left[\tilde{k}_t^F\right] = k + (k - i)\frac{E_0^w\left[\tilde{L}_{t-1}\right]}{1 - E_0^w\left[\tilde{L}_{t-1}\right]}$$

Betrachtet man nun jedoch den Fall einer ewigen Rente, muss das Fremdkapital mit g wachsen, da sich sonst der Dividendenzahlungsstrom nicht auf einem gleichmäßigen Wachstumspfad befindet. Der Verschuldungsgrad bleibt dann konstant und die ursprüngliche Proposition II bleibt insofern erhalten.

b) Ginge man von der in Bewertungsgutachten auf Basis des Ertragswertverfahrens nicht selten anzutreffenden Konstellation aus, dass die operativen Überschüsse mit $g_D > 0$ unendlich *wachsen* – das Modell der ewigen Rente mit Wachstum für V^E also greift – und, dass das Fremdkapital aber unendlich *konstant* bleibt mit $g_F = 0$, dann fällt der Verschuldungsgrad im Zeitablauf asymptotisch gegen null und $E_0^w\left[\tilde{k}_t^F\right]$ kann dann gemäß (II´) nicht konstant bleiben. Freilich führte eine Bewertung auf Basis einer periodenkonstanten Rendite gemäß (II) dann nicht zu einem konsistenten Ergebnis. Möchte man dennoch über einen stellvertretenden Diskontierungssatz im Sinne eines Internen Zinsfußes (IZF) bewerten, müsste die Formulierung für den Equity-Ansatz *allgemein* so aussehen:[476]

$$k_{S,IZF}^F = k + \left[k - i + g_F - g_D\right]\frac{F_{t-1}}{E_0\left[\tilde{E}_{t-1}^F\right]}$$

Für den Fall $g_D = g_F$ gilt dann wieder die Gleichung (II). Die anderen Ansätze (APV- und WACC-Ansatz), die sich aus den Propositionen I und III ergeben, benötigen die Restriktion eines konstanten Verschuldungsgrads für die Anwendung einer konstanten Rendite nicht, da der Werteinfluss der Fremdfinanzierung nur über potentielle, aber eben hier nicht vorhandene Vorteile explizit aufscheinen würde (beim APV-Ansatz im Zähler und beim (traditionellen) WACC-Ansatz im Nenner der Bewertungsgleichungen). Treten also variierende Verschuldungsgrade auf, ist der Equity-Ansatz auch hier vom Zirkularitätsproblem nicht befreit, es sei denn die Dividenden D^{MF} und Verschuldungsgrade sind vorgegeben.[477]

Im nun folgenden Abschnitt 3.2. werden Unternehmensteuern explizit berücksichtigt. Fremdkapitalzinsen werden als abzugsfähig von der steuerlichen Bemessungsgrundlage unterstellt. Sie haben somit einen Einfluss auf den Unternehmenswert. Begonnen wird die Analyse mit drei Politiken, die den Arbeiten von Modigliani und Miller entstammen.
Das ist zum einen die in der Literatur viel beachtete autonome Finanzierungspolitik mit sicheren Steuervorteilen, die von Modigliani/Miller (1963) explizit für den Fall der ewigen Rente ohne Wachstum hergeleitet wurde.
Intensiv werden ebenfalls die viel beachtete wertabhängige und die implizit oft verwendete, jedoch nur selten untersuchte inkrementell wertabhängige Finanzierungspolitik analysiert. Beide Politiken wurden von Modigliani und Miller (1958) bzw. (1966) implizit eingesetzt. Eine nähere Begründung bzw. Analyse liefern Modigliani/Miller aber nicht. Diese wurde - wie sich im Laufe

---

475 Vgl. Haugen/Kumar (1974), S. 1040-1041.

476 Hemmings (1973) bringt im Fall $g_F = 0$ für den Diskontierungssatz ein inkonsistentes Ergebnis hervor (seine Formel [8]), das hier nicht referiert zu werden braucht, da sich bei der Herleitung offensichtlich ein elementarer Fehler in der Reihenbildung eingeschlichen hat. Vgl. Hemmings (1973), S. 1369.

477 Dem aufmerksamen Leser wird nicht entgehen, dass in dieser Konstellation dann freilich APV- wie auch WACC-Ansatz ein Zirkularitätsproblem haben.

des Texts noch zeigen wird - erst später von anderen Autoren mehr oder weniger vollständig „nachgereicht".
Anschließend werden Mischungen aus autonomer und wertabhängiger Politik analysiert, sowie drei weitere, in der Literatur weniger bzw. noch nicht untersuchte Politiken wie eine bilanz-, cashflow- und dividendenabhängige Finanzierungspolitik.

3.2. Unternehmensteuern und Fremdfinanzierung

Zur Abbildung des Werteinflusses von Steuern bei Fremdfinanzierung werden hauptsächlich der APV-, Equity- und WACC-Ansatz eingesetzt. Dies sind die üblichen Bezeichnungen für jene Ansätze, beschreiben jedoch unterschiedliche Prädikate. APV (Adjusted Present Value) - der Begriff geht auf Myers (1974) zurück - umschreibt die Lösungstechnik des separaten Bewertens unterschiedlich riskanter Cashflows. Der Equity-Ansatz ist nach dem Resultat des Kalküls, dem Marktwert des Eigenkapitals E^F, benannt. Der WACC-Ansatz stellt darauf ab, wie die für die Diskontierung einzusetzende Rendite (Weighted Average Cost of Capital) definiert werden kann.
Bei dem hier untersuchten einfachen Unternehmensteuersystem unterliegen steuerliche Bemessungsgrundlagen stets dem Steuersatz s_K. Für alle zu diskutierenden Politiken wird im Folgenden angenommen, dass die steuerlichen Bemessungsgrundlagen in jeder Periode bzw. jedem Zustand ausreichen werden, um die steuerlichen Effekte aufgrund der Zinszahlungen ungemildert realisieren zu können (Verlustvorträge seien nicht vorhanden)[478].
Der Grundgedanke ist, dass sich unter diesen Bedingungen durch Einsatz von Fremdkapital auf Unternehmensebene Steuervorteile erzielen lassen, die ein Anleger durch private Verschuldung nicht erreichen kann.

3.2.1. Autonome Finanzierungspolitik

Eine autonome Politik geht davon aus, dass die Fremdkapitalbestände im Bewertungszeitpunkt zustandsunabhängig geplant sind. Insofern könnte die Politik auch treffend als *zustandsunabhängige Politik* charakterisiert werden.[479] Folglich sind unter den oben getroffenen Annahmen dann auch etwaige Steuervorteile sicher zu erzielen. Da diese in der Zukunft liegen, wird deren Wert durch Diskontierung mit dem risikolosen Zinssatz i ermittelt. Drei Planungsdoktrinen werden unterschieden, eine F-, eine $E_0^w[\tilde{L}]$- sowie eine F^+-Planungsdoktrin. Die erste plant die Fremdkapitalbestände *absolut*, die zweite *relativ* zum Unternehmensgesamtwert, und die dritte stellt eine hybride Absolutplanung dar.

3.2.1.1. F-Planungsdoktrin

Bei einer F-Planungsdoktrin werden die künftigen Fremdkapitalbestände innerhalb einer autonomen Politik aus Sicht des Bewertungszeitpunktes *deterministisch* geplant. Der APV-Ansatz

---

478 Vgl. zu Verlustvorträgen in der Unternehmensbewertung etwa Drukarczyk (2003b), Kupke/Nestler (2003).
479 Das Adjektiv „autonom" ist nicht so zu verstehen, dass die Planung der Fremdkapitalbestände selbst autonom sein muss. Hier werden durchaus Bilanzrelationen und weitere Restriktionen die absolute Höhe beeinflussen. Mit „autonom" wird der stochastische Charakter umschrieben. Die Bestände sind in t = 0 fixiert, nachdem sie einmal geplant sind. Diese sind dann kontingenzunabhängig bzw. unflexibel, d.h. sie lassen sich von äußeren Wirkungen nicht beeinflussen und gelten daher als „autonom". Weitere Bezeichnungen in der Literatur sind etwa: F-Politik, passive debt management policy, fixed debt policy. Die Begriffe „passive debt management policy" bzw. „fixed debt policy" spiegeln den Bedeutungsinhalt der autonomen Politik wider: Sind die Fremdkapitalbestände in t = 0 einmal fixiert, ist das Management nach t = 0 als passiv zu bezeichnen. Es reagiert - aus welchen Gründen auch immer - aus Sicht von t = 0 nicht auf absehbare Umwelt-Änderungen.

ist bei gegebenen $E_0\left[\tilde{D}_t\right]$ dann besonders effizient. Bei $E_0\left[\tilde{D}_t\right]$ handelt es sich um operative Cashflows nach Körperschaftsteuer.[480]

$$(3-1)\ V_0^F = \underbrace{\sum_{t=1}^{n} \frac{E_0\left[\tilde{D}_t\right]}{\left(1+E_0^w\left[\tilde{k}\right]\right)^t}}_{V_0^E} + \underbrace{\sum_{t=1}^{n} \frac{i \cdot s_K \cdot F_{t-1}}{(1+i)^t}}_{\Delta V_0^F}$$

Es wird ausdrücklich angenommen, dass sich der risikolose Anlage- und Verschuldungszinssatz nicht unterscheiden. Es gibt dann nicht das Problem, wie die Steuervorteile bei autonomer Politik zu diskontieren sind.[481] Einschlägig ist der Zinssatz i. Der ewige Rentenfall sei betrachtet, um den Einfluss von Unternehmensteuern zu verdeutlichen. Es ergibt sich dann für den Steuervorteil aus Fremdfinanzierung ΔV^F, dem zweiten Term aus (3-1): $s_K \cdot F$. Die folgende Abbildung verdeutlicht für den Fall der ewigen Rente den Zusammenhang zwischen Unternehmensgesamtwert, Marktwert des Eigen- und Fremdkapitals in Abhängigkeit von der Fremdkapitalquote. Der Unternehmensgesamtwert steigt mit zunehmender Fremdfinanzierung, weil die Steuervorteile erhöht werden.

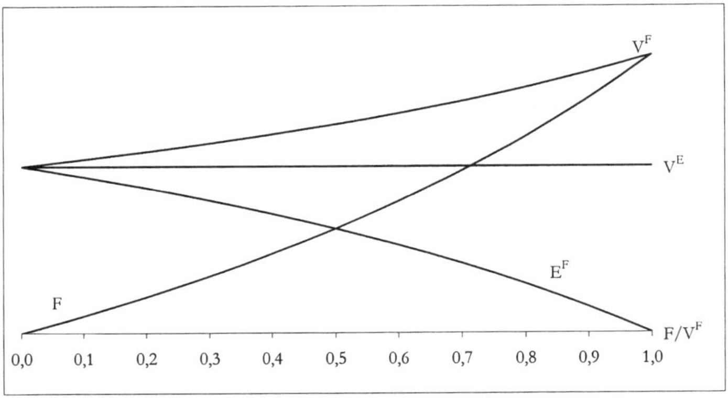

Abbildung 3-3: Unternehmensgesamtwert, Marktwert des Eigen- und Fremdkapitals in Abhängigkeit von der Fremdkapitalquote

480 Eine etwas detailliertere Definition wird in (3-51) behandelt.

481 Bestehen aufgrund des Risikos Differenzen zwischen den „cost of debt" und i, dann wird in der Literatur als durchaus pragmatische Lösung vorgeschlagen, die Steuervorteile mit den cost of debt, u.U. versehen mit einem kleinen Risikozuschlag, der kleiner als k-i ist, zu diskontieren. Vgl. Luehrman (1997), S. 151, der in seinem Beispiel auf den S. 148 und 150, nicht ganz nachvollziehbar die Tax Shields gerade bei der Bewertung des Endwerts undifferenziert mit den höchsten „cost of debt" von 9 % versieht und damit den Wert erhöht. Unklar ist auch, wieso in dieser Konstellation Buch- und Marktwerte des Fremdkapitals zusammenfallen sollen. Vgl. auch Ehrhardt/Daves (1999), S. 4. Eine vertiefende Diskussion dieses wichtigen Problemfeldes würde den Rahmen dieser Arbeit aber sprengen. Wie sich im Verlauf der Arbeit zeigen wird, ergeben sich hinreichend interessante und facettenreiche Probleme allein durch die Konzentration auf Steuerwirkungen.

Unternehmensgesamtwert und Fremdkapital haben bei zunehmender Fremdkapitalquote einen konvexen Verlauf[482] und der Wert des Eigenkapitals fällt konkav.[483] Würde an der Abszisse in Abbildung 3-3 alternativ Fremdkapital absolut abgetragen, wären die Zusammenhänge linear.

Der höchste Vorteil wird in dem Beispiel erzielt bei der Ecklösung einer Fremdkapitalquote von 1 („corner solution")[484], d.h. wenn die Differenz zwischen Unternehmensgesamtwert bei Eigen- und Fremdfinanzierung maximal wird (max [$\Delta V^F = V^F - V^E$]). Dies ist unter Unsicherheit nicht sonderlich realistisch, weil der Insolvenztatbestand immer wahrscheinlicher wird.[485] Eine geringere Fremdkapitalquote kann aber allein auch schon aus steuerlichen Gründen angezeigt sein, so dass in der hier betrachteten Modellwelt keineswegs die maximale Fremdkapitalquote theoretisch impliziert sein muss.[486]

Steuern werden in der von Modigliani und Miller geprägten Literatur als Effekt erster Ordnung bei der Bewertung des Einflusses der Kapitalstruktur angesehen, wodurch die intensive Analyse dieses Aspekts auch ihre Legitimation bezieht.[487] Weitere Marktunvollkommenheiten werden auch in der Literatur diskutiert wie z.B. der Einfluss der Fremdfinanzierung auf Anreiz- und Kontrollstrukturen, sowie der Einfluss unsicheren Fremdkapitals und das (partielle) Zusammenspiel dieser Aspekte. Eine tiefgehende Analyse dieser Aspekte würde den Rahmen dieser Arbeit aber bei weitem sprengen.[488]

Für den Equity- und WACC-Ansatz gelten analog folgende gewichtete unbedingt erwartete Renditen:[489]

$$(3-2)\; E_0^w\left[\tilde{k}_t^F\right] = E_0^w\left[\tilde{k}\right] + \left(E_0^w\left[\tilde{k}\right] - i\right) \cdot \frac{F_{t-1} - \Delta V_{t-1}^F}{E_0\left[\tilde{E}_{t-1}^F\right]}$$

---

[482] Ebenfalls ist auch dann kein linearer Verlauf zu erwarten, wenn statt der Fremdkapitalquote F/V^F der Verschuldungsgrad F/E^F eingesetzt wird. Mit linearem Verlauf aber Robichek/Myers (1966), S. 21. Üblich sind in der Literatur durchaus lineare Verläufe für den reinen Steuereffekt, vgl. Drukarczyk (1993), S. 302, als auch konkave Verläufe, vgl. Brealey/Myers (2000), S. 511. Diese Darstellungen müssen nicht falsch sein. Eine Erklärung dafür könnten z.B. spezifische Annahmen über unzureichende steuerliche Bemessungsgrundlagen sein, die hier aber durch die eingangs gesetzte Annahme ausgeschlossen worden sind.

[483] Vgl. zu einer Diskussion Conine/Tamarkin (1988), S. 237-241. Ohne Steuerwirkungen - wie im vorherigen Abschnitt beschrieben - sind die Verläufe in Abbildung 3-3 linear. Die Kurven von F und E^F müssen sich natürlich bei $F/V^F = 0{,}5$ schneiden.

[484] Vgl. Miller (1977). Unterstellt ist freilich, dass die Bemessungsgrundlagen stets ausgeschöpft werden können.

[485] Vgl. schon Modigliani/Miller (1963), S. 442. Zu Spezifikationen dieser Modellwelt unter Berücksichtigung von Körperschaftsteuern vgl. etwa Brennan/Schwartz (1978), Leland (1994), Leland/Toft (1996).

[486] Wird angenommen, dass dies für eine ewige Rente ohne Wachstum gilt, und c.p. eine ewige Rente mit Wachstum betrachtet, können nun auch kleinere Fremdkapitalquoten für die Erzielung des maximalen Steuervorteils ausreichen. Vgl. Berens/Cuny (1995), S. 1188-1190. Die Folgerung von Berens/Cuny (1995), dass deshalb Fremdkapitalquoten für die Beschreibung von Kapitalstrukturen in der Realität nicht geeignet seien, weisen Graham/Lemmon (1996) empirisch aber zurück.

[487] Vgl. etwa Modigliani (2001), S. 89.

[488] Vgl. für einen Überblick etwa Modigliani (1982), S. 255-256; Chen/Kim (1979), Myers (2001).

[489] Interessanterweise haben schon Ezzell/Miles (1983) eine korrekte, allgemeine WACC-Formel für den Fall einer autonomen Politik aufgestellt. Vgl. Ezzell/Miles (1983), S. 28. Diese Erkenntnis war also publiziert *vor* den Aufsätzen von Inselbag/Kaufold (1989), worin der *allgemeine* Zusammenhang – unabhängig von einer autonomen Politik - für die Ableitung einer gewichteten unbedingt erwarteten Rendite definiert wird und diese dann zu der hier bekanntermaßen zulässigen Ableitung von gewogenen erwarteten Renditen in die Textbuch-Formel einsetzt, sowie Inselbag/Kaufold (1997), worin gewichtete unbedingt erwartete Renditen für den WACC- und Equity-Ansatz auch *spezifisch* für eine autonome Politik aufgezeigt werden. Inselbag/Kaufold gehen bei ihren Formeln, die den APV-, WACC- und Equity-Ansatz in einen konsistenten Zusammenhang bringen, *implizit* von gewichteten unbedingt erwarteten Renditen und *nicht* von einfachen unbedingt oder bedingt erwarteten Renditen aus.

$$
\begin{aligned}
(3-3)\ E_0^w\left[\widetilde{WACC}_t\right] &= i(1-s_K)\cdot\frac{F_{t-1}}{E_0\left[\tilde{V}^F_{t-1}\right]} + E_0^w\left[\tilde{k}_t^F\right]\cdot\frac{E_0\left[\tilde{E}^F_{t-1}\right]}{E_0\left[\tilde{V}^F_{t-1}\right]} \\
&= E_0^w\left[\tilde{k}\right]\cdot\frac{E_0\left[\tilde{V}^E_{t-1}\right]}{E_0\left[\tilde{V}^F_{t-1}\right]} + \frac{i\cdot\left(\Delta V^F_{t-1} - s_K F_{t-1}\right)}{E_0\left[\tilde{V}^F_{t-1}\right]}
\end{aligned}
$$

Der auf durchschnittlich gewogenen Kapitalkostensätzen basierende WACC-Ansatz - zuweilen auch verkürzt als „Cost of Capital" bezeichnet - ist zunächst als Textbuch-Formel und anschließend als eine Formel auf Basis der Rendite bei Eigenfinanzierung k definiert. Diese wird erzielt durch Einsetzen von $E_0^w\left[\tilde{k}_t^F\right]$ in die Textbuch-Formel. Im WACC-Ansatz finden hier *zwei* Gewichtungen statt. Erstens sind die Renditen $E_0^w\left[\tilde{k}\right]$ bzw. $E_0^w\left[\tilde{k}_t^F\right]$ gewichtet über $\frac{\tilde{V}^E_{j,t-1}}{E_0\left[\tilde{V}^E_{t-1}\right]}$ bzw. $\frac{\tilde{E}^F_{j,t-1}}{E_0\left[\tilde{E}^F_{t-1}\right]}$ und den subjektiven Wahrscheinlichkeiten p. Zweitens werden i und $E_0^w\left[\tilde{k}_t^F\right]$ nochmals gewichtet mit den Fremd- und Eigenkapitalquoten. Es ist die letztere Gewichtung, die die Kennzeichnung „WACC" markiert.

Die Formeln (3-1)-(3-3) gelten unabhängig vom stochastischen Charakter von k und der Cashflow-Muster. I.d.R. sind $E_0^w\left[\tilde{k}_t^F\right]$ und $E_0^w\left[\widetilde{WACC}_t\right]$ stochastisch,[490] jedoch ist dies nicht zwangsläufig so. $E_0^w\left[\tilde{k}\right]$ kann dann freilich nicht beliebig gewählt werden, damit z.B. gilt: $E_0^w\left[\tilde{k}_t^F\right] = k_t^F$. Da im Allgemeinen $\frac{F_{t-1}}{E_0\left[\tilde{V}^F_{t-1}\right]}$ dann trotz eines deterministischen k_t^F stochastisch sein wird, weist (3-3) darauf hin, dass $E_0^w\left[\widetilde{WACC}_t\right]$ stochastisch ist.[491]

Um die Formeln nicht unnötig komplex werden zu lassen, wird $E_0^w\left[\tilde{k}\right]$ als konstant angenommen. Die Fremdkapitalquote $E_0^w\left[\tilde{L}_{t-1}\right] = \frac{F_{t-1}}{E_0\left[\tilde{V}^F_{t-1}\right]}$ ist i.d.R. stochastisch.[492] Es besteht folgender Zusammenhang zwischen $E_0^w\left[\tilde{L}_{t-1}\right]$ und $E_0\left[\tilde{L}_{t-1}\right]$:

$$
E_0^w\left[\tilde{L}_{t-1}\right] = \sum_{j=1}^{h}\frac{\tilde{V}^F_{j,t-1}}{E_0\left[\tilde{V}^F_{t-1}\right]}\cdot\underbrace{p_{j,t-1}\cdot\tilde{L}_{t-1,j}}_{E_0\left[\tilde{L}_{t-1}\right]}
$$

Nimmt man an, dass „vollständige Gewissheit über die Ungewissheit" (D. Schneider) herrscht, dann ist klar, dass i.d.R. gewichtete unbedingt erwartete Fremdkapitalquoten aus ex ante-Sicht

---

490 Vgl. Taggart (1991), S. 35, der zu erkennen gibt, dass die Ableitung der Renditen k_t^F im CAPM dann nicht möglich sei, sowie für den WACC Löffler (2002d).

491 Der Umkehrschluss gilt hier natürlich: Falls WACC deterministisch sein wird, dann ist $E_0^w\left[\tilde{k}_t^F\right]$ stochastisch.

492 Im Spezialfall stochastischer Unabhängigkeit sind zukünftige Unternehmensgesamtwerte sicher. In diesem Fall ist L deterministisch. Dieser Fall darf zwar als didaktisch nützlich gelten, für realistische Anwendungen bei Unternehmensbewertungen ist er aber als besonders skurriler Fall anzusehen. Wer erwartet schon ernsthaft deterministische zukünftige Marktwerte von an der Börse gehandelten Unternehmen? Da Anspruch und Wirklichkeit hier besonders eklatant auseinander klaffen, darf dieser Fall mitnichten als Standard angesehen werden. Vgl. kritisch etwa auch Schwetzler (2000b), S. 483-485; Richter (2001), S. 193. In der ersten Prognosephase lässt sich dieser Fall für praktische Anwendungen am ehesten vorstellen, wenngleich der Bewerter dann auch ein hohes Vertrauen an seine Bewertungskunst offenbart. Diese Konstellation ist implizit vorzufinden etwa bei Richter (2003), S. 68, Formel [19].

nicht mit den realisierten, ex post- Fremdkapitalquoten übereinstimmen werden.[493] Dies ist ein Unterschied zu der noch zu zeigenden wertabhängigen Politik nach Miles/Ezzell: Ex ante- und ex post-Werte sind bei deren Politik identisch.
Nun stehen die obigen Formeln aber nicht in einem erkennbar direkten Zusammenhang zu der Fremdkapitalquote $E_0^w[\tilde{L}_{t-1}] = \frac{F_{t-1}}{E_0[\tilde{V}_{t-1}^F]}$.[494] Der Grund dafür ist, dass keine linear stochastischen Beziehungen zwischen V^E und ΔV^F bestehen. Soll also auf Basis von $E_0^w[\tilde{L}_{t-1}] = \frac{F_{t-1}}{E_0[\tilde{V}_{t-1}^F]}$ geplant werden, dann liefert keiner der Ansätze hierauf eine direkt verwertbare Antwort.
Insofern ist es nicht verwunderlich, dass die gewichteten unbedingt erwarteten Renditen für den Equity- und WACC-Ansatz im Zeitablauf schwanken können, auch wenn $E_0^w[\tilde{L}]$ im Zeitablauf konstant ist. Es kann gezeigt werden, dass bei gegebenem zeitkonstanten $E_0^w[\tilde{k}]$ – abgesehen von dem trivialen Fall nicht vorhandenen Fremdkapitals und dem noch zu zeigenden Rentenfall (mit und ohne Wachstum) – ein konstantes $E_0^w[\tilde{L}]$ variable $E_0^w[W\tilde{A}CC_t]$[495] als auch $E_0^w[\tilde{k}_t^F]$ impliziert. Neben diesem Fall 1 können noch die Fälle 2-4 unterschieden werden:

Fall 1: $E_0^w[\tilde{L}] \Rightarrow E_0^w[\tilde{k}_t^F],\ E_0^w[W\tilde{A}CC_t]$

Fall 2: $E_0^w[\tilde{k}^F] \Rightarrow E_0^w[\tilde{L}_{t-1}],\ E_0^w[W\tilde{A}CC_t]$

Fall 3: $E_0^w[W\tilde{A}CC] \Rightarrow E_0^w[\tilde{L}_{t-1}],\ E_0^w[\tilde{k}_t^F]$

Fall 4: $E_0^w[\tilde{L}_{t-1}],\ E_0^w[\tilde{k}_t^F],\ E_0^w[W\tilde{A}CC_t]$

Ein simultanes Konstanthalten von $E_0^w[W\tilde{A}CC]$, $E_0^w[\tilde{k}^F]$ und von Fremdkapitalquoten wie bei der noch zu diskutierenden wertabhängigen Finanzierungspolitik ist hier nicht möglich.[496] Es lässt sich immer nur ein Parameter $E_0^w[W\tilde{A}CC]$, $E_0^w[\tilde{k}^F]$ oder $E_0^w[\tilde{L}]$ - sollte dies überhaupt den Planungsvorgaben entsprechen - konstant halten, wobei die jeweils anderen im Zeitablauf variabel sind (Fälle 1-3). Ein konstanter $E_0^w[W\tilde{A}CC]$ wird dann also gerade nicht durch eine konstante Fremdkapitalquote bedingt. In dem vierten und wohl realistischsten Fall ist keiner der Parameter $E_0^w[W\tilde{A}CC]$, $E_0^w[\tilde{k}^F]$ oder $E_0^w[\tilde{L}]$ konstant.

Diese Überlegungen tangieren den APV-Ansatz freilich nicht. Risikolose Steuervorteile diskontiert er mit dem risikolosen Zinssatz. In der Literatur wie auch in der Praxis lässt sich häufig die Annahme antreffen, dass konstante erwartete Renditen $E_0^w[\tilde{k}^F]$ einfach exogen vorgegeben werden.[497] Liegt eine autonome Politik vor, dann ist – abgesehen vom APV-Ansatz – insofern ein sparsamer Einsatz unterschiedlicher Ansätze nachvollziehbar. Denn liegen bei dem Equity-Ansatz z.B. konstante erwartete Renditen vor, so werden diese bei dem WACC-Ansatz

---

493 Ezzell/Miles (1983), S. 25 und S. 30, betonen den Unterschied zwischen L (actually realized) und $E_0^w[\tilde{L}]$ (initially expected). Vgl. auch Appleyard/Dobbs (1997), S. 485; Richter (1998); Löffler (2002d).

494 Dies gilt auch für die Textbuch-Formel. Wird wie in der ersten Formel von (3-3) $E_0^w[\tilde{k}_t^F]$ eingesetzt, zeigt sich, dass der Zusammenhang nicht einfach ist.

495 Darauf weisen auch Ezzell/Miles (1983), S. 28, schon hin.

496 Dies wird etwa bei Kester/Luehrman (1993), S. 64, verkannt. Abweichungen zwischen dem WACC-Ansatz mit konstanten Renditen sowie Fremdkapitalquoten und dem APV-Ansatz mit konstanten Renditen werden vor dem Hintergrund einer autonomen Politik Rundungsdifferenzen zugeschrieben. Die Abweichung ist indes systematisch.

497 Vgl. etwa Ballwieser (1998), S. 88.

variabel sein. Werden diese dennoch konstant angesetzt, so ist dies dann mit einer autonomen Politik nicht mehr vereinbar.[498]

Wie steht es um den WACC- und Equity-Ansatz?
Sind die erwarteten Überschüsse und Renditen jeweils gegeben, sind diese Ansätze wie auch der APV-Ansatz zirkularitätsfrei. Diejenigen Ansätze, deren Parameter nicht gegeben sind, haben dann jeweils das Zirkularitätsproblem zu bewältigen. Sind z.B. (nahezu) alle für den Einsatz des APV-Ansatzes erforderlichen Parameter gegeben, dann lässt sich z.B. der Equity-Ansatz durch *rekursives* Bewerten unabhängig vom APV-Ansatz auch relativ einfach handhaben.[499]
Bei zirkularitätsfreier Anwendung des WACC- und des Equity-Ansatzes hat man jedoch ohne weitergehende Informationen das Problem, nicht im Klaren darüber zu sein, wie F_{t-1} als auch $E_0^w\left[\tilde{L}_{t-1}\right] = \frac{F_{t-1}}{E_0\left[\tilde{V}_{t-1}^F\right]}$ beschaffen sind. Konstante erwartete Renditen implizieren außerhalb der ewigen Rente nicht $E_0^w\left[\tilde{L}\right]$. Informationen über F_{t-1} $\left(\text{bzw. } E_0^w\left[\tilde{L}_{t-1}\right]\right)$ sind bei der Anwendung des APV-Ansatzes aber unabdingbar. Dieser zwingt m.a.W. zur Transparenz in dieser Hinsicht. Dies ist ein Vorteil des APV-Ansatzes.
Gleichwohl ist festzustellen, dass z.B. bei alleiniger Vorgabe von $E_0\left[\tilde{D}_t\right]$ und $E_0^w\left[\widetilde{WACC}_t\right]$ der APV-Ansatz ohne weitere Informationen nicht determiniert ist, da sich F_{t-1} und $E_0^w\left[\tilde{k}_t\right]$ nicht eindeutig ableiten lassen. Eine solche Vorgehensweise immunisierte sich dann gegen eine Anwendung des APV-Ansatzes und darf als *intransparent* charakterisiert werden, weil nicht offen gelegt ist, welche Finanzierungspolitik intendiert ist. Zudem fällt es dann schwer über die Arbitragefestigkeit der Bewertung der Steuervorteile etwas auszusagen, weil ja nicht einmal klar ist, wie hoch der Wert der Steuervorteile überhaupt ist! Die Gefahr, sich in arbitragegefährdete Positionen zu begeben, ist dann also hoch.

Nun hat der WACC-Ansatz zwei Eigenschaften, die ihn aus Sicht seiner Anwender in besonders vorteilhaftem Licht erscheinen lassen:[500]

- Eine Annahme über die Finanzierungspolitik muss nicht getroffen werden.
- Der Einfluss der Fremdfinanzierung wird rechentechnisch bequem über eine auf einer Fremdkapitalquote basierenden Planungsdoktrin erfasst. Entsprechende Zahlungswirkungen müssen nicht explizit dem Cashflow zugeordnet werden.

Dass der WACC-Ansatz in der Praxis beliebt ist, wird immer wieder kolportiert.[501] Zunächst ist diese Beobachtung ernüchternd für diejenigen, die den APV-Ansatz als einen vorteilhaften Ansatz vor allem auch für praktische Zwecke propagieren. Der WACC-Ansatz scheint ein Weg des geringsten Widerstands zu sein.
Anwender des Equity-Ansatzes haben einen Nachteil gegenüber Anwendern des WACC-Ansatzes, wenn sie die Zahlungswirkungen der auf einer Fremdkapitalquote basierenden Planungsdoktrin konsistent in dem Cashflow berücksichtigen wollen.

---

498 Eine wertabhängige Politik reinterpretiert nach Miles/Ezzell (oder eine inkrementell wertabhängige Politik) wäre mit dieser Konstellation aber z.B. vereinbar. Ist die Fremdkapitalquote konstant, dann sind sämtliche Renditen der DCF-Ansätze auch konstant. Dies ist in dem Abschnitt 3.2.2. (bzw. 3.2.4.) zu zeigen.

499 Wie umständlich und unübersichtlich *iteratives* Vorgehen sein kann, demonstriert Jakubowicz (2000), S. 224-247.

500 Vielleicht sind diese Eigenschaften *ein* Schlüssel zum Verständnis, wieso der WACC-Ansatz hauptsächlich in Form der Textbuch-Formel in der Praxis so beliebt ist.

501 Zu einer preisgekrönten empirischen Studie aus den USA (Befragung von Managern), in der der APV-Ansatz an abgeschlagener Stelle liegt, vgl. jüngst Graham/Harvey (2001) bzw. Graham/Harvey (2002), S. 11.

Zuweilen macht das Argument die Runde, dass der APV-Ansatz zu komplex für die Praxis sei. Die Verbindung zwischen dem wohl intuitiv am einfachsten zu verstehenden Equity- und einem APV-Ansatz, der als „direkter" APV-Ansatz bezeichnet werden könnte, ist aber nahezu nahtlos: Es werden die gleichen Cashflows herangezogen. Einziger Unterschied ist, dass der APV-Ansatz i.d.R. differenziert diskontiert, während der Equity-Ansatz mit einer Rendite auskommt.

$$\begin{aligned} E_0\left[\tilde{E}^F_{\tau-1}\right] &= \overbrace{\sum_{t=\tau}^{n} \frac{E_0\left[\tilde{D}_t\right]}{(1+k)^{t-\tau+1}}}^{E_0\left[\tilde{V}^E_{\tau-1}\right]} + \overbrace{\sum_{t=\tau}^{n} \frac{iF_{t-1}s_K - iF_{t-1} + F_t - F_{t-1}}{(1+i)^{t-\tau+1}}}^{-F_{\tau-1}+\Delta V^F_{\tau-1}} \\ &= \sum_{t=\tau}^{n} \frac{E_0\left[\tilde{D}^{MF}_t\right]}{\prod_{j=\tau}^{t}\left(1+E^w_0\left[\tilde{k}^F_j\right]\right)} = \sum_{t=\tau}^{n} \frac{E_0\left[\tilde{D}_t\right] - iF_{t-1}(1-s_K) + F_t - F_{t-1}}{\prod_{j=\tau}^{t}\left(1+E^w_0\left[\tilde{k}^F_j\right]\right)} \end{aligned}$$

Wird diese direkte Verbindung gesehen, dürften Verständisschwierigkeiten eigentlich nicht auftreten.[502] Anwender des APV-Ansatzes müssen sich jedoch tiefgehender erklären: Der APV-Ansatz kann sich nicht um eine Antwort über die anzusetzende Finanzierungspolitik drücken. Eine F-Planungsdoktrin verarbeitet er leicht. Die anscheinend beliebte Planungsdoktrin, die auf einer Fremdkapitalquote aufsetzt, kann er zwar auch verarbeiten, jedoch schwerfälliger.

Es wird hier zu sensibilisieren versucht, dass die beiden anscheinend beliebten Charakteristika des WACC-Ansatzes sehr wohl hinterfragungswürdig sind. Zum einen ist die Frage der Finanzierungspolitik wichtig, weil ausgehend von gegebenen Renditen Rückschlüsse auf die operativen Renditen k_t möglich sind. Ohne diesen Rückschluss lässt sich die Plausibilität der angesetzten operativen Risikoprämien nicht hinterfragen. Eine Unternehmensbewertung, die diesen Rückschluss zumindest nicht einmal implizit zulässt, verdunkelt Prämissen. Diese werden offen gelegt, wenn sich der Bewerter explizit Gedanken über k_t macht, wie dies der APV-Ansatz verlangt.

Zum anderen ist eine Planungsdoktrin, die auf einer Fremdkapitalquote aufsetzt, deshalb problematisch, weil diese Doktrin nicht deutlich werden lässt, ob und wie plausibel sich erwartete Fremdkapitalbestände in die Bilanz einfügen. Der einfachere Weg, dies zu beurteilen, scheint mir hier eine F-Planungsdoktrin zu sein. Sind daher vollständige Plan-Bilanzen und -GuVs gegeben, ist der APV-Ansatz bei autonomer Politik offensichtlich ein effizienter Rechenansatz im Vergleich zu den anderen Ansätzen.[503]

In den Fällen eines einperiodischen Projekts bzw. für den Fall einer ewigen Rente sind auch schon explizite Formeln für eine autonome Politik erarbeitet worden.[504] Im einperiodischen Fall entsprechen die sich ergebenden Formeln dann den noch zu zeigenden Formeln innerhalb des Miles/Ezzell-Modells.[505] D.h. dass bei diskreter Fremdkapitalanpassung (und nicht

---

502 Die übliche Darstellung des APV-Ansatzes, der die Cashflows in mehrere Effekte aufspaltet, zeigt die Verbindung zwischen Equity- und APV-Ansatz nicht direkt auf. Es mag sein, dass diese indirekte Verbindung zu so manchem Missverständnis über die Komplexität des APV-Ansatzes beigetragen hat.

503 Die von Luehrman (1997), S. 153, avisierten „computational challenges" für den WACC-Ansatz halten sich aber de facto in Grenzen. Ähnlich äußert sich Spremann (2002), S. 304 und 311.

504 Diese Formeln lassen sich als Unterfälle der allgemeinen Formeln (3-1) – (3-3) bzw. aus Äquivalenzbeziehungen über den APV-Ansatz herleiten. Es versteht sich, dass sich für jedes beliebige Cashflow-Muster anhand der allgemeinen Formeln weitere explizit formulierte Renditefunktionen für den n-Perioden-Fall angeben ließen. So zeigt Breuer (2001), S. 476-488, explizit den Fall mit konstantem F bei n = 2 auf und verallgemeinert dann auf beliebige n. Zweifellos stellen diese Ausführungen einen Spezialfall der Beziehungen (3-1)-(3-3) dar. In Breuer (2001), S. 441-495, wird hauptsächlich der Fall der *stochastischen Unabhängigkeit* unterstellt. L ist dann deterministisch. Eine autonome und wertabhängige Politik liefern dann identische Ergebnisse.

505 Vgl. auch schon Myers (1974), S. 11.

kontinuierlicher wie bei Harris/Pringle angenommen) im einperiodischen Fall kein Unterschied zwischen autonomer und wertabhängiger Politik besteht.[506]

Der Endwert wird oft als ewige Rente ohne und mit geometrischem Wachstum konkretisiert. Für den Fall der ewigen Rente werden beide Fälle anschließend gezeigt. Die weit älteren und populäreren Formeln für den Fall der ewigen Rente ohne Wachstum zurückgehend auf MM (1963) ergeben sich ebenfalls, wenn $g = 0$ gesetzt wird.[507] Es werden zwei Fälle unterschieden:

(1) Konstantes geometrisches Wachstum des Fremdkapitalbestandes *und* der erwarteten Cashflows ($g = g_D = g_F$) bzw.
(2) Konstantes geometrisches Wachstum des Fremdkapitalbestandes

	APV-Ansatz	WACC-Ansatz	Equity-Ansatz
(1)	$V_0^F = \frac{E_0[\tilde{D}_1]}{k} + s_K F_0$	$V_0^F = \frac{E_0[\tilde{D}_1]}{E_0^w[W\tilde{A}CC]}$ $E_0^w[W\tilde{A}CC] = k\left[1 - s_K \frac{F}{E_0[\tilde{V}^F]}\right]$	$V_0^F = \frac{E_0[\tilde{D}_1] - iF_0(1-s_K)}{E_0^w[\tilde{k}^F]} = \frac{E_0[\tilde{D}_1^{MF}]}{E_0^w[\tilde{k}^F]}$ $E_0^w[\tilde{k}^F] = k + (k-i)(1-s_K)\frac{F_0}{E_0[\tilde{E}^F]}$
(2)	$V_0^F = \sum_{t=1}^{\infty} \frac{E_0[\tilde{D}_t]}{(1+k)^t} + s_K F_0$	$V_0^F = \sum_{t=1}^{\infty} \frac{E_0[\tilde{D}_t]}{\prod_{j=1}^{t}\left(1 + E_0^w[W\tilde{A}CC_j]\right)}$ $E_0^w[W\tilde{A}CC_t] = k\left[1 - s_K \frac{F_0}{E_0[\tilde{V}_{t-1}^F]}\right]$	$E_0^F = \sum_{t=1}^{\infty} \frac{E_0[\tilde{D}_t^{MF}]}{\prod_{j=1}^{t}\left(1 + E_0^w[\tilde{k}_j^F]\right)}$ $E_0^w[\tilde{k}_t^F] = k + (k-i)(1-s_K)\frac{F_0}{E_0[\tilde{E}_{t-1}^F]}$

Tabelle 3-1: Formeln für die ewige Rente ohne Wachstum bei autonomer Politik

Der erste Fall dürfte der in der Praxis für einen Endwert relevante Fall sein, auch wenn (2) zuweilen anzutreffen ist.[508] Wichtig ist, dass steady state für (1) keine notwendige, sondern eine

---

506 Der Beitrag von Mandron (2000) ist im einperiodischen Kontext identisch mit dem Vorgehen von Myers bzw. Miles/Ezzell, d.h. die gleichen Renditen ergeben sich für den von ihr präferierten Equity-Ansatz (aber auch für den APV- bzw. WACC-Ansatz); im mehrperiodischen Kontext gilt dies aber nicht mehr, da Mandron – ohne eine Begründung für dieses Vorgehen zu geben – den Cashflow an die Eigentümer wie folgt definiert:

$$D_t^{MF} = \left(\frac{D_t}{(1-s_K)} - iF_{t-1}\right)(1-s_K) - F_{t-1} = D_t - iF_{t-1}(1-s_K) - F_{t-1}$$

Man vermisst an dieser Definition das durch die Aufnahme frischen Fremdkapitals gewonnene Außenfinanzierungsvolumen F_t. Im Mehrperiodenkontext kann die dann im einperiodischen Kontext gültige Formel innerhalb des Equity-Ansatzes als identisch abgeleitet werden, wenn die Mandronsche Cashflow-Definition zugrunde gelegt wird: $E_0^w[\tilde{k}_t^F] = k + (1 + i(1-s_K)) \cdot \left(\frac{k-i}{1+i}\right) \cdot \frac{F_{t-1}}{E_0[\tilde{E}_{t-1}^F]}$

Der Grund, warum sich dieser Ansatz aber von einer autonomen bzw. wertabhängigen Finanzierungspolitik unterscheidet, ist in der idiosynkratischen Cashflow-Definition begründet. Vgl. den Appendix 2 bei Mandron (2000), S. 15. Die Definition von Mandron ist außerhalb des Einperiodenfalls *nicht* wohl begründet. Man kann deshalb auch nur schwer entscheiden, welche Politik Mandron (2000) letztlich vorschwebte. Prokop (2003b), S. 86, meint, bei konstanter Fremdkapitalquote könne von $D_t^{MF} = D_t - iF_{t-1}(1-s_K)$ ausgegangen werden. Dies trifft aber nur dann zu, wenn der Fremdkapitalbestand auch konstant bleibt.

507 Vgl. zu dieser Konstellation ausführlich etwa Modigliani/Miller (1963); Robichek/Myers (1965), S. 38-40; Taggart (1977); Haley/Schall (1979), S. 287-289; Copeland/Weston (1988), S. 437-451; Martin (1987); Gregory (1992), S. 121-126; Bierman/Smidt (1993), S. 393-409; Drukarczyk (1995); Siepe (1998), S. 327-332; Hering (1999), S. 113-116 und S. 145-154; Booth (2002); Herrmann (2002), S. 22-25; Spremann (2002), S. 305-308.

508 Vgl. Levin/Olsson (1998b), S. 210; Wallmeier (1999), S. 1478.

hinreichende Bedingung ist.[509] Die Relation FK zu BS kann durchaus im Zeitablauf variieren, ohne dass dies die Anwendbarkeit der nachstehenden Formeln gefährdete.

	APV-Ansatz	WACC-Ansatz	Equity-Ansatz
(1)	$V_0^F = \frac{E_0[\tilde{D}_1]}{k-g} + \frac{is_K F_0}{i-g}$	$V_0^F = \frac{E_0[\tilde{D}_1]}{E_0^w[W\tilde{A}CC]-g}$ $E_0^w[W\tilde{A}CC] = k\left[1+\left(\frac{g}{k}-1\right)\left(s_K \frac{F}{E_0[\tilde{V}^F]}\frac{i}{i-g}\right)\right]$	$V_0^F = \frac{E_0[\tilde{D}_1] - iF_0(1-s_K) + gF_0}{E_0^w[\tilde{k}^F]-g} = \frac{E_0[\tilde{D}_1^{MF}]}{E_0^w[\tilde{k}^F]-g}$ $E_0^w[\tilde{k}^F] = k + (k-i)\left(1 - s_K \frac{i}{i-g}\right)\frac{F}{E_0[\tilde{E}^F]}$
(2)	$V_0^F = \sum_{t=1}^{\infty}\frac{E_0[\tilde{D}_t]}{(1+k)^t} + \frac{is_K F_0}{i-g}$	$V_0^F = \sum_{t=1}^{\infty}\frac{E_0[\tilde{D}_t]}{\prod_{j=1}^{t}\left(1+E_0^w[W\tilde{A}CC_j]\right)}$ $E_0^w[W\tilde{A}CC_t] = k\left[1+\left(\frac{g}{k}-1\right)\left(s_K \frac{F_{t-1}}{E_0[\tilde{V}_{t-1}^F]}\frac{i}{i-g}\right)\right]$	$E_0^F = \sum_{t=1}^{\infty}\frac{E_0[\tilde{D}_t^{MF}]}{\prod_{j=1}^{t}\left(1+E_0^w[\tilde{k}_j^F]\right)}$ $E_0^w[\tilde{k}_t^F] = k + (k-i)\left(1 - s_K \frac{i}{i-g}\right)\frac{F_{t-1}}{E_0[\tilde{E}_{t-1}^F]}$

Tabelle 3-2: Formeln für die ewige Rente mit Wachstum bei autonomer Politik

Der allgemeinere Fall $g \neq 0$ ist in Tabelle 3-2 dargestellt. Diese Konstellation ist in der Literatur auch schon untersucht worden, wenngleich eine intensivere Analyse erst vor ein paar Jahren stattgefunden hat.[510] In welch differenziertem Verhältnis die Wachstumsrate und die Renditen

509 Ein anderer Eindruck drängt sich auf bei Levin/Olsson (1998a), S. 93.

510 Die Anwendbarkeit der bekannten Textbuch-(WACC)-Formel bei einer ewigen Rente mit Wachstum wird von Myers betont. Vgl. Myers (1977b), S. 220, mit Bezug auf Bar-Yosef (1977). Die Anwendbarkeit wird an Beispielen auch bestätigt bei Richter/Drukarczyk (2001), S. 632 und S. 634.

In der Literatur ist eine Definitionsvielfalt der Formeln für den Fall der ewigen Rente mit Wachstum anzutreffen. Die Formeln sind aber äquivalent. In die Lehrbuchliteratur sind die Formeln ganz im Gegensatz zu denen im Fall ohne Wachstum noch nicht eingeflossen. Vgl. zunächst zum WACC-Ansatz Richter (1997), S. 229, und Ehrhardt/Daves (1999), S. 16:

$$E_0^w[W\tilde{A}CC] = k - \frac{s_K i(k-g)}{i-g}\frac{F}{E_0[\tilde{V}^F]}$$

Vgl. ebenso Copeland/Koller/Murrin (2000), S. 474-475:

$$E_0^w[W\tilde{A}CC] = k - \left(i\frac{F}{E_0[\tilde{V}^F]}s_K\right) - \frac{F}{E_0[\tilde{V}^F]}\left[\frac{is_K}{i-g}\right](k-i)$$

Grinblatt/Liu (2002), S. 24 (Case 3c) stellen zwei weitere Formeln vor, wobei die erste die Verbindung zu der Formel im Fall der ewigen Rente ohne Wachstum herstellt.

$$E_0^w[W\tilde{A}CC] = k\left(1 - s_K\frac{F}{E_0[\tilde{V}^F]}\right) - \frac{k-i}{i-g}\cdot g\cdot s_K\cdot\frac{F}{E_0[\tilde{V}^F]}$$

Deren zweite Gleichung ist generell im Fall der ewigen Rente gültig, also z.B. auch bei wertabhängiger Politik.

$$E_0^w[W\tilde{A}CC] = (k-g)\frac{E_0[\tilde{V}^E]}{E_0[\tilde{V}^F]} + g$$

Vgl. zu der in der Tabelle 3-2 angegebenen Formulierung des Equity-Ansatzes auch Ehrhardt/Daves (1999), S. 18, und Copeland/Koller/Murrin (2000), S. 474-475. Eine weitere Definition stammt von Kumar (1975), S. 544, [20c] bzw. Richter (1997), S. 229: $E_0^w[\tilde{k}^F] = k + \frac{F_0}{E_0[\tilde{E}_0^F]}\left[k - i - is_K\left(\frac{k-g}{i-g} - 1\right)\right]$

Zu der in Tabelle 3-2 gezeigten Definition des APV-Ansatzes vgl. etwa schon Stapleton (1972), S. 1283.

Dinstuhl (2003), S. 119, meint jedoch, dass eine tiefgehende Analyse in der Literatur fehle. Ihn interessiert, wie ein impliziertes $E_0^w[\tilde{L}]$ bei dem APV-Ansatz aussieht, um dieses $E_0^w[\tilde{L}]$ mit der gewünschten (gewichteten unbedingt erwarteten) Zielkapitalstruktur abzugleichen. Vgl. Dinstuhl (2003), S. 122-123. Für diese Problemstellung eignet sich gerade der in Tabelle 3-2 gezeigte WACC-Ansatz. Dies scheint der direkte Weg zu sein. Die implizite Berechnung nach Dinstuhl erscheint eher umständlich.

unter Unsicherheit zueinander stehen können, wurde schon in Kapitel 2.4. erläutert und braucht hier nicht wiederholt zu werden.

Es muss bekanntlich gelten, dass i größer g sein muss, da sonst ein ökonomisch nicht brauchbarer Wert produziert würde.[511] Besonders im ewigen Rentenfall mit Wachstum sollte darauf geachtet werden, dass ΔV^F F nicht übersteigt, d.h. $\frac{is_K}{i-g} < 1$. Derart hohe Übergewinne, erzielt durch steuerliche Vorteile, auf eine unbefristete Zeitspanne mit Sicherheit anzunehmen, erschiene gewagt. Gilt $F > \Delta V^F$, dann sind $E_0^w\left[W\tilde{A}CC\right]$ und $E_0^w\left[\tilde{k}^F\right]$ auch größer g.[512]

Was geschieht, wenn die Wachstumsraten für die operativen Cashflows und das Fremdkapital heterogen, aber dennoch zeitkonstant sind ($g_F \neq g_D$)? Eine derartige Konstellation ist nicht selten in Bewertungsgutachten anzutreffen.[513] Es kann dann nicht mit einer ewigen Rentenformel basierend auf Renditen gearbeitet werden, weil die Renditen von Equity- und WACC-Ansatz im Zeitablauf nicht konstant sein können.[514] Es ließe sich neben den in (3-2) und (3-3) gezeigten variablen Renditen mit einem Internen Zinsfuß arbeiten.

---

511 Zwei Gründe sprechen gegen „g > i": a) Der Wert des Fremdkapitals F_0 aus Sicht der Eigentümer ist in t = 0 bei g > i unendlich positiv: $F_0^{ET} = \sum_{t=1}^{\infty} \frac{-iFK_{t-1} + gFK_{t-1}}{(1+i)^t}$. Die Gordon-Wachstumsformel ist für g > i bekanntlich nicht definiert. Die Transversalitätsbedingung ist verletzt. Um es zu betonen, es gilt: $F_0^{ET} \neq -FK_0$. Für die Gläubiger ist der Wert unendlich negativ. Eine solche Annahme ist ökonomisch unseriös und erinnert an so genannte Ponzi-Spiele. Rationale Gläubiger werden bei diesem Spiel nicht mitmachen. Gleichwohl wurden und werden solche Spiele in der einen oder anderen Form de facto immer wieder aufgelegt mit freilich nur finiter Spieldauer. Vgl. Spremann (2002), S. 279-283.
b) Der Wert des Steuervorteils wäre unendlich hoch.

512 Wenn der zweite Produktterm aus $E_0^w\left[W\tilde{A}CC\right] < 0$ wird, dann ist $E_0^w\left[W\tilde{A}CC\right] \leq g$. Für $E_0^w\left[\tilde{L}\right] \geq \frac{i-g}{is_K}$ gilt dann also $F > \Delta V^F$. Vgl. auch Ehrhardt/Daves (1999), S. 7. Mit steigendem $E_0^w\left[\tilde{L}\right]$ steigen für gewöhnlich auch $E_0^w\left[\tilde{k}^F\right]$ linear an. Im ewigen Rentenfall mit Wachstum kann jedoch $E_0^w\left[\tilde{k}^F\right]$ fallen, wenn der zweite Term von $E_0^w\left[\tilde{k}^F\right]$ aus Tabelle 3-2 negativ wird. Dies ist dann der Fall, wenn $i\,(1-s_K) < g$ angenommen wird. Vgl. auch Ehrhardt/Daves (1999), S. 10. Außerhalb des Rentenfalls kann diese Konstellation auch eintreten, wenn der zweite Term in Formel (3-2) negativ wird. Hier muss $\Delta V^F > F$ nicht problematisch sein, wenn in den ersten Perioden z.B. noch gar kein Fremdkapital bzw. nur ein kleiner Bestand vorhanden ist, und erst in zukünftigen Perioden mehr Fremdkapital aufgenommen wird. Der Barwert der künftigen Steuervorteile kann dann den in t = 0 nur geringen Fremdkapitalbestand auch ökonomisch begründet überkompensieren.

513 Eine derartige Konstellation ist auch bei Damodaran (2002), S. 403, unterstellt.

514 Diese Konstellation ließe sich auch auf andere Finanzierungspolitiken übertragen. Eine Lösung wäre ausgehend von dem APV-Ansatz und dem Internen Zinsfußkriterium auch wieder erlangbar, soll aber nicht mehr explizit aufgezeigt werden, um die Analyse nicht unnötig auszudehnen.

Motiviert ist dieser Abschnitt dadurch, dass in der Literatur regelmäßig „Behelfslösungen" auf der Basis interner Zinsfüße auftauchen.[515] Ausgehend vom APV-Ansatz erhält man dann:

$$E_0\left[\widetilde{V}_{t-1}^F\right] = \frac{E_0\left[\widetilde{D}_t\right]}{k - g_D} + \frac{is_K F_{t-1}}{i - g_F}$$

Es wird gleichgesetzt mit dem Equity-Ansatz:

$$\frac{E_0\left[\widetilde{D}_t\right]}{k - g_D} + \frac{is_K F_{t-1}}{i - g_F} - F_{t-1} = \frac{E_0\left[\widetilde{D}_t\right] - i(1 - s_K)F_{t-1} + g_F F_{t-1}}{k_{S,IZF}^F - g_D}$$

Daraus folgt:

$$E_0\left[\widetilde{E}_{t-1}^F\right] = \frac{E_0\left[\widetilde{D}_t^{MF}\right]}{k_{S,IZF}^F - g_D}, \text{mit } k_{S,IZF}^F = k + \left[(k - g_D)\left(1 - \frac{is_K}{i - g_F}\right) - i(1 - s_K) + g_F\right]\frac{F_{t-1}}{E_0\left[\widetilde{E}_{t-1}^F\right]}$$

Für den WACC-Ansatz ergibt sich:

$$E_0\left[\widetilde{V}_{t-1}^F\right] = \frac{E_0\left[\widetilde{D}_t\right]}{WACC_{IZF} - g_D}, \text{mit } WACC_{IZF} = k - \frac{is_K(k - g_D)}{i - g_F}\frac{F_{t-1}}{E_0\left[\widetilde{V}_{t-1}^F\right]}$$

Dass die Textbuch-Formel für den WACC hier nicht gilt, vermag nicht zu verwundern, da Interne Zinsfüße, jedoch keine Renditen vorliegen. Die *ökonomische* Interpretation dieser Internen Zinsfüße kann bekanntlich schwierig sein. Dies trifft hier zu, weil es sich bei $g_F \neq g_D$ nicht um Renditen handelt. Gilt $g_F = g_D$, können die Formeln wieder zu denen aus Tabelle 3-2 vereinfacht werden. Interne Zinsfüße führen zwar rechnerisch zum korrekten Wert, und sind im Fall der ewigen Rente auch eindeutig. Sie verdunkeln aber die ökonomische Interpretation; deshalb würde ich von deren Anwendung bei Unternehmensbewertungen auch abraten.

Wie kann vorgegangen werden, wenn etwa von dem noch nicht in der Tabelle 3-2 gezeigten Fall konstant wachsender Dividenden D jedoch mit variierenden Kapitalstrukturen ausgegangen wird ($g_D \neq g_{F,t}$)?

---

515 Den Fall $g_F > 0$, $g_D = 0$ (case 3a) und den Fall $g_F = 0$, $g_D > 0$ (case 3b) untersuchen mit dem WACC-Ansatz Grinblatt/Liu (2002), S. 23-24. Vgl. auch Grinblatt/Liu (2002), S. 18-19. Zu IZF-Lösungen ausgehend vom Equity-Ansatz als Referenzfall vgl. auch Ang (1973), Arzac (1996), S. 45, Lundholm/O'Keefe (2001a) bzw. Lundholm/Sloan (2004). Bei Ang (1973) wird der Fall $g_F = 0$, $g_D > 0$ bei einer ewigen Rente untersucht. Ang (1973) argumentiert, dass vor dem Hintergrund einer IZF-Lösung („true cost of capital") die Textbuch-Formel nicht anwendbar ist. Dies ist nachvollziehbar, gleichwohl ist die Textbuch-Formel durchaus korrekt, wenn Renditen statt eines IZF eingesetzt werden. Freilich bleiben die Kapitalkosten $E_0^w\left[\widetilde{WACC}_t\right]$ nicht konstant, weil die Fremdkapitalquoten im Zeitablauf gegen 0 % fallen. Ang (1973) geht von konstanten $E_0^w\left[\widetilde{k}^F\right]$ aus. Wird eine autonome Politik unterstellt, bedeutet dies, dass k_t zeitabhängig sein wird: $k_t = \dfrac{E_0^w\left[\widetilde{k}_t^F\right] + i(1 - s_K)\dfrac{F_{t-1}}{E_0\left[\widetilde{E}_{t-1}^F\right]}}{1 + (1 - s_K)\dfrac{F_{t-1}}{E_0\left[\widetilde{E}_{t-1}^F\right]}}$

Eine grundlegende Revision des WACC-Ansatzes - wie von Ang (1973), S. 60, vorgeschlagen - ist diesbezüglich also nicht notwendig.

Da bei den neben Ang zitierten Autoren komplexere Cashflow-Strukturen als die einer ewigen Rente mit Wachstum eingesetzt werden, verliert die IZF-Lösung ihre Eigenständigkeit. Sie ist dann *wirklich* nur einsetzbar, wenn das Bewertungsergebnis mit einem anderen Ansatz, hier dem Equity-Ansatz – schon ermittelt ist. Ein solches Procedere ist redundant und bietet kaum neue Erkenntnisse. Die ökonomische Interpretierbarkeit ist sehr eingeschränkt.

Für den Wert bei Eigenfinanzierung ist die Formel der ewigen Rente einschlägig. Für die Bewertung der Steuervorteile innerhalb des APV-Ansatzes ist diese aber nicht einsetzbar, da der Fremdkapitalbestand dann nicht konstant wachsen kann.
Betrachtet man den Equity-Ansatz, ist unmittelbar einleuchtend, dass der Einsatz der ewigen Rentenformel keinen Sinn machen kann, weil D^{MF} nicht konstant wächst.
Innerhalb des üblichen WACC-Ansatzes wächst zwar der Überschuss konstant, jedoch ist es gemäß Fall 3 $\left(E_0^w\left[W\tilde{A}CC\right] \Rightarrow E_0^w\left[\tilde{L}_{t-1}\right], E_0^w\left[\tilde{k}_t^F\right]\right)$ zwar grundsätzlich möglich, aber unwahrscheinlich, dass $E_0^w\left[W\tilde{A}CC\right]$ konstant bleibt. Generell gilt für die Anwendung des WACC-Ansatzes hier daher die Berechnung über (3-3), die zeitvariable Renditen impliziert.
Der Einsatz der Formel der ewigen Rente verspricht *a priori* also wenig Erfolg. Die Bewertung sollte demnach auf den allgemeineren Formeln (3-1) – (3-3) aufbauen, die mit der heutigen Technologie auch leicht über sehr lange Zeiträume berechnet werden können.[516]

Nun soll noch darauf hingewiesen werden, dass sich weitere äquivalente Umformulierungen vornehmen lassen und damit „neue“ DCF-Ansätze definiert werden können. So ist in der Literatur z.B. der *Total Cashflow-Ansatz* seit längerem wohl bekannt[517] und wird auch des Öfteren diskutiert. Modigliani/Miller (1958) setzen mit ihren drei berühmten Theoremen den bekannten Equity-, WACC- und APV-Ansatz zueinander in Beziehung. Die Diskussion der Theoreme erfolgt aber vor einer expliziten Einbeziehung von Steuerwirkungen. Werden diese explizit betrachtet, lässt sich eine weitere Rechenvariante ausmachen, die der klassischen Variante des Entity-Ansatzes, d.h. dem WACC-, als auch dem üblichen APV-Ansatz nahe steht.
Die Idee dieser Rechenvariante besteht darin, einen etwaigen Steuervorteil der Fremdfinanzierung (tax shield) dem operativen Überschuss vor jeglichen Fremdfinanzierungszahlungen zuzurechnen. Für die Wertermittlung wird ein durchschnittlicher Kapitalkostensatz verwendet, wobei jedoch im Gegensatz zum WACC-Ansatz der Steuervorteil nun nicht mehr im Kapitalkostensatz aufscheint.[518] Er ist allgemein über eine der Textbuchformel ähnliche Renditeformel definiert, die deshalb als Textbuch-DUK bezeichnet werden kann.[519]

$$E_0^w\left[D\tilde{U}K_t\right] = i \cdot E_0^w\left[L_{t-1}\right] + E_0^w\left[\tilde{k}_t^F\right] \cdot \left(1 - E_0^w\left[\tilde{L}_{t-1}\right]\right)$$

Der Cashflow in Periode t ist dann wie folgt äquivalent definiert: $E_0\left[\tilde{D}_t\right] + is_K F_{t-1}$

Neueren Datums ist der Vorschlag für einen *Z-Flow-Ansatz*.[520] Die Rendite ist dort so definiert:

$$E_0^w\left[\tilde{k}_t^F\right] \cdot \left(1 - E_0^w\left[\tilde{L}_{t-1}\right]\right)$$

Für den Cashflow in Periode t gilt dann: $E_0\left[\tilde{D}_t\right] - i(1 - s_K) \cdot F_{t-1}$

Total Cashflow- als auch Z-Flow-Ansatz ermitteln einen Unternehmensgesamtwert. Es lässt sich erkennen, dass die Möglichkeiten, weitere konsistente Rechenansätze zu kreieren, noch nicht ausgeschöpft sind. Ein jüngst in der Literatur vorgestellter „WACC“-Ansatz definiert etwa den zu diskontierenden Überschuss nicht mit $E_0\left[\tilde{D}_t\right]$, sondern mit $E_0\left[E\tilde{B}IT_t\right]$.[521] Streng genommen

---

516 Diese Bewertung lässt sich z.B. über eine retrograde Berechnung durchführen. Levin/Olsson (1998b), S. 214-221, zeigen eine iterative Berechnung.
517 Vgl. z.B. Arditti/Levy (1977). In der Literatur wird dieser Ansatz seit einiger Zeit als Total Cashflow-Ansatz gehandelt, der aber auch unter den Bezeichnungen des DUK- (Durchschnittliche Kapitalkosten) bzw. Capital Cashflow-Ansatzes bekannt ist.
518 Dieser Ansatz wird auch schon bei Ezzell/Miles (1983), S. 27, verwendet als Zwischenschritt zur Ableitung der autonomen WACC-Rendite ausgehend vom APV-Ansatz.
519 Bei DUK handelt es sich um einen „durchschnittlichen Kapitalkostensatz“. Vgl. Drukarczyk (1993), S. 155.
520 Dieser geht nach Pierru/Feuillet-Midrier (2002), S. 64, auf Babusiaux/Jaylet (1997) zurück.
521 Vgl. Nippel/Streitferdt (2003).

handelt es sich dann eigentlich auch nicht um einen DCF-Ansatz, sondern um einen „diskontierten Gewinn-Ansatz"; in Anlehnung an den DCF-Ansatz könnte dies dann als ein „Discounted Earnings"- bzw. „DE"-Ansatz bezeichnet werden. Für eine Bewertung, die einen Marktwert auf Basis von $E_0\left[\widetilde{EBIT}_t\right]$ hervorbringen will, kann der übliche Textbook-WACC zur Diskontierung dann freilich nicht herangezogen werden, weil dieser in Bezug auf $E_0\left[\widetilde{D}_t\right]$ im Zähler der Barwertformel definiert ist. Je nach Projektlaufzeit und der Struktur der Überschüsse sind dann erst noch äquivalente Diskontierungssätze abzuleiten.[522] Ein solcher „WACC"-Diskontierungssatz weist keine erkennbaren rechentechnischen Vorteile auf; im Gegenteil: Der Ansatz wirkt „behäbig".[523] Im Zähler der Barwertformel verloren gegangene Informationen müssen im Nenner, d.h. dem Diskontierungssatz, bei konsistenter Bewertung nachgeholt werden. „DE"-Ansätze müssen nicht allein auf den „WACC"-Ansatz beschränkt werden. Ebenso könnten diese auf dem Equity-, oder APV-Ansatz aufsetzen. Der Reiz, dies zu tun, erscheint nicht sehr groß.
Die grundlegende Idee, auf andere Größen im Zähler auszuweichen, ließe sich noch weiterspinnen. Es könnte ein neues Verfahren eingesetzt werden, in dem bloß Umsätze im Zähler vorkommen, und eine Korrektur über den Diskontierungssatz erfolgt. Man ahnt es aber: Die Rechenprobleme würden nicht schwinden.

Von einer „Bereicherung" der Literatur mit weiteren Rechenansätzen soll deshalb mangels erkennbaren Nutzens abgesehen werden. Denn auch die alternativen DCF-Ansätze haben aufgrund der Zirkularität - $E_0^w\left[L_{t-1}\right]$ und F_t müssen bekannt sein - keinen rechentechnischen Vorteil, so dass fraglich bleiben muss, worin ihr Mehrwert für Theorie und Praxis bestehen soll. Aus diesem Grunde wird in den weiteren Abschnitten der Total Cashflow-Ansatz allenfalls am Rande erwähnt, weil er noch eine gewisse Popularität in der Literatur für sich beanspruchen kann.

Sollte ein Bewerter in die Lage kommen, $E_0^w\left[\widetilde{L}\right]$ und F_0 a priori zu kennen, könnte er sich eine aufwendige Bewertung sparen: Das konsistente Resultat ist bekannt. Durch Umstellung von $E_0^w\left[\widetilde{L}\right]=\frac{F_{t-1}}{E\left[\widetilde{V}_{t-1}^F\right]}$ ergibt sich für t = 0: $V_0^F=\frac{F_0}{L}$. Es bedarf nicht vieler Worte, dass solche Bewertungsannahmen wenig Sinn machen.[524] Daher wird im nächsten Abschnitt davon ausgegangen, dass nun nur die Fremdkapitalquote bekannt ist, aber nicht F_0.[525] Es wurde schon diskutiert, dass die bisher behandelten DCF-Ansätze nicht unmittelbar zur Umsetzung dieser Planungsdoktrin geeignet sind.

---

522 Vgl. Nippel/Streitferdt (2003) für eine auf den Fall der ewigen Rente mit Wachstum gemünzten Definition dieses „WACC"-Diskontierungssatzes. Diese Definition kann nicht für die Bewertung anderer Zahlungsmuster eingesetzt werden.
523 Dies sehen Nippel/Streitferdt (2003), S. 408-409, nicht anders. Die WACC-Textbuchformel des *DCF-Ansatzes* hat dieses Problem gerade nicht. Vgl. dazu auch die Fn. 489, 510, 515,588.
524 Es ließe sich ebenso vorstellen, die Differenz zwischen dem nach der Rechnung implizierten und dem existierenden F in t = 0 auszugleichen, damit die implizierten Steuervorteile der Fremdfinanzierung auch tatsächlich eintreten können. Vgl. hierzu Mandl/Rabel (1997b), S. 347-348. Ob die Anpassung tatsächlich in t = 0 so kurzfristig realisierbar ist, ist am Einzelfall zu prüfen. Es soll sich nicht nur um eine fiktive Anpassung handeln, sonst macht der Kalkül ja wenig Sinn.
525 Ob diese Annahme bei Unternehmensbewertungen realistisch ist, bei denen i.d.R. im Bewertungszeitpunkt schon ein fixierter Bestand an F vorhanden ist, erscheint fraglich. Dies ist gleichwohl ein allgemeiner Schwachpunkt der L-Planungsdoktrin unabhängig von der intendierten Finanzierungspolitik.

3.2.1.2. $E_0^w[\tilde{L}]$-Planungsdoktrin

Ezzell/Miles (1983) betonen, dass eine autonome Politik ebenfalls über eine $E_0^w[\tilde{L}]$-Planungsdoktrin implementiert werden kann.[526] Myers (1974) stellt dar, dass sich mit dem APV-Ansatz bei Vorgabe von $E_0^w[\tilde{L}] = \frac{F_{t-1}}{E[\tilde{V}_{t-1}^F]}$ die Bewertung rekursiv (ausgehend von dem Zeitpunkt n bis 0) relativ effizient durchführen lässt.[527] Dieser rekursive Lösungsansatz lässt sich auch auf zeitvariable $E_0^w[\tilde{L}_{t-1}] = \frac{F_{t-1}}{E[\tilde{V}_{t-1}^F]}$ ausdehnen.[528] Equity- und WACC-Ansatz könnten dieses Problem rekursiv lösen.

Ashton/Atkins (AA) zeigen in einem Kommentar von 1978, dass das Bewertungsproblem bei Vorliegen der Planungsdoktrin $E_0^w[\tilde{L}]$ ohne rekursives Vorgehen elegant über die folgende geschlossene Formel direkt lösbar ist.[529]

$$(3\text{-}4)\quad V_0^F = \alpha \sum_{t=1}^{n} \frac{E_0[\tilde{D}_t]}{(1+k)^t} + (1-\alpha) \sum_{t=1}^{n} \frac{E_0[\tilde{D}_t]}{\left(1 + E_0^w[\tilde{i}^{AA}]\right)^t},$$

$$\text{wobei } E_0^w[\tilde{i}^{AA}] = i\left(1 - s_K E_0^w[\tilde{L}]\right) \text{ und } \alpha = \frac{k-i}{k - E_0^w[\tilde{i}^{AA}]}$$

$E_0^w[\tilde{i}^{AA}]$ erinnert an die WACC-Formel im Fall der ewigen Rente bei autonomer Politik. Eine direkte ökonomische Interpretation der explizit formulierten Bewertungsfunktion (3-4) als APV-Ansatz erscheint jedoch nicht ganz leicht darstellbar, da weder der Wert bei Eigenfinanzierung noch der Wert des Eigenkapitals direkt ermittelt wird. Die Formel gilt ebenfalls bei $n \to \infty$.[530]

526 Vgl. Ezzell/Miles (1983), S. 25 und S. 30.

527 Vgl. die hier nicht eigens aufgeführten Formeln bei Myers (1974), S. 21. Auf Basis von Beispielrechnungen werden Abweichungen zwischen einer pragmatischen Projektbewertung mit der WACC-Formel nach MM aus (1963) und dem APV-Ansatz als eher gering eingeschätzt. Vgl. Myers (1974), S. 15-17; Myers (1992), S. 488. Dazu kann noch angemerkt werden, dass bei ewiger Laufzeit und Wachstum die auftretenden Unterschiede nicht als Ausfluss einer fehlerhaften Rechentechnik gedeutet werden müssen, sondern auch als Ausfluss unterschiedlicher Finanzierungspolitiken angesehen werden können. Vgl. Abschnitt 3.2.4. hierzu und Anhang 3-4.

528 Eine explizite Formel, die direkt zum gewünschten Resultat führt, existiert hierfür nach Kruschwitz/Löffler i.a. nicht. Vgl. Kruschwitz/Löffler (1998), S. 5-6.

529 Vgl. Ashton/Atkins (1978).

530 Nach Einsetzen in (3-4) erhält man:

$$V_0^F = E_0[\tilde{D}_t] \cdot \left[\frac{k-i}{k - i\left(1 - s_K E_0^w[\tilde{L}]\right)} \cdot \frac{1}{k-g} + \left(1 - \frac{k-i}{k - i\left(1 - s_K E_0^w[\tilde{L}]\right)}\right) \cdot \frac{1}{i\left(1 - s_K E_0^w[\tilde{L}]\right) - g} \right]$$

$$V_0^F = E_0[\tilde{D}_t] \cdot \frac{(k-i)\left(i\left(1 - s_K E_0^w[\tilde{L}]\right) - g\right) + (k-g) \cdot i s_K E_0^w[\tilde{L}]}{\left(k - i\left(1 - s_K E_0^w[\tilde{L}]\right)\right) \cdot (k-g) \cdot \left(i\left(1 - s_K E_0^w[\tilde{L}]\right) - g\right)}$$

Nach weiteren Vereinfachungen ergibt sich der schon gezeigte WACC-Ansatz im Fall der ewigen Rente mit Wachstum: $E_0^w[\widetilde{WACC}] = k - \frac{i s_K (k-g)}{i-g} \cdot \frac{F}{E_0[\tilde{V}^F]}$.

Es sei wiederholt, dass es möglich, aber nicht generell empfehlenswert ist, über das Interne Zinsfuß-Kriterium einen $WACC_{IZF}$ ex posteriori zu suchen, der V_0^F bestätigt.[531] Eigenständig wäre $WACC_{IZF}$ generell nicht. Konstante Fremdkapitalquoten implizieren ja nicht *generell* konstante erwartete durchschnittliche Kapitalkosten.

Ruback (1986) interessiert der Spezialfall einer Planungsdoktrin mit L = 100 %. Er belegt, dass der Wert sicherer Cashflows ermittelt werden kann durch Diskontierung mit dem sicheren Zinssatz nach Unternehmensteuern: $i(1-s_K)$.[532]
Wie nun gezeigt wird, ist dieser Spezialfall in der Formel (3-4) von Ashton/Atkins (1978) eigentlich schon enthalten. Die Dividenden nach Unternehmensteuern D sind sicher und L = 1. Der erste Term aus (3-4) beträgt null, da $\alpha = 0$. Übrig bleibt dann: $V_0^F = \sum_{t=1}^{n} \frac{D_t}{(1+i(1-s_K))^t}$.

Lewellen/Emery (1985) beobachten, dass sich bei gegebenem $E_0^w[\tilde{L}] = \frac{F_{t-1}}{E_0[\tilde{V}_{t-1}^F]}$ die Wertbeiträge des Steuervorteils der Fremdfinanzierung eines Unternehmens nicht in konsistente Projekt-Wertbeiträge aufteilen lassen.[533] Bei Vorgabe einer $E_0^w[\tilde{L}]$ - bzw. $E_0^w[\tilde{L}_t]$ -Planungsdoktrin bestehen m.a.W. Interdependenzen, die sich nicht auf einer Projektebene separieren lassen.[534] Werden Fremdkapitalbestände einzelnen Projekten vorgegeben, ist das Interdependenzproblem aber per Vorgabe gelöst und Wertadditivität ist gewährleistet.[535] Die $E_0^w[\tilde{L}]$ -Planungsdoktrin hat bei einer autonomen Politik also Tücken. Die Implementierung dieser Doktrin ist bei den in Kapitel 3.2.2. zu untersuchenden wertabhängigen Politiken leichter.

3.2.1.3. F^+-Planungsdoktrin

Eine weitere Fragestellung, die Nachman (2003) aufwirft, lautet: Welche zusätzlichen Fremdkapitalaufnahmen im Zeitablauf könnten durch die aufgrund der gegebenen Fremdfinanzierung ausgelösten Steuerersparnisse gedeckt werden?

Die klassische F-Doktrin wird dabei verlassen. Wegen der Erweiterung der Verschuldungskapazität, die über die zusätzlichen Steuerersparnisse auf einem vollkommenen Kapitalmarkt finanziert werden kann, entsprechen die vorläufig autonom geplanten Fremdkapitalbestände F_t nicht mehr den potentiell erzielbaren F_t^+.

---

531 Dies ist nicht besonders empfehlenswert, da rechnerische Richtigkeit vorliegt, aber die ökonomische Interpretierbarkeit verloren geht. Es handelt sich dann nicht mehr um eine erwartete Rendite, sondern nur noch um einen Diskontierungssatz. Vgl. auch Myers (1974), S. 7, 17, sowie Myers (1977b), S. 218, der von einer „weak definition" spricht; anders noch Ashton/Atkins (1978), S. 1450-1453. Die Lösung des Internen Zinsfuss-Problems ist i.a. analytisch nicht möglich. Zudem kann es mehrere Lösungen geben.

532 Vgl. Ruback (1986), S. 336.

533 Vgl. Lewellen/Emery (1985), S. 82.

534 Lewellen/Emery (1985) revidieren insofern eine frühere diesbezügliche Aussage von Lewellen/Long/McConnell (1977), S. 126. Diese von Lewellen/Emery angesprochenen mathematischen Zuordnungsprobleme bestehen bei einer wertabhängigen Politik übrigens nicht. Diese ordnet gemäß L eine spezifische Verschuldungskapazität den Projekten zu. Ob dieses mechanistische Zuordnung ökonomisch stets befriedigt, darf bezweifelt werden.

535 Die Kritik von Lewellen/Emery fokussiert sich demnach eigentlich nicht so sehr auf den APV-Ansatz, auch wenn sie dies so ausdrücken, sondern auf die gewählte L-Planungsdoktrin bei autonomer Finanzierungspolitik. Diese löst die beklagte mangelnde Wertadditivität aus, nicht jedoch der APV-Ansatz per se. Dies ist zu betonen, denn er bezieht seine Legitimation aus dem Prinzip der Wertadditivität.

Es handelt sich dabei dann um folgende hybride Planungsdoktrin: $F_t^+ = F_t + \Delta V_t^F$. Der erste Bestandteil ist explizit, der zweite implizit geplant.

Wie hoch ist der Wert des Steuervorteils bei einer F^+-Planungsdoktrin? ΔV_t^F ist zu Beginn der Bewertung nicht bekannt, damit lässt sich auch der Wert durch folgende Gleichung nicht direkt berechnen:

$$\Delta V_0^F = \sum_{t=1}^{n} \frac{i \cdot s_K \cdot F_{t-1}^+}{(1+i)^t}$$

Es kann jedoch über eine rekursive Ermittlung leicht gezeigt werden, dass der Wert über die folgende Gleichung simultan bestimmt werden kann:[536]

$$\Delta V_0^F = \sum_{t=1}^{n} \frac{i \cdot s_K \cdot F_{t-1}}{(1+i(1-s_K))^t}$$

Der Wert der Steuervorteile ist bei einer F^+-Planungsdoktrin offensichtlich höher als bei einer F-Planungsdoktrin, da das periodische Fremdkapital um ΔV_t^F höher ausfällt bzw. für die Abzinsung nun $i(1-s_K)$ anstatt i einzusetzen ist.
In Abgrenzung zu dem Ansatz von Ashton/Atkins bei L = 100 % bzw. der Fragestellung Rubacks ist zu betonen, dass bei der F^+-Planungsdoktrin natürlich keineswegs zwangsläufig L = 100 % impliziert ist.

3.2.2. Wertabhängige Finanzierungspolitiken

Bei einer wertabhängigen Finanzierungspolitik sind die Fremdkapitalbestände i.d.R. nicht zustandsunabhängig wie bei einer autonomen Politik, sondern orientieren sich an der Zustandsabhängigkeit des Unternehmensgesamtwerts.[537] Miles/Ezzell (ME) haben die wertabhängige Finanzierungspolitik 1980 auf Basis einer (zeitkonstanten) Cashflow-Rendite begründet: $\rho_t = D_t / V_{t-1}^E[D_t]$-1.[538] Dieser Arbeit ist die Definition einer Gesamtrendite (Total Shareholder Return) zugrundegelegt: $k = \left(D_t + V_t^E\right) / V_{t-1}^E$-1.

In diesem Abschnitt soll erstens aufgezeigt werden, unter welchen stochastischen Anwendungsbedingungen ein Modell analog zu Miles/Ezzell auf Basis von k funktionieren könnte. Diese Fragestellung ist interessant, da die dieser Arbeit zugrundegelegte Renditedefinition (nicht nur) bei Unternehmensbewertungen sehr üblich ist, Miles/Ezzell nicht dezidiert darauf eingegangen sind, wie eine wertabhängige Politik dann zu modellieren ist, und die sich daraus ergebenden Implikationen offensichtlich nicht trivial sind. Es zeigt sich, dass eine Reinterpretation der Formel von Miles/Ezzell unter gewissen Bedingungen eingesetzt werden kann. Diese Bedingungen müssen nicht so eng sein, wie in der Literatur bisweilen vermutet wird. So ist es z.B. nicht notwendig, dass die bedingten Wachstumsraten deterministisch sind. Zweitens wird untersucht, wie Bewertungsformeln für zwei alternative wertabhängige Finanzierungspolitiken definiert werden könnten, wenn die nach Miles/Ezzell interpretierten

---

536 Vgl. Nachman (2003), S. 12.

537 Weitere Bezeichnungen in der Literatur sind etwa: Atmende Finanzierungsstrategie, wertorientierte Politik, L-Politik, active debt management policy, proportional debt policy.

538 Vgl. Miles/Ezzell (1980), S. 723, Formel [3]. Miles/Ezzell (1980) sprechen alternierend von „a firm´s unlevered cost of capital" bzw. „discount rate". In einem nachfolgenden Beitrag von 1985 setzen Miles/Ezzell das Ein-Perioden-CAPM als Referenzmaßstab ein. Vgl. Miles/Ezzell (1985), passim.

Formeln nicht einsetzbar sind. Die alternativen Formeln ähneln zwar in ihrer äußeren Erscheinungsform der reinterpretierten Formel nach Miles/Ezzell, jedoch weichen die zum Einsatz kommenden Parameter partiell ab. So ist z.B. bei einer Finanzierungspolitik, die deterministisch am eigenfinanzierten Unternehmensgesamtwert cum Dividende orientiert ist, eine nicht-deterministische Fremdkapitalquote $E_0^w\left[\widetilde{L}_{t-1}\right]=\frac{E_0\left[\widetilde{F}_{t-1}\right]}{E_0\left[\widetilde{V}_{t-1}^F\right]}$ impliziert. Es wird herausgearbeitet, dass die Praktikabilität unterschiedlicher DCF-Ansätze bei wertabhängiger Finanzierungspolitik und der vorliegenden Renditedefinition k differenzierter zu beurteilen sein wird als in dem von Miles/Ezzell vorgestellten Modellrahmen.

3.2.2.1. Reinterpretation des Modells von Miles/Ezzell

In diesem Abschnitt werden eine L- und $E_0\left[\widetilde{F}\right]$-Planungsdoktrin analysiert. Anschließend wird auch eine L^E-Planungsdoktrin $\left(L^E=\frac{\widetilde{F}}{\widetilde{V}^E}\right)$ diskutiert.

Miles/Ezzell (1980) haben explizit gezeigt, dass der WACC-Ansatz aufbauend auf einer Cashflow-Rendite bei Eigenfinanzierung ein effizienter Lösungsansatz ist, wenn sich die Fremdfinanzierung an den Unternehmensgesamtwert in jedem Umweltzustand proportional anschmiegt (wertabhängige Finanzierungspolitik) und eine L-Planungsdoktrin verfolgt wird.[539]

Hier soll gezeigt werden, wie das Modell von Miles/Ezzell (1980) reinterpretiert werden kann, wenn statt der Cashflow-Rendite die Gesamtrendite k eingesetzt wird.

Das Modell der wertabhängigen Finanzierungspolitik besitzt dann Gültigkeit, wenn jeder *unbedingt* erwartete Cashflow bei Eigenfinanzierung diskontiert mit $E_0^w\left[\widetilde{k}\right]$ einen konsistenten[540] Barwertbeitrag unter Zugrundelegung des Informationsstandes t = 0 liefert. Ein Barwertbeitrag soll in dieser Arbeit dann als konsistent angesehen werden, wenn die Bewertung dem Referenzmaßstab einer arbitragegewinnfreien Bewertung genügt.

Diesem Postulat wird *unbedingt* Genüge getan, wenn entweder k oder die Dividendenrendite $\delta_t^*=\frac{\widetilde{D}_t}{\widetilde{V}_t^E}$ deterministisch ist (Quadrant I bzw. II).[541] Diesem Postulat kann jedoch allenfalls *bedingt* entsprochen werden, wenn diese Einschränkungen nicht zutreffen (Quadrant III bzw. IV). Der WACC-Ansatz gilt ebenfalls nicht, wenn bei Vorliegen von periodenvariablen k_t ein stellvertretendes k^{IZF} eingesetzt wird. Dieser Fall gibt theoretisch aber auch nicht viel her. Die Textbuch-Formel gilt unter diesen Umständen nicht. Es lassen sich folgende Kombinationen

539 Es gab auch schon vor der Arbeit von Miles/Ezzell (1980) Beiträge zu dieser Politik, die jedoch die Begründung für die Diskontierung nur mehr oder weniger implizit gestreift haben. Vgl. etwa Modigliani/Miller (1958), Myers (1974), Lewellen/Long/McConnell (1977), S. 117, die den Begriff „'value-based' leverage plan" eingeführt haben. Die hier aufgezeigten Einschränkungen für die Definition der Rendite bei Eigenfinanzierung k erweisen sich ebenfalls als fruchtbar für eine konsistente Integration von persönlichen Kapitalgewinnsteuern in den Bewertungskalkül.

540 Miles/Ezzell (1980), S. 723, verwenden hier das Adjektiv „korrekt". In deren Beitrag wird dieses Prädikat verständlicherweise mit Gänsefüßchen versehen. Denn die Korrektheit einer Bewertung kann freilich nur vor dem Hintergrund eines Referenzmaßstabes beurteilt werden. Zu einem möglichen Referenzmaßstab äußern sich Miles/Ezzell in dem Beitrag aus 1980 aber noch nicht.

541 Vgl. Anhang 3-1.

unterscheiden, wobei die schattierten Quadranten eine mit einer wertabhängigen Politik potentiell inkompatible Kombination aufzeigen:[542]

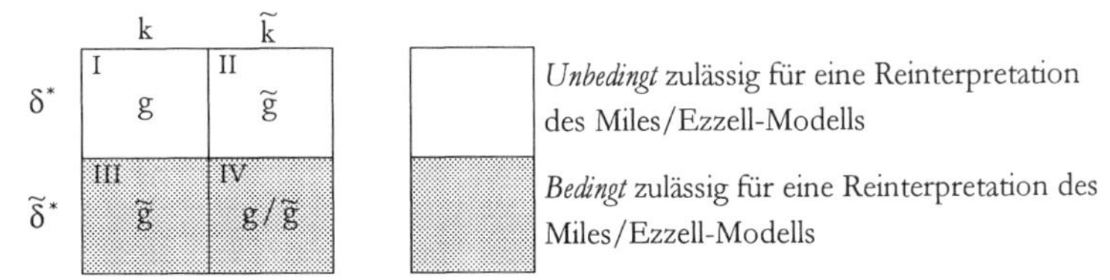

Abbildung 3-4: Unbedingt und bedingt zulässige Kombinationen von k und δ* bei wertabhängiger Politik

Es ist zu betonen, dass die bedingten Wachstumsraten *nicht* deterministisch sein müssen. Ebenso muss die gewichtete unbedingt erwartete Wachstumsrate nicht zeitkonstant sein. Demzufolge lässt sich konstatieren, dass der Anwendungsrahmen für den Einsatz der reinterpretierten Formel von Miles/Ezzell tatsächlich umfassender sein kann, als bisweilen in der Literatur konzediert wird. Die für eine wertabhängige Politik unbedingt zulässigen Kombinationen aus k, δ^* und g sind nicht trivial. Dass ein Kalkül versagen kann, der eine Rendite bei Eigenfinanzierung ohne eine Regularitätsbedingung in die Miles/Ezzell-Formel einsetzt, ist in der Literatur gut dokumentiert.[543]

Es kann leicht gezeigt werden, dass dann der WACC von Miles/Ezzell ($= \rho - i \cdot s_K \cdot L \cdot \frac{1+\rho}{1+i}$) durch Ersetzen von ρ durch $E_0^w[\tilde{k}]$ neu gedeutet werden kann als:[544]

(3-5) $$E_0^w[\widetilde{WACC}] = E_0^w[\tilde{k}] - i \cdot s_K \cdot L \cdot \frac{1 + E_0^w[\tilde{k}]}{1+i}$$

---

542 Vgl. auch Abbildung 2-39.

543 Vgl. hierzu deutlich Löffler (2002a), (2002b), und (2002c), Streitferdt (2003). Im Fall stochastischer Unabhängigkeit z.B. kann δ^* nicht erfüllt sein, da V_t^E zustandsunabhängig, hingegen $\tilde{D}_t$ zustandsabhängig ist. Die Politik kollabiert dann zu einer autonomen Politik.

544 Vgl. die Formel [20] bei Miles/Ezzell (1980), S. 726. Eine Vereinfachung des Modells von Miles/Ezzell wird oft in Verbindung mit Harris/Pringle (1985), S. 240-242, gebracht. Bei der hier verwendeten *diskreten* Modellierung handelt es sich um eine Vereinfachung, im Fall eines *kontinuierlichen* Modells ist die Formel von Harris/Pringle (HP) korrekt. Die Vereinfachung besteht darin, die einperiodische Risikolosigkeit des Steuervorteils aus pragmatischen Gründen zu vernachlässigen. Vgl. den WACC-Ansatz hierzu auch schon bei Modigliani/Miller (1958), S. 294, Formel [31] und in kontinuierlicher Zeit Grinblatt/Liu (2002), S. 16. Es gilt dann: $E_0^w[\widetilde{WACC}] = E_0^w[\tilde{k}] - i \cdot s_K \cdot L$.

Harris/Pringle bezeichnen dies als WA-Ansatz (weighted average). Die Abweichung zu dem Miles/Ezzell-Ansatz ist minimal und die Formel ist einfacher. Der korrespondierende APV- und Equity-Ansatz sieht dann so aus:

$$V_0^F = \sum_{t=1}^{n} \frac{E_0[\tilde{D}_t]}{(1 + E_0^w[\tilde{k}])^t} + \sum_{t=1}^{n} \frac{i \cdot s_K \cdot E_0[\tilde{F}_{t-1}]}{(1 + E_0^w[\tilde{k}])^t}$$

$$E_0^w[\tilde{k}^F] = E_0^w[\tilde{k}] + (E_0^w[\tilde{k}] - i) \cdot \frac{L}{1-L}$$

Die Möglichkeit einer wertabhängigen Finanzierungspolitik wird bei Myers auch kurz im Rahmen des APV-Ansatzes skizziert. Vgl. Myers (1974), S. 22. Ein Blick auf die Rendite des Equity-Ansatzes zeigt, dass diese identisch mit (II) ist. In (II) kann, muss aber nicht der Verschuldungsgrad stochastisch sein. Diese optische Äquivalenz trifft auf die anderen Ansätze nicht zu, denn die Bewertungen im Fall mit und ohne Steuern sind ja auch unterschiedlich. Wird (II) angewendet, dann sind von der Dividende D keine Steuern abgezogen, im HP-Fall i.a. aber schon.

Die Formel gilt unabhängig von den Wachstumsraten der Cashflows (Muster der Cashflows im Zeitablauf),[545] und ist auch unabhängig von dem betrachteten Zeithorizont einsetzbar. In dem Spezialfall, dass k deterministisch ist, gilt dies auch für WACC. Ein Erwartungswertoperator könnte dann jeweils insofern entfallen, weil sich gewichtete und einfache unbedingt sowie bedingt erwartete Renditen entsprechen. Um die Formel zu illustrieren, sei ein Beispiel betrachtet.[546]

Beispiel 1: Die Überschüsse D seien nach Körperschaftsteuer definiert: $E_0\left[\tilde{D}_1\right] = 66$ und $E_0\left[\tilde{D}_2\right] = 70{,}33$; die subjektive Wahrscheinlichkeit betrage $p_{tj} = p = 0{,}5$; $i = 0{,}06$; die risikoneutralen Wahrscheinlichkeiten q_{tj} sind in der Abbildung angegeben. $\Rightarrow E_0^w\left[\tilde{k}\right] = 0{,}10$, δ_1^* ist deterministisch. Der Körperschaftsteuersatz sei $s_K = 0{,}4$; die Fremdkapitalquote sei deterministisch, konstant und betrage $L = \frac{\tilde{F}}{\tilde{V}^F} = 0{,}5$. Eine Bewertung, die die erwartete Rendite $E_0^w\left[\tilde{k}\right]$ mit 10 % in (3-5) einsetzt, führt für das obige Beispiel zu einem arbitragegewinnfreien Ergebnis. Es gilt: $E_0^w\left[\widetilde{WACC}\right] = 0{,}08754717$.

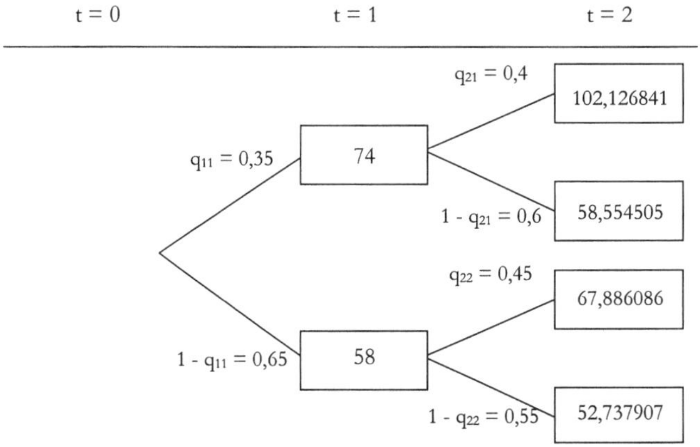

Abbildung 3-5: Überschüsse D und risikoneutrale Wahrscheinlichkeiten

545 Vgl. auch Grinblatt/Liu (2002), S. 26. Bei der autonomen Politik handelt es sich bei den Formeln (3-1) bis (3-3) um die allgemeinen Rendite-Formeln. Alle anderen Formeln - wie z.B. die im häufig betrachteten Fall der ewigen Rente - gelten bei autonomer Politik nur in dieser Konstellation. Jakubowicz (2000), S. 69, Fn. 201, meint, dass eine Unterscheidung von autonomer und wertabhängiger Politik im Fall der ewigen Rente (ohne Wachstum) nicht relevant sei. Dieser Aussage ist nicht generell zuzustimmen, da im ewigen Rentenfall die unbedingt erwarteten Fremdkapitaländerungen zwar null betragen, jedoch je nach unsicherem Unternehmenswert im Zeitablauf auch bedingte Fremdkapitaländerungen auftreten werden.

546 Es handelt sich um das Zahlenbeispiel aus Abschnitt 2.4. Eine Anmerkung vorab noch zu den folgenden Zahlenbeispielen: Diese sind bewusst auf 2 Perioden beschränkt, um den Kern des Problems zu beleuchten. Die Wertdifferenzen sind dann sehr klein und tauchen erst bei den Nachkommastellen auf. Die Überlegungen lassen sich aber auf einen unbegrenzten Horizont mit dann entsprechend größeren Wertdifferenzen erweitern. Der entscheidende Punkt ist hier, wie eine theoretisch gerechtfertigte – d.h. mit den Modellannahmen konsistente – Bewertung aussieht.

Es ist zu betonen, dass $\widetilde{F}$[547] und $\widetilde{V}^F$[548] jeweils *Marktwerte* darstellen. $E_0^w\left[W\widetilde{A}CC\right]$ ist für eine Bewertung auf Basis des Informationsstandes t = 0 zum Zeitpunkt t = 0 als auch t = 1 gültig.

$$(3\text{-}6)\quad V_0^F = \sum_{t=1}^{n} \frac{E_0\left[\widetilde{D}_t\right]}{\left(1+E_0^w\left[W\widetilde{A}CC\right]\right)^t}$$

$$V_0^F = 120{,}146595;\; E_0\left[\widetilde{V}_1^F\right] = 64{,}66509.$$

Wieso gilt die behauptete Arbitragegewinnfreiheit der Bewertung in dem Beispiel? In dem Beispiel ist die Rendite $E_0^w\left[\widetilde{k}\right]$ zwar stochastisch, jedoch δ_1^* deterministisch (Quadrant II).[549]

Eine entscheidende Folge von δ_t^* ist nun, dass bei Vorliegen konstanter Renditen $E_0^w\left[\widetilde{k}\right]$ die gewichteten unbedingt erwarteten Renditen $E_0^w\left[W\widetilde{A}CC\right]$ auch konstant sind. Es gilt für $E_0^w\left[\widetilde{k}_t\right] = \sum_{j=1}^{h} \frac{\widetilde{V}_{j,t-1}^E}{E_0\left[\widetilde{V}_{t-1}^E\right]} \cdot \underbrace{p_{j,t} \cdot \widetilde{k}_{j,t}}_{E_0\left[\widetilde{k}_t\right]} = \frac{E_0\left[\widetilde{D}_t\right] + E_0\left[\widetilde{V}_t^E\right]}{E_0\left[\widetilde{V}_{t-1}^E\right]} - 1$. Dies gilt analog auch für $E_0^w\left[W\widetilde{A}CC\right]$.

Die bedingt erwarteten Renditen können natürlich zustandsabhängig sein. Aus $E_1\left[\widetilde{k}_{21}\right]$ = 0,120785188 und $E_1\left[\widetilde{k}_{22}\right]$ = 0,073480968 folgen dann bedingt erwartete WACC-Renditen, die analog zu (3-5) definiert werden können:

$$E_{t-1}\left[W\widetilde{A}CC_t\right] = E_{t-1}\left[\widetilde{k}_t\right] - i \cdot s_K \cdot L \cdot \frac{1+E_{t-1}\left[\widetilde{k}_t\right]}{1+i}$$

Daraus folgen $E_1\left[W\widetilde{A}CC_{21}\right] = 0{,}108097053$ und $E_1\left[W\widetilde{A}CC_{22}\right] = 0{,}061328353$.

---

547 In dem in diesem Beitrag aufgespannten Prämissenrahmen sind Markt- und Buchwerte des Fremdkapitals austauschbar.

548 Bekanntlich ist das Zusammenfallen von Markt- und Buchwerten eine Ausnahme. Vgl. auch Brennan (1973), S. 29; Myers (1974); McTaggart/Kontes/Mankins (1994), S. 312; Luehrman (1997), S. 153; Esty (1999). Palencia (1999), S. 12-13, und Palepu/Bernard/Healey (2000), S. 12-3 bis 12-17, etwa setzen explizit Buch- statt Marktwerte ein. Letztere geben noch zu erkennen, dass Equity- und WACC-Ansatz dann nicht identische Bewertungen produzieren werden. Soll tatsächlich eine wertabhängige Politik verfolgt werden, so führt das Einsetzen von Buch- statt Marktwerten zu einer inkonsistenten Bewertung, mit der Folge, dass $E_0^w\left[W\widetilde{A}CC_t\right]$ bei $E_0\left[\widetilde{E}_{t-1}^F\right] > E_0\left[E\widetilde{K}_{t-1}\right]$ $\left(\text{bei } E_0\left[\widetilde{E}_{t-1}^F\right] < E_0\left[E\widetilde{K}_{t-1}\right]\right)$ zu niedrig (hoch) ausfällt und $E_0\left[\widetilde{E}_{t-1}^F\right]$ verzerrt mit einem zu hohen (niedrigen) Wert ausgewiesen wird. Wechseln im Zeitablauf die Relationen von $E_0\left[\widetilde{E}_{t-1}^F\right]$ und $E_0\left[E\widetilde{K}_{t-1}\right]$, so können gegenläufige Fehler entstehen, die sich aber nur zufällig kompensieren. Nach einer neueren empirischen Studie scheint das Einsetzen von Marktwerten in der US-amerikanischen Praxis inzwischen gängig zu sein. Vgl. Bruner/Eades/Harris/Higgins (1998), S. 15. In UK ist der Einsatz von Buchwerten wohl noch häufiger. Vgl. hierzu die Studie von Arnold/Hatzopoulos (2000), S. 620. Fernández (2002), S. 55, beobachtet diesen Fehler in der spanischen Praxis häufig. Auch in der deutschen Praxis wird vermutlich noch partiell mit Buchwerten gearbeitet. Vgl. etwa einen Research Report von Morgan Stanley Dean Witter (2001), S. 9. Wenn zudem eine bilanzabhängige Politik betrieben werden soll, dann ist eine wertabhängige Politik i.a. nicht einschlägig. Vgl. Abschnitt 3.2.5. dazu.

549 $\widetilde{V}^E$ ist ex Dividende definiert. Die Bedingung δ_t^* wird hier zur Veranschaulichung des Beispiels (Binomialmodell, 2-Perioden-Fall) definiert: $\widetilde{D}_{11} : \widetilde{D}_{12} = \widetilde{V}_{11}^E : \widetilde{V}_{12}^E$ bzw. $\frac{\widetilde{D}_{11}}{\widetilde{V}_{11}^E} = \frac{\widetilde{D}_{12}}{\widetilde{V}_{12}^E}$.

Die zustandsabhängigen Werte $\widetilde{V}_1^F$ betragen dann 72,503282 und 56,826897. Die Renditen $E_0^w[\widetilde{k}_2]$ = 0,10 und $E_0^w[W\widetilde{A}CC_2]$ = 0,08754717 werden ermittelt über die zu Marktwerten gewichteten bedingt erwarteten Renditen. Schließlich folgt V_0^F mit 120,146595.
Üblicherweise wird in der Literatur Quadrant I unterstellt.[550]

Der gezeigte WACC-Ansatz verwendet zeitkonstante $E_0^w[\widetilde{k}]$ und L. Beide Annahmen sind nicht nötig. Der Hinweis soll genügen, dass die Formeln analog durch zeitvariable $E_0^w[\widetilde{k}_t]$ und L_{t-1} angereichert werden können.[551] L ist in dieser Konstellation deterministisch. Orientiert man sich am stochastischen Prozess von $\widetilde{V}_{t-1}^F$, ist der WACC-Ansatz bei gegebenen $E_0[\widetilde{D}_t]$ und $L_{t-1} = \frac{E_0[\widetilde{F}_{t-1}]}{E_0[\widetilde{V}_{t-1}^F]}$ effizient.

Kann der APV-Ansatz ebenfalls effizient eingesetzt werden? Würde der APV-Ansatz den Unternehmensgesamtwert in einem Schritt ermitteln, dann erhielte man:

$$E_0[\widetilde{V}_{\tau-1}^F] = \sum_{t=\tau}^{n} E_0[\widetilde{D}_t] \cdot \left(1 - \frac{i s_K L}{1+i}\right)^{-t} \left(1 + E_0^w[\widetilde{k}]\right)^{-t}$$

Diese Vorgehensweise unterscheidet sich dann nicht von dem WACC-Ansatz, wenn die Terme 2 und 3 zu dem WACC zusammengefasst werden. In ähnlicher Weise haben Inselbag/Kaufold (1997) gezeigt, dass eine rekursive Lösung mit dem APV-Ansatz ohne den WACC-Ansatz möglich ist.[552] Separiert man den Wert bei Eigenfinanzierung und den Wert der Steuervorteile wie bei dem APV-Ansatz üblich, hat Richter (1998) durch eine leichte Erweiterung des zweiten Terms gezeigt, dass - ohne auf Ergebnisse des WACC-Ansatzes zurückgreifen zu müssen - gilt:[553]

$$\text{(3-7)}\quad E_0[\Delta\widetilde{V}_{\tau-1}^F] = \sum_{t=\tau}^{n} E_0[\widetilde{D}_t] \cdot \left[\left(1 - \frac{i s_K L}{1+i}\right)^{-t} - 1\right] \left(1 + E_0^w[\widetilde{k}]\right)^{-t}$$

Der Equity-Ansatz tut sich in der praktischen Umsetzung schwerer als der APV- bzw. WACC-Ansatz, da die L- und $E_0[\widetilde{F}]$-Planungsdoktrin gemischt werden. Die in der DCF-Literatur oft beschriebene Problematik des Equity-Ansatzes ist also weniger theoretischer, sondern primär anwendungsorientierter Natur. Es gilt dann für $E_0^w[\widetilde{k}^F]$:[554]

---

550 Im diskreten Fall vgl. Löffler (1998), Richter/Drukarczyk (2001), Löffler (2002a), (2002b), (2002c), Richter (2002b). Löffler (1998) weist darauf hin, dass die Konstellation in Quadrant I einer Brownschen Bewegung entspricht. Vgl. für den kontinuierlichen Fall innerhalb einer Brownschen Bewegung Löffler (1998), Grinblatt/Liu (2002).

551 L, s_K und i sind deterministisch. Ein periodenvariables L_{t-1} innerhalb des Miles/Ezzell-Prämissenrahmens wird eingesetzt bei Ezzell/Miles (1983), S. 26-27 und S. 29-30, sowie mit einem formalen Nachweis Löffler (1998).

552 Vgl. Inselbag/Kaufold (1997), S. 119.

553 Vgl. die Formel [11] bei Richter (1998), S. 383. Diese Formel lässt sich leicht modifiziert - wie bei Richter dokumentiert - auch bei periodenvariablen L_{t-1} anwenden.

554 Erwähnt werden sollte, dass die analog innerhalb des Equity-Ansatzes definierten Dividendenrenditen $\delta_t^{*,MF} = \frac{\widetilde{D}_t^{MF}}{\widetilde{E}_t^F}$ dann deterministisch sein werden, wenn k und δ deterministisch sind.

$$(3\text{-}8)\quad E_0^w\left[\tilde{k}^F\right] = E_0^w\left[\tilde{k}\right] + \left[E_0^w\left[\tilde{k}\right] - i\left(1 + s_K \cdot \left(\frac{E_0^w\left[\tilde{k}\right] - i}{1+i}\right)\right)\right]\frac{L}{1-L} \text{ bzw.}$$

$$= E_0^w\left[\tilde{k}\right] + \left(E_0^w\left[\tilde{k}\right] - i\right)\cdot\left(1 - \frac{is_K}{1+i}\right)\cdot\frac{L}{1-L}$$

$$(3\text{-}9)\quad E_0^F = (1-L)\cdot V_0^F = \sum_{t=1}^{n}\frac{E_0\left[\tilde{D}_t^{MF}\right]}{\left(1 + E_0^w\left[\tilde{k}^F\right]\right)^t}$$

$$E_0^F = 60{,}073297^{555}$$

Wird $E_0^w\left[\tilde{k}^F\right]$ in die Textbuch-Formel eingesetzt, folgt die WACC-Rendite gemäß (3-5).[556] Der Equity-Ansatz lässt sich jedoch so modifizieren, dass er lediglich auf einer $E_0\left[\tilde{F}\right]$-Planungsdoktrin aufbaut. Er hat dann zwar auch keinen rechentechnischen Vorteil mehr gegenüber dem APV-Ansatz, kann sich aber von dem Malus befreien, zwei „Herren", d.h. zwei Planungsdoktrinen, gleichzeitig dienen zu müssen.[557]

$$E_0^F = \sum_{t=1}^{n}\frac{E_0\left[\tilde{D}_t^{MF}\right] - E_0\left[\tilde{F}_{t-1}\right]\cdot\left(E_0^w\left[\tilde{k}\right] - i\right)\left(1 - \frac{is_K}{1+i}\right)}{\left(1 + E_0^w\left[\tilde{k}\right]\right)^t} = \frac{33{,}75}{1{,}1} + \frac{35{,}57}{1{,}1^2} \approx 60{,}1.$$

Um es deutlich zu betonen: Für die der wertabhängigen Finanzierungspolitik zugrunde gelegten stochastischen Modellierung muss das Management nicht notwendigerweise eine L-[558] bzw. L_{t-1}-Planungsdoktrin anwenden; es kann auch eine $E_0\left[\tilde{F}\right]$-Planungsdoktrin eingesetzt werden. Die Stochastik der Fremdkapitalbestände hat jedoch der von V^F zu folgen. Eine logische Folge ist dann, dass ein künftiges L deterministisch ist. Ursache und Wirkung müssen also nicht - wie oft unterstellt - einseitig verlaufen. Es gilt dann: $L_{t-1} \Leftrightarrow \tilde{F}_{t-1}$ abhängig von $\tilde{V}_{t-1}^F$. L impliziert, dass die Stochastik von $\tilde{F}_{t-1}$ und $\tilde{V}_{t-1}^F$ „gleichgeschaltet" ist. Und umgekehrt: Wird angenommen, dass die Stochastik von $\tilde{F}_{t-1}$ und $\tilde{V}_{t-1}^F$ gleichläuft, impliziert dies L.

Diese Feststellung ist wichtig, da eine $E_0\left[\tilde{F}\right]$-Planungsdoktrin dann ebenso mit einer wertabhängigen Politik vereinbar ist. Effizient ist bei gegebenen $E_0\left[\tilde{D}_t\right]$ und $E_0\left[\tilde{F}_{t-1}\right]$ dann der APV-Ansatz einsetzbar.

$$(3\text{-}10)\quad V_0^F = \sum_{t=1}^{n}\frac{E_0\left[\tilde{D}_t\right]}{\left(1 + E_0^w\left[\tilde{k}\right]\right)^t} + \sum_{t=1}^{n}\frac{i\cdot s_K\cdot E_0\left[\tilde{F}_{t-1}\right]}{(1+i)\cdot\left(1 + E_0^w\left[\tilde{k}\right]\right)^{t-1}}$$

---

555 $E_0\left[\tilde{D}_1^{MF}\right] = 36{,}10$ und $E_0\left[\tilde{D}_2^{MF}\right] = 36{,}83$; wobei $E_0^w\left[\tilde{k}^F\right] = 0{,}13909434$. Wie es für den Nicht-Rentenfall typisch ist, sind die Wachstumsraten von $E_0\left[\tilde{D}_t^{MF}\right]$ und $E_0\left[\tilde{D}_t\right]$ *nicht* identisch.

556 Vgl. ebenso innerhalb des ursprünglichen Modells Miles/Ezzell (1980), S. 726-727.

557 (3-8) wird eingesetzt in (3-9), und zu $E_0^w\left[\tilde{k}\right]$ im Nenner der Barwertformel konsistent umdefiniert. Für das Rechenbeispiel (Rundungsdifferenzen) gelten die mit der im Beispiel eingeführten L-Planungsdoktrin konsistenten Fremdkapitalbestände $F_0 = 60{,}0733$ und $E_0\left[\tilde{F}_1\right] = 32{,}3325$. Der Ansatz wird in dem Rechenbeispiel anhand einer L-Planungsdoktrin demonstriert. Er kann aber ebenso eine L_{t-1}-Planungsdoktrin verarbeiten.

558 Eine andere Auffassung vertritt Gilson (2001), S. 495, wenn er meint, dass eine Abzinsung der Steuervorteile der Fremdfinanzierung mit k nur möglich sei, wenn L konstant sei.

Wären in dem Beispiel statt einer L-Planungsdoktrin $F_0 = 60{,}0733$ und $E_0[\tilde{F}_1] = 32{,}3325$ vorgegeben, erhielte man: $V_0^F = 118{,}120938 + 2{,}025657 = 120{,}146595$. Das Ergebnis ist dann identisch, weil die mit einer L-Doktrin implizierten Fremdkapitalbestände unterstellt sind.

Um die Arbitragegewinnfreiheit der Lösung zu belegen, werden die zeit- und zustandsabhängigen Cashflows des APV-Ansatzes aufgestellt, d.h. die Cashflows bei Eigenfinanzierung und die zusätzlichen Cashflows aus dem Steuervorteil der Fremdfinanzierung.[559] Ein Weg zu einer arbitragegewinnfreien Bewertung stellt das Paradigma risikoneutraler Wahrscheinlichkeiten dar.[560]

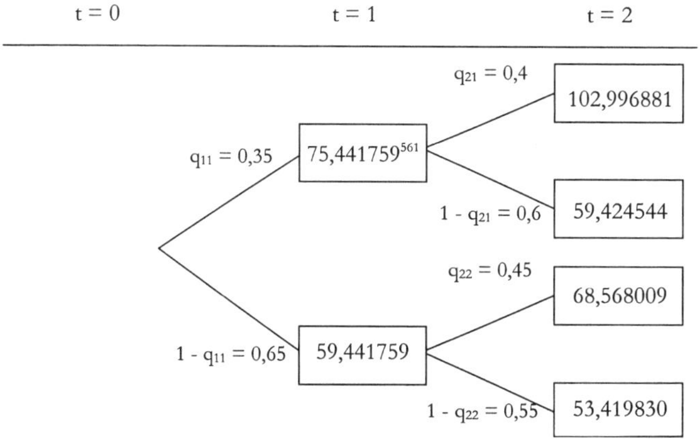

Abbildung 3-6: Überschüsse $D + is_K F$ und risikoneutrale Wahrscheinlichkeiten

$$V_0^F = \sum_{t=1}^{n} \frac{E_0^q\left[\tilde{D}_t + i \cdot s_K \cdot L \cdot \tilde{V}_{t-1}^F\right]}{(1+i)^t} = 120{,}146595^{562}$$

WACC- und Equity-Ansatz lassen sich auch hier einsetzen, nur ist deren Einsatz i.d.R. dann umständlicher.

Nun ist es bekanntlich innerhalb des Modells von Miles/Ezzell gleichgültig, ob $\tilde{F}_{t-1}$ an dem stochastischen Prozess von $\tilde{V}_{t-1}^F$ oder $\tilde{V}_{t-1}^E$ orientiert ist.[563] Würde zudem eine

[559] Wenn L *bekannt* ist, kann F_0 nicht simultan auch bekannt sein. Wäre dies der Fall, kennte man V^F ohne weitere Bewertung schon. Vgl. Cornell (1993), S. 225, bzw. Hachmeister (1995), S. 123-124, mit Beispielen aus der Literatur, die diesen Sachverhalt nicht berücksichtigen. Das Problem scheint dennoch hartnäckig zu sein. Vgl. hierzu ein neueres, ebenfalls inkonsistentes Beispiel in Langguth (2002), S. 1268, mit ganz erheblichen Wertauswirkungen.

[560] Modigliani/Miller (1969), S. 593, äußern sich humoristisch zu diesem Fall, den sie (1958) untersucht hatten, wie folgt: „it required something of the instincts of a Swiss currency speculator to be able to see how to construct a dominating holding." Heute wissen wir natürlich, dass neben risikoneutralen Wahrscheinlichkeiten auch ein arbitrageäquivalentes Portfolio aus risikolosen und risikobehafteten Wertpapieren eingesetzt werden kann. Vgl. etwa Copeland/Antikarov (2001), S. 87-106.

[561] $75{,}441759 = 74 + 0{,}06 \cdot 0{,}4 \cdot 0{,}5 \cdot 120{,}146595$.

[562] $E_0^q[\tilde{D}_t]$ betragen 65,04175914 für t = 1 und 66,05244944 für t = 2.

[563] Vgl. zu einer Orientierung an $\tilde{V}_{t-1}^E$ etwa Richter/Drukarczyk (2001), S. 633, bzw. Ruback (2002), S. 18-19.

L^E-Planungsdoktrin $\left(L_{t-1}^E = \frac{E_0\left[\tilde{F}_{t-1}\right]}{E_0\left[\tilde{V}_{t-1}^E\right]} \right)$ verfolgt, dann ließe sich der APV-Ansatz hier *rekursiv* bei gegebenen $E_0\left[\tilde{D}_t\right]$ anwenden:

$$\text{(3-11)}\quad E_0\left[\tilde{V}_{t-1}^F\right] = \frac{E_0\left[\tilde{V}_{t-1}^E\right] \cdot L_{t-1}^E \cdot i \cdot s_K}{1+i} + \frac{E_0\left[\tilde{V}_t^F + \tilde{D}_t\right]}{1+E_0^w\left[\tilde{k}\right]}$$

Sollte L_{t-1} nicht bekannt sein, kann der WACC-Ansatz nach Umrechnung von L_{t-1}^E in $L_{t-1} = \frac{E_0\left[\tilde{F}_{t-1}\right]}{E_0\left[\tilde{V}_{t-1}^F\right]}$ eingesetzt werden.

Dass Unsicherheit wie bei der hier diskutierten Reinterpretation von Miles/Ezzell relativ *kontrolliert* auftritt, kann als unrealistisch empfunden werden. Eine Diskussion, die ein *unkontrolliertes* Auftreten von Unsicherheit zulässt, ist daher von Bedeutung. In dem folgenden Abschnitt interessiert, wie sich eine wertabhängige Finanzierungspolitik bewerten lässt, wenn die Reinterpretation von Miles/Ezzell verlassen wird.

3.2.2.2. Alternative Politiken

Zwei ausgewählte wertabhängige Politiken werden analysiert. Die eine Politik ist abhängig vom mischfinanzierten Unternehmensgesamtwert $\tilde{V}_{t-1}^F$ und die andere vom eigenfinanzierten Unternehmensgesamtwert $\tilde{V}_{t-1}^E$ cum Dividende. Diese Politiken sind nun im Gegensatz zu der Reinterpretation des Modells von Miles/Ezzell *nicht* mehr austauschbar. Die aufgezeigten Formeln gelten unabhängig des stochastischen Charakters von δ^*.

3.2.2.2.1. Politik abhängig vom mischfinanzierten Unternehmensgesamtwert

Der Fremdkapitalbestand ist gemäß der folgenden Abbildung 3-7 linear abhängig vom mischfinanzierten Unternehmensgesamtwert.

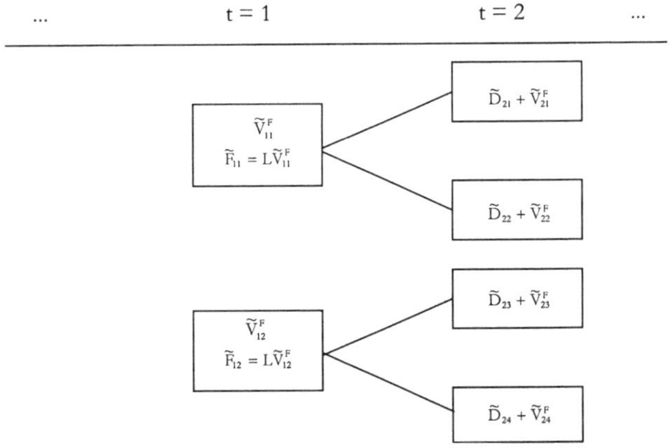

Abbildung 3-7: Abhängigkeit des Fremdkapitalbestands vom mischfinanzierten Unternehmensgesamtwert

Um den Barwert von $E_0\left[\tilde{D}_2 + \tilde{V}_2^F\right]$ zu bestimmen, wird nun eine Rendite eingesetzt, die als $E_0^w\left[\tilde{k}^0\right]$ definiert wird. $E_0^w\left[\tilde{k}\right]$ hilft hier nicht unbedingt weiter, wenn $\tilde{\delta}^*$ stochastisch ist. Für die Bewertung von $E_0\left[\tilde{V}_1^F\right]$ gilt dann:[564]

$$E_0\left[\tilde{V}_1^F\right] = \frac{E_0\left[\tilde{D}_2 + \tilde{V}_2^F\right]}{1+E_0^w\left[\tilde{k}_1^0\right]} + \frac{is_K L \cdot E_0\left[\tilde{V}_1^F\right]}{1+i} = \frac{E_0\left[\tilde{D}_2 + \tilde{V}_2^F\right]}{1+\left(E_0^w\left[\tilde{k}_1^0\right] - is_K L \cdot \frac{1+E_0^w\left[\tilde{k}_1^0\right]}{1+i}\right)}$$

$$= \frac{E_0\left[\tilde{D}_2 + \tilde{V}_2^F\right]}{1+E_0^w\left[W\tilde{A}CC_1\right]}$$

Anstatt einer Rendite bei Eigenfinanzierung $E_0^w\left[\tilde{k}_t\right]$ – wie in der Reinterpretation von Miles/Ezzell – ist jeweils eine Rendite $E_0^w\left[\tilde{k}_t^0\right]$ einzusetzen.

$$(3\text{-}12)\quad E_0^w\left[\tilde{k}_t^0\right] = \frac{E_0\left[\tilde{D}_t + \tilde{V}_t^F\right]}{E_0\left[\tilde{V}_{t-1}^F\right]} - 1 = \frac{E_0\left[\tilde{D}_t + \tilde{V}_t^F\right](1+i)}{E_0\left[E_{t-1}^q\left[\tilde{D}_t + \tilde{V}_t^F\right]\right]} - 1$$

Diese reflektiert die Risikostruktur von V^F und D. Der periodische Steuervorteil der Fremdfinanzierung aus Periode t ist aber erst noch zu bewerten und bleibt daher bei (3-12) unberücksichtigt. Eine Bewertung, die diesen Steuervorteil einfließen lässt, erfolgt dann über einen modifizierten WACC-Ansatz.

Diese hier vorzufindende Bewertungssituation kann mit einer Formel bewältigt werden, die der Reinterpretation von Miles/Ezzell sehr nahe kommt, ohne die äußere Struktur der Formel bedeutend zu ändern. Die Fremdkapitalquote ist deterministisch:[565]

$$(3\text{-}13)\quad E_0^w\left[W\tilde{A}CC_t\right] = E_0^w\left[\tilde{k}_t^0\right] - i \cdot s_K \cdot L \cdot \frac{1+E_0^w\left[\tilde{k}_t^0\right]}{1+i}$$

Diese Formel lässt sich so interpretieren: Im allgemeineren Fall - gewichtete erwartete Renditen sind gegeben, die jedoch keiner Restriktion bezüglich δ^* bzw. sonstigen Restriktionen wie in Quadrant III bzw. IV unterliegen müssen - sind bei einer im Sinne von V^F abhängigen Finanzierungspolitik die Renditen $E_0^w\left[\tilde{k}_t^0\right]$ relevant, die gerade in der Konstellation des reinterpretierten Modells von Miles/Ezzell mit den gewichteten unbedingt erwarteten Renditen

---

564 Die Ableitung basiert auf einer unbedingten Bewertung von $E_0\left[\tilde{V}_t^F\right]$. Sie lässt sich analog auf eine bedingte Bewertung anwenden.

565 In diesem Abschnitt wird gezeigt, dass auch außerhalb der Miles/Ezzell-Reinterpretation $E_0^w\left[\tilde{k}_t^0\right]$ periodenvariabel sein kann. Im folgenden Abschnitt ist bei einer von V^E cum Dividende abhängigen Politik die Fremdkapitalquote $E_0^w\left[\tilde{L}_t\right]$ als nicht-deterministischer Parameter impliziert, weil F ein Skalar von V^E cum Dividende darstellt. Bei der nach Miles/Ezzell reinterpretierten Konzeption ist L_{t-1} bekanntlich deterministisch. Wenn $\tilde{s}_K$ zulässig wäre, z.B. aufgrund einer zustandsabhängig nicht ausreichenden Steuerbemessungsgrundlage, wäre eine Bewertung ohne weitere Bedingungen erschwert. Ist nur $E_0\left[\tilde{D}_t\right]$ bekannt, wäre das Gleichungssystem nicht determiniert. Sind aber alle Zustandsausprägungen bekannt, ist die Bewertung bei langen Zeiträumen relativ aufwendig. Zu einer problemeinführenden Diskussion vgl. Drukarczyk (1993), S. 273-275, sowie Drukarczyk/Honold (1999), S. 345-346. Soweit dies für ein Projekt relevant sein sollte, lässt sich auch - analog zu L - s_K und i periodenvariabel berücksichtigen, solange diese Parameter deterministisch sind. Vgl. zu der Annahme eines zeitkonstanten s_K auch Modigliani/Miller (1963), S. 435, Fn. 5.

bei Eigenfinanzierung $E_0^w[\tilde{k}]$ zusammenfallen. Dieses Zusammenfallen der Renditen könnte man als *einen* Clou dieser Politik ansehen. Hervorgerufen wird er durch den bei der Reinterpretation von Miles/Ezzell im Anhang 3-1 gezeigten Zusammenhang zwischen $\tilde{V}_{t-1}^E + \tilde{D}_{t-1}$ und $\tilde{V}_{t-1}^F$. Dies hat zur Folge, dass sich einige der nachfolgenden Problemstellungen im Gefolge der Reinterpretation des Miles/Ezzell-Modells nicht erschließen. Zur Illustration dieses Sachverhalts sei deshalb zunächst ein modifiziertes Beispiel betrachtet.

Beispiel 2: Die Überschüsse D seien nach Körperschaftsteuer definiert: $E_0[\tilde{D}_1] = 65$ und $E_0[\tilde{D}_2] = 67{,}05$; $p_{tj} = p = 0{,}5$; $i = 0{,}06$; $E_0^w[\tilde{k}] = 0{,}10$; die risikoneutralen Wahrscheinlichkeiten q_{tj} sind in der Abbildung angegeben; $s_K = 0{,}4$; $L = 0{,}5$.

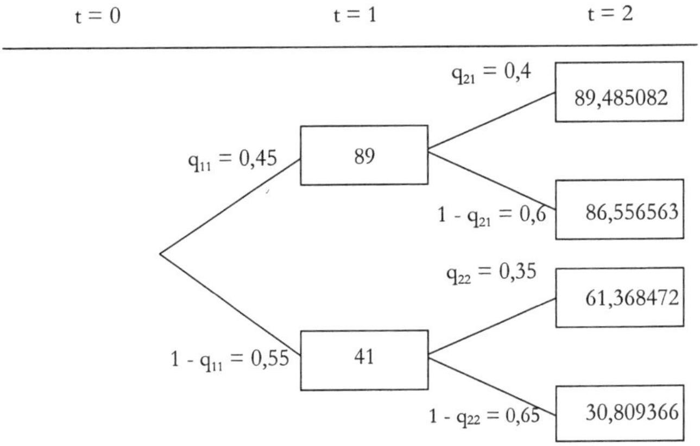

Abbildung 3-8: Überschüsse D und risikoneutrale Wahrscheinlichkeiten (modifiziertes Beispiel)

Es ergibt sich $V_0^E = 114{,}508158$.

Die erwarteten Renditen $E_0^w[\tilde{k}]$ sind konstant; die Anwendungsbedingungen der Reinterpretation von Miles/Ezzell sind jedoch *nicht* unbedingt erfüllt, da $\frac{E_0[\tilde{D}_1]}{1+E_0^w[\tilde{k}]} = \frac{E_0^q[\tilde{D}_1]}{1+i}$ *nicht* gilt,[566] bzw. $\tilde{\delta}^*$ (und $\tilde{k}$) stochastisch sind.

Wendete man nun wieder dieselbe Bewertung - wie im vorherigen Abschnitt durchgeführt - über einen $E_0^w[W\tilde{A}CC]$ in Höhe von 0,08754717 an, erhielte man $V_0^F = 116{,}461134$. $E_0^w[W\tilde{A}CC]$ nach Gleichung (3-5) erzeugt jedoch dann keine arbitragegewinnfreie Bewertung auf Basis von Gleichung (3-6), wenn der Anwendungsrahmen der Reinterpretation von Miles/Ezzell verlassen wird. Wieso der Unternehmensgesamtwert V_0^F dann nicht arbitragegewinnfrei ist, lässt sich

566 $E_0[\tilde{D}_1]/(1+E_0^w[\tilde{k}]) \approx 59{,}091$; $E_0^q[\tilde{D}_1]/(1+i) \approx 59{,}057$.

ebenfalls durch eine Bewertung auf Basis von risikoneutralen Wahrscheinlichkeiten zeigen. Die Differenz zwischen beiden Werten ist dann der Arbitragegewinn.

Wie hoch sind nun die gewichteten unbedingt erwarteten Renditen $E_0^w\left[\tilde{k}_t^0\right]$? $E_0^w\left[\tilde{k}_t^0\right]$ beträgt 10 %[567] für t = 2 und 9,999625 % für t = 1.

Daraus folgt ein $E_0^w\left[W\tilde{A}CC_t\right]$ für t = 1 von 0,08754346 und für t = 2 von 0,08754717.[568]

$$(3\text{-}14)\quad V_0^F = \sum_{t=1}^{n} \frac{E\left[\tilde{D}_t\right]}{\prod_{j=1}^{t}\left(1 + E_0^w\left[W\tilde{A}CC_j\right]\right)}$$

$$V_0^F = 116{,}4615315$$

Ein Arbitragegewinn beträgt dann also 0,000397 = 116,4615315 - 116,461134. Eine Rechnung basierend auf risikoneutralen Wahrscheinlichkeiten belegt, dass die Gleichungen (3-13) und (3-14) zu dem behaupteten Ergebnis führen.

Nun soll eine Rechnung mit bedingt erwarteten Renditen beleuchtet werden. Aus den analog zu (3-12) ermittelten $E_1\left[\tilde{k}_{21}^0\right]$ = 0,063538472 und $E_1\left[\tilde{k}_{22}^0\right]$= 0,177067624 folgen bedingt erwartete WACC, die ebenfalls analog zu (3-13) definiert sind: $E_1\left[W\tilde{A}CC_{21}\right]$ = 0,051498414 und $E_1\left[W\tilde{A}CC_{22}\right]$ = 0,163742331.

Die zustandsabhängigen Werte $\tilde{V}_1^F$ betragen 83,709896 und 39,604058. Der unbedingt erwartete Wert in t = 1 aus Sicht des Zeitpunkts 0 beträgt 61,656977. Der gewichtete unbedingt erwartete WACC mit 0,08754717 bei einer gewichteten unbedingt erwarteten Rendite $E_0^w\left[\tilde{k}_2^0\right]$ von 0,10 kommt zu dem gleichen Ergebnis.

Es folgen schließlich $E_0^w\left[\tilde{k}_1^0\right]$ mit 0,09999625 und $E_0^w\left[W\tilde{A}CC_1\right]$ = 0,08754346. V_0^F beträgt also 116,4615315.

---

567 Dass sich $E_0^w\left[\tilde{k}\right]$ und $E_0^w\left[\tilde{k}_1^0\right]$ entsprechen, ist kein Zufall. Da sich diese auf den Liquidationszeitpunkt beziehen, gilt: $E_0\left[\tilde{V}_2^E\right] = E_0\left[\tilde{V}_2^F\right] = 0$. Bei den dem Liquidationszeitpunkt nachfolgenden Perioden (hier nur eine Periode) gilt dieser Zusammenhang i.a. dann aber nicht mehr.

568 Es ist nach Formel (3-13) nicht verwunderlich, dass die Eigenschaft einer konstanten Rendite $E_0^w\left[W\tilde{A}CC\right]$ dann nicht mehr gegeben ist, wenn $E_0^w\left[\tilde{k}_t^0\right]$ fluktuiert, obwohl L und $E_0^w\left[\tilde{k}\right]$ konstant bleiben. Grundsätzlich ist $E_0^w\left[\tilde{k}_t^0\right]$ bei stochastischem $\tilde{\delta}^*$ zeitabhängig, wenn $E_0^w\left[\tilde{k}\right]$ konstant bleibt.

Heißt dies nun, dass $E_0^w\left[W\tilde{A}CC\right]$ bei stochastischem $\tilde{\delta}^*$ stets nicht konstant sei? Nein, denn setzte man die Annahme, dass $E_0^w\left[\tilde{k}^0\right]$ konstant ist, wäre $E_0^w\left[W\tilde{A}CC\right]$ c. p. auch konstant. Dies ist in dem eingesetzten Beispiel z.B. dadurch zu erreichen, indem die risikoneutralen Wahrscheinlichkeiten in t = 1 im Gegensatz zur Ausgangssituation in q_{11} = 0,449995 und 1- q_{11} = 0,550005 geändert werden. Das unter Annahme von $E_0^w\left[\tilde{k}\right]$ = 0,10 als nicht arbitragefreier Wert gekennzeichnete Resultat von V_0^F = 116,461134 ist dann korrekt, wenn $E_0^w\left[\tilde{k}^0\right]$ = 0,10 gilt. Freilich ist anstatt (3-5) nun (3-13) einzusetzen, dann kann aber direkt mit $E_0^w\left[W\tilde{A}CC\right]$ bewertet werden. Die Fremdkapitalbestände in diesem Fall und dem reinterpretierten ME-Fall können dann jedoch nicht mehr identisch sein.

Wie sieht eine Bewertung mit dem APV-Ansatz aus? Für das zweiperiodige Beispiel lässt sich der Ansatz formal so darstellen:

$$V_0^F = \frac{E_0\left[\widetilde{D}_1\right]}{1+E_0^w\left[\widetilde{k}\right]} + \frac{E_0\left[\widetilde{D}_2\right]}{\left(1+E_0^w\left[\widetilde{k}\right]\right)^2} + \frac{i \cdot s_K \cdot L \cdot V_0^F}{1+i} + \frac{i \cdot s_K \cdot L \cdot E_0\left[\widetilde{V}_1^F\right]}{\left(1+E_0^w\left[k_1^*\right]\right)(1+i)}$$

Hat man *risikoneutrale Wahrscheinlichkeiten* zugrunde liegen, kann $E_0^w\left[\widetilde{k}_t^*\right]$ - die erwartete Rendite für die Bestimmung des riskanten Steuervorteils - bestimmt werden: $E_0^w\left[\widetilde{k}_1^*\right] = 0{,}09931948$.[569]

$$V_0^F = 114{,}508158 + \frac{1{,}397538}{1{,}06} + \frac{0{,}739884}{1{,}09931948 \cdot 1{,}06} = 116{,}461532$$

Um die Arbitragegewinnfreiheit der Lösung zu belegen, werden die zeit- und zustandsabhängigen Cashflows des APV-Ansatzes aufgestellt, d.h. die Cashflows bei Eigenfinanzierung und die zusätzlichen Cashflows aus dem Steuervorteil der Fremdfinanzierung. Der direkte Weg zu einer Bewertung ist hier das Paradigma risikoneutraler Wahrscheinlichkeiten.

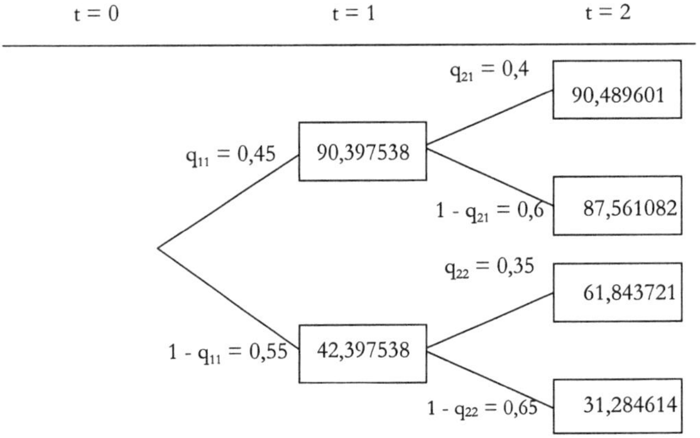

Abbildung 3-9: Überschüsse D + is$_K$F und risikoneutrale Wahrscheinlichkeiten (modifiziertes Beispiel)

$$V_0^F = \sum_{t=1}^{n} \frac{E_0^q\left[\widetilde{D}_t + i \cdot s_K \cdot L \cdot \widetilde{V}_{t-1}^F\right]}{(1+i)^t} = 116{,}4615315$$[570]

Ohne detaillierte Informationen, wie sie z.B. über risikoneutrale Wahrscheinlichkeiten bereitgestellt werden, ist es nicht möglich, bei gegebenem $E_0^w\left[\widetilde{WACC}\right]$ die für den APV-Ansatz benötigten Renditen eindeutig abzuleiten, da das Gleichungssystem unterdeterminiert ist.[571] Dies

[569] Über die WACC-Bewertung ist $E_0\left[\widetilde{V}_t^F\right]$ bekannt, und alternativ lässt sich dann in diesem Beispiel $E_0^w\left[\widetilde{k}_t^*\right]$ bestimmen.

[570] $E_0^q\left[\widetilde{D}_t\right]$ betragen 63,997538 für t = 1 und 63,018786 für t = 2.

[571] Dass ein gewogener Kapitalkostensatz in der Bewertungspraxis der derzeit gängigste DCF-Ansatz ist, ist unbestritten. Vgl. etwa Ruback (2002). Die Überleitung zu dem APV-Ansatz ist in dem hier betrachten Fall aber schwierig.

verdeutlicht noch einmal das folgende Gleichungssystem, das WACC- und APV-Ansatz gegenüberstellt:

$$E_0\left[\widetilde{V}^F_{t-1}\right] = \frac{E_0\left[\widetilde{D}_t + \widetilde{V}^F_t\right]}{\left(1+E^w_0\left[\widetilde{k}^0_t\right]\right)\cdot\left(1-\frac{s_K iL}{1+i}\right)} = \frac{E_0\left[\widetilde{D}_t + \widetilde{V}^F_t\right]}{1+E^w_0\left[\widetilde{k}_t\right]} + \frac{E_0\left[\Delta\widetilde{V}^F_t\right]}{1+E^w_0\left[\widetilde{k}^*_t\right]} + \frac{i\cdot s_K\cdot L\cdot E_0\left[\widetilde{V}^F_{t-1}\right]}{1+i}$$

Eine Gleichung kann nach den *zwei* Unbekannten $E^w_0\left[\widetilde{k}_t\right]$ und $E^w_0\left[\widetilde{k}^*_t\right]$ nicht aufgelöst werden. Der Grund hierfür ist, dass eine Bewertung mit dem WACC- oder Equity-Ansatz V^E bzw. ΔV^F nicht disaggregiert bestimmt, sondern aggregiert, und somit zu dessen einzelnen Wertbeiträgen wenig aussagen kann.[572] Es liegt ein *Problem der Unterdetermination* vor. Substituiert man durch rekursives Einsetzen, ergibt sich:[573]

$$\text{(3-15)}\quad E_0\left[\widetilde{V}^F_{\tau-1}\right] = \sum_{t=\tau}^{n}\frac{E_0\left[\widetilde{D}_t\right]}{\left(1+E^w_0\left[W\widetilde{A}CC\right]\right)^t} = \sum_{t=\tau}^{n}\frac{E_0\left[\widetilde{D}_t\right]}{\prod_{j=\tau}^{t}\left(1+E^w_0\left[\widetilde{k}_j\right]\right)} + \sum_{t=\tau}^{n}\frac{i\cdot s_K\cdot L\cdot E_0\left[\widetilde{V}^F_{t-1}\right]}{\prod_{j=\tau}^{t-1}\left(1+E^w_0\left[\widetilde{k}^*_j\right]\right)\cdot(1+i)}$$

Es kann bei nicht unrealistischen Parameterkonstellationen nun der Fall eintreten, wenn $\widetilde{F}$ und $\widetilde{V}^F$ nicht perfekt positiv korreliert sind, dass $E^w_0\left[\widetilde{k}^*_t\right] > E^w_0\left[\widetilde{k}_t\right]$ oder $E^w_0\left[\widetilde{k}_t\right] > E^w_0\left[\widetilde{k}^*_t\right] > i$ gilt.[574]

Innerhalb der Reinterpretation von Miles/Ezzell sind nur i und $E^w_0\left[\widetilde{k}_t\right]$ relevante Diskontierungssätze für fremdfinanzierungsbedingte Steuervorteile.

Bei dem Equity-Ansatz ist das Gleichungssystem nicht unterdeterminiert, da bei einem Gleichsetzen der periodischen Bewertung auf Basis des WACC- und Equity-Ansatzes gilt:

$$E_0\left[\widetilde{E}^F_{t-1}\right] = \frac{E_0\left[\widetilde{D}_t + \widetilde{V}^F_t\right]}{\left(1+E^w_0\left[\widetilde{k}^0_t\right]\right)\cdot\left(1-\frac{is_K L}{1+i}\right)}\cdot(1-L) =$$

$$= \frac{E_0\left[\widetilde{D}_t + \widetilde{V}^F_t\cdot(1-L) - i\cdot(1-s_K)\cdot L\cdot\widetilde{V}^F_{t-1} + \left(\widetilde{V}^F_t - \widetilde{V}^F_{t-1}\right)\cdot L\right]}{1+E^w_0\left[\widetilde{k}^F_t\right]}$$

$$\text{(3-16)}\quad E^w_0\left[\widetilde{k}^F_t\right] = E^w_0\left[\widetilde{k}^0_t\right] + \left[E^w_0\left[\widetilde{k}^0_t\right] - i\left(1+s_K\cdot\left(\frac{E^w_0\left[\widetilde{k}^0_t\right]-i}{1+i}\right)\right)\right]\cdot\frac{L}{1-L}$$

$$= E^w_0\left[\widetilde{k}^0_t\right] + \left(E^w_0\left[\widetilde{k}^0_t\right]-i\right)\cdot\left(1-\frac{is_K}{1+i}\right)\cdot\frac{L}{1-L}$$

---

572 In der Reinterpretation des Modells von Miles/Ezzell ergibt sich das Problem der Unterdetermination nicht. Ein Zirkularitätsproblem kann – auch bei dem Equity-Ansatz – auftreten, das im Vergleich zu dem Problem der Unterdetermination aber relativ harmlos ist, da es durch rekursives Einsetzen prinzipiell lösbar ist. Vgl. zum Zirkularitätsproblem auch Casey (2002).

573 Eine exogene Vorgabe von $E^w_0\left[\widetilde{k}_t\right]$ und $E^w_0\left[\widetilde{k}^*_t\right]$ ohne Bezug zu $E^w_0\left[W\widetilde{A}CC_t\right]$ ist andererseits hier nicht möglich, da bei einem deterministischen, nicht unbedingt zeitkonstanten L dann eine inkonsistente Bewertung möglich wäre. Eine derartige Politik ist zwar prinzipiell vorstellbar, entspricht dann jedoch nicht mehr einer *wertabhängigen* Politik. Im nächsten Abschnitt wird eine wertabhängige Politik aufgezeigt, in der eine exogene Vorgabe von $E^w_0\left[\widetilde{k}_t\right]$ zulässig ist.

574 Freilich kann auch der Fall eintreten, dass $i > E^w_0\left[\widetilde{k}^*_t\right]$ ist. Dann gilt i.d.R. aber auch $i > E^w_0\left[\widetilde{k}_t\right] > E^w_0\left[\widetilde{k}^*_t\right]$. Dass operative Cashflows und Zustandspreise negativ korreliert sind, dürfte empirisch einen Ausnahmefall darstellen.

Im Beispiel ergibt sich:

$$E_0^F = (1-L)\cdot V_0^F = \sum_{t=1}^{n} \frac{E_0\left[\widetilde{D}_t^{MF}\right]}{\prod_{j=1}^{t}\left(1+E_0^w\left[\widetilde{k}_j^F\right]\right)} = 58{,}230766.$$ [575]

Nach Substitution und Auflösung nach $E_0^w\left[\widetilde{k}_t^F\right]$ erhält man den bekannten Zusammenhang zwischen $E_0^w\left[\widetilde{WACC}_t\right]$ und $E_0^w\left[\widetilde{k}_t^F\right]$, der die zentrale Eigenschaft der gewogenen Kapitalkosten widerspiegelt:[576]

$$\text{(3-17)}\quad E_0^w\left[\widetilde{WACC}\right] = E_0^w\left[\widetilde{k}^F\right]\cdot(1-L) + i\cdot(1-s_K)\cdot L \Leftrightarrow E_0^w\left[\widetilde{k}^F\right] = \frac{E_0^w\left[\widetilde{WACC}\right] - i\cdot(1-s_K)\cdot L}{1-L} =$$

$$E_0^w\left[\widetilde{k}_t^0\right] + \left(E_0^w\left[\widetilde{k}_t^0\right] - i\right)\cdot\left(1-\frac{is_K}{1+i}\right)\cdot\frac{L}{1-L}.$$

Konstante Kapitalkosten $E_0^w\left[\widetilde{WACC}\right]$ implizieren dann konstante Eigenkapitalkosten bei Mischfinanzierung $E_0^w\left[\widetilde{k}^F\right]$.

Zusammenfassend kann konstatiert werden, dass der APV-Ansatz ohne weitergehende Informationen *nicht eindeutig lösbar* ist, da $E_0^w\left[\widetilde{k}_t\right]$ und $E_0^w\left[\widetilde{k}_t^*\right]$ nicht über den WACC- oder Equity-Ansatz determiniert sind.[577] Werden $E_0^w\left[\widetilde{k}_t\right]$ und $E_0^w\left[\widetilde{k}_t^*\right]$ vorgegeben, liegt nicht zwingend eine wertabhängige Finanzierungspolitik vor, so dass dieser Ausweg nicht zielführend ist. Dem APV-Ansatz kommt in der beschriebenen Konstellation eine gemessen an der Praktikabilität eher glücklose Rolle zu. Dies trifft dann zu, wenn eine an V^F orientierte Politik mit stochastischen $\widetilde{\delta}_t^*$ gekoppelt wird und die Miles/Ezzell-Reinterpretation verlassen wird. Eine

---

575 $E_0\left[\widetilde{D}_1^{MF}\right] = 35{,}50141513$ und $E_0\left[\widetilde{D}_2^{MF}\right] = 35{,}1165567$, wobei $E_0^w\left[\widetilde{k}_1^F\right] = 0{,}139086919$ und $E_0^w\left[\widetilde{k}_2^F\right] = 0{,}13909434$.

576 Dass bei gegebenem $E_0^w\left[\widetilde{k}^F\right]$ eine konsistente Bewertung über den WACC- bzw. APV-Ansatz ebenfalls möglich ist, ergibt sich aus dem zulässigen Umkehrschluss. Der APV-Ansatz zerlegt dann freilich bei Unkenntnis über die Finanzierungspolitik bzw. die Renditen $E_0^w\left[\widetilde{k}_t^*\right]$ in nicht konsistente Wertkomponenten, kommt aber im Ergebnis jeweils zum gleichen Unternehmensgesamtwert. Dies wird im Beispiel demonstriert, indem anstatt $E_0^w\left[\widetilde{k}_t^*\right]$ und $E_0^w\left[\widetilde{k}_t\right]$ nun $E_0^w\left[\widetilde{k}_1^0\right]$ sowie $E_0^w\left[\widetilde{k}_2^0\right]$ eingesetzt werden.

$$V_0^F = \frac{E_0\left[\widetilde{D}_1\right]}{1+E_0^w\left[\widetilde{k}_1^0\right]} + \frac{E_0\left[\widetilde{D}_2\right]}{\left(1+E_0^w\left[\widetilde{k}_1^0\right]\right)\left(1+E_0^w\left[\widetilde{k}_2^0\right]\right)} + \frac{i\cdot s_K\cdot L\cdot V_0^F}{1+i} + \frac{i\cdot s_K\cdot L\cdot E_0\left[\widetilde{V}_1^F\right]}{\left(1+E_0^w\left[\widetilde{k}_1^0\right]\right)(1+i)} = 116{,}461532.$$

Vgl. zu einer ähnlichen Schlussfolgerung bei autonomer und wertabhängiger Politik innerhalb des Miles/Ezzell-Modells schon Harris/Pringle (1985), S. 241-242, sowie Drukarczyk/Honold (1999) und Booth (2002), S. 15-16. Weber (2000), S. 470-473, attestiert dem APV-Ansatz, er stelle „lediglich eine ‚mathematische Identität' " dar. Die Wertkomponenten seien nicht korrekt und konsistent ermittelt. Die Kritik trifft offensichtlich nicht zu, wenn wie üblich die Renditen für die zu diskontierenden Überschüsse des APV-Ansatzes bekannt sind, bzw. aufgrund der Finanzierungspolitik ableitbar sind. Der APV-Ansatz hat in der Tat aufgrund seines höheren Informationsgehalts dann ein Problem, wenn - wie hier gezeigt - die differenzierten Renditen nicht bekannt oder ableitbar sind. Der Ansatz kann zwar verwendet werden, die Wertkomponenten sind dann jedoch, und nur dann, ökonomisch nicht mehr interpretierbar.

577 Diese Feststellung geht insoweit auch über die Reinterpretation des Miles/Ezzell-Modells hinaus, da sich dort bei Nichtkenntnis von $E_0^w\left[\widetilde{k}_t\right]$ diese Rendite über eine WACC-Bewertung ableiten lässt. Dies ist aber eben hier nicht mehr möglich.

$E_0[F]$-Planungsdoktrin lässt sich dann zwar direkt umsetzen mit dem APV-Ansatz, auch wenn die Renditen $E_0^w[\tilde{k}_t^*]$ nicht bekannt sind. Der Einsatz des APV-Ansatzes ist unter diesen Umständen aber nicht mehr ökonomisch, sondern nur noch aufgrund seiner rechentechnischen Effizienz begründbar. Der WACC-Ansatz ist bei gegebenen $E_0[\tilde{D}_t]$, $L_{t-1} = \frac{E_0[\tilde{F}_{t-1}]}{E_0[\tilde{V}^F_{t-1}]}$ und $E_0^w[\tilde{k}^0]$ effizient, da sich dann eine L-Planungsdoktrin direkt umsetzen lässt. Welche Konsequenzen hat nun eine wertabhängige Politik in Bezug auf V^E cum Dividende?

3.2.2.2.2. Politik abhängig vom eigenfinanzierten Unternehmensgesamtwert cum Dividende

Unterliegen die eigenfinanzierten Cashflows weiterhin nicht der Risikostruktur, die bei der Reinterpretation von Miles/Ezzell bemüht wurde, dann lässt sich der APV-Ansatz problemlos bei einer wertabhängigen Finanzierungspolitik einsetzen, wenn F nicht in Abhängigkeit von V^F, sondern von $V^E + D$, also V^E cum Dividende bestimmt wird. Die folgende Abbildung 3-10 zeigt, wieso das gilt.[578]

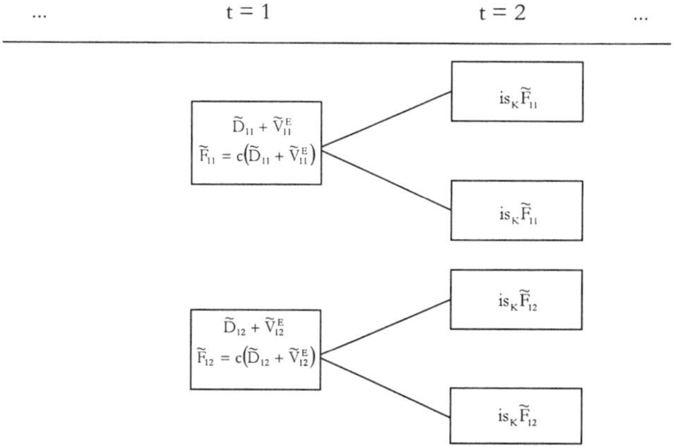

Abbildung 3-10: Abhängigkeit des Fremdkapitalbestands vom eigenfinanzierten Unternehmensgesamtwert cum Dividende

Offensichtlich sind $E_0^w[\tilde{k}_t]$ und $E_0^w[\tilde{k}_t^*]$ identisch - abgesehen von dem einperiodigen risikolosen Intermezzo -, weil der Fremdkapitalbestand in Abhängigkeit von $V^E + D$ bestimmt wird. Bei dieser wertabhängigen Politik sind - abgesehen von $t = 0$ - weder die Fremdkapitalbestände $\tilde{F}_{t-1}$ noch die Fremdkapitalquoten $\tilde{L}_{t-1}$ deterministisch,[579] weil F ein Skalar von $V^E + D$ ist. Wird eine $E_0[F]$-Planungsdoktrin verfolgt, dann ist der Einsatz des APV-Ansatzes nahe liegend.

---

578 Wäre F nur abhängig von V^E, dann müsste das Modell anders formuliert werden. M.a.W. ist eine Orientierung an V^E ex bzw. cum Dividende nicht unbedingt identisch, wenn $\tilde{\delta}^*$ stochastisch ist.

579 Bei einer wertabhängigen Politik im Sinne der Reinterpretation des Modells von Miles/Ezzell ist L deterministisch.

$$(3\text{-}18)\quad E_0\left[\tilde{V}^F_{\tau-1}\right]=\sum_{t=\tau}^{n}\frac{E_0\left[\tilde{D}_t\right]}{\prod_{j=\tau}^{t}\left(1+E_0^w\left[\tilde{k}_j\right]\right)}+\sum_{t=\tau}^{n}\frac{i\cdot s_K\cdot E_0\left[\tilde{F}_{t-1}\right]}{\prod_{j=\tau}^{t-1}\left(1+E_0^w\left[\tilde{k}_j\right]\right)\cdot(1+i)}$$

Nehme man in Modifikation des Beispiels 2 an, die erwarteten Fremdkapitalbestände betragen bei einer wie oben spezifizierten wertabhängigen Politik: $F_0 = 50$, $E_0\left[\tilde{F}_1\right] = 33$[580] und $F_2 = 0$. Mit der gewichteten unbedingt erwarteten Rendite von $E_0^w\left[\tilde{k}\right] = 0{,}10$ lässt sich der Unternehmensgesamtwert effizient ermitteln:

$$V_0^F = \frac{65}{1{,}1}+\frac{67{,}054871}{1{,}1^2}+\frac{1{,}2}{1{,}06}+\frac{0{,}792}{1{,}1\cdot 1{,}06} = 116{,}3194784;$$

$$E_0^F = 116{,}3194784 - 50 = 66{,}3194784.$$

Die folgende Bewertung auf Basis von Dividenden an die Eigentümer rekonstruiert mit risikoneutralen Wahrscheinlichkeiten die obige Bewertung. Es lässt sich erkennen, dass im Beispiel die Bemessungsgrundlagen stets positiv sind und Kapitalzuführungen nicht notwendig sind.

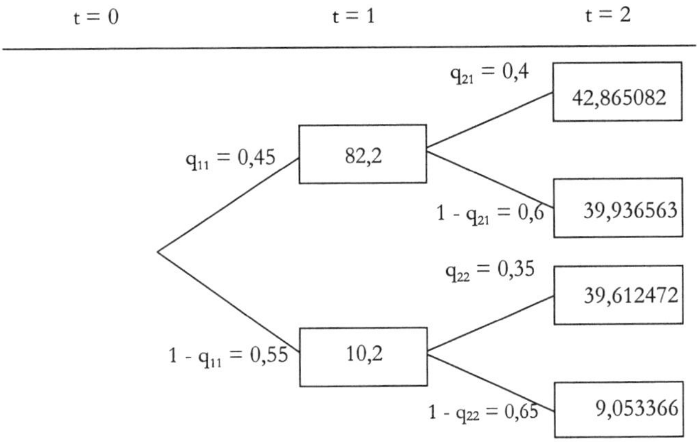

Abbildung 3-11: Überschüsse D^{MF} und risikoneutrale Wahrscheinlichkeiten (modifiziertes Beispiel)

$$E_0^F = \sum_{t=1}^{n}\frac{E_0^q\left[\tilde{D}_t - i\cdot(1-s_K)\cdot\tilde{F}_{t-1}+\left(\tilde{F}_t-\tilde{F}_{t-1}\right)\right]}{(1+i)^t}$$

$$E_0^F = 66{,}3194784$$

Der erwartete Fremdkapitalbestand kann im Zeitablauf so eingestellt werden, dass sich dieser z.B. in die unbedingt erwarteten Plan-Bilanzen einpassen kann. Eine Planung von unbedingten Erwartungswerten – meist ohne explizite Offenlegung der Risikostruktur – ist in der Literatur zur Unternehmensbewertung oft anzutreffen und dürfte derzeit auch am ehesten dem Stand in der

580 Die bedingten Bestände verhalten sich wie $F_{11} : F_{12} = \left(D_{11} + V_{11}^E\right) : \left(D_{12} + V_{12}^E\right)$, d.h. 45 : 21 = 171,7622365 : 80,15571035. c (vgl. Abbildung 3-10) beträgt also ca. 0,262.

Praxis nahe kommen. Natürlich wäre einem wohler, wenn bedingte Planungen vorlägen. Im Moment scheint dies nur schwer realisierbar vor dem Hintergrund langer Planungszeiträume. Davon zu trennen ist das Informationsbeschaffungsproblem, wie derart komplexe bedingte Prognosen mit Leben gefüllt werden können. Eine Möglichkeit wäre, ausgewählte Cashflow-Prozesse zu untersuchen. Der Preis dieses Vorgehens ist, dass dann nur spezifische Risikokonstellationen wie üblicherweise Quadrant I analysiert werden. Gleichwohl wird das Informationsbeschaffungsproblem drastisch eingeschränkt, da ein solches Verfahren vergleichsweise mechanische Prognosen mit nur wenigen Stellschrauben einsetzt.

Wie bewerten nun der WACC- und der Equity-Ansatz?
Der WACC-Ansatz kann die Ergebnisse des APV rekonstruieren, da der WACC-Ansatz auf die Ergebnisse des APV-Ansatzes aggregiert zurückgreifen kann. Bei einer wertabhängigen V^F-Politik außerhalb der Reinterpretation des Modells von Miles/Ezzell ereilt den APV-Ansatz jedoch das Schicksal u.U. nicht lösbar zu sein, da er aus seiner Konzeption heraus disaggregiert bewertet in einer Modellwelt, die unbedingte (aggregierte) Bewertungen zur (erheblichen) Vereinfachung erlaubt. Der WACC- und Equity-Ansatz haben dieses Problem nicht.
$E_0^w[\tilde{L}_{t-1}]$ - die zu Marktwerten gewichtete, unbedingt erwartete Fremdkapitalquote - ist nun nicht-deterministisch und muss auch nicht zeitkonstant sein. Die Fremdkapitalquoten betragen im Beispiel $L_0 = 42{,}98506\ \%$ und $E_0^w[\tilde{L}_1] = 53{,}47928\ \%$[581].
Der nun zum Einsatz kommende $E_0^w[W\tilde{A}CC_t]$ sieht der Formel (3-5) sehr ähnlich, hat aber den bedeutenden Unterschied, dass die Fremdkapitalquote i.a. nun stochastisch ist, weil die stochastischen Eigenschaften der Fremdkapitalbestände über $E_0[\tilde{V}_{t-1}^E]$ cum Dividende gesteuert werden und die Anwendungsbedingungen der Reinterpretation von Miles/Ezzell verlassen worden sind. $E_0^w[\tilde{k}_t]$ fällt mit $E_0^w[\tilde{k}^0]$ zusammen. Deshalb kann geschrieben werden:

$$(3\text{-}19)\quad E_0^w[W\tilde{A}CC_t] = E_0^w[\tilde{k}_t] - i \cdot s_K \cdot E_0^w[\tilde{L}_{t-1}] \cdot \frac{1 + E_0^w[\tilde{k}_t]}{1+i}$$

Für t = 1 folgt dann 0,089294286, und für t = 2 0,086680633. Soll statt einer $E_0[\tilde{F}]$- eine $E_0^w[\tilde{L}]$-Planungsdoktrin verfolgt werden, kann der WACC-Ansatz effizient eingesetzt werden.[582]
Der Equity-Ansatz hat auch hier Probleme, da er beide Planungsdoktrinen mischt. Die Rendite kann in Erweiterung der Beziehung (3-17) so bestimmt werden:

---

581 $E_0^w[\tilde{L}_1] = 33/61{,}706 = 0{,}5347928$ bestimmt sich über ein zu Marktwerten $\left(\frac{\tilde{V}_1^F}{E_0[\tilde{V}_1^F]}\right)$ gewichtetes erwartetes Mittel: $L_{11} \cdot p_1 \cdot \frac{V_{11}^F}{E_0[\tilde{V}_1^F]} + L_{12} \cdot (1-p_1) \cdot \frac{V_{12}^F}{E_0[\tilde{V}_1^F]} = 0{,}537114 \cdot 0{,}678872 + 0{,}529886 \cdot 0{,}321128 = 0{,}5347928.$

582 Auf den ersten Blick mag es widersprüchlich klingen, dass die wertabhängige Finanzierungspolitik am Prozess von $\tilde{V}_{t-1}^E$ cum Dividende ausgerichtet ist, während $E_0[\tilde{F}_{t-1}]$ auf Basis von $E_0^w[\tilde{L}_{t-1}]$ geplant wird. Beachtet man, dass Ersteres den stochastischen Prozess und Letzteres – auch wenn über eine relative Kennzahl – im Ergebnis jedoch lediglich die absolute Höhe von $E_0[\tilde{F}_{t-1}]$ in den einzelnen Zuständen steuert, nicht aber den stochastischen Prozess, löst sich ein scheinbarer Widerspruch auf.

$$(3-20)\,E_0^w\left[\tilde{k}_t^F\right]=\frac{E_0^w\left[\widetilde{WACC}_t\right]-i\cdot(1-s_K)\cdot E_0^w\left[\tilde{L}_{t-1}\right]}{1-E_0\left[\tilde{L}_{t-1}\right]}=$$

$$=E_0^w\left[\tilde{k}\right]+\left[E_0^w\left[\tilde{k}\right]-i\left(1+s_K\cdot\left(\frac{E_0^w\left[\tilde{k}\right]-i}{1+i}\right)\right)\right]\cdot\frac{E_0^w\left[\tilde{L}_{t-1}\right]}{1-E_0^w\left[\tilde{L}_{t-1}\right]}$$

$$=E_0^w\left[\tilde{k}\right]+\left(E_0^w\left[\tilde{k}\right]-i\right)\cdot\left(1-\frac{is_K}{1+i}\right)\cdot\frac{E_0^w\left[\tilde{L}_{t-1}\right]}{1-E_0^w\left[\tilde{L}_{t-1}\right]}$$

Der Equity-Ansatz bewertet die unbedingt erwarteten Dividenden, die 46,2 in $t = 1$ und 32,866871 in $t = 2$ betragen, mit $E_0^w\left[\tilde{k}_t^F\right]$ von 0,129474251 für $t = 1$ bzw. 0,14494206 für $t = 2$.

Bei dieser Finanzierungspolitik sind Bewertungen über den WACC- und Equity-Ansatz prinzipiell lösbar, da die Gleichungssysteme nicht unterdeterminiert sind. Ein effizienter Lösungsansatz wird in diesem stochastischen Rahmen aber durch den APV-Ansatz bereitgestellt, der auch in einem über das reinterpretierte Modell von Miles/Ezzell hinausgehenden Modell arbitragegewinnfrei bewerten kann, wenn erwartete Fremdkapitalbestände bekannt sind, also eine $E_0\left[\tilde{F}\right]$-Planungsdoktrin zugrunde liegt. Sind erwartete Fremdkapitalquoten bekannt, also eine $E_0^w\left[\tilde{L}\right]$-Planungsdoktrin, ist der WACC-Ansatz effizient. Analog lassen sich die Überlegungen zum APV-Ansatz nach Formel (3-7) auf diese Konstellation übertragen. Der APV-Ansatz lässt sich somit zirkularitätsfrei einsetzen.[583] In dem Beispiel ergibt sich dann:

$$\Delta V_0^F=E_0\left[\tilde{D}_1\right]\cdot\left[\left(1-\frac{is_K L_0}{1+i}\right)^{-1}-1\right]\left(1+E_0^w\left[\tilde{k}\right]\right)^{-1}+$$

$$E_0\left[\tilde{D}_2\right]\cdot\left[\left(1-\frac{is_K L_0}{1+i}\right)^{-1}\cdot\left(1-\frac{is_K E_0^w\left[\tilde{L}_1\right]}{1+i}\right)^{-1}-1\right]\left(1+E_0^w\left[\tilde{k}\right]\right)^{-2}=1{,}811321$$

Ist $\tilde{F}_{t-1}$ ein Skalar von $\tilde{V}_{t-1}^E$ cum Dividende,[584] hat der APV-Ansatz bei $\tilde{\delta}^*$ bessere Karten im Vergleich zu der Politik, in der $\tilde{F}_{t-1}$ ein Skalar von $\tilde{V}_{t-1}^F$ ist.

---

583 Die Barwertbeiträge sind generell bei dieser Art der Berechnung anders verteilt als bei dem ursprünglichen APV-Lösungsansatz, im aggregierten Ergebnis gleichwohl identisch.

584 Wird anstatt $E_0\left[\tilde{F}_{t-1}\right]$ bzw. $E_0^w\left[\tilde{L}_{t-1}\right]$ nun $L_{t-1}^{E^*}=\frac{E_0\left[\tilde{F}_{t-1}\right]}{E_0\left[\tilde{V}_{t-1}^E+\tilde{D}_{t-1}\right]}$ vorgegeben, ist analog wie bei der Reinterpretation des Miles/Ezzell-Modells rekursiv vorzugehen. Ebenso kann, wenn $E_0^w\left[\tilde{L}_{t-1}\right]=\frac{E_0\left[\tilde{F}_{t-1}\right]}{E_0\left[\tilde{V}_{t-1}^F\right]}$ nicht bekannt ist, der WACC-Ansatz nach Umrechnung von $L_{t-1}^{E^*}$ in $E_0^w\left[\tilde{L}_{t-1}\right]$ eingesetzt werden.

<table>
<tr><td rowspan="2">Finanzierungspolitik / Stochastischer Rahmen</td><td colspan="2">Wert abhängig</td><td rowspan="2">Autonom

Zustandsunabhängiges F</td></tr>
<tr><td>$\tilde{F}_{t-1}$ abhängig vom stochastischen Prozess von $\tilde{V}_{t-1}^F$</td><td>$\tilde{F}_{t-1}$ abhängig vom stochastischen Prozess von $\tilde{V}_{t-1}^E$ cum Dividende</td></tr>
<tr><td>Reinterpretation des Miles/Ezzell-Modells</td><td>WACC-Ansatz
$V_0^F = \sum_{t=1}^{n} \frac{E_0[\tilde{D}_t]}{(1+E_0^w[\widetilde{WACC}])^t}$
APV-Ansatz
$V_0^F = \sum_{t=1}^{n} \frac{E_0[\tilde{D}_t]}{(1+E_0^w[\tilde{k}])^t} + \sum_{t=1}^{n} \frac{i \cdot s_K \cdot E_0[\tilde{F}_{t-1}]}{(1+E_0^w[\tilde{k}])^{t-1} \cdot (1+i)}$
Equity-Ansatz
$E_0^F = (1-L) \cdot V_0^F = \sum_{t=1}^{n} \frac{E_0[D_t^{MF}]}{(1+E_0^w[\tilde{k}^F])^t}$
$D_t^{MF} = D_t - iF_{t-1}(1-s_K) + (F_t - F_{t-1})$</td><td>$E_0^w[\widetilde{WACC}] = E_0^w[\tilde{k}] - i \cdot s_K \cdot L \cdot \frac{1+E_0^w[\tilde{k}]}{1+i}$
$E_0^w[\tilde{k}^F] = E_0^w[\tilde{k}] + (E_0^w[\tilde{k}] - i) \cdot \left(1 - \frac{is_K}{1+i}\right) \cdot \frac{L}{1-L}$</td><td rowspan="2">WACC-Ansatz
$E_0^w[\widetilde{WACC}_t] = i(1-s_K) \cdot \frac{F_{t-1}}{E_0[\tilde{V}_{t-1}^F]} + E_0^w[\tilde{k}_t^F] \cdot \frac{E_0[\tilde{E}_{t-1}^F]}{E_0[\tilde{V}_{t-1}^F]}$
$= E_0^w[\tilde{k}] \cdot \frac{E_0[\tilde{V}_{t-1}^E]}{E_0[\tilde{V}_{t-1}^F]} + \frac{i \cdot (\Delta V_{t-1}^F - s_K F_{t-1})}{E_0[\tilde{V}_{t-1}^F]}$
APV-Ansatz
$V_0^F = \sum_{t=1}^{n} \frac{E_0[\tilde{D}_t]}{(1+E_0^w[\tilde{k}])^t} + \sum_{t=1}^{n} \frac{i \cdot s_K \cdot F_{t-1}}{(1+i)^t}$
Equity-Ansatz
$E_0^w[\tilde{k}_t^F] = E_0^w[\tilde{k}] + (E_0^w[\tilde{k}] - i) \cdot \frac{F_{t-1} - \Delta V_{t-1}^F}{E_0[\tilde{E}_{t-1}^F]}$</td></tr>
<tr><td>Alternative Politiken</td><td>WACC-Ansatz
$E_0^w[\widetilde{WACC}] = E_0^w[\tilde{k}^0] - i \cdot s_K \cdot L \cdot \frac{1+E_0^w[\tilde{k}^0]}{1+i}$
APV-Ansatz
$V_0^F = \sum_{t=1}^{n} \frac{E_0[\tilde{D}_t]}{\prod_{j=1}^{t}(1+E_0^w[\tilde{k}_j])} + \sum_{t=1}^{n} \frac{i \cdot s_K \cdot L \cdot E_0[\tilde{V}_{t-1}^F]}{\prod_{j=1}^{t-1}(1+E_0^w[\tilde{k}_j^*]) \cdot (1+i)}$
Equity-Ansatz
$E_0^w[\tilde{k}^F] = E_0^w[\tilde{k}^0] + (E_0^w[\tilde{k}^0] - i) \cdot \left(1 - \frac{is_K}{1+i}\right) \cdot \frac{L}{1-L}$</td><td>WACC-Ansatz
$E_0^w[\widetilde{WACC}] = E_0^w[\tilde{k}] - i \cdot s_K \cdot E_0^w[\tilde{L}] \cdot \frac{1+E_0^w[\tilde{k}]}{1+i}$
APV-Ansatz
$V_0^F = \sum_{t=1}^{n} \frac{E_0[\tilde{D}_t]}{(1+E_0^w[\tilde{k}])^t} + \sum_{t=1}^{n} \frac{i \cdot s_K \cdot E_0[\tilde{F}_{t-1}]}{(1+E_0^w[\tilde{k}])^{t-1} \cdot (1+i)}$
Equity-Ansatz
$E_0^w[\tilde{k}^F] = E_0^w[\tilde{k}] + (E_0^w[\tilde{k}] - i) \cdot \left(1 - \frac{is_K}{1+i}\right) \cdot \frac{E_0^w[\tilde{L}]}{1-E_0^w[\tilde{L}]}$</td></tr>
</table>

Tabelle 3-3: Synopse zu DCF-Ansätzen bei wertabhängiger und autonomer Finanzierungspolitik

3.2.3. Autonome und wertabhängige Finanzierungspolitik: Unterschiede und Berührungspunkte

Zunächst werden die Formeln in einer Synopse zusammengestellt und erläutert. Klar ist: Die Politiken sind i.a. gänzlich unterschiedlich. Die eine führt zu einem zustands*un*-, die andere zu einem zustands*abhängigen* Fremdkapitalbestand. Es können sich jedoch Berührungspunkte ergeben. Es wird gezeigt, dass der WACC- bzw. Equity-Ansatz in Gestalt der reinterpretierten Miles/Ezzell-Formel ohne weitere Annahmen ein Zwitterwesen sein kann.[585] Diese Formeln können a priori nämlich eine wertabhängige Politik, aber eben auch eine autonome Politik implizieren!
Danach wird eine wertabhängige Finanzierungspolitik mit time lag untersucht. Abschließend wird gezeigt, dass die autonome und wertabhängige Politik auch gemischt werden können. Dies ist deshalb eine interessante Idee, da damit eine breitere Klasse von Finanzierungspolitiken beschrieben werden kann.

3.2.3.1. Synopse zu den Formeln

Die stochastischen Eigenschaften der Reinterpretation von Miles/Ezzell stellen die Trennlinie für die unbedingte Anwendbarkeit des Modells dar. Eine Orientierung am stochastischen Prozess von $\widetilde{V}_{t-1}^{E}$ (cum Dividende) als auch von $\widetilde{V}_{t-1}^{F}$ lässt sich dann vorstellen. Der in der Synopse offen gehaltene Übergang zeigt, dass die gleichen Formeln auf beide Konstellationen passen.
Ist $\widetilde{\delta}^*$ stochastisch, gelingt die Reinterpretation des Modells von Miles/Ezzell nur bedingt. Wie dann alternativ vorgegangen werden könnte, wurde an zwei Politiken aufgezeigt.

Tabelle 3-3 gibt einen Überblick über die hierzu relevanten Formeln.

Der APV-Ansatz ist bei einer wertabhängigen Politik allgemeiner definiert als bei einer autonomen Politik. Wenn im Sicherheitsfall $k = i$ gesetzt wird, dann ergibt sich die autonome Politik als ein Spezialfall. Alle DCF-Ansätze basieren auf dem gleichen theoretischen Fundament der Arbitragefreiheit begründet durch Modigliani/Miller.[586] Ob nun der eine oder andere Ansatz recheneffizient, d.h. zirkularitätsfrei ist, hängt auch von der Planungskonstellation ab. Ein neben der WACC-Textbuchformel allgemeiner, d.h. unabhängig von der Finanzierungspolitik einzusetzender WACC-Ansatz lautet:[587]

$$(3\text{-}21)\quad E_0^w\left[W\widetilde{A}CC_t\right] = k - \frac{E_0\left[\Delta\widetilde{V}_{t-1}^F\right](1+k) - E_0\left[\Delta\widetilde{V}_t^F\right]}{E_0\left[\widetilde{V}_{t-1}^F\right]}$$

Zur Vereinfachung der Notation wird k eingesetzt. Unproblematisch ist die Erweiterung um $E_0^w\left[\widetilde{k}\right]$. Die WACC-Textbuchformel kann in einem einfachen Steuersystem ebenso

---

585 Damit ist nicht die Identität im Spezialfall eines einperiodigen Projekts gemeint.

586 Eine untrennbare Einheit zwischen DCF-Ansätzen und dem CAPM heraufzubeschwören, ist einerseits theoretisch nicht nötig, noch wissenschafts-historisch geboten. MM stellten 1958 ihre Propositionen auf, lange bevor das CAPM publiziert war. Der Kern des Arbitragegedankens bedarf nicht des CAPM. Vgl. z.B. Mossin (1973), S. 86-89; Wilhelm (1983); Drukarczyk (1998), S. 263.

587 Formel (3-21) kann abgeleitet werden, indem die folgende Formel (3-22) in die Textbuch-Formel eingesetzt wird. Nach weiteren Vereinfachungen von $E_0^w\left[W\widetilde{A}CC_t\right] = k - \left[is_K \cdot \frac{E_0\left[\widetilde{F}_{t-1}\right]}{E_0\left[\widetilde{V}_{t-1}^F\right]} + \left(k - E_0^w\left[\widetilde{k}_t^{\cdot}\right]\right) \cdot \frac{E_0\left[\Delta\widetilde{V}_{t-1}^F\right]}{E_0\left[\widetilde{V}_{t-1}^F\right]} \right]$ ergibt sich (3-21). Eine andere Formel als (3-21) wird als allgemein tituliert von Levin/Olsson (1998b), S. 213.

$$E_0^w\left[W\widetilde{A}CC_t\right] = k \cdot \left(1 - \frac{\Delta V_{t-1}^F}{E_0\left[\widetilde{V}_{t-1}^F\right]}\right) + i \cdot \left(\frac{\Delta V_{t-1}^F - s_K \cdot F_{t-1}}{E_0\left[\widetilde{V}_{t-1}^F\right]}\right)$$

Offensichtlich gilt die Formel nur für eine *autonome*, nicht aber für eine wertabhängige Politik. Davon zeugt auch die bei Levin/Olsson (1998b) beschriebene Herleitung bzw. die gezeigte Alternativdefinition von (3-21).

uneingeschränkt eingesetzt werden, unabhängig von der Finanzierungspolitik.[588] Dass sie im Fall ohne Steuern auch gültig ist, haben Modigliani/Miller (1958) schon gezeigt.

Ein allgemeiner Equity-Ansatz lautet:[589]

$$(3-22)\ E_0^w\left[\tilde{k}_t^F\right] = k + \frac{(k-i)\cdot E_0\left[\tilde{F}_{t-1}\right] - \left(k - E_0^w\left[\tilde{k}_t^*\right]\right)\cdot E_0\left[\Delta\tilde{V}_{t-1}^F\right]}{E_0\left[\tilde{E}_{t-1}^F\right]},$$

$$\text{wobei } E_0^w\left[\tilde{k}_t^*\right] = \frac{E_0\left[\Delta\tilde{V}_t^F - \Delta\tilde{V}_{t-1}^F + \Delta\tilde{S}_t^F\right]}{E_0\left[\Delta\tilde{V}_{t-1}^F\right]}$$

In realistischen Fällen werden $E_0^w\left[\tilde{k}\right]$, sowie die Renditen nach (3-21) und (3-22) stochastisch sein. Bei den amalgamierten Renditen handelt es sich dann um gewichtete und nicht um einfache unbedingt erwartete Renditen. Dies gilt für eine autonome, wie auch eine wertabhängige Politik. Im Spezialfall können bei beiden Politiken die Renditen deterministisch sein.

Die Formeln in Tabelle 3-3 sind Spezialformeln dieser allgemeineren, politikunabhängigen Formeln.[590]

Es wurde eingangs behauptet, dass unabhängig von der Finanzierungspolitik und dem Cashflow-Muster die klassischen MM-Formeln (I)-(III) aus dem Jahr 1958 gelten. Dass dies so ist, sieht

---

588 Myers gründet im Rahmen einer autonomen Politik seine Zweifel an einem konstanten Textbuch-WACC auf Cashflow-Strukturen außerhalb des einperiodischen Falls und der ewigen Rente. Vgl. Myers (1974), S. 11, und Myers (1977b), S. 220. Betrachtet man die Fälle 1-4 aus Abschnitt 3.2.1.1., so zeigt der Fall 3, dass ein konstanter Textbuch-WACC möglich ist. Gleichwohl werden dann $E_0^w\left[\tilde{L}_{t-1}\right]$ und $E_0^w\left[\tilde{k}_t^F\right]$ zeitabhängig sein. Bar-Yosef (1977) zeigt für beliebige Cashflow-Strukturen relativ abstrakt, dass die Textbuch-Formel aber gültig bleibt. Jedoch wird nicht klar dargelegt, dass i.a., wenn man von gewichteten erwarteten Renditen ausgeht, dann nicht mehr der Fall einer autonomen Finanzierung vorliegen kann, sondern z.B. eine (reinterpretierte) wertabhängige Finanzierungspolitik, die die Konstanz aller Parameter der WACC-Formel für beliebige Cashflow-Strukturen erlaubt. Um zusammenzufassen: Myers hat nicht die Gültigkeit der Textbuch-Formel an sich bezweifelt, sondern nur die Gültigkeit dieser Formel, wenn sie in bestimmten Konstellationen im Zeitablauf konstant belassen wird. Dass die Textbuch-Formel in einem einfachen Steuersystem einschlägig ist, darf heute als gesicherte Erkenntnis gelten. Vgl. etwa Richter/Drukarczyk (2001), S. 632 und S. 634. Bar-Yosef (1977) hat indessen gezeigt, dass es - abgesehen von der autonomen, ohne dies aber sonderlich klarzumachen - Finanzierungspolitiken geben mag, die auch die Anwendung der unmodifizierten, d.h. zeitkonstanten Textbuch-Formel erlauben. In der Tat gibt es solche Politiken wie z.B. die bekannte wertabhängige Politik im Sinne von Miles/Ezzell (1980) bzw. die noch zu zeigende inkrementell wertabhängige Politik.

589 $E_0\left[\Delta\tilde{S}_t^F\right]$ stellt den Tax Shield bezüglich der Fremdfinanzierung der Periode t dar. (3-22) wird abgeleitet aus:

$$k\cdot E_0\left[\tilde{V}_{t-1}^E\right] + E_0^w\left[\tilde{k}_t^*\right]\cdot E_0\left[\Delta V_{t-1}^F\right] = E_0^w\left[\tilde{k}_{S,t}^F\right]\cdot E_0\left[\tilde{E}_{t-1}^F\right] + i\cdot E_0\left[\tilde{F}_{t-1}\right]$$

590 Die reinterpretierte ME-Formel des Equity-Ansatzes lässt sich leicht durch einen plastisch chirurgischen Eingriff so umformulieren, dass wieder eine Ähnlichkeit zu der von MM (1963) im Fall der ewigen Rente definierten Formel zum Vorschein kommt, wie etwa bei Levin/Olsson (1998b), S. 211, bzw. Richter/Drukarczyk (2001), S. 634, gezeigt wird: $k^F = k + (k-i)\left(1-\dot{s}_K\right)\frac{L}{1-L}$, wobei $\dot{s}_K = \frac{is_K}{1+i}$.

$\dot{s}_K$ ist kein effektiver Steuersatz im engeren Sinne, sondern dient alleine dazu, die optische Verwandtschaft herzustellen. Diese chirurgische Operation gelingt bei dem WACC-Ansatz auch. Dann ist aber nicht mehr $\dot{s}_K$, sondern $s_K^{\#}$ in der folgenden Gestalt anzuwenden: $WACC = k\left(1-s_K^{\#}L\right)$, wobei $s_K^{\#} = \frac{is_K m}{k} = \dot{s}_K\frac{1+k}{k}$ und $m = \frac{1+k}{1+i}$.

man leicht, wenn s_K in den Formeln der Tabelle 3-3 gleich null gesetzt wird. Die Formeln münden dann allesamt in die klassischen MM-Propositionen.[591]
Es lässt sich nach den Ausführungen zu beiden Politiken feststellen, dass bei gegebener zeitkonstanter Fremdkapitalquote eine Bewertung mit wertabhängiger *oder* (!) autonomer Finanzierungspolitik effizient, d.h. ohne Zirkularitäten möglich ist. Die Planungsvorgabe einer zeitkonstanten Fremdkapitalquote impliziert *per se* also keineswegs eine wertabhängige Finanzierungspolitik. Ebenso impliziert ein periodenkonstanter $E_0^w[\widetilde{WACC}]$ *per se* zwingend weder eine wertabhängige Finanzierungspolitik noch eine konstante Fremdkapitalstruktur.[592] Eine autonome Politik könnte damit auch verbunden sein (Fall 3 aus Abschnitt 3.2.1.1.).
Eine Planungsdoktrin stellt aufbauend auf Fremdkapitalbeständen per se noch keine Vorentscheidung über die Finanzierungspolitik dar. Die Verknüpfung von DCF-Rechenansätzen, Finanzierungspolitiken und Planungsdoktrinen könnte insofern etwas unglücklich wirken,[593] da diese zu falschen Schlüssen verleiten kann.
Charakteristisch ist daher nicht so sehr, ob Fremdkapitalquoten konstant im Zeitablauf oder nicht-konstant geplant werden, sondern in welchem stochastischen Verhältnis F und V^F zueinander stehen.[594] Ist z.B. F *zustandsabhängig* vom Unternehmensgesamtwert (bei Eigen- oder Fremdfinanzierung) im reinterpretierten ME-Modell geplant - sind m.a.W. die Fremdkapitalquoten deterministisch -, liegt eine wertabhängige Politik vor. Ist F *zustandsunabhängig* geplant, d.h. sind die Fremdkapitalquoten stochastisch, liegt eine autonome Politik vor.
Nachdem die These einer konstanten Fremdkapitalquote definiert zu Marktwerten empirisch schwer zu be- bzw. widerlegen ist,[595] scheint die Annahme einer konstanten Fremdkapitalquote gegenüber einer variablen nicht a priori vorziehenswürdig.[596] Bei der Annahme einer konstanten Fremdkapitalquote handelt es sich um eine Planungsdoktrin, nicht mehr und nicht weniger. Wie

---

591 Dies gilt ausdrücklich auch bei den alternativen wertabhängigen Modellen und einer Orientierung am stochastischen Prozess von $\tilde{V}_{t-1}^F$, da $E_0^w[\tilde{k}^0]$ und $E_0^w[\tilde{k}]$ bei $s_K = 0$ zusammenfallen.

592 Anders aber z.B. Ashton (1991), S. 466, bzw. Inselbag/Kaufold (1989), S. 91, die WACC wie in dieser Arbeit (gleichwohl dort implizit) als gewichtete erwartete Renditen auffassen.

593 Dieser Eindruck wird z.B. bei Inselbag/Kaufold (1989), S. 88 und 95, Dellmann/Dellmann (2001), S. 81, bzw. bei Taggart (1991), S. 17, erweckt. Taggart bildet Pakete aus autonomer Politik, F-Doktrin und APV-Ansatz bzw. aus wertabhängiger Politik, L-Doktrin und WACC-Ansatz.
Taggart (1991), S. 8, 10, 17-18, meint, dass bei autonomer Politik und F-Doktrin außerhalb des Falls der ewigen Rente nur der APV-Ansatz angewendet werden könne. Ähnlich äußert sich Sick (1990), S. 1445, der ausführt, dass mit stochastischen Renditen z.B. innerhalb des Equity-Ansatzes kein Staat zu machen sei. Die Ausführungen in 3.2.1. haben aber gezeigt, dass dieser Sichtweise nicht gefolgt werden muss. Geht man von gewichteten unbedingt erwarteten Renditen aus, dann sind die stochastischen Renditen zu einer Rendite amalgamiert, mit der auch ökonomisch begründet aus Sicht des Bewertungszeitpunktes t = 0 diskontiert werden darf. Eine $E_0^w[\tilde{L}]$-Doktrin bringt Taggart mit einer autonomen Politik gar nicht in Verbindung.
Ebenso meint Taggart (1991), S. 16-17, dass bei wertabhängiger Politik und L-Doktrin der WACC-Ansatz einschlägig sei, und die anderen Ansätze umständlich. Es wurde in 3.2.2. gezeigt, dass der APV-Ansatz effizient mit dieser Situation umgehen kann. Zudem zeigt Taggart nicht auf, dass auch eine F-Doktrin vorliegen kann, und der WACC-Ansatz dann umständlicher als der APV-Ansatz ist. Mir scheint deshalb die Charakterisierung der autonomen Politik als F- und der wertabhängigen Politik als L-Politik nicht besonders aufschlussreich zu sein, da sie Doktrin und Politik unnötigerweise „verquirlt".

594 Vgl. auch Ruback (2002), S. 19.

595 Vgl. Drukarczyk/Schüler (2003b), S. 343. Aufgrund einer ex-post-Betrachtung lässt sich die These empirisch für deutsche Aktiengesellschaften nicht bestätigen. Gleichwohl sind bei einer ex-post-Betrachtung Änderungen des Informationsstandes nicht auszuschließen. Diese Ergebnisse sprechen somit noch *nicht* gegen die These bei einer der Unternehmensbewertung üblichen ex-ante-Betrachtung, d.h. auf Basis eines gegebenen Informationsstandes.

596 In Umfragen hat sich nach der Studie von Graham/Harvey (2002), S. 11, ergeben, dass in der US-amerikanischen Praxis Ziel-Fremdkapitalquoten für manche, besonders für große Unternehmen, aber nicht für alle Unternehmen eine Rolle spielen.

ein optimales L im Zeitablauf aussehen könnte, ist eine vielschichtige Frage, auf die es (bislang) keine einfache theoretische Antwort gibt.[597]
Die F-Doktrin hat den Vorteil, dass sie in Verbindung mit den Pro Forma-Abschlüssen unmittelbar zeigt, ob eine unbedingt erwartete bilanzielle Überschuldung vorliegt. Die F-Doktrin lässt sich über den APV-Ansatz rechentechnisch einfach umsetzen. WACC- bzw. Equity-Ansatz sind dann rechentechnisch nicht so einfach.

Wie steht es nun um den Equity-Ansatz? Sein rechentechnisches Problem ist die Vermengung der F- (im Zähler) und der L-Planungsdoktrin (im Nenner).
Der Equity-Ansatz könnte seine Stärke ausspielen bei gegebenen $E_0\left[\tilde{D}_t^{MF}\right]$ und L_{t-1} innerhalb des reinterpretierten Miles/Ezzell-Modells, und für alternative wertabhängige Finanzierungspolitiken bei gegebenen $E_0\left[\tilde{D}_t^{MF}\right]$, $E_0^w\left[\tilde{k}^0\right]$ und L_{t-1} bzw. gegebenen $E_0\left[\tilde{D}_t^{MF}\right]$ und $E_0^w\left[\tilde{L}_{t-1}\right]$. Der Equity-Ansatz ist besonders dann effizient, wenn $E_0\left[\tilde{D}_t\right]$ nicht gegeben sind und damit die anderen Ansätze nicht zirkularitätsfrei sind. Diese Konstellation könnte z.B. eine Rolle spielen, wenn Dividenden-Schätzungen $E_0\left[\tilde{D}_t^{MF}\right]$ von Wertpapier-Analysten auf Wert-Konsequenzen überprüft werden bzw. Dividendenzahlungen über einen kurzen Zeitraum nur in einer relativ engen Spanne disponibel erscheinen und daher als Datum angesehen werden.
Im Allgemeinen dürften in der Unternehmensbewertung jedoch Konstellationen dominieren, in denen ausgehend von $E_0\left[\tilde{D}_t\right]$ eine Abschätzung potentieller Dividenden $E_0\left[\tilde{D}_t^{MF}\right]$ stattfindet und nicht umgekehrt. Diese Vorgehensweise hat insofern ihre Berechtigung, wenn die Vorstellung geteilt wird, dass allokative Effekte im Vergleich zu distributiven Effekten einen Effekt erster Ordnung darstellen. In dieser Konstellation finden sich dann – in Abhängigkeit des stochastischen Rahmens – der APV- bzw. der WACC-Ansatz rechentechnisch leichter zurecht.[598]
Sind vollständige Plan-Bilanzen und -GuVs der Ausgangspunkt für eine Unternehmensbewertung, liegt also eine F-Doktrin vor - was aufgrund der damit verbundenen Transparenz sehr empfehlenswert erscheint -,[599] ist der APV-Ansatz effizient, wenn die spezifischen Renditen bekannt sind bzw. der Equity-Ansatz, wenn $E_0^w\left[\tilde{k}_t^F\right]$ bekannt ist. Eine Sonderstellung nimmt die $\tilde{V}_{t-1}^F$-Orientierung innerhalb der alternativen wertabhängigen Finanzierungspolitik ein: Mit dem APV-Ansatz kann zwar ohne weitergehende Informationen der Unternehmensgesamtwert bestimmt werden, die Komponenten sind dann aber ökonomisch nicht interpretierbar. Ebenso kann auf ein rekursives Vorgehen über Equity- und WACC-Ansatz zurückgegriffen werden.
Der APV-Ansatz zwingt zu einer Annahme über die Finanzierungspolitik. Der Vorteil ist, dass diese Vorgehensweise die Transparenz erhöht. Die Kehrseite der Medaille ist freilich, dass eine Entscheidung über die anzuwendende Finanzierungspolitik nicht immer leicht fallen dürfte. Die anderen Ansätze können dieses Problem retouchieren. WACC- als auch Equity-Ansatz müssen nicht, können aber eine explizite Annahme über die Finanzierungspolitik treffen.

Ist die Beachtung verschiedener Finanzierungspolitiken eigentlich relevant?
Materielle Auswirkungen einer autonomen im Vergleich zu einer wertabhängigen Politik stellt folgende Abbildung 3-12 gegenüber, indem der lineare Zusammenhang zwischen der Rendite

---

597 Vgl. z.B. Lewis (1990), der aufzeigt, dass unter realistischen Bedingungen L zustandsabhängig sein kann, sowie Myers (2001).

598 Für den Quadrant I vgl. Kruschwitz/Löffler (1998).

599 Ebenso argumentiert auch Ruback (2002), S. 14, der die F-Planungsdoktrin für die meisten Unternehmensbewertungsanlässe als sinnvoll ansieht. Der L-Planungsdoktrin billigt er nur für Vorstudien bei Projektbewertungen („back-of-the-envelope") eine Rolle zu.

$E_0^w[\tilde{k}^F]$ und dem Verschuldungsgrad sowie der Verlauf des $E_0^w[\widetilde{WACC}]$ in Abhängigkeit vom Verschuldungsgrad gezeigt wird.[600] Linie (0) zeigt die Rendite in einer Modigliani/Miller (1958)-Welt, d.h. Unternehmensteuern sind irrelevant und damit auch der Einfluss von Finanzierungspolitiken auf den Unternehmenswert.
Linie (1) bildet die Renditen einer wertabhängigen Politik ab.[601] Linie (2) stellt eine ewige Rente bei autonomer Politik mit g = 0 dar,[602] und Linie (3) mit g = 0,03.[603]

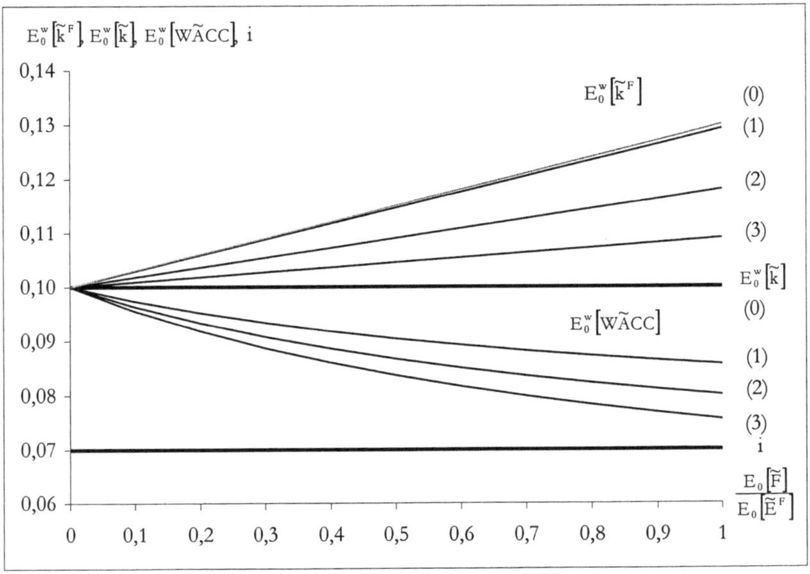

Abbildung 3-12: Renditen und Finanzierungspolitiken

Bei wertabhängiger Politik (1) sind die Renditen höher als bei einer autonomen Politik (2) bzw. (3), da die Steuervorteile niedriger ausfallen. Die Renditen für den Equity-Ansatz sind bei (0), d.h. ohne Steuern, und (1) nahezu identisch. Vergleicht man die Renditen nach (II) und (3-8) beträgt die Differenz: $\Delta E_0^w[\tilde{k}^F] = \frac{is_K}{1+i} \cdot \frac{E_0[\tilde{F}]}{E_0[\tilde{E}^F]} \cong 0$.

Je höher die Wachstumsrate bei autonomer Politik, desto höher ist der daraus resultierende Steuervorteil.

---

600 Der Abbildung 3-12 liegt folgende Konstellation zugrunde: $E_0^w[\tilde{k}] = 0{,}1$; $i = 0{,}07$; $s_K = 0{,}4$.

601 Bzw. eines einperiodigen Projekts.

602 Diese Renditen sind identisch mit denen der noch zu zeigenden inkrementell wertabhängigen Politik.

603 Ab einem Verschuldungsgrad von 1,6 bricht der WACC bei (3) durch die i-Linie. Auch $E_0^w[\tilde{k}^F]$ kann bei (3) unter leicht geänderten Parametern sogar fallen. Es wurde in Fn. 512 schon argumentiert, dass diese Konstellationen nicht sehr realistisch sind.
Die Renditen eines n-periodigen Projekts für eine autonome Politik bei gegebenem Verschuldungsgrad führten je nach den projizierten Cashflows zu zeitabhängigen $E_0^w[\tilde{k}^F]$ und $E_0^w[\widetilde{WACC}]$, und werden deshalb nicht dargestellt (Fall 1 aus Abschnitt 3.2.1.1.).

Es kann gezeigt werden, dass die Frage, ob eine autonome oder wertabhängige Finanzierungspolitik vorliegt, unter spezifischen stochastischen Annahmen unwichtig wird. Für diesen Zweck soll wie bei Fischer (1999) und Fischer/Mandl (2000) angenommen werden, dass künftige Unternehmenswerte mit den Marktrenditen unkorreliert sind.[604] Dies bedeutet, dass der risikoneutral erwartete und der subjektiv erwartete Unternehmenswert identisch ist:

$$E_0^p[\tilde{V}_t] = E_0^q[\tilde{V}_t]$$

Im Binomialmodell hat Richter (2001) darauf hingewiesen, dass dann stochastische Unabhängigkeit impliziert ist. In einem Modell höherer Ordnung (z.B. Trinomialmodell) ist stochastische Unabhängigkeit hinreichend, aber nicht notwendig.[605] Gleichwohl führen dann eine autonome sowie eine wertabhängige Politik zu identischen Bewertungen. Diese Politiken sind dann allesamt quasi-autonom, d.h. diskontiert werden die Steuervorteile mit i. Bei stochastischer Unabhängigkeit gilt L, ansonsten $E_0^w[\tilde{L}]$ für eine autonome Politik und für eine wertabhängige Politik nach dem reinterpretierten ME-Modell gilt stets L. Einschlägig sind die Formeln (3-1)-(3-3).[606] Es braucht nicht sonderlich betont zu werden, dass diese stochastischen Annahmen sehr spezifisch wirken.

Für die folgenden Abschnitte wird unterstellt, dass zulässige Renditen k innerhalb des reinterpretierten Modells von Miles/Ezzell vorliegen, um die Ausführungen nicht zu komplizieren. Da Elemente einer wertabhängigen Politik auch in den folgenden Abschnitten eine Rolle spielen werden, lassen sich für alternative wertabhängige Finanzierungspolitiken grundsätzlich die Überlegungen entlang den vorher gezeigten Linien anwenden.

3.2.3.2. Autonome Finanzierungspolitik mit L^{FP}-Planungsdoktrin

Appleyard/Dobbs (1997) stellen eine autonome Finanzierungspolitik vor, die weder über deterministische Fremdkapitalbestände (F_{t-1}) noch über stochastische Fremdkapitalquoten $\left(E_0^w[\tilde{L}_{t-1}] = \frac{F_{t-1}}{E_0[\tilde{V}_{t-1}^F]}\right)$ geplant wird. Die Planungsdoktrin von Appleyard/Dobbs orientiert sich an einem konstanten Verhältnis von Fremdkapital zu *Forward-Preis* (FP) für den Unternehmensgesamtwert bei Mischfinanzierung: $L^{FP} = \frac{F_{t-1}}{FP_0(V_{t-1}^F)}$. Da F_{t-1} und $FP_0(V_{t-1}^F)$[607] deterministische Größen sind, ist L^{FP} ebenfalls deterministisch. Die zunächst provokant erscheinende Aussage, dass eine autonome Finanzierungspolitik mit einer deterministischen Fremdkapitalquote einhergehen kann, ist nun also nachvollziehbar.[608] Forward-Preise auf Basis

---

604 Vgl. Fischer (1999), S. 35, und Fischer/Mandl (2000), S. 464. Die Autoren gehen auf die Frage der Finanzierungspolitik explizit aber nicht ein.

605 **Beispiel:** p sei für jeden Zustand gleichwahrscheinlich, d.h. 1/3; q_1 = 0,3015873, q_2 = 0,37301587, q_3 = 0,32539683; $\tilde{V}_{11}$ = 300, $\tilde{V}_{12}$ = 269,269231, $\tilde{V}_{23}$ = 146,346153; $\tilde{r}_{M11}$ = 0,2; $\tilde{r}_{M12}$ = -0,1; $\tilde{r}_{M13}$ = 0,1.

Stochastische Unabhängigkeit liegt offensichtlich nicht vor. $Cov(\tilde{V}_t, \tilde{r}_{Mt}) = 0$ bzw. $E_0^p[\tilde{V}_t] = E_0^q[\tilde{V}_t]$ für t = 1.

606 Bei Fischer (1999) ist n beliebig und bei Fischer/Mandl (2000) geht $n \to \infty$. In beiden Beiträgen werden die MM-Formeln von (1963) bzw. deren Beta-Analogon zugrundegelegt. Vgl. für den WACC-Ansatz Fischer (1999), S. 40, und für die entsprechende Beta-Umrechnung Fischer/Mandl (2000), S. 462. Da eine quasi-autonome Politik gefahren wird, handelt es sich bei Verwendung dieser Formeln um eine Approximation, es sei denn, es ist – wie in Tabelle 3-1 gezeigt – implizit ein konstanter Fremdkapitalbestand (mit $g_F = 0$) unterstellt *und* $n \to \infty$.

607 Ist ex Dividende definiert.

608 Die Fremdkapitalquote könnte bei einer autonomen Politik deterministisch sein, wenn der Spezialfall der stochastischen Unabhängigkeit greift.

des Informationsstandes in t = 0 sollten dabei einer arbitragegewinnfreien Bewertung genügen. $FP_0(V_0^E)$ ergibt sich dann durch rekursives Einsetzen gemäß folgender Beziehung:

$$(3\text{-}23)\quad FP_0(V_{t-1}^E) = FP_0(V_t^E)\cdot(1+i)^{-1} + E_0[\tilde{D}_t]\cdot\frac{(1+i)^{t-1}}{(1+k)^t}$$

Um diese Planungsdoktrin zu illustrieren, sei ein einfaches dreiperiodisches Beispiel betrachtet.

Beispiel: $E_0[\tilde{D}_t] = 100$ für t = 1, 2, 3; k = 0,10; i = 0,06; s_K = 0,4.
Um zunächst die übliche Bewertung auf Basis einer F-Planungsdoktrin aufzuzeigen, wird unterstellt, dass die Fremdkapitalbestände mit F_0 = 127,1201, F_1 = 85,0400 und F_2 = 42,6922 schon so geplant sind, dass gilt: L^{FP} = 0,5.[609] Bei Vorliegen einer autonomen Politik erhält man auf Basis des APV-, WACC- und Equity-Ansatzes dann folgende Ergebnisse:

	t = 0	1	2	3
$E_0[\tilde{D}_t]$		100	100	100
$E_0[\tilde{V}_t^E]$	248,6852	173,5537	90,9091	
F_t	127,1201	85,0400	42,6922	0
$is_K F_{t-1}$		3,0509	2,0410	1,0246
ΔV_t^F	5,5549	2,8373	0,9666	
$E_0[\tilde{V}_t^F]$	254,2401	176,3911	91,8757	
$E_0[\tilde{E}_t^F]$	127,1201	91,3510	49,1835	
$E_0^w[\tilde{L}_t]$		0,5000	0,4821	0,4647
$E_0^w[W\tilde{A}CC_t]$		8,713%	8,779%	8,843%
$E_0[\tilde{D}_t^{MF}]$		53,3436	54,5908	55,7709
$E_0^w[\tilde{k}_t^F]$		13,825%	13,599%	13,393%

Tabelle 3-4: DCF-Ansätze bei autonomer Politik und L^{FP}-Planungsdoktrin

Die Fremdkapitalquoten $E_0^w[\tilde{L}_t]$ müssen dann, wie Tabelle 3-4 zeigt, weder deterministisch, noch konstant sein. Dass die Planungsdoktrin tatsächlich umgesetzt worden ist, belegt die nachfolgende Tabelle 3-5. Der Forward-Preis für die sicheren Steuervorteile entspricht ΔV_t^F. Das bedeutet:

$$FP_0(V_{t-1}^F) = FP_0(V_t^F)\cdot(1+i)^{-1} + E_0[\tilde{D}_t]\cdot\frac{(1+i)^{t-1}}{(1+k)^t} + \frac{is_K L^{FP} FP_0(V_{t-1}^F)}{1+i}$$

$$(3\text{-}24)\quad FP_0(V_{t-1}^F) = \frac{FP_0(V_t^F)\cdot(1+i)^{-1} + E_0[\tilde{D}_t]\cdot\dfrac{(1+i)^{t-1}}{(1+k)^t}}{\left(1-\dfrac{is_K L^{FP}}{1+i}\right)}$$

609 Die Fremdkapitalbestände lassen sich hier mit einem analog zu Myers (1974) rekursiven Vorgehen ableiten. Vgl. Appleyard/Dobbs (1997), S. 488-490.

	t = 0	1	2
$FP_0(V_t^E)$	248,6852	167,2427	84,4177
$FP_0(V_t^F)$	254,2401	170,0800	85,3843
F_t	127,1201	85,0400	42,6922
L^{FP}	0,5	0,5	0,5

Tabelle 3-5: Forward-Preise und L^{FP}-Planungsdoktrin

Nun ist die Implementierung dieser Planungsdoktrin durch ein rekursives Vorgehen zwar lösbar, denn es gilt: $FP_0(V_0^F) = V_0^F$; elegant ist sie indes nicht. Appleyard/Dobbs bemühen sich um eine elegante Bewertung dieser Doktrin und gelangen zu dem prima facie verblüffenden Ergebnis, dass eine explizite Bewertung mit einer Formel zielführend ist, die der Gestalt der reinterpretierten Miles/Ezzell-WACC-Formel sehr ähnlich ist:[610]

$$(3\text{-}25)\quad WACC = k - is_K \cdot L^{FP} \cdot \frac{1+k}{1+i}$$

Eine rekursive Bewertung ist dann nicht mehr nötig, da hier - wie dies Ashton/Atkins analog auch für den Fall $E_0^w[\tilde{L}] = \frac{F_{t-1}}{E_0[\tilde{V}_{t-1}^F]}$ gezeigt haben - eine geschlossene Bewertungsformel existiert. Ebenso gilt dann analog für den Equity-Ansatz:

$$(3\text{-}26)\quad k^F = k + \left[k - i\left(1 + s_K\left(\frac{k-i}{1+i}\right)\right)\right] \cdot \frac{L^{FP}}{1-L^{FP}} \text{ bzw. } k + (k-i)\cdot\left(1 - \frac{is_K}{1+i}\right)\cdot\frac{L^{FP}}{1-L^{FP}}$$

Wird k^F in die Textbuch-Formel eingesetzt, gelangt man zu dem WACC nach (3-25). In der nachstehenden Tabelle 3-6 wird eine wertabhängige Finanzierungspolitik nach Miles/Ezzell für das Beispiel dargestellt, wobei nun anstatt L^{FP} L = 0,5 unterstellt wird. Es gilt dann: WACC = 8,7547 % und k^F = 13,9094 %.

	t = 0	1	2	3
$E_0[\tilde{V}_t^F]$	254,2401	176,4981	91,9500	
$E_0[\tilde{F}_t]$	127,1201	88,2491	45,9750	
$is_K E_0[\tilde{F}_{t-1}]$		3,0509	2,1180	1,1034
$E_0[\Delta\tilde{V}_t^F]$	5,5549	2,9444	1,0409	
$E_0[\tilde{D}_t^{MF}]$		56,5527	54,5490	52,3699
$E_0[\tilde{E}_t^F]$	127,1201	88,2491	45,9750	
L	0,5	0,5	0,5	

Tabelle 3-6: DCF-Ansätze bei wertabhängiger Politik und L-Planungsdoktrin

Deutlich wird anhand dieser Tabelle, dass die Bewertung über den reinterpretierten WACC nach ME als stellvertretenden Diskontierungssatz zwar zum gleichen Ergebnis in t = 0 und nur in t = 0 führt, aber eine ganz andere Interpretation damit impliziert ist.

Problematisch ist an der Berechnungsvorschrift von Appleyard/Dobbs (1997), dass sie - wie diejenige von Ashton/Atkins (1978) auch - ökonomisch nicht gerade leicht interpretierbar ist.

---

610 Vgl. Appleyard/Dobbs (1997), S. 488 und 490.

Die für die Wertermittlung konsistenten $E_0^w[\widetilde{WACC}_t]$-Renditen bei autonomer Politik sind - wie zu erwarten und in Tabelle 3-4 gezeigt - im Zeitablauf nicht konstant und unabhängig von L^{FP}.[611]

Appleyard/Dobbs (1997) diskutieren nicht, ob und wie gegebenenfalls verfahren werden kann, wenn L_{t-1}^{FP} zeitabhängig ist. Nun kann (3-24) leicht modifiziert werden, dann erhält man:

$$FP_0\left(V_{t-1}^F\right) = \frac{FP_0\left(V_t^F\right)\cdot(1+i)^{-1} + E_0\left[\widetilde{D}_t\right]\cdot\dfrac{(1+i)^{t-1}}{(1+k)^t}}{\left(1-\dfrac{is_K L_{t-1}^{FP}}{1+i}\right)}$$

Auch hier lässt sich nachweisen, dass eine leicht modifizierte WACC-Version von (3-25) diese Fragestellung eleganter als der rekursive Ansatz zu lösen imstande ist.

$$WACC_t = k - is_K \cdot L_{t-1}^{FP} \cdot \frac{1+k}{1+i}$$

Der Umsetzung einer Planungsdoktrin mit zeitabhängigen L_{t-1}^{FP} stehen also keine gravierenden technischen Probleme im Wege.
Wird nun für einen Endwert der Fall der ewigen Rente mit Wachstum angenommen, gilt die WACC-Formel (3-23) ebenso. Impliziert ist dann, dass das Fremdkapital im Zeitablauf fällt. Wird das eben betrachtete Beispiel c.p. erweitert um $n\rightarrow\infty$ und drei Wachstumsraten der operativen Cashflows mit –3 %, 0 % und 3 % angenommen, ergibt sich folgendes Bild:[612]

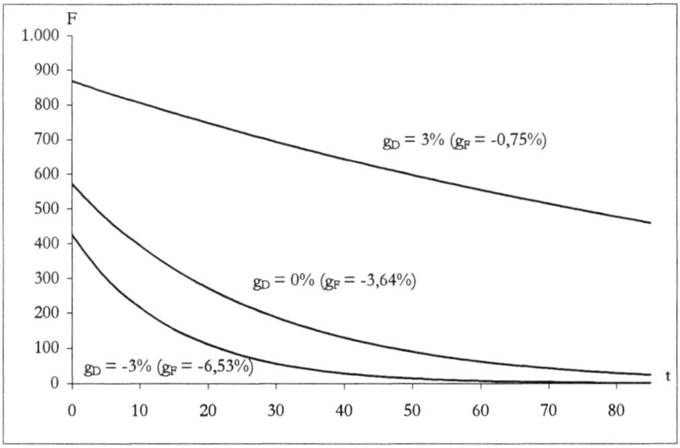

Abbildung 3-13: Ewige Rente mit Wachstum bei autonomer Politik und L^{FP}-Planungsdoktrin

Impliziert sind bei gegebenem g_D spezifische, konstante i.d.R. negative Wachstumsraten des Fremdkapitals g_F. Der Fremdkapitalbestand geht mit fortschreitender Zeit gegen null. Mit

---

611 Das Beispiel deutet an, dass es der Normalfall sein dürfte, dass $E_0^w\left[\widetilde{k}_t^F\right]$, $E_0^w[\widetilde{WACC}_t]$ und $E_0^w[\widetilde{L}_t]$ zeitabhängig sein werden (Fall 4 aus Abschnitt 3.2.1.1.).

612 F wird progressiv aufgrund von Formel (3-24) ermittelt.

steigendem g_D steigt auch g_F. Diese spezifische Verknüpfung zwischen den Wachstumsraten aufgrund der L^{FP}-Planungsdoktrin wirkt nicht besonders flexibel. Es soll nicht argumentiert werden, dass diese Muster unplausibel wären. Der Bewerter sollte sich und ggf. den Bewertungsadressaten diese impliziten Prämissen aber erst bewusst machen, wenn eine solche Planungsdoktrin eingesetzt wird.[613] Explizite Prämissen erhöhen die Transparenz. Gerade für die Berechnung eines Endwerts ist Transparenz aufgrund des hohen Wertbeitrags ein wichtiges Gebot. Da die L^{FP}-Planungsdoktrin aber insofern keine Transparenz schafft, sondern erst erforderlich macht, scheint mir diese für einen Endwert nicht sonderlich geeignet. Wenn angenommen wird, dass das Fremdkapital im Zeitablauf sinkt, dann ist eine explizite Vorgabe der negativen Wachstumsrate(n) bzw. der Bestände zum einen leichter und zum anderen auch flexibler. Die L^{FP}-Planungsdoktrin kann - wie Abbildung 3-13 zeigt - in dem Beispiel bei $g_D = 0$ % mit einer Wachstumsrate $g_F = -1$ % nichts anfangen.

Problematisch an den Schlussfolgerungen von Appleyard/Dobbs ist insbesondere die Vorstellung, es ließe sich auch für den von ihnen betrachten Fall ein Beta aus dem verschuldeten Projekt in ein Beta des unverschuldeten Projekts mit der Umrechnungsformel von Miles/Ezzell transformieren.[614] Aufgrund der Tatsache, dass es sich bei dem reinterpretierten Miles/Ezzell-WACC in dieser Anwendung nur um einen *stellvertretenden Diskontierungssatz*, nicht aber um eine *erwartete Rendite* handelt, misslingt diese Übung, wie die Divergenz von $k^F = 13{,}9094$ % und den Werten von $E_0^w\left[\tilde{k}_t^F\right]$ in Tabelle 3-4 belegt. Wird also ein (angenommen von Schätzfehlern unverzerrtes) β^F empirisch gemessen, wobei das betreffende Unternehmen tatsächlich eine autonome Politik mit deterministischer Fremdkapitalquote verfolge, dann wird $k_1^F = i + (E_0[\tilde{r}_M] - i)\beta^F = 13{,}825$ % über die Miles/Ezzell-Umrechnung zu einem anderen β^u und damit k führen. Hier helfen diese Überlegungen von Appleyard/Dobbs also wenig für die Bestimmung von k weiter. Falls k noch nicht bekannt sein sollte, wird die Umrechnungsformel auf Basis einer autonomen Politik benötigt, um k zu bestimmen. Auf die Umrechnungsformeln wird noch eingehend in Abschnitt 3.3.8. zurückzukommen sein.

Zusammenfassend kann konstatiert werden, dass die L^{FP}-Planungsdoktrin zwar vorstellbar, aber doch weit hergeholt zu sein scheint. Es ist fraglich, ob diese Planungsdoktrin in der Praxis eine Rolle spielen wird. Was durch diese Planungsdoktrin gewonnen ist, wird nicht klar. Appleyard/Dobbs (1997) verraten dem Leser hierzu wenig Wesentliches.[615] Deren Konstellation ist dennoch theoretisch interessant: Die Anwendung der WACC-Formel nach Miles/Ezzell kann chamäleonartige Züge haben, zumindest solange ein Bewerter nicht deutlich macht, welche Finanzierungspolitik bzw. welche Planungsdoktrin verwendet wird. Aus diesem Grund sollte, um Zweideutigkeiten zu vermeiden, bei der Verwendung der WACC-Formel nach Miles/Ezzell auch stets explizit betont werden, welche Politik bzw. Doktrin intendiert ist.

---

613 Bei gegebenem L^{FP} sinkt $E_0^w\left[\tilde{L}_t\right]$ im Zeitablauf und konvergiert ggf. gegen null. Ist $E_0^w\left[\tilde{L}\right]$ gegeben, steigert sich L_t^{FP} bei längerem Zeitraum in ökonomisch schwer interpretierbare Höhen über 100 %. Beide Doktrinen haben in t = 0 jeweils den identischen Startwert.

614 Vgl. Appleyard/Dobbs (1997), S. 482 und 493-494.

615 Appleyard/Dobbs (1997), S. 493, konzedieren, dass ihre hauptsächliche Motivation darin bestand, zu zeigen, dass die Miles/Ezzell-Formel auch für eine autonome Politik verwendet werden kann. Nachvollzogen werden kann auch, dass bei fallendem F die Wahrscheinlichkeit der unzureichenden Bemessungsgrundlagen bzw. des Zahlungsausfalls sinkt. Das hebt freilich noch nicht diese Planungsdoktrin per se auf den Thron. Erstens sind diese Eigenschaften ausgeschlossen worden durch die Annahme, dass aufgrund einer sorgfältigen Planung das Problem umgangen werden könnte. Zweitens sind im Endwert spezifische, i.d.R. negative Wachstumsraten des Fremdkapitals impliziert, die durch die Rechenmechanik, ökonomisch aber nicht wohl begründet sein müssen.

3.2.3.3. Wertabhängige Finanzierungspolitik mit time lag

Clubb/Doran (1995) zeigen eine wertabhängige Finanzierungspolitik mit time lag auf. Darunter verstehen die Autoren im Grunde genommen eine wertabhängige Politik, bei der jedoch die Fremdkapitalbestände i.a. nicht so lange der Zustandsabhängigkeit ausgesetzt werden wie bei einer rein wertabhängigen Politik nach Miles/Ezzell. Diese „Verschnaufpause", die dem dann zustandsunabhängigen Fremdkapitalbestand gegönnt wird, wird durch die Spezifikation des time lag determiniert. Die folgende Graphik 3-14 veranschaulicht den Grundgedanken von Clubb/Doran (1995) mit einem einperiodigen time lag.

Betrachtet man das erste Steuervorteilspaar unterhalb der Zeitachse, so weicht die Bewertung des Steuervorteils $is_K F_1$ von der Miles/Ezzell-Politik ab. Diese würde - wie Abbildung 3-15 zeigt - annehmen, dass aus Sicht von t = 0 die Unsicherheit von t = 0 auf t = 1 durchschlägt. Clubb/Doran unterstellen also, dass nicht in jeder Periode der Fremdkapitalbestand revidiert wird.

Die in der Darstellung markierten Abstände „sicher" bzw. „unsicher" zeigen, wie die Steuervorteile zu diskontieren sind, nämlich mit i bzw. k. Bei längeren time lags als einer Periode würden in der Abbildung die mit der „sicher"-Klammer umschweiften Perioden entsprechend der Länge des time lags ausgedehnt und die unsicheren Bestandteile zurückgedrängt.

Aus darstellungstechnischen Gründen wählen Clubb/Doran (1995) gleich bleibende time lags.[616] Dieser Annahme wird in Abbildung 3-14 gefolgt. Man könnte sich aber ebenfalls vorstellen, dass die time lags nicht gleichmäßig sind.[617] Die Bewertung ist bei einer $E_0[\tilde{F}]$-Planungsdoktrin dann relativ unproblematisch.

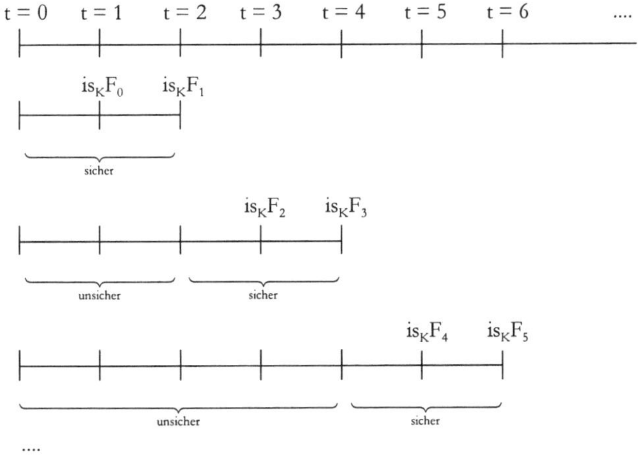

Abbildung 3-14: Wertabhängige Finanzierungspolitik mit einperiodigem time lag

---

616 Vgl. Clubb/Doran (1995), S. 684.

617 Ebenso könnte man sich eine Politik vorstellen, die die wertabhängige Finanzierungspolitik mit time lag modifiziert, indem die unsicheren Zeitabschnitte von sicheren Zeitabschnitten „durchlöchert" werden. Auch eine derartige Politik wäre dann bei einer $E_0[\tilde{F}]$ /F-Planungsdoktrin relativ leicht umzusetzen. Natürlich gilt auch hier, je komplexer die Politik, desto höher die Informationsanforderungen. Diese sind bei einer solchen Politik unzweifelhaft hoch.

Wird zum Vergleich eine wertabhängige Finanzierungspolitik nach Miles/Ezzell betrachtet, gibt es *keinen* time lag.

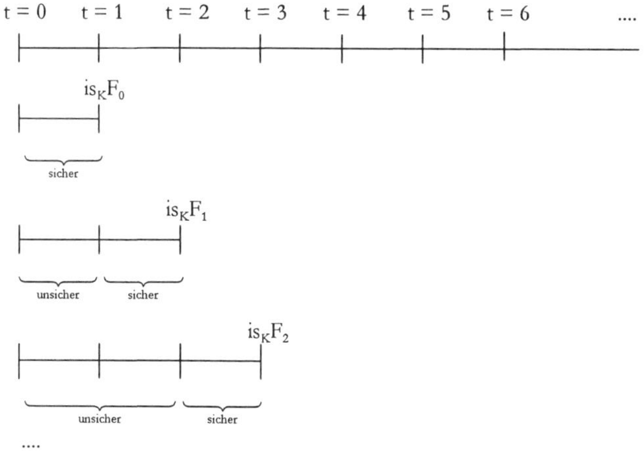

Abbildung 3-15: Wertabhängige Finanzierungspolitik nach Miles/Ezzell

Eine wertabhängige Finanzierungspolitik mit *unendlichem* time lag entspricht einer autonomen Politik.

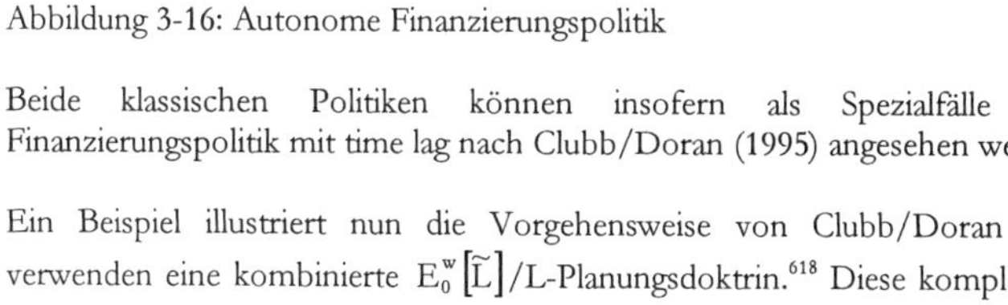

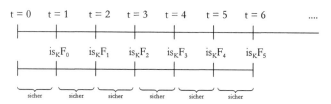

Abbildung 3-16: Autonome Finanzierungspolitik

Beide klassischen Politiken können insofern als Spezialfälle der wertabhängigen Finanzierungspolitik mit time lag nach Clubb/Doran (1995) angesehen werden.

Ein Beispiel illustriert nun die Vorgehensweise von Clubb/Doran (1995). Die Autoren verwenden eine kombinierte $E_0^w[\tilde{L}]/L$-Planungsdoktrin.[618] Diese komplexe Planungsdoktrin ist m.E. einem Verständnis nicht so leicht zugänglich wie eine $E_0[\tilde{F}]/F$-Planungsdoktrin, da zustandsabhängige und -unabhängige Fremdkapitalquoten impliziert sind. Deshalb wird in dem Beispiel zunächst so getan, als ob die unbedingt erwarteten Fremdkapitalbestände gemäß $E_0^w[\tilde{L}]/L$ bekannt seien, um das Ergebnis anschließend anhand der auf der $E_0^w[\tilde{L}]/L$-Planungsdoktrin basierenden Formeln von Clubb/Doran (1995) zu bestätigen.

618 Myers (1974), Ashton/Atkins (1978) haben sich bekanntlich mit der ersten und Miles/Ezzell (1980) mit der zweiten Doktrin schon auseinandergesetzt.

Beispiel: Einperiodiger time lag; k = 0,10; i = 0,07; s_K = 0,4.

	t = 1	2	3	4
$E_0[\tilde{D}_t]$	100	100	100	100
F_{t-1}, $E_0[\tilde{F}_{t-1}]$	163,6165	127,5765	88,4980	46,0572

Ein Blick auf die Abbildung 3-14 verrät, wie die Steuervorteile zu diskontieren sind.

$$V_0^F = \underbrace{\sum_{t=1}^{4} E_0[\tilde{D}_t]\cdot(1+k)^{-t}}_{V_0^E} + \underbrace{\sum_{t=1}^{2} i\cdot s_K\cdot F_{t-1}\cdot(1+i)^{-t} + (1+k)^{-2}\cdot\sum_{t=3}^{4} i\cdot s_K\cdot E_0[\tilde{F}_{t-1}]\cdot(1+i)^{-t+2}}_{\Delta V_0^F}$$

Man erhält folgende Barwerte im Zeitablauf:[619]

	t = 0	1	2	3
$E_0[\tilde{V}_t^F]$	327,2330	255,1529	176,9959	92,1143
$E_0[\tilde{V}_t^E]$	316,9865	248,6852	173,5537	90,9091
$E_0[\Delta\tilde{V}_t^F]$	10,2464	6,4677	3,4422	1,2052
$E_0^w[\tilde{L}]/L$	0,5	0,5	0,5	0,5

Eine $E_0^w[\tilde{L}]/L$-Planungsdoktrin nach Clubb/Doran (1995) ist offensichtlich umgesetzt worden. Die Planungsdoktrinen wechseln sich bei einem einperiodigen time lag jeweils ab. In dem Beispiel gilt also: L_0, $E_0^w[\tilde{L}_1]$, L_2, $E_0^w[\tilde{L}_3]$.
Die Formeln von Clubb/Doran (1995) sehen für diese Konstellation so aus:[620]

$$E_0[\tilde{V}_2^F] = Q\cdot\{E_0[\tilde{D}_3]\cdot(1+k)^{-1} + Z\cdot E_0[\tilde{D}_4]\cdot(1+k)^{-2}\}$$

$$V_0^F = Q\cdot\{E_0[\tilde{D}_1]\cdot(1+k)^{-1} + Z\cdot(E_0[\tilde{D}_2] + E_0[\tilde{V}_2^F])\cdot(1+k)^{-2}\}, \text{ wobei}$$

$$Q = \frac{1+i}{1+i(1-s_K L)} = \frac{1+i}{1+i^{AA}} = \left(1-\frac{is_K L}{1+i}\right)^{-1} \text{ und } Z = 1+\frac{m\cdot i\cdot s_K\cdot L}{1+i(1-s_K L)} = 1+\frac{m\cdot i\cdot s_K\cdot L}{1+i^{AA}}$$

Diese Formeln bestätigen die obigen Berechnungen:
$E_0[\tilde{V}_2^F] = 176{,}9959$ mit Q = 1,01325758 und Z = 1,01362928; $V_0^F = 327{,}2330$.

---

619 Würde anhand der vorliegenden Fremdkapitalbestände von einer autonomen Politik ausgegangen, erhielte man: ΔV_0^F = 10,4082. Würde von einer wertabhängigen Politik i.S.v. Miles/Ezzell ausgegangen, ergäbe sich: ΔV_0^F = 10,1359. Wie nicht anders zu erwarten, liegt das Ergebnis der wertabhängigen Finanzierungspolitik mit time lag zwischen beiden Werten. In diesem Beispiel liegt der Wert näher an dem Wert, der sich bei einer wertabhängigen Politik i.S.v. Miles/Ezzell ergibt.

620 Vgl. Clubb/Doran (1995), S. 684-685, Formeln [3] und [5]. Vereinfachend wird auch hier wie bei Clubb/Doran (1995) nur L anstatt der eigentlich vorzufindenden $E_0^w[\tilde{L}]/L$-Konstellation verwendet.
Die Multiplikatoren Q und Z verarbeiten eine autonome sowie eine wertabhängige Politik. Dies wird durch die Verbindung zu dem Term des autonomen Ansatzes von Ashton/Atkins nach (3-4) sowie dem der wertabhängigen Politik nach (3-7) angedeutet.

In dem Beitrag von Clubb/Doran (1995) wird nicht darauf eingegangen, wie eine Planungsdoktrin mit zeitvariablen $E_0^w\left[\widetilde{L}_{t-1}\right]/L_{t-1}$ umzusetzen wäre. Zumindest mit einem rekursiven Verfahren könnten diese Planungsannahmen implementiert werden. Das ist aber sicherlich umständlich. Eine $E_0\left[\widetilde{F}\right]$-Planungsdoktrin ist weitaus flexibler; sie muss auch nicht rekursiv vorgehen, unterschiedliche time lags bedürfen keiner Umformulierung der allgemeinen APV-Beziehung. Vor allem ist ökonomisch nicht klar, was durch die Vorgabe einer $E_0^w\left[\widetilde{L}\right]/L$-Planungsdoktrin eigentlich gewonnen ist. Solange dies nicht klar ist, kann man sich die aufwendigen Formeln von Clubb/Doran (1995) sparen, die insofern Erinnerungen an das geflügelte „l´art pour l´art" aufkeimen lassen.[621]

Nun behaupten Clubb/Doran (1995), die Textbuch-Formel sei nicht anwendbar.[622] Allgemein würde ich dem so nicht zustimmen. Ob die Textbuch-Formel anwendbar ist, hängt davon ab, wie die einzusetzenden Renditen $E_0^w\left[\widetilde{k}_t^F\right]$ definiert sind.[623]

Der allgemeine WACC-Ansatz lautet:

$$(3\text{-}21)\quad E_0^w\left[W\widetilde{A}CC_t\right] = k - \frac{E_0\left[\Delta\widetilde{V}_{t-1}^F\right](1+k) - E_0\left[\Delta\widetilde{V}_t^F\right]}{E_0\left[\widetilde{V}_{t-1}^F\right]}$$

Der allgemeine Equity-Ansatz lautet:

$$(3-22)\quad E_0^w\left[\widetilde{k}_t^F\right] = k + \frac{(k-i)\cdot E_0\left[\widetilde{F}_{t-1}\right] - \left(k - E_0^w\left[\widetilde{k}_t^*\right]\right)\cdot E_0\left[\Delta\widetilde{V}_{t-1}^F\right]}{E_0\left[\widetilde{E}_{t-1}^F\right]},$$

$$\text{wobei } E_0^w\left[\widetilde{k}_t^*\right] = \frac{E_0\left[\Delta\widetilde{V}_t^F - \Delta\widetilde{V}_{t-1}^F + \Delta\widetilde{S}_t^F\right]}{E_0\left[\Delta\widetilde{V}_{t-1}^F\right]}$$

Wird in die bekannte Textbuch-Formel $E_0^w\left[W\widetilde{A}CC_t\right] = E_0^w\left[\widetilde{k}_t^F\right]\cdot\frac{E_0\left[\widetilde{E}_{t-1}^F\right]}{E_0\left[\widetilde{V}_{t-1}^F\right]} + i(1-s_K)\cdot\frac{E_0\left[\widetilde{F}_{t-1}\right]}{E_0\left[\widetilde{V}_{t-1}^F\right]}$ die Rendite nach (3-22) eingesetzt, ergibt sich in dem Beispiel:[624]

621 Vgl. die hier nicht wiedergegebenen Formeln für allgemeinere Fälle als das obige vierperiodige Beispiel bei Clubb/Doran (1995), S. 685-687.

622 Vgl. Clubb/Doran (1995), S. 685-686.

623 Zweifel an der Textbuch-Formel wurden schon früher, aber aus anderen Gründen formuliert. Vgl. etwa Fn. 515. Es gibt viele Belege dafür in der Literatur, dass die Textbuch-Formel bei konsistenter Definition korrekt ist. Vgl. auch die Fn. 489, 510, 588, sowie etwa Ezzell/Porter (1979), Henderson (1979) und Ezzell/Miles (1983), S. 26. Da m.E. in der Literatur noch kein Unmöglichkeits-Theorem für die Textbuch-Formel innerhalb eines *einfachen Steuersystems* aufgestellt worden ist, und sich die mir bekannten Gegenbeispiele durch eine konsistente Definition in Wohlgefallen auflösen lassen, plädiere ich bis zum Beweis des Gegenteils für den Grundsatz „in dubio pro reo" (d.h. pro Textbuch-WACC). Benninga/Sarig (1997), S. 262, formulieren eine deutlich stärkere Hypothese: „The WACC is always the correct RADR (risk adjusted discount rate, S.L.) for the firm´s Free Cash Flows."

624 Offensichtlich kann für die *geraden* Zeitpunkte zur Berechnung der Rendite nach Equity- und WACC-Ansatz die Formulierung von Miles/Ezzell eingesetzt werden. Für die *ungeraden* Zeitpunkte sind die Formeln für eine autonome Politik nach (3-2) und (3-3) *generell* aber nicht einschlägig, weil der Barwert der Steuervorteile i.d.R. auch unsichere Elemente enthält.

	t = 1	2	3	4
$E_0[\Delta\tilde{S}_t^F]$	4,5813	3,5721	2,4779	1,2896
$E_0^w[\tilde{k}_t^*]$	7,8329%	8,4515%	7,0000%	7,0000%
$E_0^w[\tilde{k}_t^F]$	12,8643%	12,9215%	12,8833%	12,9215%
$E_0^w[W\tilde{A}CC_t]$	8,5321%	8,5607%	8,5417%	8,5607%

Damit ist gezeigt: Die Textbuch-Formel ist entgegen den Ausführungen von Clubb/Doran (1995) anwendbar, wenn eine konsistente Definition vorgelegt wird. Die Ergebnisse nach (3-21) und der Textbuch-Formel sind identisch. Nun darf nicht stören, dass trotz einer eingehaltenen $E_0^w[\tilde{L}]$/L-Planungsdoktrin $E_0^w[W\tilde{A}CC_t]$ im Zeitablauf variiert. Es wurde schon ausgeführt, dass mit gegebenem k und $E_0^w[\tilde{L}]$ die Renditen $E_0^w[\tilde{k}_t^F]$ und $E_0^w[W\tilde{A}CC_t]$ bei einer autonomen Politik dann geradezu variieren müssen (Fall 1 aus Abschnitt 3.2.1.1.).[625] Bei einer rein wertabhängigen Politik i.S.v. Miles/Ezzell kann man einen konstanten WACC bei konstantem L erwarten. Hier liegt gleichwohl eine spezifische Mischung aus beiden Politiken vor, so dass nicht verwundern muss, wenn das „Störfeuer" einer autonomen Politik die Rendite $E_0^w[W\tilde{A}CC_t]$ an ihrer Zeitunabhängigkeit hindert.

Clubb/Doran (1995) meinen, dass für die Ableitung des Betafaktors ohne Verschuldung eine einzelne Formel nicht existiere.[626] Hat man die Renditedefinition von (3-22) vorliegen, lässt sich aber leicht zeigen, dass allgemein folgende von der Finanzierungspolitik unabhängige Beta-Umrechnungsformel gilt:[627]

$$(3-27)\ \beta_1^F = \beta_1^u \cdot \left[1 + \left(F_0 - \left(1 + \frac{i - k_1^*}{MRP \cdot \beta_1^u}\right) \cdot \Delta V_0^F\right) \Big/ E_0^F\right]$$

Nun soll analysiert werden, wie sich im besonders für einen Endwert interessanten Fall der ewigen Rente mit Wachstum eine wertabhängige Finanzierungspolitik mit time lag umsetzen lässt. Clubb/Doran (1995) interessiert, wie sich eine $E_0^w[\tilde{L}]$/L-Planungsdoktrin im Vergleich zu einer L-Planungsdoktrin auf den Wert auswirkt. Die Autoren zeigen an einem im Folgenden reproduzierten Beispiel, dass die Werte nahe beieinander liegen.

Beispiel: $E_0^w[\tilde{L}] = L = 0{,}4$; $k = 0{,}20$; $i = 0{,}10$; $s_K = 0{,}35$; $E_0[\tilde{D}_1] = 100$; $g = 0{,}10$; einperiodiger time lag. Im Fall einer wertabhängigen Politik ergibt sich:

$V_0^F = 100/(0{,}18472727-0{,}1) = 1.180{,}2575.$

Clubb/Doran (1995) geben für einen einperiodigen time lag die folgende Formel an:[628]

$$V_0^F = \left(\frac{Q \cdot E_0[\tilde{D}_1]}{1+k} + \frac{Q \cdot Z \cdot E_0[\tilde{D}_1](1+g)}{(1+k)^2}\right)\left(\frac{(1+k)^2}{(1+k)^2 - Q \cdot Z \cdot (1+g)^2}\right)$$

$V_0^F = 162{,}8694 \cdot 7{,}3035 = 1.189{,}5178.$

---

625 Abgesehen von dem schon erwähnten Spezialfall der ewigen Rente.

626 Vgl. Clubb/Doran (1995), S. 692.

627 Weitere Spezifikationen dieser Formel werden in 3.3.8. untersucht. Die implizite Formel (3-27) ergibt sich durch: (3-22) = $i + MRP \cdot \beta^F$. Die Marktrisikoprämie ist definiert als $MRP = E_0[\tilde{r}_M] - i$.

628 Vgl. Clubb/Doran (1995), S. 693-694, Fn. 8. Wie eine Erweiterung auf höhere time lags aussähe, kann den Ausführungen von Clubb/Doran (1995) entnommen werden. Wie mit variablen time lags umzugehen wäre, bleibt aber offen.

Eine autonome Politik ist in dem Beispiel ganz unrealistisch, der Wert ginge dann nämlich gegen unendlich, da i = g ist.[629] Offensichtlich liegen die Werte bei einer wertabhängigen Finanzierungspolitik mit und ohne einperiodigem time lag nahe beieinander.

Nun interessiert, wie die Werte aussähen, wenn eine $E_0[\tilde{F}]/F$-Planungsdoktrin verfolgt wird, wobei die Fremdkapitalbestände einheitlich mit g = 10 % wachsen sollen. Als Startwert wird F_0 ermittelt über $V_0^F \cdot E_0^w[\tilde{L}] = 1189{,}5178 \cdot 0{,}4 = 475{,}8071$.
Gemäß Abbildung 3-14 kann folgender Barwert abgeleitet werden:

$$\Delta V_0^F = F_0 \cdot \frac{\left(\frac{1}{1+i} + \frac{1+g}{(1+i)^2}\right) \cdot (1+k)^2}{(1+k)^2 - (1+g)^2} \cdot i \cdot s_K$$

Als Wert ergibt sich dann: $V_0^F = 100/(0{,}2-0{,}1) + 475{,}8071 \cdot 11{,}3834 \cdot 0{,}1 \cdot 0{,}35 = 1.189{,}5706$. Die Werte unterscheiden sich nur minimal. Die Wachstumsraten für D und F wachsen gleichmäßig. Der Unternehmensgesamtwert $E_0[\tilde{V}_t^F]$ wächst aber nicht gleichmäßig, wie sich durch Berechnungen zeigen lässt. Die Wachstumsrate g wird in der obigen Formel von Clubb/Doran (1995) nicht näher spezifiziert. Offensichtlich wächst nur D gleichmäßig mit g. F kann nicht mit g wachsen, daher wird auch aufgrund der $E_0^w[\tilde{L}]/L$-Planungsdoktrin der Unternehmensgesamtwert $E_0[\tilde{V}_t^F]$ nicht mit g wachsen.

Bei einer Abschätzung der Realitätsnähe der Politik sollte man sich nicht von den bei der $E_0^w[\tilde{L}]/L$-Planungsdoktrin kritisch geäußerten Tönen mitreißen lassen. Die Politik ist durchaus realitätsnäher als eine rein wertabhängige Politik, weil sie zumindest den empirisch zu beobachtenden Tatbestand anerkennt, dass das Fremdkapital nicht jede Periode an den Unternehmensgesamtwert angepasst wird und Trägheitsmomente zulässt.[630] Zumal wenn man bedenkt, dass man sich nicht mit den gleich bleibenden time lags anfreunden muss. Die Umsetzung der Politik ist dann relativ direkt mit dem APV-Ansatz zu bewerkstelligen, wenn eine $E_0[\tilde{F}]/F$-Planungsdoktrin vorliegt.

3.2.3.4. Gemischte Politik

Nun hat Richter (1998) darauf hingewiesen, dass sich die wertabhängige Politik und die autonome Politik auch mischen lassen.[631] Dies hat Richter am Beispiel des APV-Ansatzes demonstriert. Werden eine wertabhängige Politik nach Miles/Ezzell und eine autonome Politik gemischt, ergibt sich mit $m = \frac{1+k}{1+i}$:

$$\text{(3-28)}\quad \Delta V_0^F = \left[\sum_{t=1}^{n} F_t^{au} \cdot (1+i)^{-t} + \sum_{t=1}^{n} E_0\left[\tilde{F}_t^{wa}\right] \cdot (1+k)^{-t} \cdot m\right] \cdot i s_K$$

629 Die Wachstumsrate in dem Beispiel von Clubb/Doran (1995) erscheint unrealistisch.
630 Vgl. auch Clubb/Doran (1995), S. 692.
631 Vgl. Richter (1998), S. 381-382 sowie S. 387-388, als auch Richter (1999b), S. 84; zu einer identischen Politik auf Basis des HP-Ansatzes vgl. auch Ruback (2002), S. 19-20.

Der Einfluss der Politiken hängt vom Verhältnis der Barwerte der autonomen $\left(F_t^{au}\right)$ und wertabhängigen Fremdkapitalbestände $\left(E_0\left[\widetilde{F}_t^{wa}\right]\right)$ ab. Wird z.B. unterstellt, dass die Fremdkapitalbestände den Politiken zu gleichen Teilen zugewiesen werden, dann ergibt sich ΔV_0^F aus dem einfachen Durchschnitt aus ΔV_0^F bei fiktiv vollständiger autonomer und aus ΔV_0^F bei fiktiv vollständiger wertabhängiger Fremdfinanzierung. Sind die Gewichte anders verteilt und zudem variierend im Zeitablauf, dann können sich entsprechend andere Wertrelationen ergeben.[632]

Auf andere DCF-Ansätze als den APV-Ansatz lässt sich eine solche Mischpolitik ebenfalls übertragen. Dies soll an dieser Stelle für den Fall der ewigen Rente mit Wachstum am Beispiel des WACC-Ansatzes demonstriert werden ($g_D = g_F$). Der WACC als an sich schon gewogener durchschnittlicher Kapitalkostensatz ergibt sich dann erneut als eine Mischung aus dem gewichteten WACC bei autonomer und wertabhängiger Finanzierungspolitik. Das Gewicht $E_0^w\left[\widetilde{w}^{au}\right]$ bestimmt sich nach dem Anteil des Fremdkapitals bei autonomer Politik in Relation zu dem gesamten Fremdkapital:

$$E_0^w\left[W\widetilde{A}CC\right] = k\left[1+\left(\frac{g}{k}-1\right)\left(s_K\frac{F}{E_0\left[\widetilde{V}^F\right]}\frac{i}{i-g}\right)\right]\cdot E_0^w\left[\widetilde{w}^{au}\right] + \left[k - i\cdot s_K\cdot L\cdot\frac{1+k}{1+i}\right]\cdot\left(1-E_0^w\left[\widetilde{w}^{au}\right]\right)$$

$$\text{, wobei } E_0^w\left[\widetilde{w}^{au}\right] = \frac{F^{au}}{E_0\left[\widetilde{F}\right]}$$

Es lässt sich vereinfachen zu:

$$\text{(3-29)}\quad E_0^w\left[W\widetilde{A}CC\right] = k - \frac{is_K}{E_0\left[\widetilde{V}^F\right]}\cdot\left[\left(\frac{k-g}{i-g}\right)\cdot F^{au} + m\cdot E_0\left[\widetilde{F}^{wa}\right]\right]$$

Wie sieht nun die gewichtete unbedingt erwartete Rendite im Equity-Ansatz aus? Es kann auch hier wieder analog zum WACC-Ansatz vorgegangen werden:

$$E_0^w\left[\widetilde{k}^F\right] = \left[k+(k-i)\left(1-s_K\frac{i}{i-g}\right)\frac{F}{E_0\left[\widetilde{E}^F\right]}\right]\cdot E_0^w\left[\widetilde{w}^{au}\right]$$

$$+\left[k+\left[k-i\left(1+s_K\cdot\left(\frac{k-i}{1+i}\right)\right)\right]\frac{L}{1-L}\right]\cdot\left(1-E_0^w\left[\widetilde{w}^{au}\right]\right)$$

Nach Vereinfachung:

$$\text{(3-30)}\quad E_0^w\left[\widetilde{k}^F\right] = k + \frac{E_0\left[\widetilde{F}\right]}{E_0\left[\widetilde{E}^F\right]}(k-i)\cdot\left(1-i\cdot s_K\left[\frac{E_0^w\left[\widetilde{w}^{au}\right]}{i-g}+\frac{1-E_0^w\left[\widetilde{w}^{au}\right]}{1+i}\right]\right)$$

Es lässt sich durch Einsetzen dieser Rendite in den Textbuch-WACC verifizieren, dass der oben abgeleitete WACC (3-29) folgt. Wie derart gewichtete Renditen im WACC- und Equity-Ansatz bei variablen Cashflows allgemein definiert werden können, wurde in Abschnitt 3.2.3.1. anhand der Formeln (3-21) und (3-22) schon gezeigt.

---

632 Kruschwitz/Löffler (2001), Fn. 9 auf S. 116 erwähnen eine Politik, die zwischen autonomer und wertabhängiger Finanzierung regelmäßig wechselt. Eine solche Politik kann als ein Sonderfall der gemischten Politik angesehen werden. Zu dem Zeitpunkt t, in dem eine autonome Politik vorliegt, ist $E_0\left[\widetilde{F}_t^{wa}\right] = 0$, und zu dem Zeitpunkt, in dem eine wertabhängige Politik vorliegt, gilt $F_t^{au} = 0$. Kruschwitz/Löffler billigen der von ihnen erwähnten Politik theoretischen Reiz, aber verständlicherweise keine praktische Relevanz zu.

Im nächsten Abschnitt wird ebenfalls eine Politik untersucht, in der autonome und wertabhängige Elemente vorkommen. Diese werden jedoch nun intertemporal gemischt, so dass eine Identifikation rein autonomer als auch rein wertabhängiger Elemente wie bei der gemischten Politik nicht mehr möglich ist. Insofern unterscheiden sich diese Politiken voneinander.

3.2.4. Inkrementell wertabhängige Finanzierungspolitik

3.2.4.1. Darstellung und Analyse

Diese Politik geht davon aus, dass künftige Fremdkapital*änderungen unsicher* sind ($\Delta\tilde{F}$-Politik), nicht jedoch der gesamte künftige Fremdkapital*bestand* wie bei einer wertabhängigen Politik. Dennoch verbindet diese Politik mit der wertabhängigen Politik, dass die Unsicherheit bzw. die Zustandsabhängigkeit wie bei Miles/Ezzell (zulässige Renditen k wie bei der Reinterpretation von ME unterstellt) an die der operativen Überschüsse gekoppelt ist.[633] Damit ist k einschlägig. Ich bezeichne diese Politik als „inkrementell wertabhängige Finanzierungspolitik". Begriff und Ableitung sind in der hier dargestellten Form m.E. neu in der Literatur.[634]

In der hier dargestellten Form wird – wie dies auch in der Literatur üblich ist, wenn diese Politik diskutiert wird – von einer ewigen Laufzeit des Unternehmens ausgegangen. In dieser Form ist diese Finanzierungspolitik dann insbesondere für Unternehmensbewertungen relevant. Es ist aber zu betonen, dass die inkrementell wertabhängige Finanzierungspolitik per se *nicht* an eine unbegrenzte Laufzeit gebunden ist.[635] Die Höhe der zukünftig unsicheren Anpassungen des Fremdkapitalbestandes können wie bei den reinen Formen einer autonomen oder wertabhängigen Politik auch *absolut* oder *relativ* über $E_0^w\left[\tilde{L}_{t-1}\right] = \dfrac{E_0\left[\tilde{F}_{t-1}\right]}{E_0\left[\tilde{V}_{t-1}^F\right]}$ geplant werden.

Die autonome Politik ließe sich analog als eine Politik charakterisieren, deren künftige Fremdkapital*änderungen sicher*, d.h. zustandsunabhängig sind. Die wertabhängige Politik bildet den Gegenpol und sieht nicht nur künftige Fremdkapitaländerungen, sondern gänzlich künftige Fremdkapital*bestände* als *unsicher* an.

Um die inkrementell wertabhängige Finanzierungspolitik besser zu verstehen, sei zunächst die autonome Finanzierungspolitik dargestellt aus dem Blickwinkel einer inkrementell autonomen Politik. An einem Beispiel mit lediglich einer Fremdkapitaländerung in t = 1 lässt sich die Wirkungsweise erläutern. In einem ersten Schritt wird davon ausgegangen, dass F_0 für alle t konstant bleibt. Die sich daraus ergebenden periodischen Steuerersparnisse sind in Zeile (1) abgetragen. Dass es sich dabei nur um einen ersten Schritt handeln kann, ist offensichtlich, da der Fremdkapitalbestand in t = 1 geändert wird. In einem weiteren Schritt müssen nur noch die *zusätzlichen* Steuerersparnisse aus der sicheren Fremdkapitaländerung (F_1 - F_0) berücksichtigt werden, weil die aus dem Plafonds (= F_0) stammenden Steuerersparnisse schon berücksichtigt sind.

---

633 D und V^F bzw. V^E unterliegen derselben Stochastik und können daher mit dem identischen k diskontiert werden.

634 Vgl. zu einer Begründung im Fall der ewigen Rente mit Wachstum und der vieldeutigen Bezeichnung „Modigliani/Miller-Politik" schon Lewellen/Long/McConnell (1977) sowie Lewellen/Emery (1986) anhand des APV- und WACC-Ansatzes. Ebenso Booth (2002), S. 12-13, der eine verbale Umschreibung dieser Politik für den Fall einer ewigen Rente mit Wachstum liefert. Die Bezeichnung „Modigliani/Miller-Politik" ist vieldeutig, da in der Literatur auch eine autonome Politik mit dieser Bezeichnung in Verbindung gebracht wird. Vgl. Grinblatt/Liu (2002), S. 2. Man könnte diese Politik nach ihrem wohl ersten Einsatz bei Miller/Modigliani (1966) auch „Miller/Modigliani"-Politik nennen, wenngleich auch die Politik dort nicht begründet worden ist.

635 Die Betrachtung eines ewigen Zeitraums geschieht hier auch, um die Ergebnisse mit denen der Literatur unmittelbar vergleichbar zu machen.

	t = 0	t = 1	t = 2	...	$t \rightarrow \infty$
(1)		$is_K F_0$	$is_K F_0$	...	$is_K F_0$
(2)			$is_K(F_1 - F_0)$	...	$is_K(F_1 - F_0)$
Saldo Steuerersparnisse (3) = (1) + (2)		$is_K F_0$	$is_K F_1$	...	$is_K F_1$

Tabelle 3-7: Zeilen- und spaltenweise Erfassung des Steuervorteils bei autonomer Politik

Beispiel: $E_0[\widetilde{D}] = 500\ \forall t; F_0 = 1.000, F_{1-\infty} = 2.000; s_K = 0{,}4; i = 0{,}10; E_0^w[\widetilde{k}] = 0{,}16.$

$$V_0^E = \frac{500}{0{,}16} = 3.125$$

Bei der üblichen *spaltenweisen* Summierung der Steuerersparnisse und anschließender Diskontierung ergibt sich:

$$\Delta V_0^F = \frac{1.000 \cdot 0{,}1 \cdot 0{,}4}{1{,}1} + \frac{2.000 \cdot 0{,}4}{1{,}1} = 763{,}64$$

Bei *zeilenweiser* Diskontierung und anschließender Summierung erhält man:

$$\Delta V_0^F = 1.000 \cdot 0{,}4 + \frac{(2.000 - 1.000) \cdot 0{,}4}{1{,}1} = 763{,}64$$

Die am obigen Beispiel gezeigten Vorgehensweisen lassen sich auf Veränderungen der Fremdkapitalbestände in allen Perioden erweitern, so dass allgemein gilt:

$$\text{(3-31)}\quad \Delta V_0^F = \sum_{t=1}^{\infty} \frac{is_K F_{t-1}}{(1+i)^t} \text{ bzw.}$$

$$\text{(3-32)}\quad \Delta V_0^F = \sum_{t=0}^{\infty} \frac{s_K \cdot (F_t - F_{t-1})}{(1+i)^t}, \text{wobei } F_{-1} = 0$$

Liegt eine inkrementell wertabhängige Finanzierungspolitik vor, wird ebenfalls in einem ersten Schritt unterstellt, dass F_0 für alle t konstant bleibt. In einem zweiten Schritt wird für die erwarteten Fremdkapitaländerungen jedoch eine Korrektur vorgenommen. Der Unterschied zur autonomen Politik besteht nun darin, dass die Fremdkapitaländerungen analog zum operativen Risiko unsicher sind, d.h. es gilt: $E_0[\Delta\widetilde{F}_t]$.

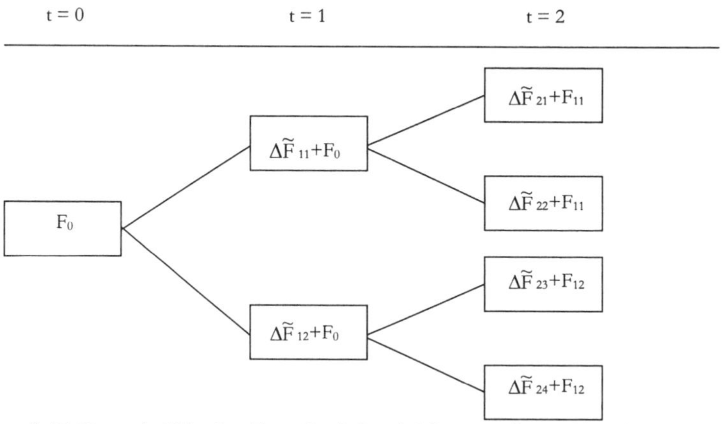

Abbildung 3-17: Zustandsabhängiges Fremdkapital nach inkrementell wertabhängiger Politik

Wie ist der Steuervorteil nun effizient zu bewerten? Die folgende Tabelle zeigt, wie dies bei einem Projekt mit einmaliger Änderung des Fremdkapitalbestands aussehen könnte.

	t = 0	t = 1	t = 2	...	$t \to \infty$
(1)		$is_K F_0$	$is_K F_0$	...	$is_K F_0$
(2)			$is_K E_0[\Delta\widetilde{F}_1]$	...	$is_K E_0[\Delta\widetilde{F}_1]$
Saldo Steuerersparnisse[636] (3) = (1) + (2)		$is_K F_0$	$is_K(F_0 + E_0[\Delta\widetilde{F}_1])$	...	$is_K(F_0 + E_0[\Delta\widetilde{F}_1])$

Tabelle 3-8: Zeilen- und spaltenweise Erfassung des Steuervorteils bei inkrementell wertabhängiger Politik

Es gelte nun: $E_0[\Delta\widetilde{F}_1] = 1.000$. Geht man *zeilenweise* (d.h. mit disaggregierten Zahlungsströmen) vor, betrifft die kritische Bewertung hier Zeile (2). Der erwartete Barwert in t = 1 beträgt $s_K\ E_0[\Delta\widetilde{F}_1]$. Die Unsicherheit über diesen Barwert hängt allein vom operativen Risiko in t = 1 ab, so dass die Unsicherheit von t = 0 bis t = 1 über eine Diskontierung mit $E_0^w[\widetilde{k}]$ abgegolten wird.

$$\Delta V_0^F = 1.000 \cdot 0,4 + \frac{1.000 \cdot 0,4}{1,16} = 744,83$$

[636] Es wäre wenig gewonnen, den Saldo ab t = 1 zu $is_K E_0[\widetilde{F}_1]$ zu vereinfachen, da F_0 zustandsunabhängig ist und nur die Veränderung von F eine dem operativen Risiko vergleichbare stochastische Struktur aufweist.

Allgemein gilt also:[637]

$$(3\text{-}33)\quad \Delta V_0^F = s_K \cdot F_0 + \sum_{t=1}^{n} \frac{s_K E_0\left[\Delta\widetilde{F}_t\right]}{\left(1+E_0^w\left[\widetilde{k}\right]\right)^t} = s_K \cdot \left(F_0 + \sum_{t=1}^{n} \frac{E_0\left[\Delta\widetilde{F}_t\right]}{\left(1+E_0^w\left[\widetilde{k}\right]\right)^t} \right)$$

Bei *spaltenweiser* Bewertung (d.h. mit aggregierten Zahlungsströmen) sind die erwarteten Renditen $E_0^w\left[k_t^*\right]$ für den Steuervorteil ohne weitere Informationen (z.B. über risikoneutrale Wahrscheinlichkeiten) unbekannt.[638] Die aggregierten Steuervorteile sind nicht linear mit den operativen Überschüssen verknüpft. Eine Diskontierung mit $E_0^w\left[\widetilde{k}\right]$ ist daher auch nicht möglich.

Allgemein ergibt sich:

$$(3\text{-}34)\quad \Delta V_0^F = \sum_{t=1}^{n} \frac{i s_K E_0\left[\widetilde{F}_{t-1}\right]}{\prod_{j=1}^{t}\left(1+E_0^w\left[k_j^*\right]\right)}$$

Während bei autonomer Politik die *spaltenweise* Bewertung üblich wie nützlich ist, ist diese bei der inkrementell wertabhängigen Politik zwar vorstellbar, jedoch im Vergleich zu einer *zeilenweisen* Bewertung nicht sonderlich praktikabel.

In dem Beispiel bewegt sich mit gegebenen Fremdkapitalbeständen der Wert der Steuervorteile von 744,83 bei inkrementell wertabhängiger Politik zwischen dem Wert 763,64 nach (3-1) bei autonomer und 490,91 bei wertabhängiger Politik nach (3-10). Generell muss dies aber nicht zutreffen: Die implizierten Renditen $E_0^w\left[k_t^*\right]$ können sogar kleiner als i sein!

Dies lässt sich belegen, indem das Beispiel leicht um $E_0\left[\Delta\widetilde{F}_1\right] = -900$ modifiziert wird. Es ergibt sich nach (3-33) nun: 89,66. Bei autonomer bzw. wertabhängiger Politik beträgt der Wert mit den gegebenen Fremdkapitalbeständen hingegen nur 72,73 bzw. 59,09. Die Renditen zur Diskontierung gemäß (3-34) müssen demnach zeitweise niedriger ausfallen als i.

Eine inkrementell wertabhängige Finanzierungspolitik lässt sich alternativ auch so darstellen:[639]

637 Es lässt sich zeigen, dass nach formaler Sicht rechnerisch äquivalent zudem wie folgt bewertet werden kann:

$$\Delta V_0^F = s_K \cdot \sum_{t=1}^{n} \frac{E_0^w\left[\widetilde{k}\right] \cdot E_0\left[\widetilde{F}_{t-1}\right]}{\left(1+E_0^w\left[\widetilde{k}\right]\right)^t}$$

Diese Formel verwendet etwa Fernández (2002), S. 402, wenngleich er diese auch ganz anders begründet. Für den ewigen Rentenfall mit Wachstum verwenden Lewellen/Long/McConnell (1977), S. 120, Formel [30], und Booth (2002), S. 13, eine hierzu analoge Formel:

$$\Delta V_0^F = \frac{s_K \cdot E_0^w\left[\widetilde{k}\right] \cdot F_0}{E_0^w\left[\widetilde{k}\right] - g}$$

Booths (2002) Begründung der Formel ist aber eher intuitiv gehalten. Die in dieser Fn. gezeigten Beziehungen sind für eine ökonomische Interpretation wenig attraktiv, da der Eindruck erweckt wird, der Kreditzins betrage $E_0^w\left[\widetilde{k}\right]$. Eine solche Interpretation ist aber Nonsens.

638 In dem Beispiel ist dies genau gesagt der Fall für t = 1 und t = 2, ab t = 3 gilt: $E_0^w\left[k_t^*\right] = i$.

639 Analog zu der wertabhängigen Politik mit time lag ließe sich auch hier vorstellen, dass u.U. differenzierte time lags eingebaut werden. Dadurch würde der Einfluss der unsicheren Zeitabschnitte zurückgedrängt. Um die Darstellung kompakt zu halten, sei dies an dieser Stelle nur erwähnt.

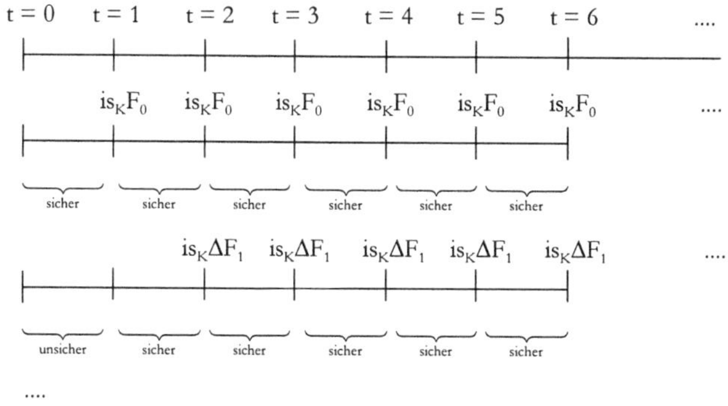

Abbildung 3-18: Inkrementell wertabhängige Finanzierungspolitik

Der Unterschied zu einer wertabhängigen Politik ist nun rasch erklärt. Wie die nachstehende Tabelle im Vergleich zu der vorherigen Tabelle zeigt, sind dort nicht nur die Änderungen wertabhängig, sondern der gesamte Bestand des Fremdkapitals.

	t = 0	t = 1	t = 2	...	$t \rightarrow \infty$
(1)		$is_K F_0$	$is_K F_0$	...	$is_K F_0$
(2)			$is_K E_0[\tilde{F}_1 - F_0]$	...	$is_K E_0[\tilde{F}_1 - F_0]$
Saldo Steuerersparnisse[640] (3) = (1) + (2)		$is_K F_0$	$is_K E_0[\tilde{F}_1]$	...	$is_K E_0[\tilde{F}_1]$

Tabelle 3-9: Zeilen- und spaltenweise Erfassung des Steuervorteils bei wertabhängiger Politik

Es soll nun genügen, festzustellen, dass offensichtlich die bei dieser Politik ausschließlich in der Literatur vorzufindende *spaltenweise* Bewertung praktikabler ist als die *zeilenweise.*

Ein Clou der hier betrachteten inkrementell wertabhängigen Politik kommt dann zu Tage, wenn mit dem WACC- bzw. Equity-Ansatz bewertet wird. Einsatzfähig sind nämlich die äußeren Gestalten der Modigliani/Miller-Formeln von 1963! Für den WACC-Ansatz gilt, wenn die operative Rendite $E_0^w[\tilde{k}]$ beträgt:[641]

(3-35) $$E_0^w\left[\widetilde{WACC}_t\right] = E_0^w\left[\tilde{k}\right]\cdot\left(1 - s_K \cdot \frac{E_0\left[\tilde{F}_{t-1}\right]}{E_0\left[\tilde{V}^F_{t-1}\right]}\right) \text{ bzw. } E_0^w\left[\tilde{k}\right]\cdot\left(1 - s_K \cdot E_0^w\left[\tilde{L}_{t-1}\right]\right)$$

Für den Equity-Ansatz ergibt sich:

(3-36) $$E_0^w\left[\tilde{k}_t^F\right] = E_0^w\left[\tilde{k}\right] + \left(E_0^w\left[\tilde{k}\right] - i\right)\cdot(1 - s_K)\cdot\frac{E_0\left[\tilde{F}_{t-1}\right]}{E_0\left[\tilde{E}^F_{t-1}\right]}$$

640 Hier kann der Saldo ab t = 2 offensichtlich zu $is_K E_0[\tilde{F}_1]$ vereinfacht werden.

641 Die Gültigkeit der Textbuch-Formel kann leicht verifiziert werden, wenn Renditen eingesetzt werden. Vgl. zur Ableitung von WACC- und Equity-Ansatz den Anhang 3-2. Die Aussage von Brealey/Myers (1996), S. 535, diese WACC-Formel gelte nur bei einer autonomen Politik und im Fall einer ewigen Rente ohne Wachstum, lässt sich also relativieren. $E_0^w[\tilde{k}]$ kann ggf. mit k substituiert werden.

Ein Unterschied zu den Formeln von Modigliani/Miller, die für den ewigen Rentenfall (ohne Wachstum) konzipiert sind, besteht darin, dass das Fremdkapital nicht gänzlich deterministisch ist. Deshalb gilt bei autonomer Politik eine Fremdkapitalquote von $E_0^w\left[\tilde{L}_{t-1}\right]=\frac{F_{t-1}}{E_0\left[\tilde{V}_{t-1}^F\right]}$ und bei inkrementell wertabhängiger Politik von $E_0^w\left[\tilde{L}_{t-1}\right]=\frac{E_0\left[\tilde{F}_{t-1}\right]}{E_0\left[\tilde{V}_{t-1}^F\right]}$.

Wird in dem Beispiel nun anstatt einer $E_0\left[\tilde{F}\right]$- von einer konsistent definierten $E_0^w\left[\tilde{L}\right]$-Planungsdoktrin ausgegangen, beträgt $E_0^w\left[\tilde{L}_{t-1}\right]$ im Bewertungszeitpunkt t = 0 0,25840945 und für alle danach liegenden Zeitpunkte 0,50955414. Daraus resultieren $E_0^w\left[W\tilde{A}CC_t\right]$ von 0,1434618 und 0,12738854.

$$V_0^F=\frac{500}{1{,}1434618}+\frac{500}{1{,}1434618\cdot 0{,}12738854}=3.869{,}83;\ E_0\left[\tilde{V}_1^F\right]=\frac{500}{0{,}12738854}=3.925.$$

Für den Equity-Ansatz erhält man bei $F_0=1.000, F_{1-\infty}=2.000$ $E_0^w\left[\tilde{k}_t^F\right]$ von 0,17254431 für t = 1 und 0,1974026 für t = 2-∞:[642]

$$E_0^F=\frac{1.440}{1{,}17254431}+\frac{380}{1{,}17254431\cdot 0{,}1974026}=2.869{,}83;\ E_0\left[\tilde{E}_1^F\right]=\frac{380}{0{,}1974026}=1.925.$$

Die Formeln (3-35) und (3-36) haben eine mit den Formeln von Miles/Ezzell gemeinsame Eigenschaft: Sie sind unabhängig von dem zeitlichen Muster der operativen Cashflows einsetzbar. Dies trifft auf die ursprünglichen Formeln bei autonomer Politik von Modigliani/Miller (1963) bekanntlich nicht zu. Diese gelten nur im Fall der ewigen Rente ohne Wachstum. Gleichwohl sind die eingesetzten Formeln aber auch enger als die Miles/Ezzell-Formeln, da diese bei einer inkrementell wertabhängigen Politik nur dann gelten, wenn eine unbegrenzte Laufzeit vorliegt.[643]

---

642 Es lässt sich dann auch eine bei dieser Politik nutzbare Umformulierung des Equity-Ansatzes - vgl. hierzu etwa explizit im Fall einer ewigen Rente bei autonomer Politik Drukarczyk (2000), S. 127, Formel [5], bzw. implizit bei inkrementell wertabhängiger Politik Schildbach (2000), S. 719 - ökonomisch begründet vornehmen. Die Herleitung kann analog zu dem modifizierten Equity-Ansatz bei wertabhängiger Politik erfolgen, vgl. Fn. 557. Dieser Ansatz benötigt im Gegensatz zu dem üblichen Equity-Ansatz keine zusätzliche Spezifikation der $E_0^w\left[\tilde{L}\right]$-Planungsdoktrin. Ihm genügt eine $E_0\left[\tilde{F}\right]$-Planungsdoktrin wie dem APV-Ansatz auch. Ein rechentechnischer Vorteil gegenüber dem APV-Ansatz besteht aber nicht, da dieser modifizierte Equity-Ansatz - wie ein Blick auf Fn. 637 andeutet - auch aus dem direkten APV-Ansatz gewonnen werden kann.

$$E_0^F=\sum_{t=1}^{\infty}\frac{E_0\left[\tilde{D}_t^{MF}\right]-E_0\left[\tilde{F}_{t-1}\right]\cdot\left(E_0^w\left[\tilde{k}\right]-i\right)\left(1-s_K\right)}{\left(1+E_0^w\left[\tilde{k}\right]\right)^t}=\frac{1.404}{1{,}16}+\frac{308}{0{,}16\cdot 1{,}16}=2.869{,}83.$$

643 Im Anhang 3-3 wird gezeigt, dass im endlichen Fall mit dem APV-Ansatz leicht bewertet werden kann, aber nicht mit den für den unbegrenzten Zeitraum bestimmten WACC- und Equity-Definitionen. Vgl. jedoch für ein Einsetzen dieser Formel im endlichen Fall ohne weitere Diskussion etwa Amoako-Adu/Rashid (1990), S. 124. Es ist dort nicht mehr klar zu erkennen, welche Politik sich hinter der Formel verbirgt. Würde z.B. eine autonome Politik unterstellt, passten die implizierten und expliziten $E_0^w\left[\tilde{L}_{t-1}\right]$ nicht überein. Wird diese WACC-Definition für den unbegrenzten Zeitraum bei variablen Cashflows angewandt, so ist eine inkrementell wertabhängige Finanzierungspolitik impliziert; vgl. aus dieser Perspektive etwa das Beispiel bei Drukarczyk (1998), S. 181, bzw. die Formeln bei Landsmann (1999), S. 146-147; Schäfer (1999), S. 338-339; Krag/Kasperzak (2000), S. 104-106; Skogsvik (2002), S. 22-23.

Im Fall einer ewigen Rente ohne Wachstum (g = 0 %), bei dem sich $E_0^w\left[\tilde{L}_{t-1}\right]$ für die inkrementell wertabhängige Politik und $E_0^w\left[\tilde{L}_{t-1}\right]$ für die autonome Politik für alle t gleichen, besteht zwischen den Politiken kein Unterschied mehr.[644] Die Formeln aus Tabelle 3-1 sind dann einschlägig. Im Fall der ewigen Rente mit Wachstum, sind die Politiken - wie ein Vergleich von Tabelle 3-2 mit der nachfolgenden Tabelle 3-10 nahe legt - klar zu differenzieren.[645]

APV-Ansatz	WACC-Ansatz	Equity-Ansatz
$V_0^F = \frac{E_0\left[\tilde{D}_1\right]}{k-g} + s_K F_0 + \frac{g s_K F_0}{k-g}$	$V_0^F = \frac{E_0\left[\tilde{D}_1\right]}{E_0^w\left[\widetilde{WACC}\right]-g}$ $E_0^w\left[\widetilde{WACC}\right] = k\left[1 - s_K \frac{E_0\left[\tilde{F}\right]}{E_0\left[\tilde{V}^F\right]}\right]$	$V_0^F = \frac{E_0\left[\tilde{D}_1\right] - iF_0(1-s_K) + gF_0}{E_0^w\left[\tilde{k}^F\right]-g} = \frac{E_0\left[\tilde{D}_1^{MF}\right]}{E_0^w\left[\tilde{k}^F\right]-g}$ $E_0^w\left[\tilde{k}^F\right] = k + (k-i)(1-s_K)\frac{E_0\left[\tilde{F}\right]}{E_0\left[\tilde{E}^F\right]}$

Tabelle 3-10: Formeln für die ewige Rente mit Wachstum bei inkrementell wertabhängiger Politik

Es ist nun interessant zu beobachten, dass die Formeln für den Equity- und WACC-Ansatz in Anlehnung an Modigliani/Miller (1963) auch für den Fall außerhalb der ewigen Rente in der jüngeren deutschsprachigen Literatur des öfteren angewandt worden sind.[646] Dies hat zu Irritationen geführt.[647] Es soll nun nicht auf Nuancen bzw. einzelne Thesen der Beiträge eingegangen werden, kritische Kommentare und Gegenkommentare sind schon hinreichend in der Literatur abgegeben worden. Ein *wichtiger* Punkt, der in der Diskussion sowohl von Protagonisten als auch Kritikern nicht recht beleuchtet worden ist, scheint mir zu sein, dass die von den Protagonisten eingesetzten, jedoch mitunter stark kritisierten Formeln vor dem Hintergrund einer arbitragegewinnfreien Bewertung ökonomisch wohl begründet anwendbar

644 Diese Dualität des Ansatzes von Modigliani und Miller, der in der Veröffentlichung von 1963 nur für den Rentenfall bei autonomer Politik konzipiert war, hat in der Literatur zu einigem Kopfzerbrechen geführt. Denn will man auf den Spuren von Modigliani und Miller außerhalb dieses Renten-Falles wandeln, muss man sich dafür entscheiden, welche Politik MM vorschwebte. Eine zweifelsfreie Entscheidung ist wohl nicht ganz einfach. Die Aufsätze von 1963 und 1969 deuten auf eine autonome, der Aufsatz von 1958 auf eine wertabhängige und der von 1966 indiziert eine inkrementell wertabhängige Politik.

645 Vgl. auch den APV- und WACC-Ansatz nach den Formeln [29] bzw. [31] bei Lewellen/Long/McConnell (1977), S. 120, und Lewellen/Emery (1986). Kruschwitz/Löffler (2001), S. 110 (vgl. auch Kruschwitz/Löffler (1999), S. 14), verwenden diesen WACC-Ansatz nach Modigliani/Miller für den ewigen Rentenfall (mit und ohne Wachstum). Als Anwendungsvoraussetzung wird von den Autoren eine gleichmäßige Wachstumsrate angesehen. Die Überlegungen zur inkrementell wertabhängigen Finanzierungspolitik deuten darauf hin, dass für die Anwendung der Formel in dieser Gestalt vor allem ein unendlicher Horizont nötig ist. Welche Politik diesbezüglich Kruschwitz/Löffler (1999) bzw. Kruschwitz/Löffler (2001) aber zu verfolgen beabsichtigen, ist nicht eindeutig erkennbar.

646 Vgl. I) Schwetzler/Darijtschuk (1999a); II) Schildbach (2000); III) Krolle (2001). Auch außerhalb der deutschen Literatur wird partiell die Gültigkeit der Formeln ohne eine Begründung bzw. den Ansatz einer Diskussion stillschweigend vorausgesetzt. Vgl. etwa Adserà/Viñolas (2003), S. 81-82 und 85-87. Wie die im deutschsprachigen Raum geführte Diskussion aber zeigt, ist die Begründung alles andere als Gemeingut. Ein fehlendes Kenntlichmachen der Unsicherheit bzgl. der Fremdkapitalquoten in vielen Teilen der Literatur soll noch nicht zum Ausschluss dieser Interpretation führen.

647 Vgl. zu I) Kruschwitz/Löffler (1999), sowie (2001), S. 110, die jedoch für die Endwertberechnung einer ewigen Rente mit Wachstum dann implizit ebenfalls von einer inkrementell wertabhängigen Politik ausgehen; Heitzer/Dutschmann (1999); Wallmeier (1999); Schwetzler/Darijtschuk (1999b); Schwetzler/Darijtschuk (2000); zu II) Drukarczyk/Schüler (2001); Husmann/Kruschwitz/Löffler (2001c); Wallmeier (2001); Schildbach (2001); zu III) Wallmeier/Husmann/Kruschwitz/Löffler (2001).

sind,[648] wenn den Planungsannahmen eine inkrementell wertabhängige Finanzierungspolitik zugrunde gelegt wird. Worüber man sich freilich trefflich auseinandersetzen kann, ist die Frage, inwiefern die inkrementell wertabhängige Finanzierungspolitik eine gute Beschreibung realistischen Finanzierungsverhaltens ist. Empirisch weiß man m.E. noch wenig über diese Politik.[649] Es handelt sich bei dieser um ein Hybrid aus autonomer und wertabhängiger Politik, deren Bewertung aber praktikabel über eine zeilen-, und nicht eine spaltenweise Ermittlung wie bei einer gemischten Politik erfolgt.

Diese Politik ist an die Annahme einer ewigen Laufzeit, wohlgemerkt nicht einer ewigen Rente, gebunden. Diese Eigenschaft dürfte ihre Anwendbarkeit hauptsächlich auf Unternehmensbewertungen innerhalb des Going Concern-Falls beschränken. Für Projektbewertungen mit begrenzter Laufzeit sind diese Formeln nicht einsetzbar.

Die Politik ist ebenso wenig über Probleme einer Realisierbarkeit wie die autonome bzw. wertabhängige Politik erhaben. Jedoch ist es schwer zu erkennen, inwiefern die anderen Politiken eine logische Dominanz beanspruchen könnten. Unterstellt wird, dass ausgehend vom Fremdkapitalbestand zum Bewertungszeitpunkt künftige Fremdkapitaländerungen nicht mit Sicherheit vorhergesagt werden können, sondern synchron mit den operativen Cashflows zustandsabhängig sein werden. Die inkrementell wertabhängige Politik erscheint im Vergleich zu den beiden anderen Politiken als durchaus plausibel. Die autonome Politik nimmt eine Extremposition ein. Sämtliche Fremdkapitalbestände sind deterministisch. Das erscheint bei (nahezu) unbegrenztem Horizont nicht besonders glaubwürdig. Wer kann schon so gut planen? Eine wertabhängige Politik erachtet nicht nur die Änderungen als zustandsabhängig, sondern die gesamten künftigen Fremdkapitalvolumina. Die Vorstellung, dass künftige Fremdkapitalgesamtbestände rigide in Abhängigkeit des Risikos der operativen Cashflows umgekrempelt werden, erscheint besonders für den Detailprognosezeitraum keine gute Beschreibung der Realität zu sein. Bei der inkrementell wertabhängigen Politik überwiegt in den ersten Jahren der zustandsunabhängige Anteil, der aber sukzessive durch den Einfluss wertabhängiger Fremdkapitalschichten - soweit diese nicht null betragen - überlagert wird. Die hier und in der Literatur vorgebrachten Plausibilitätserwägungen können letztlich nicht klären, welche Politik realistisch ist, jedoch eine Einordnung vorstrukturieren. Insoweit kann man diese Frage als offen bezeichnen.

Interessanterweise ist diese Politik in die Literatur eingeführt worden, bevor die wertabhängige Finanzierungspolitik von Miles/Ezzell publiziert war. Dennoch hat sie nie einen derartigen Bekanntheitsgrad wie die Politik von Miles/Ezzell erlangen können. Vielleicht deshalb, weil die Vorgehensweise zur Abzinsung der Steuervorteile damals ad hoc erfolgte.

Der WACC-Ansatz ist unbestreitbar der am meisten verwendete Ansatz. Sind die Bewertungsabweichungen nun hinreichend groß, wenn diese klassischen WACC-Formeln einer

---

648 Schwetzler/Darijtschuk (1999a), Schildbach (2000) und Krolle (2001) haben ihre Formeln vor einem unbegrenzten Horizont eingesetzt. Damit sind diese implizit korrekt angewandt worden, wenn eine inkrementell wertabhängige Finanzierungspolitik vorliegt. Mandl/Rabel (1997b), S. 347-375, gehen ebenfalls für den WACC- und Equity-Ansatz implizit von einer inkrementell wertabhängigen Finanzierungspolitik aus (vgl. insbesondere S. 307-308 und 374), und für den APV-Ansatz von einer autonomen Politik. Natürlich liefert der APV-Ansatz dann bei gegebenem k eine höhere Bewertung von ΔV^F, wenn - wie in deren Beispiel - Fremdkapitalbestände aufgebaut werden. Damodaran (2002), S. 194, sowie etwa die S. 361, 401, unterstellt aufgrund seiner Beta-Umrechnung ebenfalls eine inkrementell wertabhängige Finanzierungspolitik für den WACC- und Equity-Ansatz. Für den APV-Ansatz wird eine autonome Politik unterstellt. Vgl. zu den Beta-Umrechnungsformeln Kapitel 3.3.8.

649 Ehrhardt/Daves (1999), S. 14, geben zu bedenken, dass ungelöste ökonometrische Probleme noch einer Lösung harren, bevor empirische Tests überhaupt Auskunft geben können, welche Finanzierungspolitik einschlägig ist.

autonomen, wertabhängigen und inkrementell wertabhängigen Politik alternativ eingesetzt werden? In Sensitivitätsanalysen kann gezeigt werden, dass dies i.d.R. der Fall ist.[650] Man kann also auch aus diesem Aspekt die methodische Frage konsistent formulierter Renditen und die Frage, welche Finanzierungspolitik gefahren wird, nicht vernachlässigen.

Der APV-Ansatz ist gut geeignet, eine $E_0[\tilde{F}]$-Planungsdoktrin abzubilden. Der WACC-Ansatz kann eine $E_0^w[\tilde{L}]$-Planungsdoktrin effizient abbilden. Im folgenden Abschnitt wird auch eine ΔL^{Bil}-Planungsdoktrin (definiert als Fremdkapitaländerung in Bezug zur Nettoinvestition) untersucht, da diese zuweilen in der Literatur als superiore Doktrin gehandelt wird.

3.2.4.2. Investment Opportunities-Ansatz: $E_0^w[\tilde{L}]$ vs. ΔL^{Bil}-Planungsdoktrin?

Miller/Modigliani (1966) beziehen in ihrem Investment Opportunities-Ansatz von (1961) Fremdfinanzierung und steuerliche Effekte mit ein. Es soll in diesem Abschnitt aufgezeigt werden, dass dann eine inkrementell wertabhängige Finanzierungspolitik auf Basis einer $E_0^w[\tilde{L}]$-Planungsdoktrin impliziert ist. Zudem wird untersucht, ob ein hybrider APV-WACC-Ansatz wie von Miller/Modigliani (1966) eingesetzt oder ein WACC-Ansatz Rechenvorteile hat. Der Bezug zu einer F-Planungsdoktrin wird danach innerhalb des Investment Opportunities-Ansatzes hergestellt. Anschließend wird noch Stellung zu der Behauptung von Arditti/Pinkerton (1978) bezogen, dass innerhalb dieses Ansatzes eine ΔL^{Bil}- einer $E_0^w[\tilde{L}]$-Planungsdoktrin überlegen sei.

Es gilt bei Eigenfinanzierung und begrenztem Überrenditezeitraum folgende Formel:[651]

$$V_0^E = \frac{E_0[E\tilde{B}IT_1](1-s_K)}{k}\cdot\left\{1+\frac{b(IRR-k)}{k-b\cdot IRR}\cdot\left[1-\left(\frac{1+b\cdot IRR}{1+k}\right)^T\right]\right\}, \text{ wobei } k-b\cdot IRR\neq 0$$

Miller/Modigliani (1966) übertragen dies nun auf den Fall mit Fremdfinanzierung. Ihre Formel sieht dann so aus:[652]

$$(3-37)\quad V_0^F = \frac{E_0[E\tilde{B}IT_1](1-s_K)}{k} + F_0^{EA}\cdot s_K + \frac{E_0[E\tilde{B}IT_1](1-s_K)}{E_0^w[W\tilde{A}CC]}\cdot\frac{b(IRR-E_0^w[W\tilde{A}CC])}{E_0^w[W\tilde{A}CC]-b\cdot IRR}\cdot\left[1-\left(\frac{1+b\cdot IRR}{1+E_0^w[W\tilde{A}CC]}\right)^T\right]$$

Zu beachten ist, dass F_0^{EA} lediglich für die Existing Assets gilt, nicht aber auf den gesamten Fremdkapitalbestand in t = 0 bezogen ist.[653] Es fällt auf, dass der Wert der Existing Assets technisch über den APV-Ansatz und der Wert der Investment Opportunities über den WACC-Ansatz ermittelt wird.

Es wurde schon angedeutet, dass diese Problemformulierung eine inkrementell wertabhängige Finanzierungspolitik nahe legt:[654]

---

650 Vgl. Anhang 3-4.

651 Vgl. (2-58) in Kapitel 2.2.3.1.

652 Um den entscheidenden Punkt nicht zu verwischen, wird nicht wie bei Miller/Modigliani (1966), S. 344, Formel (2-59) als Basis benützt, die den Barwert der Investment Opportunities approximiert. Die Miller/Modigliani-Formel wird auch eingesetzt bei Copeland/Weston (1988), S. 556, S. 601 und S. 607; Stewart (1991), S. 288.

653 Miller/Modigliani (1966) schweigen hierüber.

654 Was MM tatsächlich vorschwebte, vermag ich nicht zu entscheiden. Die Kritik von Kumar (1975), S. 545, legt MM eine autonome Politik in die Wiege.

- Der APV-Ansatz deutet an, dass mit $\Delta V^{F,EA}$ eine autonome Politik verfolgt wird bzw. gleichbedeutend aufgrund des Falls der ewigen Rente ohne Wachstum eine inkrementell wertabhängige Finanzierungspolitik.
- Der WACC-Ansatz wird bei Miller/Modigliani (1966) über die MM-WACC-Formel aus (1963) konkretisiert, die bei inkrementell wertabhängiger Politik nach (3-35) definiert ist.

Diese Implikationen sind bei MM (1966) nicht herausgearbeitet worden.[655] Dennoch lässt sich dieses hybride Modell unbeschadet dessen auch in einen puren WACC-Ansatz umformulieren.[656]

$$\text{(3-38)}\quad V_0^F = \frac{E_0\left[\widetilde{EBIT}_1\right](1-s_K)}{E_0^w\left[\widetilde{WACC}\right]}\cdot\left\{1+\frac{b\left(IRR-E_0^w\left[\widetilde{WACC}\right]\right)}{E_0^w\left[\widetilde{WACC}\right]-b\cdot IRR}\cdot\left[1-\left(\frac{1+b\cdot IRR}{1+E_0^w\left[\widetilde{WACC}\right]}\right)^T\right]\right\}$$

Wird die WACC-Definition im Gegensatz zu Miller/Modigliani (1966) nicht konkretisiert,[657] dann wird es kniffliger, eine Inferenz über die Finanzierungspolitik vorzunehmen. Legt man die Gleichung (3-37) zugrunde, dann ist eine wertabhängige Politik ausgeschlossen. Eine autonome Politik, die eben gezeigte inkrementell wertabhängige Politik (auf Basis einer $E_0^w\left[\tilde{L}\right]$-Doktrin), und eine Politik, die die Investment Opportunities als Basis für eine F-Doktrin heranzieht, erscheinen vorstellbar. Bei Formel (3-38) erscheint zudem eine reine wertabhängige Politik vorstellbar, da für $\Delta V^{F,EA}$ keine autonome Politik festgelegt ist.

(3-37) und (3-38) werden nun illustriert. Hierfür wird das zugehörige Beispiel aus dem zweiten Kapitel aufgegriffen und um eine Fremdkapitalquote von $E_0^w\left[\tilde{L}\right]$ = 0,45 sowie s_K = 0,35 erweitert. Eine inkrementell wertabhängige Finanzierungspolitik wird den Berechnungen zugrunde gelegt.

Beispiel: $E_0\left[\widetilde{EBIT}_1\right](1-s_K) = 100$; $b = 0{,}5$; $IRR = 0{,}1$; $k = 0{,}08$; $T = 3$; $b_{II} = 0$; $E_0^w\left[\tilde{L}\right] = 0{,}45$; $s_K = 0{,}35 \Rightarrow V_0^E = 1.283{,}77$; $E_0^w\left[\widetilde{WACC}\right] = 0{,}0674$.
$V_0^F = 1.550{,}55$ nach (3-38). In (3-37) ist $F_0^{EA} = 667{,}66$ impliziert. Wie die Bewertungstabelle zeigt, sind das gesamte F_0 und F_0^{EA} nicht identisch.

	t = 0	1	2	3	4	5
$E_0\left[\tilde{D}_t\right]$		50	52,5	55,125	115,7625	115,7625
$E_0\left[\tilde{V}_t^F\right]$	1.550,55	1.605,06	1.660,74	1.717,54	1.717,54	1.717,54
$E_0\left[\tilde{F}_t\right]$	697,75	722,27	747,33	772,90	772,90	772,90
$s_K E_0\left[\tilde{F}_t-\tilde{F}_{t-1}\right]$	244,21[658]	8,58	8,77	8,95	0	0
$E_0\left[\tilde{V}_t^E\right]$	1.283,77	1.336,47	1.390,89	1.447,03	1.447,03	1.447,03
$E_0\left[\Delta\tilde{V}_t^F\right]$	266,78[659]	268,59	269,85	270,51	270,51	270,51

Tabelle 3-11: Investment Opportunities-Ansatz und $E_0^w\left[\tilde{L}\right]$-Planungsdoktrin

655 Vgl. Miller/Modigliani (1966), S. 339-343.
656 Eine derartige Formel findet sich auch bei Copeland/Weston (1988), S. 602; Stewart (1991), S. 318; Copeland/Koller/Murrin (2000), S. 154.
657 Copeland/Weston (1988), S. 606, und Stewart (1991), S. 278-279, schließen sich Miller/Modigliani (1966) in der WACC-Definition an.
658 Zu beachten ist, dass nach (3-32) gilt: $F_{-1} = 0$.
659 $266{,}78 = 244{,}21 + 8{,}58/1{,}08 + 8{,}77/1{,}08^2 + 8{,}95/1{,}08^3$

Das Beispiel zeigt: Die Formel in (3-38) ist deutlich einfacher handhabbar. Die Formel (3-37) ist aufgrund der Zirkularitäten umständlich und daher fehleranfällig.[660] Möchte man die auf Basis der $E_0^w[\tilde{L}]$-Planungsdoktrin implizierten Fremdkapitalbestände mit dem APV-Ansatz bewerten, ist die Formel (3-33) anwendbar: (3-33) $\Delta V_0^F = s_K \cdot \overbrace{F_0}^{F_0^{EA}+F_0^{IO}} + \sum_{t=1}^{n} \frac{s_K E_0[\Delta\tilde{F}_t]}{\left(1+E_0^w[\tilde{k}]\right)^t}$

Soll nicht die von Miller/Modigliani (1966) eingesetzte $E_0^w[\tilde{L}]$-Planungsdoktrin verwendet werden, bietet sich eine F-Planungsdoktrin an. Hier ist der APV-Ansatz besonders effizient. Weitere Planungsdoktrinen erscheinen vorstellbar. Arditti/Pinkerton (1978) legen in Anlehnung an Formel (3-33) eine spezielle Form des APV-Ansatzes vor, die ebenfalls auf einer inkrementell wertabhängigen Finanzierungspolitik basiert. Die Ansätze von Miller/Modigliani (1966) und Arditti/Pinkerton (1978) unterscheiden sich in den Planungsdoktrinen, weil Erstere von einem konstanten $E_0^w[\tilde{L}] = \frac{E_0[\tilde{F}]}{E_0[\tilde{V}^F]}$ ausgehen, während Letztere von einer konstanten Fremdfinanzierungsquote von Neuinvestitionen $\Delta L^{Bil} = \frac{E_0[\Delta\tilde{F}]}{E_0[\Delta\tilde{I}]}$ ausgehen. Arditti/Pinkerton (1978) stellen folgenden APV-Ansatz auf:[661]

$$(3-39)\quad V_0^F = \frac{E_0[E\tilde{B}IT_1](1-s_K)}{k} + F_0 \cdot s_K + \left[\frac{IRR-k}{k} + s_K \cdot \Delta L^{Bil}\right] \cdot \frac{b \cdot E_0[E\tilde{B}IT_1](1-s_K)}{k - b \cdot IRR} \cdot \left[1 - \left(\frac{1+b\cdot IRR}{1+k}\right)^T\right]$$

Beide Annahmen sind nicht verträglich, wie Arditti/Pinkerton (1978) nachweisen. Die folgende Tabelle illustriert diesen Sachverhalt für das obige Beispiel:[662]

	t = 1	2	3
$E_0[\Delta\tilde{I}]$	50	52,5	55,125
$E_0[\Delta\tilde{F}]$	24,53	25,06	25,56
ΔL^{Bil}	49,06%	47,73%	46,37%

Tabelle 3-12: Implizierte ΔL^{Bil}-Planungsdoktrin bei gegebener $E_0^w[\tilde{L}]$-Planungsdoktrin

660 Ob diese Zirkularitäten in der empirischen Untersuchung von Miller/Modigliani (1966) Eingang gefunden haben, vermag ich deren Beitrag nicht zu entnehmen. Copeland/Weston (1988), S. 607, zeigen sich in dem Fallbeispiel Bethlehem Steel aber inkonsistent, da die geplante und die implizierte Fremdkapitalquote nicht übereinstimmt.

661 Vgl. die Formel [13] bei Arditti/Pinkerton (1978), S. 69. In ihrer Formel [12] muss sich in dem ersten Produktterm des dritten Summanden ein Druckfehler eingeschlichen haben, da ansonsten [12] und [13] nicht konsistent sind.

662 Es handelt sich in dem zweiten Term bei (3-39) abweichend von (3-37) tatsächlich um den gesamten Fremdkapitalbestand. Setzt man F_0 = 697,75 und nun ΔL^{Bil} = 0,45, dann ergibt sich: V_0^F = 1.549,25. Der Wert ist geringfügig kleiner, da zusätzliche Fremdkapitalaufnahmen kleiner sind. Das zeigt schon ein Vergleich mit Tabelle 3-12. Dass die Planungsdoktrin von Miller/Modigliani (1966) in dieser Konstellation zu einer höheren Bewertung kommt, beobachten auch Arditti/Pinkerton (1978), S. 72. M.a.W. fällt $E_0^w[\tilde{L}_t]$ im Zeitablauf bei der Planungsdoktrin von Arditti/Pinkerton (1978). Beide Planungsdoktrinen müssen dann zu unterschiedlichen Bewertungen führen.

Bei gegebener $E_0^w[\tilde{L}]$-Planungsdoktrin schwankt ΔL_t^{Bil} im Zeitablauf; das ist nicht verträglich mit der Doktrin von Arditti/Pinkerton (1978). Es erscheint jedoch überzogen, allein aus der Tatsache der Divergenz, einen Vorteil des Ansatzes von Arditti/Pinkerton (1978) - wie dies die Protagonisten behaupten - erspähen zu wollen.[663] Es handelt sich schlicht um zwei unterschiedliche Planungsdoktrinen.[664] Niemand käme vernünftigerweise auf die Idee, z.B. bei einer wertabhängigen Politik die F-Doktrin als überlegen anzusehen, weil sie flexiblere F-Muster produzieren kann als eine L-Doktrin mit konstantem L. Es ließe sich argumentieren, dass L im Zeitablauf angepasst werden könnte. Dies kann auch der Argumentation von Arditti/Pinkerton (1978) entgegnet werden.[665] Anders wäre ihre Argumentation zu bewerten gewesen, wenn Arditti/Pinkerton mit einer neuen Finanzierungspolitik hätten aufwarten können, die sich von einer inkrementell wertabhängigen Finanzierungspolitik unterscheidet. Genau dies ist aber nicht der Fall. Arditti/Pinkerton (1978) bewegen sich auf dem Boden einer inkrementell wertabhängigen Finanzierungspolitik.[666]

Im Folgenden sollen einige weitere Politiken analysiert werden, die in der Literatur noch nicht bzw. nicht intensiv diskutiert worden sind. In den folgenden Kapiteln wird detailliert nur der APV-Ansatz dargestellt, da es hier in erster Linie darauf ankommt, wie der Wert in möglichst einfacher Weise bestimmt werden kann. Grundsätzlich lassen sich diese Politiken auch mit den anderen DCF-Ansätzen gemäß den Formeln (3-21) und (3-22) bewerten. Das braucht hier aber nicht weiter demonstriert werden.

3.2.5. Bilanzabhängige Finanzierungspolitiken

Eine bilanzabhängige Finanzierungspolitik bindet den Fremdkapitalbestand an die Bilanzsumme über eine deterministische Fremdkapitalquote $L^{Bil} = \frac{E_0[\tilde{F}_{t-1}]}{E_0[\widetilde{BS}_{t-1}]}$. Eine solche Politik ist in der Praxis auch anzutreffen, wenn bestimmte Fremdkapitalquoten auf Basis von Buchwerten bei Planungen eingehalten werden sollen.[667] Nun wird i.a. zur Bewertung der Steuervorteile in diesem

---

663 Andererseits erscheint die Kritik von Hachmeister (1995), S. 147, bzw. unverändert Hachmeister (1999), S. 145, dass Arditti/Pinkerton (1978) nicht konform mit einer $E_0^w[\tilde{L}]$-Planungsdoktrin gingen, nur schwer nachvollziehbar, da diese explizit nicht von dieser Doktrin, sondern von einer ΔL^{Bil}-Doktrin ausgehen und auch explizit beweisen, dass ein Unterschied besteht.

664 Es handelt sich bei ΔL^{Bil} für den Investment Opportunities-Term um eine inkrementell bilanzabhängige Politik, die jedoch de facto mit einer wertabhängigen Politik identisch ist, da die Nettoinvestition vollkommen zustandsabhängig sind und das Risiko durch k abgebildet werden kann.

665 Unbenommen ist, dass bei der von Arditti/Pinkerton (1978) favorisierten Doktrin der Investment Opportunities-Term sich dann wohl nicht mehr über eine geschlossene Formel berechnen lässt. Dieses rechentechnische Argument rüttelt aber in keiner Weise an dem theoretischen Gehalt der von Modigliani/Miller eingesetzten Doktrin. Über eine Doktrin auf theoretischer Ebene zu streiten, lohnt m.E. nicht. Doktrinen beeinflussen nicht die Finanzierungspolitik, sondern steuern den Fremdkapitalbestand im Zeitablauf. Ob dieser nun relativ oder absolut oder irgendwie anders geplant wird, sagt noch nichts Entscheidendes über die Plausibilität der Planung aus. Der direkte Weg, die Plausibilität zu überprüfen, scheint gleichwohl die F-Doktrin zu sein.

666 Der Risikogehalt steuerlicher Vorteile unterscheidet sich bei dieser Politik für V^{EA} und V^{IO}. Der durchgängige Einsatz des APV-Ansatzes - wie von Arditti/Pinkerton (1978) vollzogen - kann sich als konzeptioneller Vorteil erweisen, wenn weitere, hier noch nicht untersuchte, nach V^{EA} und V^{IO} differenzierende Finanzierungspolitiken und Planungsdoktrinen nach Myers (1977a) modelliert werden.

667 Vgl. zu dieser Beobachtung und einer kritischen Einschätzung schon Donaldson (1961), S. 100-102, 264. Vgl. auch Franks/Broyles/Carleton (1985), S. 607-608. In Kreditverträgen wird i.d.R. die Verschuldung von dem Buch- und nicht von einem Marktwert abhängig gemacht. Palepu/Bernard/Healey (2000), S. 10-6, berichten, dass für Unternehmen in den USA die Buchwertquote zur intertemporalen Stabilität tendiere.

Fall dann weder eine autonome noch eine wertabhängige Finanzierungspolitik dienlich sein.[668] Coenenberg/Schultze (2002a) führen aus, dass bislang eine Umsetzung dieser Politik in ein allgemeines Modell ausgeblieben sei.[669] Ein allgemeines Modell zu liefern, ist auch deshalb nicht trivial, da sich der Prozess der Zu- und Abnahmen von Bilanzsummen in der Realität nicht allgemeingültig beschreiben lässt, selbst wenn eine Beschränkung auf Investitionen und planmäßige Abschreibungen erfolgt.

Um diese Politik möglichst einfach darzustellen, wird zunächst davon ausgegangen, dass sich die Bilanzsumme der *Aktivseite* generell aus zwei heterogenen, aber in sich homogenen Risikoschichten zusammensetzt.[670] Die erste Schicht ist deterministisch BS_t^d, die zweite stochastisch $E_0\left[\widetilde{BS}_t^S\right]$. In t = 0 ist die Bilanzsumme gänzlich bekannt und vollkommen deterministisch: $BS_0 = BS_0^d$. Im Zeitablauf werden neu hinzukommende Bilanzschichten geplant, die aber einen stochastischen Charakter haben. Wird davon ausgegangen, dass die deterministische Schicht im Laufe der Zeit durch Abschreibungen vollständig abgebaut wird, dann wird ab einem bestimmten Zeitraum T+1 die gesamte Bilanzsumme nur noch stochastisch sein: $E_0\left[\widetilde{BS}_{T+1}\right] = E_0\left[\widetilde{BS}_{T+1}^S\right]$.

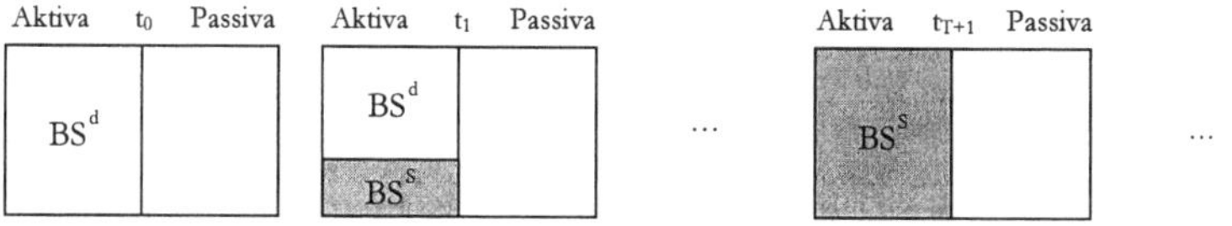

Abbildung 3-19: Grundidee der bilanzabhängigen Politik

Der Wert der Steuervorteile hängt von diesen beiden Schichten ab. Die sichere Schicht lässt sich durch eine autonome Politik beschreiben. Wird nun vereinfachend davon ausgegangen, dass EBIT mit k risikoadäquat diskontiert werden kann und $\Delta I = \Delta BS$ genau diesem relativen Risiko unterliegt, dann lassen sich Zugänge zu dieser Schicht mit einer wertabhängigen Politik beschreiben.[671] Der Bodensatz hingegen ist ähnlich wie bei der inkrementell wertabhängigen Politik aufgrund des Gesetzes der iterierten Erwartungen dann sicher und mit i zu diskontieren. Durch den hier noch nicht näher spezifizierten Faktor $\Gamma_t \in]0;1[$ wird berücksichtigt, dass dieser Bodensatz deterministisch abnimmt, falls die Investitionen planmäßig abgeschrieben werden. Bei $\Gamma_t = 1$ werden die Assets nicht abgeschrieben. Wird der Barwert errechnet und das Produkt aus Fremdkapitalquote auf Buchwertbasis L^{Bil} und Steuermultiplikator gebildet, erhält man den Wert der Steuervorteile dieser Politik.[672]

---

668 Vgl. schon andeutend Drukarczyk (1998), S. 191, Drukarczyk/Honold (1999), S. 343, und insbesondere dann Richter/Drukarczyk (2001), Richter (2002b), S. 188-189.

669 Vgl. Coenenberg/Schultze (2002a), S. 701.

670 Es ist nicht konstitutiv für diese Politik, dass nur zwei Risikoschichten betrachtet werden. Es könnten explizit auch mehrere Schichten berücksichtigt werden.

671 Man könnte diese Politik von einer wertabhängigen Politik auch dadurch emanzipieren, indem sich die Unsicherheit von ΔI nicht durch Diskontierung mit k berücksichtigen lässt.

672 Es wird eine konstante Quote L^{Bil} angenommen. Dies dürfte den in der Praxis üblichen Planvorgaben entgegenkommen. Eine zeitabhängige Quote brächte keine wesentlichen Veränderungen des Kalküls mit sich, würde die Notation aber komplizieren. Ebenso spielt es keine Rolle, ob die Abbildung über risikoneutrale Wahrscheinlichkeiten oder wie hier über den Ansatz von Renditen stattfindet. Für die Problemlösung ist auch nicht entscheidend, wie viele unterschiedliche Unsicherheitsquellen aufgespannt werden. In der Formel müssten dann ggf. neue Terme berücksichtigt werden. Damit eine einfache Handhabung gewährleistet ist, dürfen diese Risiken aber nicht multiplikativ miteinander verknüpft sein, sondern müssen separiert werden können.

$$(3\text{-}40)\quad \Delta V_0^F = \left[\sum_{t=1}^{T} BS_{t-1}^{d} \cdot (1+i)^{-t} + \sum_{t=1}^{n} E_0\left[\Delta \widetilde{BS}_t^S\right] \cdot (1+k)^{-t} \cdot \frac{(1+i)^{n-t+1}-1}{(1+i)^{n-t} \cdot i} \cdot \Gamma_t \right] \cdot L^{Bil} \cdot is_K$$

Diese Konzeption erscheint praxisnah.[673] Das Ergebnis liegt dann zwischen dem einer autonomen und einer wertabhängigen Politik. Nun interessiert letztlich, welche Parameter beeinflussen, ob das Pendel eher in Richtung des Ergebnisses einer autonomen oder wertabhängigen Politik ausschlägt. Es gilt zunächst festzuhalten, dass BS_t^d mit fortschreitender Zeit schrumpft, wenn Abschreibungen vorgenommen werden, aber keine Neuzugänge stattfinden.[674] $E_0\left[\widetilde{BS}_t^S\right]$ kann jedoch trotz Abschreibungen steigen.

Je kürzer T (länger n),[675] je höher i (niedriger k) und je stärker das Wachstum von $E_0\left[\Delta\widetilde{BS}_t^S\right]$ ausfällt, desto spürbarer wird sich der Wert in Richtung einer wertabhängigen Politik bewegen.

Ob das Pendel eher in Richtung einer autonomen oder wertabhängigen Politik ausschlägt, lässt sich generell also nicht beantworten. Es kommt auf die Parameter des Einzelfalls an. Würde speziell angenommen, die Bilanzsummen wären stets sicher, spielte der Einfluss der wertabhängigen Politik keine Rolle.[676] Dies trifft auch für den Spezialfall der stochastischen Unabhängigkeit zu. Alle Fremdkapitalbestände sind aus Sicht von $t = 0$ dann deterministisch. Die bilanzabhängige Politik wäre im Bewertungsergebnis dann mit einer autonomen Politik identisch.

Es bietet sich nun an, einen Fall von (3-40) zu untersuchen. Hier wird die von Richter/Drukarczyk (2001) in einem Zweiperioden-Modell beschriebene bilanzabhängige Politik aufgegriffen und auf einen unendlichen Planungshorizont erweitert.[677] In diesem Fall werden konstant mit g_{UE} wachsende Umsatzerlöse angenommen. Diese unterliegen einer Risikostruktur, die eine Diskontierung mit k erlaubt. Die Investitionen sind durch c an die Umsatzerlöse gebunden. Die Bruttobilanzsumme wird degressiv mit der Rate d abgeschrieben:[678] $BS_1\,(1+d) = BS_0 + c\,UE_1 \Rightarrow BS_1 = (BS_0 + c\,UE_1)/(1+d)$. Wird nun noch das Wachstum der Abschreibungen durch $g_{AfA} = -\frac{d}{1+d}$ beschrieben, ergibt sich folgende geschlossene Formel:[679]

673 Der Risikograd der Abschreibungen ist nicht zu allen Zeiten gleich. Für bestehende Vermögensgegenstände sind diese risikolos, wenn man von planmäßigen, also in $t = 0$ bekannten Abschreibungen ausgeht und Abschreibungswahlrechte auf dieser Makroebene nicht eigens modelliert. Für künftige Vermögensgegenstände ist die Höhe der Abschreibungen aufgrund der unsicheren und perfekt mit EBIT korrelierten Investitionshöhe risikobehaftet.

674 Bestenfalls bleibt der Bestand konstant, wenn es sich um nicht abnutzbares Anlagevermögen handeln sollte.

675 Bei Richter/Drukarczyk (2001) wird diese Politik anhand eines Projekts mit einer Laufzeit von zwei Jahren diskutiert. Deshalb ist der Einfluss der wertabhängigen Politik sehr gering.

676 Vgl. zu dieser Annahme bei einer bilanzabhängigen Politik auch schon Myers (1974), S. 22; Drukarczyk (1998), S. 190; Ruback (2002), S. 19, mit Verweis auf Luehrman (1997). Ruback (2002) bezieht sich auf das Beispiel von Luehrman (1997) und spricht von einer „constant fraction of book value". Das Adjektiv „konstant" scheint etwas unglücklich gewählt. Gemeint ist wohl, dass die stochastische Struktur verweilt. Die Fremdkapitalquoten auf Buch- und Marktwertbasis sind bis zu dem Endwertzeitraum in dem Beispiel durchaus zeitabhängig.

677 Vgl. zu weiteren bilanzabhängigen Finanzierungspolitiken Kruschwitz/Löffler (2003), S. 68-79.

678 Die Parameter c und d sind konstant im Zeitablauf und deterministisch.

679 Die Ableitung ist etwas mühselig und daher in den Anhang verbannt. Vgl. Anhang 3-5.

$$(3\text{-}41)\quad \Delta V_0^F = \Bigg[\overbrace{\frac{BS_0}{i-g_{AfA}}}^{\substack{\text{Barwert}\\ \text{von } BS_0^d}} + \overbrace{\frac{c\cdot E_0\left[\widetilde{UE}_1\right]\cdot(1+i)}{(k-g_{UE})\cdot i}\cdot \underbrace{\frac{(1+g_{AfA})\cdot i}{(i-g_{AfA})\cdot(1+i)}}_{\Gamma}}^{\text{Barwert von } BS_0^S}\Bigg]\cdot L^{Bil}\cdot i\cdot s_K$$

Die Annahme der unbegrenzt degressiven Abschreibung stellt sicherlich einen Extrempunkt dar. Ein anderer Extrempunkt wäre die hier nicht betrachtete lineare Abschreibung. Realistisch wäre auch eine Kombination beider AfA-Arten, die bilanzsteuerrechtlich unter bestimmten Bedingungen zulässig ist. Beachtet man zudem, dass sich in aller Regel ΔBS_t in eine Vielzahl unterschiedlich abzuschreibender Projekte aufteilt (Laufzeit und Modus), lässt sich die hier vorgenommene Komplexitätsreduktion der Modellierung erkennen.

Die erwarteten Bilanzsummen wachsen in dieser Modellvariante i.a. nicht gleichmäßig und in der Folge auch nicht die Fremdkapitalbestände.[680] Daher kann, selbst wenn die Renditen für die gesamten Steuervorteile der Fremdfinanzierung $E_0^w\left[\tilde{k}_t^*\right]$ bekannt wären, keine steady state-Formel in Gestalt der ewigen Rente mit Wachstum eingesetzt werden.[681] Die Formel der ewigen Rente lässt sich wohl aber für die Berechnung der einzelnen Komponenten, die sich aus sicheren und unsicheren Barwert-Beständen des Fremdkapitals zusammensetzen, weiterhin verwenden.

Beispiel: $k = 0{,}1$; $i = 0{,}07$; $L^{Bil} = 0{,}45$; $g_{UE} = 0{,}03$; $d = 0{,}2$; $s_K = 0{,}4$; $BS_0 = 1.000$; $c\cdot E_0\left[\widetilde{UE}_1\right] = 200$; $\Rightarrow g_{AfA} = -0{,}1667$, $m = 1{,}02804$.

$\Delta V_0^F = 53{,}23 + 126{,}74 = 179{,}97$.

Bei autonomer Politik (k = i, d.h. m = 1) ergibt sich c.p. ein Wert von 275,07.

Bei wertabhängiger Politik erhält man c.p.:

$$\Delta V_0^F = m\cdot\left[\frac{BS_0}{k-g_{AfA}} + \frac{c\cdot E_0\left[\widetilde{UE}_1\right]\cdot(1+g_{AfA})}{(k-g_{UE})(k-g_{AfA})}\right]\cdot\frac{F_0}{BS_0}\cdot i s_K = 164{,}23.$$

Deutlich wird: Die Chancen, dass das Pendel eher in Richtung des Ergebnisses einer wertabhängigen Politik ausschlägt, stehen bei Unternehmensbewertungen nicht gerade schlecht. Dies trifft i.d.R. auch zu, wenn g_{UE},[682] d (d.h. g_{AfA}) und $c\cdot E_0\left[\widetilde{UE}_1\right]$ variiert werden. Würde c.p. in dem Beispiel die Projektdauer drastisch gekürzt, dann sind sich autonome und bilanzabhängige Politik näher. Der Planungszeitraum, der bei *Unternehmensbewertungen* zugrunde gelegt wird, ist üblicherweise aber bedeutend höher als ein kritischer Zeitraum von - sagen wir - 10 bis 20 Jahren. Eine explizite Berechnung von $E_0^w\left[\tilde{k}_t^*\right]$ über einen langen Zeitraum anhand von Zustandsbäumen wird schon nach wenigen Jahren selbst bei dem einfachen Binomialmodell kaum mehr durchführbar, weil die Zahl der Zustände explodiert. Der Versuch einer Problemlösung über diesen Pfad ist rechentechnisch extrem herausfordernd.[683] Der Charme der angewandten Vorgehensweise offenbart sich in seiner leichten Lösbarkeit. Die entscheidende

680 Langfristig konvergieren in diesem System alle Wachstumsraten gegen g_{UE}. Dies gilt für g_{BS} bzw. g_{FK} in dem folgenden Beispiel ab etwa t = 32.

681 Vgl. Richter/Drukarczyk (2001), S. 636.

682 Auch bei $g_{UE} = 0$.

683 Dies musste der Autor selber leidvoll erfahren.

Eigenschaft hierfür liegt in der Nutzung der *Wertadditivität.* Diese Vorgehensweise, die auch bei den folgenden Politiken eingesetzt wird, beruht auf dem einfachen Grundgedanken des APV-Ansatzes, hinsichtlich des Risikos *heterogene* Zahlungsströme mit den jeweils risikoäquivalenten Renditen *separat* zu bewerten.

Es interessiert nun, wie sich die Planungsdoktrin L^{Bil} in den WACC integrieren ließe. Um den Grundgedanken zu zeigen, sei der einfache Fall einer autonomen Politik ($BS_t^S = 0 \ \forall t$) in der ewigen Rente betrachtet.[684]

$$E_0^w\left[W\tilde{A}CC\right] = k\left[1 - s_K \frac{L^{Bil}}{M/B}\right], \text{ wobei } L^{Bil} = \frac{E_0\left[\tilde{F}\right]}{E_0\left[\tilde{BS}\right]} \text{ und } M/B = \frac{E_0\left[\tilde{V}^F\right]}{E_0\left[\tilde{BS}\right]}$$

Da ein Marktwert/Buchwert-Multiplikator (M/B) zu berücksichtigen ist, ist diese Vorgehensweise relativ umständlich.[685] Nach Kürzen des Terms $\frac{L^{Bil}}{M/B}$ gelangt man wieder zu dem ursprünglichen „Modigliani/Miller"-WACC. Zudem stellt sich die Frage ähnlich wie bei einer L-Planungsdoktrin auch, ob die Bewertung nicht schon bei Kenntnis des M/B-Multiplikators abgeschlossen ist. Ist die mit der Bewertung konsistente Bilanzsumme BS_0 bekannt, kann man sich nämlich eine weitere DCF-Bewertung sparen.
In dem APV-Ansatz hingegen ist eine Berücksichtigung von L^{Bil} ohne Umschweife möglich.

3.2.6. Cashflowabhängige Finanzierungspolitik

Arzac (1996) stellt eine cashflowabhängige Finanzierungspolitik vor. Das hauptsächliche Anwendungsgebiet sieht er bei hoch verschuldeten Unternehmen. Gemäß seinem Vorgehen wird hier davon ausgegangen, dass zur Tilgung von Fremdkapital eine Quote χ des operativen Cashflows bei Eigenfinanzierung nach Unternehmensteuern abzüglich der Quote der Zinszahlungen nach Unternehmensteuern zur Verfügung steht, d.h. $D_t - iF_{t-1}(1-s_K)$.[686] Der Steuereffekt ist i.a. nun weder autonom noch wertabhängig zu bewerten. Die Bedingungen von Miles/Ezzell zur Anwendung von k gelten auch hier.

Das sicherheitsäquivalente Fremdkapital entwickelt sich im Zeitablauf dann wie angegeben mit der entsprechenden Bewertung der Steuervorteile. χ bewegt sich zwischen 0 und 1.[687]

$$(3-42)\ E_0^q\left[\tilde{F}_t\right] = E_0^q\left[\tilde{F}_{t-1}\right]\cdot\left[1+\chi\cdot i(1-s_K)\right] - \chi\cdot\frac{E_0^p\left[\tilde{D}_t\right]}{m^t}, \text{ wobei } t=1,\ldots,n \text{ und } m = \frac{1+k}{1+i}$$

$$(3-43)\ \Delta V_0^F = is_K\sum_{t=1}^{n}\frac{E_0^q\left[\tilde{F}_{t-1}\right]}{(1+i)^t}$$

684 Vgl. Tabelle 3-1.

685 Es macht keinen Sinn L^{Bil} einzusetzen, ohne M/B zu berücksichtigen. Es sei denn, es gilt der Spezialfall M/B = 1. Vgl. auch Fn. 548.

686 Vgl. Arzac (1996), S. 43 und S. 48.

687 Mit $\chi = 0$ erhält man den Spezialfall einer autonomen Politik mit gleich bleibendem Fremdkapitalbestand.

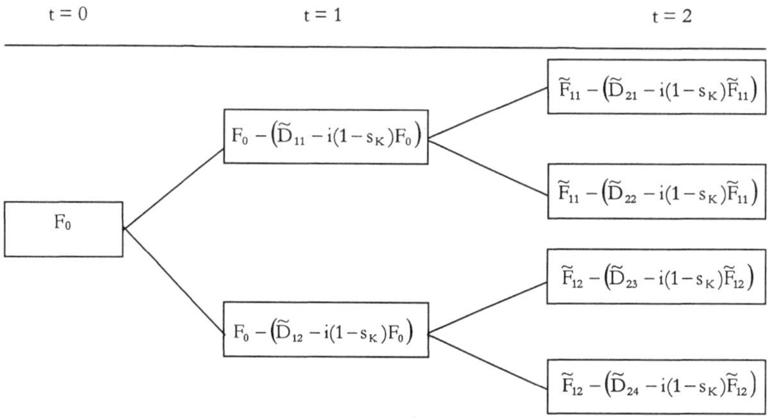

Abbildung 3-20: Zustandsabhängiges Fremdkapital nach cashflowabhängiger Politik (χ = 1)

Die Berechnung der sicherheitsäquivalenten Fremdkapitalbestände erfolgt progressiv; ausgehend von F_0 wird sukzessive $E_0^q[\tilde{F}_t]$ ermittelt. Danach kann durch Bildung des Barwerts in Verbindung mit dem Steuermultiplikator (is_K) der Wert bestimmt werden.

Diese Formeln (3-42)-(3-43) führen zu einem mit der Formel (3-44) von Arzac (1996) identischen Ergebnis, auch wenn es auf den ersten Blick nicht danach aussehen mag:[688]

$$(3\text{-}44)\quad V_0^{F,t}=V_0^{F,t-1}+\frac{E_0^p[\tilde{D}_t]}{(1+k)^t}+\frac{is_K}{1+i}\left(F_0-V_0^{F,t-1}\right),\text{wobei }t=1,\dots,n$$

Wird - wie Arzac es nennt - „rekursiv" bis $V_0^{F,n}$ berechnet, zeigt sich, dass gilt: $V_0^{F,n}=V_0^E+\Delta V_0^F$. Welche Formeln eingesetzt werden, ist also Geschmackssache. Die oben vorgeschlagene Vorgehensweise bewertet den Wert der Fremdfinanzierung isoliert, die untere „spuckt" den Unternehmensgesamtwert insgesamt aus. Für meinen Geschmack sind die anfangs gezeigten Formeln aber leichter nachvollziehbar, da sie nicht das Destillat langatmiger Ableitungen darstellen, sondern sich direkt aus den zu bewertenden Zahlungsströmen ergeben.

Die Politik ist i.d.R. nicht über einen unbegrenzten Horizont realistisch, da sonst ab einem bestimmten Zeitpunkt nur noch Finanzanlagen (negatives Fremdkapital) aufgebaut würden,[689]

688 Arzac (1996), S. 43, zeigt auf, dass sich für den Fall gleichmäßig wachsender Cashflows D eine geschlossene Formel angeben lässt. Die Formel wird hier ohne einen eventuellen Endwert dargestellt. Ebenso sind das Ergebnis verzerrende Druckfehler in Arzacs Formel [4] hier behoben:

$$V_0^F=\frac{\vartheta^n-\pi^n}{(1+k)(\vartheta-\pi)}\cdot E_0^p[\tilde{D}_1]+\left(1-\pi^n\right)\cdot F_0,\text{mit }\vartheta=\frac{1+g_D}{1+k}\text{ und }\pi=\frac{\chi(1+i(1-s_K))}{1+i}$$

689 Dies zeigt das Beispiel. Gleichwohl gibt es Unternehmen, die hohe cash-Bestände halten wie z.B. Microsoft. Jedoch dürfte dieser Fall die Ausnahme sein, der demzufolge besonders zu begründen wäre, auch weil Steuernachteile i.d.R. damit verbunden sind.

falls D > 0 bzw. zumindest der Bestand des Fremdkapitals langfristig gegen null tendiert.[690] Für einen Endwert ist daher z.B. eine wertabhängige Politik empfehlenswert, um einen auf die lange Sicht positiven Fremdkapitalbestand in die Planung zu integrieren. Es wird in dem folgenden Beispiel der Wert der Steuervorteile der expliziten Phase ermittelt, die mit 3 Jahren veranschlagt worden ist. Welche Finanzierungspolitik für die Ermittlung eines Endwerts geeignet erscheint, wird in Abschnitt 3.8. noch diskutiert. Um die Struktur des Beispiels zu vereinfachen, wird ein rekombinierendes Binomialmodell für D eingesetzt. Nötig ist diese Annahme freilich nicht.

Beispiel: $D_0 = 800$; $u = 25\%$ und $d = -20\%$; $q = 0{,}4$; $p = 0{,}5$; $i = 0{,}07$; $s_K = 0{,}4$; $n = 3$;
$F_0 = 4.000$; $\chi = 1$; $g_D = 0{,}025$; $k \Rightarrow 0{,}11913265$ und $m = 1{,}04591837$.

	t = 0	1	2	3
$E_0^p[\tilde{D}_t]$	800	820	840,5	861,5125
$E_0^p[\tilde{F}_t]$	4.000,0	3.348,0	2.648,1	
$E_0^q[\tilde{F}_t]$	4.000,0	3.384,0	2.757,8	

$\Delta V_0^F = 250{,}47.$

Die Diskontierung der subjektiv erwarteten Steuervorteile erfolgt von dem Zeitpunkt n auf 0 über risikoäquivalente Renditen für die Steuervorteile aus Fremdfinanzierung $E_0^w[\tilde{k}_t^*]$. Diese sind i.d.R. nicht äquivalent mit k und auch nicht mit i, abgesehen von dem risikolosen Intermezzo - hervorgerufen durch den diskreten Kalkül - für die letzte Periode.

	t = 1	2	3
$E_0^w[\tilde{k}_t^*]$	5,91%	6,37%	7,00%

Wieso liegt $E_0^w[\tilde{k}_t^*]$ unter k in t = 1 und 2, obwohl das Fremdkapital unsicher ist? Ein Rechenfehler, so möchte man im ersten Augenblick vermuten. Ein Blick auf die zustandsabhängigen Werte von D_t und F_t zeigt aber, dass D_t und F_t negativ korreliert sind.[691] Zwischen der bedingten Kovarianz von D_t und F_t sowie der bedingten Varianz von D_t besteht folgende inverse Beziehung: $Cov_{t-1}[\tilde{F}_t, \tilde{D}_t] = -Var_{t-1}[\tilde{D}_t]$.[692] Ist der operative Cashflow hoch, dann ist der Fremdkapitalbestand derselben Periode niedrig und vice versa. Deshalb ist die erwartete Rendite $E_0^w[\tilde{k}_t^*]$ auch kleiner als k, da die Schwankungen des operativen Cashflows eben nicht wie bei einer wertabhängigen Politik prozyklisch, sondern antizyklisch nachvollzogen werden.

690 Löffler (2000) stellt ebenso eine Politik cashflowabhängigen Fremdkapitals vor. Der Unterschied zu dem Vorgehen hier ist, dass Fremdkapital per Definition bei Löffler (2000) nicht negativ wird. Für eine Bewertung mit risikoangepassten Renditen reicht i.a. k und i dann nicht mehr aus. Das macht die Bewertung schwieriger. Diese Schwierigkeit ist jedoch nicht ein Merkmal dieser Politik. Sie kann bei jeder Politik auch bei einer autonomen auftauchen, wenn z.B. Steuervorteile nicht mehr sicher sind. Zudem wird bei Löffler (2000) Fremdkapital durch D_t und nicht durch $D_t - iF_{t-1}(1-s_K)$ reduziert. Vgl. Löffler (2000), S. 5.

691 Vgl. den Anhang 3-6 dazu.

692 Vgl. Arzac (1996), S. 44.

Nach Arzacs Formel (3-44) ergibt sich:

	t = 1	2	3
$V_0^{F,t}$	837,4	1.591,2	2.268,9

$V_0^{F,3} = V_0^E + \Delta V_0^F = 2.018{,}43 + 250{,}47 = 2.268{,}9$ [693]

Bei autonomer und wertabhängiger Politik (nach der Reinterpretation von ME) ergäben sich analog zu den geplanten Beständen $E_0^P[\widetilde{F}_t]$ folgende Werte für ΔV_0^F: 247,08 und 238,29.[694] Dass diese niedriger sind, verwundert nicht, denn die zur Diskontierung verwendeten Renditen sind i.a. höher als bei der cashflowabhängigen Politik. Beide Vorgehensweisen sind *pragmatisch*: Die Diskontierung mit i liefert bei cashflowabhängiger Politik aber die *bessere Näherung* als eine Diskontierung mit k und m.[695]

3.2.7. Dividendenabhängige Finanzierungspolitik

Greift man die Vorschläge von Lintner (1956) auf, die er aufgrund empirischer Untersuchungen zur Dividendenpolitik für besonders relevant befunden hat,[696] ergibt sich eine dividendenabhängige Finanzierungspolitik.[697] Betrachtet man die folgende Gleichung, zeigt sich,

---

[693] Dieses Resultat ergibt sich freilich in diesem Beispiel auch mit Arzacs geschlossener Formel aus Fn. 688. V_0^F = 1.963,0 + 305,9 = 2.268,9. Auch diese Formel zerlegt V_0^F offensichtlich nicht wie (3-43) in ΔV_0^F und V_0^E. Jedoch lässt sich eine solche Separation leicht vornehmen, indem von V_0^F $V_0^E = E_0^P[\widetilde{D}_1] \cdot \frac{1-\vartheta^n}{k-g_D}$ subtrahiert wird:

$$\Delta V_0^F = \left[\frac{\vartheta^n - \pi^n}{(1+k)(\vartheta - \pi)} - \frac{1-\vartheta^n}{k-g_D}\right] \cdot E_0^P[\widetilde{D}_1] + \left(1-\pi^n\right) \cdot F_0 .$$

[694] Gilson (2001), S. 494-496 und S. 503-505, verwendet bei dieser Politik etwa für Simulationsrechnungen einmal i und einmal k zur Diskontierung. Dass es sich um pragmatische Vorgehensweisen handelt, erfährt der Leser jedoch hierbei nicht.

[695] Vgl. auch die Berechnungsbeispiele in den Tabellen 3 und 4 bei Arzac (1996), S. 44-45. Die Vorstellung von Arzac (1996), S. 45, dass der Equity-Ansatz bei autonomer Politik kein zum APV-Ansatz identisches Ergebnis liefere, hängt aber schlicht damit zusammen, dass seine Beta-Umrechnung nicht eine autonome, sondern eine inkrementell wertabhängige Politik widerspiegelt. Vgl. auch Abschnitt 3.2.8.

[696] Miller (1998), S. 115, betont, dass Lintners Modell auch heute noch seine empirische Gültigkeit besitzt und der Fremdkapitalbestand die residuale Größe darstellt. Miller beruft sich bei seinen Ausführungen auf die inzwischen veröffentlichten empirischen Studien von Fama/French (1998) sowie (2002). Stützung erfährt Lintners empirische Untersuchung ebenfalls mit weiteren Literaturhinweisen etwa durch Allen/Michaely (1995), S. 796-799, und Allen/Michaely (2002), S. 10-12. Baker/Veit/Powell (2001), S. 35-36, unternehmen eine Feldstudie für an der Nasdaq gelistete Unternehmen und bestätigen Lintners Ergebnisse. Brav/Graham/Harvey/Michaely (2003), S. 12-17, unternehmen wie Lintner (1956) ebenfalls eine Feldstudie für amerikanische Unternehmen. Sie kommen zu dem Ergebnis, dass „stickiness in dividends" immer noch gelte, belegen aber auch Unterschiede zwischen Lintners und ihrer Untersuchung. Pellens/Gassen/Richard (2003), S. 326-328, können interessanterweise ebenfalls für *deutsche* börsennotierte Unternehmen in ihrer empirischen Studie die Hypothesen Lintners bestätigen. Steuer- als auch gesellschaftsrechtliche Rahmenbedingungen wie § 58 AktG üben nach dieser Studie derzeit keinen maßgeblichen Einfluss auf die Dividendenpolitik aus.

[697] Arzac (1996), S. 49, Fn. 13, deutet an, dass in Analogie zum Modell der cashflowabhängigen Politik eine dividendenabhängige Finanzierungspolitik abgeleitet werden kann. Demonstriert hat Arzac (1996) dies nicht. Gleichwohl lässt sich bei den in dieser Arbeit formulierten Gleichungen (3-42) sowie (3-47) und (3-48) i.V.m. (3-43) eine Strukturgleichheit nicht verkennen. Kruschwitz/Löffler (2003), S. 82-85, zeigen die Bewertung einer dividendenabhängigen Finanzierungspolitik bei deterministischen Dividenden auf.

dass für eine gegebene Dividende bei Mischfinanzierung, die nach Lintners Modell ermittelt wird, sowie optimalem Investitionsprogramm, der Fremdkapitalbestand F_t die residuale Größe ist.[698]

$$(3-45)\quad D_t^{MF} = \underbrace{(UE_t - BA_t - Ab_t}_{EBIT_t} - iF_{t-1})(1-s_K) - [\underbrace{I_t - Ab_t}_{\Delta I_t} - \underbrace{(F_t - F_{t-1})}_{\Downarrow \text{ Residuale Größe}}]$$

	Dividendenbasierte Politik	**Autonome Politik**	**Wertabhängige Politik**
Investitionspolitik	Unabhängig	Unabhängig	Unabhängig
Dividendenpolitik	Unabhängig	Abhängig von Investitions- & Finanzierungspolitik	Abhängig von Investitions- & Finanzierungspolitik
Finanzierungspolitik	Abhängig von Investitions- & Dividendenpolitik, **stochastisch**	Unabhängig, **deterministisch**	Abhängig vom Risiko der Investitionspolitik, **stochastisch**

Dies entspricht der Annahme, dass Dividendenpolitik und das optimale Investitionsprogramm unabhängige Variablen sind, während hingegen die Finanzierungspolitik eine abhängige Variable darstellt.[699] Die autonome Finanzierungspolitik kann per Definition nicht eine abhängige Variable sein. Wird zudem wie üblich angenommen, dass das optimale Investitionsprogramm exogen bestimmt ist, dann ist die Dividendenpolitik die residuale bzw. abhängige Größe. Bei der wertabhängigen Politik sind - geht man wieder von einem optimalen Investitionsprogramm aus - Dividenden- und Finanzierungspolitik abhängige Parameter. Die Finanzierungspolitik ist abhängig bei ME von dem operativen Geschäft und die Dividendenpolitik ist wiederum abhängig von Investitions- und Finanzierungspolitik. Ähnlich verhält es sich bei der inkrementell wertabhängigen, der bilanz- und cashflowabhängigen Finanzierungspolitik.
Es ist unter Unsicherheit nicht zu erwarten, dass F_t i.a. in das stochastische Modell der autonomen bzw. wertabhängigen Politik passen wird.

Nach dem Lintner-Modell ergibt sich die Veränderung der Dividende aus:[700]

$$(3\text{-}46)\quad \Delta D_t^{MF} = a + c\left[(1-b)(EBIT_t - iF_{t-1})(1-s_K) - D_{t-1}^{MF}\right]$$

a Minimale Dividendenveränderung (i.d.R. positiv, konstant, sicher)
b Reinvestitionsquote
c Konstante

Einsetzen von (3-46) in (3-45) führt nach Vereinfachungen zur Gleichung (3-47), die die residuale Größe, den Fremdkapitalbestand (F_t), beschreibt:[701]

698 Der Jahresüberschuss in t ist eine gegebene Größe, der Fremdkapitalbestand der Vorperiode t-1 steht in t auch schon fest.

699 Vgl. auch Miller (1998), S. 115. Diese Politik stimmt nicht mit einer residualen Dividendenpolitik i.S.v. Jensen überein. Nach der Studie von Graham/Harvey (2001), S. 226-227 und S. 233, kann wenig Evidenz für diese Politik empirisch festgestellt werden.

700 Vgl. die Formel [1] bei Lintner (1956), S. 107.

701 $D_{t-1}^{MF} + a + c\left[(1-b)(EBIT_t - iF_{t-1})(1-s_K) - D_{t-1}^{MF}\right] = (EBIT_t - iF_{t-1})(1-s_K) - [\Delta I_t - (F_t - F_{t-1})]$

$D_{t-1}^{MF} + a + c\left[(1-b)(EBIT_t - iF_{t-1})(1-s_K) - D_{t-1}^{MF}\right] - (EBIT_t - iF_{t-1})(1-s_K) + \Delta I_t + F_{t-1} = F_t$

$$(3-47)\; F_t = a + D_{t-1}^{MF}(1-c) + \left(c(1-b)-1\right)\left[(EBIT_t - iF_{t-1})(1-s_K)\right] + \Delta I_t + F_{t-1}$$

Um konkrete Bewertungsgleichungen aufstellen zu können, wird angenommen, dass EBIT und ΔI jeweils mit k diskontiert werden können.[702]

$$(3\text{-}48)\; E_0^q\left[\Delta\widetilde{D}_t^{MF}\right] = a + c\left[(1-b)\left(\frac{E_0^p\left[EB\widetilde{I}T_t\right]}{m^t} - iE_0^q\left[\widetilde{F}_{t-1}\right]\right)(1-s_K) - E_0^q\left[\widetilde{D}_{t-1}^{MF}\right]\right]$$

$$(3\text{-}49)\; E_0^q\left[\widetilde{F}_t\right] = a + E_0^q\left[\widetilde{D}_{t-1}^{MF}\right](1-c) + \left(c(1-b)-1\right)\left[\left(\frac{E_0^p\left[EB\widetilde{I}T_t\right]}{m^t} - iE_0^q\left[\widetilde{F}_{t-1}\right]\right)(1-s_K)\right] + \frac{E_0^p\left[\Delta\widetilde{I}_t\right]}{m^t} + E_0^q\left[\widetilde{F}_{t-1}\right]$$

Hier gilt ebenfalls: $(3\text{-}43)\; \Delta V_0^F = is_K \sum_{t=1}^{n} \frac{E_0^q\left[\widetilde{F}_{t-1}\right]}{(1+i)^t}$

Für das folgende Beispiel wird wieder ein rekombinierendes Binomialmodell wie im vorherigen Beispiel unterstellt.

Beispiel: D_0^{MF} = 500; $EBIT_1$ = (2.083,33, 1.333,33); $EBIT_2$ = (2.604,17, 1.666,67, 1.666,67, 1.066,67); ΔI_1 = (250, 160); ΔI_2 = (312,5, 200, 200, 128); q = 0,4; p = 0,5; i = 0,07; s_K = 0,4; n = 3; F_0 = 4.000; a = 50; b = 0,5; c = 0,3; k $\Rightarrow$ 0,11913265 und m = 1,04591837.

	t = 0	1	2
$E_0^p\left[\widetilde{D}_t^{MF}\right]$	500,0	528,6	553,2
$E_0^q\left[\widetilde{D}_t^{MF}\right]$	500,0	521,8	534,7
$E_0^p\left[\widetilde{F}_t\right]$	4.000,0	3.876,6	3.752,0
$E_0^q\left[\widetilde{F}_t\right]$	4.000,0	3.905,8	3.836,2

Nach progressiver Ermittlung von $E_0^q\left[\widetilde{D}_t^{MF}\right]$ und $E_0^q\left[\widetilde{F}_t\right]$, deren Werte in der obigen Tabelle angegeben sind, folgt gemäß (3-43): $\Delta V_0^F = 287{,}88$.

Die autonome sowie die wertabhängige Politik betragen bei identischen subjektiv erwarteten Fremdkapitalbeständen folgende Werte: 285,24 bzw. 273,71. Die autonome Politik liefert hier ebenfalls eine bessere Näherung als die wertabhängige. Es liegt also eine ähnliche Charakteristik wie bei der cashflowabhängigen Politik vor, d.h. $E_0^w\left[\widetilde{k}_t^*\right]$ kann kleiner als i sein. Die zustandsabhängigen Werte von D_t und F_t sind negativ korreliert, wenn auch nicht in dem Maße, wie dies bei der untersuchten cashflowabhängigen Politik zutrifft.[703]

	t = 1	2	3
$E_0^w\left[\widetilde{k}_t^*\right]$	6,27%	6,60%	7,00%

[702] Es ließen sich auch hier zeitvariable Renditen sowie für EBIT und ΔI unterschiedliche Renditen annehmen; das würde aber nur die Notation komplizieren.

[703] Vgl. den Anhang 3-7 dazu.

In dem allenfalls für einen sehr begrenzten Zeitraum realistischen Fall vollständig *deterministischer* Dividenden gilt mit c = 0:[704]

$$(3\text{-}48a)\quad \Delta D_t^{MF} = a$$

$$(3\text{-}49a)\quad E_0^q\left[\tilde{F}_t\right] = a + D_{t-1}^{MF} - \left[\left(\frac{E_0^p\left[EB\tilde{I}T_t\right]}{m^t} - iE_0^q\left[\tilde{F}_{t-1}\right]\right)(1-s_K)\right] + \frac{E_0^p\left[\Delta\tilde{I}_t\right]}{m^t} + E_0^q\left[\tilde{F}_{t-1}\right]$$

Auch in diesem Spezialfall ist aber die Bewertung des Steuervorteils der Fremdfinanzierung nicht wesentlich einfacher.

Die Bewertung dieser Politik ist komplex, zumindest komplexer als die bislang betrachteten Finanzierungspolitiken. Jedoch scheint diese Politik eine gute Deskription der (zumindest amerikanischen) empirisch zu beobachtenden Daten zu sein. Insofern mag es ein wenig verwundern, dass die Implikationen der Hypothesen Lintners für Zwecke der Unternehmensbewertung in der Literatur noch nicht beleuchtet worden sind.

Bei einer cashflowabhängigen Politik ist klar, dass mit Fortschreiten der Zeit der Fremdkapitalbestand vollständig abgebaut wird und Finanzanlagen aufgebaut werden. Offensichtlich macht diese Politik, wenn man einen im Zeitablauf wachsenden Bestand an Finanzanlagen als nicht plausibel ansieht, für einen unbegrenzten Horizont in dieser Form keinen Sinn. Bei einer dividendenabhängigen Politik liegen die Implikationen eines sehr langen Horizonts nicht auf der Hand. Es empfiehlt sich daher, das Systemverhalten (am einfachsten EDV-gestützt) vor ausgewählten Parametern über den Zeitablauf sorgfältig mit numerischen Werten zu betrachten.[705] Nimmt man beispielsweise an, dass EBIT und die Nettoinvestitionen gleichmäßig wachsen, dann wird sich unabhängig davon, wie die anderen Parameter gewählt werden, im Zeitablauf entweder ein negatives Fremdkapital, d.h. ein positiver Saldo an Finanzanlagen ergeben, oder negative Dividenden bzw. negative Buchwerte des Eigenkapitals.[706] Die beiden letzteren Implikationen sind für einen unbegrenzten Zeitraum keine plausiblen Annahmen. Das bedeutet, dass eine dividendenabhängige Politik für einen unbegrenzten Zeitraum nicht so einfach modelliert werden kann, möchte man nicht Finanzanlagen unbegrenzt aufbauen. Es soll aber nicht näher untersucht werden, ob diese u.U. unplausiblen Implikationen durch filigranere, zeitabhängige Parametersetzungen plausibel umgangen werden könnten.[707] Der Punkt, der gezeigt werden sollte, bestand darin, dass eine relativ grobe Planung, die üblich für den Endwertzeitraum ist, bei einer derart formulierten Politik nicht plausibel machbar erscheint. Diese Eigenschaft schließt auch die dividendenabhängige Politik in dieser Form aus dem Kreis

---

704 Die deterministischen Dividenden wachsen dann arithmetisch um a an. Nun ließe sich auch ein stochastisches a modellieren, in Lintners Beitrag (1956) jedoch wird a als eine deterministische Größe angesehen. Vgl. für den ewigen Rentenfall mit stochastischen Dividenden auch Kapitel 2.1.2.
Kruschwitz/Löffler (2003), S. 83, machen darauf aufmerksam, dass deterministische Dividenden auf unbegrenzte Zeit einen Widerspruch zu der Transversalitätsbedingung darstellten.

705 Das System ist von dem Autor durch Variationsrechnungen darauf untersucht worden, ob es über einen sehr langen Zeitraum, sagen wir 1.000 Jahre, möglich ist, ohne negatives FK, EK bzw. negative Dividenden auszukommen.

706 Zu betonen ist, dass diese Eigenschaften schon an den unbedingt erwarteten Werten sichtbar werden. Diese Eigenschaften werden generell auch bei den bedingten Werten auftreten. Dieses Problem ist hier aber, wie üblich bei Unternehmensbewertungen, bequem per Annahme ausgeschlossen worden. Hier schlummert natürlich ein Problem, das aber einer umsetzbaren Lösung für relativ allgemeine Fälle noch harrt. Ich habe hierbei nicht einen Zeitraum von bis zu 10 oder 20 Jahren, sondern einen Zeitraum von 100-300 Jahren vor Augen.

707 Man könnte sich hier auf g_{EBIT} und $g_{\Delta I}$ beschränken. Nach Lintner sollen die Parameter a, b und c ja recht stabil sein, zumindest für irdische Zeitrechnungen.

potentieller Kandidaten für die Bestimmung eines üblichen Endwerts mit einer Trendfortschreibung aus.
Wie lassen sich die bisherigen Ausführungen bei dem in der Unternehmensbewertung üblichen Phasenkonzept verwenden? Eine Synopse stellt zunächst die untersuchten Finanzierungspolitiken zusammen und reflektiert kurz ihre technischen Eigenschaften. Anschließend werden die vielfältigen und v.a. abweichenden Einschätzungen zu den Finanzierungspolitiken in der Literatur gegenübergestellt und eine Synthese versucht. Es wird diskutiert, welche Finanzierungspolitiken in bestimmten Phasen adäquat sind. Detailfragen, die sich aus einem phasenabhängigen Einsatz von Finanzierungspolitiken ergeben, werden analysiert.

3.2.8. Finanzierungspolitiken und Phasenorientierung

3.2.8.1. Synopse zu Finanzierungspolitiken

Der Standard in der Literatur ist die autonome Politik auf Basis einer F_{t-1}-Planungsdoktrin, die wertabhängige Politik auf Basis einer L-Planungsdoktrin und aufgrund der relativ häufigen Anwendung, wenn man so will, eine inkrementell wertabhängige Politik auf Basis einer $E_0^w[\tilde{L}]$-Planungsdoktrin. Dass sich diese Politiken als Standard etabliert haben, mag auch damit zusammenhängen, dass jene schon seit langem bekannt und daher mehr oder weniger diffundiert sind. Sie wurden in den 60er, 70er und 80er Jahren diskutiert. Zudem sind diese Politiken rechentechnisch vergleichsweise einfach handhabbar. Der Fundus an Finanzierungspolitiken, aus dem sich schöpfen lässt, ist aber breiter. Seit Mitte der 90er Jahre erfuhr die Diskussion eine Renaissance. Die Produkte dieser Diskussion sind in der folgenden Tabelle 3-13 zusammengefasst.

#	Finanzierungspolitik	F-Doktrin	L-Doktrin	Allg.-Grad
1	Autonom	F, F_{t-1} F^+, F^+_{t-1}	$E_0^w[\tilde{L}]$, auch $E_0^w[\tilde{L}_{t-1}]$* L^{FP}, L^{FP}_{t-1}	
2	Wertabhängig	$E_0[\tilde{F}], E_0[\tilde{F}_{t-1}]$	L, L_{t-1}	1
3	Wertabhängig mit time lag	$F/E_0[\tilde{F}], F_{t-1}/E_0[\tilde{F}_{t-1}]$	$L/E_0^w[\tilde{L}]$, auch $L_{t-1}/E_0^w[\tilde{L}_{t-1}]$*	1, 2
4	Gemischt	i.d.R. $E_0[\tilde{F}], E_0[\tilde{F}_{t-1}]$	$E_0^w[\tilde{L}]$ i.d.R.*	1, 2
5	Inkrementell wertabhängig	$E_0[\tilde{F}], E_0[\tilde{F}_{t-1}]$	$E_0^w[\tilde{L}], E_0^w[\tilde{L}_{t-1}]$ ΔL^{Bil}	1[708]
6	Bilanzabhängig	i.d.R. $E_0[\tilde{F}], E_0[\tilde{F}_{t-1}]$	L^{Bil}, L^{Bil}_{t-1}	1
7	Cashflowabhängig	$E_0[\tilde{F}]$*, $E_0[\tilde{F}_{t-1}]$*	$E_0^w[\tilde{L}]$ i.d.R.*	1[709]
8	Dividendenabhängig	$E_0[\tilde{F}]$*, $E_0[\tilde{F}_{t-1}]$*	$E_0^w[\tilde{L}]$ i.d.R.*	1[710]

Tabelle 3-13: Finanzierungspolitiken und Planungsdoktrinen

708 Umfasst Spezialfall einer autonomen Politik mit gleichbleibendem Fremdkapitalbestand.

709 Mit $\chi = 0$ erhält man den Spezialfall einer autonomen Politik mit gleichbleibendem Fremdkapitalbestand. Wird von dem Spezialfall sicherer Cashflows ausgegangen, ergibt sich eine autonome Politik mit einem spezifischen Zahlungsmuster der Steuervorteile.

710 Wird von dem Spezialfall ausgegangen, dass EBIT und ΔI sicher sind, ergibt sich eine autonome Politik mit einem spezifischen Zahlungsmuster der Steuervorteile.

Das „*"-Zeichen in Tabelle 3-13 markiert, dass die Doktrin bei der jeweiligen Politik eher umständlich implementierbar ist. Bei einer Einschätzung der Doktrinen macht es wohl wenig Sinn, dogmatisch zu sein.[711] Es fällt aber auf, dass manche Politiken bei beiden Planungsdoktrinen rechentechnisch effizient sind und sich manche Politiken eher mit einer L-Doktrin schwer tun. Eine L-Doktrin auf Marktwertbasis findet in der empirischen Literatur, in der Manager befragt worden sind, einige Unterstützung.[712] Die cashflow- wie auch die dividendenabhängige Finanzierungspolitik verfolgen eine Doktrin sui generis, da die Prozesse für den Fremdkapitalbestand durch die jeweiligen Parameter endogen bestimmt sind, d.h.

$$F_t = F_{t-1} + \overbrace{\chi \cdot [F_{t-1} \cdot i(1-s_K) - D_t]}^{\Delta F} \text{ bzw.}$$

$$F_t = F_{t-1} + \overbrace{a + D_{t-1}^{MF}(1-c) + (c(1-b)-1)[(EBIT_t - iF_{t-1})(1-s_K)] + \Delta I_t}^{\Delta F}.$$

Eine eigenständige F- bzw. L-Doktrin liegt hierbei nicht vor. Sollen spezifische Fremdkapitalbestände oder -quoten verfolgt werden, sind die dem jeweiligen Prozess zugrunde liegenden Parameter entsprechend anzupassen. Bei der autonomen Politik liegt mit der F^+-Doktrin ebenfalls eine Doktrin sui generis vor, da der Fremdkapitalbestand nicht gänzlich exogen, sondern partiell endogen bestimmt wird.

In den unvollständigen Planungssystematiken des Kapitels 2. wird die Kapitalstruktur nicht explizit ermittelt, so dass die Doktrin einer relativen Planung über eine Fremdkapitalquote nahe liegt.[713] Andererseits könnte auch eine absolute Planung durch Hinzufügen der Passivseite in den Planbilanzen erfolgen. Eine Planung ohne Bilanzdaten hat nämlich den entscheidenden Nachteil, dass wichtige Bilanzbeziehungen intransparent bleiben. Wie verhält sich das Fremdkapital zur Bilanzsumme? Übersteigt das implizit geplante Fremdkapital etwa die Bilanzsumme? Dies lässt sich für unbedingt erwartete Werte erst dann erkennen, wenn diese sichtbar gemacht werden. Eine Planung auf Basis von Pro Forma-Abschlüssen mit einer F-Doktrin scheint ein erster Anhaltspunkt zu sein. Das schließt nicht aus, dass spezifische Relationen von L nicht überschritten werden sollten.

Wie könnten etwaige Erweiterungen der Politiken 1-8 aussehen? Politik 3 ließe sich neben variablen time lags durch weitere zustandsunabhängige Elemente aufweichen. Die Idee des time lag könnte ebenso auf die Politiken 4-8 übertragen werden. Zudem kann man sich vorstellen,

---

711 Vgl. Myers (1974), S. 21-22, der diskutiert, ob eine Orientierung an einem konstanten Verschuldungsgrad, sei es bei autonomer oder wertabhängiger Politik, erwartet werden kann.

712 Vgl. die Quellen in Fn. 596 sowie 726.

713 Booth bezieht Stellung in einem Aufsatz von (1982) und von (2002), dessen Titel (Finding Value Where Non Exists: Pitfalls In Using Adjusted Present Value) eine Retourkutsche zu einer Überschrift in dem Aufsatz von Luehrman (1997), S. 153 (The Pitfalls of Using WACC) darstellt. Booth vertritt sehr vehement die These, WACC sei die geeignete Wahl, wenn $E_0^w[\tilde{L}]$ bekannt sei. Diese Feststellung ist in dem von ihm untersuchten Fall der ewigen Rente und der autonomen Politik nicht bestreitbar. Dennoch haben die anderen DCF-Ansätze in diesem Umfeld auch kein ernsthaftes Problem. Wird zudem der Rentenfall verlassen, was Booth (2002) zwar nicht tut, jedoch seiner Meinung nach leicht analysierbar sei, taucht in keiner der DCF-Formeln (3-1)-(3-3) die $E_0^w[\tilde{L}]$- Planungsdoktrin auf. Bekanntlich ist hier der Ansatz von Ashton/Atkins (1978) nach Formel (3-4) einschlägig, der sich keiner der DCF-Ansätze unmittelbar zuordnen lässt.

Die These von Booth (2002), S. 13 bzw. S. 16, der WACC-Ansatz sei die Verkörperung einer $E_0^w[\tilde{L}]$-Planungsdoktrin, steht also auf einem schmalen Fundament.

Überzogen erscheint zudem, welch große Bedeutung Booth der Planungsdoktrin $E_0^w[\tilde{L}]$ bei autonomer Politik beimisst. Ob das Problemfeld optimaler Kapitalstrukturen hinreichend durch die Kennzahl $E_0^w[\tilde{L}]$ beschrieben werden kann, darf bezweifelt werden.

dass durch andere Mischungen aus den Politiken 1 bis 8 weitere Politiken geschaffen werden können und leicht bewertbar werden.

Die letzte Spalte der Tabelle 3-13 zeigt den Allgemeinheitsgrad an: Die wertabhängige Politik geht z.B. bei dem APV-Ansatz in eine autonome Politik über, wenn die Steuervorteile zustandsunabhängig sind, weil der Diskontierungssatz k für die Bewertung der Steuervorteile dann zu i mutiert. Jede Politik kann eine autonome Politik beschreiben mit einem mehr oder weniger spezifischen Zahlungsmuster der Steuervorteile. Dies deutet auf die Wichtigkeit der autonomen Politik hin als ein Grundelement jeder Finanzierungspolitik.

In der Literatur wird insbesondere für den Fall einer autonomen Politik gezeigt, dass die Gültigkeit der Formeln unter der Annahme spezifischer Cashflow-Verteilungen bedroht sein kann.[714] Je höher die Wachstumsrate des Fremdkapitals ist, desto rascher gelangt man bei gegebenen Cashflow-Verteilungen in die Bredouille. Gründe hierfür können sein:

(1) Die steuerlichen Bemessungsgrundlagen sind nicht mehr ausreichend. Der Steuervorteil wird dann überschätzt.[715]
(2) Es kann ökonomische Überschuldung vorliegen, wenn der Fremdkapitalbestand den Unternehmensgesamtwert übersteigt. Insolvenzkosten von null liegen dann nicht mehr vor.
(3) Ebenso kann eine bilanzielle Überschuldung vorliegen, wenn nicht eine F-Planungsdoktrin in Verbindung mit Pro Forma-Abschlüssen gefahren wird.

Dieses Problem wird hier umgangen, indem angenommen wird, dass die Cashflow-Verteilungen stets ausreichende Bemessungsgrundlagen erlauben. Die problematisierten Aspekte (2) und (3) werden kaschiert durch die Verwendung unbedingt erwarteter Werte. Wie die bedingt erwarteten Werte in der Zukunft aussehen, lässt sich nicht im Detail rekonstruieren. Es wird wie überwiegend in der Literatur auch hier der Einfachheit halber implizit vermutet, dass sich entsprechende Verteilungen der Passivseiten der Planbilanz als auch der Cashflow-Verteilungen konstruieren lassen, um nicht mit den oben genannten Problemen in Kollision zu geraten.

Die Idee muss an dieser Stelle so abstrakt bleiben, da nicht intendiert ist, dies für einen langen Zeitraum für jeden Zustand en Detail zu prüfen. Diese Angelegenheit wird mit fortschreitendem Horizont sehr komplex; sie ist gelinde gesagt rechentechnisch äußerst herausfordernd, da a) effiziente Algorithmen zu programmieren sind und b) die Rechnerleistung (wohl noch) bei vollständiger Enumeration an ihre Grenzen stößt. Hier besteht Forschungsbedarf, um diese Wirkungen quantitativ und überschaubar in den Griff zu bekommen. Ein Weg könnte darin bestehen, dem Problem eine leichter lösbare Struktur vorzugeben, d.h. z.B. den Cashflow-Prozess zu bändigen.[716]

Zudem sollte nicht verkannt werden, dass auch die anderen Politiken nicht generell einen Königsweg hinsichtlich dieser Problematik der internen Konsistenz darstellen. Das Damokles-Schwert der Realisierbarkeit schwebt mehr oder weniger tief über allen Finanzierungspolitiken.

---

[714] Vgl. Appleyard/Dobbs (1997), die deshalb vorschlagen, von fallendem Fremdkapital im Endwertfall auszugehen; vgl. auch Schwetzler (2000a); Richter/Drukarczyk (2001); Richter (2002b); Drukarczyk (2003b).

[715] Vgl. generell dazu schon Modigliani/Miller (1963), S. 435, Fn. 5.

[716] Im kontinuierlichen Fall kann bei Brownscher Bewegung nach Grinblatt/Liu (2002), S. 5, Fn. 6, keine ökonomische Überschuldung auftreten.

Das Problem der ökonomischen Überschuldung plagt die wertabhängige Politik aber nicht, da F explizit an den Unternehmensgesamtwert gebunden wird.[717] Die bilanzabhängige Politik umgeht explizit das Problem der bilanziellen Überschuldung.

Es wird in dieser Arbeit vorgeschlagen, bei DCF-Bewertungen nach dem folgenden Ablaufschema in Anlehnung an Abbildung 3-1 vorzugehen:[718]

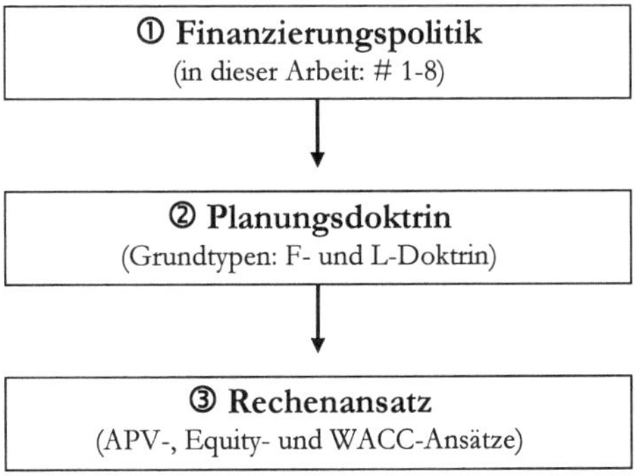

Welcher Rechenansatz am geschicktesten eingesetzt wird, ist also eine nachgelagerte Frage, die zweckmäßigerweise dann zu beantworten ist, nachdem darüber entschieden ist, welche Politik und welche Doktrin für einen definierten Zeitraum eingesetzt werden. Natürlich lässt sich das Ergebnis durch alle Ansätze – ökonomisch begründet – verifizieren, solange keine Unterdetermination vorliegt.

Die umgekehrte Reihenfolge, dass zuerst der anzuwendende Rechenansatz und die Doktrin bestimmt werden, und anschließend (implizit) die Politik, könnte den Verdacht aufkommen lassen, dass die Unternehmenspolitik einem spezifischen DCF-Rechenansatz untergeordnet wird.[719] Die entscheidende Frage ist m.E., welche Finanzierungspolitik der Bewertung zugrunde liegt. Deswegen sollte diese Frage auch an erster Stelle stehen. Wie diese dornige Frage in der Literatur zu beantworten versucht wird, wird im Folgenden aufgezeigt, wobei eigene Schlüsse gezogen werden sollen.

3.2.8.2. Einschätzung von Finanzierungspolitiken

Es wurde schon angedeutet, dass eine Einschätzung darüber, von welcher Politik in einem konkreten Bewertungsfall ausgegangen werden könnte, nicht ganz einfach ist. Die Frage ist wichtig, denn die Art der Finanzierungspolitik könnte bei Bewertungen zum Streitpunkt werden.[720] Freilich kann diese nur dann zum Streitpunkt werden, wenn der Bewerter sich nicht

---

[717] Die unbedingte Einhaltung der Politik kann jedoch mit der Annahme der Rationalität der Eigner kollidieren. Vgl. Schwetzler/Darijtschuk (2000), S. 121-122.

[718] In der Aussage ähnlich Ezzell/Miles (1983), S. 25. Gleichwohl muss der Zusammenhang zwischen Finanzierungspolitik und Rechenansatz nicht so eng gesehen werden wie bei Ezzell/Miles (1983). Unter dem Grundtypus der L-Doktrin kann z.B. auch eine Fremdkapitalquote in Buchwerten subsumiert werden. Bei dem von Gilson (2001), S. 495, betrachteten Entscheidungsproblem geht es um die Frage, ob eine autonome oder eine wertabhängige Finanzierungspolitik gewählt werden soll, bei gegebener F-Doktrin auf Basis des APV-Ansatzes. Es ist nicht nachzuvollziehen, wieso Gilson (2001) das Problem einer L-Doktrin für die Frage der zu wählenden Politik für relevant erklärt.

[719] Vgl. Schildbach (2000), S. 708.

[720] Vgl. Appleyard/Dobbs (1997), S. 494, mit Verweis auf reale Fälle aus der UK-Praxis, sowie Schwetzler/Darijtschuk (2000), S. 122.

dadurch aus der Affäre zieht, indem er die Art der Finanzierungspolitik verdunkelt. I.d.R. werden dann der Equity-Ansatz mit vorgegebener Rendite bzw. der WACC-Ansatz mit der Textbuch-Formel eingesetzt. Der APV-Ansatz kann dann ökonomisch begründet für die Ermittlung der Komponenten nicht eingesetzt werden, weil eine Annahme über die Finanzierungspolitik fehlt. Ein solches Vorgehen immunisiert sich aber und ist *informationsärmer*, weil es nichts über die Finanzierungspolitik preisgibt.[721] Diese Informationsarmut zeigt sich besonders dann, wenn die Kapitalstruktur (im Zeitablauf) geändert wird, und diese Änderungen quantitativ abgeschätzt werden sollen. Gehaltvolle Hypothesen über den Einfluss der Kapitalstruktur sind bei diesem Vorgehen dann nicht in Sicht. Ebenso muss unklar sein, ob arbitragegewinnfrei bewertet worden ist, weil ΔV^F schlicht unbekannt ist.

Es soll hier nicht argumentiert werden, dass ein DCF-Ansatz mit einer bestimmten Finanzierungspolitik und einer spezifischen Planungsdoktrin kombiniert werden müsste. Diese überlappenden Fragestellungen lenken m.E. nur vom Kern des Problems ab, nämlich davon, was im Einzelfall denn eine realistische Finanzierungspolitik ist. Die Methodenfrage ist indes wichtig und auch kniffelig, wie die vorherigen Ausführungen belegen. Gleichwohl wird hier die Meinung vertreten, dass ein Methodenstreit die Beantwortung der Frage nach einer vernünftigen Finanzierungspolitik nicht recht weiter bringt. Alle Methoden können – konsistent eingesetzt – zum richtigen Ergebnis führen. Dabei stellen sich manche Ansätze geschickt und andere umständlich an, nicht mehr und nicht weniger. In *informationsreichen* Planungen erweist sich der APV-Ansatz oft als zielführend.[722] Dies wird auch die Untersuchung im nächsten Kapitel 3.3. zeigen, wenn persönliche Steuern in die Analyse integriert werden. Es sei betont: Der APV-Ansatz unterstellt nicht zwangsläufig, dass eine autonome Politik betrieben wird. Unbestreitbar ist diese Politik bequem, für didaktische Zwecke geeignet und wird auch sehr häufig eingesetzt, wenn die Rede vom APV-Ansatz ist. Sie ist ein guter Startpunkt, realistisch ist diese Politik aber nicht unbedingt in allen Konstellationen.
Den Ausgangspunkt zur Einschätzung von Finanzierungspolitiken beschreibt Luehrman (1997) so:[723] „Unfortunately, they (academics, S.L.) don´t agree on how risky tax shields are."

- Die *autonome* Politik wurde eingeführt von Modigliani/Miller (1963). Die Politik unterstellt, dass die künftigen Fremdkapitalbestände per heute schon mit Gewissheit planbar sind. Für eine reine Form der autonomen Politik lassen sich dezidiert eher wenige zustimmende Äußerungen finden.[724] Luehrman (1997) tendiert eher in Richtung einer autonomen Politik in einer Welt, in der der risikolose Zinssatz und der Verschuldungszinssatz (cost of debt) voneinander abweichen. Er schlägt hier vor, eine Risikoprämie zu verwenden, die kleiner als k-i ist.[725]

---

721 Dies wird mitunter in der Literatur praktiziert. Vgl. auf internationaler Ebene etwa Cornell (1993), McTaggart/Kontes/Mankins (1994), Palepu/Bernard/Healey (2000), Barker (2001), Rappaport/Mauboussin (2001), English (2001), Weston (2002), S. 76-77, sowie auf nationaler Ebene etwa Moser (1999), Auge-Dickhut/Moser/Widmann (2000), Herrmann (2002), S. 44-47 und S. 55. Nach Ansicht von McTaggart/Kontes/Mankins (1994), S. 312, sei der Equity-Ansatz leichter zu implementieren, da der Marktwert der Fremdkapitalbestände schwer zu ermitteln sei. Diese hier nicht näher diskutierte Konstellation kann dann zutreffen, wenn unterschiedlich riskante Fremdkapitalschichten mit unterschiedlicher Verzinsung und Laufzeit vorhanden sind. Gleichwohl löst der Equity-Ansatz das Problem aber auch in dieser Konstellation nicht, sondern verdeckt es eher.

722 Vgl. etwa Drukarczyk (1995); Grinblatt/Titman (1998), S. 479; Grinblatt/Liu (2002), S. 30.

723 Luehrman (1997), S. 151.

724 Vgl. z.B. Myers (1974); Baetge/Niemeyer/Kümmel (2002), S. 312.

725 Vgl. Luehrman (1997), S. 151. Es sei angemerkt, dass diese Welt nicht Untersuchungsgegenstand dieser Arbeit ist. Ähnlich Kester/Luehrman (1993), S. 62-64, bzw. Lerner (2000), S. 187. Gleichwohl verwendet Lerner (2000), S. 184, eine Beta-Umrechnungsformel, die von einer wertabhängigen Politik ausgeht, so dass seine Position inkonsistent erscheint, bzw. einen Politikwechsel impliziert.

- Eine *wertabhängige* Politik wurde von Miles/Ezzell (1980) „hoffähig" gemacht. Näher geäußert über die Sinnhaftigkeit eines konstanten L haben sie sich aber nicht.[726] Für eine wertabhängige Politik sprechen sich etwa Lewellen/Emery (1986)[727], Strong/Appleyard (1992)[728], Appleyard/Dobbs (1997)[729], Ross/Westerfield/Jaffe (1999)[730], Brealey/Myers (2000)[731], Ruback (2002)[732] aus.
- Für eine *inkrementell wertabhängige* Finanzierungspolitik argumentieren vorsichtig Lewellen/Long/McConnell (1977) vor dem Hintergrund einer autonomen Politik. Interessanterweise halten Ezzell/Miles (1983), die Protagonisten einer wertabhängigen Politik, die inkrementell wertabhängige Politik für einen „reasonable compromise"![733]

Vielen Autoren fällt es jedoch schwer, eine dieser drei „klassischen" Politiken auf den Thron zu heben.[734] Gleichwohl lassen einige der Autoren erkennen, in welche Richtung sie tendenziell die Reise gehen sehen. So sehen etwa Modigliani (1988)[735], Ehrhardt/Daves (1999)[736], Steiner/Wallmeier (1999)[737] eine wertabhängige Politik eher als einschlägig an, während Drukarczyk/Honold (1999) und Drukarczyk (2003b) hingegen eher eine autonome Politik im Vergleich zu einer wertabhängigen Politik als einschlägig ansehen.[738]

---

726 Vgl. Miles/Ezzell (1980), S. 722-723, Fn. 6. In den Studien von Bruner/Eades/Harris/Higgins (1998), S. 15 und 17, sowie Arnold/Hatzopoulos (2000), S. 620, spielen buchwertbasierte Fremdkapitalquoten eine untergeordnete Rolle. Vgl. auch die Studie von Graham/Harvey (2001), S. 211 und 234. 19 % der Firmen geben an, kein optimales L zu haben. 10 % der Firmen geben an, ein optimales L zu haben, die anderen befragten Unternehmen haben ein mehr oder weniger flexibles L. Ob darunter nun eine $E_0^w[\tilde{L}]$- oder L-Planungsdoktrin zu verstehen ist, ist leider nicht eindeutig erkennbar.

727 Vgl. Lewellen/Emery (1986), S. 423-424. Die Autoren wenden sich explizit gegen eine autonome und eine inkrementell wertabhängige Finanzierungspolitik.

728 Vgl. Strong/Appleyard (1992), S. 19, im Vergleich zu Politik 1.

729 Vgl. Appleyard/Dobbs (1997), S. 493. Daneben halten sie eine autonome Politik für vertretbar, wenn diese auf Basis ihrer L^{FP}-Doktrin repräsentiert wird. Beide Politiken führen dann zu gleichen Bewertungen.

730 Vgl. Ross/Westerfield/Jaffe (1999), S. 443. Die Autoren meinen, dass ein „optimales L" ein gutes normatives Konstrukt sei. Schließlich gebe die Praxis dieser Ansicht auch Recht, weil der WACC-Ansatz am verbreitetsten sei.

731 Brealey/Myers (2000), S. 560-563, ziehen im Regelfall Politik 2 Politik 1 vor. Brealey/Myers (1991), S. 476, sahen früher eine Mischposition aus Politik 1 und 2 als "Wahrheit" an. Eine Position, die wie Abbildung 3-21 zeigt, später auch von Luehrman (1997) und Ehrhardt/Daves (1999) vertreten wird.

732 Ruback (2002), S. 21-22, sieht auf Basis der HP-Vereinfachung diese Politik als am sinnvollsten an, falls keine näheren Informationen vorliegen. Ansonsten lässt er aber erkennen, dass freilich die Politik am besten ist, die das Risiko der Steuervorteile strukturgleich beschreiben kann. Er spricht neben Politik 1, auch die Politiken 4 und 7 an.

733 Vgl. Ezzell/Miles (1983), S. 31, Fn. 2.

734 Lewellen/Emery (1986), S. 424, ziehen als Fazit: „the jury is still out on the ‚tax effect' of debt". Taggart (1991), S. 10, diskutiert Politik 1 und 2, übt Kritik an dem Realitätsgehalt der Planbarkeit von Politik 1, lässt aber eine Entscheidung offen. Copeland/Koller/Murrin (2000), S. 476-477, diskutieren nicht, welche Politik einschlägig sein könnte, sondern überlassen explizit dem Leser eine Entscheidung zwischen Politik 1 und 2. Krag/Kasperzak (2000), S. 98, sehen es als eine ungeklärte Frage an, ob Politik 1 und 2 eine gute Deskription tatsächlichen Finanzierungsverhaltens darstellen.

735 Vgl. Modigliani (1988), S. 153. Interessanterweise haben MM (1958) schon die HP-Vereinfachung angewandt, dann aber (1963) wieder verworfen und durch eine autonome Politik ersetzt. Der Beweis von Modigliani/Miller (1963), S. 435-437, dass ihre mit HP identischen Formeln nicht arbitragefest sind, gilt freilich nur, wenn de facto eine autonome Politik auch vorliegt. Nach Modigliani (1988) hätte es dieses Korrektur-Papers in Retrospektive nicht bedurft. Modigliani argumentiert, dass auch eine wertabhängige Politik nicht unbedingt realistisch sein müsse. Er könne sich auch vorstellen, dass der anzuwendende Diskontierungssatz höher als k sein könne. Deutlich erkennbar wird bei ihm der Schwenk von der autonomen zu der wertabhängigen Politik als empfohlener Standardpolitik. Der frühere Koautor von Modigliani - Miller (1988), S. 112 - äußert sich hierzu weniger deutlich, meint aber, dass die autonome Politik zumindest keineswegs unplausibel sei.

736 Vgl. Ehrhardt/Daves (1999), S. 13-15.

737 Vgl. Steiner/Wallmeier (1999), S. 9, vor dem Hintergrund der Politik 1 als Alternative.

738 Vgl. Drukarczyk/Honold (1999), S. 343, und Drukarczyk (2003b), S. 423. Ein vorgegebenes konstantes L sei empirisch nicht realistisch. Für gravierende Performance-Abschwünge sei i.d.R. kein Nachfahren von F zu beobachten (vgl. etwa auch Goldstein/Ju/Leland (2001), S. 506; Ruback (2002), S. 19), für Aufschwünge gelte dies aber im Prinzip (u.U. mit time lag).

Diese Aussagen deuten darauf hin, dass es wohl Politiken jenseits dieser Standardpolitiken geben mag. Eine eindeutige Antwort, in welche Richtung denn nun die Reise gehen soll, lässt die Literatur insgesamt aber nicht erkennen. Grinblatt/Titman (1998) und Grinblatt/Liu (2002), Modigliani (1988) sowie Luehrman (1997) und Ehrhardt/Daves (1999) betrachten unterschiedliche Spektren möglicher Politiken, die sich in die folgende Synthese einordnen lassen.[739]

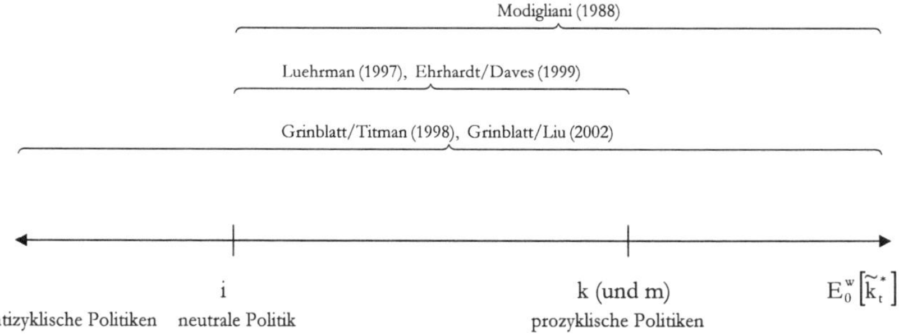

Abbildung 3-21: Spektren von Finanzierungspolitiken und Unternehmensteuern

Die in dieser Arbeit betrachteten Politiken zeigen, dass ein breites Spektrum abgedeckt werden kann und auch nicht unrealistisch sein muss. Es gibt also wenig Anlass, eine rigide Entscheidung zwischen autonomer und wertabhängiger Politik treffen zu müssen. Der Strahl in Abbildung 3-21 gibt die bei der jeweiligen Politik einschlägige risikoangepasste Rendite $E_0^w[\tilde{k}_t^*]$ wieder.

- Wird Fremdkapital getilgt, wenn die Cashflows bzw. Dividenden hoch sind, dann könnte dies als *antizyklische* Politik (7, 8) charakterisiert werden. Es ist die negative Korrelation zwischen D und F, die eine negative Risikoprämie für die Rendite $E_0^w[\tilde{k}_t^*]$ bei Politik 7 hervorruft. In einer Phase, in der Rückführungen von FK-Beständen anstehen, die von D

[739] Vgl. Grinblatt/Titman (1998), S. 473. Grinblatt/Liu (2002), S. 2, argumentieren, dass es ein außerordentlicher Zufall wäre, wenn der stochastische Charakter der Finanzierungspolitik genau mit der autonomen und der wertabhängigen (ME)-Politik übereinstimmte. Vgl. auch die Formeln von Grinblatt/Liu (2002), S. 12-15, in denen Fremdkapital eine Funktion des Unternehmensgesamtwerts darstellt. Dort werden ebenfalls eine autonome und eine wertabhängige Finanzierungspolitik gemischt, jedoch nicht wie bei der hier beschriebenen gemischten Finanzierungspolitik mit $E_0^w[\tilde{w}^{au}] = \frac{F^{au}}{E_0[\tilde{F}]}$, sondern über einen Gewichtungsfaktor w, der einen Fremdkapital-Sensitivitätskoeffizienten d^V beinhaltet. Durch entsprechende Parameterwahl können dann anti- wie prozyklische Politiken abgebildet werden. Der Unterschied zu den anderen betrachteten wertabhängigen Politiken besteht darin, dass die Fremdkapitalquote bei Grinblatt/Liu (2002) generell nicht deterministisch, sondern stochastisch ist. Deshalb kann auch mit k > i bei Grinblatt/Liu (2002) eine antizyklische Politik gefahren werden.
Modigliani (1988), S. 153, argumentiert, dass unzureichende steuerliche Bemessungsgrundlagen, Zinsänderungen, Änderungen in der Verschuldungspolitik, Insolvenzkosten Gründe für ein $E_0^w[\tilde{k}^*] > k$ sein könnten. Diese Argumente werden im Rahmen dieser Arbeit aber nicht näher analysiert. Jedoch kann bei einer alternativen wertabhängigen Politik mit einer Orientierung an V^F dieser Fall eintreten.

Ehrhardt/Daves (1999), S. 4 und 6, gehen wie Luehrman (1997), S. 151, davon aus, dass sich $E_0^w[\tilde{k}^*]$ zwischen k und i bewegt. Antizyklische Politiken wie eine dividenden- bzw. cashflowabhängige Finanzierungspolitik, aber auch partiell eine inkrementell wertabhängige Politik sind durch diese Annahmen dann ausgeschlossen sowie eine prozyklische alternative wertabhängige Politik.

abhängig sind („Tilgung gemäß Einzahlungsüberschüssen" mit $\chi = 1$), ist Politik 7 einschlägig. Arzac hat gezeigt, dass bei pragmatischer Vorgehensweise eine autonome Politik dann eine gute Approximation ist. Abbildung 3-21 legt dies auch nahe. Die Rendite i liegt weit näher an $E_0^w\left[\tilde{k}_t^*\right]$ als k bei einer wertabhängigen Politik, die bei LBO-Finanzierungen, die i.d.R. schlechtere Alternative darstellt.[740]

Eine dividendenabhängige Politik (8) kann seit Lintner (1956) als empirisch gut belegt gelten.

- Wird Fremdkapital aufgenommen, wenn der Unternehmensgesamtwert steigt, dann handelt es sich um eine *prozyklische* Politik (2).[741] Zuweilen wird vom Ergebnis her argumentiert, dass eine wertabhängige Politik nicht rational sei, weil der Wert der Steuervorteile niedriger als bei einer autonomen Politik sei.[742] Hier sollte man Vorsicht walten lassen, da sich bei einer Berücksichtigung von Einkommensteuern diese Einschätzung gerade ins Gegenteil verkehren kann! Dies wird in Kapitel 3.3.3.1. gezeigt.
- Hängt die Entscheidung, Fremdkapital aufzunehmen oder zu tilgen, nicht von Cashflows, Dividenden, Bilanzsummen, Unternehmensgesamtwerten usw. ab, dann kann diese Politik als *neutral* bezeichnet werden. Diese Politik genügt sich selbst und zeigt sich unbeeinflusst (neutral) gegenüber irgendwelchen Umwelteinflüssen. Sie wird in der Literatur überwiegend als autonome Politik (1) bezeichnet.
- Zwischen einer neutralen und prozyklischen Politik bewegen sich die Politiken 3, 4 und 6. Richter und Drukarczyk (2001) halten eine bilanzabhängige Politik (6) für realistischer als die Politiken 1 und 2.[743] Dies scheint der Praxis (Denken in Bilanzkennzahlen) entgegenzukommen.[744] In realistischen *Unternehmensbewertungen* dürfte das Pendel dann eher zugunsten prozyklischer Politiken ausschlagen.

---

740 Welche Finanzierungspolitik bei einem Leveraged Buy Out (LBO) einschlägig ist, richtet sich vorzugsweise nach den Vertragsbedingungen. Besonders realistisch ist hier die Vereinbarung des „pay as you earn" (cashflowabhängige Politik). Eine Fixierung von Tilgungen (autonome Politik) erscheint auch denkbar. Dass die Bedingungen für eine wertabhängige Politik in Verträgen festgeschrieben werden, ist hingegen nicht sehr realistisch.

Die Rendite i und damit die Annahme einer autonomen Politik verwenden Inselbag/Kaufold (1989), S. 90 und 93-95, bzw. Ross/Westerfield/Jaffe (1999), S. 455-459. Durchgängig eine wertabhängige HP-Politik bei LBO´s unterstellen Kaplan/Ruback (1995). Um ihre Vorgehensweise von dem APV-Ansatz, der üblicherweise eine autonome Politik unterstellt, abzugrenzen, nennen sie diesen nach einem Vorschlag von Myers „Compressed APV". Ähnlich auch schon Ezzell/Miles (1983), S. 29, die von einem „Modified APV" sprechen. Kaplan/Ruback (1995), S. 1062, betonen die zweifellos rechentechnisch einfache Handhabung ihres Ansatzes. Kaplan/Ruback (1995), S. 1065, Fn. 5, skizzieren ihre Begründung, wieso diese Politik gerade bei derartigen Transaktionen einschlägig sein soll, etwa wie folgt:

a) Das Risiko der Steuervorteile sei eigentlich kleiner als bei einer wertabhängigen Politik.

b) Normalerweise könnten die Steuervorteile nicht in jeder Periode vollständig genutzt werden, deswegen sei das Risiko höher anzusetzen.

Beide Effekte kompensierten sich derart, dass quasi eine wertabhängige Politik vorläge. Das kann, muss aber nicht so sein. Deshalb erscheint die Begründung von Kaplan/Ruback (1995) pragmatisch. In dem hier untersuchten Rahmen würde nach dem Ansatz von Kaplan/Ruback (1995) jedoch von einem geringeren Risiko als bei einer wertabhängigen Politik ausgegangen werden, da die Problematik unter b) hier nicht auftaucht.

Ruback (2002) nennt diesen Ansatz Capital Cashflow-Ansatz. Er ist identisch mit dem Total Cashflow-Ansatz. Der Rubacksche Capital Cashflow-Ansatz stellt insofern keinen neuen Ansatz dar, sondern eine spezifische Verknüpfung von Finanzierungspolitik, Doktrin und Ansatz. Die Trennung dieser Elemente erhöht für meinen Geschmack die Gedankenklarheit.

741 I.d.R. dürften die Zustandspreise und die Cashflows positiv korreliert sein, d.h. die Risikoprämie k-i ist positiv.

742 Aus Sicht der Fremdkapitalgeber könnte eine derartige Finanzierungspolitik aber erwünscht sein. Vgl. Myers (1977a), S. 165-166.

743 Vgl. Richter/Drukarczyk (2001), Richter (2002b), Drukarczyk (2003b).

744 Vgl. auch Graham/Harvey (2002), S. 15-16.

Für *Projektfinanzierungen* wird eine gemischte Politik (4) als realistisch angesehen, wenn ein Teil des Fremdkapitalbetrages durch Subventionierung oder durch eine Bürgschaft von Seiten des Staates zustandsunabhängig wird.[745]
Politik 3 ist von Clubb/Doran (1995) vorgeschlagen worden, die diese Politik für realistischer als die Politik 1 und 2 halten. Da Politik 3 beide Politiken als Spezialfälle beinhaltet, ist diese Einschätzung folgerichtig.
Politik 5 umfasst das Politikspektrum von einer antizyklisch, über eine neutral bis hin zu einer prozyklisch wirkenden Politik. Insofern verdient diese tatsächlich das von Ezzell/Miles (1983) verliehene Prädikat einer um einen ökonomisch begründeten Kompromiss bemühten Politik.

Für welche Politik sollte man sich nun entscheiden? Die Einschätzungen in der Literatur streuen mehr oder weniger breit. Der Versuch, dieses Puzzle mit einem dogmatischen Lösungsdiktat beenden zu wollen, ist bei dem derzeitigen Wissensstand alles andere als angebracht. Welche Finanzierungspolitik einen Standardfall markiert, wenn es ihn denn gibt, ist noch eine offene Frage. Man ist wohl nicht schlecht beraten, im Einzelfall (kontingenzabhängig) zu entscheiden und auch zu begründen, welche Politik plausibel erscheint.
Klar ist: Eine cashflowabhängige Politik taugt z.B. in den ersten Jahren nicht für junge, sich in Gründung befindende Unternehmen, weil in den ersten Jahren überwiegend gar keine Fremdkapitalbestände vorhanden sind, die abgebaut werden könnten; Fremdkapital wird i.d.R. erst später im (vermuteten) Erfolgsfall aufgebaut. Eine eher autonom geprägte Politik ließe sich insbesondere z.B. für Versorgungsunternehmen vorstellen, die in reifen, also nicht ausgeprägt volatil geltenden Märkten agieren.
Die Entscheidung könnte m.a.W. von dem Lebenszyklus des Unternehmens, der Branche abhängig gemacht werden, aber auch von der Größe des Unternehmens[746] usw. Ebenso dürfte es eine Rolle spielen, ob es sich um eine eher kurzfristig ausgelegte *Projekt-*[747] oder eine langfristig ausgelegte *Unternehmensbewertung* handelt. Die Frage, welche Finanzierungspolitiken bei Unternehmensbewertungen in unterschiedlichen Phasen einschlägig sein könnten, wird im Folgenden diskutiert.

3.2.8.3. Phasenorientierung

3.2.8.3.1. Auswahl von Finanzierungspolitiken

Es erscheint unplausibel, dass speziell in der Endwertphase keine Steuervorteile existieren sollten.[748] Zwar ließen sich Begründungen finden, wie z.B., dass unter Berücksichtigung von Einkommensteuern ein Miller-Gleichgewicht auftreten könnte, oder dass künftig die steuerliche Abzugsfähigkeit von Fremdkapitalzinsen verwehrt werden könnte. Diese Einschränkungen stehen aber nicht in einem untrennbaren Zusammenhang mit der Endwertphase.
Ein Grundproblem von Endwerten, d.h. von normalerweise weit in der Zukunft liegenden Werten, besteht darin, dass die zu schätzenden Parameter mit Sicherheit kaum prognostizierbar erscheinen.[749]

---

[745] Vgl. Ruback (2002), S. 19.
[746] Grinblatt/Titman (1998), S. 473, sehen für kleinere Unternehmen etwa eine gemischte Politik und für größere Unternehmen eher eine wertabhängige als realistisch an.
[747] Grinblatt/Titman (1998), S. 473, sehen auch hier eine wertabhängige Politik als realistisch an. Steiner/Wallmeier (1999), S. 9, meinen, dass sich eine autonome Politik am ehesten für diese Anwendung rechtfertigen ließe. Bei Immobilienprojektfinanzierungen geht Locke (1990) implizit von einer wertabhängigen HP-Politik aus, während Tirtiroğlu (1998) hierfür eine autonome Politik bevorzugt.
[748] Vgl. etwa Drukarczyk (1993), S. 207-208.
[749] Vgl. auch Drukarczyk (1993), S. 208.

Wie lange plant das Management Fremdkapitalbestände und vor allem aufgrund welcher Politik? Faktisch dürften die Planungen nicht gegen unendlich gehen, sondern einen Zeitraum von höchstens 10-20 Jahren umfassen. Die faktischen Planungen helfen für die Bestimmung eines Endwerts also wenig weiter. Die zweite Frage ist, wie der vorherige Abschnitt gezeigt hat, umstritten. Wird eine autonome Planung unterstellt, dann ist es bei entsprechend hohen Fremdkapitalbeständen ab einem bestimmten Zeitpunkt, der auch in die explizite Planungsphase fallen kann, nicht mehr glaubwürdig, von zustandsunabhängigen Fremdkapitalbeständen auszugehen.[750] Nun wird zuweilen vorgetragen, dass die Plausibilität einer vom Management angestrebten autonomen Politik nicht dadurch konterkariert werde, dass die Bedingungen tatsächlich im Zeitablauf nicht eingehalten werden könnten. Das Argument ist etwas seltsam. Man kann mit an Sicherheit grenzender Wahrscheinlichkeit davon ausgehen, dass eine in $t = 0$ fixierte autonome Politik für sehr lange Zeiträume ganz unrealistisch ist. Dafür mag es viele Gründe geben. Interessieren das Management von DaimlerChrysler etwa heute noch wirklich die langfristigen Fremdkapitalplanungen aus den 70er Jahren (von Daimler eigentlich, oder von Chrysler)?
Der Grundsatz *rationaler Erwartungen* sollte auch bei der Festlegung der Finanzierungspolitik nicht über Bord geworfen werden. Der Bewerter kann sich heute schon sicher sein, dass eine solche Politik nicht unendlich gefahren werden kann. Dann sollte er diesen Umstand auch berücksichtigen, wenn das Ergebnis als rational angesehen werden soll. Anderenfalls ließe sich jede Beliebigkeit in einer Unternehmensbewertung begründen mit dem Hinweis, dass das Management bestimmte Parameter eben so geplant habe, auch wenn diese gegen jegliche Rationalität verstoßen.
Eine wertabhängige Politik hat nicht das Problem einer deterministischen Planung, gilt aber in dieser Form bezogen auf alle Phasen als zu rigide, weil jährliche Fremdkapitalanpassungen gemäß dem Unternehmenswert nötig werden.[751]

Eine Möglichkeit wäre, dass geeignete phasenunabhängige Finanzierungspolitiken eingesetzt werden. Finanzierungspolitiken, die geeignet erscheinen, in allen Phasen auf eigenen Füßen zu stehen, sind die wertabhängige Finanzierungspolitik mit u.U. differenzierten time lags, die gemischte Politik, die inkrementell wertabhängige und die bilanzabhängige Finanzierungspolitik.
Bei der inkrementell wertabhängigen Politik nimmt die Antizipierbarkeit der Fremdkapitalbestände im Zeitablauf sukzessive ab. Eine durchgängige Anwendung der wertabhängigen Finanzierungspolitik auf Basis eines konstanten L erscheint insbesondere kurzfristig mit empirischen Daten nicht konform zu gehen, weshalb eine Anwendung dieser Politik auf den gesamten Planungszeitraum (erste und zweite Planungsphase) in dieser Form begründungsbedürftig erscheint.
Welche der Politiken ist attraktiver? Das ist nicht ganz einfach zu beurteilen. Für die bilanzabhängige Finanzierungspolitik spricht, dass Manager wahrscheinlich ihre Planungen derart vornehmen. Ob sich diese Planungen auch in Kapitalmarktbewertungen niederschlagen, ist derzeit noch unbekannt.[752]

Es wurde schon angedeutet, dass nicht alle Finanzierungspolitiken für einen phasenunabhängigen Einsatz gleich gut taugen. Es erscheint deshalb als zweite Möglichkeit angebracht, zwischen eher kurzfristig und eher langfristig ausgerichteten Politiken zu unterscheiden.

---

750 Damit ist hier nicht das Problem der Realisierbarkeit gemeint.

751 Vgl. schon kritisch Myers (1974), S. 22. Dinstuhl (2003), S. 127-128, kommt bei der Frage, welche Finanzierungspolitik für einen Endwert anzusetzen sei, nicht über die Feststellung hinaus, dass die Endwertdifferenzen bei autonomer und wertabhängiger Politik erheblich sein können.

752 Nach Richter (2002b), S. 189, spricht empirisch mehr für eine bilanzabhängige Politik.

In der *explizіten Phase* erscheinen Fremdkapitalbestände am ehesten als sicher antizipierbar aufgrund vertraglicher Fixierungen.[753] Mit fortschreitendem Horizont dürfte dies für den gesamten Fremdkapitalbestand immer schwerer fallen.
Gleichwohl könnten die Fremdkapitalbestände aber auch abhängig gemacht werden von den Cashflows bzw. den Dividenden. Tendenziell scheinen daher besonders eine autonome, cashflow- und dividendenabhängige Politik auf eine Detailprognosephase zu passen.

Bei der Wahl einer Finanzierungspolitik für die *Endwertphase* erscheinen eine wertabhängige (mit time lag), eine gemischte, eine inkrementell wertabhängige wie auch eine bilanzabhängige Finanzierungspolitik plausibel.[754] Die cashflow- und die dividendenabhängige Politik haben aufgrund ihres antizyklischen Charakters i.d.R. die Eigenschaft langfristig unplausible Planzahlen zu produzieren. Um unplausible Planzahlen im Zeitablauf zu vermeiden, wären ziseliert wirkende Parameter-Anpassungen nötig. Das macht diese Politiken für den relativ grob geplanten Endwert unattraktiv. Eine beliebige Wahl der Politik ist deshalb für die Endwertphase nicht angesagt.

Eine Anbindung der Finanzierungspolitik an die unsicheren zukünftigen Unternehmenswerte erscheint insofern vertretbar, da künftige Fremdkapitalbestände mit fortschreitendem Horizont auch zustandsabhängig sein dürften.[755]
Die bilanzabhängige Politik nähert sich mit fortschreitender Zeit i.d.R. einer wertabhängigen Politik an. Das kann, muss jedoch noch nicht heißen, dass im Endwertzeitraum sämtliche deterministische Aktiva-Schichten schon abgeschrieben sind.[756] Für den sehr häufig verwendeten Paradefall des Endwerts einer ewigen Rente mit Wachstum[757] sind eine wertabhängige, gemischte und inkrementell wertabhängige Politik einschlägig. Steady state kann, muss aber nicht vorliegen.
Tendenziell kann also zusammengefasst werden:

Phasenunabhängige Finanzierungspolitiken	Phasenabhängige Finanzierungspolitiken	
	Explizite Phase	Endwert
3, 4, 5, 6	1, 7, 8	2, 3, 4, 5, 6 Ewige Rente mit Wachstum: 2, 4, 5

Tabelle 3-14: Finanzierungspolitiken und Phasenabhängigkeit

Welche Kombinationen sind in der Literatur bislang vorzufinden?

---

753 Ob die Planungsdoktrin aus Fremdkapitalquoten oder Fremdkapitalbeständen besteht, ist wie gezeigt für die Anwendbarkeit auch dieser Politik nicht entscheidend.

754 Es darf nicht stören, dass eine ewige Rente mit Wachstum bei einer bilanzabhängigen Politik technisch nicht machbar ist, es sei denn man greift auf eine ex post-IZF-Lösung zurück, wobei die Wachstumsraten g_D und g_F übereinstimmen müssen.

755 Vgl. kritisch auch Richter/Drukarczyk (2001). Eine durchgängige Anwendung der autonomen Finanzierungspolitik erscheint im Fall stochastischer Unabhängigkeit gut begründet. Impliziert sind damit sichere Unternehmenswerte in alle Ewigkeit per heute. Diese Prämisse scheint außerhalb der unbestrittenen didaktischen Meriten aber kaum akzeptabel für alle Phasen innerhalb einer Unternehmensbewertung. Vgl. auch Wallmeier (1999), S. 1480-1481.

756 Eine autonome Politik ist technisch zwar auch möglich, dürfte i.a. aber nicht einschlägig sein. Ausnahme: Wird eine L^{FP}-Doktrin verfolgt, sind die Diskontierungssätze zwar konstant, bekanntlich fällt jedoch F im Zeitablauf. Dies ist mit einer ewigen Rente nicht verträglich.

757 Vgl. hierzu die empirische Erhebung von Bruner/Eades/Harris/Higgins (1998), S. 18.

Inselbag/Kaufold (1989), (1998) und Loderer/Jörg/Pichler/Zgraggen (2001) gehen zunächst von Politik 1 aus und dann von Politik 2.[758] Im Resultat Ähnliches kann sich als Implikat aus der Auseinandersetzung mit einer bilanzabhängigen Finanzierungspolitik im Sinne von Richter/Drukarczyk (2001) vor dem Hintergrund eines langfristigen Horizonts ergeben. Wird angenommen, dass eine bilanzabhängige Finanzierungspolitik mit zunehmendem Horizont sich einer wertabhängigen Politik annähert, dann könnte die Modellierung pragmatisch vereinfacht werden, indem z.B. in der ersten Phase eine autonome Politik und in der zweiten Phase eine wertabhängige Politik unterstellt wird.
In Ross/Westerfield/Jaffe (1999) wird in der ersten Phase Politik 1 und in der zweiten Phase implizit Politik 5 unterstellt.[759]
Arzac (1996) nimmt in der ersten Phase Politik 7 und dann Politik 2 an.

Die obige Zusammenstellung ist als ein *Vorschlag* für realistisch erscheinende Kombinationen von Finanzierungspolitiken zu verstehen. Die Kombinationen 1&2, 1&5 und 7&2 sind in der Literatur schon angewandt worden, weitere sind aber nach Tabelle 3-14 durchaus vorstellbar wie z.B. 1&5. Es muss *logisch* nicht ausgeschlossen werden, dass durchgängig eine autonome Politik eingesetzt wird, besonders wenn die Wachstumsraten des Fremdkapitals niedrig sind, so dass eine Realisierbarkeit nicht unmöglich scheint.

Kruschwitz/Löffler (2001) argumentieren, dass in der ersten Phase üblicherweise keine gleichmäßigen Wachstumsraten der Cashflows vorlägen, während in der zweiten Phase für die Endwertbestimmung ein gleichmäßiges Wachstum angesetzt werde.[760] Bei nichtgleichmäßigem Wachstum müsse eine wertabhängige Politik verfolgt werden. Die Modigliani/Miller-WACC-Anpassung setze voraus, dass zukünftige Cashflows gleichmäßig wachsen. Die Autoren folgern dann, dass sich für die erste Phase eine wertabhängige Politik anbiete, während sich für den Endwert die Modigliani/Miller-WACC-Anpassung besonders eigne, d.h. 2&5. Dieser WACC impliziert - wie hier gezeigt worden ist - für den Fall der ewigen Rente, d.h. dem Endwert, bei einer Wachstumsrate ungleich null eine inkrementell wertabhängige Finanzierungspolitik.

Die Kombination einer Politik 2 in der ersten Phase und Politik 1 in der folgenden Phase halten Kruschwitz/Löffler (1999) aber für äußerst unrealistisch, da im Phasenübergang beträchtliche Fremdkapitaländerungen impliziert seien.[761] Gleichwohl muss diese Begründung nicht zutreffen, wenn der Endwert nicht mit k - wie von Kruschwitz/Löffler (1999) bei dieser Begründung unterstellt - sondern mit i auf t = 0 diskontiert wird.[762]
Die Kombination 2&1 ist sicherlich wenig realistisch, weil gerade in der ersten Phase so rigide Fremdkapitalanpassungen vor dem Hintergrund bestehender Kreditverträge kritisch zu beurteilen sind und es für den Endwert wenig glaubwürdig erscheint, von deterministischen Beständen auszugehen. Von welchem Zahlungsstrombestandteil, der in einer Unternehmensbewertung potentiell kein bestimmtes Ende hat, kann schon nach bestem Wissen

---

758 Vgl. als erste Inselbag/Kaufold (1989), S. 90 und 93-95, sowie Loderer/Jörg/Pichler/Zgraggen (2001), S. 666-671. Die Begründung für diese Vorgehensweise wird aber an die Planungsdoktrin gekoppelt, in der ersten Phase werden Fremdkapitalbestände geplant und in der zweiten deterministische Fremdkapitalquoten. Lally (2002), S. 1312, argumentiert ebenfalls in diese Richtung aber auf Basis der empirisch zu beobachtenden Konvergenz von L gegen den Mittelwert (mean reversion). Vgl. dazu auch Miller (1998).

759 Vgl. Ross/Westerfield/Jaffe (1999), S. 455-459. Es muss sich dann auch nicht, wie in Fn. 15 auf S. 458 konzediert, um eine Approximation handeln, wenn Politik 5 in der Endwertphase verfolgt wird. Soll durchgehend Politik 1 verfolgt werden, wie auf S. 456 angedeutet wird, müsste bei Wachstum auf die Formeln aus Tabelle 3-2 in dieser Arbeit zurückgegriffen werden und nicht auf die aus Tabelle 3-1 (ohne Wachstum).

760 Vgl. Kruschwitz/Löffler (2001), S. 110-111. Vgl. auch zu einem diese Vorstellung illustrierenden Beispiel Kruschwitz/Löffler (1999), S. 14-17.

761 Vgl. Kruschwitz/Löffler (1999), S. 13.

762 Dieser Aspekt wird im nächsten Abschnitt tiefgehender diskutiert.

und Gewissen unterstellt werden, dass dieser zu jedem Zeitpunkt sicher, also zustandsunabhängig anfällt?

Nun interessiert, ob implizit etwas über die Zulässigkeit von bestimmten Finanzierungspolitiken ausgesagt werden kann. In Phasenmodellen, die in der Literatur auftauchen, wird oft anhand einer zeitkonstanten WACC- oder Equity-Rendite diskontiert. Es ist bekannt, dass empirisch die Annahme konstanter erwarteter Renditen k^F problematisch ist.[763] Wenn die Wachstumsraten in der ersten Phase nicht konstant sind, was der Regelfall sein dürfte, dann kann bei einer autonomen Politik und konstantem k - wenn überhaupt - nur für einen Ansatz eine zeitkonstante Rendite einschlägig sein, d.h. die Fälle 2 und 3 aus Abschnitt 3.2.1.1. liegen dann vor.[764] Diese Beobachtung deutet an, dass zeitkonstante Renditen in der ersten Phase kritisch zu beurteilen sind, da hier eine autonome Politik besonders realistisch erscheint, und eine konstante Rendite lediglich einen Spezialfall darstellt.
Soll eine zeitkonstante Rendite für WACC- und Equity-Ansatz vorliegen, dann wäre dies zulässig z.B. für eine inkrementell wertabhängige Finanzierungspolitik und eine wertabhängige Finanzierungspolitik.

3.2.8.3.2. Planungsdoktrin, Finanzierungspolitik und Phasenabhängigkeit

Der Phasenkalkül wirft weitere Fragen auf:

(1) Was ist zu beachten, wenn Planungsdoktrinen phasenabhängig gemischt werden?
(2) Welche Renditen können zur Diskontierung des Endwerts von dem Zeitpunkt T auf den Bewertungszeitpunkt 0 herangezogen werden, wenn phasenabhängige Finanzierungspolitiken vorliegen?

Zu (1):
Grundsätzlich gilt, dass ein Mischen von Planungsdoktrinen ein zusätzliches Problem schafft. Das Problem liegt darin, dass der an der Nahtstelle implizit und explizit geplante Fremdkapitalbestand übereinstimmen müssen. Ansonsten müsste nämlich ein „schwarzes Loch" für die resultierenden Differenzen konstatiert werden.[765]
Liegt z.B. in der ersten Phase eine F-Planungsdoktrin und in der zweiten Phase eine L-Planungsdoktrin vor, muss die Konsistenz der Fremdkapitalbestände überprüft werden.[766]
Arbeitet man dagegen durchgängig mit einer Planungsdoktrin, taucht dieses Problem nicht auf. Die F-Planungsdoktrin, die sich durch besondere Transparenz auszeichnet, zeigt die Fremdkapitalbestände explizit auf. Die L-Planungsdoktrin hat bei konsistenter Anwendung zwar

---

763 Vgl. etwa Campbell/Lo/MacKinlay (1997), S. 27-80 und S. 267-287. Dort wird berichtet, dass langfristige Renditen einzelner Unternehmen schwach negativ seriell korreliert seien. Renditen von Portfolios hingegen seien ausgeprägt positiv seriell korreliert. Inzwischen ist geklärt, dass zeitabhängige Renditen nicht der Hypothese eines effizienten Marktes widersprechen. Vgl. ebenda, S. 275.

764 Nun ginge dies zwar auch, wenn eine L^{FP}-Doktrin unterstellt ist, dann handelt es sich aber nicht mehr um Renditen, sondern um Diskontierungssätze. Zudem würde F in der zweiten Phase dann nicht gleichmäßig wachsen. Dies wird in den üblichen Modellen der ewigen Rente jedoch unterstellt.

765 Ein ähnliches Problem ist auch schon in 3.2.4.2. bei der MM-Formel (3-37) aufgetaucht.

766 Vgl. etwa Arzac (1996), S. 43-44, wobei die erste Phase mit dem APV-Ansatz und anschließend der Endwert mit dem WACC-Ansatz nach ME modelliert wird. Problematisch ist aber an dem Beispiel Arzacs, dass das explizite F am Ende des Prognosehorizonts der ersten Phase, nicht mit dem implizit geplanten F aufgrund der L-Planungsdoktrin übereinstimmt. Da es sich in dem Beispiel um eine LBO-Finanzierung handelt, könnte dem Problem beigekommen werden, indem angenommen wird, dass das alte Fremdkapital zu Beginn der Endwertphase zurückgeführt wird und gemäß der L-Doktrin neues aufgenommen wird. Vgl. ähnlich Inselbag/Kaufold (1989), S. 93.

auch nicht dieses Problem, außer dem schon bekannten, dass nämlich überprüft werden muss, ob eine erwartete bilanzielle Überschuldung vorliegt.[767]

Zu (2):
In der Literatur wird diese Frage ebenfalls nicht explizit untersucht. Es gibt jedoch einige Literaturstellen, in denen dieses Problem auftaucht.
Inselbag/Kaufold (1989) untersuchen eine LBO-Finanzierung. Sie ermitteln den Endwert auf Basis einer wertabhängigen Politik mit dem WACC-Ansatz. Danach rechnen sie ΔV^F heraus durch $V^F - V^E$ und diskontieren jedoch nicht mit k, sondern mit i auf t = 0. Für die erste Phase wird eine autonome Politik auf Basis des APV-Ansatzes durchgeführt. Ähnlich wird in Ross/Westerfield/Jaffe (1999) vorgegangen, jedoch ist in der zweiten Phase Politik 5 unterstellt.
Bei Arzac (1996) wird ebenfalls eine LBO-Finanzierung untersucht. In der ersten Phase wird eine cashflowabhängige Politik auf Basis des APV-Ansatzes angenommen und in der zweiten Phase eine wertabhängige Politik auf Basis des WACC-Ansatzes. Der gesamte Endwert wird mit k auf t = 0 diskontiert. Bei Inselbag/Kaufold (1998) und Loderer/Jörg/Pichler/Zgraggen (2001) wird in der ersten Phase Politik 1 unterstellt und in der zweiten Phase Politik 2. Der die Politik der zweiten Phase komprimierende Endwert wird nun jedoch auch mit k diskontiert.
Bei Kruschwitz/Löffler (1999) ist in der ersten Phase eine wertabhängige und in der zweiten Phase eine inkrementell wertabhängige Politik unterstellt. Es wird mit dem WACC-Ansatz durchgehend gearbeitet. Der ME-WACC wird dann auch zur Diskontierung des Endwerts verwendet.
Was ist impliziert und wie lässt sich diese Vorgehensweise kommentieren, nachdem die Autoren sich darüber nicht näher äußern? Lassen sich auch andere Vorgehensweisen begründen? Geht man diese Frage grundsätzlich an, ist es hilfreich, sich die Verteilung der Fremdkapitalbestände anhand eines Zustandsbaumes vorzustellen.

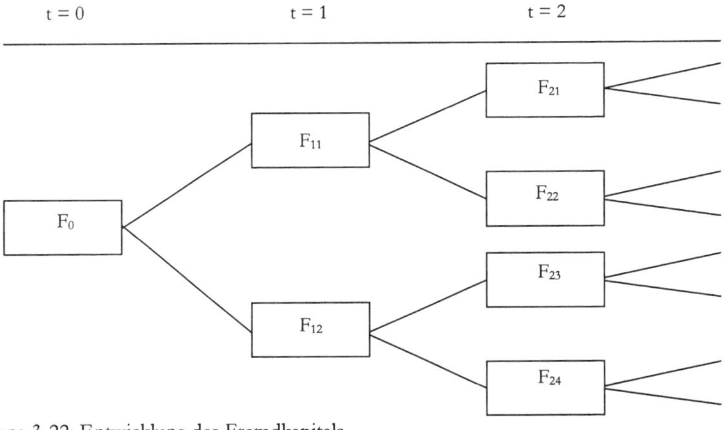

Abbildung 3-22: Entwicklung des Fremdkapitals

Eine nahe liegende Vermutung dürfte sein, den Endwert ΔV^F_{T-1} mit den Renditen der ersten Phasen abzuzinsen [Position A: Inselbag/Kaufold (1989), Ross/Westerfield/Jaffe (1999),

[767] Ausnahme: L^{Bil}.

Kruschwitz/Löffler (1999)]. Eine zweite nahe liegende Vermutung besteht darin, mit den Renditen der zweiten Phase [Position B: Arzac (1996), Inselbag/Kaufold (1998), Loderer/Jörg/Pichler/Zgraggen (2001)] abzuzinsen. Ist nun die eine Annahme besser begründbar als die andere? Die Frage lässt sich ad hoc theoretisch nicht ohne weiteres beantworten. Es hängt davon ab, wie die Verteilung des Barwerts der Steuerersparnisse in T-1 aussieht. Wird diese nicht spezifiziert, macht es auf theoretischer Ebene keinen Sinn, sich darüber den Kopf zu zerbrechen, ob nun k, WACC oder i angemessener sei. Ist die Verteilung bzw. das Verteilungsmuster festgelegt, dann ist auch klar, durch welche Renditen der Endwert auf den Bewertungszeitpunkt zu transponieren ist.

Wird z.B. die explizite Phase bis T=2 geplant, dann reichen die für die erste Phase relevanten Fremdkapitalbestände bis T-1. Die Bestände ab T bestimmen den Endwert von ΔV^F. Es gibt nun mehrere mögliche Positionen:

A) Wird unterstellt, dass die Fremdkapitalbestände bis T der Politik der ersten Phase unterliegen, dann ist der Endwert, der ein Vielfaches von $\widetilde{F}_T$ bzw. F_T darstellt, genau mit den Renditen der ersten Phase abzuzinsen. Bei wertabhängiger Politik also z.B. mit k und m, bei autonomer Politik mit i, bei cashflowabhängiger Politik mit $E_0^w\left[\widetilde{k}_t^*\right]$ usw. Diese Vorstellung hegen implizit Vertreter der Position A.

Wird alternativ unterstellt, dass die Bestände in T einer anderen Verteilung, als der in der ersten Phase folgen, sind abweichende Renditen impliziert.

B) Es kann nun möglich sein, dass diejenigen Renditen, die in der zweiten Phase einschlägig sind, aufgrund einer entsprechenden Verteilungsannahme verwendet werden können. Dies entspricht der Position B.

C) Werden jedoch andere Verteilungsannahmen, als in A) oder B) beschrieben, getroffen, dann werden die Renditen auch anders aussehen. Grundsätzlich kann festgehalten werden, dass die Fremdkapitalbestände bei positiver Korrelation mit den Zustandspreisen eine positive Risikoprämie für $E_0^w\left[\widetilde{k}_t^*\right]$ hervorrufen. Im Spezialfall der Zustandsunabhängigkeit der Fremdkapitalbestände in T ist zu diskontieren mit i. Sind Fremdkapitalbestände und Zustandspreise negativ korreliert, dann ist die Risikoprämie negativ wie bei einer cashflow- bzw. dividendenabhängigen Politik schon gezeigt. Wird jedoch davon ausgegangen, dass die Fremdkapitalbestände zu Beginn der Endwertphase von dem operativen Risiko abhängen, dann ist der Endwert von T auf 0 mit k zu diskontieren.[768]

Nun kann diesem Problem ausgewichen werden, indem eine phasen*un*abhängige Finanzierungspolitik gefahren wird. Dies ist in der Literatur auch ein üblicher Weg. Nicht alle der hier betrachteten Politiken scheinen aber gleich gut geeignet zu sein. Kandidaten hierfür könnten etwa die inkrementell wertabhängige bzw. die bilanzabhängige Politik sein. Ein differenzierter Einsatz von Renditen ist dann auch nicht nötig.[769] Bei den anderen Politiken empfiehlt sich aber ein phasenweiser Einsatz, insbesondere bei der für einfache Endwertberechnungen inkompatiblen cashflow- und dividendenabhängigen Politik. Das Resultat kann bei weit in der

768 Dies wird unterstellt in Ross/Westerfield/Jaffe (1999), S. 459, Fn. 16. In der ersten Phase gilt eine autonome Politik, für den Endwert eine inkrementell wertabhängige Politik.

769 Dies scheint dem Vorgehen der US-amerikanischen Praxis nahe zu kommen, obgleich in seltenen Fällen mit differenzierten Renditen bei der Endwertberechnung vorgegangen wird. Vgl. die empirischen Ergebnisse von Bruner/Eades/Harris/Higgins (1998), S. 18.

Zukunft liegenden Endwerten durch die Diskontierung dennoch wesentlich beeinflusst werden, so dass eine explizite Begründung die Bewertung absichert.[770]
Theoretisch kann die Diskontierung des Endwerts auch unabhängig davon ausfallen, welche Politik in der ersten oder zweiten Phase gefahren wird.[771] Indes dürfte ohne weitere Informationen eine Verwendung der Renditen der vorhergehenden Phase nicht unplausibel sein. Es wird dann davon ausgegangen, dass die Fremdkapitalbestände in T noch von der Politik der ersten Phase abhängig sind. Diese Vorgehensweise nach A) hat den Vorteil, dass drastische Fremdkapitaländerungen bei dem Phasenübergang vermieden werden können. Für die Bestimmung eines Endwerts ist es dann also wichtig zu wissen, welche Politik in der ersten Phase geplant worden ist.

Beispiel: Es wird eine Konstellation unterstellt wie von Ross/Westerfield/Jaffe (1999) in Fn. 768 angedeutet. D.h. in der ersten Phase (t = 1, 2) wird eine autonome Politik betrieben, der Endwert wird auf t = 0 mit k diskontiert. Es wird ein Binomialmodell unterstellt. Vgl. Abbildung 3-22; p = 0,5; q = 0,43787879; i = 0,07. k beträgt dann 10 %. $F_0 = 500$, $F_1 = 550$ und $F_{21} = 899{,}76$, $F_{22} = F_{23} = 575{,}85$, $F_{24} = 368{,}54$
$\Rightarrow E_0\left[\tilde{F}_2\right] = 605$.

Das Fremdkapital wächst also nach unbedingter Erwartung p.a. mit 10 %. Gleichwohl sind die bedingten Fremdkapitaländerungen von Periode 1 auf Periode 2 mit rund 64 %, 5 % und –33 % gravierend. Würde stattdessen unterstellt, dass die Verteilung des Fremdkapitals der der Vorperiode folgt, dann beträgt die Wachstumsrate lediglich 10 % in jedem Zustand.

3.2.8.3.3. Zur phasenspezifischen Bewertung

Nun wird bei praktischen Unternehmensbewertungen oft das Bewertungsergebnis seziert in den prozentualen Wertanteil, der auf den Detailprognose- und den Endwertzeitraum zurückzuführen ist.[772] Hohe Anteile des Endwerts werden kritisch beäugt, weil sie erst fern in der Zukunft liegen, und die Prognoseunsicherheit deshalb hoch ist.[773] Es wurde schon argumentiert, dass ein hoher Anteil des Terminal Value überhaupt nicht bedeuten muss, dass erst in der Zukunft die hauptsächliche „Wertschaffung" erwartet wird. Im Folgenden wird gezeigt, wie der Einfluss der Kapitalstruktur auf verschiedene DCF-Ansätze den Informationswert des Wertverhältnisses des Terminal Value zum Unternehmensgesamtwert beeinflusst.
Copeland/Koller/Murrin (2000) etwa führen ihre Berechnungen auf Basis des WACC-Ansatzes durch, Lundholm/Sloan (2004) auf Basis des Equity-Ansatzes.[774] Unterschiedliche DCF-Ansätze werden bei der üblichen Anwendung aber zu unterschiedlichen Wertrelationen, jedoch freilich nicht Gesamtwerten führen. Ein Beispiel verdeutlicht diesen in der Literatur kaum beachteten Aspekt. Die Finanzierungspolitik wird phasenunabhängig angenommen, um den Kern der Aussage herauszuschälen.

---

770 Wird z.B. von k = 10 % bzw. $E_0^w\left[\tilde{k}^*\right] = 6$ % ausgegangen und einem T-1 von 8 Jahren, dann beträgt ΔV_0^F 47 % bzw. 63 % von ΔV_{T-1}^F.

771 Etwas anders ist der Fall gelegen bei einer cashflowabhängigen Politik in der ersten Phase mit anschließender wertabhängiger Politik. Gilt $\chi = 1$, dann macht eine Abzinsung mit WACC keinen Sinn, da offensichtlich die Verschuldungskapazität schon ausgeschöpft ist, aber eine zusätzliche unterstellt wird.

772 Vgl. schon Copeland/Koller/Murrin (1990), S. 207-208.

773 Nach einem DVFA-Standard etwa sollen Analysten dieses Wertverhältnis in Research Reports angeben. Vgl. DVFA-Kommission "Neue Märkte/Innovative Unternehmen" (1999), S. 8.

774 Vgl. Lundholm/Sloan (2004), S. 201.

Beispiel: Es wird eine wertabhängige Politik unterstellt. k und δ* sind deterministisch. Es gilt: k = 0,1; i = 0,07; s = 0,4; L = 0,55; es wird vereinfachend vom HP-Fall ausgegangen. Ab t = 3 wird eine ewige Rente ohne Wachstum angenommen.
⇒ WACC = 0,0846; k^F = 0,13667.

	t = 0	1	2	3-∞
$E_0[\tilde{D}_t]$		500,0	700,0	600,0
$E_0[\tilde{V}_t^F]$	7.085,0	7.184,4	7.092,2	7.092,2
$E_0[\tilde{V}_t^E]$	5.991,7	6.090,9	6.000,0	6.000,0
$E_0[\Delta\tilde{V}_t^F]$	1.093,3	1.093,5	1.092,2	1.092,2
$E_0[\tilde{E}_t^F]$	3.188,3	3.233,0	3.191,5	3.191,5
$E_0[\tilde{F}_t]$	3.896,8	3.951,4	3.900,7	3.900,7

Barwerte des Terminal Value für E^F nach:
APV-Ansatz: 3.191,5/1,1^2 = 2.637,6 (83 %)
WACC-Ansatz: 3.191,5/1,0846^2 = 2.713,0 (85 %)
Equity-Ansatz: 3.191,5/1,13667^2 = 2.470,2 (77 %)

Die unterschiedlichen Werte sind offensichtlich durch die Abbildung der Fremdfinanzierung hervorgerufen. Auch wenn keine Steuern anfallen, gibt es Divergenzen zwischen Equity- und APV-Ansatz (bzw. dem dann identischen WACC-Ansatz). Jedoch sind nicht die Methoden per se verantwortlich für die Wert-Divergenzen, sondern die Integration der unverändert übernommenen, aggregierten Cashflows in den Kalkül. Sind alle Wertrelationen gleich gut geeignet, ökonomisch interpretierbare Aussagen zu liefern?

Bei dem mit dem APV-Ansatz gezeigten Vorgehen werden *sämtliche* Steuervorteile der Fremdfinanzierung der ersten Phase berücksichtigt.

	t = 1	2
$E_0[\tilde{D}_t]$	500	700
$is_K E_0[\tilde{F}_{t-1}]$	109,1	110,6
Summe	609,1	810,6

Barwert der ersten Phase mit k: 550,7. (E^F = 550,7 + 2.637,6 = 3.188,3)

Bei dem mit dem Equity-Ansatz gezeigten Vorgehen werden *sämtliche* Effekte der Fremdfinanzierung der ersten Phase berücksichtigt.

	t = 1	2
$E_0[\tilde{D}_t]$	500,0	700,0
$E_0[\tilde{F}_{t-1}]i(1-s_K)$	-163,7	-166,0
$E_0[\tilde{F}_t - \tilde{F}_{t-1}]$	54,7	-50,7
Summe	391,0	483,3

Barwert der ersten Phase mit k^F: 718,1. (E^F = 718,1 + 2.470,2 = 3.188,3)

Bei dem mit dem WACC-Ansatz gezeigten Vorgehen werden nur die auf die Cashflows der ersten Phase zurückgehenden Steuervorteile der Fremdfinanzierung berücksichtigt.
Barwert der ersten Phase mit WACC: 475,2. ($E^F = 475{,}2 + 2.713 = 3.188{,}2$)

Der Wert der ersten Phase ist bei dem WACC-Ansatz am niedrigsten, da die Steuervorteile der Fremdfinanzierung nur partiell erfasst werden.[775] Fiele der Terminal Value weg (hätte er also fiktiv einen Wert von null), dann wäre das Vorgehen nach dem WACC-Ansatz zielführend, wenn berücksichtigt wird, dass die „debt capacity" gemessen mit L konstant bleiben soll.
Wird davon ausgegangen, dass die Fremdkapitalbestände ex ante nach der F-Doktrin geplant sind, dann würde bei einem Wegfall des Terminal Value die Vorgehensweise des APV-Ansatzes den zielführenden Wert liefern. Die Vorgehensweise mit dem Equity-Ansatz liefert bei den aggregierten Cashflows nicht einen derart begründeten Wert.[776] Der Grund ist wiederum, dass L- und F-Doktrin in untrennbarer Weise vermengt sind.

Wird davon ausgegangen, dass die Politik wertabhängig ist und eine der Renditen stochastisch ist, dann müssen auch die Renditen für die anderen Verfahren erneut angepasst werden, um bei allen Verfahren zu theoretisch konsistenten Wertbeiträgen zu gelangen. Theoretisch konsistent wird die Bewertung angesehen, wenn der Wert der ersten und zweiten Phase ökonomisch interpretierbar ist, d.h. die Werte ergeben sich aus den in der jeweiligen Phase handelbaren Cashflows. Dies gilt auch bei einer autonomen Politik. Die Renditen beziehen sich hier ja jeweils auf Dividende *und* Kursgewinnänderung und können daher nicht unverändert übernommen werden. Der APV-Ansatz ist hier relativ einfach anzuwenden. Ist die Rendite k stochastisch, dann ist die Bewertung des Terminal Value von V^E in $t = 0$ mit $E_0^w\left[\tilde{k}\right]$ nicht einschlägig.

Möchte man z.B. wissen, wie hoch der Wert bei potentieller Veräußerung in T aus Sicht von heute erwartet wird, dann ist eine Endwertmodellierung zielführend, die den Marktwert in T als einen zukünftig handelbaren Titel betrachtet. Eine Verwendung des APV-Ansatzes ist daher im Allgemeinen zu empfehlen, da damit dann komplizierte Umrechnungen - wie bei den anderen DCF-Ansätzen nötig - i.d.R. umgangen werden können. Ob eine Sezierung nun nach L- oder F-Doktrin, so sie denn gewünscht ist, vorgenommen werden sollte, kann nicht allgemeingültig beantwortet werden. Es hängt von der Fragestellung ab.
Fallen potentieller Exit-Value und Terminal Value zum Bewertungszeitpunkt $t = 0$ nicht zusammen, was i.d.R. der Fall sein wird, lässt sich der Terminal Value mit den Cashflows der expliziten Phase amalgamiert bewerten. Zu beachten ist freilich, dass die Werte für die einzelnen Phasen dann ökonomisch aufgrund der Verwendung gewichteter unbedingt erwarteter Renditen nicht leicht interpretierbar sind. Das muss aber nicht immer stören, da eine Information über die separaten Werte in $t = 0$ dann nicht benötigt wird, sondern nur der Wert insgesamt in $t = 0$.
Der Ausweis des Terminal Value-Anteils am Unternehmensgesamtwert kann also einen relativ geringen ökonomischen Informationswert haben, weil

- dessen Höhe kein Indikator für Wertschaffung in der zweiten Phase sein muss,
- der Wertbeitrag des auf $t = 0$ diskontierten Terminal Value i.a. nicht mit dem Wert des Exit Value in $t = 0$ übereinstimmt.[777]

---

775 Bei dem Equity-Ansatz müssten dann entsprechend die höheren Tilgungszahlungen berücksichtigt werden, sowie die veränderten Zinszahlungen.

776 Vgl. auch Steiner/Wallmeier (1999), S. 8-9.

777 Ist nach dessen Wert in $t = 0$ gefragt, muss dieser separat berechnet werden.
Des Weiteren weisen unterschiedliche Ansätze (DCF, RG, IO) bei identischen Annahmen u.U. unterschiedliche Endwerte aufgrund der Rechentechnik aus. Vgl. Kapitel 2.

3.2.9. Ergebnisse

In diesem Kapitel sind die Wirkungen einer einfachen Unternehmensteuer auf den Wert der Kapitalstruktur untersucht worden. DCF-Ansätze, Finanzierungspolitiken und vor allem Planungsdoktrinen sind in der Darstellung entwirrt worden.

Diese Entwirrung, die nicht immer konsequent in der Literatur eingehalten wird, trägt m.E. entscheidend dazu bei, den Blick auf die theoretisch wie empirisch bedeutende Kernfrage zu fokussieren, welche Finanzierungspolitik unter welchen Umständen für einen bestimmten Zeitraum realistisch ist. Hier besteht noch erheblicher Forschungsbedarf, um gesicherte Auskünfte über diese Kernfrage zu erfahren.[778] Die Anwendungsaspekte dieser Politiken sind aber ebenfalls wichtig. Diese werden intensiv diskutiert.

Es werden der APV-Ansatz, WACC- und Equity-Ansatz analysiert. Als Planungsdoktrinen werden eine absolute auf Fremdkapitalbeständen (F) und eine relative auf Fremdkapitalquoten (L) basierende untersucht.

Eine auf Fremdkapitalquoten basierende Doktrin impliziert nicht zwangsläufig eine wertabhängige Politik. Ashton/Atkins (1978) haben eine explizite Lösung z.B. für eine autonome Politik vorgelegt, eine inkrementell wertabhängige Politik könnte aufgrund des Einsatzes eines zeitkonstanten WACC auch einschlägig sein. Im Umkehrschluss lässt sich also nicht ohne weiteres vermuten, dass ein Ansatz mit einem konstanten WACC stets eine wertabhängige Politik hervorruft.

So ist es z.B. für die Frage, ob eine wertabhängige Politik vorliegt oder nicht, auch ganz unerheblich, ob diese über eine L-Doktrin geplant worden ist. Deshalb kann die empirische ex post-Beobachtung, dass Fremdkapitalquoten i.d.R. im Zeitablauf schwanken, nicht als eindeutiges Indiz dafür gewertet werden, dass keine wertabhängige Politik vorlag.

Unterschiedliche Finanzierungspolitiken führen i.d.R. zu unterschiedlichen Bewertungsformeln. Dennoch haben der WACC- und Equity-Ansatz die Eigenschaften eines Zwitters. So können die Formeln, die bei wertabhängiger Politik einschlägig sind, auch bei autonomer Politik zutreffen, wenn eine L^{FP}-Planungsdoktrin vorliegt. Die Formeln, die für eine autonome Politik im Fall der ewigen Rente ohne Wachstum bestimmt sind, lassen sich auch außerhalb der ewigen Rente bei unbegrenztem Horizont anwenden. Dann ist eine inkrementell wertabhängige Politik impliziert.

Die wertabhängige Politik ist wichtig, da sie ein Grundbaustein auch für andere Finanzierungspolitiken darstellen kann. Die *guten* Nachrichten sind:

- Zulässige Cashflow-Prozesse, die die Gültigkeit der reinterpretierten Formel von Miles/Ezzell nicht konterkarieren, sind nicht so eng gefasst, wie in der Literatur bisweilen nahe gelegt wird. Wachstumsraten der Cashflows müssen nicht deterministisch sein. Wichtig für eine unbedingte Zulässigkeit indessen ist, dass die Dividendenrendite δ^* nicht stochastisch ist.
- Bei Verlassen der nach Miles/Ezzell reinterpretierten stochastischen Modellwelt wird an zwei ausgewählten wertabhängigen Finanzierungspolitiken gezeigt, dass sich die äußere Gestalt der WACC-Formel von Miles/Ezzell kaum ändert.
- Während dann im Fall einer an V^F orientierten Politik eine *modifizierte* WACC-Formel nötig ist, muss im Fall einer an V^E cum Dividende orientierten Politik zwar auch eine modifizierte WACC-Formel, jedoch *kein modifizierter* APV-Ansatz eingesetzt werden. WACC- bzw. APV-Ansatz sind dann jeweils recheneffizient, da sie das so genannte Zirkularitätsproblem umgehen.

---

[778] Die umstrittene Frage, welche der derzeit gehandelten Kapitalstrukturtheorien (trade-off vs. pecking order theory) am besten die Realität beschreibt, zeigt, dass hier noch kein gesichertes Wissen vorliegt, jedoch mehr oder weniger gut bestätigte Hypothesen, auf denen sich Politiken aufbauen lassen. Vgl. hinsichtlich einer Managerumfrage zu diesem Problem etwa Graham/Harvey (2001), S. 211, 215 und 232-232.

Eine *unangenehme* Nachricht besteht darin, die bedingt durch das Verlassen des reinterpretierten Modells von Miles/Ezzell ist, dass im Fall einer an V^F orientierten Politik anhand gegebener Renditen des WACC- bzw. Equity-Ansatzes noch nicht die differenzierten Renditen des APV-Ansatzes ohne weiteres ableitbar sind. Eine ökonomisch gerechtfertigte Überleitung ausgehend von dem WACC-Ansatz in den APV-Ansatz ist ohne weitergehende Informationen dann nicht möglich. Diese über das auch weiterhin bestehende Zirkularitätsproblem hinausgehende Feststellung rüttelt nicht an der unzweifelhaften Kompatibilität der DCF-Ansätze, zeigt aber, dass weiter auszuholen ist, um diese zu belegen. Ein sparsamer Einsatz unterschiedlicher DCF-Ansätze ist in einer solchen Umgebung nachvollziehbar.

Präferenzen für einen bestimmten Ansatz sind auch aus der Planungsperspektive begründbar. Liegen vollständige Plan-Bilanzen und -GuVs vor, so ist der APV-Ansatz aufgrund der F-Doktrin ein effizienter Ansatz bei gegebenen $E_0^w\left[\tilde{k}_t\right]$, abgesehen von der V^F-Orientierung bei der alternativen wertabhängigen Finanzierungspolitik. Sind die Planungsperspektiven anders gestrickt, können sich Recheneffizienz-Vorteile für den WACC- und u.U. auch für den Equity-Ansatz ergeben.

Neben der hauptsächlich in der Literatur betrachteten autonomen, wertabhängigen und inkrementell wertabhängigen Finanzierungspolitik werden noch weitere Politiken wie eine wertabhängige Finanzierungspolitik mit time lag, eine gemischte, bilanz-, cashflow- und dividendenabhängige Finanzierungspolitik untersucht.

Die Beta-Umrechnung von Appleyard/Dobbs (1997) ist, wenn wie üblich eine erwartete Rendite bei Mischfinanzierung auf Basis von β^F geschätzt wird, für eine L^{FP}-Planungsdoktrin nicht zielführend. Benötigt wird die Umrechnungsformel auf Basis der autonomen Politik, um k zu bestimmen, falls k noch nicht bekannt sein sollte. Eine L_{t-1}^{FP}-Planungsdoktrin ist leicht umsetzbar. Eine L^{FP}-Planungsdoktrin ist für einen Endwert nicht besonders transparent, weil L nicht konstant bleibt.

Die wertabhängige Politik mit time lag lässt sich nicht nur über eine L-, sondern insbesondere transparent über eine F-Doktrin beschreiben. Diese Politik kann entgegen den Verlautbarungen von Clubb/Doran (1995) auch über einen WACC-Ansatz abgebildet werden. Die Textbuch-Formel ist daher gültig. Dies hat auch zur Folge, dass eine Beta-Umrechnung möglich wird.
Die inkrementell wertabhängige Finanzierungspolitik ist das Implikat der klassischen WACC- bzw. Equity-Formeln von Modigliani und Miller. Diese Formeln sind in jüngster Zeit sehr kritisiert worden. Beachtet man jedoch, dass den Formeln diese Politik zugrunde liegt, dann sind die Formeln auf Basis der Arbitragegewinnfreiheit verteidigbar. Es wurde auch gezeigt, dass die von Arditti/Pinkerton (1978) aufgeworfene These der Überlegenheit einer ΔL^{Bil}- gegenüber einer $E_0^w\left[\tilde{L}\right]$-Planungsdoktrin nicht recht überzeugen kann.
Die Variante der bilanzabhängigen Finanzierungspolitik nach Richter/Drukarczyk (2001) ist für einen unbegrenzen Zeithorizont modelliert worden.
Es wurde neben einer cashflowabhängigen Politik, die von Arzac (1996) gezeigt wurde, eine dividendenabhängige Finanzierungspolitik im Sinne von Lintner (1956) konstruiert. Dieser Politik wird nachgesagt, die Empirie gut zu beschreiben.

In diesem Kapitel werden 8 Finanzierungspolitiken unterschieden. Eine „Super"-Formel, die alle hier betrachteten Politiken „unter einen Hut bringt", wird nicht geliefert, weil diese vermutlich zu abstrakt ausfiele. Keine der hier gelieferten Formeln vermag also jede der hier untersuchten

Finanzierungspolitiken zu beschreiben. Wie etwa kann eine cashflowabhängige Finanzierungspolitik a priori durch eine gemischte Politik beschrieben werden?
Nicht alle Finanzierungspolitiken scheinen geeignet für die gesamte Lebensdauer eines Unternehmens. In Frage hierfür kommen etwa eine wertabhängige Politik mit time lag, eine gemischte, eine inkrementell wertabhängige Finanzierungspolitik, sowie eine bilanzabhängige Finanzierungspolitik. Üblicherweise werden bei einer Unternehmensbewertung technisch die Zahlungsströme einer ersten und einer zweiten Phase zugeordnet.[779]
Tendenziell scheinen eine autonome, cashflow- und dividendenabhängige Finanzierungspolitik auf die erste Phase zu passen.
Wann ein Endwert glaubwürdig erscheint, ist positiv wohl nicht ganz einfach zu definieren. Bei negativer Definition lässt sich zumindest sagen, wann er nicht glaubwürdig erscheint. Eine autonome Politik wie auch die Annahme stochastischer Unabhängigkeit erscheint schwer verteidigbar, da der Endwert i.d.R. einen unbegrenzten Zeitrahmen umfasst. Ein unbegrenzter Determinismus widerspricht aber dem Erfahrungswissen. Für die Endwertphase sind deshalb eine wertabhängige Finanzierungspolitik (mit time lag), gemischte, inkrementell wertabhängige und bilanzabhängige Finanzierungspolitik eher geeignet. Häufig wird der Endwert über ein Modell der ewigen Rente mit Wachstum abgebildet. Hierfür eignen sich technisch besonders eine wertabhängige, gemischte und inkrementell wertabhängige Finanzierungspolitik.

Eine ökonomische Botschaft von Modigliani und Miller ist das Postulat der Arbitragegewinnfreiheit. Die Abbildung über bestimmte Methoden ist eine Zweckmäßigkeitsfrage. Der APV-Ansatz, und dies ist zu betonen, hebt diesen Aspekt didaktisch besonders transparent hervor. Das macht ihn auch m.E. wertvoll. Was der WACC-Ansatz theoretisch besser zu leisten vermag, ist unklar. Er kann in bestimmten Konstellationen gut mit einer L-Planungsdoktrin umgehen. Der APV-Ansatz kann dann i.d.R. aber mit beiden Doktrinen effizient umgehen. Gleichwohl darf spekuliert werden, dass WACC- bzw. Equity-Ansatz (Ertragswertverfahren) in der Praxis vielleicht deshalb so beliebt sind, weil eine explizite Festlegung der Finanzierungspolitik unterlassen werden kann. Angesichts der Vielzahl der offenen Fragen hinsichtlich der Wahl einer geeigneten Finanzierungspolitik im Einzelfall, des daraus erwachsenden Streitpotentials und der Komplexität einer expliziten Abbildung von realistischen Finanzierungspolitiken mag man Verständnis für die Handhabung in der Praxis aufbringen. Gleichwohl ist diese Vorgehensweise *theoretisch* unbefriedigend, weil sie Fragen offen lässt, und für *praktische* Belange gefährlich, da aufgrund der mangelnden Transparenz die Bewertungen potentiell schwer zu begründen sind. Ob nun die große Zeit des WACC-Ansatzes aber vorbei sein wird, wie Spremann (2002) seinen Gnom orakeln lässt, bleibt wohl abzuwarten.[780] Aussageversuche über angeblich theoretische Überlegenheiten des einen oder anderen Ansatzes gehen wohl am Kern des Problems vorbei, nämlich der Implementierung der Botschaften von MM. Nicht alle der hier gezeigten DCF-Ansätze sind in der Tat nötig, um eine Bewertung zu leisten. Da die meisten Adressaten mit diesen scheinbar leicht verständlichen Ansätzen gut vertraut sind, nehmen der Equity- als auch insbesondere der WACC-Ansatz eine nicht unbedeutende Rolle für eine reibungslose Kommunikation der Bewertungsergebnisse ein.[781]

[779] Die Überlegungen gelten grundsätzlich auch bei einer feineren Phasen-Differenzierung.
[780] Vgl. Spremann (2002), S. 313, ähnlich auch Luehrman (1997) und früher schon Haley/Schall (1978), S. 847. Der Status quo sieht jedenfalls noch nicht danach aus. Vgl. z.B. Luehrman (1997), S. 145; Ruback (2002), S. 5; Booth (2002), S. 8. Der APV-Ansatz spielt international in der Praxis (noch?) keineswegs die dominierende Rolle, die der WACC-Ansatz einnimmt. Vgl. für USA Graham/Harvey (2001), S. 197, sowie Graham/Harvey (2002), S. 11-12, und für UK Arnold/Hatzopoulos (2000), S. 620.
[781] Diskontieren mit differenzierten Renditen ist in der Praxis kaum verbreitet. Vgl. Graham/Harvey (2001), S. 209. Der konzeptionelle Vorteil des APV-Ansatzes, dessen wesentliche Eigenschaft im Diskontieren mit differenzierten Renditen besteht, geht dann in der Praxis unter.

3.3. Unternehmensteuern, persönliche Steuern und Kapitalstruktur

Für eine realitätsnahe Abbildung des Steuersystems führt an dem Einbezug von persönlichen Steuern kein Weg vorbei.[782] So erkennt Modigliani (1988) an, dass es ein Fehler gewesen sei, die Rolle der differenzierten persönlichen Besteuerung in den Beiträgen von Modigliani und Miller außen vor gelassen zu haben.[783] Ungeachtet dieser Erkenntnis wird in den meisten englischsprachigen Monographien bzw. Textbüchern diese Thematik stiefmütterlich behandelt, allenfalls der Beitrag von Miller (1977) wird reflektiert.[784] Dieser heute noch viel beachtete Aufsatz, der auf einige Vorgänger wie insbesondere Farrar/Selwyn (1967) hinweist, hat eine beträchtliche Literaturdiskussion ausgelöst. Ob und wie sich gegebenenfalls persönliche Steuern *theoretisch* auf den Unternehmenswert auswirken, wird sich jedoch erst am Ende einer Analyse herauskristallisieren.
Den Werteinfluss von Steuern *empirisch* zu messen, scheint eine reizvolle wie dornige Angelegenheit zu sein, wohl auch deshalb, weil andere Determinanten der Kapitalstruktur die Beobachtungen überlagern.[785] Insbesondere die Berücksichtigung von Steuern hat sich hierbei in der Unternehmensbewertung durchgesetzt.

Wie bei der Risikoberücksichtigung stellt sich generell auch bei der Bewertung des Steuereffekts der Fremdfinanzierung die Grundsatzfrage, ob eine individualistische oder eine marktorientierte Perspektive eingenommen wird.
Ein *individualistischer* Kalkül möchte der von einem Bewertungssubjekt präferierten Privatfinanzierung eines potentiell zu erwerbenden Unternehmens gerecht werden. Befürworter dieser Auffassung betonen den Vorteil einer allgemeineren Abbildungsmöglichkeit der persönlichen Situation des Bewertungssubjekts.[786] Jedoch ist der Kalkül – wie die Bezeichnung nahe legt – auf das Individuum zugeschnitten. Wie bei einer Gruppe von Käufern dann bewertet werden sollte, ist aber unklar. Denn der Kalkül hat – das ist einerseits seine Stärke, andererseits aber auch seine Schwäche – einen derart hohen Freiheitsgrad, dass z.B. im Halbeinkünfteverfahren bei einigermaßen realistischen Konstellationen sich ein Spektrum

---

[782] Vgl. zu der Thematik „Unternehmensbewertung und Steuern" auch den Überblicksartikel von Sigloch (2003).

[783] Vgl. Modigliani (1988), S. 153. Stiglitz (1988), S. 126, äußert sich so: "Modigliani and Miller, in their brilliant papers, have set forth a research agenda which will occupy economists for decades to come." Neben weiteren Aspekten erachtet Stiglitz (1988) insbesondere den realitätsnahen Einbezug des Steuersystems als wichtig.

[784] Vgl. etwa Fruhan (1979), Rappaport (1986), Stewart (1991), Cornell (1993), McTaggart/Kontes/Mankins (1994), Benninga/Sarig (1997), Van Horne (1998), Madden (1999), Ross/Westerfield/Jaffe (1999), Brealey/Myers (2000), Copeland/Koller/Murrin (2000), Palepu/Bernard/Healey (2000), Haugen, (2001), Higgins (2001), Rappaport/Mauboussin (2001), Bodie/Kane/Marcus (2002), Damodaran (2002), Fernández (2002), Grinblatt/Titman (2002), Stowe/Robinson/Pinto/McLeavey (2002), Elton/Gruber/Brown/Goetzmann (2003), Penman (2004), Soffer/Soffer (2003), Lundholm/Sloan (2004).

[785] Graham/Harvey (2001), S. 233, berichten, dass sich Manager bei der Kapitalstrukturentscheidung nicht um persönliche Steuern kümmern. Diese Beobachtung bedeutet noch nicht, dass persönliche Steuern deshalb für die Bewertung von Kapitalmarkttiteln aus Sicht der Eigentümer irrelevant wären. Sie sagt lediglich aus, dass persönliche Steuern - aus welchen Gründen auch immer - von den meisten Managern nicht als Aktionsparameter angesehen werden.
Fama/French (1998) können aufgrund ihrer empirischen Schätzung Steuerwirkungen für amerikanische Unternehmen kaum nachweisen. Sie halten die Ergebnisse von MM (1958) bzw. Miller (1977) zumindest für eine Deskription am geeignetsten. Diese Sichtweise ist nicht unumstritten. Vgl. zu dem deutlichen Einfluss von Einkommensteuern die empirischen Untersuchungen von Graham (1999), (2000), Kemsley/Nissim (2002).
Vgl. auch den Überblicksartikel von Graham (2003), sowie Bhattacharya (1988) und Myers (2001).

[786] Vgl. für diese Perspektive etwa Husmann/Kruschwitz/Löffler (2002).

steuerbedingter Vorteile des Fremdkapitals von ca. 6 % bis 43 % des Fremdkapitalnominalwerts aufspannt.[787]
Bei marktorientierter Perspektive resultiert lediglich ein Wert von ca. 6 %.[788]

Die Vorentscheidung, welche Perspektive bei der Bewertung des Steuervorteils verfolgt werden soll, kann im Halbeinkünfteverfahren wertmäßig also wesentlich sein. Ohne eine Vorentscheidung über eine spezifische private Fremdfinanzierung kommt der individualistische Kalkül bei tatsächlichen Unternehmensbewertungen dann nicht aus.
Hier spielt ein *marktorientierter* Kalkül seine Stärke aus.[789] Er fragt nicht nach den u.U. nicht erlangbaren Präferenzen, Basisausstattungen etc. der Bewertungssubjekte, sondern danach, was ein Steuervorteil der Fremdfinanzierung am Kapitalmarkt wert wäre. Der Wert ist dadurch definiert, dass er - wie Modigliani/Miller gezeigt haben - keinen Anlass zu einer gewinnbringenden Arbitrage bietet. Diese Perspektive hat zudem die Eigenschaft, dass Wertadditivität gilt.[790] Anstatt der u.U. hohen Bandbreite des individualistischen Kalküls vermag diese Perspektive den Blick auf gewinnbringende Tauschmöglichkeiten von Individuen zu lenken und somit den Einfluss des Marktes überhaupt wahrzunehmen. Die Disziplin, die eine marktorientierte Perspektive abverlangt, ist bei einer individualistischen Perspektive nicht nötig. Der verbleibende Lösungsraum ist dann aber groß. Die marktorientierte Perspektive wird im Weiteren verfolgt, weil sie dem Beliebigkeiten einengenden Prinzip einer arbitragegewinnfreien Bewertung zur Geltung verhilft. Dass der Anhaltspunkt brauchbar ist, zeigt sich gerade bei der Endwertmodellierung, da der über diesen Zeitraum aufgespannte Kalkül spätestens in dieser Phase regelmäßig über das Lebensalter des auftraggebenden Individuums hinausgeht. Der oft hervorgehobene Vorteil der Berücksichtigung persönlicher Umstände fällt mit dem Ableben des kauf-/verkaufwilligen Individuums nämlich weg. Mangels besseren Wissens könnte man einwenden, dass nachfolgende Eigentümer die gleiche Sicht wie das Bewertungssubjekt hätten. Ob ein solcher Vorschlag überzeugender als eine Marktperspektive wäre, darf sehr bezweifelt werden.

Dieses Kapitel ist wie folgt organisiert: Im ersten Abschnitt wird ein klassisches Doppelbesteuerungssystem mit differenzierter Einkommensteuer skizziert, wie es derzeit in Deutschland unter der Bezeichnung „Halbeinkünfteverfahren" Anwendung findet. Der Einfluss der Einkommensteuer auf eine autonome und eine wertabhängige Finanzierungspolitik wird ausführlich analysiert. Es wird erstmals explizit gezeigt, wie eine Erweiterung der MM-

---

[787] Dies gilt bei folgenden Daten: $f = 0{,}5$, $s_{GE} = 0{,}1667$; $s_K = 0{,}25$; $s_I = 0{,}42$; ewige Rente, autonome Politik. Vgl. die Abbildung [1] in Lobe (2001b), S. 649-650. Die von Lobe (2001b) entwickelten Gleichungen [5] und [7] werden auch bei Husmann/Kruschwitz/Löffler (2002) eingesetzt.

[788] Vgl. zu einem solchen Kalkül im Halbeinkünfteverfahren sowie seine Abgrenzung zu einer spezifischen Ausprägung eines auf Ring/Castedello/Schlumberger (2000) und Schüler (2000) zurückgehenden individualistischen (bzw. subjektiven) Kalküls, Lobe (2001a), S. 16, Fn. 31. In einer früheren Version des Beitrags von Husmann/Kruschwitz/Löffler (2001a) war Arbitragefreiheit noch gegeben. Vgl. Lobe (2001b), S. 648, Fn. 22.

[789] Das Prinzip der „No Arbitrage" hat sich als fruchtbarer Baustein („powerful approach") für die Weiterentwicklung der Finanzierungstheorie wie z.B. im Bereich der Optionpreistheorie erwiesen. Ross, der der Arbitragetheorie wesentliche Impulse gegeben hat, hat dies so kommentiert, dass man für das Verständnis dieses Grundgedankens kein ausgebildeter Ökonom zu sein hätte: Ein Papagei reichte auch aus. Vgl. Ross (1987), S. 30. Auch wenn dies eine humoristische Überzeichnung darstellt, so sind Arbitragehandlungen im täglichen Leben ein zu beobachtender Tatbestand, ohne dass stets ein Finanzspezialist involviert sein müsste. Miller deutet dies in einem lesenswerten Interview mit einer persönlichen Anekdote aus den 30er-Jahren an, vgl. Tanous (1997), S. 213-228. Modigliani (2001) wartet in seiner - übrigens auch sehr lesenswerten - Biographie dazu ebenfalls mit einer persönlichen Anekdote auf, vgl. Modigliani (2001), S. 3. Wieso sollten dann Arbitrageüberlegungen bei so finanziell gravierenden Entscheidungen, denen Unternehmensbewertungen oft zugrunde liegen, ausgeklammert sein?

[790] Bei einer individualistischen Perspektive darf diese Eigenschaft nicht uneingeschränkt unterstellt werden.

Arbitragetechnik auf Fälle außerhalb der ewigen Rente (ohne Wachstum) bei einer autonomen Finanzierungspolitik aussieht. Dabei wird deutlich, dass eine ad hoc-Übertragung der innerhalb eines einfachen Unternehmensteuersystems gewonnenen Ergebnisse aus Kapitel 3.2. auf den Fall mit persönlichen Steuern nicht möglich ist. Arbitragegewinnfreie DCF-Bewertungsformeln für den APV-, Equity- und WACC-Ansatz werden abgeleitet.

Anschließend werden in der bisherigen Diskussion kaum eine Rolle spielende gemischte Finanzierungspolitiken, als auch eine inkrementell wertabhängige Politik untersucht, und die bekannten Abbildungsvarianten über APV-, Equity- und WACC-Ansatz definiert. Die Wertauswirkungen dieser Politiken werden im Halbeinkünfteverfahren für den Standardfall des Endwerts einer ewigen Rente mit Wachstum gegenübergestellt.

Nach der Analyse des Einflusses der Einkommensteuern wird eine private Besteuerung von Kapitalgewinnen in den Kalkül integriert. Der Einfluss einer Kapitalgewinnbesteuerung wird in der Literatur weit weniger intensiv diskutiert als der einer Einkommenbesteuerung. Insbesondere der Werteinfluss der Kapitalstruktur ist in dieser Hinsicht noch nicht ausführlich untersucht worden. In der deutschsprachigen Literatur wird eine Kapitalgewinnbesteuerung kaum diskutiert.[791] Dies mag damit zu tun haben, dass in dem deutschen Steuersystem *bislang* Kapitalgewinne unter bestimmten Bedingungen nicht versteuert werden müssen. Ein gänzlicher Ausschluss von Kapitalgewinnsteuern erscheint aber als ein Extremfall. Eine zusätzliche Berücksichtigung von Kapitalgewinnsteuern neben Einkommensteuern macht die Analyse i.d.R. komplexer. Das Bewertungsprinzip wird an einer wertabhängigen und autonomen Finanzierungspolitik dargestellt, wobei APV-, Equity- und WACC-Ansätze untersucht werden.
Der Zusammenhang zwischen dem Beta eines verschuldeten und unverschuldeten Unternehmens wird vor dem Hintergrund der komplexen persönlichen Steuerwirkungen analysiert. Hier werden eine autonome, eine wertabhängige und eine inkrementell wertabhängige Finanzierungspolitik dargestellt.
Eine Synopse richtet abschließend den Blick auf die wichtigsten Ergebnisse.

3.3.1. System mit differenzierten persönlichen Steuern und Halbeinkünfteverfahren

In dem allgemein formulierten Steuersystem unterliegen steuerliche Bemessungsgrundlagen auf Unternehmensebene dem Steuersatz s^0.

> Im derzeit in Deutschland herrschenden Steuersystem des *Halbeinkünfteverfahrens* ergibt sich für Kapitalgesellschaften die Unternehmensteuerbelastung aus einer Kombination von Gewerbeertragsteuer und Körperschaftsteuer.[792] Die Bemessungsgrundlage „Gewerbeertrag" wird ausgehend vom bilanziellen Gewinn durch „Hinzurechnungen" (§ 8 GewStG) und „Kürzungen" (§ 9 GewStG) ermittelt. Eine wichtige Hinzurechnung besteht in 50 % der Zinsen auf Dauerschulden (§ 8 Nr. 1 GewStG), die zuvor bei der Ermittlung des Gewinns aus Gewerbebetrieb abgezogen wurden. Dies wird über den Hinzurechnungsfaktor f berücksichtigt. Zudem kürzt die Gewerbeertragsteuer als Betriebsausgabe ihre *eigene* Bemessungsgrundlage. Der effektive Gewerbeertragsteuersatz

[791] Henselmann (2000), S. 156-157, macht darauf aufmerksam, dass insbesondere für eine Berechnung des Endwerts eine Berücksichtigung geboten sei, und skizziert rechtliche Grundlagen für Personenunternehmen.
[792] Vgl. auch Drukarczyk/Lobe (2002a).

ergibt sich aus der gewerbesteuerlichen Messzahl M = 5 % und dem Hebesatz der Gemeinde H: $s_{GE} = \frac{M \cdot H}{1 + M \cdot H}$.[793] Für einen Hebesatz H von 400 % folgt s_{GE} mit 16,67 %.[794]
Das körperschaftsteuerlich „zu versteuernde Einkommen" wird unabhängig von Ausschüttung oder Thesaurierung auf Unternehmensebene mit dem Körperschaftsteuersatz derzeit in Höhe von $s_K = 25$ % belegt.[795]

Werden steuerbare Dividenden D^{MF} ausgeschüttet, so unterliegen diese dem Einkommensteuersatz auf Eigenkapitaltitel s_{IE} des Eigentümers.
Zinseinkommen auf privater Ebene werden mit dem Einkommensteuersatz auf Fremdkapitaltitel s_{IF} belastet. Wird ein Kursgewinn realisiert, dann entsteht eine Kursgewinnsteuer mit dem Satz s_{KG}. Drei unterschiedliche Einkommensteuersätze kommen also zum Einsatz.

Wird im *Halbeinkünfteverfahren* eine Dividende an einen inländischen Steuerpflichtigen ausgeschüttet, so wird diese *zusätzlich* auf Anteilseignerebene i.d.R. mit Einkommensteuer s_I belastet. Jedoch wird – wie der Name des Verfahrens schon vermuten lässt – nur die Hälfte der Dividende in der einkommensteuerlichen Bemessungsgrundlage erfasst (§ 20 I Nr. 1 EStG). Die andere Hälfte ist von der Einkommensteuer befreit (§ 3 Nr. 40d EStG). Werbungskosten, die im wirtschaftlichen Zusammenhang mit den Ausschüttungen stehen, sind gemäß dem Halbabzugsverfahren (§ 3c II EStG) ebenfalls nur zur Hälfte abziehbar.
Die Einkommensteuer bemisst sich nach dem jeweils aktuellen Tarif. Dieser ist progressiv ausgestaltet. Die Spitzensteuersätze sind von 48,5 % (VZ 2002 und 2003) auf 45 % im VZ 2004 bis auf 42 % ab dem VZ 2005 gesenkt worden.
Bei Kurssteigerungen bzw. -verlusten finden folgende Regelungen Anwendung (Kapitalgewinnbesteuerung). Nur *realisierte* Kursgewinne sind zu versteuern, soweit diese ein „privates Veräußerungsgeschäft" gemäß § 23 I S. 1, Nr. 2 EStG darstellen. Jedoch werden diese nach dem Halbeinkünfteverfahren nur zur Hälfte der einkommensteuerlichen Bemessungsgrundlage hinzugezählt. Wird der Kursgewinn außerhalb einer bestimmten Zeitspanne (derzeit von einem Jahr zwischen Anschaffung und Veräußerung) erzielt, gilt er als steuerfrei.[796] Liegt eine wesentliche Beteiligung (Anteilsquote größer als 1 %) vor, gilt das Halbeinkünfte- (§ 3 Nr. 40c EStG) bzw. Halbabzugsverfahren (§ 3c II EStG).

Für die Definition des risikolosen Zinssatzes nach Einkommensteuern ist zu klären, welcher Steuersatz anzuwenden ist. Prinzipiell existieren derzeit hierfür zwei Arten bzw. Kanäle der Besteuerung, nämlich eine volle (Kanal 1) und eine halbe Besteuerung (Kanal 2). Durch

[793] Rundungen werden nicht berücksichtigt.

[794] Der bundesdurchschnittliche Hebesatz in Gemeinden ab 50 000 Einwohnern beträgt im Jahr 2003 431 %. Vgl. Informationsdienst des Instituts der deutschen Wirtschaft (2003), S. 1. In Frankfurt am Main, Bottrop und München ist der Hebesatz mit 490 % besonders hoch. Gerade in kleineren Gemeinden sind deutlich niedrigere Hebesätze anzutreffen. Die Bundesländer Hamburg und Sachsen-Anhalt nehmen mit einem durchschnittlichen Hebesatz von jeweils 470 % und 450 % die „Spitzenpositionen" ein.
Ab dem Veranlagungszeitraum (VZ) *2004* wird nach § 16 IV S. 2 GewStG n.F. ein Mindesthebesatz $H^{Min} = 200$ % festgeschrieben.

[795] Für den VZ *2003* ist s_K einmalig auf 26,5 % erhöht worden gemäß § 34 XI a EStG, um einen Solidaritätsbeitrag für die Flutkatastrophe zu leisten. Damit die nachfolgenden Darstellungen nicht unnötig komplex werden, wird einheitlich von 25 % ausgegangen.

[796] Es ist derzeit verstärkt wieder in der politischen Diskussion sowohl in Kreisen der Regierung als auch Opposition - nachdem derartige Vorschläge der Regierung mit einem pauschalen Steuersatz zunächst von der Agenda waren -, Kapitalgewinne unabhängig von der Haltedauer generell bei Veräußerung steuerlich zu erfassen. Vgl. auch Welling/Kayser (2003), S. 387: „eine ‚capital gains taxation' (wird, S.L.) früher oder später generell erwartet".

Sachverhaltsgestaltung lässt sich die Bemessungsgrundlage in den angestrebten Kanal umleiten, d.h. in aller Regel Kanal 1. In der Notation des allgemein definierten Steuersystems gilt für das Halbeinkünfteverfahren bei $s_{IF} = s_I$ (Kanal 1):

$$s^0 = 1 - (1 - fs_{GE})(1 - s_K)$$

$$s_{IE} = 0{,}5 s_I$$

$$s_{KG} = 0{,}5 s_I \text{ bzw. } 0$$

Diese generelle Definition hat Vorteile:

- Im derzeitigen Halbeinkünfteverfahren könnte auch Kanal 2 mit $s_{IF} = 0{,}5 s_I$ von Interesse sein. Gleichwohl muss dieser bekanntlich nicht arbitragegewinnfrei sein.
- Es könnte Gesetzeswirklichkeit werden, dass Kapitaleinkommen pauschal besteuert werden.[797] Eine Unterscheidung zwischen s_{IE} und s_{IF} könnte dann u.U. unterbleiben, wenn gilt: $s_I = s_{IE} = s_{IF}$.

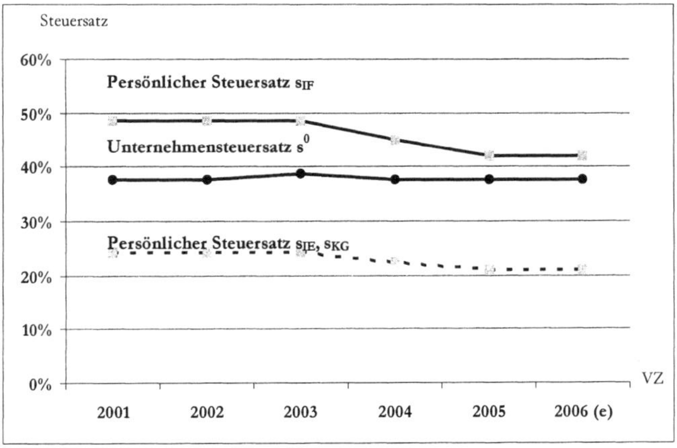

Abbildung 3-23: Unternehmensteuersätze und persönliche Steuersätze in Deutschland

In Abbildung 3-23 werden absehbare Unternehmensteuersätze und persönliche Steuersätze für Deutschland innerhalb des Halbeinkünfteverfahrens aufgezeigt.[798]

---

[797] Vgl. FAZ vom 11.04.03, S. 25. Ob unterschiedliche Kanäle damit ausgeschlossen sind, lässt sich beim derzeitigen Informationstand nicht abschließend klären.

[798] 2001 fand ein Systemwechsel statt, der das 1977 eingeführte Anrechnungsverfahren abgeschafft hat. Es handelt sich um die rechtlichen Steuersätze für den Fall, dass das Unternehmen eine Kapitalgesellschaft darstellt. Der Unternehmensteuersatz wird aus s_{GE} mit 16,67 % und dem jeweiligen s_K ermittelt. Bei den persönlichen Steuersätzen werden jeweils die Spitzensteuersätze angegeben. Der Solidaritätszuschlag in Höhe von 5,5 %, der als Annexsteuer auf s_K, s_{IE}, s_{IF} und s_{KG} anfällt, wird nicht berücksichtigt. Von seiner Konzeption her soll er „zeitlich befristet" sein. In der Nacht des 15. Dezember 2003 einigten sich Opposition und Regierung auf $s_{IF} = 0{,}45$ für den VZ 2004. Ab VZ 2006 werden erwartete Steuersätze abgebildet. Die Erwartungen sind einwertig und richten sich nach den aktuellen gesetzlichen Kodifikationen, die bis zu dem Zeitpunkt einer eventuellen Änderung noch wirksam sind. Gerade die Gestaltung von s_{IE}, s_{IF} und s_{KG} ist in der aktuellen Diskussion. Man darf gespannt sein, ob sich hier Änderungen ergeben werden.
Über die ökonomische Steuerbelastung geben die rechtlichen Steuersätze nur bedingt Auskunft, da das Zusammenspiel mit den Bemessungsgrundlagen, die in den VZ ebenfalls erheblich verändert wurden, jeweils zu beachten ist.

Welche Entwicklung die einzelnen Steuersätze im Zeitablauf auch annehmen werden: Die hier gezeigten Formeln bleiben aufgrund einer allgemeinen Definition über den derzeitigen Rechtsstand hinaus anwendbar, solange kein grundlegender Systemwechsel stattfindet.
Um den Steuereinfluss auf Unternehmenswerte zu quantifizieren, sind künftige Steuersysteme zu prognostizieren. Unternehmensbewerter jeglicher Couleur machen es sich an dieser Stelle sehr einfach. Sie extrapolieren das aktuelle Steuersystem in alle Ewigkeit und unterstellen damit ein stabiles, d.h. zeit- und zustandsunabhängiges Steuersystem. Wer sich nur ein wenig mit der deutschen Steuergesetzeswirklichkeit beschäftigt hat, dem stehen bei dieser Annahme die Haare zu Berge. Steuergesetze mögen alles Mögliche darstellen: „Ehern" sind sie beileibe nicht.
Nun wäre die Lage einfach, wenn die Evolution künftiger Steuersysteme deterministisch verliefe. Deren Wirkungen könnten vollkommen antizipiert und im Kalkül verarbeitet werden. Der Planungshorizont des Staatsapparats dürfte den Zeitraum bis zur nächsten (Bundestags)Wahl aber kaum überschreiten, so dass eine deterministische Fortschreibung nicht realitätsnah ist.
Eine Zementierung des Status quo mit dem Hinweis auf das mangelnde Wissen künftiger Steuersysteme ist auch nicht recht überzeugend, weil der Versuch unternommen werden könnte, zeit- und zustandsabhängige Steuersysteme zu prognostizieren. Dies könnte z.B. über ein Modell sich zyklisch ändernder Steuersysteme aufgrund politischer, sozi-ökonomischer Faktoren usw. erfolgen.
Die Behauptung, Änderungen des Steuersystems riefen keine großen Wertänderungen hervor, ist problematisch, weil erst nach einer Berechnung der Wirkungen eine derartige Aussage getroffen werden kann.[799]
Auch in dieser Arbeit wird der Übung gefolgt, das derzeit absehbare Steuersystem unverändert zu übernehmen. Dies geschieht deshalb, weil es unzweifelhaft eine technisch sehr bequeme Annahme ist. Komplexität wird in diesem Zuge erheblich reduziert.[800]

3.3.2. Autonome Finanzierungspolitik

3.3.2.1. APV-Ansatz

Die in 3.2. aufgezählten Annahmen des MM-Modells gelten hier fort. Es wird von einer *F-Planungsdoktrin* ausgegangen. Die Darstellung wird illustriert an der aus der Literatur bekannten Fallstudie der „Value AG".[801]

Eine residuale Ausschüttung bei der hier vorliegenden Mischfinanzierung lässt sich vor Einkommensbesteuerung definieren als Jahresüberschuss nach Unternehmensteuern (es werden gewerbesteuerlich Nicht-Dauerschulden unterstellt) abzüglich der Thesaurierung:

$$(3-50)\quad D_t^{MF} = \underbrace{(UE_t - BA_t - Ab_t - iF_{t-1} - ZPR_t)(1-s_{GE})(1-s_K)}_{JÜ_t} - \underbrace{[I_t + R_t - (F_t - F_{t-1}) - Ab_t - ZPR_t]}_{\Delta EK_t}$$

---

799 Ex post kann gezeigt werden, dass zwischen Anrechnungs- und Halbeinkünfteverfahren große Wertdifferenzen bezüglich des Steuereffekts der Fremdfinanzierung auftreten können. Vgl. etwa Lobe (2001a).

800 Um einen kurzen Eindruck zu vermitteln, was passieren könnte, wenn dem nicht gefolgt würde, seien folgende Gesichtspunkte genannt:
Bei wertabhängiger Finanzierungspolitik wäre auch innerhalb des Quadranten I der WACC dann zustandsabhängig.
Unterschiedliche Steuersysteme könnten Dividenden- und Kapitalstrukturentscheidungen differenziert steuerlich behandeln. Je nach angenommenem Steuersystem könnten sich dann differenzierte Rückwirkungen auf Dividenden- und Kapitalstrukturentscheidungen ergeben.

801 Vgl. Drukarczyk/Richter (1995), Richter (1996c), Drukarczyk/Lobe (2002b), Drukarczyk (2003b).
Der Grund für diese Entscheidung ist, dass das Zahlengerüst dem Leser eher geläufig sein dürfte als das einer neuen Fallstudie. Damit soll die Perspektive des Lesers fokussiert werden auf noch nicht in der Literatur dargestellte Berechnungswege und neue Bewertungskonstellationen wie z.B. die Berücksichtigung von Kursgewinnsteuern bzw. von wertabhängigen Finanzierungspolitiken.

Diese Definition macht deutlich, dass das Kongruenzprinzip (Clean-Surplus-Relation)[802] in der ProForma(Plan)-Bilanzierung gewahrt bleibt.

in 1.000 €	t = 0	1	2	3	4	5	6	7	8ff
Sachanlagen	10.000,0	10.200,0	10.710,0	11.459,7	11.688,9	11.922,7	12.161,1	12.769,2	12.769,2
Netto-Umlauf-vermögen[803]	9.900,0	9.960,0	10.159,2	10.057,6	10.359,3	10.773,7	11.096,9	11.318,9	11.318,9
Bilanzsumme	**19.900,0**	**20.160,0**	**20.869,2**	**21.517,3**	**22.048,2**	**22.696,4**	**23.258,0**	**24.088,0**	**24.088,0**
Eigenkapital	11.000,0	11.707,4	12.457,6	13.145,8	13.854,4	14.644,9	15.493,2	16.379,6	16.379,6
Pensionsrück-stellungen	3.000,0	3.024,0	3.048,5	3.073,6	3.099,2	3.125,4	3.152,1	3.179,5	3.179,5
Fremdkapital	5.900,0	5.428,6	5.363,1	5.297,9	5.094,6	4.926,1	4.612,8	4.528,9	4.528,9
Bilanzsumme	**19.900,0**	**20.160,0**	**20.869,2**	**21.517,3**	**22.048,2**	**22.696,4**	**23.258,0**	**24.088,0**	**24.088,0**

Tabelle 3-15: Planbilanzen der Value AG

in 1.000 €	t = 1	2	3	4	5	6	7	8ff
(1) Umsatzerlöse	12.000,0	12.240,0	12.117,6	12.481,1	12.980,4	13.369,8	13.637,2	13.637,2
(2) Betriebliche Aufwendungen	6.840,0	6.976,8	6.907,0	7.114,2	7.398,8	7.620,8	7.773,2	7.773,2
(3) Abschreibungen	1.250,0	1.275,0	1.338,8	1.432,5	1.461,1	1.490,3	1.520,1	1.596,1
(4) Zuführung zur Pensionsrückstellung[804]	480,0	490,4	501,2	512,2	523,6	535,3	547,3	558,1
(5) Zinsaufwand[805]	413,0	380,0	375,4	370,9	356,6	344,8	322,9	317,0
(6) Gewinn vor Steuern	3.017,0	3.117,8	2.995,2	3.051,3	3.240,3	3.378,6	3.473,7	3.392,8
(7) Gewerbeertragsteuer (s_{GE}=0,1667)[806]	502,9	519,7	499,3	508,7	540,2	563,2	579,1	565,6
(8) Körperschaftsteuer (s_K=0,25)	628,5	649,5	624,0	635,7	675,0	703,8	723,7	706,8
(9) Jahresüberschuss	1.885,5	1.948,5	1.871,9	1.907,0	2.025,1	2.111,5	2.171,0	2.120,4
(10) Thesaurierung[807]	707,4	750,2	688,2	708,6	790,5	848,3	886,4	0,0
(11) Ausschüttung	1.178,1	1.198,3	1.183,7	1.198,4	1.234,6	1.263,2	1.284,6	2.120,4

Tabelle 3-16: Plan-GuV-Rechnungen der Value AG

802 Diese bekannte Beziehung wird bei Eigenfinanzierung üblich so definiert: $BS_{t-1} = BS_t + D_t - JÜ_t$. Vgl. etwa Ohlson (1995), S. 666.

803 Netto-Umlaufvermögen (NUV): Vorräte + Forderungen aus Lieferungen und Leistungen + liquide Mittel – Verbindlichkeiten aus Lieferungen und Leistungen – sonstige Rückstellungen – Steuerrückstellungen. Die GuV-Positionen müssen nicht zahlungsgleich sein, da Differenzen zwischen buchhalterischen und zahlungsbezogenen Größen über NUV (bzw. ΔEBK) aufgefangen werden. Vgl. Drukarczyk (2003a), (2003b).

804 Die Zuführung zur Rückstellung entspricht der Summe aus „gleichbleibenden Jahresbeträgen" und den Zinsen (i^E= 0,06) auf den Teilwert zu Beginn der Periode. Die Auflösung der Pensionsrückstellungen erfolgt in Höhe der Rentenzahlung der Periode. Die Rentenzahlung ergibt sich aus $R_t = PR_{t-1} + \text{Zuführung} - PR_t$.

805 $Zi = i \cdot F_{t-1}$ mit $i = 0{,}07$.

806 Eine volle Abzugsfähigkeit der Zinszahlungen wird unterstellt, d.h. es handelt sich um sogenannte Nicht-Dauerschulden. Diese Annahme dient nur der Vereinfachung und wird im Folgenden noch verallgemeinert.

807 Thesaurierung in Periode t: $(I_t - Ab_t) - (ZPR_t - R_t) - (F_t - F_{t-1}) =$

$$\underbrace{(BS_t - BS_{t-1})}_{\Delta I_t} - \underbrace{(PR_t - PR_{t-1})}_{\Delta PR_t} - \underbrace{(F_t - F_{t-1})}_{\Delta F_t} = \underbrace{EK_t - EK_{t-1}}_{\Delta EK_t}$$

Weitere GuV-Positionen wie z.B. Auflösungen von Pensionsrückstellungen bzw. Zuschreibungen tauchen im Fallbeispiel explizit nicht auf.

3.3.2.1.1. Bewertung bei Eigenfinanzierung (V^E)

Das Unternehmen bei reiner Eigenfinanzierung wird als Unternehmen ohne verzinsliches Fremdkapital und ohne Pensionsrückstellungen definiert.[808] Die Tabellen 3-17 und 3-18 zeigen die dann realisierbaren Ausschüttungen und das nach Belastung mit hälftiger Einkommensteuer verfügbare Einkommen auf der Ebene der Eigentümer. Die Eigentümer der Value AG unterliegen einer Besteuerung von $s_I = 0{,}35$. Die Value AG ist aus der Sicht der (Alt)Eigentümer zu bewerten. Daher sind deren Investitions- und Finanzplanung und deren Einkommensteuersatz relevant für die Bewertung. Die Planbilanzen sind auf der Aktivseite nun unverändert. Pensionsrückstellungen sowie verzinsliches Fremdkapital auf der Passivseite werden in einem ersten Schritt als durch Eigenkapital substituiert unterstellt. Thesauriert werden jetzt also lediglich die Nettoinvestitionen $\Delta I_t = BS_t - BS_{t-1}$, d.h. derjenige Betrag, um den die gesamte Investition die Abschreibung übersteigt: $\Delta I_t = I_t - Ab_t$. Die zu bewertende Dividende vor Einkommensteuer beträgt nun ausgehend von EBIT (Earnings before Interest and Taxes):[809]

$$(3-51)\quad D_t = \underbrace{(UE_t - BA_t - Ab_t)}_{\text{EBIT}}(1 - s_{GE})(1 - s_K) - (I_t - Ab_t)$$

		t = 1	2	3	4	5	6	7	8ff
(1)	Umsatzerlöse	12.000,0	12.240,0	12.117,6	12.481,1	12.980,4	13.369,8	13.637,2	13.637,2
(2)	Betriebliche Aufwendungen	6.840,0	6.976,8	6.907,0	7.114,2	7.398,8	7.620,8	7.773,2	7.773,2
(3)	Abschreibungen	1.250,0	1.275,0	1.338,8	1.432,5	1.461,1	1.490,3	1.520,1	1.596,1
(4)	Gewerbeertrag-steuer	651,8	664,8	645,4	655,9	686,9	709,9	724,1	711,5
(5)	Körperschaftsteuer	814,6	830,8	806,6	819,6	858,4	887,2	904,9	889,1
(6)	Erfolg nach Steuern	2.443,7	2.492,5	2.419,8	2.458,9	2.575,2	2.661,6	2.714,8	2.667,3
(7)	Thesaurierung	260,0	709,2	648,1	530,9	648,2	561,6	830,0	0,0
(8)	Ausschüttung	2.183,7	1.783,3	1.771,7	1.928,0	1.927,0	2.100,0	1.884,8	2.667,3

Tabelle 3-17: Plan-GuV-Rechnungen der Value AG bei vollständiger Eigenfinanzierung

[808] Dies entspricht dem Fall A bei Drukarczyk/Schüler (2000b), S. 17, bzw. dem Weg 2 - Weg 1 entspricht dem Fall C von Drukarczyk/Schüler (2000b) - bei Drukarczyk (2001), S. 267-271. Dabei wird der Wert eines eigenfinanzierten Unternehmens ohne Rückstellungsbildung und ohne Beachtung der Inanspruchnahme aus dem zur Rückstellungsbildung führenden Grund mit dem Wert des Unternehmens mit Rückstellungsbildung und Inanspruchnahme aus dem Rückstellungsgrund verglichen. Da alle Fälle bei konsistenter Anwendung - wie Drukarczyk/Schüler (2000b) belegen - zum gleichen Bewertungsresultat führen, braucht die bei Drukarczyk/Schüler (2000b) schon aufgezeigte Differenzierung hier nicht wiederholt zu werden. Der Unterschied zwischen den Fällen liegt in dem gewählten Bewertungsstartpunkt. Zu den Kriterien, welche für die Anwendung des einen oder anderen Falles sprechen, vgl. Drukarczyk/Schüler (2000b), S. 29-30. Deren Fall C ist insbesondere interessant, weil er eine Brücke schlägt zu Darstellungen, die explizit lediglich steuerliche Fremdfinanzierungsvorteile modellieren. Bei diesen Darstellungen wird i.d.R. unterstellt, dass $E_0^w\left[\tilde{k}_{t,S}^P\right]$ zeitunabhängig sei. Wie bei Drukarczyk (2001), S. 293-296, aufgezeigt wird, ist es nicht immer unbedingt zutreffend, von dieser Annahme auszugehen.

[809] Die eigenfinanzierte Dividende nach Einkommensteuer lässt sich äquivalent auch als eigenfinanzierte Dividende vor sämtlichen Steuern $(UE_t - BA_t - Ab_t) - (I_t - Ab_t) = EBIT_t - \Delta EK_t$ abzüglich sämtlicher Steuern, definiert als $0{,}5s_I(EBIT_t - \Delta EK_t) + (1 - 0{,}5s_I)(s_{GE} + s_K(1 - s_{GE}))EBIT_t$, formulieren. Vgl. Husmann/Kruschwitz/Löffler (2001b), S. 6.

		t = 1	2	3	4	5	6	7	8ff
(1)	Ausschüttung	2.183,7	1.783,3	1.771,7	1.928,0	1.927,0	2.100,0	1.884,8	2.667,3
(2)	Hälftige Einkommensteuer ($s_I = 0{,}35$)	382,1	312,1	310,0	337,4	337,2	367,5	329,8	466,8
(3)	Verfügbares Einkommen	1.801,5	1.471,2	1.461,6	1.590,6	1.589,8	1.732,5	1.555,0	2.200,5

Tabelle 3-18: Verfügbares Einkommen nach hälftiger Einkommensteuer bei Eigenfinanzierung

Der in Zeile (3) der Tabelle 3-18 ausgewiesene Zahlungsstrom ist zu bewerten. Zur Vereinfachung wird angenommen, dass die Value AG ab Periode 8 uniforme, also nicht wachsende Ausschüttungen abwirft. Die verfügbaren Einkommen sind unsicher und werden aus Sicht des Bewertungszeitpunktes zu unbedingt erwarteten Größen aufgrund des subjektiven Wahrscheinlichkeitsmaßes aggregiert. Es wird in dem Beispiel angenommen, dass eine konstante Rendite (k_S) die Unsicherheit abbilden kann.[810] k_S darf neben dem risikolosen Basiszins nach Einkommensteuer lediglich eine Prämie für das Investitionsrisiko (business risk) enthalten, da die Value AG in diesem Bewertungsschritt fiktiv eigenfinanziert ist. k_S ist definiert bezüglich des in (3-51) notierten Zahlungsstroms, der über das NUV, dessen Veränderung in I berücksichtigt wird, auch sonstige Rückstellungen, Verbindlichkeiten aus Lieferungen und Leistungen usw. beinhaltet.[811] Wären die Renditen der einzelnen Kapitalpositionen bekannt, könnte auch mit diesen differenzierten Renditen bewertet werden.[812] k_S ist nicht definiert für den Zahlungsstrom in (3-50).[813] Es wird zunächst davon ausgegangen, dass verzinsliches Fremdkapital und Pensionsrückstellungen zustandsunabhängig seien. Dieser Einfluss ist in k_S folglich nicht enthalten, da die Definition von (3-51) von diesen Kapitalpositionen befreit ist.

$$(3-52)\quad E_0\left[\widetilde{V}^E_{\tau-1}\right]=\sum_{t=\tau}^{n}E_0\left[\widetilde{D}_t\right]\cdot(1-s_{IE})\cdot(1+k_S)^{-(t-\tau+1)}$$
$$=(1-s_{IE})\cdot\sum_{t=\tau}^{n}E_0\left[\widetilde{D}_t\right]\cdot(1+k_S)^{-(t-\tau+1)}$$

---

810 Wie in Kapitel 2.4. vorgestellt, kann k_S prinzipiell auch zustandsabhängig sein. Dann gilt: $E_0^w\left[\widetilde{k}_S\right]$.

811 Vgl. Fn. 803.

812 Es wird in dem Fallbeispiel unterstellt, dass die Gesamtheit der Positionen definiert in (3-51) einem operativen Risiko - ausgedrückt durch die Risikoprämie k_S-i_S - unterliegt. Wie sich die Risikoprämien auf die einzelnen Zahlungsbestandteile aufteilen, ist damit noch nicht festgelegt. Es könnte, muss aber nicht zutreffen, dass jede einzelne Position mit k_S diskontiert werden kann.
So ist es realistisch, dass AfA und die daraus resultierenden Steuerwirkungen für im Bewertungszeitpunkt gegebene abschreibbare Vermögensgegenstände zustandsunabhängig sind, wenn die Bilanzpolitik „autonom", d.h. zustandsunabhängig gefahren wird. Die entsprechenden Zahlungswirkungen wären dann sicher und bei einer F-Planungsdoktrin abzuzinsen mit dem risikolosen Zinssatz nach Einkommensteuer. So auch Benninga/Sarig (1997), S. 103, vor Einkommensteuern. Brealey/Myers (2000), S. 566-567, diskontieren mit einem Zinssatz nach Unternehmensteuern, weil sie unterstellen, dass die Verschuldungskapazität durch die steuerlichen Abschreibungsgegenwerte zusätzlich erhöht werden. Vgl. auch Nachman (2003), S. 10-13. Diese Konstellation wird hier nicht unterstellt, weil sie mit einer F-Doktrin nicht vereinbar ist.
Will man den Wert der Abschreibungsgegenwerte explizit bestimmen, dann ist k_S auf einen in (3-51) von der AfA befreiten Zahlungsstrom zu definieren. Diese Rechenalternative riefe keinen anderen Wert hervor. Wie eine solche Separation von Renditen durchgeführt werden kann, lässt sich ganz analog zu den noch in 3.3.2.2. zu zeigenden Renditen definieren, die den Einfluss zustandsunabhängigen Fremdkapitals unter Berücksichtigung von Steuern verarbeiten. Diese Übung soll hier nicht eigens vorexerziert werden.

813 Diese Definition wird in 3.3.2.2. noch vorgenommen.

Der Unternehmenswert bei Eigenfinanzierung V_0^E beträgt, wenn k_S mit 9,39 % veranschlagt wird, 20.462,8.[814]

3.3.2.1.2. Steuerlicher Werteinfluss der Kapitalstruktur ($\Delta V^{F,P}$)

Der Einfluss der Kapitalstruktur ist dann korrekt bewertet, wenn der sich daraus ergebende Wert Arbitrage keine Angriffsfläche bietet. Gesucht ist das private Portefeuille aus Fremdkapitaltiteln, das den Kapitaldienst auf Unternehmensebene unter Berücksichtigung von Steuern intertemporal äquivalent nachbilden kann. Ist der arbitrageäquivalente Fremdkapitalbestand im Bewertungszeitpunkt auf privater Ebene kleiner als der auf Unternehmensebene, dann ist dies ein Vorteil, den ein unverschuldetes Unternehmen nicht hätte.

Da angenommen wird, dass verzinsliches Fremdkapital als auch Pensionsrückstellungen zustandsunabhängig sind, wird deren Wertbeitrag explizit entlang des Arbitragegedankens modelliert. Es wird hier gezeigt, dass dies möglich ist und wie dies geschehen kann.[815] Risikoloses Fremdkapital steht als Prototyp eines Finanzierungstitels, der in der Bilanz mark-to-market bewertet wird und Pensionsrückstellungen als Prototyp, der *nicht* mark-to-market bewertet wird. An diesen Prototypen wird eine allgemeine Vorgehensweise aufgezeigt. Ein grundsätzlich neues Instrumentarium ist für die Bewertung aber nicht nötig.

Die periodischen Differenzen der Dividenden bedingt durch Fremdfinanzierung und Pensionsrückstellungen der Value AG gilt es im Folgenden zu bewerten. Die Dividenden bei Mischfinanzierung D_t^{MF} (vgl. die Zeile (11) der Tabelle 3-16) betragen nach Einkommensteuern:

	t = 1	2	3	4	5	6	7	8ff
(1) Ausschüttung	1.178,1	1.198,3	1.183,7	1.198,4	1.234,6	1.263,2	1.284,6	2.120,4
(2) Hälftige Einkommensteuer (s_I = 0,35)	206,2	209,7	207,2	209,7	216,1	221,1	224,8	371,1
(3) Verfügbares Einkommen	972,0	988,6	976,6	988,7	1.018,6	1.042,2	1.059,8	1.749,3

Tabelle 3-19: Verfügbares Einkommen nach hälftiger Einkommensteuer bei Mischfinanzierung

Die periodischen Differenzen der eigen- und mischfinanzierten Dividenden bedingt durch Fremdfinanzierung und Pensionsrückstellungen betragen nun:

	t = 1	2	3	4	5	6	7	8ff
$\left(E_0\left[\tilde{D}_t - \tilde{D}_t^{MF}\right]\right)(1-0{,}5s_I)$	829,5	482,6	485,1	601,9	571,2	690,3	495,2	451,2

Tabelle 3-20: Periodische Differenzen bedingt durch Fremdfinanzierung und Pensionsrückstellungen

Beide Kapitalpositionen werden anschließend separat untersucht.

[814] Da wie eingangs angenommen, der Einkommensteuersatz zeitkonstant und zustandsunabhängig ist, kann der Steuerterm ausgeklammert werden.

[815] Schüler (2002), S. 11, vertritt die Ansicht, dass dies für Rückstellungen nicht möglich sei.

3.3.2.1.2.1. Steuerlicher Werteinfluss der Fremdfinanzierung (ΔV^F)

Da der traditionell untersuchte Fall einer ewigen Rente ohne Wachstum für didaktische Zwecke besonders gut geeignet ist, wird das Prinzip der arbitragegewinnfreien Bewertung zunächst daran erläutert. Nachdem diese Hürde genommen ist,[816] wird gezeigt, wie eine arbitragegewinnfreie Bewertung für beliebige Zahlungsmuster konstruiert werden kann.[817] Der Fall der ewigen Rente mit Wachstum lässt sich danach leicht ableiten. Anschließend wird eine Aufspaltung des Arbitrageergebnisses in unterschiedliche Effekte vorgenommen.

a) Arbitrage bei ewiger Rente ohne Wachstum

Vergleicht man die Dividenden nach Einkommensteuern bei fiktiver Eigenfinanzierung und denen bei einer geplanten Mischfinanzierung, ergibt sich eine periodische Differenz. Modigliani und Miller (1958) zeigten, dass rationale Anteilseigner in einer (idealisierten) Welt ohne Steuern dieser Differenz keinen zusätzlichen Wert beimessen sollten. Begründet ist diese Argumentation durch Arbitrageüberlegungen. In einer Welt mit Steuern (Unternehmensteuern und persönliche Steuern) ist eine Indifferenz nicht mehr *unbedingt* begründet: Sie hängt zumindest vom Steuersystem und von Marktreaktionen ab.[818] Die Arbitrageüberlegungen von Modigliani/Miller (1963) für ein klassisches Körperschaftsteuersystem und von Miller (1977) für ein klassisches Körperschaftsteuersystem mit differenzierter Einkommensbesteuerung beziehen sich auf den Fall einer ewigen Rente. Dies ist in dem Beispiel der Value AG der Endwertzeitraum ab Periode 8 ff.

Würden Fremdkapitaltitel auf privater Ebene symmetrisch be- und entsteuert, wäre eine Unterscheidung der Besteuerungskanäle – wie dies im Anrechnungsverfahren der Fall war – nicht nötig. Im Halbeinkünfteverfahren kann von einer symmetrischen Besteuerung aber keine Rede sein. Daher ist die Suche nach einem Marktwert mit der Einführung des Halbeinkünfteverfahrens schon im sehr einfachen Rentenfall keine banale Übung mehr.[819] Unter den derzeitigen steuerlichen Regelungen ist es nun erforderlich zwei Besteuerungskanäle von Fremdkapitaltiteln auf *privater Ebene* zu unterscheiden.

1) Vollständige Abzugsfähigkeit von Kreditzinsen (mit s_I) bzw. vollständige Besteuerung von Anlagezinsen (mit s_I)
2) Hälftige Abzugsfähigkeit von Kreditzinsen (mit $0{,}5s_I$), die im Zusammenhang mit Halbeinkünften stehen

$E_0\left[\widetilde{EBIT}\right]$ ist der unbedingt erwartete mit Unsicherheit behaftete Cashflow bei Eigenfinanzierung vor Steuern, wobei sich Investition und Abschreibung entsprechen; iF stellen die Zinszahlungen auf das Fremdkapital dar. Die steuerlichen Werteffekte werden als sicher unterstellt. Der an den Investor fließende Zahlungsstrom des fremdfinanzierten Unternehmens A

[816] Vgl. für das Halbeinkünfteverfahren Lobe (2001b), Drukarczyk/Lobe (2002a), (2002b).

[817] Dieser Fall wird in der Literatur kaum diskutiert. Fama/Miller (1972), S. 174-175, etwa zeigen in einem Zwei-Perioden-Beispiel, bei dem jedoch wesentliche Komponenten des Kalküls außerhalb der ewigen Rente wie Fremdkapitalaufnahme bzw. -tilgung nicht vorkommen, dass sich durch die Einführung von Einkommensteuern der Wert des Steuervorteils im Gegensatz zu dem Fall mit alleiniger Unternehmensbesteuerung ändert, jedoch nicht in welcher Höhe.

[818] Vgl. Miller (1977) hierzu.

[819] Zur Vereinfachung wird angenommen, dass die Steuersätze s_{IE}, s_{IF} usw. für alle Investoren homogen sind. Dadurch wird freilich vom progressiven Einkommensteuertarif abstrahiert.

lässt sich äquivalent rekonstruieren, indem ein hinsichtlich Breite und Risiko identischer Zahlungsstrom eines eigenfinanzierten Unternehmens B mit einer Position aus Fremdkapitaltiteln auf privater Ebene kombiniert wird (Kanal 1). Diese Position kann durch Verkauf von Finanzanlagen (Anlagezinsen werden aufgegeben) erlangt werden.

$$(3-53)\quad \underbrace{\left(E_0\left[\tilde{EBIT}\right]-iF\right)(1-s_{GE})(1-s_K)(1-0{,}5s_I)}_{\text{Zahlungsstrom bei Position A}} =$$

$$\underbrace{E_0\left[\tilde{EBIT}\right](1-s_{GE})(1-s_K)(1-0{,}5s_I)}_{\text{Zahlungsstrom bei Position B}} - \underbrace{i\cdot\left[F\cdot\frac{(1-s_{GE})(1-s_K)(1-0{,}5s_I)}{1-s_I}\right](1-s_I)}_{\text{Zahlungsstrom bei Verkauf von Finanzanlagen in Höhe von } \left[F\cdot\frac{(1-s_{GE})(1-s_K)(1-0{,}5s_I)}{1-s_I}\right]}$$

Die Bewertung auf Basis der Kanäle 1 und 2 ist in diesem Rahmen schon hinreichend in der Literatur behandelt worden.[820] Der Wert der Steuervorteile ΔV^F ergibt sich dann aus der Differenz zwischen dem Fremdkapital auf Unternehmensebene F und dem Fremdkapitaltitelbestand auf privater Ebene F^{Pr}. Es resultieren mit $F-F^{Pr} = \Delta V^F$ folgende Werte:

Kanal 1: $\Delta V_0^F = F_0 \cdot \frac{\left[f\, s_{GE}(1-s_K)+s_K\right](1-0{,}5s_I)-0{,}5s_I}{1-s_I}$

Kanal 2: $\Delta V_0^F = F_0 \cdot \left[f\, s_{GE}(1-s_K)+s_K\right]$

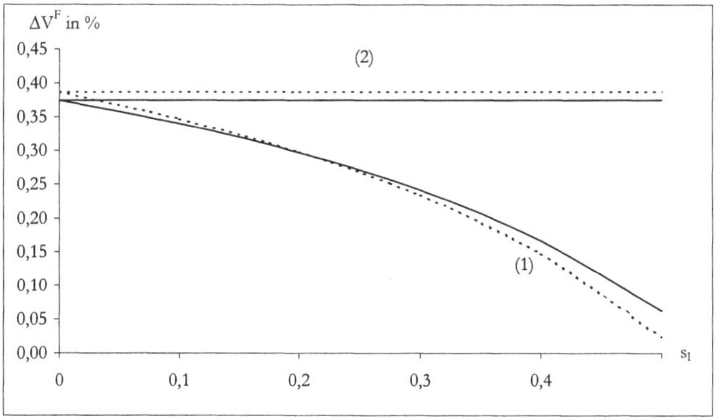

Abbildung 3-24: Hypothesen über den Verlauf des steuerbedingten Marktwerts der Fremdfinanzierung in Abhängigkeit von der Einkommensteuer im Halbeinkünfteverfahren

[820] Vgl. Lobe (2001b), S. 647-649; Drukarczyk/Lobe (2002b), S. 4-5; Drukarczyk (2003b), S. 237-249. Bei Kanal 2 handelt es sich um den Wert, den MM auch schon 1963 beigemessen haben. Er resultiert dann, wenn die Einkommenbesteuerung von Dividenden und Fremdkapital symmetrisch ausgerichtet ist. Vgl. auch die Formel [4.11] bei Brennan (1970), S. 425.

Werden die Auswirkungen der Kanäle 1 bis 2 auf den Wert des Steuervorteils unter dem Regime des Halbeinkünfteverfahrens in einem Diagramm unter Variation des Einkommensteuersatzes abgetragen, ergibt sich das obige Bild.[821]
Die *durchgezogenen* Kurven sind ohne Annexsteuern und die *gestrichelten* Kurven sind mit Annexsteuern ermittelt worden.[822]

Als Ergebnis der Diskussion kann festgehalten werden, dass halb entsteuerte Fremdkapitaltitel inferior gegenüber voll be- bzw. entsteuerten Fremdkapitaltiteln sind. Eine Nachfrage wird sich nach derartigen Titeln an einem freien Markt nicht entfalten.[823] Kanal 2 ist insofern für eine Marktbewertung irrelevant. Im Fortgang wird daher Kanal 2 für das Halbeinkünfteverfahren nur

---

[821] $f = 1$, $s_{GE} = 0{,}1667$, $s_K = 0{,}25$. Die Kurve (2) hat einen linearen Verlauf, (1) hingegen einen konkaven.

[822] Die Annexsteuern Solidaritätszuschlag und Kirchensteuer können auch integriert werden, indem effektive Einkommensteuersätze berücksichtigt werden. Der Solidaritätszuschlag wird auf die Einkommen- und Körperschaftsteuer erhoben, die Kirchensteuer bemisst sich nach der Einkommensteuerschuld.
Stark vereinfachend könnten KiSt ($s_{KiSt} = 0{,}09$) und SolZ ($s_{SolZ} = 0{,}055$) so berücksichtigt werden:

$f\, s_{GE}\left(1 - s_K \cdot (1 + s_{SolZ})\right) + s_K \cdot (1 + s_{SolZ})$; $s_{I,eff.} = \dfrac{\left(1 + s_{KiSt} + s_{SolZ}\right) \cdot s_I}{1 + s_{KiSt} \cdot s_I}$, sowie für die Halbeinkünfte:

$s^{0,5}_{I,eff.} = \dfrac{\left(1 + s_{KiSt} + s_{SolZ}\right) \cdot 0{,}5 s_I}{1 + s_{KiSt} \cdot 0{,}5 s_I}$. Vgl für $s_{I,eff.}$ Schneider (2002), S. 14-15.

$$\Delta V_0^F = \left[1 - \frac{\left[f\, s_{GE}\left(1 - s_K \cdot (1 + s_{SolZ})\right) + s_K \cdot (1 + s_{SolZ})\right] \cdot \left(1 - s^{0,5}_{I,eff.}\right)}{1 - s_{I,eff.}}\right] F_0$$

Die Auswirkungen sind in der betrachteten Konstellation nicht dramatisch. Interessant ist, dass der Steuervorteil - wie die Kurven nach (1) zeigen - eher niedriger ausfallen, wenn Annexsteuern berücksichtigt werden. Dennoch stoßen die kritischen Einkommensteuersätze nicht in den Tarifbereich vor (VZ 2004 bis 45 %). Würde von f = 0,5 ausgegangen, beträgt der kritische Einkommensteuersatz mit (ohne) Annexsteuern 45,09 % (47,62 %). Auch dann befindet sich der kritische Steuersatz außerhalb des Tarifs. Dinstuhl (2003) meint, mit Berücksichtigung von Annexsteuern käme man in die Tarifzone. Jedoch: Dinstuhl (2003), S. 92 mit Fn. 273, reduziert seine Betrachtung auf den kritischen Einkommensteuersatz ohne Annexsteuern und vergleicht diesen mit einem Einkommensteuersatz nach Annexsteuern. Dieser Vergleich taugt nicht. Er bildet die komplexen Steuerwirkungen nicht annähernd ab. Zudem ist die Berechnung des Einkommensteuersatzes nach Annexsteuern zu naiv. Dinstuhl (2003) berechnet einen Wert bei $s_I = 42$ % mit 48,09 % vermutlich so: $\left(1 + s_{KiSt} + s_{SolZ}\right) \cdot s_I$. Naiv daran ist, dass die Abzugsfähigkeit der Kirchensteuer als Sonderausgabe nicht berücksichtigt wird. Die korrekte Formel lautet: $s_{I,eff.} = \dfrac{\left(1 + s_{KiSt} + s_{SolZ}\right) \cdot s_I}{1 + s_{KiSt} \cdot s_I}$. Hier beträgt dann $s_{I,eff.} = 46{,}34$ %.

Die Wirkungen der Annexsteuern sind nicht trivial, da sie auf alle drei Steuersätze (s^0, s_I, 0,5 s_I) nach Kanal (1) in unterschiedlicher Weise Einfluss nehmen. Der wichtige Punkt ist, dass Annexsteuern in die Formeln einbezogen werden können, indem die Steuersätze vor Annexsteuern durch effektive Steuersätze nach Annexsteuern ersetzt werden. In den folgenden Textteilen wird davon abgesehen, um die Darstellung nicht unnötig zu komplizieren.
Eine außerhalb eines ökonomischen Kalküls zu beantwortende Frage könnte sein, ob die Kirchensteuer als Belastung aufgefasst werden sollte. Unterschiedliche Positionen sind hier denkbar, die nicht ganz einfach zusammenzubringen sind. Die einen treten aus der Kirche aus, und zahlen dann keine Kirchensteuer mehr. Die anderen zahlen Kirchensteuer, betrachten sie aber nicht als eine Belastung und brauchen sie deshalb auch nicht in einem Kalkül zu erfassen. Wiederum andere zahlen murrend und betrachten sie als eine Belastung. Wie diese unterschiedlichen Positionen zeigen, kann es aus unterschiedlichen Gründen gerechtfertigt sein, die Kirchensteuer (nicht) außerhalb eines ökonomischen Kalküls zu lassen. So eindeutig wie bei dem Solidaritätszuschlag ist die Lage jedenfalls nicht.

[823] Dass solche Ausweichwirkungen, die zu einer symmetrischen Steuerbe- und -entlastung führen, ökonomisch prognostizierbar sind, erscheint nicht allzu kühn. Vgl. Sigloch (2001), S. 429-430; Lobe (2001b), S. 649-650, in Verbindung mit Stiglitz (1969). Zu der Empfehlung § 3c EStG auszuweichen vgl. auch Maiterth (2002), S. 181; mit konkreten Gestaltungshinweisen Ley/Strahl (2002), S. 2064-2065; Hundsdoerfer/Siegmund (2003), S. 1356. Im Wirtschaftsprüfer-Handbuch (2002), S. 123, wird ohne weitere Begründung allein Kanal 1 unterstellt. Dinstuhl (2002), S. 83, handhabt dies auch so.

noch an ausgewählten Stellen aufgezeigt,[824] während auf Basis von Kanal 1 durchgängig bewertet wird.[825]

Allgemein kann für ein derart differenziertes Steuersystem gezeigt werden,[826] dass die obigen Formeln nach den Kanälen 1 und 2 kompatibel mit der bekannten Formel nach Miller aus dem Jahre 1977 sind:[827]

$$(3-54)\ \Delta V_0^F = \underbrace{\left[1 - \frac{(1-s^0)\cdot(1-s_{IE})}{1-s_{IF}}\right]}_{s} F_0$$

s_{IE} (= $0{,}5s_I$) steht für den effektiven Einkommensteuersatz für Eigenkapitaltitel und s_{IF} (= s_I) für den Einkommensteuersatz für Fremdkapitaltitel. Der Ausdruck unter der Klammer gibt den prozentualen Steuereffekt s der Fremdfinanzierung wieder. Mit (3-54) identisch sind folgende Definitionen:

$$\Delta V_0^F = F_0 \cdot \left[\frac{s^0(1-s_{IE}) - (s_{IF} - s_{IE})}{1-s_{IF}}\right] = F_0 \cdot \left[s^0 - \frac{(s_{IF} - s_{IE})(1-s^0)}{1-s_{IF}}\right]$$

Die erste alternative Definition stellt den Bezug zu der obigen Formel des Halbeinkünfteverfahrens her. Die zweite Definition verdeutlicht, dass das bekannte Resultat $s^0 \cdot F_0$ von Modigliani/Miller (1963) potentiell um einkommensteuerliche Effekte noch zu modifizieren ist. Im Fall des Miller-Gleichgewichts des Beitrags von 1977 ergibt sich kein Steuervorteil aus Fremdfinanzierung. Dieses Ergebnis stimmt dann mit dem Ergebnis der Analyse von Modigliani/Miller (1958) überein.

---

824 Sollte sich der Leser dennoch dafür interessieren, so kann diese Konstellation stets problemlos aus den Formeln für das allgemein dargestellte Steuersystem abgeleitet werden. Numerische Bewertungen für die Value AG werden für den Wert bei Eigenfinanzierung aber nicht vorgenommen, da c.p. k_S beeinflusst werden könnte durch ein verändertes s_{IF}. Dieses Problem soll hier aber nicht intensiv diskutiert werden.

825 Dass Zinsen für Fremdkapitaltitel auf privater Ebene vollständig be- und entsteuert werden, scheint beim Halbeinkünfteverfahren im Widerspruch zu dem Gesetzeslaut des § 3c II n.F. EStG 1997 zu stehen. Hält man sich aber vor Augen, dass eine nur hälftige Abzugsfähigkeit von privaten Schuldzinsen eine steuerlich relativ teure Form der Fremdfinanzierung darstellt, kann diese in ihren Wirkungen billiger durch Aufgabe einer voll besteuerten privaten Finanzanlage nachgebildet werden. Vgl. zu der von Modigliani/Miller benutzen Arbitrageargumentation mit Zwillingsunternehmen Lobe (2001b) bzw. Drukarczyk/Lobe (2002b) und ohne Zwillingsunternehmen Drukarczyk/Lobe (2002a).

826 Vgl. etwa Lobe (2001b); Drukarczyk/Lobe (2002b), S. 8.

827 Vgl. Miller (1977), 266-267. Miller macht deutlich, dass Farrar/Selwyn (1967) seine Formel schon angedeutet haben. Vgl. Farrar/Selwyn (1967), 452. Brennan (1970) nimmt ebenfalls Bezug auf Farrar/Selwyn (1967) und leitet eine nicht so bekannte Formel her, die einen identischen effektiven Steuersatz s - das ist der Ausdruck in der eckigen Klammer von Millers Formel - generiert:

$$\Delta V_0^F \text{ in } \% = \frac{s^0 - s^y}{1-s^y}, \text{ wobei } s^y = \frac{s_{IF} - s_{IE}}{1-s_{IE}}$$

Vgl. die Formel [4.8] bei Brennan (1970), S. 424. Booth (1980), S. 90-91, ebenfalls mit dieser Formel, wobei er formal gerade von den Gegebenheiten des Halbeinkünfteverfahrens ausgeht. s_{IE} steht bei ihm aber für die effektive Kursgewinnbesteuerung. Diese Deutung ist nicht unproblematisch, wie eine Analyse der Kursgewinnbesteuerung in Abschnitt 3.3.7.2. noch zeigen wird.

b) Arbitrage bei beliebigem Zahlungsmuster

Im Folgenden werden die Arbitrageschritte eines privaten Investors analog zu dem von MM (in einem einfachen Unternehmensteuersystem) gezeigten Fall der ewigen Rente übertragen auf den allgemeinen Fall zeitvarianter Kapitaldienste. Wie sieht die Arbitrage eines privaten Investors aus, der das fremdfinanzierte Unternehmen übernimmt?[828]

Er kauft sich einen auch fremdfinanzierten Dividendenstrom und macht den fremdfinanzierten Anteil durch Arbitrage wett, um zum eigenfinanzierten Dividendenstrom zu gelangen. Kann er noch einen Arbitragegewinn einstreichen, ist ΔV^F nicht arbitragefrei. ΔV^F drückt also aus, um wie viel weniger[829] bzw. mehr[830] ein Arbitrageur privates Fremdkapital im Vergleich zu dem auf Unternehmensebene aufnehmen muss (bzw. private Finanzanlagen verkaufen muss), um die Zahlungsströme risikoäquivalent zu machen. Für das allgemein definierte Steuersystem gilt dann:

$$(3\text{-}55)\ \underbrace{\left\{D_t + \left[iF_{t-1}s^0 - iF_{t-1} + F_t - F_{t-1}\right]\right\}(1-s_{IE})}_{\text{Dividendenstrom des verschuldeten Unternehmens}} \overset{!}{=} \underbrace{D_t(1-s_{IE})}_{\substack{\text{Dividendenstrom des}\\ \text{unverschuldeten Unternehmens}}} - \underbrace{iF_{t-1}^{Pr}(1-s_{IF}) + \left(F_t^{Pr} - F_{t-1}^{Pr}\right)}_{\substack{\text{Zahlungsstrom bei privater}\\ \text{Fremdkapitalaufnahme}}}\ \forall t$$

Erkennbar wird, dass es sich bei der Gleichung (3-53) für den im Halbeinkünfteverfahren aufgezeigten Fall der ewigen Rente $\left(F_t - F_{t-1} = 0; F_t^{Pr} - F_{t-1}^{Pr} = 0\right)$ um einen Spezialfall dieser allgemeineren Gleichung (3-55) handelt. Es wird definiert:

$$(3-56)\ \Delta D_{t,S}^F = \left[iF_{t-1}s^0 - iF_{t-1} + (F_t - F_{t-1})\right](1-s_{IE})$$

Wird (3-55) dann ein wenig vereinfacht mit (3-56), ergibt sich nach Umstellung als Kern die folgende Gleichung:

$$D_{t,S} - \underbrace{\left[\Delta D_{t,S}^F + iF_{t-1}^{Pr}(1-s_{IF}) - \left(F_t^{Pr} - F_{t-1}^{Pr}\right)\right]}_{\overset{!}{=}0} = D_{t,S} \qquad \forall t$$

Der Wert von F_0^{Pr} kann dann über die Differenzengleichung des eckigen Klammerausdrucks bestimmt werden: $\Delta D_{t,S}^F + iF_{t-1}^{Pr}(1-s_{IF}) - \left(F_t^{Pr} - F_{t-1}^{Pr}\right) = 0$

Nach Umstellen ergibt sich dann:

$$\Delta D_{t,S}^F + (1 + i(1-s_{IF})) \cdot F_{t-1}^{Pr} - F_t^{Pr} = 0$$

$$F_{t-1}^{Pr} = \frac{F_t^{Pr} - \Delta D_{t,S}^F}{1 + i(1-s_{IF})}$$

F_t^{Pr} wiederum wird bestimmt über $F_t^{Pr} = \dfrac{F_{t+1}^{Pr} - \Delta D_{t+1,S}^F}{1 + i(1-s_{IF})}$ usw. Nach vollständiger Substitution ergibt sich explizit im *endlichen* Fall mit $F_n^{Pr} = 0$:[831]

$$(3-57)\ F_{\tau-1}^{Pr} = -\sum_{t=\tau}^{n} \Delta D_{t,S}^F \cdot (1 + i(1-s_{IF}))^{-(t-\tau+1)}$$

---

[828] Auf andere Konstellationen kann im Weiteren verzichtet werden, da die ökonomische Steuerbelastung auf risikolose Finanztitel im Privatbereich sowohl bei positiven als auch negativen Zinsen identisch ist. Der Beweis sähe nicht grundsätzlich anders aus, wenn lediglich ein Anteil des Unternehmens vom Investor übernommen würde.

[829] Das entspricht einem Vorteil der Fremdfinanzierung auf Unternehmensebene.

[830] Das entspricht einem Nachteil der Fremdfinanzierung auf Unternehmensebene.

[831] Dass $F_n^{Pr} = 0$ im endlichen Modell gilt, ist selbstverständlich, weil nicht nur auf Unternehmensebene, sondern auch auf privater Ebene die Fremdkapitalbestände bei Beendigung des Projekts auf null zu fahren sind.

Im *unendlichen* Fall erhält man:

$$(3-58)\quad F_{\tau-1}^{Pr} = -\sum_{t=\tau}^{\infty} \Delta D_{t,S}^{F} \cdot (1+i(1-s_{IF}))^{-(t-\tau+1)} + \lim_{T\to\infty} F_T^{Pr} \cdot (1+i(1-s_{IF}))^{-T}$$

Der Wert des zweiten Terms geht gegen null (*Transversalitätsbedingung*), weil dieser sonst eine Preisblase darstellte und eine arbitragegewinnfreie Bewertung vereitelte.[832]

Bezogen auf die Value AG ergeben sich folgende Dividendenminderzahlungen:

	t = 1	2	3	4	5	6	7	8ff
$\Delta D_{t,S}^{F}$	-601,8 [833]	-250,0	-247,4	-358,9	-322,9	-436,3	-235,7	-163,5

Tabelle 3-21: Periodische Dividendenminderzahlungen aufgrund von Fremdfinanzierung

Die Definition der Dividendenminderzahlung kann alternativ auch mit $\Delta S_t^F = iF_{t-1}\left[s^0(1-s_{IE})-(s_{IF}-s_{IE})\right]-s_{IE}(F_t - F_{t-1})$ geschrieben werden als:[834]

$$\Delta D_{t,S}^{F} = \underbrace{-iF_{t-1}(1-s_{IF})+(F_t - F_{t-1})}_{\text{Privater Fremdkapitaldienst vor Unternehmensteuern im Arbitragekalkül}} + \underbrace{\Delta S_t^F}_{\text{Minderung des privaten Kapitaldiensts durch Unternehmensteuern im Arbitragekalkül}}$$

Der Wert des Eigenkapitals beträgt nach Berücksichtigung der Wirkungen der Fremdfinanzierung: $V_0^E - F_0^{Pr}$. Diskontiert mit $i(1-s_{IF})$, erhält man für $F_0^{Pr} = 4.717{,}56$.
Der steuerliche Wertbeitrag der Fremdfinanzierung lässt sich nun analog zu a) definieren über das nominale Fremdkapital auf Unternehmensebene F abzüglich des Barwerts der periodischen Minderzahlungen an die Eigentümer: $F\text{-}F^{Pr} = \Delta V^F$. ΔV^F beträgt in t = 0: 5.900 – 4.717,56 = 1.182,44. Nötig ist ΔV^F für die Wertbestimmung nicht. Jedoch ist diese Kennzahl informativ, da sie deutlich macht, ob steuerliche Vor- oder Nachteile der Fremdfinanzierung auftreten.

Das arbitrageäquivalente Volumen an privatem Fremdkapital aufgrund von Fremdfinanzierung sieht im Zeitablauf dann so aus:

	t = 0	1	2	3	4	5	6	7	8ff
(1) $-\Delta D_{t,S}^{F}$		601,8	250,0	247,4	358,9	322,9	436,3	235,7	163,5
(2) $-iF_{t-1}^{Pr}(1-s_{IF})$		-214,6	-197,0	-194,6	-192,2	-184,6	-178,3	-166,6	-163,5
(3) $F_t^{Pr} - F_{t-1}^{Pr}$		-387,2	-52,9	-52,7	-166,7	-138,3	-257,9	-69,1	0,0
(4) F_t^{Pr}	4.717,4	4.330,2	4.277,2	4.224,5	4.057,8	3.919,5	3.661,6	3.592,5	3.592,5

Tabelle 3-22: Arbitrageäquivalente Volumina an privatem Fremdkapital aufgrund von Fremdfinanzierung

832 Dies wäre etwa der Fall, wenn F^{Pr} ewig schneller wüchse als $i(1-s_{IF})$.

833 $\Delta D_{1,S}^{F}$ = (413 · 0,37503 - 413 - 471,4)·(1 – 0,5 · 0,35) = - 601,8.

834 $\Delta D_{1,S}^{F}$ = - 413 (1-0,35) - 471,4 + 127,8 – 72,3 + 82,5 = -739,8 + 138 = - 601,8.

Es interessiert nun, wie eine Endwertformel bei autonomer Politik für den Fall der ewigen Rente mit Wachstum aussieht.[835] Ausgehend von (3-58) kann abgeleitet werden:

$$(3\text{-}59)\quad F_0^{Pr} = F_0 \cdot \frac{\left[i\left(1-s^0\right)-g\right]\left(1-s_{IE}\right)}{i\left(1-s_{IF}\right)-g}\text{, wobei } i(1\text{-}s_{IF}) > g$$

Aus der Diskussion um die Miller-Formel mit $g = 0$ ist bekannt, dass der Steuereffekt insgesamt positiv, neutral oder negativ sein kann. Das trifft auch zu, wenn Wachstum berücksichtigt wird. Die Parameter g, s_{IE}, s^0 (i, s_{IF}) haben bei einer Erhöhung dann einen positiven (negativen) zusätzlichen Einfluss auf den Wert. Endwerte mit anderen Zahlungsmustern lassen sich ebenfalls auf Basis von (3-58) ermitteln.

c) Aufspaltung des Arbitrageergebnisses in Effekte

Es lassen sich folgende Werteffekte definieren:[836] ein Unternehmen- und zwei Einkommensteuereffekte. Der Unternehmensteuereffekt ist definiert als:

$$(3\text{-}60)\quad V_{\tau-1}^{USt,F} = \sum_{t=\tau}^{n} iF_{t-1}s^0\left(1-s_{IE}\right)\left(1+i\left(1-s_{IF}\right)\right)^{-(t-\tau+1)}$$

Um keine Verwirrung aufkommen zu lassen, sollte hinzugefügt werden, dass es sich nicht um einen „reinen" Unternehmensteuereffekt handelt, wie er in Abschnitt 3.2. behandelt worden ist. Der Grund ist, dass die Einkommensteuer den risikolosen Zinssatz tangiert.[837] Die Unternehmensteuerersparnis auf Zinszahlungen beträgt vor und nach Einkommensteuern infolge der Ausschüttung im Fall der Value AG:

	t = 1	2	3	4	5	6	7	8ff
(1) Durch Fremdkapital bedingt[838]	154,9	142,5	140,8	139,1	133,7	129,3	121,1	118,9
(2) Nach hälftiger Einkommensteuer	127,8	117,6	116,2	114,7	110,3	106,7	99,9	98,1

Tabelle 3-23: Unternehmensteuereffekt der Fremdfinanzierung

Da diese Einkommensströme gemäß der autonomen Politik zustandsunabhängig sind, ist eine Diskontierung mit $i\left(1-s_{IF}\right) = 0{,}07(1\text{-}0{,}35) = 0{,}0455$ folgerichtig. Im Halbeinkünfteverfahren gilt dann nach Formel (3-60):

$$V_{\tau-1}^{USt,F} = \sum_{t=\tau}^{n} iF_{t-1}\left(fs_{GE}\left(1-s_K\right)+s_K\right)\left(1-0{,}5s_I\right)\left(1+i\left(1-s_I\right)\right)^{-(t-\tau+1)}$$

$V_0^{USt,F}$ beträgt hier 2.249,53.[839]

---

835 F muss sich schon in t = -1, also vor Beginn der Rentenphase, in dem Zustand eines projektierten gleichmäßig erwarteten Fremdkapitalbestands befinden. Vgl. auch Value AG im autonomen Fall mit g = 0 % bei Drukarczyk (2003b).

836 Vgl. bei Kanal 1 hierzu Drukarczyk (2001), S. 251-265; Drukarczyk/Lobe (2002a).

837 Wollte man zu Informationszwecken einen „reinen" Unternehmensteuereffekt ermitteln, müsste mit i diskontiert werden und anschließend der Einkommensteuereffekt auf den Zinssatz i ausgewiesen werden, um vollständig zu einer Bewertung mit Einkommensteuer überzuleiten. Diese weitere Aufspaltung wird hier nicht vorgenommen.

838 $\left[s_{GE}\left(1-s_K\right)+s_K\right]iF_{t-1} = 0{,}37503 \cdot 0{,}07 \cdot F_{t-1}$

839 f steht für den gewerbesteuerlichen Hinzurechnungsfaktor für Schuldzinsen. Im Beispiel beträgt dieser 1. Man könnte aber auch differenzieren zwischen anteiligen gewerbesteuerlichen Nicht-Dauerschulden (f = 1) - diese sind voll abzugsfähig - und anteiligen Dauerschulden (f = 0,5) - diese sind nur zur Hälfte abzugsfähig -, dann liegt f zwischen 0,5 und 1.

Falls differenzierte Einkommensteuern bestehen, kann ein erster Einkommensteuereffekt auftreten. Der Einkommensteuereffekt I ist also abhängig von dem Verhältnis s_{IF} zu s_{IE}. Sind beide Sätze identisch, tritt der Effekt nicht auf. Im Halbeinkünfteverfahren könnte dies erreicht werden, indem Arbitrageschritte über Anlagen, die mit s_{IE} besteuert werden, durchgeführt werden. D.h. Kanal 2 läge dann vor.

$$(3\text{-}61)\quad V_{\tau-1,I}^{ESt,F} = -\sum_{t=\tau}^{n} iF_{t-1} \cdot (s_{IF} - s_{IE}) \cdot (1 + i(1 - s_{IF}))^{-(t-\tau+1)}$$

Im Halbeinkünfteverfahren gilt:

$$V_{\tau-1,I}^{ESt,F} = -\sum_{t=\tau}^{n} iF_{t-1} \cdot 0{,}5 s_I (1 + i(1 - s_I))^{-(t-\tau+1)}$$

Durch die relativ höhere Besteuerung von risikolosen Zinsen auf Investorebene wirkt der erste Einkommensteuereffekt wertmindernd.

Einkommensteuereffekt in Periode t	t = 1	2	3	4	5	6	7	8ff
$iF_{t-1}\,0{,}5 s_I$	-72,3 [840]	-66,5	-65,7	-64,9	-62,4	-60,3	-56,5	-55,5

Tabelle 3-24: Einkommensteuereffekt I der Fremdfinanzierung

Der Wert beträgt hier –1.272,64. Unterliegen die Dividenden vollständig der Einkommensteuer, wird ein zweiter Effekt durch Fremdkapitaländerungen hervorgerufen. In dem Fall, dass sich der Fremdkapitalbestand nicht ändert, ergeben sich keine Einkommensteuerwirkungen. Der Effekt insgesamt ist null, wenn dies nicht nur *temporär*, sondern *unendlich* der Fall (ewige Rente ohne Wachstum) sein wird.[841]

$$(3\text{-}62)\quad V_{\tau-1,II}^{ESt,F} = -\sum_{t=\tau}^{n} (F_t - F_{t-1}) \cdot s_{IE} (1 + i(1 - s_I))^{-(t-\tau+1)}$$

Für das Halbeinkünfteverfahren ergibt sich:

$$V_{\tau-1,II}^{ESt,F} = -\sum_{t=\tau}^{n} (F_t - F_{t-1}) \cdot 0{,}5 s_I (1 + i(1 - s_I))^{-(t-\tau+1)}$$

	t = 1	2	3	4	5	6	7	8ff
(1) Tilgungen T_t	471,4	65,5	65,2	203,3	168,5	313,3	83,9	0
(2) $0{,}5 \cdot s_I \cdot T_t$	82,5	11,5	11,4	35,6	29,5	54,8	14,7	0

Tabelle 3-25: Einkommensteuereffekt II der Fremdfinanzierung

In dem Beispiel kommen in der expliziten Phase ausschließlich Tilgungen vor. Der Barwert, berechnet mit $i(1 - s_I)$, beträgt 205,5. Die steuerlichen Werteffekte ergeben insgesamt:[842]

$$\Delta V_0^F = V_0^{USt,F} + V_{0,I}^{ESt,F} + V_{0,II}^{ESt,F} = 1.182{,}44$$

---

[840] $5.900 \cdot 0{,}07 \cdot 0{,}5 \cdot 0{,}35 = 72{,}3$.

[841] Auf die Existenz derartiger Effekte wird beispielsweise schon hingewiesen bei Brennan (1970), S. 425-426. Für das Anrechnungsverfahren vgl. Drukarczyk/Richter (1995); im Halbeinkünfteverfahren vgl. auch Schüler (2000), Husmann/Kruschwitz/Löffler (2001a).

[842] Vgl. für das Halbeinkünfteverfahren auch Drukarczyk (2001), im Ergebnis identisch Husmann/Kruschwitz/Löffler (2001a).

Aggregiert sieht die Formel so aus:[843]

$$(3\text{-}63)\ \Delta V_{\tau-1}^{F} = \sum_{t=\tau}^{n} \overbrace{\left\{ iF_{t-1}\left[s^{0}(1-s_{IE}) - (s_{IF}-s_{IE}) \right] - s_{IE}(F_t - F_{t-1}) \right\}}^{\Delta S_t^F} (1+i(1-s_{IF}))^{-(t-\tau+1)}$$

Für das Halbeinkünfteverfahren:

$$\Delta V_{\tau-1}^{F} = \sum_{t=\tau}^{n} \left\{ iF_{t-1}\left[s^{0}(1-0{,}5s_{I}) - 0{,}5s_{I} \right] - (F_t - F_{t-1})\cdot 0{,}5s_{I} \right\} (1+i(1-s_{I}))^{-(t-\tau+1)}$$

In Formel (3-63) wird deutlich, dass alle drei Steuereffekte nicht allein durch das derzeit aktuelle deutsche Steuersystem evoziert sind, sondern allgemein bei einer differenzierten Einkommensbesteuerung auftreten können.
Wird der Term innerhalb der geschweiften Klammer durch das Kürzel ΔS_t^F ersetzt, das sind die periodischen Steuerminderzahlungen (Tax Shields) bezüglich der Fremdfinanzierung, erhält man den folgenden kompakten Ausdruck:[844]

$$(3-64)\ \Delta V_{\tau-1}^{F} = \sum_{t=\tau}^{n} \Delta S_t^F (1+i(1-s_{IF}))^{-(t-\tau+1)}$$

Weil F_8 = 4.528,9 auf Unternehmensebene beträgt und F_8^{Pr} = 4.528,9 · (1-0,2067) = 3.592,8, werden die eingangs in a) gezeigten Formeln auf dem Fundament der Arbitrage bestätigt. Der Wertbeitrag mit 20,04 % von F_0 ist relativ gesehen zu dem Fall der ewigen Rente mit 20,67 % von F nur geringfügig kleiner. Würde man sich jedoch lediglich auf den Unternehmen- und den ersten Einkommensteuereffekt beschränken - wie dies im Fall der ewigen Rente zutrifft -, erhielte man 976,94/5.900 = 16,56 %.[845] Da hier getilgt wird, entfällt ein positiver Bestandteil und der Einfluss wird ein wenig unterschätzt. Bei Fremdkapitalakkumulation ergäbe sich ein negativer Effekt und bei Außerachtlassen von $V_I^{ESt,F}$ somit eine Überschätzung von ΔV^F. Dass diese Effekte hier nicht sonderlich ins Gewicht fallen, hängt maßgeblich von der Endwertmodellierung ab. Bei einer ewig wachsenden Rente wäre ΔV^F überschätzt, wenn der zweite Einkommensteuereffekt nicht modelliert würde. Alternativ lässt sich ausgehend von (3-63) analog zu einer ewigen Rente mit Wachstum nach (3-59) definieren:[846]

$$(3-65)\ \Delta V_{t-1}^{F} = F_{t-1}\cdot \underbrace{\left[1 - \frac{(1-s_{IE})\cdot\left(i(1-s^{0})-g\right)}{i(1-s_{IF})-g} \right]}_{s^*} \text{ bzw. } F_{t-1}\cdot \left[\frac{i\left[s^{0}(1-s_{IE}) - (s_{IF}-s_{IE})\right] - s_{IE}\cdot g}{i(1-s_{IF})-g} \right]$$

843 Für den Fall einer konstant wachsenden Annuität mit begrenzter Laufzeit unter der impliziten Annahme, dass Fremdkapital am Ende der Lebensdauer nicht getilgt wird, vgl. Rashid/Amoako-Adu (1995), S. 1060.

844 Die Art der Aufspaltung in Unternehmen- und Einkommensteuereffekte ist also in gewisser Weise Geschmackssache. Freilich kann man der oben gewählten Aufspaltung nicht absprechen, dass sie *einer* ökonomischen Interpretation Vorschub leistet.

845 Vgl. zu dieser Modellierung etwa Benninga/Sarig (1997), S. 239, 259 und S. 267-268, Benninga (1997), S. 32, bzw. Lübbehüsen (2000), S. 126, mit einer ähnlichen Vorgehensweise, die den zweiten Einkommensteuereffekt - ohne weiteren Kommentar - nicht berücksichtigen.

846 Vgl. zur ersten Formeldefinition von (3-65) auch Modigliani (1982), S. 259-260, Formeln [II.7] und [II.14]; Hochman/Palmon (1985), S. 1119; Rashid/Amoako-Adu (1987), S. 344; Howe (1988), S. 25; Rashid/Amoako-Adu (1995), S. 1052. Bei Modigliani (1982) ist anstatt $s_{IE} = s_{KG}$ eingesetzt. Vgl. zu einer expliziten Berücksichtigung der Kursgewinnsteuer die nicht äquivalente Formel (3-136) in Kapitel 3.3.7. Wird g = 0 gesetzt, ergibt sich die schon gezeigte Miller-Formel; vgl. auch die Formel in Panel A bei Taggart (1991), S. 14.
Die zweite Definition ist angelehnt an die Definition, die für das Halbeinkünfteverfahren bei g = 0 üblicherweise bei Kanal 1 verwendet wird.

Der Ausdruck unter der Klammer gibt den prozentualen Steuereffekt s* der Fremdfinanzierung wieder. Werden im Halbeinkünfteverfahren $0{,}5s_I = s_{IE}$ und $s_I = s_{IF}$ (Kanal 1) gesetzt, ergibt sich folgende Formel für ΔV^F:[847]

$$\Delta V^F_{t-1} = F_{t-1} \cdot \frac{i\left[s^0(1-0{,}5s_I)-0{,}5s_I\right]-0{,}5s_I \cdot g}{i_S - g}$$

Der Wert des Eigenkapitals beträgt:[848]

$$E_0\left[\tilde{E}^F_{t-1}\right] = E_0\left[\tilde{V}^E_{t-1}\right] + \Delta V^F_{t-1} - F_{t-1}$$

3.3.2.1.2.2. Steuerlicher Werteinfluss von Pensionsrückstellungen (ΔV^P)

Wie im vorherigen Abschnitt auch wird das Arbitrageergebnis bei beliebigem Zahlungsmuster aufgezeigt, sowie eine Aufspaltung des Arbitrageergebnisses in Effekte. Der ewige Rentenfall braucht hier nicht mehr eigens diskutiert werden.

a) Arbitrage bei beliebigem Zahlungsmuster

Analog zu dem schon bei der Fremdfinanzierung gezeigten Vorgehen können zunächst die periodischen Dividendenminderzahlungen ermittelt werden und diesen dann der belastungsäquivalente Betrag an Fremdkapital bzw. Finanzanlagen auf privater Ebene (F^{Pr}) zugewiesen werden. Damit erhält man den arbitragefreien Wert des Eigenkapitals des auch mit Pensionsrückstellungen finanzierten Unternehmens über $E^F = V^E - F^{Pr}$.

Die periodischen Minderzahlungen bezogen auf Pensionsrückstellungen betragen:

$$(3-66)\ \Delta D^P_{t,S} = \left[ZPR_t \cdot s^0 - ZPR_t + (PR_t - PR_{t-1})\right](1 - s_{IE})$$

Im Unterschied zum verzinslichen Fremdkapital sind im Halbeinkünfteverfahren Zuführungen zu Pensionsrückstellungen bei der gewerbesteuerlichen Bemessungsgrundlage stets voll abzugsfähig.[849]

$$\Delta D^P_{t,S} = \left[ZPR_t\left(s_{GE}(1-s_K)+s_K\right) - ZPR_t + (PR_t - PR_{t-1})\right](1-0{,}5s_I)$$

Bei der Value AG sehen die Zahlen dann so aus:

	t = 1	2	3	4	5	6	7	8ff
$\Delta D^P_{t,S}$	-227,7	-232,6	-237,7	-243,0	-248,4	-254,0	-259,6	-287,8

Tabelle 3-26: Periodische Dividendenminderzahlungen aufgrund von Pensionsrückstellungen

847 Im Fall $s_{IF} = s_{IE}$ (dies entspricht dem Kanal 2 im Halbeinkünfteverfahren) ergibt sich nach der zweiten Definition von (3-65): $F_{t-1} \cdot \left[\frac{i\left[s^0(1-s_{IE})\right]-s_{IE}\cdot g}{i(1-s_{IE})-g}\right]$. Einkommensteuern spielen dann weiterhin eine Rolle. Dies ändert sich, wenn g = 0 gesetzt wird, dann erhält man bekanntlich für den Klammerausdruck s^0.

848 Wie hoch ist der negative Wert des Fremdkapitals aus Sicht des Eigentümers bei i > g?

$$\frac{Zi_t}{i-g} - \frac{\Delta F_t}{i-g} = \frac{iF_{t-1}}{i-g} - \frac{gF_{t-1}}{i-g} = F_{t-1}\frac{i-g}{i-g} = F_{t-1}$$

849 Zuführungen zu Pensionsrückstellungen ZPR_t lösen keine gewerbesteuerliche Hinzurechnungspflicht gem. § 8 Nr. 2 GewStG aus; der Hinzurechnungsfaktor f ist also gleich eins, und kann deswegen in den folgenden Formeln unterbleiben. Vgl. Rose (2001), S. 176-178.

Es wurde schon im vorherigen Abschnitt gezeigt, dass das belastungsäquivalente Fremdkapital auf privater Ebene durch Diskontieren ermittelt werden kann. Die Ableitung der Formel kann ganz analog zu der Vorgehensweise im vorherigen Abschnitt erfolgen. Entscheidend ist, dass die Zahlungsfolgen von Pensionsrückstellungen als zustandsunabhängig (sicher) angenommen werden.[850] Diese können dann über private Fremdkapitaltitel, die im Halbeinkünfteverfahren der vollen Besteuerung unterliegen, dupliziert werden.

$$(3-67)\; F_{\tau-1}^{Pr} = -\sum_{t=\tau}^{n} \Delta D_{t,S}^{P} \cdot (1 + i(1 - s_{IF}))^{-(t-\tau+1)}$$

Die Integration von Rückstellungen in den Kalkül verlangt also keine neuen Bewertungsformeln bzw. kein neues Instrumentarium. Die entsprechenden Arbitragetransaktionen im Zeitablauf bestätigen den Barwert von 6.057,17 in t_0.

		t = 0	1	2	3	4	5	6	7	8ff
(1)	$-\Delta D_{t,S}^{P}$		227,7	232,6	237,7	243,0	248,4	254,0	259,6	287,8
(2)	$-iF_{t-1}^{Pr}(1-s_I)$		-275,6	-277,8	-279,8	-281,8	-283,5	-285,1	-286,5	-287,8
(3)	$F_t^{Pr} - F_{t-1}^{Pr}$		47,9	45,1	42,1	38,8	35,2	31,1	26,9	0,0
(4)	F_t^{Pr}	6.057,2	6.105,1	6.150,2	6.192,3	6.231,1	6.266,3	6.297,4	6.324,4	6.324,4

Tabelle 3-27: Arbitrageäquivalente Volumina an privatem Fremdkapital aufgrund von Pensionsrückstellungen

Ein etwaiger Steuervorteil aus Pensionsrückstellungen ist in F^{Pr} schon enthalten, das man sich zusammengesetzt aus P - $\Delta V^P = F^{Pr}$ vorstellen kann. Nun ist es hier nicht so einfach, P zu bestimmen, weil P nicht wie bei verzinslichem Fremdkapital mark-to-market bilanziert ist. Wie P und ΔV^P definiert werden könnten, wird in dem folgenden Abschnitt diskutiert.

b) Aufspaltung des Arbitrageergebnisses in Effekte

Es bietet sich zunächst an, analog zum Unternehmensteuereffekt bei Fremdfinanzierung für Pensionsrückstellungen folgende Formel zu definieren:

$$(3-68)\; V_{\tau-1}^{USt,P} = \sum_{t=\tau}^{n} ZPR_t s^0 (1 - s_{IE})(1 + i(1 - s_{IF}))^{-(t-\tau+1)}$$

Im Halbeinkünfteverfahren:

$$V_{\tau-1}^{USt,P} = \sum_{t=\tau}^{n} ZPR_t (s_{GE}(1 - s_K) + s_K)(1 - 0{,}5 s_I)(1 + i(1 - s_I))^{-(t-\tau+1)}$$

850 Vgl. zu einer Argumentation, wieso diese Annahme Sinn macht, mit weiteren Hinweisen, Schüler (1999), S. 17; Drukarczyk/Schüler (2000a), S. 42.

		t = 1	2	3	4	5	6	7	8ff
(1)	Durch Zuführung zur Pensionsrückstellung bedingt[851]	180,0	183,9	188,0	192,1	196,4	200,8	205,3	209,3
(2)	Nach hälftiger Einkommensteuer	148,5	151,7	155,1	158,5	162,0	165,6	169,3	172,7

Tabelle 3-28: Unternehmensteuereffekt von Pensionsrückstellungen

$V_0^{USt,P} = 3.709,07$

Ein negativer Einkommensteuereffekt kann analog zur Vorgehensweise für das Fremdkapital definiert werden:

$$(3-69)\ V_{\tau-1,I}^{ESt,P} = -\sum_{t=\tau}^{n} ZPR_t \cdot (s_{IF} - s_{IE})(1 + i(1 - s_{IF}))^{-(t-\tau+1)}$$

Im Halbeinkünfteverfahren gilt dann:

$$V_{\tau-1,I}^{ESt,P} = -\sum_{t=\tau}^{n} ZPR_t \cdot 0{,}5 s_I (1 + i(1 - s_I))^{-(t-\tau+1)}$$

Periodischer Einkommensteuereffekt	t = 1	2	3	4	5	6	7	8ff
$ZPR_t 0{,}5 s_I$	-84,0	-85,8	-87,7	-89,6	-91,6	-93,7	-95,8	-97,7

Tabelle 3-29: Einkommensteuereffekt I von Pensionsrückstellungen

$V_{0,I}^{ESt,P} = -2.097,92$

Daneben wird ein weiterer Einkommensteuereffekt ganz analog zur Fremdfinanzierung aufgrund von Veränderungen des Bestandes an Pensionsrückstellungen definiert:

$$(3-70)\ V_{\tau-1,II}^{ESt,P} = -\sum_{t=\tau}^{n} (PR_t - PR_{t-1}) \cdot s_{IE} (1 + i(1 - s_{IF}))^{-(t-\tau+1)}$$

Im Halbeinkünfteverfahren:

$$V_{\tau-1,II}^{ESt,P} = -\sum_{t=\tau}^{n} (PR_t - PR_{t-1}) \cdot 0{,}5 s_I (1 + i(1 - s_I))^{-(t-\tau+1)}$$

		t = 1	2	3	4	5	6	7	8ff
(1)	$-(PR_t - PR_{t-1})$	-24,0	-24,5	-25,1	-25,6	-26,2	-26,7	-27,4	0,0
(2)	$0{,}5 \cdot s_I \cdot (1)$	-4,2	-4,3	-4,4	-4,5	-4,6	-4,7	-4,8	0,0

Tabelle 3-30: Einkommensteuereffekt II von Pensionsrückstellungen

Der Barwert, berechnet mit $i(1 - s_I)$, beträgt –26,29. Insgesamt ergeben die steuerlichen Werteffekte: $\Delta V_0^P = V_0^{USt,P} + V_{0,I}^{ESt,P} + V_{0,II}^{ESt,P} = 1.584,86$

851 $[s_{GE}(1 - s_K) + s_K] \cdot ZPR_t = 0{,}37503 \cdot ZPR_t$; Differenzen sind die Folge von Rundungsabweichungen.

Zusammengefasst sieht die Formel so aus:

$$(3-71)\quad \Delta V^{P}_{\tau-1} = \sum_{t=\tau}^{n}\left\{ZPR_t\left[s^0(1-s_{IE})-(s_{IF}-s_{IE})\right]-(PR_t-PR_{t-1})\cdot s_{IE}\right\}(1+i(1-s_{IF}))^{-(t-\tau+1)}$$

Für das Halbeinkünfteverfahren gilt:[852]

$$\Delta V^{P}_{\tau-1} = \sum_{t=\tau}^{n}\left\{ZPR_t\left[s^0(1-0{,}5s_I)-0{,}5s_I\right]-(PR_t-PR_{t-1})\cdot 0{,}5s_I\right\}(1+i(1-s_I))^{-(t-\tau+1)}$$

Nun stellt sich analog zum Fremdkapital F die Frage, in welcher Höhe P zu veranschlagen ist. Ohne eine Wertvorstellung darüber hängt der Kalkül noch in der Schwebe. Bei der Bewertung des Fremdkapitals auf Unternehmensebene (F = 5.900) entsprechen sich unter den gegebenen Bedingungen[853] und Definitionen im Ergebnis die Wertkategorien Buchwert (Nominalwert), sowie Marktwert sowohl aus Sicht der Gläubiger als auch aus Sicht der Eigentümer vor[854] und nach[855] Einkommensteuern. Eine Entscheidung darüber, welche Wertkategorie die eigentlich relevante ist, kann also unterbleiben. Bei der Bestimmung von P ist mark-to-market-accounting aber nicht anzutreffen. Daher ist nicht davon auszugehen, dass sich diese Wertkategorien im Ergebnis gleichen werden.
Um angesichts der analog zur Fremdfinanzierung definierten Effekte ein arbitragefestes P zu definieren, könnte man wie in a) die Arbitrageüberlegungen i.S.v. Modigliani/Miller anwenden. Danach wäre derjenige Wert relevant, der einem Portefeuille aus Pensionszahlungsansprüchen auf Unternehmensebene durch private Arbitrageure zugewiesen würde.
Ein Vergleich von (3-67) und (3-71) zeigt, dass P dann wie folgt definiert sein muss, um arbitragegewinnfrei zu sein:

$$(3-72)\quad P_{\tau-1} = \sum_{t=\tau}^{n}\overbrace{\left\{ZPR_t(1-s_{IF})-(PR_t-PR_{t-1})\right\}}^{R_t - s_{IF}ZPR_t}(1+i(1-s_{IF}))^{-(t-\tau+1)}$$

F^{Pr} ist im vorausgegangenen Abschnitt a) und ΔV^P schon in diesem Abschnitt ermittelt worden. P für t = 0 ist daher definiert über: $F^{Pr} + \Delta V^P = 6.057{,}17 + 1.584{,}86 = 7.642{,}03$.

Offensichtlich weicht die Definition von P in (3-72) systematisch vom Buchwert PR, sowie von den Werten aus Pensionär- und Eigentümersicht ab. Möchte man derartige Definitionen von P alternativ einsetzen, dann ist ΔV^P im Gegenzug konsistent zu definieren. Dies wird bei der folgenden Alternativendiskussion gezeigt.

---

852 Nach Umstellen der Formel ergibt sich: $\Delta V_0^P = \sum_{t=1}^{n}\left\{ZPR_t\left[s^0(1-0{,}5s_I)-s_I\right]+R_t\cdot 0{,}5s_I\right\}(1+i(1-s_I))^{-t}$

853 Kein Ausfall des Kredits.

854 $\sum_{t=1}^{n}\left[i\cdot F_{t-1}-(F_t-F_{t-1})\right](1+i)^{-t} = F_0$

855 Gleiche Einkommensteuersätze für Gläubiger und Eigentümer unterstellt, gilt:

$$\sum_{t=1}^{n}\left[i\cdot F_{t-1}(1-s_I)-(F_t-F_{t-1})\right](1+i(1-s_I))^{-t} = F_0$$

- Alternative A: Wert von P aus Pensionärsicht

Der Wert aus Sicht der Pensionäre besteht aus den mit einer sicheren Alternativrendite (nach Einkommensteuer) diskontierten versteuerten Rentenzahlungen.[856]

		t = 1	2	3	4	5	6	7	8ff
(1)	Rentenzahlung R_t	456,0	465,9	476,1	486,6	497,4	508,6	519,9	558,1
(2)	Nach Einkommensteuer (s_I = 0,35)[857]	296,4	302,8	309,5	316,3	323,3	330,6	337,9	362,8

Tabelle 3-31: Rentenzahlungen

$$(A)\; P_0^A = \sum_{t=1}^{n} R_t \cdot (1 - s_{IF})(1 + i(1 - s_{IF}))^{-t} = 7.695$$

Entsprechend gilt dann für $\Delta V^{P,A}$:

$$\Delta V_{\tau-1}^{P,A} = \sum_{t=\tau}^{n} \{ZPR_t \cdot s^0 (1 - s_{IE}) + R_t \cdot (s_{IE} - s_{IF})\} \cdot (1 + i(1 - s_{IF}))^{-(t-\tau+1)} = 1.637,4$$

Neben dem schon gezeigten Unternehmensteuereffekt und den zwei Einkommensteuereffekten tritt noch ein weiterer Effekt in $\Delta V^{P,A}$ hinzu: $\sum_{t=\tau}^{n} (PR_t - PR_{t-1}) \cdot s_{IF} \cdot (1 + i(1 - s_{IF}))^{-(t-\tau+1)}$.

Der Wert von P aus Sicht der Pensionäre ist für die Eigentümer in diesem Zusammenhang eigentlich nicht von primärem Interesse. Es sei denn, man stellt sich die hypothetische Frage, welcher Beitrag jetzt an die Anspruchsberechtigten gezahlt werden muss, damit deren Pensionsanspruch aus der Bilanz in t_0 vollends getilgt werden kann, ohne dass diese einen Wohlstandsverlust erleiden. Würde die Perspektive der Eigentümer verlassen, und danach gefragt, welchen Wert unterschiedliche Anspruchsgruppen ihren Positionen beimessen, und diese Positionen dann addiert, erhielte man freilich einen aus Eigentümersicht nur schwer interpretierbaren, diffus anmutenden Mischwert $\Delta V^{P,A}$.[858]

- Alternative B: Wert von P aus Eigentümersicht

Die Belastung aus Sicht der Eigentümer (vor Unternehmensteuern) könnte folgendermaßen veranschlagt werden:[859]

$$(B)\; P_0^B = \sum_{t=1}^{n} R_t \cdot (1 - s_{IE})(1 + i(1 - s_{IF}))^{-t} = 9.766$$

In der Definition von $\Delta V^{P,B}$ taucht dann nur der Unternehmensteuereffekt auf.

---

856 Vgl. etwa Drukarczyk (1996), S. 171.

857 Die Annahme dieses Steuersatzes auch für die Pensionäre ist nicht ganz unkritisch, da in der Rentenphase eine niedrigere Progressionsstufe gelten dürfte. Dann müsste aber aus Sicht der Pensionäre auch die Alternativrendite mit einem niedrigeren Einkommensteuersatz belegt sein.

858 Aus Eigentümerperspektive stellte eine solche Wertkategorie ein trojanisches Pferd dar. Für andere Fragestellungen mag die Beurteilung über die Angemessenheit eines solchen Kalküls anders aussehen.

859 Vgl. Drukarczyk/Lobe (2002b), S. 22; Drukarczyk (2003b), S. 251. Bestünde die (inferiore) Alternative in der Aufnahme von halb entsteuertem Fremdkapital auf privater Ebene, wäre der Diskontierungssatz auch nur um die hälftige Einkommensteuer zu kürzen. Der Barwert beträgt dann 7.648.

$$\Delta V_{\tau-1}^{P,B} = \sum_{t=\tau}^{n} ZPR_t s^0 (1 - s_{IE}) \cdot (1 + i(1 - s_{IF}))^{-(t-\tau+1)} = 3.709$$

Im Halbeinkünfteverfahren wirken sich potentiell Kanal 1 oder Kanal 2 - sieht man von der mangelnden Arbitragegewinnfreiheit des Kanals 2 ab - natürlich ebenfalls differenziert auf die Bewertung von Pensionsrückstellungen aus. Ein flüchtiger Blick auf die Definition B scheint zu suggerieren, dass eine Entscheidung über die Wahl des Kanals unwichtig sei, weil nur ein Unternehmensteuereffekt auftritt. Das trifft nicht zu, weil über den Diskontierungssatz der zu wählende Kanal wieder ins Spiel kommt.

- Alternative C: Buchwert der Pensionsrückstellungen als P

Es ließe sich auch vorstellen, P in Form des Buchwerts einzusetzen.[860]

$$(C)\ P_0^C = PR_0 = 3.000$$

Der Barwert der Residualgewinne zeigt an, welche Prämie noch auf den Buchwert zu schlagen ist, damit beide Komponenten die ökonomische Belastung widerspiegeln.

$$RG_t^{APV,P} = \underbrace{ZPR_t \cdot (1 - s_{GE})(1 - s_K) - (ZPR_t \cdot (1 - s_{GE})(1 - s_K) + (R_t - ZPR_t)) \cdot 0{,}5 s_I}_{ZPR_t \cdot (1 - s_{GE})(1 - s_K)(1 - 0{,}5 s_I) + (R_t - ZPR_t) \cdot 0{,}5 s_I} - i_S \cdot PR_{t-1}$$

$$\Delta V_{\tau-1}^{P,C} = \sum_{t=\tau}^{n} RG_t^{APV,P} \cdot (1 + i_s)^{-(t-\tau+1)}$$

$$F_{\tau-1}^{Pr} = PR_{\tau-1} + \sum_{t=\tau}^{n} RG_t^{APV,P} \cdot (1 + i_s)^{-(t-\tau+1)}$$

	in 1.000 €	t = 1	2	3	4	5	6	7	8ff
(1)	Zuführung zur Pensionsrückstellung	480,0	490,4	501,2	512,2	523,6	535,3	547,3	558,1
(2)	Unternehmensteuern	180,0	183,9	188,0	192,1	196,4	200,8	205,3	209,3
(3) = (1)-(2)	ZPR nach Unt.-Steuern	300,0	306,5	313,2	320,1	327,2	334,5	342,0	348,8
(4)	Veränderungen der Pensionsrückstellungs-buchwerte	-24,0	-25,0	-25,0	-26,0	-26,0	-27,0	-27,0	0,0
(5) = (3)+(4)	Minderausschüttungen	276,0	282,0	288,1	294,5	301,0	307,8	314,6	348,8
(6)	Ersparte hälftige Einkommensteuer	48,3	49,3	50,4	51,5	52,7	53,9	55,1	61,0
(7) = (3)-(6)	ZPR nach Unt.- und Eink.-Steuern	251,7	257,1	262,8	268,6	274,6	280,7	287,0	287,8
(8)	$RG^{APV,P}$	115,2	119,5	124,1	128,7	133,5	138,5	143,6	143,1

Tabelle 3-32: Residualgewinne aufgrund von Pensionsrückstellungen

$$F_0^{Pr} = P_0 - \Delta V_0^P = PR_0 + \sum_{t=1}^{n} RG_t^{APV,P} \cdot (1 + i_s)^{-t} = 3.000 + 3.057{,}2 = 6.057{,}2$$

Welche der vier bisher gezeigten Definitionen, (3-71) sowie die Alternativen A-C, umschreibt den „reinen" Wert der Steuervorteile, also das „eigentliche" ΔV^P? Ein Blick auf das Vorgehen beim Fremdkapital kann diese Frage erhellen. ΔV^F kann auch alternativ definiert werden aufgrund von

$$(3-56)\ \Delta D_{t,S}^F = [iF_{t-1} s^0 - iF_{t-1} + (F_t - F_{t-1})](1 - s_{IE}):$$

[860] Kritisch dazu Richter (1999a), S. 151.

$$F_{\tau-1}^{Pr} = -\overbrace{\left(\sum_{t=\tau}^{n} \frac{iF_{t-1}s^0(1-s_{IE}) + s_{IE}iF_{t-1} - s_{IE}(F_t - F_{t-1})}{(1+i_s)^{(t-\tau+1)}} - \left[\sum_{t=\tau}^{n} \frac{iF_{t-1} - (F_t - F_{t-1})}{(1+i_s)^{(t-\tau+1)}} - \sum_{t=\tau}^{n} \frac{iF_{t-1} - (F_t - F_{t-1})}{(1+i)^{(t-\tau+1)}}\right]\right)}^{\Delta V^F} + \underbrace{\sum_{t=\tau}^{n} \frac{iF_{t-1} - (F_t - F_{t-1})}{(1+i)^{(t-\tau+1)}}}_{F_{t-1}}$$

Diese Definition zeigt, dass eine Subtraktion des arbitrageäquivalenten Fremdkapitals auf privater Ebene vom Fremdkapitalbetrag zum exakten steuerlichen Effekt ΔV^F führt. Die alternative Definition bestätigt also das Vorgehen des vorherigen Kapitels. Analog kann diese Definition nun auch bei Pensionsrückstellungen eingesetzt werden, um den eigentlichen Wert der Steuervorteile zu ermitteln. Um es vorwegzunehmen: Es zeigt sich dabei, dass keine der bisher gezeigten Definitionen den reinen Steuerwert ermittelt, weil P schlicht nicht vor Steuern definiert worden ist. Deshalb wird nun Alternative D untersucht.

- Alternative D: Wert von P vor Steuern

Mit (3 – 66) $\Delta D_{t,S}^{P} = \left[ZPR_t \cdot s^0 - ZPR_t + (PR_t - PR_{t-1})\right](1 - s_{IE})$ ergibt sich:

$$F_{\tau-1}^{Pr} = -\overbrace{\left(\sum_{t=\tau}^{n} \frac{ZPR_t s^0(1-s_{IE}) + s_{IE}ZPR_t - s_{IE}(PR_t - PR_{t-1})}{(1+i_s)^{(t-\tau+1)}} - \left[\sum_{t=\tau}^{n} \frac{ZPR_t - (PR_t - PR_{t-1})}{(1+i_s)^{(t-\tau+1)}} - \sum_{t=\tau}^{n} \frac{ZPR_t - (PR_t - PR_{t-1})}{(1+i)^{(t-\tau+1)}}\right]\right)}^{\Delta V^{P,D}} + \underbrace{\sum_{t=\tau}^{n} \frac{ZPR_t - (PR_t - PR_{t-1})}{(1+i)^{(t-\tau+1)}}}_{P^D}$$

$$\text{(D)}\ P_0^D = \sum_{t=1}^{n} R_t \cdot (1+i)^{-t} = 7.575$$

Ohne Einkommensteuern ist der Barwert P_0^D aus Sicht von Pensionären und Eigentümern i.H.v. 7.575 identisch. Es folgt $\Delta V^{P,D}$ mit 1.518,2.[861] Offensichtlich beschreibt keine der bisher gezeigten Definitionen den „reinen" Wert der Steuervorteile. Die eingangs gezeigte Definition kommt in dem Fallbeispiel der Value AG dieser Definition quantitativ jedoch am nahesten.

Die diskutierten Definitionen verteilen F_0^{Pr} wie folgt:

Definition	P_0	ΔV_0^P	F_0^{Pr}
Symmetrisch: Kalkül analog zu Fremdkapital-Steuereffekten	- 7.642	1.585	-6.057
A: Wert von P aus Pensionärsicht	-7.695	1.638	-6.057
B: Wert von P aus Eigentümersicht	-9.766	3.709	-6.057
C: Buchwert der Pensionsrückstellungen als P	-3.000	-3.057	-6.057
D: „Reiner" ΔV_0^P -Wert	- 7.575	1.518	-6.057

Alternative A scheint ein wenig schwierig aus Eigentümersicht interpretierbar zu sein, während dies bei den anderen Alternativen leichter ist. Welches Bewertungsprocedere gewählt werden

861 Die Ermittlung kann indirekt über die Berechnung des arbitrageäquivalenten Fremdkapitals oder direkt über die alternative Definition erfolgen.

sollte, ist letztlich eine Frage des Geschmacks, da der saldierte Beitrag zum Unternehmenswert E^F bei konsistenter Berechnung stets der gleiche ist, bzw. davon abhängig ist, welche Information mit der Aufspaltung verfolgt wird. Der Informationsgehalt eines Unternehmensgesamtwerts bei Mischfinanzierung mit seinen spezifischen Aufspaltungen von $V^{F,P}$ nach dem APV-Ansatz ist vor diesem Hintergrund *relativ* zu beurteilen.[862] Definition B geht vom Wert P aus Eigentümersicht aus, während C den Buchwert PR für P heranzieht. Definition D grenzt sämtliche Steuervorteile sauber ab, indem P vor Einkommensteuern definiert wird.

Den Wert bei Mischfinanzierung $V^{F,P}$ schlechthin gibt es nicht: Er ist abhängig vom gewählten Bezugspunkt. Lediglich der Wert des Eigenkapitals E^F ist eindeutig definiert. Im weiteren Verlauf werden aus didaktischen Gründen die eingangs in b) gezeigten Aufspaltungen beibehalten, weil die definierten Steuereffekte von verzinslichem Fremdkapital und Pensionsrückstellungen dann symmetrisch sind.

3.3.2.1.3. Wert des Eigenkapitals (E^F)

E^F lässt sich bekanntlich über $E_0^F = \underbrace{V_0^{F,P}}_{V_0^E + \Delta V_0^F + \Delta V_0^P} - P_0 - F_0$

bzw. dem Arbitragegedanken nahe liegend über $E_0^F = V_0^E - F_0^{Pr}$ ermitteln. F_0^{Pr} stellt das im Bewertungszeitpunkt risikoäquivalente Volumen an Fremdkapitaltiteln dar, das auf privater Ebene zu halten ist, um die Zahlungswirkungen von verzinslichem Fremdkapital und Pensionsrückstellungen nach Steuern zu duplizieren. Der Wert des Eigenkapitals kann mit diesem APV-Ansatz direkt in zwei Schritten ermittelt werden.[863] Zum einen ist der Wert bei Eigenfinanzierung zu ermitteln, zum anderen der gesamte Wertbeitrag der Fremdkapitalpositionen (Barwert von $\Delta D_{t,S}^{F,P}$). Dieser „direkte" APV-Ansatz scheint sehr einfach zu sein, insbesondere bei einem hohen Komplexitätsgrad des Steuersystems und der Kapitalstruktur. Die in den beiden vorhergehenden Abschnitten besprochenen Fremdkapital-Komponenten müssen nun nur noch zusammengefügt werden, dann ist der Wert des Eigenkapitals bestimmt. Entscheidend für den Wertbeitrag ist $\Delta D_{t,S}^{F,P}$ gemäß (3-56) und (3-66). Werden (3-57) und (3-67) zusammengefasst, ergibt sich:[864]

$$(3-73)\; F_{\tau-1}^{Pr} = -\sum_{t=\tau}^{n} \Delta D_{t,S}^{F,P} \cdot \left(1 + i(1 - s_{IF})\right)^{-(t-\tau+1)}$$

---

[862] Dies sollte bei den Aussagen von Luehrman (1997), S. 145 und S. 154, bedacht werden, der die Stärke des APV-Ansatzes in den durch die Aufspaltungen bereitgestellten Informationsleistungen sieht.
In dieser Arbeit wird argumentiert, dass die eigentliche Stärke des APV-Ansatzes darin besteht, Zahlungsströme unterschiedlichen Risikos mit differenzierten Renditen, und nicht mit einer amalgamierten Rendite zu bewerten. Diese Vorgehensweise ist zweifelsohne informationsreicher, weil Aussagen z.B. über die anzusetzende Finanzierungspolitik getroffen werden müssen. Natürlich ist dann das Versprechen, Aussagen über die Finanzierungspolitik treffen zu können, einzulösen. Der Bewerter nimmt dadurch jedoch auch eine größere Begründungslast auf sich. Ein Bewerter, der explizit keine Finanzierungspolitik unterstellt, sollte sich aber im Klaren sein, welche Implikationen durch unterschiedliche Politiken hervorgerufen werden könnten, und ob der Annahmenkranz dann noch plausibel ist. Das bedeutet, dass ein Bewerter, der keine Angaben zur Finanzierungspolitik macht, sich u.U. doch auf Glatteis begibt.

[863] Die Zahl der Schritte hängt in dem direkten APV-Ansatz von der Zahl der differenzierten Renditen ab.

[864] Bei der Value AG gilt nach Kanal 1 ($s_{IF} = s_I$): $-F_0^{Pr} = -10.776$. Wird Kanal 2 ($s_{IF} = 0{,}5 s_I$) unterstellt, dann beträgt $-F_0^{Pr} = -8.640$. Die Werte sind identisch – abgesehen von Rundungsabweichungen – mit Drukarczyk (2003b), S. 252, bzw. 258.

In der Literatur wird der „direkte“ APV-Ansatz bislang nicht diskutiert. Gerade dieser Ansatz ist aber einfach, und kann als Ausgangspunkt für komplexe Fragestellungen dienen. Üblicherweise ist in der Literatur ein APV-Ansatz vorzufinden, der den Barwertbeitrag von $\Delta D^{F,P}_{t,S}$ (-F^{P_t}) in Effekte aufspaltet. Der direkte APV-Ansatz kann als „Mutter“ des üblichen APV-Kalküls angesehen werden.[865] Werden (3-63) und (3-71) zusammengefasst, ergibt sich der Steuervorteil des gesamten Fremdkapitals auf Basis der symmetrisch definierten Steuereffekte:

$$(3\text{-}74)\quad \Delta V^F_{\tau-1} = \sum_{t=\tau}^{n}\Big\{(iF_{t-1} + ZPR_t)\big[s^0(1-s_{IE}) - (s_{IF} - s_{IE})\big] - s_{IE}\cdot[(F_t - F_{t-1}) + (PR_t - PR_{t-1})]\Big\}\cdot \cdot (1 + i(1-s_{IF}))^{-(t-\tau+1)}$$

Im Halbeinkünfteverfahren:

$$\Delta V^F_{\tau-1} = \sum_{t=\tau}^{n}\{iF_{t-1}[(fs_{GE}(1-s_K)+s_K)(1-0{,}5s_I) - 0{,}5s_I] + ZPR_t[(s_{GE}(1-s_K)+s_K)(1-0{,}5s_I) - 0{,}5s_I] - 0{,}5s_I\cdot[(F_t - F_{t-1}) + (PR_t - PR_{t-1})]\}\cdot(1+i(1-s_I))^{-(t-\tau+1)}$$

Die Verbindung zwischen eigen- und mischfinanzierter Dividende ist nun hergestellt.[866] Es wird genau der gleiche Zahlungsstrom wie bei dem Equity-Ansatz bewertet. Einziger Unterschied ist, dass der Equity-Ansatz den Zahlungsstrom mit *einer* Rendite $E_0^w\left[\tilde{k}^F_{S,t}\right]$ diskontiert, während der APV-Ansatz - soweit nötig und bekannt - *differenzierte* Renditen für die spezifischen Zahlungsstrombestandteile (operative Überschüsse, Zahlungsverpflichtungen gegenüber Fremdkapitalgebern etc.) einsetzt. Aufgrund des niedrigeren Aggregationsgrades der Renditen hat der APV-Ansatz natürlich einen höheren Informationsgrad.

Der Adjusted Present Value-Ansatz (Angepasster Barwert) könnte treffend auch als „Ansatz differenzierter Renditen“ charakterisiert werden. Der Zusammenhang zwischen dem Equity- und dem direkten APV-Ansatz ist sehr nahe. Der Ansatz differenzierter Renditen muss sich nicht auf Steuereffekte der Fremdfinanzierung erschöpfen. Der Grundgedanke lässt sich auch auf andere Cashflow-Bestandteile ausweiten, wie z.B. den Steuervorteilen von Abschreibungen.[867] Den APV-Ansatz ökonomisch begründet anzuwenden, ist jedoch nicht möglich, wenn keine Finanzierungspolitik explizit definiert wird bzw. keine Renditen für die Wertermittlung unterschiedlicher riskanter Cashflows angegeben werden können.

Dem Equity-Ansatz macht dies nichts aus. Er kann eine implizite Annahme treffen und ermittelt aufgrund von gegebenen Renditen das Ergebnis. Der Equity-Ansatz kann dann also einschlägig sein, wenn man über die differenzierten Renditen nichts weiß bzw. nichts in Erfahrung bringen kann. Für den WACC-Ansatz gilt dasselbe: Er benötigt keine Annahme über die Finanzierungspolitiken.[868]

Die prospektiven Marktwertbilanzen der Tabelle 3-33 ausgedehnt bis auf Periode 7 ff. zeigen die Bewertungen von $E_0\left[\tilde{E}^F_t\right]$ und die der anderen Bewertungselemente auf Basis des Informationsstandes t_0. Die Bilanz ist so definiert, dass auf der Aktivseite (Mittelverwendung)

---

[865] Wird der Rahmen des einfachen Unternehmensteuersystems aus Kapitel 3.2. verlassen, zeigt sich die Kraft des direkten APV-Ansatzes. Vgl. zu Aufspaltungen in Effekte mit unterschiedlicher Nomenklatur für das Halbeinkünfteverfahren etwa Drukarczyk (2001) und Drukarczyk/Lobe (2002a), Husmann/Kruschwitz/Löffler (2002), Dinstuhl (2002).

[866] Vgl. für eine illustrative Darstellung des Zusammenhangs zwischen Ausschüttung nach Einkommensteuern von Equity- und APV-Ansatz mit einem Zahlungsnetzwerk auch den Anhang 3-8. Für das Anrechnungsverfahren vgl. schon Richter (1996a), S. 1088, bzw. Drukarczyk (1997), Kapitel 10.6.5.4., S. 4.

[867] Vgl. Fn. 812.

[868] Gleichwohl können Equity- als auch WACC-Ansatz spezifische Finanzierungspolitiken mehr oder weniger umständlich verarbeiten, wie noch zu zeigen ist.

lediglich der Wert des operativen Geschäfts $E_0\left[\widetilde{V}_t^E\right]$ abgebildet ist, und auf der Passivseite (Mittelherkunft) die Wertverteilung auf die einzelnen Kapitalgebergruppen. Das ist eine übliche buchhalterische Definition, unterscheidet sich aber partiell von Marktwertbilanzdefinitionen aus der Literatur, weil dort Steuervorteile der Fremdfinanzierung Eingang in die Aktivseite finden, um die „Bilanzsumme" mit $E_0\left[\widetilde{V}_t^{F,P}\right]$ zu beschreiben.[869] Die Bilanzsumme beträgt hier $E_0\left[\widetilde{V}_t^E\right]$ und der Unternehmensgesamtwert $E_0\left[\widetilde{V}_t^{F,P}\right]$ stellt eine Zwischensumme dar.

Bei einer Interpretation ist zu beachten, dass die Aufspaltung der Passivseite zwar informativ sein kann, jedoch von der jeweiligen Definition abhängig ist. Der Unternehmensgesamtwert ist insofern relativ zu beurteilen, da die Zwischensumme $E_0\left[\widetilde{V}_t^{F,P}\right]$ auch anders definiert werden kann, aber dennoch zum gleichen Wert von $E_0\left[\widetilde{E}_t^F\right]$ führt.

in 1.000 €	t = 0	1	2	3	4	5	6	7ff
$E_0\left[\widetilde{V}_t^E\right]$	20.463	20.583	21.044	21.559	21.992	22.467	22.844	23.435
$E_0\left[\widetilde{E}_t^F\right]$	9.689	10.148	10.617	11.142	11.704	12.282	12.886	13.518
P_t	7.642	7.702	7.758	7.810	7.858	7.902	7.940	7.973
F_t	5.900	5.429	5.363	5.298	5.095	4.926	4.613	4.529
$E_0\left[\widetilde{V}_t^{F,P}\right]$	23.231	23.279	23.739	24.251	24.657	25.110	25.439	26.021
./. ΔV_t^P	1.585	1.597	1.608	1.618	1.627	1.635	1.643	1.648
./. ΔV_t^F	1.183	1.099	1.086	1.074	1.037	1.007	952	937
$E_0\left[\widetilde{V}_t^E\right]$	20.463	20.583	21.044	21.559	21.992	22.467	22.844	23.435

Tabelle 3-33: Unbedingt erwartete Marktwertbilanzen der Value AG

Die Steuereffekte sind relativ hoch, da mit f = 1 der höchstmögliche Wert aus dem Intervall [0,5;1] gewählt worden ist. Weil für Pensionsrückstellungen immer f = 1 gilt, könnte man bei konservativer Schätzung f insgesamt ungefähr zwischen 0,7 und 0,8 liegend vermuten, wenn beide Fremdkapitalpositionen wertmäßig ungefähr gleich verteilt sind und die Fremdfinanzierung tendenziell als eine gewerbesteuerliche Dauerschuld eingestuft wird.

Ein Vergleich von $E_0\left[\widetilde{E}_{T-1}^F\right]$ (= 13.519)[870] und $E_0\left[E\widetilde{K}_{T-1}\right]$ (= 16.380) zeigt, dass der Endwert nach Formel (2-5), der die nach T = 8 anfallenden Überschüsse repräsentiert, kleiner als der Buchwert ist. D.h. ein „Badwill" ist indiziert. Ist die Differenz positiv, spricht man auch von einem „Goodwill".

Es liegt – wie manchmal lakonisch in der Literatur attribuiert wird – eine Wertvernichtung bzw. genauer eine „buchhalterische Wertvernichtung" vor: Die Equity-Residualgewinne bzw. der

[869] Der Phantasie, die Positionen der Aktiv- bzw. Passivseite noch weiter aufzuspalten bzw. zusammenzufassen, sind keine allzu engen Grenzen gesetzt. Der hier ohne weitere Annahmen nicht durchführbare Investment-Opportunities-Ansatz nähme auf der Aktivseite eine Aufspaltung von V^E in den Wert der Existing Assets und den Wert der Investment Opportunities vor. Vgl. Kapitel 2., sowie Damodaran (2002), S. 269, Myers (1998a), S. 112, und Myers (1998b), S. 126, der im Gegensatz zu der obigen Marktwertbilanz Steuereffekte bei Eigen- und Fremdfinanzierung saldiert ausweist. Denkbar wäre, im Gegensatz zu dem obigen Vorgehen auch den Steuereffekt von V^E unsaldiert auszuweisen. Vgl. zu diesem Vorschlag Fama/French (1998). Ebenso könnten die schon dargelegten Unternehmensteuereffekte und die zwei Einkommensteuereffekte hinsichtlich des verzinslichen Fremdkapitals und der Pensionsrückstellungen gesondert ausgewiesen werden.

[870] Rundungsabweichung.

Spread werden im Zeitablauf als durchgehend negativ erwartet.[871] Bei $E_0^w\left[\tilde{k}_{S,8}^F\right]$ (= 12,94 %) nach (3-75) und dem als ewig konstant erwarteten $E_0\left[R\tilde{G}_8^{Eq}\right]$ (= -370,22),[872] beträgt der Barwert der Residualgewinne für τ = 8:

$$E_0\left[\tilde{V}_{\tau-1}^{RG,Eq}\right]=\sum_{t=\tau}^{n}\frac{E_0\left[R\tilde{G}_t^{Eq}\right]}{\prod_{j=\tau}^{t}\left(1+E_0^w\left[\tilde{k}_{S,j}^F\right]\right)}=-2.861{,}05.$$

Ebenso ließe sich eine Bewertung über ein Rendite-Spread $\left(ROE_{S,T}-E_0^w\left[\tilde{k}_{S,T}^F\right]\right)$ durchführen, indem ein Marktwert/Buchwert-Verhältnis berechnet wird, das bei einem konstanten Spread (10,68 % - 12,94 % = -2,26 %) für τ = 8 zu folgendem Wert führt:[873]

$$\frac{E_0\left[\tilde{E}_{\tau-1}^F\right]}{E_0\left[E\tilde{K}_{\tau-1}\right]}=1+\sum_{t=\tau}^{n}\frac{\left(ROE_{S,t}-E_0^w\left[\tilde{k}_{S,t}^F\right]\right)\cdot\prod_{j=\tau}^{t}\left(1+g_{EK,j}\right)}{\prod_{j=\tau}^{t}\left(1+E_0^w\left[\tilde{k}_{S,j}^F\right]\right)}=0{,}8253.$$

Heißt dies etwa, dass es sich bei der Value AG - entgegen dem Namen der Firma - gar um einen „ökonomischen Wertvernichter" nach der expliziten Phase handelt? Diese Implikation - träfe sie denn zu - wäre dem Vertrauen in das Bewertungsergebnis nicht förderlich, da es ökonomisch nicht plausibel ist, dass (potentielle) Anteilseigner auf unbegrenzte Zeit einem solchen Treiben tatenlos zusehen.

Die Abschreibungskohorten der Aktiva befinden sich ab dem Planungshorizont in einem kollektiven Beharrungszustand.[874] Es wird neben den Ersatzinvestitionen keine Reinvestition in Nettoinvestitionen vorgenommen (b = 0).[875] Der Wert der Investment Opportunities beträgt somit für Projekte *ab T = 8* null. Der relativ hohe Buchwert könnte durch eine liberale Bilanzierung im Gegensatz zu der üblicherweise als konservativ bezeichneten Bilanzierung induziert sein, oder durch erwartete Fehlinvestitionen in der expliziten Phase. Detailliertere Analysen wären nötig, um die Ursachen des hohen Buchwerts näher zu beleuchten.
Festgehalten werden kann aber, dass Nettokapitalwerte der in der Endwert-Phase startenden Projekte in Höhe von null erwartet werden. Ökonomische Wertvernichtung wird nicht erwartet.

---

871 Francis/Olsson/Oswald (2001), S. 7, betonen, dass sie die Annahme negativer Residualgewinne in der Praxis noch nicht gesehen hätten. Sie halten es für wahrscheinlicher, dass der Residualgewinn zumindest null beträgt. Vgl. auch Penman (2004), S. 153, Fn. 3, der einen Abschlag vom Buchwert in T zwar für möglich, aber auch nicht für besonders wahrscheinlich hält.

872 $RG_t^{Eq}=J\ddot{U}_t-S_{I,t}-EK_{t-1}\cdot k_{S,t}^F=J\ddot{U}_t\cdot(1-d_t^{MF}\cdot 0{,}5\cdot s_I)-EK_{t-1}\cdot k_{S,t}^F$

873 Vgl. z.B. Palepu/Bernard/Healey (2000), S. 11-9. Die Formel wird hier erweitert um Einkommensteuern und zeitabhängige erwartete Renditen $E_0^w\left[\tilde{k}_{S,t}^F\right]$. $g_{EK,t}$ ist die Wachstumsrate des Eigenkapitals; $ROE_{S,t}$ ist - für die Literatur eher unüblich - nach Einkommensteuern definiert: $ROE_{S,t}=\frac{J\ddot{U}_t-S_{I,t}}{EK_{t-1}}$.

874 Ein Beharrungszustand hängt generell nicht von der Abschreibungsart ab. Vgl. zur Anwendung dieses Grundgedankens etwa Baan (1999), S. 266-267; vgl. auch Henselmann (2000), S. 153-155; Moser (2002). Der Beginn des Beharrungszustands und des Endwertzeitpunkts müssen nicht immer zusammentreffen. In diesem Fall kann der Abschreibungseffekt aufgrund der Wertadditivität gesondert erfasst werden, ohne den expliziten Zeitraum verlängern zu müssen.

875 Würden Reinvestitionen angenommen, ergäbe sich der gleiche Wert, wenn die Rendite IRR auf Reinvestitionen der geforderten Rendite der Eigentümer entspräche.

Eine auf dem arbitragetheoretischen Gedankengut ruhende Bewertung mittels Equity- bzw. WACC-Ansatz lässt sich nun relativ leicht zeigen.[876] Diese Ansätze sind dann lediglich Ableger, wie Modigliani/Miller (1958) anhand ihres ersten Theorems gezeigt haben, das den Grundgedanken des APV-Ansatzes vorwegnimmt.

3.3.2.2. Equity-Ansatz

Zunächst wird der Equity-Ansatz allgemein für variable Cashflow-Strukturen aufgezeigt und anschließend für den häufig eingesetzten Endwert-Fall der ewigen Rente (mit Wachstum).

Der Equity-Ansatz versucht die den Eigentümern zustehenden Dividenden nach Einkommensteuern in praxisüblicher Anwendung direkt mit Hilfe periodenkonstanter Diskontierungssätze zu dem Marktwert des Eigenkapitals zu verdichten. Es wird sich aber zeigen, dass die gewichteten unbedingt erwarteten Renditen i.d.R. zeitvariabel sind. Bewertungsrelevant ist wie im ersten Schritt des APV-Ansatzes nun nicht $D_t(1-s_{IE})$, sondern $D_t^{MF}(1-s_{IE})$. Die dazu passende Rendite $E_0^w[\tilde{k}_{S,t}^F]$ lässt sich nun analog so definieren:[877]

$$(3-75)\; E_0^w\left[\tilde{k}_{S,t}^F\right] = k_S + \left(k_S - i(1-s_{IF})\right) \cdot \frac{\left(F_{t-1} + P_{t-1}\right) - \left(\Delta V_{t-1}^F + \Delta V_{t-1}^P\right)}{E_0\left[\tilde{E}_{t-1}^F\right]}$$

Diese ist i.d.R. nicht nur zeit-, sondern auch zustandsabhängig. Daher wird auch eine Tilde verwendet bei der Notation. Die gewichtete unbedingt erwartete Rendite selbst ist freilich nicht mehr zustandsabhängig. Sie setzt sich zusammen aus der Rendite für das operative Geschäft, die auf dem risikolosen Zinssatz nach Einkommensteuern und einer Risikoprämie für das operative Geschäft basiert, und der Prämie für das Finanzierungsrisiko. Dieses wird beeinflusst von dem Verschuldungsgrad gemessen in Marktwerten und den Steuereffekten. Steuervorteile dämpfen und -nachteile erhöhen das Finanzierungsrisiko.

Die folgende - einer Schlankheitskur unterzogene - Definition von $E_0^w[\tilde{k}_{S,t}^F]$ erinnert unmittelbar an die Arbitrage-Idee, da sie von den belastungsäquivalenten Beträgen privat gehaltener/verkaufter Schuldtitel ausgeht.

$$(3-76)\; E_0^w\left[\tilde{k}_{S,t}^F\right] = k_S + \left(k_S - i(1-s_{IF})\right) \cdot \frac{F_{t-1}^{Pr}}{E_0\left[\tilde{E}_{t-1}^F\right]}$$

Das Fremdkapital auf privater Ebene entwickelt sich nun zusammengefasst für Fremdkapital und Pensionsrückstellungen wie folgt:

	t = 0	1	2	3	4	5	6	7	8ff
(1) F_t^{Pr} aufgrund von Fremdfinanzierung	6.057,2	6.105,1	6.150,2	6.192,3	6.231,1	6.266,3	6.297,4	6.324,4	6.324,4
(2) F_t^{Pr} aufgrund von Pensionsrückstellung	4.717,4	4.330,2	4.277,2	4.224,5	4.057,8	3.919,5	3.661,6	3.592,5	3.592,5
(3) = (1) + (2)	10.774,6	10.435,3	10.427,4	10.416,8	10.288,9	10.185,8	9.959,0	9.916,9	9.916,9

Tabelle 3-34: Arbitrageäquivalente Volumina an privatem Fremdkapital insgesamt

[876] Rashid/Amoako-Adu (1995), S. 1060, meinen hierzu: „explicit form solutions of the required rates of return and the cost of capital are not manageable." Diese Einschätzung erscheint etwas überzogen, wie die nachfolgenden Abschnitte zeigen werden.

[877] Vgl. etwa Inselbag/Kaufold (1997); Drukarczyk/Honold (1999); Schüler (1999), S. 25 f.

Mit den i.d.R. zeitvariablen, gewichteten unbedingt erwarteten Renditen $E_0^w\left[\tilde{k}_{S,t}^F\right]$ lässt sich das arbitragegestützte Bewertungsergebnis replizieren.

Das Nachrechnen ist etwas mühseliger, da die Renditen $E_0^w\left[\tilde{k}_{S,t}^F\right]$ im Gegensatz zu den in dem Beispiel verwendeten Renditen des APV-Ansatzes - k_S und $i(1-s_{IF})$ - im Zeitablauf variieren und ohne einen entsprechenden Rechenalgorithmus erst noch zu ermitteln sind, z.B. durch einen retrograden Kalkül.[878] Die Werte des Eigenkapitals ergeben sich nach folgender Formel:

$$(3-77)\; E_0\left[\tilde{E}_{\tau-1}^F\right] = \sum_{t=\tau}^{n} \frac{E_0\left[\tilde{D}_t^{MF}(1-s_{IE})\right]}{\prod_{j=\tau}^{t}\left(1+E_0^w\left[\tilde{k}_{S,j}^F\right]\right)}$$

Die entsprechenden Renditezahlen für die Value AG werden in 3.3.2.4. noch präsentiert.

Im ewigen Rentenfall mit Wachstum ergibt sich bei einem differenzierten Steuersystem mit $s^* = 1 - \frac{(1-s_{IE})\cdot(i(1-s^0)-g)}{i(1-s_{IF})-g}$ nun analog, wenn lediglich die Steuereffekte aus Fremdkapital explizit betrachtet werden:[879]

$$(3\text{-}78)\quad E_0^w\left[\tilde{k}_S^F\right] = k_S + (k_S - i(1-s_{IF}))\cdot(1-s^*)\cdot\frac{F}{E_0\left[\tilde{E}^F\right]}$$

(3-78) macht deutlich, dass eine ad hoc-Anpassung der Formel (3-2) des einfachen Steuersystems etwa über $E_0^w\left[\tilde{k}^F\right]\cdot(1-s_{IE}) = E_0^w\left[\tilde{k}_S^F\right]$ fehlschlagen muss. Diese Beobachtung gilt ebenso schon für (3-75) bzw. (3-76), ist jedoch dort nur etwas verdeckter. Eine Verwendung dieser Rendite in Zusammenhang mit der Dividende an die Eigentümer führt also zu einer nicht arbitragegewinnfreien Bewertung und ist damit nicht vereinbar mit den Theoremen von Modigliani/Miller.[880]

Im Halbeinkünfteverfahren nach Kanal 1:

$$E_0^w\left[\tilde{k}_S^F\right] = k_S + (k_S - i(1-s_I))\cdot\left(1 - \frac{i\left[s^0(1-0{,}5s_I) - 0{,}5s_I\right] - 0{,}5s_I\cdot g}{i(1-s_I)-g}\right)\frac{F}{E_0\left[\tilde{E}^F\right]}$$

Die Werte des Eigenkapitals betragen dann:

$$(3-79)\; E_0\left[\tilde{E}_{t-1}^F\right] = \frac{E_0\left[\tilde{D}_t^{MF}\right](1-s_{IE})}{E_0^w\left[\tilde{k}_S^F\right]-g}$$

---

[878] Dem Leser wird in diesem Fall ein Nachrechnen anhand der APV-gestützten Marktwertbilanzen etwas einfacher fallen.

[879] Vgl. auch Rashid/Amoako-Adu (1995), S. 1052. Wie auch schon in 3.2. untersucht, ist bei autonomer Politik $E_0^w\left[\tilde{k}_S^F\right]$ abhängig von g. In dem Wirtschaftsprüfer-Handbuch (2002), S. 121 und S. 124-125, findet dieser Umstand keine Berücksichtigung. Für die Bewertung einer ewigen Rente *mit* Wachstum wird die gleiche Rendite $E_0^w\left[\tilde{k}_S^F\right]$ herangezogen, die auch schon bei der Bewertung einer ewigen Rente *ohne* Wachstum Anwendung fand.

[880] Dieser Zusammenhang wird etwa angenommen in Hachmeister (1996a), S. 254; Moser (1999), S. 121; Auge-Dickhut/Moser/Widmann (2000); Weber (2000); Kohl/Schulte (2000); Schmidbauer (2002); Wirtschaftsprüfer-Handbuch (2002). Dieser Zusammenhang gilt auch nicht bei einer wertabhängigen oder inkrementell wertabhängigen Finanzierungspolitik. Vgl. auch die Fn. 923 und 950.

Im Fall der ewigen Rente (g = 0 %) ergibt sich ausgehend von (3-78) allgemein sowie für den Spezialfall des Miller-Gleichgewichts folgender Zusammenhang:[881]

$$E_0^w\left[\tilde{k}_S^F\right] = k_S + \left[k_S(1-s) - i\left(1-s^0\right)\left(1-s_{IE}\right)\right]\frac{F}{E_0\left[\tilde{E}^F\right]}$$

Für den Equity-Ansatz erwartet man im Miller-Gleichgewicht, dass Steuern das Finanzierungsrisiko nicht dämpfen. Die obige Definition von $E_0^w\left[\tilde{k}_S^F\right]$ scheint diese Vermutung nicht zu bestätigen. Da jedoch im Miller-Gleichgewicht $i = \frac{i_0}{\left(1-s^0\right)\left(1-s_{IE}\right)}$ gilt, ergibt sich wieder die von Modigliani/Miller (1958) publizierte Formulierung. Bei i_0 handelt es sich jetzt aber um den Zinssatz einer steuerbefreiten, sicheren Kapitalanlage, der jedoch nicht mit dem Zinssatz für Fremdkapital verwechselt werden darf.

$$E_0^w\left[\tilde{k}_S^F\right] = k_S + \left(k_S - i_0\right)\frac{F}{E_0\left[\tilde{E}^F\right]}$$

Der Equity-Ansatz wird in der Literatur z.T. etwas harsch abgelehnt. Die nachfolgenden Überlegungen versuchen diese Sichtweise ein wenig zu relativieren.
Ermittelt werden muss, – wie beim APV-Ansatz auch – das zu Arbitragezwecken benötigte Fremdkapital auf privater Ebene. Hat man diesen Schritt sauber durchgeführt, steht einer korrekten Bewertung nichts mehr entgegen. *Der Vorteil* dieses Vorgehens ist in der Tat, dass man auf Basis der für den Unternehmenswert letztlich bestimmenden Zielgröße, den Netto-Ausschüttungen, *direkt* zum gewünschten Ergebnis gelangt. *Ein Nachteil* könnte sein, dass das Ergebnis – Wert des Eigenkapitals – lediglich in verdichteter Form vorliegt. Möchte man mehr Informationen darüber erhalten, wie man sich den Wert zusammengesetzt vorstellen könnte, führt an einer Disaggregation kein Weg vorbei.[882] Der APV-Ansatz hat diesen Nachteil nicht; er vollzieht in der hier vorgestellten Weise die Bewertung in Komponenten. Wie fein die Komponenten aufgegliedert sind, liegt in der Hand des Kalkülerstellers und ist abhängig von der Problemstellung.

Der Equity-Ansatz ermittelt die mischfinanzierten Dividenden und benötigt wie der APV-Ansatz auch k_S, i und F^{Pr}. Bei dem Equity-Ansatz werden die Dividenden mit einer genau auf diesen Parametern basierenden Rendite diskontiert. Für die Ermittlung der Renditen werden die unbedingt erwarteten Werte des Eigenkapitals im Zeitablauf benötigt. Mit einem retrograden Vorgehen kann dies geleistet werden. Insofern hat der Equity-Ansatz *auch* einen informativen Aspekt, da er betont, wie die aus heutiger Sicht unbedingt erwarteten Werte im Zeitablauf vermutet werden. Der APV-Ansatz hat diese Zwischenschritte nicht nötig und liefert deshalb diese Information nicht. Freilich kann er diese aber auch bereitstellen.
Die Beziehung zwischen APV- und Equity-Ansatz ist – wie die Arbitragebeweise zeigen – aufgrund der Wertadditivität sehr eng. Mit welchem Ansatz ein Bewertungsproblem angegangen wird, ist theoretisch nicht von Bedeutung. Beide Ansätze spiegeln die Seiten ein und derselben Medaille.

---

881 Wird bei Booth (1980), S. 92, sein Faktor γ, der die Insolvenzkosten abbilden soll, gleich null gesetzt, ist seine Formel [13] nicht identisch, weil in der eckigen Klammer der Term ($1-s_{IE}$) nicht auftaucht. Dies ist auch bei Benninga/Sarig (1997), S. 240, vorzufinden, wenn deren Gleichung ein wenig umgestellt wird, sowie S. 261. Benninga/Sarig (1997) definieren eigenfinanzierte Cashflows *vor* Einkommensteuern, die Steuereffekte der Fremdfinanzierung jedoch *nach* Einkommensteuern.

882 Dass diese Informationsleistung relativ (vor dem Hintergrund eines Bezugspunktes) zu beurteilen ist, wurde schon erläutert.

Im Folgenden wird der WACC-Ansatz allgemein für variable Cashflow-Strukturen aufgezeigt und für den häufig eingesetzten Endwert-Fall der ewigen Rente (mit Wachstum). Zudem werden alternative z.T. aus der Literatur stammende WACC-Definition beschrieben und analysiert.

3.3.2.3. WACC-Ansatz

Der WACC-Ansatz eröffnet ein weites Spektrum an Definitionsmöglichkeiten. Das liegt zum einen an der Tatsache, dass für den WACC-Ansatz im Gegensatz zu Equity- und APV-Ansatz der Umweg einer Unternehmensgesamtwert-Berechnung beschritten werden muss.[883] Allein von dem Parameter F^{Pr} kann deshalb, wie im APV- letztlich und im Equity-Ansatz offenkundig, der WACC-Ansatz nicht abhängig gemacht werden. Der Unternehmensgesamtwert kann, wie schon die Ausführungen zur Integration von Pensionsrückstellungen gezeigt haben, im Gegensatz zum Wert des Eigenkapitals unterschiedlich definiert werden. Eine relative Planungsdoktrin, die Fremdkapitalpositionen in Beziehung zum Unternehmensgesamtwert setzt, ist insofern auch davon abhängig, wie beide Parameter definiert worden sind.
Zum anderen sind die Cashflow- bzw. die Rendite-Definitionen des WACC-Ansatzes a priori nicht eindeutig festgelegt und damit auslegbar. Im Equity-Ansatz kann der Cashflow eindeutig definiert werden als die dem Eigentümer zufließende Dividende. Der APV-Ansatz baut auf dem gleichen Überschuss auf. In seiner direkten Form seziert er diesen nur grob, in seiner üblichen Form seziert er noch feiner in Effekte. Die definitorische Bestimmtheit des Equity- und APV-Ansatzes trifft auf den WACC-Ansatz in dieser Weise also nicht zu.
Wie die Literatur zeigt, können eine Vielzahl von WACC-Definitionen aufgestellt werden. Dies macht es mühsam, den Überblick zu behalten, zeigt aber, dass der WACC-Ansatz kein Monolith ist.

Der WACC-Ansatz, der den Cashflow des operativen Geschäfts $D_t(1-s_{IE})$ auf Basis von Renditen bewertet, die steuerliche Effekte beinhalten, strebt den Unternehmensgesamtwert, den der übliche APV-Ansatz häppchenweise aufzubereiten vermag, in einem Schritt zu ermitteln. Zum einen kann die gewichtete unbedingt erwartete Rendite $E_0^w\left[W\widetilde{A}CC_t\right]$ in Abhängigkeit von $E_0^w\left[\widetilde{k}_{S,t}^F\right]$ definiert werden als

$$(3-80)\ E_0^w\left[W\widetilde{A}CC_t\right]=E_0^w\left[\widetilde{k}_{S,t}^F\right]\cdot\frac{E_0\left[\widetilde{E}_{t-1}^F\right]}{E_0\left[\widetilde{V}_{t-1}^{F,P}\right]}+i(1-s_{IF})\cdot\frac{(F_{t-1}+P_{t-1})}{E_0\left[\widetilde{V}_{t-1}^{F,P}\right]}-\frac{\Delta S_t^{F,P}}{E_0\left[\widetilde{V}_{t-1}^{F,P}\right]}$$

oder äquivalent in Abhängigkeit von k_S:

$$\begin{aligned}(3-81)\ E_0^w\left[W\widetilde{A}CC_t\right]&=k_S\left(1-\frac{\Delta V_{t-1}^F+\Delta V_{t-1}^P}{E_0\left[\widetilde{V}_{t-1}^{F,P}\right]}\right)-\frac{\left(\Delta V_{t-1}^F+\Delta V_{t-1}^P\right)-\left(\Delta V_t^F+\Delta V_t^P\right)}{E_0\left[\widetilde{V}_{t-1}^{F,P}\right]}=\\&=k_S\left(1-\frac{\Delta V_{t-1}^{F,P}}{E_0\left[\widetilde{V}_{t-1}^{F,P}\right]}\right)-\frac{\Delta V_{t-1}^{F,P}-\Delta V_t^{F,P}}{E_0\left[\widetilde{V}_{t-1}^{F,P}\right]}=\\&=k_S-\frac{\Delta V_{t-1}^{F,P}\left(1+k_S\right)-\Delta V_t^{F,P}}{E_0\left[\widetilde{V}_{t-1}^{F,P}\right]}\end{aligned}$$

---

883 Freilich ermittelt der APV-Ansatz auch üblicherweise zunächst den Unternehmensgesamtwert und dann erst wird der Wert des Eigenkapitals ermittelt. Das ist aber lediglich eine formal-technische Definition. Die Schritte können aufgrund von Wertadditivität ohne weiteres zusammengefasst werden, was bei dem WACC-Ansatz schlicht nicht möglich ist, weil sein konstituierender Charakter sonst verloren ging.

Für die Anwendung von (3-80) sind die aggregierten, periodischen Tax Shields $\Delta S_t^{F,P}$ der Value AG nützlich. Es handelt sich hierbei wieder um die symmetrisch definierten Steuereffekte.

	t = 1	2	3	4	5	6	7	8ff
$\Delta S_t^{F,P}$	198,3	124,2	124,8	149,8	143,2	168,4	126,8	117,6

Tabelle 3-35: Tax Shields des Fremdkapitals

$$(3-82)\ E_0\left[\widetilde{V}_{\tau-1}^{F,P}\right] = \sum_{t=\tau}^{n} \frac{E_0\left[\widetilde{D}_t(1-s_{IE})\right]}{\prod_{j=\tau}^{t}\left(1+E_0^w\left[W\widetilde{A}CC_j\right]\right)}$$

Von $E_0\left[\widetilde{V}_t^{F,P}\right]$ wird – wie vom APV-Ansatz bekannt – noch F_t und P_t abgezogen, um $E_0\left[\widetilde{E}_t^F\right]$ zu ermitteln.[884] Die Formel (3-80) kann im Halbeinkünfteverfahren ausformuliert werden zu:

$$E_0^w\left[W\widetilde{A}CC_t\right] = E_0^w\left[\widetilde{k}_{S,t}^F\right]\cdot\frac{E_0\left[\widetilde{E}_{t-1}^F\right]}{E_0\left[\widetilde{V}_{t-1}^{F,P}\right]} + i(1-0{,}5s_I)(1-s^0)\cdot\frac{F_{t-1}}{E_0\left[\widetilde{V}_{t-1}^F\right]} + 0{,}5s_I\cdot\frac{F_t - F_{t-1}}{E_0\left[\widetilde{V}_{t-1}^{F,P}\right]} +$$
$$+\frac{i(1-s_I)\cdot P_{t-1} - ZPR_t\left[s^0(1-0{,}5s_I)-0{,}5s_I\right] + 0{,}5s_I\cdot(PR_t - PR_{t-1})}{E_0\left[\widetilde{V}_{t-1}^{F,P}\right]}$$

Wird nur zinspflichtiges Fremdkapital betrachtet, kann vereinfacht werden zu:[885]

$$E_0^w\left[W\widetilde{A}CC_t\right] = E_0^w\left[\widetilde{k}_{S,t}^F\right]\cdot\frac{E_0\left[\widetilde{E}_{t-1}^F\right]}{E_0\left[\widetilde{V}_{t-1}^F\right]} + i(1-s_{IE})(1-s^0)\cdot\frac{F_{t-1}}{E_0\left[\widetilde{V}_{t-1}^F\right]} + s_{IE}\cdot\frac{F_t - F_{t-1}}{E_0\left[\widetilde{V}_{t-1}^F\right]}$$

Die ewige Rente mit Wachstum (bei expliziter Beschränkung auf Fremdkapital) ist dann definiert als:

$$(3-83)\ E_0\left[\widetilde{V}_{t-1}^F\right] = \frac{E_0\left[\widetilde{D}_t\right](1-s_{IE})}{E_0^w\left[W\widetilde{A}CC\right]-g}$$

Bei einem differenzierten Steuersystem kann mit $s^* = 1 - \frac{(1-s_{IE})\cdot\left(i(1-s^0)-g\right)}{i(1-s_{IF})-g}$ folgende Definition abgeleitet werden:

$$(3\text{-}84)\ E_0^w\left[W\widetilde{A}CC\right] = k_S - (k_S - g)\cdot s^*\cdot\frac{F}{E_0\left[\widetilde{V}^F\right]}$$

Im Halbeinkünfteverfahren ergibt sich dann:

$$E_0^w\left[W\widetilde{A}CC\right] = k_S\left[1+\left(\frac{g}{k_S}-1\right)\left(\frac{i\left[s^0(1-0{,}5s_I)-0{,}5s_I\right]-0{,}5s_I\cdot g}{i(1-s_I)-g}\cdot\frac{F}{E_0\left[\widetilde{V}^F\right]}\right)\right]$$

Eine WACC-Formel kann Textbuch-Formel genannt werden, wenn es sich um durchschnittlich gewogene Kapitalkosten (Renditen) handelt. Diese sehen hier so aus:

---

[884] Vgl. die Marktwertbilanzen in Abschnitt 3.3.2.1.

[885] Vgl. auch die Formeln [35] i.V.m. [36] Dinstuhl (2002), S. 88.

$$(3\text{-}85)\quad E_0^w\left[W\tilde{A}CC_t\right] = E_0^w\left[\tilde{k}_{S,t}^F\right]\cdot\frac{E_0\left[\tilde{E}_{t-1}^F\right]}{E_0\left[\tilde{V}_{t-1}^F\right]} + i(1-s_{IE})(1-s^0)\cdot\frac{F_{t-1}}{E_0\left[\tilde{V}_{t-1}^F\right]}$$

Die Textbuch-Formel (3-85) gilt in Verbindung mit dem assoziierten Cashflow für (3-83) nicht bei $g \neq 0$, da folgender Zusammenhang besteht: (3-84) = (3-85) + $s_{IE}\, g\, \frac{F}{E_0\left[\tilde{V}^F\right]}$.

Im Fall der ewigen Rente mit g = 0 hält die Textbuch-Formel (3-85) allgemein als auch im Spezialfall des Miller-Gleichgewichts.[886]

Nun könnte ausgehend von (3-84) auch so definiert werden, wobei $s = 1 - \frac{(1-s^0)\cdot(1-s_{IE})}{1-s_{IF}}$:[887]

$$E_0^w\left[W\tilde{A}CC\right] = k_S\left(1 - s\frac{F}{E_0\left[\tilde{V}^F\right]}\right)$$

Im Miller-Gleichgewicht ergibt sich dann:[888]

$$WACC = k_S$$

Dass WACC im Miller-Gleichgewicht k_S gleicht, dürfte nicht überraschend sein. ΔV^F hat einen Wert von null. Damit liegt ein Bewertungsresultat vor, das Modigliani/Miller schon 1958 - gleichwohl durch eine ganz andere Begründung - hervorgebracht hatten:
Die durchschnittlichen Kapitalkosten sind unabhängig von der Fremdkapitalquote.

Es wurde in Abschnitt 3.2.1.1. innerhalb des einfachen Steuersystems schon gezeigt, dass neben den üblichen DCF-Formeln auch noch weitere existieren können. Nun werden alternative WACC-Definitionen mit überwiegend unterschiedlich definierten Cashflows gezeigt. Einige z.T. aus der Literatur stammende Definitionen werden präsentiert, um zu demonstrieren, dass diese im Vergleich zu der obigen Definition bei *konsistenter Definition* zu einem äquivalenten Wert führen. Um die Darstellung zu fokussieren, wird bei den WACC-Definitionen A-E nur Fremdkapital explizit berücksichtigt. Da es sich bei den folgenden WACC-Definitionen um Textbuch-Formel-Variationen handelt, ist die Art der Finanzierungspolitik implizit über die geforderte Rendite der Eigentümer berücksichtigt.

- Definition A: Übliche Cashflow-Definition und Textbuch-WACC

Die WACC-Definition nach A ist mit (3-80) äquivalent. Die ursprüngliche Cashflow-Definition bleibt erhalten, abgesehen von der Konzentration auf verzinsliches Fremdkapital:

$$D_t(1-s_{IE}) - \Delta D_{t,S}^P$$

---

[886] Vgl. auch Riener (1985), S. 234-235.

[887] Vgl. auch Harris/Pringle (1983), S. 21, bzw. Martin (1987), S. 61-62. Wird jedoch bei Booth (1980), S. 91, sein Faktor γ, der die Insolvenzkosten abbilden soll, gleich null gesetzt, ist seine Formel [11] nicht mehr definiert.

[888] Vgl. auch Chambers/Harris/Pringle (1982), S. 30; Harris/Pringle (1983), S. 21; Riener (1985), S. 233. Dass die Textbuch-Formel hält, kann leicht nachgeprüft werden, indem $E_0^w\left[\tilde{k}_S^F\right] = k_S + (k_S - i_0)\frac{F}{E_0\left[\tilde{E}^F\right]}$ eingesetzt wird. Vgl. auch die grundlegende MM-Proposition in Formel (III).

Da auf den Textbuch-WACC abgezielt wird, ist die Erscheinungsform des WACC aber geändert. Um die WACC-Definition (3-80) mit (3-80a) äquivalent zu machen, wird der Parameter $s^{*}_{IA,t} = 1 - \frac{i(1-s_{IE})(1-s^{0}) \cdot F_{t-1} + s_{IE} \cdot (F_t - F_{t-1})}{i(1-s^{0}) \cdot F_{t-1}}$ eingeführt.

$$(3\text{-}80a)\quad E_0^w\left[W\tilde{A}CC_t\right] = E_0^w\left[\tilde{k}^F_{S,t}\right] \cdot \frac{E_0\left[\tilde{E}^F_{t-1}\right]}{E_0\left[\tilde{V}^F_{t-1}\right]} + i\left(1 - s^{*}_{IA,t}\right)\left(1-s^{0}\right) \cdot \frac{F_{t-1}}{E_0\left[\tilde{V}^F_{t-1}\right]}$$

- Definition B: Textbuch-WACC mit Einkommensteuer

Wird der dritte Term von (3-80) in den Cashflow (Zähler) der Bewertungsformel von (3-82) geschoben, dann erhält man die Textbuch-Formel (3-85).[889]

$$(3\text{-}85)\quad E_0^w\left[W\tilde{A}CC_t\right] = E_0^w\left[\tilde{k}^F_{S,t}\right] \cdot \frac{E_0\left[\tilde{E}^F_{t-1}\right]}{E_0\left[\tilde{V}^F_{t-1}\right]} + i\left(1 - s_{IE}\right)\left(1-s^{0}\right) \cdot \frac{F_{t-1}}{E_0\left[\tilde{V}^F_{t-1}\right]}$$

Der entsprechende Cashflow ist dann so definiert:[890]

$$D_t\left(1-s_{IE}\right) - \Delta D^P_{t,S} - s_{IE} \cdot \left(F_t - F_{t-1}\right)$$

- Definition C: Textbuch-WACC ohne Einkommensteuer

Bei Definition C wird die klassische Textbuch-Formel ohne Einkommensteuern eingesetzt:[891]

---

889 Im Anrechnungsverfahren wird Definition B eingesetzt von Hachmeister (1996a), S. 254; kritisch dazu Richter (1996b), entgegnend Hachmeister (1996b). Ebenfalls die Definition B verwenden Grob/Langenkämper/Wieding (1999); Moser (1999), S. 121; Drukarczyk/Schüler (2003b), S. 342.

Für das Halbeinkünfteverfahren wird in diesem Zusammenhang bei Auge-Dickhut/Moser/Widmann (2000), S. 368, Weber (2000), S. 467, Kohl/Schulte (2000), S. 1157, Schmidbauer (2002), S. 214, und dem Wirtschaftsprüfer-Handbuch (2002), S. 112 und S. 121, von reinen Dauerschulden ausgegangen. Kohl/Schulte (2000) indizieren die Verschuldungsgrade mit t, rechnen aber mit t-1. Auge-Dickhut/Moser/Widmann (2000) und Schmidbauer (2002) indizieren nicht.

Welche Finanzierungspolitik intendiert ist, wird in den Beiträgen von Auge-Dickhut/Moser/Widmann (2000) und Schmidbauer (2002) nicht offengelegt. Kohl/Schulte (2000), S. 1155, verwenden implizit eine inkrementell wertabhängige Politik. Vgl. dazu 3.3.8.2. In dem Wirtschaftsprüfer-Handbuch (2002), S. 123, wird durch die Gegenrechnung mit dem APV-Ansatz eine autonome Politik offenbart. Dinstuhl (2002), S. 87, wendet auch Definition B an und geht von f = 0,5 aus.

890 Vgl. auch Kohl/Schulte (2000), S. 1160. Für den Fall $\left[\left(I_t - Ab_t\right) - \left(F_t - F_{t-1}\right) = 0\right]$ lässt sich die Cashflow-Definition umstellen:

$$\left[\left(UE_t - BA_t - Ab_t\right)\left(1-s_{GE}\right)\left(1-s_K\right) - \left(I_t - Ab_t\right)\right]\left(1-s_{IE}\right) - \Delta D^P_{t,S} - s_{IE} \cdot \left(F_t - F_{t-1}\right) =$$

$$\left(UE_t - BA_t - Ab_t\right)\left(1-s_{GE}\right)\left(1-s_K\right)\left(1-s_{IE}\right) - \Delta D^P_{t,S} - \left(I_t - Ab_t\right)$$

Vgl. zu einer Definition ohne Pensionsrückstellungen Kohl/Schulte (2000), S. 1157, die den Fall der Vollausschüttung beschreibt.

891 Die von Rashid/Amoako-Adu (1995), S. 1052-1053, vorgestellte WACC-Formel wird durch diese Textbuch-Formel in Verbindung mit $E_0^w\left[\tilde{k}^F_S\right]$ nach (3-78) abgeleitet für den Fall der ewigen Rente. Rashid/Amoako-Adu (1995) zeigen jedoch nicht die passende Cashflow-Definition auf, so dass deren WACC-Ansatz ein wenig „einsam" erscheint. Weber (2000), S. 469, zeigt im Anrechnungsverfahren einen solchen Zusammenhang zwischen WACC und Cashflow-Definition auf. Die Beziehung von Weber (2000) wird für das Halbeinkünfteverfahren von Kohl/Schulte (2000) und Schmidbauer (2002) übernommen.

$$E_0^w\left[W\widetilde{A}CC_t\right]=E_0^w\left[\widetilde{k}_{S,t}^F\right]\cdot\frac{E_0\left[\widetilde{E}_{t-1}^F\right]}{E_0\left[\widetilde{V}_{t-1}^F\right]}+i\left(1-s^0\right)\cdot\frac{F_{t-1}}{E_0\left[\widetilde{V}_{t-1}^F\right]}$$

Der entsprechende Cashflow ist dann so definiert:

$$D_t\left(1-s_{IE}\right)-\Delta D_{t,S}^P-s_{IE}\cdot\left(F_t-F_{t-1}\right)+is_{IE}(1-s^0)F_{t-1}$$

- Definition D: Cashflow-Definition vor Einkommensteuern

Bei D ist der Ausgangspunkt eine Cashflow-Definition vor Einkommensteuern:

$$\frac{D_t(1-s_{IE})-\Delta D_{t,S}^P}{(1-s_{IE})}=D_t-\Delta D_t^P$$

Diese Cashflow-Definition ist insofern von Interesse, weil Einkommensteuern in der Praxis oft ausgeblendet werden. Wird der WACC dann konsistent definiert, können die Wirkungen von Einkommensteuern aber dennoch berücksichtigt werden:[892]

$$E_0^w\left[W\widetilde{A}CC_t\right]=E_0^w\left[\widetilde{k}_{S,t}^F\right]\cdot\frac{E_0\left[\widetilde{E}_{t-1}^F\right]}{E_0\left[\widetilde{V}_{t-1}^F\right]}+i(1-s_{IE})\left(1-s^0\right)\cdot\frac{F_{t-1}}{E_0\left[\widetilde{V}_{t-1}^F\right]}+s_{IE}\cdot\frac{F_t-F_{t-1}+E_0\left[\widetilde{D}_t\right]-\Delta D_t^P}{E_0\left[\widetilde{V}_{t-1}^F\right]}$$

- Definition E: Textbuch-WACC nach Weber (2000)

Eine alternative WACC-Textbuch-Formel nach Weber (2000) ist äußerlich zwar sehr ähnlich, aber nicht identisch mit den Definitionen nach A und B:[893]

$$E_0^w\left[W\widetilde{A}CC_t\right]=E_0^w\left[\widetilde{k}_{S,t}^F\right]\cdot\frac{E_0\left[\widetilde{E}_{t-1}^F\right]}{E_0\left[\widetilde{V}_{t-1}^F\right]}+i\left(1-E_0^w\left[\widetilde{s}_{IE,t}^*\right]\right)\left(1-s^0\right)\cdot\frac{F_{t-1}}{E_0\left[\widetilde{V}_{t-1}^F\right]}$$

$$\text{mit } E_0^w\left[\widetilde{s}_{IE,t}^*\right]=s_{IE}\cdot\frac{E_0\left[\widetilde{D}_t^{MF}\right]}{E_0\left[J\widetilde{\ddot{U}}_t\right]}$$

Der entsprechende Cashflow ist dann so definiert:

$$(UE_t-BA_t-Ab_t-ZPR_t)(1-s_{GE})(1-s_K)\left(1-s_{IE,t}^*\right)-[I_t+R_t-Ab_t-ZPR_t]$$

- Definition F: Capital Cashflow-Ansatz

In den meist aus dem englischsprachigen Raum stammenden Literaturbeiträgen bleiben komplexere Finanzierungsstrukturen und Steuerregime regelmäßig bei der Diskussion dieses Ansatzes ausgeblendet.

Dies wird wohl zum einen damit zu erklären sein, dass z.B. in den USA der Berücksichtigung der Einkommensteuer nicht der Stellenwert bei Unternehmensbewertungen wie in Deutschland zugemessen wird. Zum anderen ist die Ausgestaltung der betrieblichen Altersversorgung in den USA nicht mit der in Deutschland zu vergleichen, bei der Pensionsrückstellungen eine

---

892 Es soll nicht suggeriert werden, dass dieser Vorgehensweise in der Praxis gefolgt wird. Wenn keine persönlichen Steuern im Zähler der Barwertformel berücksichtigt werden, dann finden diese im Regelfall auch nicht explizit Eingang im Nenner. Definition D zeigt aber, wie das Vorgehen geheilt werden könnte, wenn ein Auftraggeber Einkommensteuern z.B. nicht im Cashflow berücksichtigt sehen will. Vgl. zu einer Definition, die bei s_I = 0 % Unternehmensteuern aus der Cashflow-Definition ausklammert, Nantell/Carlson (1975), S. 1348.

893 Im Anrechnungsverfahren vgl. Weber (2000). Im Halbeinkünfteverfahren vgl. Kohl/Schulte (2000), Schmidbauer (2002).

bedeutende Rolle spielen. Eine geläufige Interpretationsvariante dieses Ansatzes sieht vor, den Cashflow aller am Kapital des Unternehmens Anspruchsberechtigten (Capital Cashflow-Ansatz) mit einer geeigneten Rendite zu diskontieren, um einen Unternehmensgesamtwert zu erhalten.[894]

Werden z.B. nur Eigen- und Fremdkapitalgeber betrachtet, setzt sich der Cashflow zusammen aus der Dividende an die Eigentümer bei Mischfinanzierung nach Einkommensteuern und dem Cashflow an die Fremdkapitalgeber nach Einkommensteuern, allgemein bestehend aus Zinsen und Fremdkapitaländerungsbeträgen. Diese Interpretationsvariante vor Augen könnte man unter Einschluss von Pensionsrückstellungen auf die Idee kommen, zu dem eben skizzierten Cashflow noch die Rentenzahlungen an die Pensionsberechtigten (nach deren Einkommensteuer) mit einzubeziehen.[895] Der Capital Cashflow beträgt dann, wenn vereinfachend unterstellt wird, dass s_{IF} für alle beteiligten Gläubiger gleich ist:

$$D_t^{MF}(1-s_{IE})+i(1-s_{IF})F_{t-1}-(F_t-F_{t-1})+R_t(1-s_{IF})$$

Die hierzu konsistente Rendite $E_0^w\left[D\tilde{U}K_t\right]$ ist definiert als:

$$E_0^w\left[D\tilde{U}K_t\right]=E_0\left[\tilde{k}_{S,t}^F\right]\cdot\frac{E_0\left[\tilde{E}_{t-1}^F\right]}{E_0\left[\tilde{V}_{t-1}^{F,P}\right]}+i(1-s_{IF})\cdot\frac{(F_{t-1}+P_{t-1})}{E_0\left[\tilde{V}_{t-1}^{F,P}\right]}+s_{IF}\frac{P_t-P_{t-1}}{E_0\left[\tilde{V}_{t-1}^{F,P}\right]}$$

- Definition G: Total Cashflow-Ansatz mit Textbuch-DUK

Die Formel für DUK kann analog zur Textbuch-WACC-Formel (3-85) bzw. zur Formel (3-80) bestimmt werden, bei der dann lediglich der dritte Term herausgenommen wird, da ein etwaiger Steuervorteil nun im Zähler und nicht mehr im Nenner verpackt ist. Dies hat zur Folge, dass die „Textbuch-Formel" auch unter Berücksichtigung von Einkommensteuern uneingeschränkt gilt, was für den auf Basis eines üblich definierten Cashflow geltenden WACC-Ansatz in dieser Form ja nicht zutrifft.

$$(3-86)\ E_0^w\left[D\tilde{U}K_t\right]=E_0^w\left[\tilde{k}_{S,t}^F\right]\cdot\frac{E_0\left[\tilde{E}_{t-1}^F\right]}{E_0\left[\tilde{V}_{t-1}^{F,P}\right]}+i(1-s_{IF})\cdot\frac{(F_{t-1}+P_{t-1})}{E_0\left[\tilde{V}_{t-1}^{F,P}\right]}$$

Der Cashflow ist dann entsprechend so zu definieren:[896]

$$D_t(1-s_{IE})+\Delta S_t^P+\Delta S_t^F \text{ bzw. identisch } D_t^{MF}(1-s_{IE})+\Delta D_{t,S}^P+\Delta S_t^P+\Delta D_{t,S}^F+\Delta S_t^F$$

Der so definierte Total Cashflow entspricht genau den Cashflow-Komponenten des APV-Ansatzes, die zur Bestimmung von $E_0\left[\tilde{V}_t^{F,P}\right]$ eingesetzt werden.

Einsetzen von $E_0\left[\tilde{k}_{S,t}^F\right]$ nach (3-75) in (3-86) führt nach Vereinfachungen zu einer anderen,[897] aber im Ergebnis identischen Formulierung:[898]

---

[894] Vgl. Ruback (2002); ähnlich in der Interpretation auch Fischer (1999), S. 30.

[895] Eine solche Cashflow-Definition sieht das Wirtschaftsprüfer-Handbuch (2002), S. 85, für deutsche Verhältnisse vor („angepasster WACC-Ansatz"), um einen Unternehmensgesamtwert zu bestimmen. Die hier anschließend gezeigte Renditedefinition stellt keine Textbuch-Formel dar. Sollte eine Definition dieser Art gewünscht sein, wäre die Cashflow-Definition entsprechend anzupassen.

[896] Vgl. auch Tabelle 3-36.

[897] Diese Art der Formulierung ist auch anzutreffen für den Fall der ewigen Rente (g = 0 %) bei Fremdfinanzierung und autonomer Politik in einem einfachen Steuersystem bei Nantell/Carlson (1975), S. 1346, 1348, und in unterschiedlichen Steuersystemen bei Drukarczyk (1993), S. 194.

[898] Vgl. Anhang 3-9.

$$(3-87)\ E_0^w\left[D\tilde{U}K_t\right] = k_S - (k_S - i(1-s_{IF}))\cdot\frac{\Delta V_{t-1}^{F,P}}{E_0\left[\tilde{V}_{t-1}^{F,P}\right]}$$

Die Bewertungsgleichung sieht dann so aus:

$$(3-88)\ E_0\left[\tilde{V}_{\tau-1}^{F,P}\right] = \sum_{t=\tau}^{n}\frac{E_0\left[\tilde{D}_t(1-s_{IE}) + \Delta S_t^{F,P}\right]}{\prod_{j=\tau}^{t}\left(1+E_0^w\left[D\tilde{U}K_j\right]\right)}$$

Im ewigen Rentenfall ergibt sich bei Konzentration auf Fremdkapital:

$$(3-89)\ E_0\left[\tilde{V}_{t-1}^{F}\right] = \frac{E_0\left[\tilde{D}_t\right](1-s_{IE}) + \left(i\left[s^0(1-s_{IE}) - (s_{IF}-s_{IE})\right] - s_{IE}g\right)\cdot F_{t-1}}{E_0^w\left[D\tilde{U}K\right] - g}$$

$$(3-90)\ E_0^w\left[D\tilde{U}K\right] = k_S - (k_S - i(1-s_{IF}))\cdot s^*\cdot\frac{F}{E_0\left[\tilde{V}^F\right]}$$

Für die Value AG werden die entsprechenden Zahlen in dem nächsten Abschnitt noch gezeigt.

All diesen Definitionen ist gemein, dass sie bei der hier betrachteten autonomen Politik die Zirkularität durch die Vorgabe einer Fremdkapitalquote nicht umgehen können. Zudem ist es wichtig zu erkennen, dass viele Definitionen von WACC zu einem äquivalenten Wert führen können.[899] Nur in Verbindung mit Definitionen des Cashflow bzw. allgemeiner der Zählergröße kann letztlich entschieden werden, ob WACC-Definitionen konsistent sind oder nicht.

Der WACC-Ansatz hat also bei expliziter Berücksichtigung von komplexeren Kapitalstrukturen und von Steuersystemen mit persönlicher Besteuerung den Charakter eines „Chamäleons".[900] „Den" WACC unter Berücksichtigung von Einkommensteuern gibt es nicht aufgrund des Einkommensteuereffekts II, aber auch aufgrund der Pensionsrückstellungen und deren unterschiedlichen Integrationsmöglichkeiten in V^F. Formel (3-80) sieht einer Textbuch-Formel sehr ähnlich, ist jedoch wegen des dritten Terms nicht mehr identisch mit ihr. Die Textbuch-Formel ist in der bislang gewohnten Form dann *nicht* anwendbar.[901] Dies ist der hier bislang einzige betrachtete Fall, in dem die Textbuch-Formel bei der üblichen Cashflow-Definition nicht ohne weiteres anwendbar ist. Hervorgerufen wird dies durch den zweiten Einkommensteuereffekt. Im einfachen Steuersystem hält die Gleichung bekanntlich. Auch wenn es sich streng genommen nicht mehr um gewogene Kapitalkosten (WACC) in reiner Form handelt, weil der Textbuch-Ansatz nicht mit dieser Definition - vgl. (3-80) - zusammenpasst, soll die übliche Nomenklatur beibehalten werden.[902] Für welche Definition man sich letztlich entscheidet, ist eine Geschmacks- bzw. Zweckmäßigkeitsfrage. Definitionen können nicht richtig oder falsch sein. Wichtig ist deren konsistente Handhabung, sonst entsteht Konfusion.[903]

---

[899] Vgl. zu diesem Grundgedanken mit s_I = 0 % auch Beranek (1975), Nantell/Carlson (1975). Dies lassen auch Harris/Pringle (1985), S. 238, Fn. 2, erkennen.

[900] Der direkte APV- sowie der Equity-Ansatz haben den Charme der Schlichtheit. Die Definitionsvielfalt ist nämlich a priori eingegrenzt. Auch schon bei einer einfachen Unternehmensteuer zeigen Nantell/Carlson (1975) auf, dass die WACC-Formel viele Gesichter haben kann.

[901] Diesen Aspekt vernachlässigt die Literatur im Umgang mit dem Halbeinkünfteverfahren bisweilen. Vgl. etwa Ernst/Schneider/Thielen (2003), S. 106.

[902] So wird es auch bei Drukarczyk (2003b) gehalten.

[903] Vgl. hierzu auch den klärenden Beitrag innerhalb eines einfachen Steuersystems von Nantell/Carlson (1975), der eine schon damals diesbezüglich „schief" geführte Literaturdiskussion „gerade" rückt.

3.3.2.4. Zusammenstellung

Die hier abgeleiteten DCF-Ansätze werden konsistent definiert, so dass die Frage, welcher Ansatz der „richtigere“ ist, nicht aufkommen kann. Jeder Ansatz führt zu dem identischen Wert.[904] Eine konsistente Definition der Ansätze ist wichtig, weil die Abweichungen zwischen den Ansätzen je nach gewähltem Bezugspunkt sehr groß sein können. Diese Beobachtung braucht an dieser Stelle nicht vertieft zu werden. Sie ist belegt durch diverse Simulationsstudien.[905]

Die jeweils bewertungsrelevanten Überschüsse mit den dazugehörenden (risikoangepaßten) Renditen im Zeitablauf sind in dem folgenden Tableau abgetragen. Ab Periode 8ff sind die erwarteten Überschüsse und Renditen der Value AG konstant. Die Steuereffekte sind symmetrisch definiert. Es wird die ausführlich beschriebene WACC-Definition nach (3-80) bzw. (3-81) eingesetzt. DUK wird bestimmt nach Definition G.

Bewertungs-stufe		Parameter	t = 1	2	3	4	5	6	7	8ff
	(1)	$E_0[\tilde{D}_t](1-0{,}5s_I)$	1.801,6	1.471,3	1.461,7	1.590,6	1.590,2	1.732,4	1.555,0	2.200,5
$E_0[\tilde{V}_t^E]$		k_S	9,39%	9,39%	9,39%	9,39%	9,39%	9,39%	9,39%	9,39%
$E_0[\tilde{V}_t^{F,P}]$		$E_0^w[W\tilde{A}CC_t]$	7,96%	8,30%	8,31%	8,24%	8,29%	8,21%	8,40%	8,46%
	(2)	ΔS_t^P	60,3	61,6	63,0	64,4	65,8	67,3	68,8	75,0
ΔV_t^P		$i(1-s_I)$	4,55%	4,55%	4,55%	4,55%	4,55%	4,55%	4,55%	4,55%
	(3)	ΔS_t^F	138,0	62,5	61,9	85,4	77,4	101,2	58,1	42,6
ΔV_t^F		$i(1-s_I)$	4,55%	4,55%	4,55%	4,55%	4,55%	4,55%	4,55%	4,55%
	(4)	= (1) + (2) + (3)	1.999,9	1.595,5	1.586,5	1.740,4	1.733,4	1.900,8	1.681,8	2.318,1
$E_0[\tilde{V}_t^{F,P}]$		$E_0^w[D\tilde{U}K_t]$	8,81%	8,83%	8,84%	8,85%	8,87%	8,88%	8,90%	8,91%
	(5)	$E_0[\tilde{D}_t^{MF}](1-0{,}5s_I)$	972,0	988,6	976,6	988,7	1.018,6	1.042,2	1.059,8	1.749,3
$E_0[\tilde{E}_t^F]$		$E_0^w[\tilde{k}_{S,t}^F]$	14,77%	14,37%	14,14%	13,91%	13,64%	13,40%	13,13%	12,94%
	(6)	$\Delta D_{t,S}^P + \Delta S_t^P$	288,0	294,3	300,7	307,3	314,1	321,2	328,3	362,8
P_t		$i(1-s_I)$	4,55%	4,55%	4,55%	4,55%	4,55%	4,55%	4,55%	4,55%
	(7)	$\Delta D_{t,S}^F + \Delta S_t^F$	739,8	312,5	309,2	444,4	400,3	537,4	293,8	206,0
F_t		$i(1-s_I)$	4,55%	4,55%	4,55%	4,55%	4,55%	4,55%	4,55%	4,55%
	(8)	=(5) + (6) + (7)=(4)	1.999,8	1.595,4	1.586,5	1.740,4	1.733,0	1.900,8	1.681,90	2.318,1

Tabelle 3-36: Bewertungsrelevante Überschüsse und Renditen

Die Eigenkapitalrenditen fallen von Periode zu Periode bis zum Endwertzeitraum, da $\frac{F_{t-1}^{Pr}}{E_0[\tilde{E}_{t-1}^F]}$ im Zeitablauf fällt. Der $E_0^w[W\tilde{A}CC_t]$-Satz bleibt relativ konstant. Der Fehler, den man beginge, wenn man nach der Formel der ewigen Rente den $E_0^w[W\tilde{A}CC_t]$ des Endwertzeitraums ansetzte, wäre in diesem Fall nicht dramatisch.[906] Entscheidend für diese Beobachtung ist jedoch, dass bei

904 Das schließt nicht aus, dass manche Ansätze in bestimmten Konstellationen rechentechnisch effizienter als andere sind.

905 Vgl. Chambers/Harris/Pringle (1982) und Brick/Weaver (1984) für den Equity-, WACC-, TCF- und APV-Ansatz bei Unternehmensteuern und Einkommensteuern; Richter (1997) für den Equity-, WACC- und APV-Ansatz bei Unternehmensteuern. Vgl. auch Anhang 3-4.

906 Vgl. auch Richter (1997), Drukarczyk (2003b).

weiterer Ausdehnung des expliziten Zeitraums der Einfluss des Endwerts relativ abnehmen kann. Der Fehler kann bei schwindender Dominanz des Endwerts dann größer werden, wenn dessen WACC stellvertretend eingesetzt wird.

Die auf die Value AG zugeschnittenen $E_0^w[D\tilde{U}K_t]$ nach Definition G (Total Cashflow) sind unter der Zeile (4) ersichtlich.[907] Vergleicht man im Fallbeispiel beide Definitionen (G und F) für $E_0^w[D\tilde{U}K_t]$ mit $E_0^w[W\tilde{A}CC_t]$, zeigt sich, wie nahezu unverändert $E_0^w[D\tilde{U}K_t]$ bleibt. $E_0^w[D\tilde{U}K_t]$ ist bei autonomer Politik dann relativ konstant, wenn die relativen Steuervorteile wie hier im Zeitablauf nicht sonderlich schwanken und k_S ebenfalls konstant bleibt. Der (vermeidbare) Fehler mit einer periodenkonstanten Rendite zu arbeiten, scheint bei diesem Ansatz in dem Beispiel der Value AG dann kleiner als beim Equity- oder WACC-Ansatz zu sein.

Wird $E_0^w[W\tilde{A}CC_t]$ nur auf Basis *von verzinslichem Fremdkapital* definiert, dann ergibt sich nun nach Definition A freilich ein anderer WACC-Satz als in Tabelle 3-36 gezeigt. Die Renditen sind allesamt höher als in Tabelle 3-36, weil hier die Effekte der Pensionsrückstellungen gänzlich in den Cashflows berücksichtigt werden. Die Bewertungen sind aber identisch, wie die letzte Zeile der Tabelle 3-37 zeigt.[908] Dies gilt ebenso für die Definitionen B-E.

Definition	Parameter	t = 0	1	2	3	4	5	6	7	8ff
	$E_0[\tilde{D}_t](1-0{,}5s_I)$		1.801,60	1.471,30	1.461,70	1.590,60	1.590,20	1.732,40	1.555,00	2.200,50
	$-\Delta D^P_{t,S}$		−227,7	−232,6	−237,7	−243,0	−248,4	−254,0	−259,6	−287,8
A	= Cashflow		1.573,90	1.238,70	1.224,00	1.347,60	1.341,80	1.478,40	1.295,40	1.912,70
	$E_0^w[W\tilde{A}CC_t]$		0,1001846	0,1054341	0,1053687	0,1037738	0,1042519	0,1028194	0,1053635	0,1059891
B	Cashflow		1.656,33	1.250,25	1.235,38	1.383,13	1.371,38	1.533,18	1.310,10	1.912,70
	$E_0^w[W\tilde{A}CC_t]$		0,1054720	0,1061755	0,1060805	0,1059347	0,1060124	0,1060025	0,1062036	0,1059891
C	Cashflow		1.701,50	1.291,81	1.276,43	1.423,69	1.410,38	1.570,89	1.345,42	1.947,37
	$E_0^w[W\tilde{A}CC_t]$		0,1083696	0,1088438	0,1086499	0,1084019	0,1083344	0,1081941	0,1082218	0,1079104
D	Cashflow		1.907,76	1.501,45	1.483,64	1.633,45	1.626,42	1.792,00	1.570,18	2.318,42
	$E_0^w[W\tilde{A}CC_t]$		0,1216019	0,1223032	0,1216166	0,1211622	0,1211961	0,1210444	0,1210672	0,1284716
E	$E_0^w[\tilde{s}^*_{IE,t}]$		0,10935	0,10762	0,11067	0,10998	0,10669	0,10470	0,10355	0,17500
	Cashflow		1.673,33	1.266,17	1.250,50	1.398,24	1.386,53	1.548,38	1.324,48	1.912,71
	$E_0^w[W\tilde{A}CC_t]$		0,1065590	0,1072029	0,1070250	0,1068514	0,1069187	0,1068829	0,1070276	0,1059891
	$E_0[\tilde{V}_t^F]$	15.588	15.576	15.980	16.439	16.798	17.207	17.498	18.046	18.046
	$E_0[\tilde{E}_t^F]$	9.688	10.147	10.617	11.141	11.703	12.281	12.885	13.517	13.517

Tabelle 3-37: Cashflows und WACC nach den Definitionen A-E

Im graphischen Vergleich liefern die Definitionen A-E im Zeitablauf die in Abbildung 3-25 gezeigten WACC-Raten.

[907] Für die Definition F (Capital Cashflow) ergibt sich:

Parameter	t = 1	2	3	4	5	6	7	8ff
$D_t^{MF}(1-s_{IE})+i(1-s_{IF})F_{t-1}-(F_t-F_{t-1})+R_t(1-s_{IF})$	2.008,3	1.603,9	1.595,3	1.749,4	1.742,2	1.910,2	1.691,5	2.318,2
$E_0^w[D\tilde{U}K_t]$	8,85%	8,87%	8,88%	8,89%	8,91%	8,92%	8,94%	8,91%

[908] Rundungsabweichung.

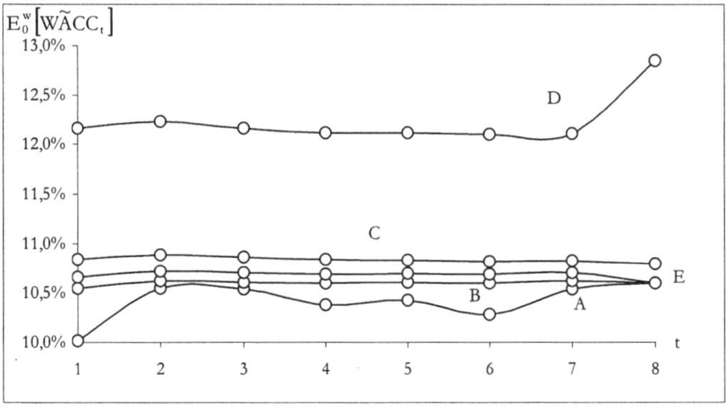

Abbildung 3-25: Erwartete WACC-Renditen im Zeitablauf nach Definition A-E

Auch diese Abbildung zeigt deutlich: *Den* WACC-Ansatz gibt es gerade bei komplexeren Steuersystemen und Kapitalstrukturen nicht. Die verschiedenen WACC-Definitionen sind dennoch zu dem jeweils korrespondierenden Cashflow konsistent. Die WACC-Definition von D liefert in dem Beispiel deutlich abweichende Werte, weil sämtliche Einkommensteuerwirkungen, und nicht nur die der Fremdfinanzierung, aus dem Cashflow verbannt sind, und daher in der Rendite nachzuholen sind.

Wie eingangs in Abbildung 3-1 schon kenntlich gemacht ist, stellt der Sezierungsgrad der Passivpositionen kein materielles, sondern ein formales Bewertungselement dar, wenn die Bewertung schlüssig vollzogen wird. Die Berechnungen in den Tabellen 3-36 und 3-37 illustrieren am Beispiel der Value AG die diese Behauptung stützenden, vorher schon gezeigten formalen Zusammenhänge. Für eine Beurteilung der DCF-Ansätze scheint es mindestens entscheidend zu sein, welche Bewertungsperspektive (marktorientiert vs. individualistisch) eingenommen wird und welches Steuerregime herrscht. In diesem Abschnitt wurde dargelegt, dass eine marktorientierte Sichtweise durchaus vernünftige Argumente vorzuweisen hat. Es wurde dann gezeigt, dass der APV-Ansatz den Blick für Arbitragegelegenheiten wie kein anderer Ansatz zu schärfen vermag durch seinen modularen Aufbau in Form von in sich homogenen Arbitrageeinheiten. Eine weitere Aufspaltung in Effekte mag unterbleiben, kann aber für Interpretationszwecke bzw. bestimmte Fragestellungen hilfreich sein. Das Konstruktionsprinzip einer arbitragefreien Bewertung von etwaigen Steuervorteilen auch bei komplexeren Kapitalstrukturen und einem komplizierten Steuerregime ist am Fallbeispiel der Value AG im Halbeinkünfteverfahren aufgezeigt worden.
Vom Bewerter wird verlangt, dass er misch- und eigenfinanzierte Dividenden nach Einkommensteuer konsistent planen kann. Die Differenz dieser beiden Zahlungsreihen dient der Ermittlung des risikoäquivalenten Fremdkapitals auf privater Ebene, das vom Wert bei reiner Eigenfinanzierung noch abzuziehen ist, um den Wert des Eigenkapitals zu ermitteln. Man sollte den APV-Ansatz deshalb also keineswegs als kompliziert beurteilen, wenn er Gesamtergebnisse in mehrere Teilergebnisse splittet. Ein feinerer Sezierungsgrad als die Anzahl der verwendeten Renditen ist nicht konstitutiv für die Arbeitsweise des Ansatzes. Die anderen Methoden können aber auch ohne allzu große Anstrengung zu dem arbitragefreien Ergebnis führen, wenn das risikoäquivalente Fremdkapital auf privater Ebene wie beim APV-Ansatz ermittelt wird. Der Equity-Ansatz kann mischfinanzierte Dividenden z.B. durch retrograde Anwendung von Formel (3-76) bewerten. Dass sich Equity- und (direkter) APV-Ansatz viel näher stehen als so mancher

Literaturbeitrag suggeriert, liegt daran, dass auch beim APV-Ansatz allein die Dividenden an die Eigentümer letztlich ausschlaggebend für die Bewertung sind. Das gleiche gilt freilich auch für den TCF-Ansatz. WACC- und TCF-Ansatz haben bei autonomer Politik noch weitere Rechenschleifen zu berücksichtigen und sind insofern etwas behäbiger. Ob sich bei wertabhängiger Finanzierungspolitik WACC- sowie TCF-Ansatz auch in einem komplexeren Steuersystem leichter tun, wird im folgenden Abschnitt zu untersuchen sein.

3.3.3. Wertabhängige Finanzierungspolitik

Die vorherigen Ausführungen orientierten sich an einer autonomen Finanzierungspolitik, bei der für das Halbeinkünfteverfahren angenommen wurde, dass private Arbitragehandlungen über voll besteuerte Fremdkapitaltitel vollzogen werden. In diesem Abschnitt wird eine wertabhängige Finanzierungspolitik gemäß dem reinterpretierten Modell von Miles/Ezzell ebenfalls für ein allgemein formuliertes Doppelbesteuerungssystem als auch für das gegenwärtige Halbeinkünfteverfahren vor dem Hintergrund einer arbitragegewinnfreien Bewertung diskutiert. Miles/Ezzell haben ihre Politik lediglich innerhalb eines einfachen Unternehmensteuersystems diskutiert.

Die Annahme der Konstanz von k_s nach Miles/Ezzell soll beibehalten werden, um die Formelnotation nicht zu komplizieren. Diese Annahme ist ökonomisch verteidigungsfähig, wenn die Risikostruktur der operativen Überschüsse und der zustandsabhängigen Risikopreise dies zulässt. Lediglich zur Vereinfachung der Notation wird von einer zulässigen stochastischen Struktur mit deterministischen Renditen k_S ausgegangen. Im Folgenden werden bei der wertabhängigen Politik Einkommensteuerwirkungen wie bei der autonomen Politik auch explizit berücksichtigt. Es wird der Fall untersucht, dass die Dividenden vollständig der Einkommensteuer unterliegen. Dieser Fall wird in der Literatur bisher nur bruchstückartig untersucht. Der nächste Abschnitt zeigt die entsprechenden Lücken auf und schließt diese innerhalb der grundlegend analogen stochastischen Annahmen zu dem reinterpretierten Modell von Miles/Ezzell.

3.3.3.1. APV-Ansatz

Der Wert bei Eigenfinanzierung bleibt bei gegebener optimaler Investitionspolitik von der Finanzierungspolitik unberührt und kann daher analog zur autonomen Finanzierungspolitik ermittelt werden:

$$(3-52)\ E_0\left[\tilde{V}_{\tau-1}^{E}\right] = \sum_{t=\tau}^{n} E_0\left[\tilde{D}_t\right](1-s_{IE})\cdot(1+k_S)^{-(t-\tau+1)}$$

Eine wertabhängige Politik kann auf Basis einer $E_0\left[\tilde{F}\right]$- oder einer L-Doktrin geplant werden. Zunächst wird eine $E_0\left[\tilde{F}\right]$-*Planungsdoktrin* umgesetzt. Bei dem Unternehmensteuereffekt überträgt sich das operative Risiko auf den Wert der Steuervorteile nahezu vollständig. Es kann daher analog zu (3-60) definiert werden:

$$(3-91)\ E_0\left[\tilde{V}_{\tau-1}^{USt,F}\right] = \sum_{t=\tau}^{n} i\cdot E_0\left[\tilde{F}_{t-1}\right]\cdot s^0(1-s_{IE})(1+i(1-s_{IF}))^{-1}(1+k_S)^{-(t-\tau)}$$

Im Halbeinkünfteverfahren folgt daraus:

$$E_0\left[\tilde{V}_{\tau-1}^{USt,F}\right] = \sum_{t=\tau}^{n} i\cdot E_0\left[\tilde{F}_{t-1}\right](fs_{GE}(1-s_K)+s_K)(1-0{,}5s_I)(1+i(1-s_I))^{-1}(1+k_S)^{-(t-\tau)}$$

Der Einkommensteuereffekt I wird analog zu (3-61) durch eine wertabhängige Finanzierungspolitik folgendermaßen beeinflusst:

$$(3-92)\ E_0\left[\widetilde{V}^{ESt,F}_{\tau-1,I}\right] = -\sum_{t=\tau}^{n} i \cdot E_0\left[\widetilde{F}_{t-1}\right] \cdot (s_{IF} - s_{IE}) \cdot (1 + i(1 - s_{IF}))^{-1} (1 + k_S)^{-(t-\tau)}$$

Im Halbeinkünfteverfahren gilt dann:

$$E_0\left[\widetilde{V}^{ESt,F}_{\tau-1,I}\right] = -\sum_{t=\tau}^{n} i \cdot E_0\left[\widetilde{F}_{t-1}\right] \cdot 0{,}5 s_I \cdot (1 + i(1 - s_I))^{-1} (1 + k_S)^{-(t-\tau)}$$

An dieser Stelle wird eine Bewertung in Teilen der Literatur entweder ad hoc vorgenommen[909] oder ohne weiteres Aufhebens abgebrochen, indem (meist implizit) Vollausschüttung des Jahresüberschusses unterstellt wird.[910]

$$(3-50)\ D_t^{MF} = \underbrace{(UE_t - BA_t - Ab_t - iF_{t-1} - ZPR_t)(1 - s_{GE})(1 - s_K)}_{JÜ_t} - \underbrace{[I_t + R_t - (F_t - F_{t-1}) - Ab_t - ZPR_t]}_{\Delta EK_t = 0}$$

Wenn ΔEK_t zeit- und zustandsunabhängig gleich Null beträgt, gilt für die Dividende bei Mischfinanzierung nach Einkommensteuern: $D_t^{MF} \cdot (1 - s_{IE}) = JÜ_t \cdot (1 - s_{IE})$. Der Einkommensteuereffekt II ließe sich neben den anderen ΔEK_t-Komponenten auch explizit berücksichtigen. Jedoch kann man sich diesen Schritt bei Vollausschüttung sparen, weil bei konsistenter Berechnung Berücksichtigung bzw. Nichtberücksichtigung des Einkommensteuereffekts II zum gleichen Ergebnis führen.

Die Konstellation der Vollausschüttung erscheint einerseits reizvoll, weil sie eine bedeutend einfachere Bewertung erlaubt.[911] Andererseits ist die Annahme der Vollausschüttung aber i.a. - freilich nicht nur für einen Endwert - zu eng. Die Implikation eines ewig gleich bleibenden, deterministischen Buchwerts des Eigenkapitals erscheint schwer verteidigbar.

Aus der Diskussion bei der autonomen Finanzierungspolitik ist bekannt, dass i.a. noch ein weiterer Effekt zu erwarten ist, der mit dem Begriff Einkommensteuereffekt II belegt wurde. Um diesen Effekt zu bewerten, kann ganz analog eine Idee, die von O´Brien (1991) hinsichtlich der Kapitalgewinnbesteuerung vorgeschlagen worden ist, aufgegriffen werden. Sie basiert auf dem Grundgedanken, dass bei einer Bewertung auf Basis risikoadjustierter Kapitalkosten Cashflows unterschiedlichen Risikogrades mit den jeweils adäquaten Diskontierungssätzen bewertet werden sollten. Letztlich ist dies - auch wenn O´Brien (1991) das nicht betont - das Fundament des APV-Ansatzes, der damit seine Gedanken ordnende Leistungsfähigkeit unter Beweis stellt. Sind die Gedanken einmal geordnet, sind die anderen Ansätze oftmals nicht weniger gut; aber das ist eben oft erst das „Danach“. Die konzeptionelle Stütze bzw. der Referenzpunkt bei neuartigen Fragestellungen scheint mir der APV-Ansatz zu sein, wenn wie in Literatur und Praxis überwiegend mit risikoangepaßten Renditen gearbeitet wird.

Die Bewertung des Einkommensteuereffekts II ergibt sich aus folgender Überlegung. Das Fremdkapital schmiegt sich perfekt an V^E (bzw. V^F) an und lässt sich am Ausschnitt eines

---

909 Vgl. für eine von der in dieser Arbeit abweichende Bewertung des zweiten Einkommensteuereffektes im Halbeinkünfteverfahren bei Dinstuhl (2002), S. 90, bzw. Dinstuhl (2003), S. 109-114, sowie eine Einschätzung in Fn. 912.

910 Vgl. etwa Appleyard/Strong (1989), S. 173-174; Clubb/Doran (1991), S. 216; Clubb/Doran (1992), S. 44; Strong/Appleyard (1992), S. 16; Pointon (1997), S. 360; Cooper/Nyborg (1999), S. 10; Langenkämper (2000); Dempsey (2001), S. 366; Husmann/Kruschwitz/Löffler (2001b), S. 6-7; explizit Richter (2002c), S. 14-18.

911 Diese Annahme vereinfachte die folgenden Formulierungen zu APV-, WACC- und Equity-Ansatz erheblich, da der zweite Einkommensteuereffekt evaporiert. Dies dürfte wohl auch der Hauptgrund für diese Modellierung sein, da bei einer *autonomen* Politik der zweite Einkommensteuereffekt in der Literatur zumeist berücksichtigt wird.

Zustandsbaums etwa anhand von Abbildung 3-22 vorstellen. Auf die Steuereffekte aus F überträgt sich somit die operative Risikoprämie. Die erwartete Fremdkapitaländerung $E_0\left[\widetilde{F}_t - \widetilde{F}_{t-1}\right]$ im Zeitablauf kann zur Bewertung in seine beiden Komponenten zerlegt werden. Der Barwert des ersten Bestandteils in t = 0 beträgt:

$$\sum_{t=1}^{n} E_0\left[\widetilde{F}_t\right]\cdot(1+k_S)^{-t}$$

Der Barwert des zweiten Bestandteils in t = 0 beträgt:

$$\sum_{t=1}^{n} E_0\left[\widetilde{F}_{t-1}\right]\cdot(1+i(1-s_{IF}))^{-1}(1+k_S)^{-t+1}$$

Fügt man beide Komponenten zusammen und berücksichtigt die resultierende Einkommensteuerwirkung, dann beträgt Einkommensteuereffekt II:

$$(3-93)\quad E_0\left[V_{\tau-1,II}^{ESt,F}\right] = -s_{IE}\cdot\sum_{t=\tau}^{n}\left(E_0\left[\widetilde{F}_t\right]\cdot\frac{1+i(1-s_{IF})}{1+k_S} - E_0\left[\widetilde{F}_{t-1}\right]\right)\cdot(1+i(1-s_{IF}))^{-1}(1+k_S)^{-(t-\tau)}$$

Im Halbeinkünfteverfahren gilt:[912]

$$E_0\left[V_{\tau-1,II}^{ESt,F}\right] = -0{,}5s_I\cdot\sum_{t=\tau}^{n}\left(E_0\left[\widetilde{F}_t\right]\cdot\frac{1+i(1-s_I)}{1+k_S} - E_0\left[\widetilde{F}_{t-1}\right]\right)\cdot(1+i(1-s_I))^{-1}(1+k_S)^{-(t-\tau)}$$

Bei einer *autonomen* Politik tritt Einkommensteuereffekt II im Fall der ewigen Rente (*ohne* Wachstum) bekanntlich nicht auf. Dies stellt eine Konstellation (bei einer Betrachtung über den gesamten „Rest"-Lebenszeitraum des Unternehmens) dar, in der der zweite Einkommensteuereffekt bei autonomer Politik keine Rolle spielt. Bei wertabhängiger Politik dagegen sieht der Wert wie folgt aus, wenn mit $m = \frac{1+k_S}{1+i(1-s_{IF})}$ substituiert wird:

$$E_0\left[\widetilde{V}_{t-1,II}^{ESt,F}\right] = -s_{IE}\cdot E_0\left[\widetilde{F}_{t-1}\right]\frac{1-m}{k_S}$$

Dieser hat bei der i.d.R. positiven operativen Risikoprämie $[(k_S - i(1-s_{IF})) > 0]$ einen positiven Wertbeitrag. Dieses Ergebnis ist deshalb ein wenig überraschend, da eine wertabhängige Politik unter Berücksichtigung von Einkommensteuern somit – im Gegensatz zu einem einfachen Steuersystem – einen höheren Wertbeitrag liefern *kann* als eine autonome Politik, deren Rationalität oft auch aufgrund eines höheren Wertbeitrags begründet wird.[913] Insofern kann eine wertabhängige Politik durchaus rational sein!

---

912 Der Vorschlag von Dinstuhl (2002), S. 90, diesen Effekt - er wird bei Dinstuhl „Ausschüttungsdifferenzeffekt" genannt - durchgängig mit k_S zu diskontieren, erscheint nicht sachgerecht begründet. Nun könnte man prima facie meinen, es handele sich dabei nur um eine Marginalie. Wird der Endwert über eine ewige Rente mit Wachstum bei den Daten der Value AG mit g = 3 % berechnet, ergibt sich bei Dinstuhl ein Wert von -8,22 % des Fremdkapitals in T-1 und bei der hier vorgeschlagenen Vorgehensweise von 4,46 %. Der Unterschied beträgt also 12,68 Prozentpunkte!

913 Dies ist dann der Fall, wenn die im Vergleich zu einer autonomen Politik niedrigeren Werte V^{USt} und V_I^{ESt} durch ein höheres V_{II}^{ESt} überkompensiert werden. Dass dies gar nicht unrealistisch ist, wird die Diskussion in Abschnitt 3.3.6. zeigen.

Im Fall der ewigen Rente mit Wachstum gilt im Prinzip das Gleiche, wobei die Wertdifferenzen noch akzentuierter ausfallen können, da mit g > 0 % bei autonomer Politik $V_{0,II}^{ESt,F} < 0$ und bei wertabhängiger Politik $V_{0,II}^{ESt,F} > 0$ gilt. Der Wert sieht dann so aus:

$$E_0\left[\widetilde{V}_{\tau-1,II}^{ESt,F}\right] = -s_{IE} \cdot E_0\left[\widetilde{F}_{t-1}\right] \cdot \frac{1+g-m}{k_S - g}$$

Fügt man schließlich alle Unternehmen- und Einkommensteuereffekte zusammen, ergibt sich:

$$(3-94)\; E_0\left[\Delta\widetilde{V}_{\tau-1}^{F}\right] = \sum_{t=\tau}^{n}\left[E_0\left[\widetilde{F}_{t-1}\right] \cdot \left[s^0(1-s_{IE}) - (s_{IF} - s_{IE})\right] \cdot i - s_{IE} \cdot \left(\frac{E_0\left[\widetilde{F}_t\right]}{m} - E_0\left[\widetilde{F}_{t-1}\right]\right)\right] \cdot (1+i(1-s_{IF}))^{-1}(1+k_S)^{-(t-\tau)}$$

Und speziell für das Halbeinkünfteverfahren:

$$E_0\left[\Delta\widetilde{V}_{\tau-1}^{F}\right] = \sum_{t=\tau}^{n}\left[E_0\left[\widetilde{F}_{t-1}\right] \cdot \left[s^0(1-0{,}5s_I) - 0{,}5s_I\right] \cdot i - 0{,}5s_I \cdot \left(E_0\left[\widetilde{F}_t\right] \cdot m^{-1} - E_0\left[\widetilde{F}_{t-1}\right]\right)\right] \cdot (1+i(1-s_I))^{-1}(1+k_S)^{-(t-\tau)}$$

Die Formel für eine ewige Rente sieht kaum minder komplex aus:[914]

$$(3-95)\; E_0\left[\Delta\widetilde{V}_{t-1}^{F}\right] = E_{t-1}\left[\widetilde{F}_{t-1}\right] \cdot \left[\frac{i\left[s^0(1-s_{IE}) - (s_{IF} - s_{IE})\right] \cdot m - s_{IE} \cdot [1+g-m]}{k_S - g}\right]$$

Es lässt sich auch der Zusammenhang zu dem effektiven Steuersatz s nach Miller (1977) mit einer zu (3-95) äquivalenten Formel herstellen:[915]

$$E_0\left[\Delta\widetilde{V}_{t-1}^{F}\right] = E_0\left[\widetilde{F}_{t-1}\right] \cdot \left[\frac{i(1-s_{IF}) \cdot s - s_{IE} \cdot [(1+g)/m - 1]}{(k_S - g)/m}\right]$$

Im Halbeinkünfteverfahren kann für Kanal 1 dann die folgende Formel abgeleitet werden:

$$E_0\left[\Delta\widetilde{V}_{t-1}^{F}\right] = E_0\left[\widetilde{F}_{t-1}\right] \cdot \frac{i\left[s^0(1-0{,}5s_I) - 0{,}5s_I\right] \cdot m - 0{,}5s_I \cdot [1+g-m]}{k_S - g}$$

Im Fall $s_{IE} = s_{IF}$ erhält man allgemein:[916]

---

[914] Gilt der Sicherheitsfall, dann ist m = 1 sowie $k_S = i_S$ und die Formel reduziert sich zu (3-65). Der Fall der ewigen Rente ohne Wachstum ist herstellbar, indem g = 0 gesetzt wird. Im Sicherheitsfall reduziert sich (3-95) dann zu der Miller-Formel (3-54). Die Formel von Modigliani (1982), S. 265, gilt für den HP-Fall und vernachlässigt den zweiten Einkommensteuereffekt. Im Fall $s_{KG} = s_{IE}$ **und** g = 0 ist seine Formel mit (3-95) äquivalent. Vgl. zur expliziten Berücksichtigung der Kursgewinnbesteuerung später die Formel (3-122) in 3.3.7.1.1.

[915] Durch Erweiterung von (3-95) ergibt sich in einem Zwischenschritt:

$$E_0\left[\Delta\widetilde{V}_{t-1}^{F}\right] = E_0\left[\widetilde{F}_{t-1}\right] \cdot \left[\frac{i\left[s^0(1-s_{IE}) - (s_{IF} - s_{IE})\right] - s_{IE} \cdot [(1+g)/m - 1]}{(k_S - g)/m}\right].$$

Vgl. ähnlich Clubb/Doran (1992), S. 45; Richter (2002c). Die Formeln unterscheiden sich jedoch, da jene Autoren - lässt man die Kursgewinnbesteuerung außen vor - den zweiten Einkommensteuereffekt nicht modellieren.

[916] Dies entspräche Kanal 2 im Halbeinkünfteverfahren. Die Arbitragegewinnfreiheit im Halbeinkünfteverfahren ist in dieser Konstellation bekanntlich fraglich.

$$E_0\left[\Delta\widetilde{V}^F_{t-1}\right]=E_0\left[\widetilde{F}_{t-1}\right]\cdot\left[\frac{i\left[s^0\left(1-s_{IE}\right)\right]\cdot m-s_{IE}\cdot\left[1+g-m\right]}{k_S-g}\right]$$

Eine einfache Bewertung ergibt sich, wenn der direkte APV-Ansatz die Bewertung von $E_0\left[\Delta\widetilde{V}^F_{\tau-1}-\widetilde{F}_{\tau-1}\right]$ in einem Schritt durchführt. D.h. ausgehend von $\Delta D^F_{t,S}$ nach (3-56) erhält man bei wertabhängiger Politik:[917]

$$\text{(3-96)}\quad E_0\left[\Delta\widetilde{V}^F_{\tau-1}-\widetilde{F}_{\tau-1}\right]=\left(1-s_{IE}\right)\cdot m\cdot\sum_{t=\tau}^{n}\left(E_0\left[\widetilde{F}_{t-1}\right]\cdot\left[i\left(s^0-1\right)-1\right]+E_0\left[\widetilde{F}_t\right]/m\right)\cdot\left(1+k_S\right)^{-(t-\tau+1)}$$

Im Fall der ewigen Rente ergibt sich dann:

$$\text{(3-97)}\quad E_0\left[\Delta\widetilde{V}^F_{t-1}-\widetilde{F}_{t-1}\right]=E_0\left[\widetilde{F}_{t-1}\right]\cdot\left(1-s_{IE}\right)\cdot m\cdot\frac{i\left(s^0-1\right)-1+\left(1+g\right)/m}{k_S-g}$$

Wie sieht die Bewertung aus, wenn eine *L-Planungsdoktrin* verfolgt wird? Ausgehend von dem APV-Ansatz unter Berücksichtigung von (3-94) ergibt sich:

$$\text{(3-98)}\quad E_0\left[\widetilde{V}^F_{t-1}\right]=\frac{E_0\left[\widetilde{D}_t\left(1-s_{IE}\right)\right]+E_0\left[\widetilde{V}^F_t\right]\left(1-s_{IE}L\right)}{1+k_S}+E_0\left[\widetilde{V}^F_{t-1}\right]\cdot L\,\frac{i\left[s^0\left(1-s_{IE}\right)-\left(s_{IF}-s_{IE}\right)\right]+s_{IE}}{1+i\left(1-s_{IF}\right)}$$

In dem ersten Summanden wird die fiktiv eigenfinanzierte Dividende und der Unternehmensgesamtwert V^F berücksichtigt. Daneben wird ein Teil des Einkommensteuereffekts II gemäß (3-94) an dieser Stelle berücksichtigt, da das operative Risiko greift. Im zweiten Summanden werden der für eine Periode risikolose Unternehmensteuereffekt, sowie der erste und partiell der zweite Einkommensteuereffekt erfasst. Löst man nach $E_0\left[\widetilde{V}^F_{t-1}\right]$ auf, erhält man:

$$\text{(3-99)}\quad E_0\left[\widetilde{V}^F_{t-1}\right]=\frac{E_0\left[\widetilde{D}_t\left(1-s_{IE}\right)\right]+E_0\left[\widetilde{V}^F_t\right]\left(1-s_{IE}L\right)}{\left(1+k_S\right)\left(1-\dfrac{i\left[s^0\left(1-s_{IE}\right)-\left(s_{IF}-s_{IE}\right)\right]+s_{IE}}{1+i\left(1-s_{IF}\right)}L\right)}$$

$$=\frac{E_0\left[\widetilde{D}_t\left(1-s_{IE}\right)\right]+E_0\left[\widetilde{V}^F_t\right]\left(1-s_{IE}L\right)}{1+k_S-m\left\{i\left[s^0\left(1-s_{IE}\right)-\left(s_{IF}-s_{IE}\right)\right]+s_{IE}\right\}L}$$

Durch rekursives Einsetzen ergibt sich schließlich Formel (3-100):

$$\text{(3-100)}\quad V^F_0=\sum_{t=1}^{n}E_0\left[\widetilde{D}_t\left(1-s_{IE}\right)\right]\cdot\frac{\left(1-s_{IE}L\right)^{t-1}}{\left(1+k_S-m\cdot s^Z\cdot L\right)^t},\ \text{wobei } s^Z=i\left[s^0\left(1-s_{IE}\right)-\left(s_{IF}-s_{IE}\right)\right]+s_{IE}$$

Ein Purist mag einwenden, dass es sich bei (3-100) nicht um einen "üblichen" APV-Ansatz handele.[918] Jedoch wäre dieser Einwand lediglich formaler Natur, da der hier gezeigte "einfache" APV-Ansatz ausgehend von (3-100) auch problemlos in den Wert bei Eigenfinanzierung und den

---

917 Es versteht sich, dass (3-94) abzüglich $E_0\left[\widetilde{F}_{\tau-1}\right]$ und (3-96) bzw. (3-95) abzüglich $E_0\left[\widetilde{F}_{\tau-1}\right]$ und (3-97) äquivalent sind. Wird der Sicherheitsfall angenommen, gilt folgender Zusammenhang: - (3-97) = (3-59). Die Formeln sind also konsistent.

918 Würden alle Einkommensteuern gleich null gesetzt, ergäbe sich die reinterpretierte Miles/Ezzell-Formel.

Wert der Steuervorteile aufgeteilt werden kann, d.h. zu seiner gemeinhin bekannten Erscheinungsform umgeformt werden kann. Wird $(1+k_S)^{-t}$ ausgeklammert und berücksichtigt, dass $V_0^E = \sum_{t=1}^{n} E_0[\widetilde{D}_t(1-s_{IE})]\cdot(1+k_S)^{-t}$ gilt, ergibt sich:[919]

$$(3\text{-}101)\ \Delta V_0^F = \sum_{t=1}^{n} E_0[\widetilde{D}_t(1-s_{IE})]\cdot\left[\frac{(1-s_{IE}L)^{t-1}}{\left(1-\frac{s^Z\cdot L}{1+i(1-s_{IF})}\right)^t}-1\right](1+k_S)^{-t}$$

Abgesehen von diesen eher semantischen Nuancen kann festgehalten werden, dass die Definition in (3-100) ausreicht, um ein Unternehmen mit der L-Doktrin zu bewerten. Ein Abstellen auf eine etwaige Textbuch-Formel nach dem WACC-Ansatz bzw. ein modulares Vorgehen mit dem APV-Ansatz nach (3-101) ist nicht nötig. Der APV-Ansatz kann bei wertabhängiger Politik also problemlos bei einer $E_0[\widetilde{F}]$- und einer L-Doktrin eingesetzt werden.[920]
Wie lässt sich eine wertabhängige Politik mit dem Equity-Ansatz umsetzen?

3.3.3.2. Equity-Ansatz

Die Dividende sieht bei Nicht-Dauerschulden (f = 1) nach Einkommensteuern im Halbeinkünfteverfahren so aus, wenn Rückstellungen nicht berücksichtigt werden:[921]

$$(3-102)\ D_t^{MF}\cdot(1-0{,}5s_I) = \{(UE_t - BA_t - Ab_t - iF_{t-1})(1-s_{GE})(1-s_K) - [I_t - (F_t - F_{t-1}) - Ab_t]\}\cdot(1-0{,}5s_I)$$

Die erwartete Rendite in Anlehnung an das reinterpretierte Modell von Miles/Ezzell ist definiert als:

$$(3\text{-}103)\ k_S^F = k_S + \left(k_S - i\{1+s^0(1-s_{IE})(-1+m) - s_{IE} - (s_{IF}-s_{IE})\cdot m\} + s_{IE}(1-m)\right)\cdot\frac{L_{t-1}}{1-L_{t-1}}$$

Werden sämtliche persönliche Steuern mit null veranschlagt, kommt die Struktur der reinterpretierten Miles/Ezzell-Formel nach (3-8) zum Vorschein.[922] Deutlich wird, dass eine ad hoc-Anpassung der reinterpretierten Miles/Ezzell-Formel etwa über $k^F(1-s_{IE})$ fehlschlagen muss.[923]

---

919 Vgl. zu einer alternativen Ableitung Anhang 3-10a). Auch hier sind die einzelnen Barwertbeiträge nicht identisch mit denen der $E_0[\widetilde{F}]$-Doktrin. Das gesamte Ergebnis ist jedoch identisch. Werden keine persönlichen Steuern berücksichtigt, kollabiert die Formel zu (3-7) aus Kapitel 3.2. Vgl. ebenso Anhang 3-10b).

920 Der Meinung Dinstuhls (2002), S. 89-90, der APV-Ansatz hätte hier nur einen „verifizierenden" Charakter, kann nicht gefolgt werden.

921 Vgl. auch Definition (3-50).

922 Wird plausibel angenommen, dass ohne Einkommensteuern mutatis mutandis k anstatt k_S gilt, ergibt sich die zu der Reinterpretation von Miles/Ezzell äquivalente Formel: $k^F = k + \left(k - i\{1+s^0(-1+m)\}\right)\cdot\frac{L_{t-1}}{1-L_{t-1}}$.

923 Somit ist klar, dass in den in Fn. 880 zitierten Beiträgen, in denen die Finanzierungspolitik nicht explizit fixiert wird, eine wertabhängige Politik ausgeschlossen werden kann, weil die dort angewandte Beziehung $k^F(1-s_{IE})$ offensichtlich nicht gelten kann. Diese Implikation ist auf den ersten Blick nicht ersichtlich.

Die Definition ist unabhängig von der Wachstumsrate des Fremdkapitals g_F. Dies wird an dieser Stelle betont, da bei einer spezifischen WACC-Definition - wie im nächsten Abschnitt gezeigt wird - eine solche Abhängigkeit auftreten kann. Im Halbeinkünfteverfahren gilt bei Kanal 1 analog:[924]

$$k_S^F = k_S + \left(k_S - i\left\{1 + s^0(1-0{,}5s_I)(-1+m) - 0{,}5s_I(1+m)\right\} + 0{,}5s_I(1-m)\right) \cdot \frac{L_{t-1}}{1-L_{t-1}}$$

Beispiel: Halbeinkünfteverfahren, $k_S = 0{,}0939$; $i = 0{,}07$; $s^0 = 0{,}375025$; $s_I = 0{,}35$; $\frac{L}{1-L} = 2/3$.

$\Rightarrow m = 1{,}04629364$; $k_S^F = 0{,}1204754$.

Im Fall der ewigen Rente erhält man im Halbeinkünfteverfahren folgende Dividende, wenn sich f zwischen 0,5 und 1 bewegt:

$$D_t^{MF} \cdot (1-0{,}5s_I) = \left[D_t(1-s_{GE})(1-s_K) - iF_{t-1}(1-fs_{GE})(1-s_K) + gF_{t-1}\right] \cdot (1-0{,}5s_I)$$

Bewertet wird nach der üblichen Rentenformel, wobei k_S^F unverändert nach (3-103) definiert ist.

$$(3-79)\; E_0\left[\tilde{E}_{t-1}^F\right] = \frac{E_0\left[\tilde{D}_t^{MF}\right] \cdot (1-0{,}5s_I)}{k_S^F - g}$$

Wird bei einer Formel nach Clubb/Doran (1992) $s_{KG} = 0$ gesetzt, dann ergibt sich folgende Formel, wobei diese implizit den zweiten Einkommensteuereffekt ausblendet, weil der letzte Summand in der runden Klammer aus (3-103) fehlt:[925]

$$k_S^F = k_S + \left(k_S - i\left\{1 + s^0(1-s_{IE})(-1+m) - (s_{IF} - s_{IE}) \cdot m - s_{IE}\right\}\right) \cdot \frac{L_{t-1}}{1-L_{t-1}}$$

Bekanntlich ist der Equity-Ansatz rechentechnisch schwerfällig, weil er F- und L-Doktrin mischt.

3.3.3.3. WACC-Ansatz

Der WACC-Ansatz basiert i.d.R. auf der L-Planungsdoktrin. Es werden hier zwei WACC-Definitionen vorgestellt: Die erste setzt nahtlos an der Definition A an, die schon im autonomen Fall verwendet wurde. Die zweite Vorgehensweise in Anlehnung an Clubb/Doran (1992) löst sich von dieser Beziehung und basiert auf einem Textbuch-WACC nach Definition B. Diese wendet die Cashflow-Definition aus A an, und korrigiert sie um den zweiten Einkommensteuereffekt. Beide WACC-Definitionen führen zu äquivalenten Bewertungsergebnissen. Jedoch bietet die zweite Definition Rechenvorteile. Im Fall variabler Cashflows gilt folgende Definition bei der ersten Vorgehensweise:[926]

---

[924] Vgl. zur Ableitung den Anhang 3-11.

[925] Diese Formel ist äquivalent mit der Formel [15] von Clubb/Doran (1992), S. 47. Die Formel von Clubb/Doran (1992) ist bei $s_{KG} = 0$ identisch mit der von Richter (2002c), S. 18.

[926] Die Notation wird vereinfacht: Aus Kapitel 2.4. und 3.2. ist bekannt, dass WACC, k, g und m stochastisch sein können, falls nicht Quadrant I vorliegt.

$$\text{(3-104)}\quad WACC_t = k_S - \left[i\left[s^0(1-s_{IE}) - (s_{IF} - s_{IE})\right]\cdot m - s_{IE}\cdot\left[1+g_{F,t} - m\right]\right]\cdot L_{t-1},$$

$$\text{wobei } g_{F,t} = \frac{E_0\left[\tilde{F}_t\right] - E_0\left[\tilde{F}_{t-1}\right]}{E_0\left[\tilde{F}_{t-1}\right]}$$

Im Halbeinkünfteverfahren ergibt sich:

$$WACC_t = k_S - \left[i\left[s^0(1-0{,}5s_I) - 0{,}5s_I\right]\cdot m - 0{,}5s_I\cdot\left[1+g_{F,t} - m\right]\right]\cdot L_{t-1}$$

Bei dieser Definition ist zu beachten, dass die Fremdkapitalquote $L_{t-1} = \frac{E_0\left[\tilde{F}_{t-1}\right]}{E_0\left[\tilde{V}^F_{t-1}\right]}$ und $g_{F,t} = \frac{E_0\left[\tilde{F}_t\right] - E_0\left[\tilde{F}_{t-1}\right]}{E_0\left[\tilde{F}_{t-1}\right]}$ konsistent bestimmt sein müssen. Wird L z.B. als konstant angenommen, dann ist $g_{F,t}$ nicht mehr beliebig wählbar. Ein konsistentes $g_{F,t}$ ließe sich z.B. durch rekursives Bewerten bestimmen. Diese Eigenschaft macht die Anwendung von (3-104) relativ unattraktiv.

Da der WACC hier auf Definition A aufsetzt, überrascht nicht, dass die Textbuch-Formel und die WACC-Definition nach (3-104) i.d.R. *nicht* identisch sind, wie dies schon bei der autonomen Politik der Fall ist. Es besteht folgender Zusammenhang zwischen Formel (3-104) und der Textbuch-Formel (3-85):

$$\underbrace{k_S - \left[i\left[s^0(1-s_{IE}) - (s_{IF} - s_{IE})\right]\cdot m - s_{IE}\cdot\left[1+g_{F,t} - m\right]\right]\cdot L_{t-1}}_{\text{Formel (3–104)}}$$

$$= \underbrace{k^F_S\cdot(1-L_{t-1}) + i(1-s^0)(1-s_{IE})\cdot L_{t-1}}_{\text{Formel (3-85)}} + s_{IE}\cdot g_{F,t}\cdot L_{t-1}$$

(3-104) und (3-85) sind dann identisch, wenn $s_{IE} = 0$ und/oder $g_{F,t} = 0$ (bzw. trivial $F_{t-1}=0$). Die Ursache für das Auseinanderdriften besteht in dem Einkommensteuereffekt II. Bei konstantem L muss der WACC-Satz nach Definition (3-104) nicht konstant sein, wenn das Fremdkapital *nicht* konstant wächst ($g_{F,t}$). (3-85) ist unabhängig von $g_{F,t}$, während (3-104) freilich abhängig von der Wachstumsrate ist.

Beispiel: Daten wie im obigen Beispiel ($L \Rightarrow 0{,}4$), wobei $g_{F,t} = 0{,}03$

$\Rightarrow$ WACC nach (3-104) 0,08882216 und nach (3-85) 0,08672216;

(3-104) – (3-85) = 0,5 · 0,35 · 0,03 · 0,4 = 0,0021.

Allgemein gilt dann für eine Bewertung mit dem WACC nach (3-104):

$$(3-105)\; E_0\left[\tilde{V}^F_{\tau-1}\right] = \sum_{t=\tau}^{n} \frac{E_0\left[\tilde{D}_t\right]\cdot(1-s_{IE})}{\prod_{j=\tau}^{t}(1+WACC_j)}$$

Im Fall der ewigen Rente ($g_D = g_F$) ergibt sich:

$$(3-106)\ E_0\left[\tilde{V}_{\tau-1}^F\right] = \frac{E_0\left[\tilde{D}_t\right]\cdot(1-s_{IE})}{WACC-g}$$

$$\text{(3-107)}\ WACC = k_S - \left[i\left[s^0(1-s_{IE})-(s_{IF}-s_{IE})\right]\cdot m - s_{IE}\cdot[1+g-m]\right]\cdot L$$

Da im Fall der ewigen Rente g konstant ist, braucht nun *nicht* rekursiv bewertet werden. Dies gilt auch für den Fall, dass die absoluten Fremdkapitalwerte nicht bekannt sein sollten. Die Cashflows wachsen geometrisch konstant, daher ist WACC auch konstant. (3-104) und (3-85) sind aber dennoch nicht identisch, wenn $g \neq 0$ ist.

Außerhalb des Falls der ewigen Rente ist diese WACC-Definition im Vergleich zum APV-Ansatz rechentechnisch nicht praktikabel. Die zweite zu betrachtende Definition löst die Zirkularitäten auf. Es lässt sich dann analog zu dem Vorgehen von Clubb/Doran (1992)[927] die obige Beziehung (3-100) zu dem WACC umformulieren:[928]

$$\text{(3-108)}\ WACC = k_S - mL\left(i\left[s^0(1-s_{IE})-(s_{IF}-s_{IE})\right]+s_{IE}-s_{IE}/m\right)\ \text{bzw.}$$

$$WACC = k_S - L\left(ms^Z - s_{IE}\right)\ \text{mit}\ s^Z = i\left[s^0(1-s_{IE})-(s_{IF}-s_{IE})\right]+s_{IE}$$

Die Definition nach (3-108) ist mit dem Textbuch-WACC gemäß (3-85) kompatibel, wenn in diesen die geforderte Rendite bei Mischfinanzierung gemäß (3-103) eingesetzt wird.[929] D.h. der Term $s_{IE}\cdot g_{F,t}\cdot L_{t-1}$ wird aus (3-104) ausgeklammert und innerhalb des Formelgerüsts von (3-105) äquivalent verschoben. Der Unterschied der so entstandenen Formeln (3-108) und (3-109) zu der ersten Definition nach (3-104) und (3-105) ist nun, dass bei der Bewertung nach (3-108) sowohl Cashflows als auch WACC durch den Faktor $1-Ls_{IE}$ dividiert werden müssen.[930]

$$(3-109)\ E_0\left[\tilde{V}_{\tau-1}^F\right] = \sum_{t=\tau}^{n}\frac{E_0\left[\tilde{D}_t\right]\cdot(1-s_{IE})/(1-Ls_{IE})}{\left(1+WACC/(1-Ls_{IE})\right)^{t-\tau+1}} = \frac{1-s_{IE}}{1-Ls_{IE}}\cdot\sum_{t=\tau}^{n}\frac{E_0\left[\tilde{D}_t\right]}{\left(1+WACC/(1-Ls_{IE})\right)^{t-\tau+1}}$$

Die Bewertungsergebnisse sind aber bei konsistenter Anwendung äquivalent. Ihre Existenz verdanken beide Definitionen dem zweiten Einkommensteuereffekt. Der Vorteil der zweiten WACC-Definition ist, dass sie nicht rekursiv arbeitet wie die erste Definition. Einen rechentechnischen Vorteil gegenüber dem APV-Ansatz nach (3-100) liefert dieser WACC-Ansatz aber auch nicht.[931]

---

927 Vgl. Clubb/Doran (1992), S. 45.

928 Vgl. den Anhang 3-12a).

929 Dieser Textbuch-WACC ist identisch mit der Formel [11] von Clubb/Doran (1992), S. 46.

$$WACC = k_s^F\cdot(1-L)+i(1-s)(1-s_{IF})\cdot L$$

930 Vgl. Clubb/Doran (1992), S. 46-47.

931 Der Total Cashflow-Ansatz hat auch in diesem Fall Probleme, weil er die aus L resultierenden Steuereffekte, die im Total Cashflow berücksichtigt werden, a priori nicht kennt. Der DUK ist gleichwohl unabhängig von g.

$$(3-110)\ DUK = k_S - \left(i\left\{s^0(1-s_{IE})-(s_{IF}-s_{IE})\right\}+s_{IE}\right)\cdot L\cdot(m-1)$$

Vgl. zur Ableitung den Anhang 3-13.

Es bietet sich nun an, einige Spezialfälle aus der Literatur näher zu betrachten:

1) Wird ein *risikoloses* Projekt vollständig fremdfinanziert, d.h. L = 1, dann ergibt sich ebenfalls (!) - wie von Ruback (1986) für ein *einfaches Steuersystem ohne persönliche Steuern* schon nachgewiesen - folgender WACC, indem k_S mit $i(1-s_{IF})$ substituiert wird, wobei m dann natürlich 1 beträgt:[932]

$$\text{WACC} = i\left(1 - s^0\right)$$

Das Ergebnis dürfte zunächst verblüffen. Dieser WACC ist unabhängig von s_{IF} und s_{IE}![933] Beachtet man jedoch die alternative Fragestellung, wie viel Fremdkapital auf Unternehmensebene durch dieses Projekt abgelöst werden könnte, ist einleuchtend, dass im Thesaurierungsfall die Überschüsse nur nach Unternehmensteuern mit einer Innenrendite vor Einkommensteuern, dem Fremdkapitalzinssatz nach Unternehmensteuern, zu diskontieren sind.[934]

2) Miles/Ezzell, die Protagonisten einer wertabhängigen Politik, haben diese Politik mit persönlichen Steuern m.W. *nicht* untersucht. Jedoch haben Ezzell/Kelly (1984) den Miller-Fall mit $s_{IE} = 0$ (und $s_{KG} = 0$) untersucht. Es folgt dann aus (3-104) bzw. (3-108):[935]

$$\text{WACC} = k_S - imL\left(s^0 - s_{IF}\right)$$

Der erste und zweite Einkommensteuereffekt kommen in dieser Konstellation gar nicht zum Tragen, weil freilich $s_{IE} = 0$ gilt.

3) Der zweite Einkommensteuereffekt wird in der Literatur oft implizit ausgeblendet. Wird bei der Formel von Clubb/Doran (1992) $s_{KG} = 0$ gesetzt, dann ergibt sich die folgende Formel:[936]

$$(3-104a)\ \text{WACC}_t = k_S - \left[i\left[s^0(1-s_{IE}) - (s_{IF} - s_{IE})\right] \cdot m - \underbrace{s_{IE} \cdot \left[1 + g_{F,t} - m\right]}_{\text{Einkommensteuereffekt II} = 0} \right] \cdot L_{t-1}$$

$$= k_S - imL_{t-1}\left[s^0(1-s_{IE}) - (s_{IF} - s_{IE})\right]$$

Hier ist $\text{WACC} = k_S^F \cdot (1-L) + i(1-s^0)(1-s_{IE}) \cdot L$ - der Textbuch-WACC nach (3-85) - ohne Umschweife gültig.

Nun könnte man auch auf die Idee kommen, die Vereinfachung von Harris/Pringle (HP), die in einem einfachen Steuersystem gilt, auf das vorliegende System, das die Einkommensteuer einbezieht, zu übertragen. Der Vorschlag von Harris/Pringle verzichtet auf die oben dargestellten analog zu Miles/Ezzell differenzierten Diskontierungssätze zur Wertbestimmung von $E_0\left[\Delta\tilde{V}_{t-1}^F\right]$ und geht in einem diskreten Modell vereinfachend von einer durchgängigen Rendite in Höhe von k_S aus. In einem einfachen Steuersystem sind die Formeln dann weniger komplex und diese

---

932 Taggart (1991), S. 19, zeigt dies auch für die spezifischen Bewertungsformeln von Taggart (1991) bzw. Sick (1990), die in 3.3.7.1.1. noch diskutiert werden. Brennan (2001), S. 27, zeigt dies für den Fall $s_{IE} = 0$ und Richter (2002c), S. 18, für den Fall ohne Einkommensteuereffekt II. Vgl. zur Ableitung den Anhang 3-12b). Dieses Ergebnis gilt freilich nur, wenn die Steuerbemessungsgrundlagen auf Unternehmensebene nicht erschöpft sind. Dies wird am Einzelfall konkret zu prüfen sein. Dass das Fremdkapital zustandsunabhängig zurückgezahlt werden kann, ist dann stets gewährleistet, da alle Dividenden null betragen müssen, weil $E^F = V^F - F$ definitionsgemäß null beträgt.

933 Und es kann noch hinzugefügt werden: Ebenso ist der WACC unabhängig von der Kursgewinnbesteuerung, d.h. von s_{KG}. Dies kann gezeigt werden an den später noch zu diskutierenden Gleichungen (3-134) und (3-135).

934 Vgl. zu diesem Ergebnis im Anrechnungsverfahren auch Drukarczyk (2003b), S. 54-55.

935 Diese Konstellation ist also ein Spezialfall der allgemeineren Formeln. Ezzell/Kelly (1984), S. 51, schätzen diesen Umstand auch klar ein.

936 Vgl. Clubb/Doran (1992), sowie ohne Kursgewinnsteuern Kruschwitz (2002), S. 252, Richter (2002c), bzw. Drukarczyk (2001) im HP-Fall.

Vereinfachung gilt als akzeptabel. Lassen sich diese Ergebnisse auch auf die hier untersuchte Konstellation übertragen?

3.3.3.4. Modifikation nach Harris/Pringle – eine Vereinfachung?

Da die Einkommensteuer im Regelfall jährlich erhoben wird, könnte die Anwendung der HP-Formeln im diskreten Modell tolerierbar sein, wenn das Fehlerniveau akzeptabel wäre und eine Rechenvereinfachung stattfände. Setzte man in (3-103) m = 1, gälte:

$$k_S^F = k_S + (k_S - i(1 - s_{IF})) \cdot \frac{L_{t-1}}{1 - L_{t-1}}$$

Bezogen auf die Cashflow-Definition nach (3-102) wird der Bewertungsfehler jedoch zu groß, weil unverändert von der Existenz des zweiten Einkommensteuereffekts ausgegangen wird. Für den steuerlichen Vorteil ist bei ewiger Rente mit Wachstum folgende Implikation durch die obige Renditedefinition hervorgerufen:

$$\Delta V_0^F = F_0 \cdot \frac{i[s^0(1 - s_{IE}) + (s_{IE} - s_{IF})] - g s_{IE}}{k_S - g}$$

Ein Vergleich mit (3-95) zeigt die Abweichung aufgrund des zweiten Einkommensteuereffekts. Wollte man nur einen „kleineren" Bewertungsfehler in Kauf nehmen, indem gilt: $\Delta V_0^{F,HP} = \frac{\Delta V_0^{F,ME}}{m}$, vereinfachten sich die Renditedefinitionen nicht wesentlich. Für den WACC gälte dann im Fall der ewigen Rente als Analogon zu (3-107):[937]

$$WACC^{HP} = k_S - L\{i[s^0(1 - s_{IE}) - (s_{IF} - s_{IE})] - s_{IE} \cdot [(1+g)/m - 1]\}$$

M. a. W. ist der Lösungsbeitrag der HP-Idee unter Berücksichtigung von Einkommensteuern als gering einzustufen, wenn der Einkommensteuereffekt II greift. Die Renditedefinition ist nicht einfacher als im reinterpretierten ME-Fall, zudem handelt es sich um eine Näherungslösung. Wenn der Einkommensteuereffekt II außen vorgelassen werden kann, z.B. weil eine Vollausschüttung unterstellt ist, ändert sich aber diese Einschätzung.[938]

Es ist unmittelbar erkennbar, dass sich in diesem Fall die Bewertung mit und ohne Einkommensteuer nur durch einen Skalar unterscheidet. Statt s_K im einfachen Unternehmensteuersystem gilt nun $[s^0(1 - s_{IE}) - (s_{IF} - s_{IE})]$. Deshalb können die Ergebnisse aus Kapitel 3.2. leicht modifiziert übernommen werden. Nach dem APV-Ansatz ergibt sich dann analog zu (3-94):

$$\Delta V_0^F = \sum_{t=1}^{n} \left[E_0[\tilde{F}_{t-1}] \cdot [s^0(1 - s_{IE}) - (s_{IF} - s_{IE})] \cdot i\right] \cdot (1 + k_S)^{-t}$$

Equity-Ansatz analog nach (3-103) mit m = 1: $k_{S,t}^F = k_S + (k_S - i(1 - s_{IF})) \cdot \frac{L_{t-1}}{1 - L_{t-1}}$

WACC-Ansatz analog nach (3-104) mit m = 1: $WACC_t = k_S - i[s^0(1 - s_{IE}) - (s_{IF} - s_{IE})] \cdot L_{t-1}$

[937] Analog sind ebenfalls keine Vereinfachungen für den Equity- und Total Cashflow-Ansatz auszumachen.

[938] Vgl. auch Drukarczyk (2003b), S. 288, für den Equity- und WACC-Ansatz im Halbeinkünfteverfahren bei ewiger Rente ohne Wachstum. Brennan (2001), S. 25-27, zeigt für den HP-Fall mit s_{IE} = 0 % die Formeln für den Equity- [27] und WACC-Ansatz [26] auf.

Total Cashflow- bzw. Capital Cashflow-Ansatz mit m = 1: $DUK = k_S$

In den folgenden Abschnitten wird der Einfluss der Einkommensteuer auf gemischte und inkrementell wertabhängige Finanzierungspolitiken untersucht, sowie die Integration von Pensionsrückstellungen vorgenommen. Auch dies ist in der Literatur in dieser Form noch nicht zu finden.

3.3.4. Gemischte Finanzierungspolitiken

Es wird nun der Fall unterschiedlich riskanter Fremdkapitalschichten analysiert mit einer Politik wertabhängiger Fremdfinanzierung und autonomer bzw. partiell wertabhängiger Pensionsrückstellungen. Es erscheint insbesondere unrealistisch, Pensionsrückstellungen über den gesamten Planungszeitraum einer wertabhängigen Politik zu unterwerfen, weil Pensionszusagen langfristig vergeben werden. Die Flexibilität scheint nicht so ausgeprägt wie bei Fremdkapital zu sein. Zunächst wird der Bestand daher autonom geplant. Diese Annahme ist indes auch nicht unproblematisch, da es kaum glaubwürdig ist, dass der Bestand an Pensionsrückstellungen über den gesamten Zeitraum nicht an neue Informationen angepasst werden soll und daher zustandsunabhängig ist.[939] Das Sonderproblem einer realitätsnahen Projektion der Evolution von Pensionskollektiven,[940] sowie der Problemkreis der Vorteilhaftigkeit von Pensionszusagen werden hier nicht adressiert. Es soll gezeigt werden, wie einzelne Ansätze mit dieser gemischten Finanzierungspolitik umgehen können. Mit der Berechnung auf Basis einer autonomen und einer wertabhängigen Politik lässt sich eine Ober- und Untergrenze abschätzen. Einen Kompromiss könnte die inkrementell wertabhängige Politik bezogen auf Pensionsrückstellungen darstellen. Zuführungen und Rentenzahlungen sind zustandsunabhängig, deren Bildung ist jedoch zustandsabhängig.[941]
Im Folgenden werden die Ergebnisse nach dem APV-Ansatz und anschließend die Bewertungen nach dem Equity- und WACC-Ansatz aufgezeigt.

3.3.4.1. APV-Ansatz

Der Wert bei Eigenfinanzierung ist unverändert, da davon ausgegangen wird, dass die operative Rendite eigenständig ermittelt werden kann und somit von dem Finanzierungsrisiko nicht abhängig ist. Es ergeben sich bei wertabhängiger Fremdfinanzierung für den APV-Ansatz folgende Steuereffekte für die Value AG:
Unternehmensteuereffekt (vgl. auch Tabelle 3-23 bei autonomer Finanzierung) nach (3-91):

---

939 Vgl. auch Drukarczyk (2003b), S. 305. Neuzusagen dürften auch vom wirtschaftlichen Umfeld abhängen, während Altzusagen - abgesehen vom Insolvenzfall - zustandsunabhängig sind. Sonstige Rückstellungen könnten vom operativen Risiko abhängen, d.h. wertabhängig geplant werden.

940 Eine Abschätzung kann in praktischen Fällen eine diffizile Angelegenheit werden. Vgl. etwa Reicherter (2003), S. 372. Bei Bellinger/Vahl (1992), S. 279, wird der Zeitraum vom Beginn der Zusagen bis zum Beharrungszustand auf durchschnittlich 20 Jahre eingeschätzt. Der Planungshorizont des expliziten Zeitraums muss nicht mit dem Zeitraum übereinstimmen, bis der Beharrungszustand eintritt. Eine separate Rechnung wird dann nötig. Im Beispiel der Value AG fallen der explizite Prognosezeitraum der operativen Planung und der Zeitraum, bis der Beharrungszustand des Kollektivs eintritt, zusammen. Aufgrund der versicherungsmathematischen Expertise wird das Hinzuziehen eines Aktuars empfohlen Vgl. etwa Wirtschaftsprüfer-Handbuch (1998), S. 85-86; Wiedmann/Aders/Wagner (2001), S. 730-732.

941 Die Implementierung dieser Politik kann freilich nicht gemäß der üblichen Annahme $n \rightarrow \infty$ erfolgen, weil Ansparprozess und Rentenzahlung nur über einen begrenzten Zeitraum erfolgen. Vgl. grundsätzlich Anhang 3-3 hierzu. Langfristig nimmt der Einfluss der wertabhängigen Komponente dann zu, es sei denn, das erwartete Kollektiv schrumpft.

	t = 0	1	2	3	4	5	6	7	8ff
(1) $i \cdot E_0[\tilde{F}_t] \cdot s^0(1-0{,}5s_I)$		127,8	117,6	116,2	114,7	110,3	106,7	99,9	98,1
(2) $E_0[\tilde{V}_t^{USt,F}]$	1.179,6	1.156,6	1.142,2	1.127,8	1.113,7	1.102,9	1.094,8	1.093,1	1.179,6

Tabelle 3-38: Unternehmensteuereffekt bei wertabhängiger Fremdfinanzierung

Einkommensteuereffekt I (vgl. auch Tabelle 3-24 bei autonomer Finanzierung) nach (3-92):

	t = 0	1	2	3	4	5	6	7	8ff
(1) $-i \cdot 0{,}5s_I \cdot E_0[\tilde{F}_t]$		-72,3	-66,5	-65,7	-64,9	-62,4	-60,3	-56,5	-55,5
(2) $E_0[\tilde{V}_{t,I}^{ESt,F}]$	-667,2	-654,2	-646,1	-638,0	-630,0	-623,9	-619,4	-618,4	-667,2

Tabelle 3-39: Einkommensteuereffekt I bei wertabhängiger Fremdfinanzierung

Einkommensteuereffekt II (vgl. auch Tabellen 3-15 und 3-25 bei autonomer Finanzierung) nach (3-93):

	t = 0	1	2	3	4	5	6	7	8ff
(1) Fremdkapital	5.900,0	5.428,6	5.363,1	5.297,9	5.094,6	4.926,1	4.612,8	4.528,9	4.528,9
(2) $E_0[\tilde{V}_{t,II}^{ESt,F}]$	598,9	524,8	518,7	512,5	482,1	456,6	404,8	390,7	390,7

Tabelle 3-40: Einkommensteuereffekt II bei wertabhängiger Fremdfinanzierung

Zunächst wird davon ausgegangen, dass die Pensionsrückstellungen vollkommen autonom sind. Insgesamt erhält man dann (vgl. auch Tabelle 3-33 bei vollkommen autonomer Finanzierung):

in 1.000 €	t = 0	1	2	3	4	5	6	7ff
$E_0[\tilde{V}_t^E]$	20.463	20.583	21.044	21.559	21.992	22.467	22.844	23.435
$E_0[\tilde{E}_t^F]$	9.617	10.076	10.546	11.071	11.632	12.210	12.814	13.446
$E_0[\tilde{P}_t]$	7.642	7.702	7.758	7.810	7.858	7.902	7.940	7.973
$E_0[\tilde{F}_t]$	5.900	5.429	5.363	5.298	5.095	4.926	4.613	4.529
$E_0[\tilde{V}_t^{F,P}]$	23.159	23.207	23.667	24.179	24.585	25.038	25.367	25.948
./. $E_0[\Delta\tilde{V}_t^P]$	1.585	1.597	1.608	1.618	1.627	1.635	1.643	1.648
./. $E_0[\Delta\tilde{V}_t^F]$	1.111	1.027	1.015	1.002	966	936	880	865
$E_0[\tilde{V}_t^E]$	20.463	20.583	21.044	21.559	21.992	22.467	22.844	23.435

Tabelle 3-41: Unbedingt erwartete Marktwertbilanzen bei autonom-wertabhängiger Finanzierungspolitik

Stellt man die Wertpositionen von verzinslichem Fremdkapital bei autonomer und wertabhängiger Politik unter Berücksichtigung von Steuern gegenüber, ergibt sich ausgehend von Tabelle 3-22:

	t = 0	1	2	3	4	5	6	7ff
Autonom: $F_t^{Pr} = F_t - \Delta V_t^F$	4.717	4.330	4.277	4.225	4.058	3.920	3.662	3.593
Wertabhängig: $E_0\left[F_t - \Delta\widetilde{V}_t^F\right]$	4.789	4.402	4.348	4.296	4.129	3.990	3.733	3.664
Differenz	-72	-72	-71	-71	-71	-70	-71	-71

Es ist interessant zu beobachten, dass die Wertunterschiede von autonomer und wertabhängiger Finanzierungspolitik bei einer F-Planungsdoktrin für die Value AG *nicht* dramatisch sind. Bei wertabhängiger Politik fallen die Werte c.p. geringfügig kleiner aus. Verglich man Wertunterschiede in einem einfachen Steuersystem, fielen diese i.d.R. prononcierter aus.

Implizit ergeben sich folgende (unbedingt gewichtete) Fremdkapitalquoten $L_t = F_t/V_t^{F,P}$ im Zeitablauf bei autonomer bzw. wertabhängiger Finanzierungspolitik:

	t = 0	1	2	3	4	5	6	7ff
Autonom: $L_t = F_t/V_t^{F,P}$	25,40%	23,32%	22,59%	21,85%	20,66%	19,62%	18,13%	17,41%
Wertabhängig: $L_t = F_t/V_t^{F,P}$	25,48%	23,39%	22,66%	21,91%	20,72%	19,67%	18,18%	17,45%

Wird nun davon ausgegangen, dass Pensionsrückstellungen im Extremfall vollkommen wertabhängig wären (Szenario A), kann zur Berechnung der Wertpositionen folgende Formel analog zu (3-96) eingesetzt werden:

$$E_0\left[\Delta\widetilde{V}_{\tau-1}^P - \widetilde{P}_{\tau-1}\right] = (1 - s_{IE}) \cdot m \cdot \sum_{t=\tau}^{n}\left(E_0\left[Z\widetilde{P}R_t\right] \cdot \left(s^0 - 1\right) - E_0\left[\widetilde{P}R_{t-1}\right] + E_0\left[\widetilde{P}R_t\right]/m\right) \cdot (1 + k_S)^{-(t-\tau+1)}$$

Bei Pensionsrückstellungen erhält man ausgehend von Tabelle 3-27 dann folgende Differenzen, wenn die Werteffekte gegenübergestellt werden:

	t = 0	1	2	3	4	5	6	7ff
Autonom: $F_t^{Pr} = P_t - \Delta V_t^P$	6.057	6.105	6.150	6.192	6.231	6.266	6.297	6.324
Wertabhängig: $E_0\left[\widetilde{P}_t - \Delta\widetilde{V}_t^P\right]$	4.242	4.286	4.329	4.369	4.407	4.442	4.473	4.500
Differenz	1.815	1.819	1.821	1.823	1.824	1.825	1.824	1.825

Tabelle A: Autonome vs. wertabhängige Pensionsrückstellungen

Die positive Differenz zeigt an, dass das arbitrageäquivalente Fremdkapital auf privater Ebene bei wertabhängiger Politik bedeutend geringer ist. D.h. der Wert des Eigenkapitals steigt c.p. im Vergleich zu autonom geplanten Pensionsrückstellungen.
Nun ist - wie schon angedeutet - eine wertabhängige Politik z.B. für die explizite Phase nicht realistisch. Im Anschluss an diese Phase könnte ein allmählicher, ansatzweiser Übergang zu dieser Politik jedoch realistisch sein, wie mit dem Hinweis auf eine inkrementell wertabhängige Politik schon angedeutet wurde. Zumindest dürfte in diesem Beispiel deutlich geworden sein, dass eine Verfeinerung des Kalküls lohnenswert erscheint, da - wie die Differenzen zeigen - der Einfluss

der Unsicherheit spürbar sein kann. Die Differenzen sind auch schon zu Beginn des Beharrungszustandes aus Sicht von t = 0 groß.

Wird, um ein wenig mehr Realitätsnähe in das Beispiel zu bringen, eine Politik mit vollkommen sicheren Steuervorteilen in der ersten Phase und vollkommen unsicheren in der zweiten Phase angenommen (Szenario B), ergeben sich folgende Zahlen:[942]

	t = 0	1	2	3	4	5	6	7ff
Autonom: $F_t^{Pr} = P_t - \Delta V_t^P$	6.057	6.105	6.150	6.192	6.231	6.266	6.297	6.324
Autonom/Wertabhängig: $E_0\left[\widetilde{P}_t - \Delta\widetilde{V}_t^P\right]$	4.721	4.708	4.689	4.665	4.634	4.597	4.552	4.500
Differenz	1.336	1.397	1.461	1.527	1.597	1.670	1.745	1.825

Tabelle B: Autonome vs. temporär wertabhängige Pensionsrückstellungen

Auch bei Szenario B steigt c.p. der Wert des Eigenkapitals im Vergleich zu autonom geplanten Pensionsrückstellungen. Die Differenzen sind immer noch groß und nehmen im Zeitablauf aufgrund des Übergangs zu der wertabhängigen Politik zu. Dies spricht dafür, dass bei gegebenem k_S eine differenziertere Erfassung der steuerlichen Vorteile aus Pensionsrückstellungen lohnen kann, auch wenn - wie schon angedeutet - der Kalkül dadurch komplexer wird.

3.3.4.2. Equity-Ansatz

Bei einer gemischten Finanzierungspolitik ist die Ableitung von gewichteten unbedingt erwarteten Renditen etwas aufwendiger, da die Rendite $E_0^w\left[k_t^*\right]$ des Steuereffekts $E_0\left[\Delta\widetilde{V}_{t-1}^{F,P}\right]$ weder k_S (so im HP-Fall) noch i_S entsprechen muss. Generell gilt für $E_0^w\left[\widetilde{k}_{S,t}^F\right]$ nach (3-22) unter expliziter Berücksichtigung von Pensionsrückstellungen:[943]

$$E_0^w\left[\widetilde{k}_{S,t}^F\right] = k_S + \frac{(k_S - i_S)\cdot E_0\left[\widetilde{F}_{t-1} + \widetilde{P}_{t-1}\right] - \left(k_S - E_0^w\left[\widetilde{k}_t^*\right]\right)\cdot E_0\left[\Delta\widetilde{V}_{t-1}^{F,P}\right]}{E_0\left[\widetilde{E}_{t-1}^F\right]},$$

$$\text{wobei } E_0^w\left[\widetilde{k}_t^*\right] = \frac{E_0\left[\Delta\widetilde{V}_t^{F,P} - \Delta\widetilde{V}_{t-1}^{F,P} + \Delta\widetilde{S}_t^{F,P}\right]}{E_0\left[\Delta\widetilde{V}_{t-1}^{F,P}\right]}$$

3.3.4.3. WACC-Ansatz

Bei einer solchen Politik kann die allgemein gültige Formel nach (3-80)

$$E_0^w\left[W\widetilde{A}CC_t\right] = E_0^w\left[\widetilde{k}_{S,t}^F\right]\cdot\frac{E_0\left[\widetilde{E}_{t-1}^F\right]}{E_0\left[\widetilde{V}_{t-1}^{F,P}\right]} + i(1 - s_{IF})\cdot\frac{E_0\left[\widetilde{F}_{t-1} + \widetilde{P}_{t-1}\right]}{E_0\left[\widetilde{V}_{t-1}^{F,P}\right]} - \frac{E_0\left[\Delta\widetilde{S}_t^{F,P}\right]}{E_0\left[\widetilde{V}_{t-1}^{F,P}\right]}$$

bzw. in Analogie zu (3-21) oder (3-81) eingesetzt werden:

---

942 Der Endwert in t = 7 wird mit der Rendite der ersten Phase, also mit i_S auf den Bewertungsstichpunkt t = 0 transformiert. Vgl. zur Diskussion um die Diskontierung des Endwerts innerhalb der expliziten Phase auch 3.2.8.3.2.

943 Diese Formel ist die generelle Formel. Sie umfasst die Formeln (3-75) bzw. (3-76) für eine autonome und (3-103) für eine wertabhängige Politik.

$$E_0^w\left[\widetilde{WACC}_t\right] = k_S - \frac{E_0\left[\Delta\widetilde{V}_{t-1}^{F,P}\right](1+k_S) - E_0\left[\Delta\widetilde{V}_t^{F,P}\right]}{E_0\left[\widetilde{V}_{t-1}^{F,P}\right]}$$

Bei dem Total Cashflow-Ansatz lässt sich ebenfalls die Textbuch-Formel einsetzen.

$$\text{(3-86)}\quad E_0^w\left[\widetilde{DÜK}_t\right] = E_0^w\left[\widetilde{k}_{S,t}^F\right]\cdot\frac{E_0\left[\widetilde{E}_{t-1}^F\right]}{E_0\left[\widetilde{V}_{t-1}^{F,P}\right]} + i(1-s_{IF})\cdot\frac{E_0\left[\widetilde{F}_{t-1}+\widetilde{P}_{t-1}\right]}{E_0\left[\widetilde{V}_{t-1}^{F,P}\right]}$$

Damit ergeben sich bei autonom-wertabhängiger Finanzierungspolitik (nach Tabelle 3-41)[944] die gewichteten unbedingt erwarteten Renditen im Vergleich zu Tabelle 3-36 wie folgt (Cashflows sind unverändert):

	t = 1	2	3	4	5	6	7	8ff
$E_0^w\left[\widetilde{k}_t^*\right]$	4,68%	4,69%	4,65%	4,69%	4,67%	4,69%	4,63%	4,68%
$E_0^w\left[\widetilde{k}_{S,t}^F\right]$	15,52%	14,42%	14,23%	13,99%	13,71%	13,48%	13,17%	13,01%
$E_0^w\left[\widetilde{WACC}_t\right]$	8,23%	8,30%	8,34%	8,26%	8,30%	8,23%	8,41%	8,48%
$E_0^w\left[\widetilde{DÜK}_t\right]$	8,84%	8,86%	8,87%	8,88%	8,89%	8,91%	8,92%	8,93%

Tabelle 3-42: Gewichtete unbedingt erwartete Renditen der gemischten Politik

Die Renditen $E_0^w\left[\widetilde{DÜK}_t\right]$, $E_0^w\left[\widetilde{WACC}_t\right]$ und $E_0^w\left[\widetilde{k}_{S,t}^F\right]$ sind in diesem Beispiel bei der gemischten Politik nie kleiner als die bei einer rein autonomen Politik (nach Tabelle 3-36). Dieses Ergebnis ist auch zu erwarten, da das Risiko der Steuervorteile nun angehoben wird.
Die Bewertungsabweichungen im Beispiel betragen im Zeitablauf nur rund 1 % des Werts des Eigenkapitals $\left(\frac{E_0\left[\widetilde{E}_t^{F,a}\right]}{E_0\left[\widetilde{E}_t^{F,aw}\right]}-1\right)$. In den Szenarien A und B fallen die nun negativen Abweichungen im Betrag bedeutend höher aus (durchgehend über 10 %). Ebenso in Abschnitt 3.3.6. wird gezeigt, dass die Abweichungen auch im Halbeinkünfteverfahren weitaus höher ausfallen können, wenn der Endwert als ewige Rente mit Wachstum modelliert wird.

944 Die Szenarien A und B lassen sich ganz analog über die obigen Renditegleichungen bestimmen.

3.3.5. Inkrementell wertabhängige Finanzierungspolitik
3.3.5.1. APV-Ansatz

Auch hier wird lediglich zur Vereinfachung der Notation von einer deterministischen Rendite k_s gemäß dem reinterpretierten Modell nach Miles/Ezzell ausgegangen. Hinreichend sind zulässige Renditen gemäß der stochastischen Struktur des reinterpretierten Miles/Ezzell-Modells. Bei einer inkrementell wertabhängigen Finanzierungspolitik treten generell auch Unternehmen- und Einkommensteuereffekte auf. Die Tabelle 3-43 zeigt, wie diese Politik effizient über eine zeilenweise Erfassung bewertet werden kann. Die Darstellung beschränkt sich auf die Wirkungen verzinslichen Fremdkapitals.

	t = 0	t = 1	t = 2	...	$t \to \infty$
(1)[945]		$is(1-s_{IF})F_0$	$is(1-s_{IF})F_0$	...	$is(1-s_{IF})F_0$
(2)		$-s_{IE} \cdot E_0\left[\Delta\tilde{F}_1\right]$			
(3)			$i \cdot s(1-s_{IF}) \cdot E_0\left[\Delta\tilde{F}_1\right]$	...	$i \cdot s(1-s_{IF}) \cdot E_0\left[\Delta\tilde{F}_1\right]$
...			$-s_{IE} \cdot E_0\left[\Delta\tilde{F}_2\right]$		
...				...	...

Tabelle 3-43: Entwicklung der inkrementell wertabhängigen Politik

Die folgende Formel beinhaltet den Unternehmen- und Einkommensteuereffekt I als auch den Einkommensteuereffekt II.

$$(3-111)\ \Delta V_0^F = s \cdot F_0 + \sum_{t=1}^{\infty} \frac{(s-s_{IE}) \cdot E_0\left[\tilde{F}_t - \tilde{F}_{t-1}\right]}{(1+k_S)^t}, \text{ wobei } s = 1 - \frac{\left(1-s^0\right) \cdot \left(1-s_{IE}\right)}{1-s_{IF}}.$$

Im Fall der ewigen Rente mit Wachstum ergibt sich:[946]

$$(3\text{-}112)\ \Delta V_0^F = F_0 \frac{s \cdot k_S - s_{IE} \cdot g}{k_S - g}$$

Ohne Wachstum erhält man folglich: $\Delta V_0^F = s \cdot F_0$. Die autonome sowie die inkrementell wertabhängige Politik sind in diesem Fall identisch.

Der Wert beträgt bei der Value AG mit s ≈ 0,2068 in t = 0: 1.187,7. Dieser Wert wird in der folgenden Tabelle 3-44 berechnet, indem nach (3-111) in Unternehmen- und Einkommensteuereffekt I - $V^{USt,F} + V_I^{ESt,F} = s \cdot F_0 + \sum_{t=1}^{\infty} \frac{s \cdot E_0\left[\tilde{F}_t - \tilde{F}_{t-1}\right]}{(1+k_S)^t}$ - sowie Einkommensteuereffekt II - $V_{II}^{ESt,F} = -\sum_{t=1}^{\infty} \frac{s_{IE} \cdot E_0\left[\tilde{F}_t - \tilde{F}_{t-1}\right]}{(1+k_S)^t}$ - aufgespaltet wird.

945 $s(1-s_{IF}) = s^0\left(1-s_{IE}\right) - \left(s_{IF}-s_{IE}\right) = 1 - s_{IF} - \left(1-s^0\right)\left(1-s_{IE}\right) = s^0\left(1-0{,}5s_I\right) - 0{,}5s_I$

946 Vgl. Anhang 3-14.

in 1.000 €	t = 0	1	2	3	4	5	6	7ff
$E_0\left[\tilde{V}_t^{USt,F} + \tilde{V}_{I,t}^{ESt,F}\right]$	1.010,5	990,9	978,5	966,3	954,2	944,8	937,9	936,4
$E_0\left[\tilde{V}_{II,t}^{ESt,F}\right]$	177,2	111,4	110,3	109,3	84,0	62,4	13,5	0
$E_0\left[\Delta\tilde{V}_t^F\right]$	1.187,7	1.102,3	1.088,8	1.075,6	1.038,2	1.007,2	951,4	936,4[947]

Tabelle 3-44: Steuereffekt der inkrementell wertabhängigen Finanzierungspolitik

Dieser Wert ist im Beispiel nur geringfügig höher als derjenige bei autonomer Finanzierungspolitik von 1.183. Der Wert kann bei inkrementell wertabhängiger Politik bekanntlich höher als bei autonomer Politik sein, wenn Fremdkapital im Zeitablauf getilgt wird. Genau dies ist hier der Fall (vgl. Tabelle 3-25).

3.3.5.2. Equity-Ansatz

Generell kann im Equity-Ansatz - wie schon bei der gemischten Politik gezeigt - mit einer Formel nach (3-22) bewertet werden. Im Fall der ewigen Rente mit Wachstum kann eine spezifische Rendite abgeleitet werden:[948]

$$(3\text{-}113)\quad E_0^w\left[\tilde{k}_S^F\right] = k_S + \left\{k_S(1-s) - i\left(1-s^0\right)\left(1-s_{IE}\right)\right\}\frac{E_0\left[\tilde{F}\right]}{E_0\left[\tilde{E}^F\right]}$$

Setzt man alle persönlichen Steuern null, gelangt man wieder zu der Formel innerhalb des einfachen Steuersystems. Zudem ist die Formel – wie im einfachen Steuersystem auch – identisch mit der Formel für den Fall der ewigen Rente ohne Wachstum bei autonomer Finanzierungspolitik, hier nach (3-78) mit g = 0.[949] Ebenfalls wird deutlich, dass eine ad hoc-Anpassung der Formel (3-36) des einfachen Steuersystems etwa über $E_0^w\left[\tilde{k}^F\right]\left(1-s_{IE}\right)$ fehlschlagen muss.[950]

3.3.5.3. WACC-Ansatz

Generell gilt auch hier (3-21). Im WACC-Ansatz können analog folgende Kapitalkosten im Fall der ewigen Rente mit Wachstum definiert werden:[951]

$$(3-114)\, E_0^w\left[W\tilde{A}CC\right] = k_S - \left(s \cdot k_S - s_{IE} \cdot g\right) \cdot \frac{E_0\left[\tilde{F}\right]}{E_0\left[\tilde{V}^F\right]}$$

Diese Definition erinnert an die Formel im einfachen Steuersystem bzw. in dem hier untersuchten Steuersystem an die Formel (3-84) innerhalb des Falls der ewigen Rente ohne Wachstum bei autonomer Finanzierungspolitik, lässt man den Einkommensteuereffekt II (zweiter Term in der runden Klammer) außer Acht. Zwischen dem Textbuch-WACC und (3-114) gilt ebenso wie bei autonomer bzw. wertabhängiger Politik der Zusammenhang:

947 Im Fall der ewigen Rente ohne Wachstum stimmt der Wert mit dem des Miller-Modells überein! $\Delta V_0^F = s \cdot F_0$

948 Vgl. Anhang 3-15a).

949 Abgesehen von der unterschiedlichen Stochastik natürlich.

950 Somit ist klar, dass in den in Fn. 880 zitierten Beiträgen, in denen die Finanzierungspolitik nicht konkretisiert wird, auch eine inkrementell wertabhängige Politik ausgeschlossen werden kann, weil die dort angewandte Beziehung $E_0^w\left[\tilde{k}^F\right]\left(1-s_{IE}\right)$ offensichtlich nicht gelten kann.

951 Vgl. Anhang 3-15b).

$$(3\text{-}114) = (3\text{-}85) + s_{IE}\, g\, \frac{E_0\left[\tilde{F}\right]}{E_0\left[\tilde{V}^F\right]}.$$

Mit dem Total Cashflow-Ansatz lässt sich auch generell der Textbuch-DUK anwenden. Davon ausgehend kann für den Fall der ewigen Rente mit Wachstum abgeleitet werden:[952]

$$(3-115)\; E_0^w\left[D\tilde{U}K\right] = k_S - \{k_S - i(1 - s_{IF})\} \cdot s \cdot \frac{E_0\left[\tilde{F}\right]}{E_0\left[\tilde{V}^F\right]}$$

Die Formeln sind explizit für den Fall verzinslichen Fremdkapitals dargestellt. In dieser Form taugt eine Ausdehnung dieser Politik auf Pensionsrückstellungen wie schon angedeutet noch nicht. Wie die Wirkungen von Pensionsrückstellungen explizit bei einer gemischten Politik berücksichtigt werden können, ist schon gezeigt worden.

Die Formeln wurden für den Fall der ewigen Rente explizit aufgezeigt. Sie erinnern – abgesehen vom WACC – sehr an die Formeln des einfachen Steuersystems.
Die generellen Rendite-Formeln (3-21) und (3-22) können ebenso diese Politik verarbeiten bei allgemeineren Cashflow-Mustern. Festzuhalten ist, dass die Formeln für diese Politik dann aber leider nicht mehr so leicht handhabbar sind wie im einfachen Steuersystem, wenn ein relativ komplexes Steuersystem mit differenzierten Einkommensteuern betrachtet wird.

Nun ließen sich ebenfalls eine bilanz-, cashflow- und dividendenabhängige Politik unter Berücksichtigung von Einkommensteuern diskutieren. Es wurde für die bilanzabhängige Politik bei einfacher Unternehmensteuer konstatiert, dass diese bei langfristiger Betrachtung eher zu einer wertabhängigen Politik tendiert.[953] Die cashflow- und dividendenabhängige Politik eignen sich nicht sonderlich für eine einfache Endwertbestimmung, so dass an dieser Stelle eine nähere Untersuchung dieser Politiken unterbleiben kann. Im nächsten Abschnitt interessiert, wie sich die Wertauswirkungen unterschiedlicher Politiken im Fall der ewigen Rente mit Wachstum darstellen. Dies ist interessant, da im Vergleich zum einfachen Steuersystem a priori nicht klar ist, welche Politik einen höheren Wert induziert.

3.3.6. Vergleich der Politiken im Fall der ewigen Rente mit Wachstum

Der steuerbedingte Marktwert der Fremdfinanzierung bei autonomer, wertabhängiger und inkrementell wertabhängiger Politik soll vor ausgewählten Parametern unter Variation des Einkommensteuersatzes bei gegebenem F_0 ermittelt werden. Die Annahme einer rein autonomen Politik ist - wie schon diskutiert - für den Endwert nicht sonderlich glaubwürdig. Eine rein wertabhängige Politik erscheint auch nicht gerade realistisch. Dennoch sollen diese Politiken hier diskutiert werden, um die Wertauswirkungen dieser hypothetischen Politiken mit der inkrementell wertabhängigen Politik als Kompromiss zu vergleichen.[954]
Es ist charakteristisch, dass der Wert ΔV^F bei autonomer Politik und $s_{IE} = s_{IF} = 0\ \%$ größer ist als bei wertabhängiger Politik, solange $k_S > i$ gilt. Dies entspricht dem Ergebnis innerhalb des

---

952 Vgl. Anhang 3-15c). Die Formel ist identisch mit der DUK-Formel (3-90) für den Fall der ewigen Rente ohne Wachstum bei autonomer Finanzierungspolitik.

953 Vgl. Kapitel 3.2.5.

954 Zudem bilden beide Politiken Bausteine für eine Politik nach Grinblatt/Liu (2002), die dort jedoch vor Einkommensteuern diskutiert wird. Eine Erweiterung um Einkommensteuern nehmen León/Gamba/Sick (2003) zwar vor, die jedoch auf recht spezifischen Annahmen bezüglich der Steuerwirkungen fußt. Vgl. Fn. 987.

einfachen Steuersystems. Der Wert ΔV^F ist bei inkrementell wertabhängiger Politik stets größer als der bei wertabhängiger Politik.[955] Bei g > 0 % (<0 %) führt die autonome Politik zu einem höheren (niedrigeren) Wert als die inkrementell wertabhängige Politik. Bei g = 0 % sind die Bewertungen identisch. Ein Blick auf die Formeln in Tabelle 3-45 zeigt, wieso dies so ist.[956]

Finanzierungs-politik	Mit Einkommensteuern	Ohne Einkommensteuern ($s_{IE} = s_{IF} = 0$ %)
autonom	$s^* = 1 - \frac{(1-s_{IE})\cdot(i(1-s^0)-g)}{i(1-s_{IF})-g}$	$\frac{is^0}{i-g}$
wertabhängig	$\frac{i[s^0(1-s_{IE})-(s_{IF}-s_{IE})]\cdot m - s_{IE}\cdot[1+g-m]}{k_S-g}$	$\frac{is^0\cdot m}{k-g}$
inkrementell wertabhängig	$\frac{s\cdot k_S - s_{IE}\cdot g}{k_S-g}$, wobei $s = 1-\frac{(1-s^0)(1-s_{IE})}{1-s_{IF}}$	$\frac{ks^0}{k-g} = s^0 + \frac{gs^0}{k-g}$

Tabelle 3-45: Relativer Wert des Steuereffekts der Fremdfinanzierung im Fall der ewigen Rente mit Wachstum

Werden Einkommensteuern berücksichtigt, kann die Rangfolge der Steuereffekte durcheinander gewirbelt werden. Die Rangordnung der Werte ist a priori dann nicht mehr eindeutig. In der folgenden Abbildung 3-26 wird dies für das Halbeinkünfteverfahren demonstriert.[957]
In (hier nicht gezeigten) Simulationsrechnungen lässt sich feststellen, dass die Kurven unterschiedlich elastisch auf Änderungen von s^0 reagieren. Interessant ist diese Frage, weil der Gewerbesteuerhebesatz H und der Parameter f bedeutenden Einfluss auf den effektiven Satz s^0 haben können und diese von Unternehmen zu Unternehmen im Gegensatz zu s_K variieren dürften. Sehr elastisch reagiert die Kurve bei autonomer Politik, weit weniger elastisch aber die Kurve bei wertabhängiger Politik.

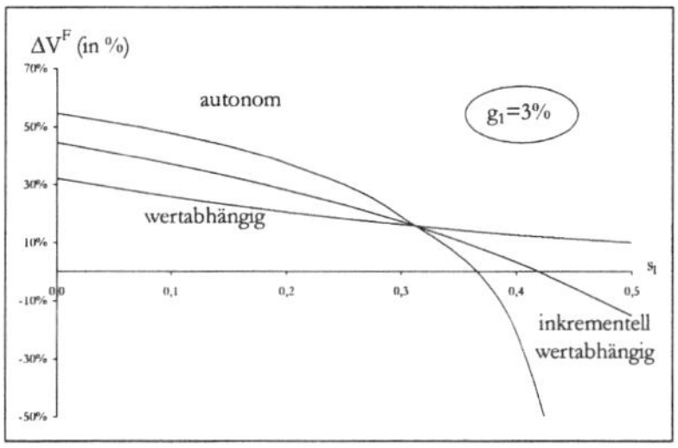

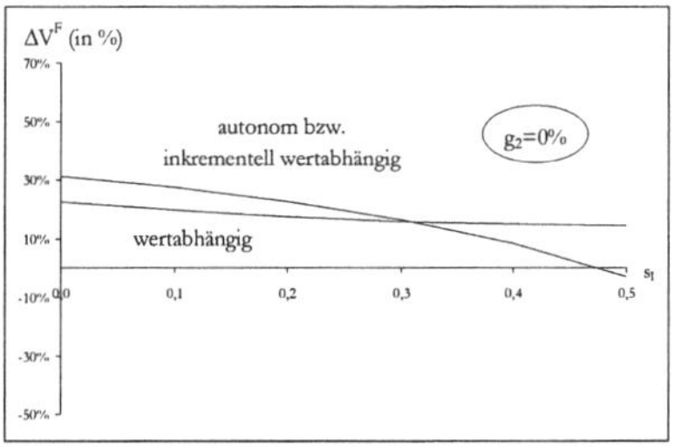

Abbildung 3-26: Autonome und (inkrementell) wertabhängige Finanzierungspolitik im Vergleich

Bei $g_2 = 0$ sind die Werte bei autonomer und inkrementell wertabhängiger Finanzierungspolitik i.a. identisch. Die Kurvenscharen schneiden sich in einem Bereich bei $s_I \approx 32$ %. In diesem Bereich reagiert der Endwert im Halbeinkünfteverfahren sehr insensitiv auf eine bestimmte

955 Ein Vergleich der Formeln zeigt, dass dies gilt bei $i{\cdot}m < k$, d.h. nach Vereinfachung bei $k > i$.

956 Vgl. die Formeln (3-65), (3-95) und (3-112) mit Einkommensteuer, sowie ohne Einkommensteuer auch Kapitel 3.2.

957 f = 0,5; s_{GE} = 0,1667; s_K = 0,25; g_1 = 0,03 bzw. g_2 = 0; i = 0,07. Es wird ein vom Einkommensteuersatz unabhängiges k_S = 10 % angenommen. Der rechten Abbildung ähnlich ist für eine autonome Politik mit Kanal (1) und ohne Annexsteuern (durchgezogene Linie) die Abbildung 3-24; dort gilt jedoch abweichend f = 1.

Politik. Für über dieser Indifferenzzone liegende Einkommensteuersätze wird die vor Einkommensteuern geltende Rangordnung auf den Kopf gestellt.[958]

Das rechte Schaubild der Abbildung 3-26 verdeutlicht, wieso der Unterschied zwischen autonomer und wertabhängiger Politik im Fall der Value AG eher geringfügig ist. Der Endwert macht auch bei dem Wert des Steuervorteils den Löwenanteil aus. Wesentlich beeinflussen neben der Finanzierungspolitik die Wachstumsrate sowie der Einkommensteuersatz den Endwert. Bei der Value AG sind die Parameter mit g = 0 % und s_I = 35 % so ausgestaltet, dass die wertmäßigen Unterschiede zwischen den Politiken eher geringfügig ausfallen. Würde beispielsweise wie im linken Schaubild von 3 % ausgegangen, wären die relativen Unterschiede selbst bei gleich bleibendem Einkommensteuersatz schon größer.

Bislang wurde das Vorgehen des APV-Ansatzes auf Basis einer F-Doktrin genutzt, um die Steuereffekte ΔV^F explizit zu zeigen. Implizit lassen sich diese freilich auch über die anderen DCF-Ansätze verarbeiten.
In der Tabelle 3-46 sind daher weitere DCF-Formeln für die ewige Rente mit Wachstum noch einmal zusammengestellt. Diese Formeln, die sich für jene häufig zum Einsatz kommende Endwert-Konvention anbieten, mutieren zu den analogen Formeln aus Kapitel 3.2., wenn alle persönlichen Einkommensteuersätze 0 % betragen.[959] Die Textbuch-Formeln gelten unabhängig von der gewählten Finanzierungspolitik. Die Rendite $E_0^w\left[\tilde{k}_S^F\right]$ legt dann jedoch (implizit) die Finanzierungspolitik fest.

---

[958] Bei der wertabhängigen Politik wird der Einkommensteuereffekt II oft außen vorgelassen. Im Fall der ewigen Rente mit und ohne Wachstum ist die Wertabweichung dann relativ groß. Mit steigendem Einkommensteuersatz erhöht sich diese Differenz. Die entsprechenden Kurven sind der Übersicht halber nicht eigens abgebildet. Beide Kurven bei dem jeweiligen g haben bei etwa $s_I \approx 50$ % ein $\Delta V_0^F = 0$ und starten von den ursprünglichen Werten bei $s_I = 0$. Der Verlauf der Kurven ist nahezu linear. Diese sich ergebenden Werte sind dann unterschätzt, wenn der Einkommensteuereffekt II tatsächlich vorliegt, aber nicht modelliert wird.
Graham (2000), Fn. 9, S. 1919-1920, berichtet, dass seine Schätzung des Steuervorteils kleiner ausfiele, wenn eine wertabhängige Politik modelliert würde. Graham (2000) erläutert seine alternative Berechnung nicht näher („a variation of Miles/Ezzell (1985)"). Es ist aber zu vermuten, dass der zweite Einkommensteuereffekt nicht modelliert wird. Der Werteffekt bei autonomer Politik ist dann stets höher als bei wertabhängiger Politik. Bei einer Modellierung des zweiten Einkommensteuereffekts erscheint es nicht unwahrscheinlich, dass das Ergebnis auch ganz anders ausfallen könnte.

[959] Vgl. auch die Tabellen 3-2 und 3-10. Identität besteht freilich nur dann, wenn k_S bei einem persönlichen Einkommensteuersatz von null plausiblerweise k entspricht.

	Equity-Ansatz	WACC-Ansatz	Total Cashflow-Ansatz
Formeln der ewigen Rente	$E_0[\tilde{E}^F_{t-1}] = \frac{E_0[\tilde{D}^{MF}_t](1-s_{IE})}{E^w_0[\tilde{k}^F_S]-g}$ (3-79)	$E_0[\tilde{V}^F_{t-1}] = \frac{E_0[\tilde{D}_t](1-s_{IE})}{E^w_0[\widetilde{WACC}]-g}$ (3-83)	$E_0[\tilde{V}^F_{t-1}] = \frac{E_0[\tilde{D}_t](1-s_{IE})+(i[s^0(1-s_{IE})-(s_{IF}-s_{IE})]-s_{IE}g)\cdot F_{t-1}}{E^w_0[\widetilde{DUK}]-g}$ (3-89)
Textbuch-Formeln		$E^w_0[\widetilde{WACC}] = E^w_0[\tilde{k}^F_S]\cdot\frac{E_0[\tilde{E}^F]}{E_0[\tilde{V}^F]} + i(1-s_{IE})\cdot(1-s^0)\cdot\frac{E_0[\tilde{F}]}{E_0[\tilde{V}^F]} + gs_{IE}\cdot\frac{E_0[\tilde{F}]}{E_0[\tilde{V}^F]}$ (3-80)	$E^w_0[\widetilde{DUK}] = E^w_0[\tilde{k}^F_S]\cdot\frac{E_0[\tilde{E}^F]}{E_0[\tilde{V}^F]} + i(1-s_{IF})\cdot\frac{E_0[\tilde{F}]}{E_0[\tilde{V}^F]}$ (3-86)
Autonome Politik	$E^w_0[\tilde{k}^F_S] = k_S + (k_S - i(1-s_{IF}))\cdot(1-s^*)\cdot\frac{F}{E_0[\tilde{E}^F]}$ (3-78)	$E^w_0[\widetilde{WACC}] = k_S - (k_S - g)\cdot s^*\cdot\frac{F}{E_0[\tilde{V}^F]}$ (3-84)	$E^w_0[\widetilde{DUK}] = k_S - (k_S - i(1-s_{IF}))\cdot s^*\cdot\frac{F}{E_0[\tilde{V}^F]}$ (3-90)
Wertabhängige Politik	$k^F_S = k_S + (k_S - i\{1+s^0(1-s_{IE})(-1+m) - s_{IE} - (s_{IF}-s_{IE})\cdot m\} + s_{IE}(1-m))\cdot\frac{L}{1-L}$ (3-103)	$WACC = k_S - [i[s^0(1-s_{IE})-(s_{IF}-s_{IE})]\cdot m - s_{IE}\cdot[1+g-m]]\cdot L$ (3-107)	$DUK = k_S - (i\{s^0(1-s_{IE})-(s_{IF}-s_{IE})\} + s_{IE})\cdot L\cdot(m-1)$ (3-110)
Inkrementell wertabhängige Politik	$E^w_0[\tilde{k}^F_S] = k_S + \{k_S(1-s) - i(1-s^0)(1-s_{IE})\}\frac{E_0[\tilde{F}]}{E_0[\tilde{E}^F]}$ (3-113)	$E^w_0[\widetilde{WACC}] = k_S - (s\cdot k_S - s_{IE}\cdot g)\cdot\frac{E_0[\tilde{F}]}{E_0[\tilde{V}^F]}$ (3-114)	$E^w_0[\widetilde{DUK}] = k_S - \{k_S - i(1-s_{IF})\}\cdot s\cdot\frac{E_0[\tilde{F}]}{E_0[\tilde{V}^F]}$ (3-115)

Tabelle 3-46: DCF-Formeln für die ewige Rente bei Wachstum im Steuersystem mit differenzierter Einkommensteuer

3.3.7. Berücksichtigung persönlicher Kapitalgewinnsteuern

Die Berücksichtigung der Besteuerung realisierter Kursgewinne außerhalb der Spekulationsfristen kann a priori außen vorbleiben, wenn lediglich eine Minderheitsbeteiligung vorliegt. Kursgewinne sind aber generell zu besteuern,[960] wenn Gewinne innerhalb der Spekulationsfrist anfallen oder eine Mehrheitsbeteiligung besteht.

In der Literatur sind Beiträge, die den steuerlichen Einfluss der Fremdfinanzierung unter Beachtung einer Kursgewinnbesteuerung explizit berücksichtigen, m.W. eher spärlich gesät.[961] Zwar wird diese Fragestellung von Miller (1977) schon aufgegriffen,[962] jedoch in einer spezifischen Weise, die nicht im Rahmen der hier untersuchten Fragestellung liegt. Dort wird untersucht, welche Konsequenzen für den Marktwert des Steuervorteils der Fremdfinanzierung auftreten, wenn residuale Dividenden (partiell) einer Kapital- bzw. Kursgewinnbesteuerung unterworfen sind. Der Fall, dass Kursgewinne hervorgerufen durch den Wert des Steuervorteils der Fremdfinanzierung selbst besteuert werden, kann in Millers Modell jedoch nicht auftreten, da in dem untersuchten Fall der ewigen Rente (ohne Wachstum) unter Sicherheit Kursgewinne nicht existieren können.[963]

Die Verknüpfung der Bewertung steuerlicher Effekte der Fremdfinanzierung mit der Besteuerung realisierter Kursgewinne verspricht interessante Ergebnisse, da die von Miller betrachtete Situation den hier interessierenden Sachverhalt nicht abdeckt.

Dabei wird sich zeigen, dass die Nützlichkeit des APV-Ansatzes dann besonders groß ist, wenn „terra incognita" betreten wird.[964] Um den Kern der Problemstellung zu analysieren, wird der Einfluss der Fremdfinanzierung am Beispiel einer *turnusmäßigen* Veräußerung bei einperiodiger Haltedauer ($\theta = 1$) untersucht.

Es lässt sich analog zeigen, dass die folgenden Formeln unter Unsicherheit innerhalb des stochastischen Modells zulässiger Renditen nach der in dieser Arbeit vorgenommenen Reinterpretation von Miles/Ezzell gelten. Beachtet werden muss freilich nun bei teilweiser Fremdfinanzierung, dass zumindest unter deutschen Rahmenbedingungen als Bemessungsgrundlage für einen Kursgewinn bzw. -verlust der *Marktwert des Eigenkapitals* E^F einschlägig ist und nicht V^F.

Die zwei wichtigen Eckpunkte der autonomen und wertabhängigen Finanzierungspolitik sollen hier betrachtet werden. Es sind dies wichtige Eckpunkte, da mit einer Mischung der Ergebnisse beider Politiken eine breite Klasse von Finanzierungspolitiken beschreibbar ist. Zunächst zur wertabhängigen Politik. Dies hat den Vorteil, dass sich die APV-Formeln innerhalb der autonomen Politik leicht als ein Spezialfall aus den Formeln der wertabhängigen Politik ableiten lassen. Die Formeln beschränken sich, wenn nicht anders vermerkt, auf die explizite Darstellung verzinslichen Fremdkapitals. Diese Beschränkung wird deshalb vorgenommen, um die Formeln übersichtlich zu halten. Besondere Schwierigkeiten sind nicht dafür verantwortlich. Dies wird an der Bewertung der Value AG inklusive Pensionsrückstellungen im Abschnitt 3.3.7.2.1. aufgezeigt.

---

[960] Besteuert werden im Allgemeinen Kursänderungen, so dass es wohl genauer wäre von einer Besteuerung von Kursänderungen zu sprechen. Der Begriff Kursgewinnbesteuerung hat sich aber eingebürgert. Stellt sich ein Verlust ein, erhält der Investor annahmegemäß eine Steuererstattung.

[961] Vgl. Sick (1990), Taggart (1991), Clubb/Doran (1992), die jeweils einen Vorschlag vorlegen. Dass und wieso diese Vorschläge nicht unproblematisch sind, wird in der folgenden Analyse aufgezeigt. Dass das Kriterium der Maximierung des Marktwerts des Eigenkapitals bei einer Besteuerung realisierter Kursgewinne nicht einmütig von allen Eigentümern befürwortet werden muss, ist bekannt. Vgl. insbesondere Schall (1981), S. 95-97, bzw. Schall (1984). Dennoch soll - wie dann üblich in der Literatur - argumentiert werden, dass dies noch keinen ausreichenden Grund darstellt, dieses Kriterium aufzugeben.

[962] Vgl. zu einer Übertragung dieses Gedankens auf das Halbeinkünfteverfahren Drukarczyk/Lobe (2002b).

[963] Vgl. noch die Ausführungen unter 3.3.7.2.

[964] Vgl. zu einer ähnlichen Aussage im Fall einer wertabhängigen Finanzierungspolitik mit time lag, die in Abschnitt 3.2.3.3. untersucht wurde, Clubb/Doran (1995), S. 692.

3.3.7.1. Wertabhängige Finanzierungspolitik
3.3.7.1.1. APV-Ansatz

Begonnen wird die Analyse mit dem APV-Ansatz für eine $E_0[\tilde{F}]$-Planungsdoktrin. Der Fall der ewigen Rente bei einperiodiger Haltedauer ($\theta = 1$) wird vor dem Hintergrund eines asymmetrischen Einkommensteuersystems mit klassischer Unternehmensbesteuerung untersucht. Wie sich der Werteinfluss der Fremdfinanzierung im Halbeinkünfteverfahren gestaltet, wird aufgrund von Simulationsrechnungen graphisch veranschaulicht. Die Formeln werden ebenso auf den Fall beliebiger Cashflow-Strukturen erweitert mit einer beliebigen Projektdauer sowohl vor dem Hintergrund einer $E_0[\tilde{F}]$- als auch L-Planungsdoktrin.

Wie sieht zunächst die Bewertung bei Eigenfinanzierung mit gegebenem k_S aus? Wird V_0^E auf Basis der Dividende und des Marktwerts der Periode 1 ermittelt, erhält man:[965]

$$(3\text{-}116)\; V_0^E = \frac{E_0\left[\tilde{D}_1(1-s_{IE}) + \tilde{V}_1^E(1-s_{KG})\right]}{1+k_S} + \frac{s_{KG}\cdot V_0^E}{1+i(1-s_{IF})}$$

Der Wert in t = 0 ist freilich sicher, und ist daher auch mit einem risikolosen Zinssatz abzuzinsen.[966]
Ashton (1991) bzw. Haugen/Wichern (1973) schlagen vor, die Zahlungsströme der obigen Formel mit einer aggregierten Rendite zu diskontieren.[967] Definiert man diese Rendite $k_{S,KG}$ als

$$\frac{E_0\left[\tilde{D}_1(1-s_{IE}) + \tilde{V}_1^E\cdot(1-s_{KG}) + s_{KG}\cdot V_0^E\right]}{V_0^E} - 1 = \frac{E_0\left[\tilde{D}_1(1-s_{IE}) + \left(\tilde{V}_1^E - V_0^E\right)\cdot(1-s_{KG})\right]}{V_0^E},$$

besteht folgender Zusammenhang zwischen $k_{S,KG}$ und k_S:[968]

$$k_{S,KG} = \frac{k_S\left[1-s_{KG}+i(1-s_{IF})\right] + is_{KG}(1-s_{IF})}{1+i(1-s_{IF})} = k_S - s_{KG}(m-1)$$

Der Wert nach (3-116) kann dann analog über folgende Gleichung ermittelt werden:

$$V_0^E = \frac{E_0\left[\tilde{D}_1(1-s_I) + \tilde{V}_1^E(1-s_{KG})\right] + s_{KG}\cdot V_0^E}{1+k_{S,KG}}$$

Wird die obige implizite Gleichung (3-116) weiterhin nach V_0^E aufgelöst,[969] erhält man folgende Formel:

---

965 Die jeweiligen steuerlichen Bemessungsgrundlagen werden mit dem entsprechenden Steuersatz multipliziert, um zu den Steuerzahlungen zu gelangen: $D_t \cdot s_{IE}$ und $\left(V_t^E - V_{t-1}^E\right)\cdot s_{KG}$.

966 Vgl. O'Brien (1991), S. 127. Diese Erkenntnis ist auch auf eine wertabhängige Finanzierungspolitik unter Berücksichtigung von Einkommensteuern ganz analog übertragen worden.

967 Vgl. Ashton (1991), S. 472, bzw. ähnlich Haugen/Wichern (1973), S. 988. Problematisiert wird dieser Vorschlag aber nicht. Diese Vorgehensweise kann zwar barwertkompatibel ausgestaltet werden, verdunkelt aber u.U. die Risikolosigkeit des zweiten Summanden der obigen Formel. Ein ähnliches Problem und dessen Ergebnisauswirkung wurde bei wertabhängiger Finanzierungspolitik unter alleiniger Berücksichtigung von Einkommensteuern in Fn. 912 diskutiert.

968 Vgl. auch Clubb/Doran (1992), S. 47.

969 Vgl. O'Brien (1991), S. 127.

$$(3\text{-}117)\quad V_0^E = \frac{E_0\left[\widetilde{D}_1(1-s_{IE}) + \widetilde{V}_1^E(1-s_{KG})\right]}{(1+k_S)\cdot\left(1-\dfrac{s_{KG}}{1+i(1-s_{IF})}\right)}$$

Offensichtlich wird die Stochastizität von k_s durch die Einführung von s_{KG} nicht beeinflusst, falls $\widetilde{D}$ ein Skalar von $\widetilde{V}^E$ ist, d.h. δ*. Ähnlich zu der Reinterpretation von Miles/Ezzell kann darüber hinaus freilich auch eine bedingt zulässige Diskontierung mit k_S existieren.[970] Wird die Gleichung (3-117) um die explizite Bewertung eines mehrperiodigen Projekts erweitert, ergibt sich folgende geschlossene Formel:[971]

$$(3\text{-}118)\quad V_0^E = \sum_{t=1}^{n} \frac{E_0\left[\widetilde{D}_t(1-s_{IE})\right](1-s_{KG})^{t-1}}{\left((1+k_S)\cdot\left(1-\dfrac{s_{KG}}{1+i(1-s_{IF})}\right)\right)^t} = \sum_{t=1}^{n} \frac{E_0\left[\widetilde{D}_t(1-s_{IE})\right](1-s_{KG})^{t-1}}{(1+k_S - s_{KG}\cdot m)^t}$$

bzw. identisch $V_0^E = \sum_{t=1}^{n} E_0\left[\widetilde{D}_t(1-s_{IE})\right]\cdot\dfrac{(1-s_{KG})^{t-1}}{\left(1+k_{S,KG}^*\right)^t}$, wobei $k_{S,KG}^* = k_S - s_{KG}m = k_{S,KG} - s_{KG}$.

Wird eine ewige Rente (n→∞) mit Wachstum analog zu (3-116) betrachtet, dann gilt:

$$(3\text{-}119)\quad V_0^E = \frac{E_0\left[\widetilde{D}_1(1-s_{IE})\right]}{k_S - g} - s_{KG}\cdot V_0^E \cdot \left[\frac{(1+g) - \dfrac{1+k_S}{(1+i(1-s_{IF}))}}{k_S - g}\right] \text{ bzw.}$$

$$V_0^E = \frac{E_0\left[\widetilde{D}_1(1-s_{IE})\right]}{k_S - g} - s_{KG}\cdot V_0^E \cdot \left[\frac{1+g-m}{k_S - g}\right]$$

Wird die Gleichung (3-119) wieder analog zu (3-117) nach V_0^E aufgelöst, ergibt sich:[972]

$$(3\text{-}120)\quad V_0^E = \frac{E_0\left[\widetilde{D}_1(1-s_{IE})\right]}{k_{S,KG} - g\cdot(1-s_{KG})}$$

In dem Fall $g = 0$ und $s_{KG} = 0$ (bzw. in dem Fall $g \neq 0$ und $s_{KG} = 0$) lässt sich (3-120) zu der ursprünglichen Formel der ewigen Rente ohne (mit) Wachstum vereinfachen.

---

970 Vgl. Anhang 3-1.

971 Die Formeln nach Clubb/Doran (1992), S. 45 (Formeln [6] und [9], wobei L = 0), und Dobbs/Miller (2002), S. 231 (Proposition 1 für den Fall $s_{IE} = s_{IF}$), sind mit der obigen Formel materiell äquivalent, formal in der Gestalt aber nicht identisch. Es verwundert daher, wieso Dobbs/Miller (2002), S. 237, behaupten, dass das Vorgehen von Clubb/Doran (1992) nur konsistent im Sicherheitsfall sei.

972 Vgl. O´Brien (1991), S. 127. Eine äquivalente Beziehung jedoch ohne Bezug zu O´Brien (1991) leiten auch Clubb/Doran (1992), bzw. Dobbs/Miller (2002), S. 233-235, her.

Betrachtet man nun bei Fremdfinanzierung einführend den Fall der ewigen Rente mit Wachstum, dann gilt für den APV-Ansatz vor Kursgewinnbesteuerung nach (3-52) und (3-95), wobei zur Vereinfachung der Notation k_S unterstellt ist.

$$E_0\left[\widetilde{V}_{t-1}^F\right]-E_0\left[\widetilde{F}_{t-1}\right]=\frac{E_0\left[\widetilde{D}_t\right](1-s_{IE})}{k_S-g}+E_0\left[\widetilde{F}_{t-1}\right]\frac{i\left[s^0(1-s_{IE})-(s_{IF}-s_{IE})\right]\cdot m-s_{IE}\cdot[1+g-m]}{k_S-g}-E_0\left[\widetilde{F}_{t-1}\right]$$

Im Halbeinkünfteverfahren folgt daraus:

$$E_0\left[\widetilde{E}_{t-1}^F\right]=\frac{\overbrace{E_0\left[\widetilde{D}_t\right](1-0{,}5s_I)+E_0\left[\widetilde{F}_{t-1}\right]\cdot\left\{i\left[s^0(1-0{,}5s_I)-0{,}5s_I\right]\cdot m-0{,}5s_I\cdot[1+g-m]-(k_S-g)\right\}}^{E_0\left[\widetilde{D}_t^{MF*}\right]}}{k_S-g}$$

$$=\frac{E_0\left[\widetilde{D}_t^{MF*}\right]}{k_S-g}$$

Wertadditivität wird durch die Einführung einer Kapitalgewinnsteuer nicht beeinträchtigt.[973] Ob also der Wert des Eigenkapitals mit dem direkten APV-Ansatz oder komponentenweise über eine die Kursgewinnbesteuerung berücksichtigende Einzelbewertung von V^E und ΔV^F erfolgt, ist eine Frage des Geschmacks. Eine andere Frage ist, welcher DCF-Ansatz die hier zu untersuchende Konstellation effizient abbilden kann. Zunächst wird eine Kursgewinnbesteuerung technisch in einem Schritt berücksichtigt in der folgenden Formel analog zu (3-119), wobei eine einperiodige Haltedauer von Investoren ($\theta = 1$) angenommen wird:

$$E_0^F=\frac{E_0\left[\widetilde{D}_1^{MF*}\right]}{k_S-g}-s_{KG}\cdot E_0^F\cdot\left[\frac{1+g-\dfrac{1+k_S}{1+i(1-s_{IF})}}{k_S-g}\right]=\frac{E_0\left[\widetilde{D}_1^{MF*}\right]}{k_S-g}-s_{KG}\cdot E_0^F\cdot\left[\frac{1+g-m}{k_S-g}\right]$$

Wird diese Gleichung noch nach E_0^F analog zu (3-120) aufgelöst, ergibt sich:

$$(3-121)\; E_0^F=\frac{E_0\left[\widetilde{D}_1^{MF*}\right]}{k_{S,KG}-g\cdot(1-s_{KG})},\text{ wobei } k_{S,KG}=k_S-s_{KG}\cdot\frac{k_S-i(1-s_{IF})}{1+i(1-s_{IF})}=k_S+s_{KG}[1-m]$$

Der Marktwert des Steuervorteils der oben ausgeführten Überlegungen soll nun noch separat auf Basis des üblichen APV-Ansatzes betrachtet werden. Aufgrund der Wertadditivität gilt für diesen folgende Formel in dem zunächst betrachteten Fall der ewigen Rente mit Wachstum:[974]

$$(3\text{-}122)\;\Delta V_0^F=F_0\cdot\frac{i\left[s^0(1-s_{IE})-(s_{IF}-s_{IE})\right]\cdot m+(s_{KG}-s_{IE})\cdot[1+g-m]}{k_{S,KG}-g(1-s_{KG})}$$

Die Formel (3-122) zeigt, dass offensichtlich auch bei $g = 0$ Kapitalgewinnsteuern von Belang sind, weil diese sowohl im Zähler als auch im Nenner weiterhin bestehen.[975]

---

973 Vgl. die Formeln (3-119) und (3-120).

974 Vgl. Anhang 3-16a). (3-122) kollabiert zu (3-95) bei $s_{KG} = 0$.

975 Anderer Ansicht sind bei gleicher Annahme $\theta = 1$ jedoch Nippel/Streitferdt (2003), S. 415.

Der Fall g = 0 bzw. $s_{IE} = s_{IF}$ (Kanal 2) ist mit Hilfe der Beziehung (3-122) leicht ableitbar. Diese Beziehung ist relativ allgemein und stringent unter den reinterpretierten Miles/Ezzell-Annahmen. Der autonome Fall, in dem k_S zu $i(1-s_{IF})$ kollabiert, ist, wie noch zu zeigen sein wird, als Spezialfall in dieser Formel schon enthalten.

Eine direkte APV-Berechnung von ΔV^F - F bestätigt auf alternativem Weg (3-122):[976]

$$\text{(3-123)}\quad \Delta V_0^F - F_0 = F_0 \cdot \frac{(1-s_{IE})\cdot m \cdot \{i(s^0-1)-1+(1+g)/m\}}{k_{S,KG}-g(1-s_{KG})}$$

Nach leichter Umstellung gilt dann: $\Delta V_0^F = F_0 \cdot \left(1+\frac{(1-s_{IE})\cdot m \cdot \{i(s^0-1)-1+(1+g)/m\}}{k_{S,KG}-g(1-s_{KG})}\right)$

Wie sieht der Wertbeitrag nun im Halbeinkünfteverfahren aus? Nach Formel (3-122) gilt mit $s_{IF} = s_I, s_{IE} = s_{KG} = 0{,}5s_I$ und $k_{S,KG} = k_S + 0{,}5s_I[1-m]$:

$$\Delta V_0^F = F_0 \cdot \frac{i[s^0(1-0{,}5s_I)-0{,}5s_I]\cdot m}{k_{S,KG}-g(1-0{,}5s_I)} = F_0 \cdot \frac{i[s^0(1-0{,}5s_I)-0{,}5s_I]\cdot m}{k_S+0{,}5s_I[1-m]-g(1-0{,}5s_I)}$$

Beispiel: Zur konkreten Bestimmung des zeitkonstanten k_S wird ein einfaches Binomialmodell verwendet mit den Ausprägungen des operativen Cashflows zu 110 bzw. 90 in t = 1. Bislang ist das Verhältnis zwischen k und k_S nicht näher thematisiert worden. Es gilt zunächst folgende Äquivalenz: $\frac{E_0[\tilde{D}_t](1-s_{IE})}{1+k_S} = \frac{E_0^q[\tilde{D}_t](1-s_{IE})}{1+i(1-s_{IF})}$

Wird nun unterstellt, dass das risikoneutrale Wahrscheinlichkeitsmaß, bzw. dass sich die relativen Zustandspreise vor und nach persönlichen Steuern gleichen, ergibt sich:[977]

$$\frac{E_0[\tilde{D}_t](1-s_{IE})}{E_0^q[\tilde{D}_t](1-s_{IE})} = \frac{1+k}{1+i}.$$

Wird dies in die Äquivalenzbeziehung eingesetzt, folgt:

$$\frac{1+k}{1+i} = \frac{1+k_S}{1+i(1-s_{IF})}.$$

[976] Vgl. zur Ableitung den Anhang 3-16a).

[977] Der Kapitalkostensatz ist also in spezifischer Weise abhängig von s_I. Diese Spezifikation wurde gewählt, damit sich der Fall steuerneutralen Wachstums anschaulich darstellen lässt. Grundsätzlich kann aber eine beliebige Spezifikation von k_S erfolgen, um die Formeln anzuwenden.

Aufgelöst nach k_S erhält man schließlich:[978]

$$k_S = k\left(1 - s_{IF}^{*}\right), \text{ wobei } s_{IF}^{*} = s_{IF}\left[\left(1 + \frac{1}{k}\right)\left(\frac{i}{1+i}\right)\right]$$

Die Zustände sind gleichwahrscheinlich, die risikoneutrale Wahrscheinlichkeit betrage 0,3 bzw. 0,7. $i = 0{,}07$; $s_I \in [0;0{,}5]$; die Wachstumsraten betragen 3 %, 4,17 % bzw. 5 %. ($f = 0{,}5$; $s_{GE} = 0{,}1667$; $s_K = 0{,}25$).

In der folgenden Abbildung sind die Werte (in %) für die angegebenen Parameter-Kombinationen berechnet. Die durchgezogenen Kurven geben den Wertbeitrag mit Kursgewinnbesteuerung, die gestrichelten Kurven denjenigen ohne Kursgewinnbesteuerung an.

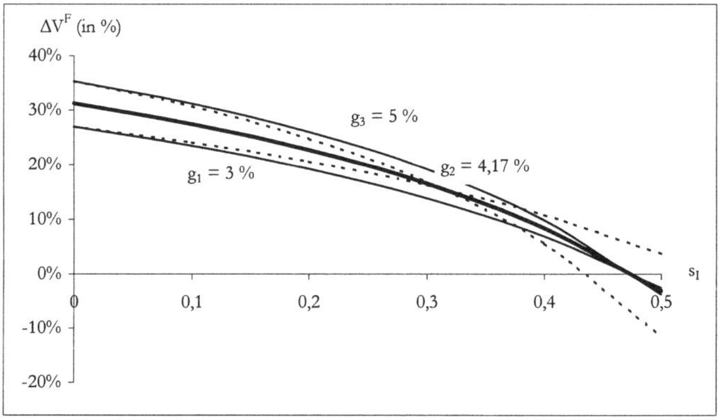

Abbildung 3-27: Marktbewertung des wertabhängigen Steuervorteils der Fremdfinanzierung und Wachstum im Halbeinkünfteverfahren mit und ohne Kursgewinnbesteuerung

978 Die Beziehung zeigt an, dass k_S proportional (!) durch die Einkommensteuer verkürzt wird. Jedoch wird s_{IF} nicht vollständig zum Abzug gebracht, sondern nur ein Bruchteil davon, da bei $i \neq k > 0$ gilt: $s_{IF}^{*} < s_{IF}$. Mit höherem k fällt s_{IF}^{*} bei gegebenem i. Diese Formulierung hat bemerkenswerterweise dieselbe Gestalt wie etwa die in dem Wirtschaftsprüfer-Handbuch (2002), S. 120, und in vielen anderen Literaturbeiträgen getroffene Formulierung. Wenn der dort verwendete Steuersatz als proportional von s_{IF} abhängiger effektiver Einkommensteuersatz s_{IF}^{*} interpretiert wird, dann besteht nicht nur formale, sondern auch materielle Äquivalenz.
Eine der obigen Spezifikation äquivalente Definition wird auch von Günther (1998), (1999), (2003) und Löffler (2003) aufgezeigt. Günther nimmt (implizit) an, dass risikoneutrale Wahrscheinlichkeiten (bzw. Zustandspreise vor Diskontierung auf t = 0) unabhängig von einer Einkommensbesteuerung sind. Seine Formel [8] - vgl. Günther (1999), S. 2429 - hat jedoch eine etwas andere Gestalt: $k_S = i\left(1 - s_{IF}\right) + \frac{\left(1 + i\left(1 - s_{IF}\right)\right) \cdot \left(k - i\right)}{1 + i}$.
Vgl. ebenso Günther (1998), S. 1837-1838, bzw. Günther (2003), S. 352. Ebenfalls mit einer anderen, aber äquivalenten Formelgestalt wartet Löffler (2003), S. 10, auf. Bei Richter (2002a), S. 365-367, wird das risikoneutrale Wahrscheinlichkeitsmaß auch nicht erkennbar aufgrund des Einbezugs von Einkommensteuern geändert.

Beobachtungen zu ΔV^F:

1. Die fett gedruckte Linie (bei g_2 = m-1) entspricht dem schon bekannten Fall[979] einer *autonomen Finanzierungspolitik bei ewiger Rente ohne Wachstum* (!) und ohne eine Kursgewinnbesteuerung. Diese Konstellation wird hier an dem Halbeinkünfteverfahren gezeigt, sie tritt jedoch ebenso im Fall des allgemein formulierten Steuersystems auf.[980]

2. Der Fall der ewigen Rente, der in der Literatur zuweilen als ein unrealistischer Spezialfall angesehen wird, hat aber m.E. auch seine Meriten. Erstens kann er didaktisch nützlich sein, zweitens approximiert er im Halbeinkünfteverfahren den relativen Steuervorteil bei wertorientierter Politik im Vergleich zu dem bei autonomer Politik mit Wachstum relativ ordentlich.[981] Dies gilt besonders bei dem von dem IDW (Institut der Wirtschaftsprüfer) vorgeschlagenen Einkommensteuersatz von 35 %. Falls der typisierte Einkommensteuersatz des IDW um 5 oder 10 % nach unten korrigiert werden sollte, um den (Einkommensteuer-) Tarifreformen Rechnung zu tragen, ergäben sich, wie die Abbildung zeigt, keine gravierenden Änderungen an dieser Aussage.

3. Kapitalgewinnsteuern engen die Wertspanne bei höheren Einkommensteuersätzen (ab ca. 40 %) gegenüber dem Fall ohne Kursgewinnbesteuerung ein.

4. Es gibt zwei Schnittpunkte: Bei dem oberen schneiden sich die Kurven ohne, bei dem unteren mit einer Kursgewinnbesteuerung. Jenseits dieser Schnittpunkte ist der Steuervorteil jeweils größer bzw. kleiner als der Referenzmaßstab (Kursgewinnsteuer-neutrales Wachstum g_2).

5. Bei $g > g_2$ fällt der Wert ΔV^F dann höher aus, wenn die Kursgewinne jedes Jahr realisiert werden. Jedoch geht von V^E ein gegenläufiger Effekt in dieser Konstellation aus. Da die Effekte nicht getrennt handelbar sind und der Effekt von V^E i.d.R. überwiegt, dürfte insgesamt der Wert niedriger mit $g > g_2$ bzw. höher mit $g < g_2$ ausfallen.

Eine weitere Graphik baut auf den Daten des vorherigen Beispiels auf, setzt nun aber $g \in [-0{,}035; 0{,}03]$ an. Der Einfluss von Wachstum und persönlichen Steuern wird nun im dreidimensionalen Raum sichtbar.

---

[979] Vgl. hierzu schon Lobe (2001b), S. 650. Der Fall, dass etwa wie bei Miller/Scholes residuale Dividenden nicht mit Einkommensteuern belastet werden (z.B. durch Aktienrückkauf), wenn gilt: $s_{KG} = 0$, beschreibt einen anderen Sachverhalt. Vgl. dazu etwa Drukarczyk/Lobe (2002b).

[980] Dies kann leicht nachgeprüft werden, indem g = m-1 in (3-122) eingesetzt wird. Nach elementaren Umformungen folgt Formel (3-54). Zu beachten ist, dass hier keine explizite Aussage darüber getroffen wird, ob und wie k_S ggf. durch eine Kursgewinnbesteuerung beeinflusst wird. Die der obigen Abbildung zugrunde liegende Berechnung spezifiziert k_S als unabhängig von s_{KG}.

[981] Vgl. die noch folgende Abbildung 3-30. Die Aussage ist aber nicht so zu verstehen, dass ein analytisches Vorgehen im wertabhängigen Fall erlässlich sei. Auch ist zu betonen, dass die Aussage vor dem Hintergrund des jeweiligen Steuersystems zu würdigen ist. Miles/Ezzell (1985) haben bekanntlich gezeigt, dass die hier aufgezeigte Approximation in einem einfachen Körperschaftsteuersystem keine Geltung hat.

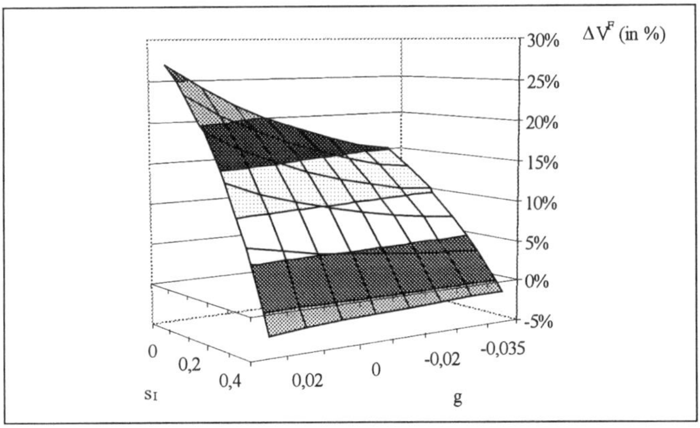

Abbildung 3-28: Marktbewertung des wertabhängigen Steuervorteils der Fremdfinanzierung bei Kursgewinnbesteuerung, Wachstum und Einkommensteuern im Halbeinkünfteverfahren

Wird im Folgenden die Parameter-Konstellation $\theta \to \infty$ und $s_{IE} = 0$[982] betrachtet, die Miller (1977) beschrieben hat, ergibt sich ausgehend von (3-122) im Fall der ewigen Rente mit Wachstum: $\Delta V_0^F = F_0 \cdot \frac{i\left[s^0 - s_{IF}\right] \cdot m}{k_S - g}$

Vorausgesetzt, dass sich als Produkt des Miller-Gleichgewichts $s^0 = s_{IF}$ ergibt, spielt es keine Rolle, ob eine autonome oder eine wertabhängige Politik vorliegt. Verwendet man nun c.p. wieder das obige Beispiel, sieht man, dass die kritischen Einkommensteuersätze in Abbildung 3-29 deutlich im Vergleich zu Abbildung 3-27 gesunken sind. Der Schnittpunkt mit der Abszisse markiert das Miller-Gleichgewicht.

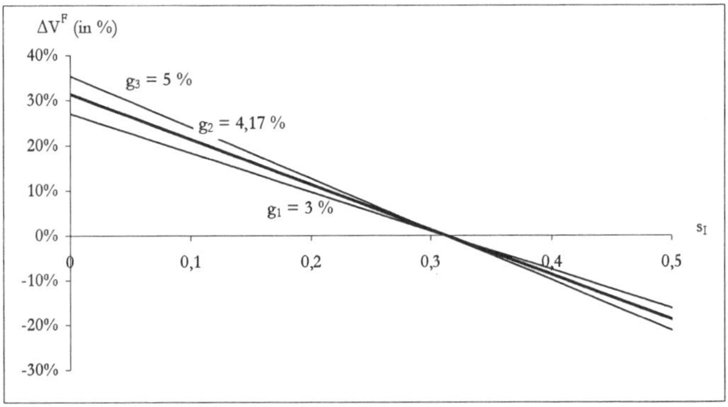

Abbildung 3-29: Marktbewertung des wertabhängigen Steuervorteils der Fremdfinanzierung und Wachstum im Halbeinkünfteverfahren bei $\theta \to \infty$ und $s_{IE} = 0$

982 D.h. die residuale Dividende kann einkommensteuerfrei ausgeschüttet werden.

Der Wert bei Halteperioden zwischen $\theta = 1$ und $\theta \rightarrow \infty$ befindet sich zwischen den Werten von (3-122) und (3-95). Nun kann insbesondere der „direkte“ APV-Ansatz an dieser Stelle relativ leichtfüßig eingesetzt werden, wenn es gilt, andere Muster als Zahlungen mit einer ewig gleich bleibenden Wachstumsrate zu bewerten.

Aus (3-118) $V_0^E = \sum_{t=1}^{n} \frac{E_0\left[\widetilde{D}_t(1-s_{IE})\right](1-s_{KG})^{t-1}}{(1+k_S - s_{KG}\cdot m)^t}$ sowie

(3-96) $E_0\left[\Delta\widetilde{V}_{\tau-1}^F - \widetilde{F}_{\tau-1}\right] = (1-s_{IE})\cdot m \cdot \sum_{t=\tau}^{n}\left(E_0\left[\widetilde{F}_{t-1}\right]\cdot\left[i\left(s^0-1\right)-1\right] + E_0\left[\widetilde{F}_t\right]/m\right)\cdot(1+k_S)^{-(t-\tau+1)}$ folgt:

$$E_0\left[\widetilde{E}_{\tau-1}^F\right] = \sum_{t=\tau}^{n} E_0\left[\widetilde{D}_t(1-s_{IE}) + (1-s_{IE})\cdot m\cdot\left\{E_0\left[\widetilde{F}_{t-1}\right]\cdot\left[i\left(s^0-1\right)-1\right] + E_0\left[\widetilde{F}_t\right]/m\right\}\right]\cdot\frac{(1-s_{KG})^{t-\tau}}{(1+k_S - s_{KG}\cdot m)^{t-\tau+1}}$$

Der Unternehmensgesamtwert beträgt dann:

$$(3-124)\; E_0\left[\widetilde{V}_{\tau-1}^F\right] = \sum_{t=\tau}^{n} E_0\left[\widetilde{D}_t + m\cdot\left\{E_0\left[\widetilde{F}_{t-1}\right]\cdot\left[i\left(s^0-1\right)-1\right] + E_0\left[\widetilde{F}_t\right]/m\right\}\right]\cdot\frac{(1-s_{IE})\cdot(1-s_{KG})^{t-\tau}}{(1+k_S - s_{KG}\cdot m)^{t-\tau+1}} + E_0\left[\widetilde{F}_{\tau-1}\right]$$

Die Formel ist relativ einfach und basiert auf der $E_0\left[\widetilde{F}\right]$*-Planungsdoktrin.* Sie gilt für beliebige Projektdauern mit $\theta = 1$.

Soll stattdessen eine *L-Planungsdoktrin* implementiert werden, kann analog zum Fall der Kursgewinnbesteuerung bei reiner Eigenfinanzierung vorgegangen werden. Ausgehend von (3-98) beträgt der Wert des Eigenkapitals zunächst vor Kapitalgewinnsteuern:

$$E_0\left[\widetilde{E}_{t-1}^F\right] = \frac{E_0\left[\widetilde{D}_t\right](1-s_{IE}) + E_0\left[\widetilde{V}_t^F\right](1-s_{IE}L)}{1+k_S} + E_0\left[\widetilde{V}_{t-1}^F\right]\cdot L\cdot\frac{i\left[s^0(1-s_{IE}) - (s_{IF}-s_{IE})\right]+s_{IE}}{1+i(1-s_{IF})} - E_0\left[\widetilde{V}_{t-1}^F\right]\cdot L$$

$$(1-L)E_0\left[\widetilde{V}_{t-1}^F\right] = \frac{E_0\left[\widetilde{D}_t(1-s_{IE})\right] + E_0\left[\widetilde{V}_t^F\right](1-L-s_{IE}L+L)}{1+k_S} + E_0\left[\widetilde{V}_{t-1}^F\right]\cdot L\cdot\frac{i\left[s^0(1-s_{IE}) - (s_{IF}-s_{IE})\right]+s_{IE}}{1+i(1-s_{IF})} - E_0\left[\widetilde{V}_{t-1}^F\right]\cdot L\cdot\left(\frac{1+i}{1+i}\right)$$

Werden nun Kursgewinnsteuern erhoben, ergibt sich entsprechend folgende Formel:

$$(1-L)\cdot E_0\left[\widetilde{V}_{t-1}^F\right] = \frac{E_0\left[\widetilde{D}_t(1-s_{IE})\right] + E_0\left[\widetilde{V}_t^F\right]\cdot\left[L(1-s_{IE}) + (1-L)(1-s_{KG})\right]}{1+k_S}$$
$$+ E_0\left[\widetilde{V}_{t-1}^F\right]\cdot L\,\frac{i\left[s^0(1-s_{IE}) - (s_{IF}-s_{IE})\right]+s_{IE}}{1+i(1-s_{IF})} - E_0\left[\widetilde{V}_{t-1}^F\right]\cdot L + \frac{s_{KG}(1-L)\cdot E_0\left[\widetilde{V}_{t-1}^F\right]}{1+i(1-s_{IF})}$$

Der Unterschied zu dem Ansatz von Clubb/Doran (1992) zeigt sich, wenn der obige Ausdruck nach Kursgewinnbesteuerung deren Gleichung [7] gegenübergestellt wird:[983] Kursgewinn- und Einkommensteuereffekt II sind bei Clubb/Doran (1992) nicht vollständig berücksichtigt.
Nach Umformungen[984] des obigen Ausdrucks erhält man dann:[985]

$$(3-125)\; E_0\left[\widetilde{V}_{t-1}^F\right] = \frac{E_0\left[\widetilde{D}_t(1-s_{IE}) + \widetilde{V}_t^F\left\{L(1-s_{IE}) + (1-L)(1-s_{KG})\right\}\right]}{1+k_S - mL\left(i\left[s^0(1-s_{IE}) - (s_{IF}-s_{IE})\right]+s_{IE}\right) - ms_{KG}(1-L)}$$

983 Vgl. Clubb/Doran (1992), S. 45.

984 Vgl. den Anhang 3-16b).

985 Im Fall $s_{KG} = 0$ lässt sich vereinfachen zu der mit den vorherigen Ausführungen konsistenten Formel (3-99).

Wird (3-125) auf einen beliebigen Zeitraum ausgedehnt, berechnet sich:[986]

$$(3-126)\ V_0^F = \sum_{t=1}^{n} E_0\left[\widetilde{D}_t(1-s_{IE})\right]\cdot\frac{(L(1-s_{IE})+(1-L)(1-s_{KG}))^{t-1}}{\left(1+k_S-mL\left(i\left[s^0(1-s_{IE})-(s_{IF}-s_{IE})\right]+s_{IE}\right)-ms_{KG}(1-L)\right)^t}$$

bzw. nach Substitution mit $s^Z = i\left[s^0(1-s_{IE})-(s_{IF}-s_{IE})\right]+s_{IE}$:

$$V_0^F = \sum_{t=1}^{n} E_0\left[\widetilde{D}_t\right]\cdot\frac{(1-s_{IE})\cdot(L(1-s_{IE})+(1-L)(1-s_{KG}))^{t-1}}{\left(1+k_S-m\left[s^Z L+s_{KG}(1-L)\right]\right)^t}$$

Dieses Resultat ist kompatibel mit der unter der $E_0\left[\widetilde{F}\right]$-Planungsdoktrin abgeleiteten Formel (3-124). Einige Spezialfälle von (3-126) seien anschließend betrachtet: Zunächst das Halbeinkünfteverfahren und dann ein Steuersystem, in dem alle persönlichen Steuersätze gleich sind. Ein derartiges System ist im Gespräch.

- Halbeinkünfteverfahren mit $s_{IF} = s_I, s_{IE} = s_{KG} = 0{,}5s_I$

$$V_0^F = \sum_{t=1}^{n} E_0\left[\widetilde{D}_t\right]\cdot\left(\frac{1-0{,}5s_I}{1+k_S-m\cdot\left\{i\cdot L\cdot\left[s^0(1-0{,}5s_I)-0{,}5s_I\right]+0{,}5s_I\right\}}\right)^t, \text{ wobei } m=(1+k_S)/(1+i(1-s_I))$$

- Steuersystem mit $s_I := s_{KG} = s_{IE} = s_{IF}$

$$V_0^F = \sum_{t=1}^{n} E_0\left[\widetilde{D}_t\right]\cdot\left(\frac{1-s_I}{1+k_S-m\cdot\left\{i\cdot L\cdot\left[s^0(1-s_I)\right]+s_I\right\}}\right)^t, \text{ wobei } m=(1+k_S)/(1+i(1-s_I))$$

Es ist nun abschließend interessant, den Neuigkeitsgrad dieser Ergebnisse zu prüfen, indem diese mit Ansätzen aus der Literatur verglichen werden. Sick (1990)[987] und Taggart (1991) gehen von folgenden Annahmen aus:[988]

a) Eine persönliche Besteuerung (Einkommen- und Kapitalgewinnbesteuerung) wirkt sich auf den Wert bei Eigenfinanzierung nicht aus, d.h. ist neutral.[989]

$$E_0\left[V_{\tau-1}^E\right] = \sum_{t=\tau}^{n}\frac{E_0\left[\widetilde{D}_t(1-s_{IE})\right](1-s_{KG})^{t-\tau}}{(1+k_S-s_{KG}\cdot m)^{t-\tau+1}} = \sum_{t=\tau}^{n}\frac{E_0\left[\widetilde{D}_t\right]}{(1+k)^t}\ \forall\tau$$

b) $s_{IE} = s_{KG}$

---

[986] Wird L = 0 gesetzt, kommt man zu dem vorher gezeigten Ausdruck (3-118). Wird s_{KG} = 0 gesetzt, dann erhält man (3-100).

[987] Sick (1990) untersucht zusätzlich den Fall ausfallbedrohten Fremdkapitals. Dieser Problembereich wird hier nicht untersucht. Vgl. im kontinuierlichen Modell ähnlich León/Gamba/Sick (2003), S. 1-20, wobei die von Grinblatt/Liu (2002) gezeigte Finanzierungspolitik auf den Fall mit persönlichen Steuern übertragen wird.

[988] Myers/Ruback (1987) bauen innerhalb der Harris/Pringle-Welt ihre eher intuitiv gehaltenen Ausführungen auf einem Spezialfall auf. Die Kapitalstruktur innerhalb dieses Ansatzes *muss* durch $\beta^U = E^F/V^F$ charakterisiert sein. Wenn das so ist, besteht der „Knalleffekt" ihrer Diskontierungsregel darin, dass es unerheblich ist, welches Steuerregime herrscht, da immer der gleiche Wert resultiert. Deren Ausführungen werden interpretiert von Sick (1990), S. 1433, sowie insbesondere von Taggart (1991), S. 15 und S. 17-18. Innerhalb dieser Interpretation sind die Überlegungen von Myers/Ruback (1987) ein Spezialfall der Überlegungen von Sick (1990) und Taggart (1991). Die nachfolgenden Anmerkungen haben insoweit dann auch Geltung für Myers/Ruback (1987).

[989] Vgl. Sick (1990), S. 1436, bzw. Taggart (1991), S. 19.

c) i*, die risikolose Rendite eines Eigenkapitaltitels, wird besteuert mit s_{IE}. Es wird unterstellt, dass gilt: $i\,(1-s_{IF}) = i^*\,(1-s_{IE})$.
d) Eine L-Planungsdoktrin liegt vor.

Diese Konstellation kann einschlägig sein, wenn eine jeweils einperiodige Haltedauer und $s_{IE} = s_{KG}$ gegeben sind. Damit obige Beziehung gilt, besteht zwischen k und k_S das vorher schon gezeigte spezifische Verhältnis: $k_S = k\left(1 - s_{IF}^*\right)$, wobei $s_{IF}^* = s_{IF}\left[\left(1+\frac{1}{k}\right)\left(\frac{i}{1+i}\right)\right]$

$s_{IE} = s_{KG}$ ist demnach eine notwendige, aber keine hinreichende Bedingung für die Neutralität der persönlichen Besteuerung.
Der Kalkül von Sick und Taggart ist mit (3-124) identisch, wenn $s_{IF} = s_{IE} = s_{KG}$ angenommen wird.[990] Die persönliche Besteuerung spielt dann keine Rolle, weil (3-124) vereinfacht werden kann zu der üblichen APV-Bewertung in einem einfachen Steuersystem nach Formel (3-10).
Der Kalkül von Sick und Taggart ist mit (3-124) auch identisch im Fall eines einperiodigen Projekts, wenn gilt $s_{IF} \neq s_{IE} = s_{KG}$.[991] Bei mehrperiodigen Projekten gilt dies nicht mehr.

Im Folgenden soll skizziert werden, wieso dies so ist. Ausgehend von der letzten Periode vor Liquidation des Unternehmens gilt folgender Zahlungsstrom:[992]

$$\left[D_T - iF_{T-1}\left(1-s^0\right) + \overbrace{F_T}^{=0} - F_{T-1}\right]\cdot\left(1-s_I\right) - s_{KG}\left(\overbrace{E_T^F}^{=0} - E_{T-1}^F\right)$$

Der Einkommensteuereffekt II mit $-s_I\left(F_T - F_{T-1}\right)$, d.h. Tilgung- bzw. Aufbau von Fremdkapital, und der Kursgewinnsteuereffekt $s_{KG}\cdot E_{T-1}^F$ werden für die Liquidationsperiode korrekt erfasst. Durch Rückwärtsinduktion („Rollback") wird der Wert in t = 0 bei Sick und Taggart bestimmt. *Problematisch* ist daran, den obigen Zahlungsstrom unverändert hintereinander zu schalten. Dieser ist in der Liquidationsperiode, aber auch nur in dieser und *nicht* in den Nachfolgeperioden zutreffend. Dies hat zur Folge, dass Kursgewinn- und Einkommensteuereffekt II nur partiell erfasst werden.

Wenn keine Neutralität der persönlichen Besteuerung für den Wert bei Eigenfinanzierung gegeben ist, gelten die Bewertungsformeln von Sick und Taggart explizit nicht mehr. Formel (3-124) gibt Auskunft darüber, wie auch in dieser Konstellation bewertet werden kann.

Es lässt sich konstatieren, dass die hier aufgezeigte Vorgehensweise gegenüber den Formeln von Sick (1990) und Taggart (1991) den Vorteil hat, dass
- alle persönlichen Steuersätze unterschiedlich sein können und somit die Wertauswirkungen allgemeinerer Steuersysteme analysiert werden können,

---

990 Nach einigen Umformungen kann gezeigt werden, dass $E_0\left[V_{\tau-1}^E\right] = \sum_{t=\tau}^{n}\frac{E_0\left[\tilde{D}_t\left(1-s_{IE}\right)\right]\left(1-s_{KG}\right)^{t-\tau}}{\left(1+k_S - s_{KG}\cdot m\right)^{t-\tau+1}} = \sum_{t=\tau}^{n}\frac{E_0\left[\tilde{D}_t\right]}{\left(1+k\right)^{t-\tau+1}}\ \forall\tau$ gilt, wenn $k_S = k\left(1 - s_{IF}\left[\left(1+\frac{1}{k}\right)\left(\frac{i}{1+i}\right)\right]\right)$ eingesetzt wird, wobei $s_{IF} = s_{IE} = s_{KG}$.

991 $\Delta V_0^F = \frac{i^*\cdot s\cdot F_{t-1}}{1+i^*} = \frac{i\cdot\left[\frac{1-s_{IF}}{1-s_{IE}} - \left(1-s_K\right)\right]\cdot F_{t-1}}{1+i^*}$

992 Vgl. Sick (1990), S. 1437, und Taggart (1991), S. 19, Formel [A1].

- Neutralität der persönlichen Besteuerung nicht vorausgesetzt wird,
- eine $E_0[\widetilde{F}]$- wie eine L-Doktrin aufgezeigt werden, und
- Kursgewinn- und Einkommensteuereffekte vollständig erfasst sind.

Die in diesem Abschnitt vorgestellten Formeln bauen auf dem APV-Ansatz auf und basieren *nicht* auf dem Equity-Ansatz. Kann der Equity-Ansatz unmodifiziert verwendet werden? Führte seine Anwendung nicht etwa direkt zum gewünschten Ziel?

3.3.7.1.2. Equity-Ansatz

Wird die anzuwendende Rendite des Equity-Ansatzes für die Konstellation der ewigen Rente mit Wachstum abgeleitet, erhält man:[993]

$$(3\text{-}127)\ k_{S,KG}^F = k_{S,KG} + \left(k_S - i\left\{1 + s^0(1 - s_{IE})(-1 + m) - (s_{IF} - s_{IE})\cdot m - s_{IE}\right\} + s_{IE}(1-m)\right)\cdot \frac{L}{1-L}$$

bzw. durch Substitution mit $s^Z = i\left[s^0(1 - s_{IE}) - (s_{IF} - s_{IE})\right] + s_{IE}$ folgt nach Umformungen:

$$k_{S,KG}^F = k_{S,KG} + \left(k_S - i\left\{1 - s^0(1 - s_{IE}) - s_{IE}\right\} - s^Z m + s_{IE}\right)\cdot \frac{L}{1-L}$$

Im Halbeinkünfteverfahren gilt:

$$k_{S,KG}^F = k_{S,KG} + \left[k_S - \left(i\left[1 + s^0(1 - 0{,}5s_I)(-1+m) - 0{,}5s_I(1+m)\right] + 0{,}5s_I\cdot(1-m)\right)\right]\cdot \frac{L}{1-L}$$

Vergleicht man diese nun mit Formel (3-103), die vor Kursgewinnbesteuerung definiert ist, betrifft die Anpassung $k_{S,KG} = k_S + s_{KG}[1-m]$ nur den ersten Term. Der zweite Term, in dem ebenfalls k_S auftaucht, bleibt davon unberührt. Für den Fall der ewigen Rente erhält man also:[994]

$$(3-128)\ E_0^F = \frac{E_0\left[\widetilde{D}_1^{MF}\right](1 - s_{IE})}{k_{S,KG}^F - g\cdot(1 - s_{KG})}$$

Nachdem eine *explizite* Lösungsformel gezeigt worden ist, soll noch kurz erläutert werden, wie hier bei einer *impliziten* Lösungsformel vorzugehen wäre. Ist nämlich die erwartete Dividende vollständig nach Kursgewinnsteuern $D_{t,KG}^{MF}$ definiert - das Ergebnis der Bewertung ist also schon bekannt bzw. die zirkuläre Beziehung ist noch zu lösen - dann lässt sich zeigen, dass mit $D_{t,KG}^{MF} = \left[D_t - iF_{t-1}(1 - fs_{GE})(1 - s_K) + gF_{t-1}\right]\cdot(1 - s_{IE}) - s_{KG}(E_t^F - E_{t-1}^F)$ im Fall der ewigen Rente bei Wachstum folgende Formel gilt:

$$(3-129)\ E_0^F = \frac{E_0\left[\widetilde{D}_{1,KG}^{MF}\right]}{k_{S,KG}^F - g}$$

Für den Fall beliebiger Cashflow-Strukturen mit variablen Fremdkapitalquoten und Projektdauern ergibt sich bei einer expliziten Lösung analog zu (3-118) und (3-124):

[993] Vgl. die Umformung im Anhang 3-17.

[994] Es kann also nicht verwundern, dass ein Einsetzen von (3-103) - der Rendite, die für den Fall ohne Kursgewinnbesteuerung abgeleitet ist - in (3-128) nicht zielführend ist, d.h. zu einem inkonsistenten Wert führen wird. Im Vergleich zu (3-79) ist der Kursgewinnsteuersatzterm (1-s_{KG}) von g noch abzuziehen.

$$(3-130)\ E_0^F = \sum_{t=1}^{n} \frac{E_0\left[\widetilde{D}_t^{MF}\right](1-s_{IE})(1-s_{KG})^{t-1}}{\prod_{j=1}^{t}\left(1+k_{S,KG,j}^F\right)}$$

Die Rendite beträgt nun:

$$(3\text{-}131)\ k_{S,KG,t}^F = k_S - s_{KG}m + \left(k_S - i\{1-s^0(1-s_{IE}) - s_{IE}\} - s^Z m + s_{IE}\right)\cdot\frac{L_{t-1}}{1-L_{t-1}}$$

Sie unterscheidet sich von (3-127), weil der erste Term nun nicht $k_{S,KG} = k_S + s_{KG}[1-m]$, sondern $k_{S,KG}^{*} = k_S - s_{KG}m$ - vgl. (3-118) - beträgt.

3.3.7.1.3. WACC-Ansatz

Der WACC-Ansatz berücksichtigt in der hier dargestellten Form, dass lediglich der Wert des Eigenkapitals, d.h. $E_0\left[\widetilde{V}_t^F\right]\cdot(1-L) = E_0\left[\widetilde{E}_t^F\right]$, der Kursgewinnbesteuerung unterliegt. Auch hier können wieder zwei WACC-Definitionen wie schon für den Fall ohne Kursgewinnbesteuerung aufgestellt werden. Gemäß der ersten Definition erhält man nach einigen Umformungen für die ewige Rente folgende WACC-Gleichung:[995]

$$(3-132)\ V_0^F = \frac{E_0\left[\widetilde{D}_1\right](1-s_{IE})}{WACC_{KG} - g(1-s_{KG}\cdot(1-L))},\ \text{wobei}\ WACC_{KG} = \underbrace{WACC}_{(3-107)} + s_{KG}\cdot(1-L)\cdot[1-m]$$

WACC ist definiert ohne Kursgewinnbesteuerung gemäß der ersten gezeigten Definition nach (3-107). Im Fall der ewigen Rente braucht diese Formeldefinition auch nicht rekursiv angewendet zu werden.

Der Textbuch-WACC kann folgendermaßen definiert werden, wenn die geforderte Rendite bei Mischfinanzierung nach (3-127) eingesetzt wird.

$$(3-133)\ WACC_{KG} = \underbrace{k_{S,KG}^F}_{(3-127)}\cdot(1-L) + i(1-s^0)(1-s_{IE})\cdot L$$

Die Gültigkeit der Textbuch-Formel ist bei dieser Definition nicht zu erwarten, es sei denn der Fall der ewigen Rente mit g = 0 % tritt ein, oder es gilt s_{IE} = s_{KG} wie z.B. im Halbeinkünfteverfahren. Folgender Zusammenhang besteht:

$$\underbrace{k_{S,KG}^F\cdot(1-L) + i(1-s^0)(1-s_{IE})\cdot L}_{\text{Textbook-WACC nach (3-133)}} + g\cdot(s_{IE} - s_{KG})L = \underbrace{WACC + s_{KG}\cdot(1-L)\cdot[1-m]}_{\text{Formel nach (3-132)}}.$$

---

995 Vgl. Anhang 3-18a) zur Ableitung der Formel. Der Vorschlag von Clubb/Doran (1992), der in der Analyse von Lübbehüsen (2000), S. 144-151, übernommen wird, weicht in zwei entscheidenden Punkten von der hier vorgenommenen Analyse ab. Der Einkommensteuereffekt II, der in klassischen Doppelbesteuerungssystemen bzw. diesen verwandten Systemen wie etwa dem asymmetrischen Halbeinkünfteverfahren auftritt, wird nicht berücksichtigt. Vgl. die Formeln [1] und [2] bei Clubb/Doran (1992), S. 44-45. Des Weiteren wird implizit der Unternehmensgesamtwert V^F der Kursgewinnbesteuerung unterworfen. Vgl. die Formeln [3] und [7] bei Clubb/Doran (1992), S. 45. Dieser Modellierung kann unter den gegebenen deutschen Rahmenbedingungen nicht gefolgt werden, da E^F der Kursgewinnbesteuerung unterliegt. Aus diesen Gründen unterscheidet sich auch eine Bewertung auf Basis der obigen Analyse von einer Bewertung gemäß den Formeln, die in deren Gleichungen [6] und [9] enthalten sind. Vgl. Clubb/Doran (1992), S. 44-45. Ansonsten gehen Clubb/Doran (1992) aber analog zum Procedere im Sinne von O´Brien (1991) vor, d.h. eine laufende Veräußerung bei einperiodischer Haltedauer wird unterstellt.

Eine zweite WACC-Definition ist im Fall variabler Cashflow-Strukturen erfolgverspechender, wie im Fall ohne Kursgewinnbesteuerung schon gezeigt worden ist, da Zirkularitäten explizit aufgelöst werden. Nach dem Vorgehen von Clubb/Doran (1992) kann eine zweite WACC-Definition durch Umformulierung von (3-126) gewonnen werden, die kompatibel mit der Textbuch-Formel ist:[996]

$$(3-134)\; WACC_{KG} = k_S - mL\left(i\left[s^0(1-s_{IE})-(s_{IF}-s_{IE})\right]+s_{IE}-s_{IE}/m\right)-(s_{KG}(m-1))(1-L)$$

bzw. nach Substitution mit $s^Z = i\left[s^0(1-s_{IE})-(s_{IF}-s_{IE})\right]+s_{IE}$:

$$WACC_{KG} = k_S - L\left(ms^Z - s_{IE}\right)+(s_{KG}(1-m))(1-L)$$

Die Renditedefinition nach (3-134) unterscheidet sich von der Renditedefinition des APV-Ansatzes aus (3-126) um den Term $s_{IE}L + s_{KG}(1-L)$. Der Textbuch-WACC nach (3-133) ist mit (3-134) äquivalent.[997] Es ist zu betonen, dass die geforderte Rendite bei Mischfinanzierung nach (3-127) in die Formel (3-133) einzusetzen ist, unabhängig davon, ob der Renten- oder Nichtrentenfall vorliegt. Die Rendite nach (3-131) ist zwar für den Equity-Ansatz außerhalb des Falls der ewigen Rente zweckmäßig, aber nicht hilfreich für die Bestimmung der Textbuchformel (3-133). Der Unterschied zu der ersten WACC-Definition ist nun, dass sowohl die Cashflows als auch WACC gemäß (3-133) bzw. (3-134) durch den Faktor $L(1-s_{IE})+(1-L)(1-s_{KG}) = 1-s_{KG}-(s_{IE}-s_{KG})L$ dividiert werden müssen.[998] Analog zu (3-109) ergibt sich dann:

$$(3-135)\; E_0\left[\tilde{V}^F_{\tau-1}\right] = \sum_{t=\tau}^{n} \frac{E_0\left[\tilde{D}_t\right]\cdot(1-s_{IE})/[L(1-s_{IE})+(1-L)(1-s_{KG})]}{(1+WACC_{KG}/[L(1-s_{IE})+(1-L)(1-s_{KG})])^{t-\tau+1}}$$

$$= \frac{1-s_{IE}}{L(1-s_{IE})+(1-L)(1-s_{KG})}\cdot\sum_{t=\tau}^{n}\frac{E_0\left[\tilde{D}_t\right]}{(1+WACC_{KG}/[L(1-s_{IE})+(1-L)(1-s_{KG})])^{t-\tau+1}}$$

Im Fall der ewigen Rente mit Wachstum folgt daraus:[999]

$$E_0\left[\tilde{V}^F_{t-1}\right] = \frac{E_0\left[\tilde{D}_t\right](1-s_{IE})}{\underbrace{WACC_{KG}}_{(3-134)} - g(L(1-s_{IE})+(1-L)(1-s_{KG}))} = \frac{E_0\left[\tilde{D}_t\right](1-s_{IE})}{\underbrace{WACC_{KG}}_{(3-134)} - g(L(s_{KG}-s_{IE})+1-s_{KG})}$$

Im Halbeinkünfteverfahren ($s_{IE} = s_{KG} := 0{,}5s_I$) lässt sich noch bedeutend vereinfachen:[1000]

$$E_0\left[\tilde{V}^F_{\tau-1}\right] = \sum_{t=\tau}^{n}\frac{E_0\left[\tilde{D}_t\right]}{(1+WACC_{KG}/(1-0{,}5s_I))^{t-\tau+1}},$$

$$\text{wobei } WACC_{KG} = k_S - imL\cdot\left[s^0(1-0{,}5s_I)-0{,}5s_I\right]+0{,}5s_I(1-m)$$

Im Fall der ewigen Rente mit Wachstum bedeutet dies dann:

---

996 Vgl. Clubb/Doran (1992), S. 45. Vgl. zur Ableitung den Anhang 3-18b).

997 Dieser Textbuch-WACC ist identisch mit der Formel [11] von Clubb/Doran (1992), S. 46.

$$WACC_{KG} = k^F_{S,KG}\cdot(1-L)+i(1-s)(1-s_{IF})\cdot L$$

998 Vgl. Clubb/Doran (1992), S. 46-47.

999 Freilich ist diese Formel der äußeren Gestalt nach nicht identisch mit (3-132), weil hier $WACC_{KG}$ nach (3-134) bestimmt ist. Die Bewertungen aber sind äquivalent.

1000 Nach Einsetzen der Steuerparameter ergibt sich als Zwischenschritt:

$$WACC_{KG} = k_S - L\left(m\left(i\left[s^0(1-0{,}5s_I)-0{,}5s_I\right]+0{,}5s_I\right)-0{,}5s_I\right)+(0{,}5s_I(1-m))(1-L).$$

$$V_0^F = \frac{E_0[\tilde{D}_1]}{WACC_{KG}/(1-0{,}5s_I)-g} = \frac{E_0[\tilde{D}_1]\cdot(1-0{,}5s_I)}{WACC_{KG}-g(1-0{,}5s_I)}$$

Vergleicht man (3-135) mit dem APV-Ansatz nach (3-126), erscheint die Definition i.a. nach (3-135) etwas schwerfälliger.[1001] Der APV-Ansatz besticht hier m.E. gegenüber den anderen Ansätzen durch seine konzeptionelle Geradlinigkeit. Der Zusammenhang zwischen s_{KG} und dem Equity- und WACC-Ansatz ist leider nicht gerade intuitiv. Daher würde ein ad hoc-Einsetzen von s_{KG} fehlschlagen. Ohne Herleitung bleiben die hier gezeigten Ergebnisse fern.[1002]

3.3.7.2. Autonome Finanzierungspolitik

3.3.7.2.1. APV-Ansatz

Begonnen wird die Analyse mit dem APV-Ansatz. Der Fall der ewigen Rente bei einperiodiger Haltedauer ($\theta = 1$) wird vor dem Hintergrund eines asymmetrischen Einkommensteuersystems mit klassischer Unternehmensbesteuerung untersucht. Wie sich der Werteinfluss der Fremdfinanzierung im Halbeinkünfteverfahren gestaltet, wird auch hier aufgrund von Simulationsrechnungen graphisch aufgezeigt. Die Formeln werden dann auf den Fall beliebiger Cashflow-Strukturen erweitert mit einer beliebigen Projektdauer. Der Wert der Value AG wird anschließend unter dem Einfluss von Kursgewinnsteuern bestimmt.

Eine $E_0^w[\tilde{L}]$-Doktrin - wie von Ashton/Atkins für ein einfaches Steuersystem mit expliziter Lösung gezeigt - soll hier nicht weiter verfolgt werden. Falls eine solche Doktrin geplant sein sollte, kann eine Lösung numerisch bestimmt werden.

Einige der zuvor zur wertabhängigen Politik beschriebenen Beobachtungen treffen ebenso auf eine autonome Politik zu. Aufgrund der hier geltenden Wertadditivität - z.B. ist der Tarif proportional - bietet es sich an, nach der Kernidee des üblichen APV-Ansatzes komponentenweise vorzugehen. Die Bewertung von V^E ergibt sich im Unsicherheitsfall nach (3-120).[1003] Für die Bewertung von $F^{Pr} = -\Delta V^F + F$ ist bei autonomer Politik der Sicherheitsfall

[1001] Im Fall $s_{IE} = s_{KG}$, der auch für das derzeitige Halbeinkünfteverfahren gilt, bzw. $s_{IF} = s_{IE} = s_{KG}$ wirkt der WACC-Ansatz - wie gezeigt - aber nicht so behäbig.

[1002] Es sei denn der Bewerter hätte einen derart geschärften Blick für mathematische Labyrinthe, dass er den Ausweg in einem Schritt kennte.

[1003] Für V^E können die Bewertungsformeln für den Sicherheitsfall leicht analog aus dem Unsicherheitsfall nach (3-120) abgeleitet werden. Es gilt dann: $V_0^E = \frac{D_1(1-s_{IE})}{i(1-s_{IF})-g(1-s_{KG})}$. Dies entspricht nach O'Brien (1991), S. 125, im Ergebnis den Vorschlägen von Haugen/Heins (1969) und Gordon/Gould (1978). Vgl. ebenfalls Hawlitzky (1998), S. 65. Die Analyse von Lübbehüsen (2000), S. 77-78, ist identisch mit der obigen Analyse, wenn dessen Ergebnisse für den Sicherheitsfall interpretiert werden. Eine identische Lösung sieht Stapleton (1972), S. 1278-1279, für den Fall $s_I = s_{IE} = s_{IF}$ vor:

$$V_0^E = \sum_{t=1}^{\infty} \kappa \cdot D_t \cdot (1+\kappa \cdot i)^{-t}, \text{wobei } \kappa = \frac{(1-s_I)}{(1-s_{KG})}.$$

Bei konstant wachsenden Dividenden ergibt sich dann: $V_0^E = \frac{\kappa \cdot D_1}{\kappa \cdot i - g}$.

einschlägig. Explizit bedeutet dies nach Auflösung und Umstellung oder nach Vereinfachung von Formel (3-122), die auf eine wertabhängige Politik im Fall der ewigen Rente zugeschnitten ist:[1004]

$$(3-136)\ \Delta V_0^F = F_0 \cdot \underbrace{\left[1 - \frac{\left[i\left(1-s^0\right)-g\right]\cdot\left(1-s_{IE}\right)}{i\left(1-s_{IF}\right)-g\left(1-s_{KG}\right)}\right]}_{s^*_{KG}}$$

An zwei Steuersystemen soll (3-136) exemplarisch konkretisiert werden:

- Im Halbeinkünfteverfahren gilt mit $0{,}5s_I := s_{KG} = s_{IE}$:[1005]

$$\Delta V_0^F = F_0\left(1 - \frac{\left[i\left(1-s^0\right)-g\right]\left(1-0{,}5s_I\right)}{i\left(1-s_I\right)-g\left(1-0{,}5s_I\right)}\right)$$

Der Effekt beträgt null bei einem kritischen Steuersatz $s_I = \frac{s^0}{1-0{,}5(1-s^0)}$. Bei $f = 0{,}5$; $s_{GE} = 0{,}1667$; $s_K = 0{,}25$ beträgt der kritische Steuersatz $s_I = 47{,}62$ %. Da der Spitzensteuersatz für VZ 2004 mit 45 % vorgesehen ist, wird der Steuereffekt demnach größer null sein.

- Steuersystem mit $s_I := s_{KG} = s_{IE} = s_{IF}$:

$$\Delta V_0^F = F_0 \cdot \left[1 - \frac{i\left(1-s^0\right)-g}{i-g}\right]$$

Im Fall g = 0 % fallen keine Kursgewinne an, die Einkommensteuern heben sich auf und es entsteht das von Modigliani/Miller (1963) schon bekannte Resultat: $\Delta V_0^F = s^0 \cdot F_0$.

1004 Formel (3-136) ist grundsätzlich identisch mit einer Formel von Stapleton (1972), S. 1286. Zwei Unterschiede existieren aber:
a) Die Ausführungen bei Stapleton differenzieren nicht zwischen der Einkommensbesteuerung von Dividenden- (s_{IE}) und Zinseinkünften (s_{IF}), d.h. $s_I = s_{IE} = s_{IF}$. Vgl. Stapleton (1972), S. 1276. Das Halbeinkünfteverfahren kann damit also nicht abgebildet werden, wenn Kanal 1 als dominant erkannt wird.
b) Stapleton berücksichtigt im Unterschied zu den Ausführungen hier explizit den Einfluss von Kapitalerhöhungen bzw. Aktienrückkäufen. Vgl. Stapleton (1972), S. 1281. Setzt man seinen Parameter k = 0, um eine Vergleichbarkeit mit den Ergebnissen dieses Kapitels herzustellen, ergibt sich: $\Delta V_0^F = F_0 \cdot s^0 \cdot \left(\frac{i\left(1-s_I\right) - \frac{g}{s^0}\left(s_I - s_{KG}\right)}{i\left(1-s_I\right)-g\left(1-s_{KG}\right)}\right)$.
Falls $s_{KG} = 0$ gilt, ist die Formel äquivalent mit (3-65). Formel (3-136) ist identisch mit der von Hochman/Palmon (1985), S. 1119.

1005 Die Formel (3-122) ist für das Halbeinkünfteverfahren gemäß $\Delta V_0^F = F_0 \cdot \frac{i\left[s^0\left(1-0{,}5s_I\right)-0{,}5s_I\right]}{i\left(1-s_I\right)-g\left(1-0{,}5s_I\right)}$ definiert, wenn der autonome Fall angenommen wird und k_S durch $i(1-s_{IF})$ substituiert wird. Die Formel ist dann äquivalent zu (3-136).

Wendet man die direkte APV-Beziehung an, erhält man im Sicherheitsfall aus Formel (3-123) mit m = 1 die folgende Formel (3-137), die zu einer identischen Bewertung über $\Delta V^F_{t-1} - F_{t-1}$ führt:[1006]

$$(3\text{-}137)\quad -F^{Pr}_{t-1} = F_{t-1} \cdot \frac{(1-s_{IE})\cdot\{i(s^0-1)+g\}}{i(1-s_{IF})-g(1-s_{KG})}$$

Beispiel: Es gelten die Daten des vorherigen Beispiels, die Wachstumsraten betragen jedoch - 3 %, 0 % bzw. 3 %. In Abbildung 3-30 sind die Werte (in %) für die angegebenen Parameter-Kombinationen berechnet.

Die durchgezogenen Kurven geben den Wertbeitrag mit Kursgewinnbesteuerung, die gestrichelten Kurven denjenigen ohne Kursgewinnbesteuerung an.

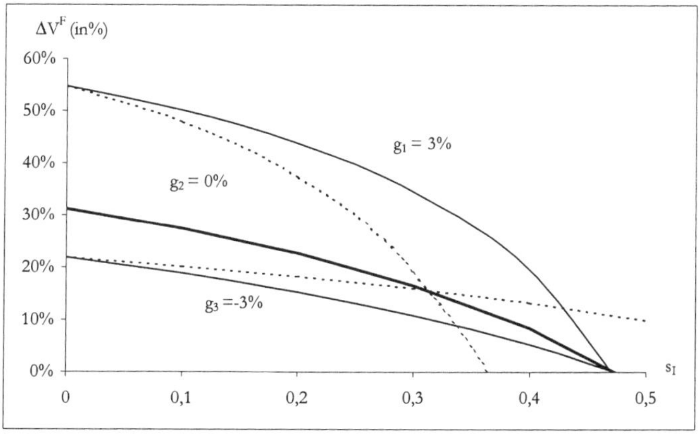

Abbildung 3-30: Marktbewertung des sicheren Steuervorteils der Fremdfinanzierung und Wachstum im Halbeinkünfteverfahren mit und ohne Kursgewinnbesteuerung

Beobachtungen für ΔV^F:

1) Bei g = 0 nimmt die Kursgewinnbesteuerung keinen Einfluss auf das Ergebnis (dicke Kurve).
2) Bei $g > 0$ wird ΔV^F durch $s_{KG} > 0$ erhöht. Bei $g < 0$ vermindert.
3) Der Steuervorteil ist sensitiv hinsichtlich einer Kursgewinnbesteuerung und insbesondere hinsichtlich der Wachstumsrate.
4) Durchgängig gilt: Je höher der Einkommensteuersatz, desto niedriger der Steuervorteil. Je höher die Wachstumsrate, desto größer i.d.R. der Wertbeitrag.

1006 Zu diesem Ergebnis im Sicherheitsfall gelangt mit seiner Gleichung [10] auch Schall (1984), S. 115.

5) Auch hier gibt es zwei Schnittpunkte: Bei dem oberen schneiden sich die Kurven ohne, bei dem unteren mit einer Kursgewinnbesteuerung. Der Schnittpunkt liegt genau bei ΔV^F = 0 % mit $s_I = \frac{s^0}{1 - 0{,}5(1 - s^0)} = 47{,}62\ \%$.

6) Bei dem jetzigen typisierten Einkommensteuersatz des IDW von 35 %, der jedoch wohl nach unten korrigiert werden dürfte, zeigt sich, dass Kursgewinnsteuern die Wertspanne erhöhen. Daran ändert auch eine potentielle Minderung des typisierten Einkommensteuersatzes nichts.

Vergleicht man die Abbildungen 3-27 und 3-30 zeigt sich, dass - abgesehen vom Fall ohne Kursgewinnbesteuerung bei hohem Wachstum - ab einem Einkommensteuersatz von ca. 47 % ΔV^F negativ wird.
Im Fall g = 0, der Fall der üblicherweise mit der Miller-Formel in Verbindung gebracht wird, kollabiert die Formel zu der bekannten Formel von Miller (1977).[1007] Eine Kursgewinnbesteuerung ist für ΔV^F dann auch unerheblich, da keine Wertsteigerungen bezüglich ΔV^F vorliegen können.[1008] Im Fall ohne Kursgewinnbesteuerung hält bei $s_{IE} = 0$ auch bei $g \neq 0$ das Miller-Gleichgewichtsresultat.[1009] Diese Konstellation wird bei Miller (1977) und bei Hochman/Palmon (1985) durch die Annahme einer nahezu ewigen Verzögerung der Kursgewinnbesteuerung ($\theta \rightarrow \infty$) herbeigeführt. Im Fall der ewigen Rente mit Wachstum gilt dann im Einklang mit (3-65):[1010]

$$\Delta V_0^F = F_0 \cdot \left[\frac{i\left[s^0 - s_{IF}\right]}{i\left(1 - s_{IF}\right) - g} \right]$$

Für die wertabhängige Politik ist schon in Abbildung 3-29 aufgezeigt worden, dass der Wert der Steuervorteile dann deutlich niedriger ausfällt. Dies ist auch hier der Fall; die Kurven würden sich schneiden bei $s^0 = s_{IF}$, den Miller-Gleichgewichtssteuersätzen.[1011]
Außerhalb dieses Gleichgewichts ($s^0 = s_{IF}$) sind die Bewertungen nach (3-65) und (3-136) freilich nicht identisch. Im Fall mit Kursgewinnbesteuerung bei $s_{IE} = 0$ und endlichem θ hält das Miller-Gleichgewicht also nicht mehr generell.

Abbildung 3-31 baut auf den Daten des vorherigen Beispiels auf, setzt nun aber $s_I \in [0;0{,}45]$ und $g \in [-0{,}035;\ 0{,}03]$ ein. Der Einfluss des Wachstums wird nun im dreidimensionalen Raum sichtbar. Mit einem hohen persönlichen Steuersatz fällt der Wert, und mit höherem g steigt der

---

1007 i und s_{KG} fallen aus der Formel. Vgl. hierzu die Formel (3-54) $\Delta V_0^F = F_0 \cdot \left[1 - \frac{\left(1 - s^0\right) \cdot \left(1 - s_{IE}\right)}{1 - s_{IF}}\right]$; vgl. ebenso Miller (1977), 266-267, bzw. Taggart (1991), Formel [3A.1] auf S. 14.

1008 Vgl. auch Stapleton (1972), S. 1284, dessen Formel unter Berücksichtigung der Punkte a) und b) aus Fn. 1004 zu dem bekannten Resultat von MM (1963) führt. Die Ausführungen von Arditti/Levy/Sarnat (1977), in denen s_{IE} und s_{KG} gleichgesetzt werden, sind vor diesem Hintergrund unklar.

1009 Vgl. Hochman/Palmon (1985), S. 1119. Dieses Ergebnis ist - wie schon vorher gezeigt - auch im Fall einer wertabhängigen Politik zutreffend.

1010 D.h. die residuale Dividende kann einkommensteuerfrei ausgeschüttet werden. Vgl. zu dieser Konstellation mit g = 0 % auch Drukarczyk/Lobe (2002b), S. 5-6. Mischfälle mit steuerfreien und steuerpflichtigen Anteilen der residualen Dividende sollen nicht näher untersucht werden. Vgl. hierzu Drukarczyk/Lobe (2002b), S. 8.

1011 Vgl. auch die Abbildungen [1] und [2] bei Drukarczyk/Lobe (2002b), S. 8, die belegen, dass der Wert der Steuervorteile dann geringer ausfällt.

Wert. Gleichwohl bleibt der Steuervorteil - wie zu erwarten - stets positiv. Im Vergleich zu Abbildung 3-28 wird deutlich, dass bei autonomer Finanzierungspolitik die dargestellten Parameter g und s_I deutlich sensitiver reagieren.

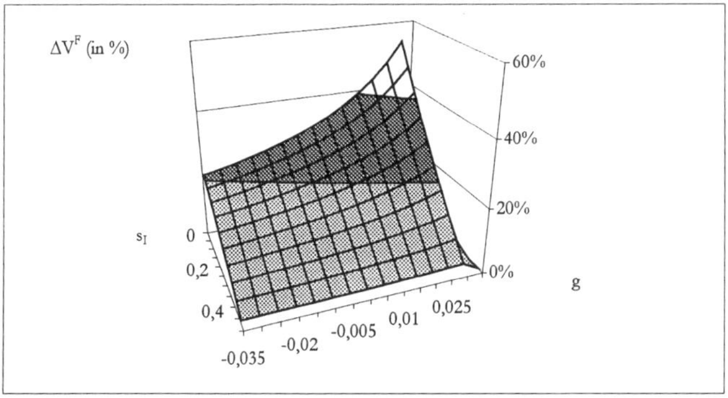

Abbildung 3-31: Marktbewertung des sicheren Steuervorteils der Fremdfinanzierung bei Kursgewinnbesteuerung, Wachstum und Einkommensteuern im Halbeinkünfteverfahren

Der „direkte" APV-Ansatz kann an dieser Stelle wieder relativ einfach eingesetzt werden, um variable Cashflows zu bewerten. Soll lediglich eine autonome Politik bezüglich der Fremdfinanzierungsquellen gelten und V^E mit operativem Risiko behaftet sein, ergibt sich nach

$$(3\text{-}118)\quad V_0^E = \sum_{t=1}^{n} \frac{E_0\left[\widetilde{D}_t(1-s_{IE})\right](1-s_{KG})^{t-1}}{(1+k_S - s_{KG}\cdot m)^t} \quad \text{und}$$

$$(3\text{-}57)\quad \Delta V_{\tau-1}^F - F_{\tau-1} = \sum_{t=\tau}^{n}(1-s_{IE})\cdot\left\{F_{t-1}\cdot\left[i\left(s^0-1\right)-1\right]+F_t\right\}\cdot\left(1+i(1-s_{IF})\right)^{-(t-\tau+1)}:$$

$$E_0\left[\widetilde{E}_{\tau-1}^F\right] = (1-s_{IE})\cdot\left\{\sum_{t=\tau}^{n} E_0\left[\widetilde{D}_t\right]\cdot\frac{(1-s_{KG})^{t-\tau}}{(1+k_S-s_{KG}\cdot m)^{t-\tau+1}} + \right.$$

$$\left. + \sum_{t=\tau}^{n}\left\{F_{t-1}\cdot\left[i\left(s^0-1\right)-1\right]+F_t\right\}\cdot\frac{(1-s_{KG})^{t-\tau}}{(1+i(1-s_{IF})-s_{KG})^{t-\tau+1}}\right\}$$

Der Unternehmensgesamtwert beträgt:[1012]

$$(3-138)\; E_0\left[\widetilde{V}_{\tau-1}^F\right] = (1-s_{IE})\cdot\left\{\sum_{t=\tau}^{n} E_0\left[\widetilde{D}_t\right]\cdot\frac{(1-s_{KG})^{t-\tau}}{(1+k_S-s_{KG}\cdot m)^{t-\tau+1}}\right.$$

$$\left. + \sum_{t=\tau}^{n}\left\{F_{t-1}\cdot\left[i\left(s^0-1\right)-1\right]+F_t\right\}\cdot\frac{(1-s_{KG})^{t-\tau}}{(1+i(1-s_{IF})-s_{KG})^{t-\tau+1}}\right\} + F_{\tau-1}$$

1012 Vgl. zu dieser Problemstellung auch schon Sick (1990), S. 1444, sowie Taggart (1991), S. 13. Die Würdigung des Ansatzes von Sick (1990) und Taggart (1991) in 3.3.7.1.1. lässt sich auch hier auf den Fall einer autonomen Politik übertragen. Der hier gezeigte Ansatz wird sich i.a. von dem von Sick (1990) und Taggart (1991) unterscheiden.

Nun kann die Bewertung der Value AG im Halbeinkünfteverfahren unter Kursgewinnbesteuerung mit durchgehend autonomer Finanzierungspolitik leicht in Angriff genommen werden:

$$E_0\left[\tilde{E}^F_{\tau-1}\right] = \underbrace{\sum_{t=\tau}^{n} E_0\left[\tilde{D}_t\right](1-s_{IE})\cdot\frac{(1-s_{KG})^{t-\tau}}{(1+k_S-s_{KG}\cdot m)^{t-\tau+1}}}_{V^E \text{ nach (3-118)}} + \underbrace{\sum_{t=\tau}^{n}\Delta D^{F,P}_{t,S}\cdot\frac{(1-s_{KG})^{t-\tau}}{(1+i(1-s_{IF})-s_{KG})^{t-\tau+1}}}_{-F^{Pr}}$$

Der Unternehmenswert bei Eigenfinanzierung V_0^E beträgt, wenn k_S mit 9,39 % und $s_{KG} = 0{,}5s_I = 0{,}5\cdot 0{,}35$ veranschlagt wird, 22.164,5. Das ist eine Abweichung von dem Wert ohne Kursgewinnbesteuerung (20.462,4) von 8,3 %. Bei den Steuervorteilen aus Fremdkapital wird der Wert jedoch kleiner ausfallen, da die Fremdkapitalpositionen im Aggregat heruntergefahren werden. Dies führt bei einer Kursgewinnbesteuerung zu zusätzlichen Nachteilen.

	t = 1	2	3	4	5	6	7	8ff
(1) $\Delta D^F_{t,S}$	-601,8	-250	-247,4	-358,9	-322,9	-436,3	-235,7	-163,5
(2) $\Delta D^P_{t,S}$	-227,7	-232,6	-237,7	-243	-248,4	-254	-259,6	-287,8
(3) $\Delta D^{F,P}_{t,S}$	-829,5	-482,6	-485,1	-601,9	-571,3	-690,3	-495,3	-451,3

Tabelle 3-47: Dividendenminderzahlungen aufgrund von Fremdkapital und Pensionsrückstellungen

Es ergibt sich nun $-F_0^{Pr} = -10.927{,}1$ im Vergleich zu -10.776 ohne Kursgewinnbesteuerung. Der Wert des Eigenkapitals beträgt nun 11.237,4, respektive 9.686,5 ohne Kursgewinnbesteuerung. Das ist ein Unterschied von + 16 %. Ob Kursgewinnsteuern berücksichtigt werden oder nicht, spielt hier also eine erhebliche Rolle. Die Fälle $\theta = 1$ sowie $\theta \to \infty$ (bzw. $s_{KG} = 0$) stellen wohl Extrempositionen dar.[1013] Falls $\theta > 1$ ist, liegen die Werte zwischen den eben gezeigten. Mit steigendem θ geht der Wert gegen den ohne Kursgewinnsteuern. Die Darstellung der Bewertung der Value AG auf Basis des APV-Ansatzes soll hier genügen.

3.3.7.2.2. Equity-Ansatz

Angelehnt an (3-78) ergibt sich im Fall der ewigen Rente mit Wachstum:

$$\text{(3-139)}\quad E_0^w\left[\tilde{k}^F_{S,KG}\right] = k_{S,KG} + (k_{S,KG} - i(1-s_{IF}))\cdot(1-s^*_{KG})\cdot\frac{F_{t-1}}{E_0\left[\tilde{E}^F_{t-1}\right]}$$

$$\text{mit } k_{S,KG} = k_S + s_{KG}[1-m] \text{ und } s^*_{KG} = 1-\frac{[i(1-s^0)-g]\cdot(1-s_{IE})}{i(1-s_{IF})-g(1-s_{KG})}$$

Es gilt:

1013 Dass der Einfluss von Kursgewinnsteuern empirisch von Bedeutung ist, wird in einer Studie für den amerikanischen Markt aufgezeigt von Ayers/Lefanowicz/Robinson (2003).

$$(3-128)\ E_0^F = \frac{E_0\left[\tilde{D}_1^{MF}\right](1-s_{IE})}{E_0^w\left[\tilde{k}_{S,KG}^F\right] - g\cdot(1-s_{KG})}$$

Des Weiteren stellt sich die Frage, wie eine gewichtete unbedingt erwartete Rendite $E_0^w\left[W\tilde{A}CC\right]$ bei unbegrenztem Horizont aussehen könnte.

3.3.7.2.3. WACC-Ansatz

Zwei Möglichkeiten, WACC zu definieren, werden gezeigt: Erstens angelehnt an (3-132), zweitens nach einer Definition von Stapleton (1972). Die erste Definition ist deutlich „anwenderfreundlicher" als die zweite. Beide Definitionen gelten für den Fall der ewigen Rente mit Wachstum.

$$(3\text{-}140)\ E_0^w\left[W\tilde{A}CC_{KG}\right] = k_{S,KG} - \left(k_{S,KG} - g(1-s_{KG})\right)\cdot s_{KG}^* \cdot \frac{F_{t-1}}{E_0\left[\tilde{V}_{t-1}^F\right]}$$

$$\text{mit } k_{S,KG} = k_S + s_{KG}\left[1-m\right] \text{ und } s_{KG}^* = 1 - \frac{\left[i\left(1-s^0\right)-g\right]\cdot\left(1-s_{IE}\right)}{i\left(1-s_{IF}\right)-g\left(1-s_{KG}\right)}$$

Die Formel für die ewige Rente ist jedoch nicht ganz identisch mit (3-132). Sie beträgt hier:

$$V_0^F = \frac{E_0\left[\tilde{D}_1\right](1-s_{IE})}{E_0^w\left[W\tilde{A}CC_{KG}\right] - g(1-s_{KG})}$$

In Anhang 3-19 kann die Ableitung der zweiten Definition des WACC-Ansatzes angelehnt an Stapleton (1972) eingesehen werden.[1014] Die Formel für die ewige Rente wird definiert nach (3-141):

$$(3-141)\ V_0^F = \frac{E_0\left[\tilde{D}_1\right](1-0{,}5s_I)}{E_0^w\left[W\tilde{A}CC_{KG}^*\right] - g}$$

Dabei ist nun zu beachten, dass künftige Kursgewinne bezüglich des Werts bei Eigenfinanzierung unsicher und bezüglich des Werts der Steuervorteile sicher sind. Die Beziehung zum WACC vor Kursgewinnbesteuerung ist hier nicht mehr so einfach herstellbar wie im Fall wertabhängiger Finanzierungspolitik. Im Halbeinkünfteverfahren gilt:

$$(3-142)\ E_0^w\left[W\tilde{A}CC_{KG}^{*}\right] = k_S + (k_S - g)\cdot\left[s_{KG}\left(\frac{1+g-m}{k_S-g} + \frac{\Delta V^F}{E_0\left[\tilde{V}^F\right]}\cdot\left\{\frac{g}{i_S-g} - \frac{1+g-m}{k_S-g}\right\}\right) - E_0^w\left[\tilde{L}\right]\cdot\left\{s^* + s_{KG}\cdot\frac{g}{i_S-g}\right\}\right]$$

[1014] Ein Vergleich mit Stapleton (1972) ist insofern nicht direkt durchführbar, da neben den schon in Fn. 1004 angesprochenen Unterschieden der Einfluss von Unsicherheit und Kursgewinnbesteuerung bei Stapleton nicht transparent modelliert wird. Dies erkennt auch Stapleton (1972), S. 1289. Vgl. zur Herleitung die APV-Gleichung [32] bei Stapleton (1972), S. 1287-1288, mit der hier verwendeten APV-Gleichung aus dem Appendix:

$$E^F + F = \frac{E_0\left[\tilde{D}_1\right](1-0{,}5s_I)}{k_S-g} - s_{KG}\cdot V^E\cdot\left[\frac{1+g-m}{k_S-g}\right] + F\left(\frac{i\left[s^0(1-0{,}5s_I)-0{,}5s_I\right]-0{,}5s_I\cdot g}{i_S-g}\right) - s_{KG}\cdot\left(\Delta V^F - F\right)\cdot\left[\frac{g}{i_S-g}\right]$$

Gilt $s_{KG} = 0$ %, dann wird rasch ersichtlich, dass die WACC-Formel (3-142) mit Formel (3-84) aus Abschnitt 3.3.2.3. kompatibel ist. Im Fall $g = 0$ ist (3-142) hingegen nicht identisch mit (3-84), wenn V^E weiterhin der Kursgewinnbesteuerung unterliegt:

$$E_0^w\left[\widetilde{WACC}_{KG}^*\right] = k_S \cdot \left(1 + \left[s_{KG} \cdot \left(1 - \frac{\Delta V^F}{E_0\left[\tilde{V}^F\right]}\right) \cdot \frac{1-m}{k_S} - E_0^w\left[\tilde{L}\right] \cdot \frac{\left[s^0(1-0{,}5s_I) - 0{,}5s_I\right]}{1-s_I}\right]\right)$$

Zudem zeigt sich, dass für die obige Definition (3-142) des WACC-Ansatzes ΔV^F (oder V^E)[1015] bekannt sein muss. Eine Herleitung weiterer DCF-Ansätze nach dieser Definition unterbleibt aufgrund der schon hier sichtbaren unattraktiven Eigenschaften. Die zweite Definition nach (3-141) und (3-142) ist eher abschreckend, und kann daher nicht zur Anwendung empfohlen werden.

3.3.8. Beta-Zerlegung

Im Folgenden interessiert, wie empirisch gemessene Beta-Werte von i.d.R. verschuldeten Unternehmen verwendet werden können, um die Beziehung zu den Renditen von unverschuldeten Unternehmen herzustellen.[1016] Die Rendite bei Eigenfinanzierung ist offensichtlich wichtig, um informationsreiche Beziehungen zwischen den Renditen herstellen zu können. Ändern sich z.B. die Unternehmensteuersätze, bzw. die Kapitalstruktur, kann k_1^F auf Basis eines geschätzten k simuliert werden. Die Finanzierungspolitik hat i.d.R. einen großen Einfluss auf k_1 ausgehend von einem beobachteten k_1^F. Wird zunächst von einem einfachen Unternehmensteuersystem ausgegangen, tritt bei $g > 0$ auf Grundlage eines gegebenen k_1^F folgende Rangfolge von Renditen bei Eigenfinanzierung k auf, wie ein Blick auf Abbildung 3-12 unschwer zeigt:[1017] $k^{au} > k^{iwa} > k^{wa}$.

Ist hingegen k gegeben, dann gilt eine nun umgekehrte Rangfolge für k_1^F: $k_1^{F,au} < k_1^{F,iwa} < k_1^{F,wa}$.

Die üblichen Beta-Formeln beziehen sich auf Renditen, die zur Diskontierung der Dividende **und** des Unternehmenswerts (Total Shareholder Return) herangezogen werden.[1018]

$$E_0^F = \frac{E_0\left[\tilde{D}^{MF} + \tilde{E}_1^F\right]}{1+k_1^F}$$

Beta ist definiert über:

$$\beta_1^F = \frac{Cov\left(\tilde{k}_1^F, \tilde{r}_{M,1}\right)}{Var\left(\tilde{r}_{M,1}\right)}$$

Offensichtlich ist Beta für die erste Periode stets deterministisch. Eingesetzt in folgende Formel $k_1^F = i + \underbrace{\left(E_0\left[\tilde{r}_{M,1}\right] - i\right)}_{MRP} \cdot \beta_1^F$, wobei MRP für Marktrisikoprämie steht, ergibt sich k_1^F. Das Capital Asset Pricing Model (CAPM) kann, muss aber nicht die modelltheoretische Grundlage für den

1015 Hiernach ließe sich der Ausdruck auch auflösen.

1016 Man spricht hier in der amerikanischen Literatur von „unlevering" und in der britischen von „degearing".

1017 Die Superskripte indizieren die jeweiligen Finanzierungspolitiken.

1018 Vgl. etwa Huang/Litzenberger (1988), S. 205; Hamid/Prakash/Anderson (1994), S. 294.

Einsatz des Beta-Konzepts sein.[1019] Dies ist zu betonen, da die in dieser Arbeit relativ breit gefächerte Definition zulässiger Unsicherheit mit dem mehrperiodigen CAPM nach der (üblichen) Auslegung von Fama (1977) nicht vereinbar ist.[1020]

Eine Rückrechnung eines empirisch geschätzten Betas $\hat{\beta}_1^F$ in $\hat{\beta}_1^u$ kann nur über k in der ersten Periode Auskunft geben. Eine Information, wie k in den folgenden Perioden aussieht, ist damit noch nicht verbunden. Falls keine näheren Informationen vorhanden sind, ist es eine bequeme wie übliche Annahme von einem konstanten k auszugehen.[1021]
Werden - wie üblich - Beta-Werte aus der Vergangenheit geschätzt, dann ist das Vorgehen nur dann stringent, wenn das aus historischen Zeitreihen geschätzte Beta mit dem für die nächste Periode erwarteten Beta (in etwa) übereinstimmt: $\hat{\beta}_1^F \approx \beta_1^F$. Diese Annahme wird im Einzelfall zu beurteilen sein. Die Validität hängt davon ab, ob Verschiebungen des operativen Risikos und/oder Verschiebungen der Kapitalstruktur im Vergleich zu dem geschätzten Wert vermutet werden.
Manche Unternehmensbewerter wählen als Alternative die Annahme eines im Zeitablauf konstanten $\hat{\beta}_1^F$. Diese Annahme kann dann je nach Finanzierungspolitik Rückwirkungen auf k im Zeitablauf haben.[1022]
Eine weitere Alternative leitet k z.B. aufgrund der risikoneutralen Wahrscheinlichkeiten und der zustandsabhängigen Cashflows direkt ab. Dieser hier zugrunde gelegte Weg hat den Vorteil, theoretisch fundierte Aussagen über k im Zeitablauf treffen zu können.

3.3.8.1. Autonome Finanzierungspolitik

Innerhalb der eingangs in Abschnitt 3.1. getroffenen Annahmen (risikoloses Fremdkapital) gilt generell die Formel (3-27). Bei autonomer Politik erhält man in einem einfachen Steuersystem:

$$(3-27)\ \beta_1^F = \beta_1^u \cdot \left[1 + \left(F_0 - \overbrace{\left(1 + \frac{i - k_1^*}{MRP \cdot \beta_1^u}\right)}^{=0} \cdot \Delta V_0^F\right) \Big/ E_0^F\right]$$

Zunächst wird die Umrechnungsformel für die Value AG (ohne Kursgewinnbesteuerung) aufgezeigt. Anschließend wird explizit für den häufig untersuchten Fall der ewigen Rente mit Wachstum die Beta-Formel für ein differenziertes Steuersystem mit Kursgewinnbesteuerung dargestellt.

[1019] Vgl. Duffie (1996), S. 11-12. Arzac (1996), S. 45, als auch Richter/Drukarczyk (2001), S. 631 bzw. S. 635, stützen ihre Beta-Definition offensichtlich auch nicht auf das Mehrperioden-CAPM nach Fama (1977). Es sich handelt bei deren mehrperiodigen Betas β^F abgesehen von der ersten Periode implizit um eine stochastische Beta-Konzeption, indem ein unbedingt erwartetes Beta zu Marktwerten gewichtet wird. Bei wertabhängiger Finanzierungspolitik sind die mehrperiodigen Beta-Werte bei Richter/Drukarczyk (2001), S. 634, jedoch deterministisch.

[1020] Vgl. Fama (1977). Eine tiefgehende Diskussion des CAPM soll hier nicht geleistet werden. Zu einem Überblick vgl. etwa Röder/Müller (2001).

[1021] Vgl. bei autonomer Politik im Anrechnungsverfahren etwa Lobe (1996), S. 89, Fn. 146; Drukarczyk (1998), S. 261; Jakubowicz (2000), S. 232.

[1022] Ob auch dies eine sinnvolle Annahme darstellt, wird am Einzelfall zu prüfen sein. Vgl. innerhalb der autonomen Finanzierungspolitik Drukarczyk/Honold (1999), S. 343-345. Empirische Untersuchungen deuten aber eher auf zeitabhängige Renditen hin. Vgl. etwa Campbell/Lo/MacKinlay (1997), S. 27-80 und S. 267-287.

Die Umrechnungsformel für Beta-Werte bei Eigen- und Mischfinanzierung sieht so aus für die Value AG, bei der verzinsliches Fremdkapital sowie Pensionsrückstellungen einer autonomen Politik unterliegen:[1023]

$$(3-143)\ \beta_1^F = \beta_1^u \left[1 + \frac{(F_0 + P_0) - \left(\Delta V_0^F + \Delta V_0^P\right)}{E_0^F} \right]$$

$$= \beta_1^u \left[1 + \frac{F_0^{Pr}}{E_0^F} \right] = \beta_1^u \cdot \frac{V_0^F - \Delta V_0^F}{E_0^F} = \beta_1^u \cdot \frac{V_0^E}{E_0^F}$$

Wird ein Beta-Wert β_1^F von 1,69 geschätzt, lässt sich $k_{S,1}^F$ äquivalent zu der aus Tabelle 3-36 unter Zeile (5) bekannten Rendite über $k_{S,1}^F = i(1-s_I) + MRP_S \cdot \beta_1^F = 0{,}0455 + 0{,}0605 \cdot 1{,}69 \approx 0{,}1477$ berechnen. Die Marktrisikoprämie nach Steuern (MRP_S) betrage 0,0605.
Nach Einsetzen der Werte der Value AG aus Tabelle 3-33 in (3-143) ergibt sich ein β^u von 0,8.
$k_S = i(1-s_I) + MRP_S \cdot \beta^u = 0{,}0455 + 0{,}0605 \cdot 0{,}8 = 0{,}0939.$

Die Beta-Berechnung ist zu der eingesetzten Renditedefinition konsistent formuliert.[1024] Im Beispiel wird dann davon ausgegangen, dass k_S im Zeitablauf konstant bleibt.

Im Fall der ewigen Rente mit Wachstum gilt bei Kursgewinnbesteuerung:
$k_{S,KG}^F = i(1-s_{IF}) + MRP_S \cdot \beta^F$

Es ist intendiert, mit der Beta-Umrechnung den Total Shareholder Return bei Fremdfinanzierung $k_{S,KG}^F$ - hier (3-139) - und Eigenfinanzierung $k_{S,KG}$ in Beziehung zu setzen.[1025] Daraus kann dann auch noch k_S bzw. das zugehörige β^u ermittelt werden. Dies kann über die Formel für $k_{S,KG}$ bewerkstelligt werden, die schon in Kapitel 3.3.7.1.1. gezeigt und nun nach k_S aufgelöst worden ist:

$$k_S = \frac{k_{S,KG} \cdot (1 + i(1-s_{IF})) - is_{KG}(1-s_{IF})}{1 - s_{KG} + i(1-s_{IF})} = \frac{k_{S,KG} + i(1-s_{IF}) \cdot (k_{S,KG} - s_{KG})}{1 - s_{KG} + i(1-s_{IF})}$$

Im Folgenden findet eine Beschränkung auf verzinsliches Fremdkapital statt. Es gilt dann ausgehend von (3-143):[1026]

$$(3-144)\ \beta^F = \beta^u \left[1 + \frac{\left[i\left(1-s^0\right) - g\right] \cdot (1-s_{IE})}{i(1-s_{IF}) - g(1-s_{KG})} \cdot \frac{F}{E^F} \right] \cdot \left(1 - \frac{s_{KG}}{1 + i(1-s_{IF})} \right)$$

[1023] Grundlegend im Fall der ewigen Rente vgl. Hamada (1972); und für Fälle außerhalb der ewigen Rente, vgl. auch Richter/Drukarczyk (2001), S. 631. Für eine derartige Beta-Umrechnung in kontinuierlicher Zeit vgl. Grinblatt/Liu (2002), S. 29.

[1024] Vgl. zu diesem Problem auch Lobe (1996), S. 89.

[1025] Bei vollständiger Eigenfinanzierung gilt im Fall der ewigen Rente:

$$k_{S,KG} = i(1-s_{IF}) + MRP_S \cdot \beta^U \cdot \left(1 - \frac{s_{KG}}{1 + i(1-s_{IF})} \right)$$

[1026] Vgl. den Anhang 3-20.

Wird $s_{KG}^{*} = 1 - \frac{\left[i\left(1-s^{0}\right)-g\right]\cdot\left(1-s_{IE}\right)}{i\left(1-s_{IF}\right)-g\left(1-s_{KG}\right)}$ in (3-144) eingesetzt, erhält man:

$$\beta^{F} = \beta^{u}\left[1+\left(1-s_{KG}^{*}\right)\cdot\frac{F}{E^{F}}\right]\cdot\left(1-\frac{s_{KG}}{1+i\left(1-s_{IF}\right)}\right) = \beta^{u}\left[\frac{1-s_{KG}^{*}\cdot\frac{F}{V^{F}}}{\frac{E^{F}}{V^{F}}}\right]\cdot\left(1-\frac{s_{KG}}{1+i\left(1-s_{IF}\right)}\right)$$

Vor dem Hintergrund von Formel (3-144) lassen sich unterschiedliche Konstellationen betrachten:

- $s_{KG} = 0$

Allgemein ergibt sich bei einem differenzierten Steuersystem mit $s^{*} = 1 - \frac{\left(1-s_{IE}\right)\cdot\left(i\left(1-s^{0}\right)-g\right)}{i\left(1-s_{IF}\right)-g}$ folgende Formel:[1027]

$$\beta^{F} = \beta^{u}\left[1+\left(1-s^{*}\right)\cdot\frac{F}{E^{F}}\right]$$

- Halbeinkünfteverfahren nach Kanal 1 *mit* Kursgewinnbesteuerung

$$\beta^{F} = \beta^{u}\left[1+\frac{\left[i\left(1-s^{0}\right)-g\right]\cdot\left(1-0{,}5s_{I}\right)}{i\left(1-s_{I}\right)-g\left(1-0{,}5s_{I}\right)}\cdot\frac{F}{E^{F}}\right]\cdot\left(1-\frac{s_{KG}}{1+i\left(1-s_{IF}\right)}\right)$$

- Halbeinkünfteverfahren nach Kanal 1 *ohne* Kursgewinnbesteuerung[1028]

$$\beta^{F} = \beta^{u}\left[1+\left(1-\frac{i\left[s^{0}\left(1-0{,}5s_{I}\right)-0{,}5s_{I}\right]-0{,}5s_{I}\cdot g}{i\left(1-s_{I}\right)-g}\right)\cdot\frac{F}{E^{F}}\right]$$

- $s_{KG} = 0$ und Einkommensteuereffekt II gleich null

$$\beta^{F} = \beta^{u}\left[1+\frac{i\left(1-s^{0}\right)\cdot\left(1-s_{IE}\right)}{i\left(1-s_{IF}\right)-g}\cdot\frac{F}{E^{F}}\right]$$

- Miller (1977) mit $s_{KG} = 0$ und $s_{IE} = 0$

$$\beta^{F} = \beta^{u}\left[1+\frac{i\left(1-s^{0}\right)-g}{i\left(1-s_{IF}\right)-g}\cdot\frac{F}{E^{F}}\right]$$

Da im Miller-Gleichgewicht $s^{0} = s_{IF}$ gilt, ergibt sich $\beta^{F} = \beta^{U}\cdot\left(1+\frac{F}{E^{F}}\right)$. Dies ist identisch mit dem Vorsteuer-Fall bzw. dem im nächsten Abschnitt noch zu zeigenden Harris/Pringle-Ergebnis.

1027 Vgl. auch Rashid/Amoako-Adu (1995), S. 1054. Für den Fall g = 0 %, vgl. Yagill (1982), S. 442 und 445, Formel [18]; Schnabel (1983), S. 128-129; Callahan/Mohr (1989), S. 162; Strong/Appleyard (1992), S. 17; Pointon (1997), S. 359; Cooper/Nyborg (1999), Table 1; Lübbehüsen (2000), S. 120.

1028 Für den Fall g = 0 %, vgl. Drukarczyk (2003b), S. 446.

- Alle persönlichen Steuersätze sind identisch ($s_{IF} = s_{IE} = s_{KG} = s_I$).

$$\beta^F = \beta^u \left[1 + \frac{i(1-s^0) - g}{i-g} \cdot \frac{F}{E^F} \right] \cdot \left(1 - \frac{s_I}{1 + i(1-s_I)} \right)$$

- Keine persönlichen Steuern[1029]

$$\beta^F = \beta^u \left[1 + \frac{i(1-s^0) - g}{i-g} \cdot \frac{F}{E^F} \right]$$

Wird nun noch g = 0 % angenommen, kollabiert die obige Formel zu der bekannten Formel nach Hamada,[1030] die für die von Modigliani/Miller (1963) untersuchte Konstellation definiert ist.

3.3.8.2. Wertabhängige Finanzierungspolitik

Mit der Beta-Zerlegung wird nun für eine wertabhängige Finanzierungspolitik der Total Shareholder Return bei Fremdfinanzierung $k^F_{S,KG}$ - hier (3-127) - und Eigenfinanzierung $k_{S,KG}$ in Beziehung gesetzt. Nach dem Vorgehen von Clubb/Doran (1991) kann die Beziehung (3-145) abgeleitet werden:[1031]

$$E_0\left[\widetilde{V}^F_{t-1}\right] \cdot \underbrace{\left(1 - L \frac{i\left[s^0(1-s_{IE}) - (s_{IF} - s_{IE})\right] + s_{IE}}{1 + i(1-s_{IF})} - \frac{s_{KG}(1-L)}{1 + i(1-s_{IF})} \right)}_{\xi} =$$

$$\frac{E_0\left[\widetilde{D}_t(1-s_{IE})\right] + E_0\left[\widetilde{V}^F_t\right] \cdot \left[L(1-s_{IE}) + (1-L)(1-s_{KG})\right]}{1 + k_S}$$

Wird ξ eingesetzt in $\beta^F(1-L) = \beta^U \xi$, ergibt sich folgende allgemeine Formel:[1032]

$$\text{(3-145)} \quad \beta^F = \beta^U \cdot \left(1 + \left(1 - \frac{i\left[s^0(1-s_{IE}) - (s_{IF} - s_{IE})\right] + s_{IE}}{1 + i(1-s_{IF})} \right) \frac{F}{E^F} - \frac{s_{KG}}{1 + i(1-s_{IF})} \right)$$

bzw. nach Substitution mit $s^Z = i\left[s^0(1-s_{IE}) - (s_{IF} - s_{IE})\right] + s_{IE}$:

1029 Diese Formel ist äquivalent mit der Formel $\beta^F = \beta^u \left[1 + \left(1 - \frac{is^0}{i-g} \right) \frac{F}{E^F} \right]$ von Clubb/Doran (1991), S. 217, und Grinblatt/Liu (2002), S. 29, bzw. denen von Ehrhardt/Daves (1999), S. 18, und Fernández (2002), S. 455. Copeland/Koller/Murrin (2000), S. 476, sind der Meinung, dass sich in diesem Fall keine Formel ermitteln lasse.

1030 Vgl. schon Hamada (1969), S. 19-20; Hamada (1972), S. 439. Vgl. Hamadas Formeln [4a] und [5], bzw. Drukarczyk (2003b), S. 445. Sowie zu einer Implementierung ausgehend von $k^F_{s,1}$, vgl. Weston (2002), S. 79-81.

$$\beta^u = \beta^F \left[\frac{E^F}{V^F - s_K F} \right] \Leftrightarrow \beta^F = \beta^u \left[1 + (1-s^0) F \right]$$

1031 Die Vorgehensweise wird dort aufgezeigt für den Fall ohne persönliche Steuern. Vgl. Clubb/Doran (1991), S. 216.

1032 Vgl. den Anhang 3-21a). Das Ergebnis weicht deutlich ab von Cooper/Nyborg (1999), Table 1. Gründe sind: Einkommensteuereffekt II wird nicht modelliert; die Kursgewinnbesteuerung ist implizit enthalten, aber nicht offengelegt; eine HP-Vereinfachung wird angestrebt.

$$\beta^F = \beta^U \cdot \left(1 + \left(1 - \frac{s^Z}{1 + i(1 - s_{IF})}\right)\frac{L}{1 - L} - \frac{s_{KG}}{1 + i(1 - s_{IF})}\right)$$

Im Fall variabler Cashflows gilt:[1033] $k^{F,*}_{S,KG} = i(1 - s_{IF}) + MRP_S \cdot \beta^F - s_{KG}$ oder äquivalent nach einer *impliziten* Gleichung: $k^{F,*}_{S,KG} = i(1 - s_{IF}) + MRP_S \cdot \beta^U \cdot \left(1 + \left(1 - \frac{s^Z}{1 + i(1 - s_{IF})}\right)\frac{L}{1 - L}\right) - s_{KG} \cdot m.$

Vor dem Hintergrund von Formel (3-145) lassen sich unterschiedliche Konstellationen betrachten:

- $s_{KG} = 0$

$$\beta^F = \beta^U \cdot \left(1 + \left(1 - \frac{i\left[s^0(1 - s_{IE}) - (s_{IF} - s_{IE})\right] + s_{IE}}{1 + i(1 - s_{IF})}\right)\frac{F}{E^F}\right)$$

- Halbeinkünfteverfahren nach Kanal 1 *mit* Kursgewinnbesteuerung

$$\beta^F = \beta^U \cdot \left(1 - \frac{0{,}5s_I}{1 + i(1 - s_I)} + \left(1 - \frac{i\left[s^0(1 - 0{,}5s_I) - 0{,}5s_I\right] + 0{,}5s_I}{1 + i(1 - s_I)}\right)\frac{F}{E^F}\right)$$

- Halbeinkünfteverfahren nach Kanal 1 *ohne* Kursgewinnbesteuerung[1034]

$$\beta^F = \beta^U\left(1 + \left(1 - \frac{i\left[s^0(1 - 0{,}5s_I) - 0{,}5s_I\right] + 0{,}5s_I}{1 + i(1 - s_I)}\right)\frac{F}{E^F}\right)$$

- $s_{KG} = 0$ und Einkommensteuereffekt II gleich null[1035]

$$\beta^F = \beta^U \cdot \left(1 + \left(1 - \frac{i\left[s^0(1 - s_{IE}) - (s_{IF} - s_{IE})\right]}{1 + i(1 - s_{IF})}\right)\frac{F}{E^F}\right)$$

- Miller (1977) mit $s_{KG} = 0$ und $s_{IE} = 0$

$$\beta^F = \beta^U \cdot \left(1 + \left(1 - \frac{i\left[s^0 - s_{IF}\right]}{1 + i(1 - s_{IF})}\right)\frac{F}{E^F}\right)$$

Da im Miller-Gleichgewicht $s^0 = s_{IF}$ gilt, ergibt sich $\beta^F = \beta^U \cdot \left(1 + \frac{F}{E^F}\right)$. Dies ist identisch mit dem Vorsteuer-Fall bzw. dem noch zu zeigenden Harris/Pringle-Ergebnis im einfachen Unternehmensteuersystem.

1033 Bei vollständiger Eigenfinanzierung gilt im Fall variabler Cashflows:

$$k^*_{S,KG} = i(1 - s_{IF}) + MRP_S \cdot \beta^U \cdot \left(1 - \frac{s_{KG}}{1 + i(1 - s_{IF})}\right) - s_{KG},$$

oder äquivalent nach einer *impliziten* Gleichung: $k^*_{S,KG} = i(1 - s_{IF}) + MRP_S \cdot \beta^U - ms_{KG}$.

1034 Vgl. zu einer alternativen Ableitung den Anhang 3-21b).

1035 Die folgende Formel ist kompatibel mit derjenigen bei Richter (2002c), S. 18. Bei Drukarczyk (2003b), S. 447, wird der Harris/Pringle-Fall angenommen.

- Alle persönlichen Steuersätze sind identisch ($s_{IF} = s_{IE} = s_{KG} = s_I$).

$$\beta^F = \beta^U \cdot \left(1 + \left(1 - \frac{i \cdot s^0 (1 - s_I) + s_I}{1 + i(1 - s_I)}\right)\frac{F}{E^F} - \frac{s_I}{1 + i(1 - s_I)}\right)$$

- Keine persönlichen Steuern

Ausgehend von Formel (3-27), erhält man in einem einfachen Steuersystem bei wertabhängiger Finanzierungspolitik:

$$(3-27)\ \beta_1^F = \beta_1^u \cdot \left[1 + \left(\overbrace{F_0 - \left(1 + \frac{i - k_1^*}{MRP \cdot \beta_1^u}\right) \cdot \Delta V_0^F}^{= \frac{is_K F_0}{1+i}}\right) \Big/ E_0^F\right]$$

Ebenso kann ausgehend von (3-145), der Miles/Ezzell-Fall ohne persönliche Steuern betrachtet werden:[1036]

$$(A)\ \beta^F = \beta^U \left(1 + \left(1 - \frac{s_K \cdot i}{1 + i}\right)\frac{F}{E^F}\right)$$

Für die Beta-Zerlegung im wertabhängigen Fall existieren in der Literatur einige Formeln, die sich hinsichtlich ihrer äußeren Gestalt voneinander unterscheiden. Anhang 3-21c) zeigt, dass sich die Formeln nur in ihrer äußeren Gestalt, nicht aber materiell unterscheiden.

$$(B)\ \beta^F \left[\frac{1 - L}{1 - s_K iL/(1 + i)}\right] = \beta^U \text{ bzw. } \beta^F = \beta^U \left[\frac{1 - s_K iL/(1 + i)}{1 - L}\right], \text{ wobei } L = \frac{F}{V^F}$$

$$(C)\ \beta^F = \beta^U \left(1 + \frac{F}{E^F}\right)\left(\frac{1 + i\left(1 - s_K \frac{F}{V^F}\right)}{1 + i}\right)$$

$$(D)\ \beta^F \cdot \frac{1 - L}{\left(1 - \frac{L is_K}{1 + i}\right)} = \beta^U. \text{ Nach Vereinfachungen: } \beta^F = \beta^U \cdot \left(\frac{1}{1 - L} - \frac{L}{1 - L} \cdot \frac{is_K}{1 + i}\right)$$

$$(E)\ \beta^F = \beta^U \left(1 + \frac{F}{E^F}\right) + \left(\frac{s_K i(1 - m)}{MRP - i}\right) \cdot \frac{F}{E^F}$$

1036 Zudem gelte $s_{GE} = 0$. Falls dies nicht zutrifft, ist s_K zu substituieren mit s^0. Wird substituiert mit $s_K^\bullet = \frac{is_K}{1 + i}$, dann zeigt sich eine äußere Gestalt der Formel wie bei der Hamada-Formel (autonome Politik mit ewig konstantem F nach Modigliani/Miller): (A) $\beta^F = \beta^U \left(1 + (1 - s_K^\bullet)\frac{F}{E^F}\right)$. Vgl. analog dazu auch schon die Diskussion in Abschnitt 3.2.3.1., bzw. Lally (2002), S. 1305.

Auch in (E) wird das Risiko des Betas bei Verschuldung im Miles/Ezzell-Fall durch den zweiten Term gedämpft. Wird der Harris/Pringle-Fall betrachtet, d.h. der risikolose Anteil des steuerlichen Vorteils vereinfachend als unsicher behandelt, dann gilt m = 1. Aus (E) ergibt sich dann:[1037]

$$\beta^F = \beta^U\left(1+\frac{F}{E^F}\right) = \beta^U \cdot \frac{V^F}{E^F}$$

Die HP-Formel ist trotz der ähnlichen Gestalt nicht zu verwechseln mit der Formel für den autonomen Fall (3-143). Dort gilt nach der ersten Definition F^{Pr}, das auf privater Ebene zur Arbitrage benötigte Fremdkapital, und hier gilt F, der Fremdkapitalbestand auf Unternehmensebene.

3.3.8.3. Inkrementell wertabhängige Finanzierungspolitik

Diese Politik wird bei Anwendungen in aller Regel implizit unterstellt. Dass es sich dabei durchaus um eine häufig angewandte Politik handelt, belegen die Literaturquellen in der folgenden Fußnote.[1038] Nötig ist ein unendlicher Horizont bei diesen Formeln. Die Formeln können bei beliebigen Wachstumsraten eingesetzt werden.
Ausgehend von der allgemeinen Formel (3-27) erhält man in einem einfachen Steuersystem bei inkrementell wertabhängiger Finanzierungspolitik:

$$(3-27)\ \beta_1^F = \beta_1^u \cdot \left[1+\left(\overbrace{F_0 - \left(1+\frac{i-k_1^*}{MRP\cdot\beta_1^u}\right)\cdot \Delta V_0^F}^{=s_K F_0}\right)\Big/ E_0^F\right]$$

Im Fall der ewigen Rente ohne Wachstum stimmen die Formeln für die autonome und die inkrementell wertabhängige Finanzierungspolitik überein. Ehrhardt/Daves (2002) meinen, eigentlich würde von allen Unternehmen erwartet, dass sie wüchsen. Deshalb sei die Hamada-Formel $\beta^F = \beta^u\left[1+(1-s_K)\cdot\frac{F}{E^F}\right]$ in praktischen Fällen falsch.[1039] Dies trifft zu, wenn eine autonome Politik und ein mit g innerhalb der ewigen Rente wachsender Fremdkapitalbestand unterstellt werden. Wird eine inkrementell wertabhängige Finanzierungspolitik angenommen, ist die Formel indes korrekt.

Wenn persönliche Einkommensteuern berücksichtigt werden, ergibt sich:[1040]

$$(3\text{-}146)\ \beta^F = \beta^u\left[1+\frac{(1-s^0)\cdot(1-s_{IE})}{1-s_{IF}}\cdot\frac{F}{E^F}\right] = \beta^u\left[1+(1-s)\cdot\frac{F}{E^F}\right]$$

[1037] Von dieser Politik gehen implizit aus etwa Lerner (2000), S. 184, Gilson/Hotchkiss/Ruback (1998), S. 11, Gilson (2001), S. 491, Hail/Meyer (2002), S. 583.

[1038] Vgl. im Fall ohne Einkommensteuern und variablen Cashflow-Strukturen etwa Cornell (1993), S. 222; Kester/Luehrman (1993), S. 62 mit Fn. 6 und S. 68; Kaplan/Ruback (1995), S. 1065; Arzac (1996), S. 45; Pratt/Reilly/Schweihs (1996), S. 169-170 [ein an Praktiker gerichtetes Kompendium]; Kohl/Schulte (2000), S. 1155; Richter/Gröninger (2000), S. 314-315 und 317; Dellmann/Dellmann (2001), S. 78. Da Kaplan/Ruback aber eine wertabhängige Politik nach HP abbilden wollen, ist die Formel dann natürlich nicht einschlägig. Ruback (2002), S. 19, Fn. 11, korrigiert dies. Einschlägig ist dann freilich: $\beta^F = \beta^U\left(1+\frac{F}{E^F}\right)$.

[1039] Vgl. Ehrhardt/Daves (2002), S. 35-36.

[1040] Formel (3-146) ist identisch mit Formel (3-144), wenn g = 0 und $s_{KG} = 0$ gesetzt wird.

3.3.9. Synopse wichtiger Ergebnisse

Zum Schluss werden wichtige Formeln, die den Unternehmenswert und verzinsliches Fremdkapital zueinander in Beziehung setzen,[1041] zusammengestellt.

Modell	**Variable Cashflows mit beliebiger Laufzeit**	**Formel-Nr.**
APV	$E_0\left[\tilde{E}^F_{\tau-1}\right] = (1-s_{IE})\cdot\left\{\sum_{t=\tau}^{n} E_0\left[\tilde{D}_t\right]\cdot\frac{(1-s_{KG})^{t-\tau}}{(1+k_S-s_{KG}\cdot m)^{t-\tau+1}} + \sum_{t=\tau}^{n}\left\{F_{t-1}\cdot\left[i\left(s^0-1\right)-1\right]+F_t\right\}\cdot\frac{(1-s_{KG})^{t-\tau}}{(1+i(1-s_{IF})-s_{KG})^{t-\tau+1}}\right\}$	(3-138)
	Ewige Rente mit Wachstum	
APV	$\Delta V^F_{t-1} = F_{t-1}\cdot s^*_{KG}$	(3-136)
WACC[a]	$E_0^w\left[\widetilde{WACC}_{KG}\right] = k_{S,KG} - \left(k_{S,KG} - g(1-s_{KG})\right)\cdot s^*_{KG}\cdot\frac{F_{t-1}}{E_0\left[\tilde{V}^F_{t-1}\right]}$	(3-140)
Equity	$E_0^w\left[\tilde{k}^F_{S,KG}\right] = k_{S,KG} + \left(k_{S,KG} - i(1-s_{IF})\right)\cdot\left(1-s^*_{KG}\right)\cdot\frac{F_{t-1}}{E_0\left[\tilde{E}^F_{t-1}\right]}$	(3-139)
Equity-Beta	$\beta^F = \beta^u\left[1+\left(1-s^*_{KG}\right)\cdot\frac{F}{E^F}\right]\cdot\left(1-\frac{s_{KG}}{1+i(1-s_{IF})}\right)$	(3-144)
	Wobei gilt: $m = (1+k_S)/(1+i(1-s_{IF}))$ $k_{S,KG} = k_S + s_{KG}[1-m]$ $s^*_{KG} = 1-\frac{\left[i\left(1-s^0\right)-g\right]\cdot\left(1-s_{IE}\right)}{i\left(1-s_{IF}\right)-g\left(1-s_{KG}\right)}$	

[a] Im Fall $g \neq 0$ ist WACC i.d.R. *nicht* äquivalent mit der Textbuch-Formel nach $(3-133)\ E_0^w\left[\widetilde{WACC}_{KG}\right] = E_0\left[\tilde{k}^F_{S,KG}\right]\cdot\frac{E_0\left[\tilde{E}^F_{t-1}\right]}{E_0\left[\tilde{V}^F_{t-1}\right]} + i(1-s^0)(1-s_{IE})\cdot\frac{F_{t-1}}{E_0\left[\tilde{V}^F_{t-1}\right]}$, wenn persönliche Steuern berücksichtigt werden. Es gilt dann: $(3-140) = (3-133) + g\cdot\left(s_{IE}-s_{KG}\right)\cdot\frac{F_{t-1}}{E_0\left[\tilde{V}^F_{t-1}\right]}$.

Tabelle 3-48: Formeln bei autonomer Politik

Es ist ein klassisches Unternehmensteuersystem (s^0) mit persönlichen Steuern dargestellt. Die persönliche Besteuerung beinhaltet eine differenzierte Einkommenbesteuerung nach Eigen- (s_{IE})

[1041] Weitere Fremdkapitalien werden hier nicht berücksichtigt, um die Synopse übersichtlich zu halten. Es wurde schon gezeigt, dass auch dann grundsätzlich keine neue Methodik erforderlich ist.

und Fremdkapitaltiteln (s_{IF}), sowie eine Kursgewinnsteuer (s_{KG}), die auf *jährlich* realisierte Kursgewinne bzw. -verluste angewandt wird (d.h. $\theta = 1$).

Es werden eine autonome und eine wertabhängige Politik gegenübergestellt mit APV-, WACC- und Equity-Ansatz sowie eine Beta-Zerlegung. Bei der autonomen Politik wird der Bewertungsfall variabler Cashflows mit dem APV-Ansatz aufgezeigt und der Fall der ewigen Rente bei Wachstum mit dem APV-, WACC- und Equity-Ansatz. Für den Fall der ewigen Rente wird die Beta-Beziehung eines verschuldeten Unternehmens und eines unverschuldeten Unternehmens aufgezeigt.

Bei der wertabhängigen Politik wird der Bewertungsfall variabler Cashflows mit dem APV-, WACC- und Equity-Ansatz aufgezeigt, sowie eine Beta-Zerlegung dargestellt. Der APV-Ansatz eignet sich hier sowohl für eine $E_0[\tilde{F}]$- als auch eine L-Planungsdoktrin.

Modell	$E_0[\tilde{F}]$-Planungsdoktrin	Formel-Nr.
APV	$E_0[\tilde{E}^F_{\tau-1}] = \sum_{t=\tau}^{n} E_0[\tilde{D}_t + m \cdot \{E_0[\tilde{F}_{t-1}] \cdot [i(s^0 - 1) - 1] + E_0[\tilde{F}_t]/m\}] \cdot \frac{(1-s_{IE}) \cdot (1-s_{KG})^{t-\tau}}{(1+k_S - s_{KG} \cdot m)^{t-\tau+1}}$	(3-124)
	L-Planungsdoktrin[b]	
APV	$V_0^F = \sum_{t=1}^{n} E_0[\tilde{D}_t] \cdot \frac{(1-s_{IE}) \cdot (L(1-s_{IE}) + (1-L)(1-s_{KG}))^{t-1}}{(1+k_S - m[s^Z L + s_{KG}(1-L)])^t}$	(3-126)
WACC[a]	$WACC_{KG} = k_S - L(ms^Z - s_{IE}) + (s_{KG}(1-m))(1-L)$	(3-134)
Equity	$k^F_{S,KG} = k_S - s_{KG} m + (k_S - i\{1 - s^0(1-s_{IE}) - s_{IE}\} - s^Z m + s_{IE}) \cdot \frac{L}{1-L}$	(3-131)
Equity-Beta	$\beta^F = \beta^U \cdot \left(1 + \left(1 - \frac{s^Z}{1+i(1-s_{IF})}\right) \cdot \frac{L}{1-L} - \frac{s_{KG}}{1+i(1-s_{IF})}\right)$	(3-145)
	Wobei gilt: $m = (1+k_S)/(1+i(1-s_{IF}))$ $s^Z = i[s^0(1-s_{IE}) - (s_{IF} - s_{IE})] + s_{IE}$	

[a] Die Formel entspricht der hier aufgezeigten zweiten Definition, die *äquivalent* mit der Textbuch-Formel ist nach $(3-133)\ WACC_{KG} = k^F_{S,KG} \cdot (1-L) + i(1-s^0)(1-s_{IE}) \cdot L$. Für die Bewertung ist die spezifische Definition nach (3-135) einschlägig.

[b] Im Fall der ewigen Rente können die Formeln vereinfacht werden. Vgl. hierfür die Abschnitte 3.3.7.1.1.-3. zum APV-, WACC- und Equity-Ansatz.

Tabelle 3-49: Formeln bei wertabhängiger Politik

Die Synopsen geben Auskunft über die anzuwendenden Bewertungsformeln. Der direkte APV-Ansatz macht bei autonomer wie bei wertabhängiger Politik eine gute Figur für den realistischen Fall variabler Cashflows mit beliebiger Laufzeit innerhalb einer F-Doktrin.[1042]

Ausgehend von diesem komplexen Steuersystem lassen sich teilweise schon aus der Literatur bekannte Formeln einfacherer Steuersysteme durch Nullsetzen der entsprechenden Steuersätze erzielen. Die Formeln sind also relativ allgemein gehalten. Etwaige künftige Steuersystembrüche wie z.B. ein Wechsel zu einem Anrechnungsverfahren können die Formeln i.a. nicht problemlos verdauen, Steuersatzänderungen hingegen schon.

Ich bin zuversichtlich, dass mit dem hier gezeigten Vorgehen auf der Basis des APV-Ansatzes auch die Wertkonsequenzen potentieller Steuersystemänderungen relativ leicht ermittelt werden können.

Ein Streit darüber, welche DCF-Methode theoretisch am angebrachtesten sei, lohnt wohl nicht, weil es sich um ein formales Problem handelt. Welche konsistent definierte DCF-Methode(n) der Anwender einsetzen möchte, hängt von seinen Präferenzen als auch von der Datenkonstellation ab. Der WACC-Ansatz ist in der Praxis unzweifelhaft immer noch sehr beliebt. Über die Motive für diese Präferenz ist de facto wenig bekannt. Es wird hier vermutet, dass die Beliebtheit innerhalb des in der Praxis häufig unterstellten einfachen Unternehmensteuersystems dadurch bedingt sein könnte, dass keine Finanzierungspolitik festgelegt werden muss, sowie dadurch, dass der Bestand des Fremdkapitals bequem, aber gleichwohl undurchsichtig über eine L-Doktrin festgesetzt wird. Dass diese vermeintlichen Vorteile kritisch zu beurteilen sind, wurde schon erläutert.

Ich halte den direkten APV-Ansatz, der den Marktwert des Eigenkapitals durch differenziertes Diskontieren bestimmt, für eine besonders anwenderfreundliche Alternative, die in realistischen Datenkonstellationen Sinn macht. Dieser Ansatz bietet sich als Referenzansatz für neue Fragestellungen an. Weitere DCF-Ansätze lassen sich dann im Prinzip äquivalent ableiten.
Materiellen Problemen, wie etwa den Fragen, welche Finanzierungspolitik zugrunde liegt, bzw. welches Steuerregime herrscht, ist in dieser Arbeit breite Aufmerksamkeit gewidmet worden.

[1042] (3-126) lässt sich in den üblichen APV-Ansatz dekomponieren, wie auch schon bei $s_{KG} = 0$ in (3-100) und (3-101) gezeigt. Da es sich dabei lediglich um einen formalen Schritt handelt, kann dieser hier unterbleiben.

4. Zusammenfassung

Langfristige Schätzungen der Überschüsse sind für Unternehmensbewertungen essentiell, aber alles andere als einfach. Die hier vorgestellten Planungsangebote haben eine Ankerfunktion inne. Bewerter erhalten Vorschläge für spezifische Endwertmodelle, die direkt übernommen werden können, falls sich die Planungsvorstellungen mit denen des Modells decken, bzw. ein Grundgerüst, an dem sich weitere, individuelle Verfeinerungen vornehmen lassen. Eine sehr einfache Ausgangsbasis bietet die Planung über Wachstumsraten. Damit sich das Wachstum ökonomisch begründen lässt, bieten sich zudem Planungen auf Basis von Buchrenditen und insbesondere auf Basis von Reinvestitionsrenditen an.

Unterschiede und Gemeinsamkeiten der Modelle sind herausgestellt worden. Einige Modelle sind empirisch getestet worden. Das Ausmaß an Rigorosität und Intensität unterscheidet die Studien. Das Ohlson-Modell steht im Rampenlicht empirischer Untersuchungen, während das Rozeff-Modell etwa m.W. nur von Rozeff (1990) selbst untersucht worden ist. Andere Modelle wie das der ewigen Rente sind betagt, haben aber einen beachtlichen „Survival Value" aufzuweisen. Viele Endwertmodelle gehen von Konvergenzannahmen aus, die empirisch gut bestätigt sind, wie z.B. von konvergierenden Buchrenditen.

Bei der Frage der Bestimmung eines Endwerts scheint es nicht vernünftig zu sein, a priori allein ein „one size fits all"-Modell wie etwa das Modell der ewigen Rente (mit Wachstum) vor Augen zu haben. Werden die Modellimplikationen ernst genommen, so ist dieses Modell für viele Bewertungsfälle sicherlich zu restriktiv. Besonders die Konstellation des Steady State diktiert eine uniforme Wachstumsrate für alle Bilanz- und GuV-Positionen. Dieser Fall ist didaktisch dennoch wertvoll, da er i.d.R. die ästhetische Eigenschaft besitzt, ewige Rentenformeln sowohl für den DCF- als auch den RG-Ansatz gangbar zu machen.

Wird das Modell der ewigen Rente hingegen als eine Approximation verwendet, kann man i.a. nicht berechtigter Hoffnung sein, dass mit einer in der Praxis üblichen Ausdehnung des Planungshorizonts der Fehler geringer wird.

Es erscheint daher angemessener, den Endwert in Abhängigkeit von der erwarteten Situation auszuwählen.

Die empirischen Befunde, die einen Vorzug von Endwertmodellen auf einer Residualgewinn-Basis gegenüber einer DCF-Basis aufzeigen, erscheinen problematisch, da die eingesetzten Endwertmodelle als Approximation verstanden werden. Wenn jedoch keine Referenzmodelle angegeben werden, ist unklar, was die untersuchten Modelle eigentlich approximieren. Der praktische Nutzen dieser Befunde ist offen.

Es sind unterschiedliche Ansätze für die Berechnung des Werts des Eigenkapitals diskutiert worden. Alle dargestellten Ansätze basieren auf dem Grundmodell des Barwerts der entziehbaren Überschüsse an die Eigentümer (Dividendendiskontierungsmodell i.w.S.) und sind daher theoretisch äquivalent. Die Ansätze unterscheiden sich jedoch hinsichtlich des Aggregationsgrades.

Für die *operative Planung* (Aktivseite) stellt der Investment Opportunities-Ansatz eine detailreiche und weiter ausbaufähige Abbildung dar,[1043] die zwingend einen niedrigeren Aggregationsgrad der Daten voraussetzt. Er stellt die Frage, wie das Investitionsprogramm im Zeitablauf aussieht und welche NKW-Beiträge die Investitionen der einzelnen Jahre liefern können. Ob die NKW-Beiträge über Reinvestitionsrenditen ermittelt werden, ist analytisch nicht entscheidend, mag aber für die praktische Schätzung von Vorteil sein.

[1043] Vgl. etwa das Modell von Berk/Green/Naik (1999).

DCF- und RG-Ansätze könnten diese Frage auch stellen, tun dies in aller Regel aber nicht, und greifen deshalb auf aggregiertere Daten zurück. Einleuchtend ist, dass sie dann auch nicht fundiert die Frage beantworten können, welche erwarteten NKW-Beiträge in den einzelnen Jahren anfallen werden.
Da der Investment Opportunities-Ansatz zwingend ein detaillierter Ansatz ist, kann i.d.R. von diesem Ansatz ausgehend auch auf die anderen Ansätze geschlossen werden. Eine solche Vorgehensweise bietet sich an, um sich einen Eindruck von der Plausibilität einer Bewertung aus anderem Blickwinkel zu verschaffen. Bauen DCF- und RG-Ansätze auf höher aggregierten Daten auf, ist ein Rückschluss auf den Investment Opportunities-Ansatz nicht ohne weiteres möglich, da wichtige Informationen fehlen. Dieser Zusammenhang lässt sich folgendermaßen darstellen, wobei der durchgezogene (gepunktete) Pfeil angibt, ob der jeweilige Ansatz durchlässig (potentiell undurchlässig) für eine Überleitung ist.

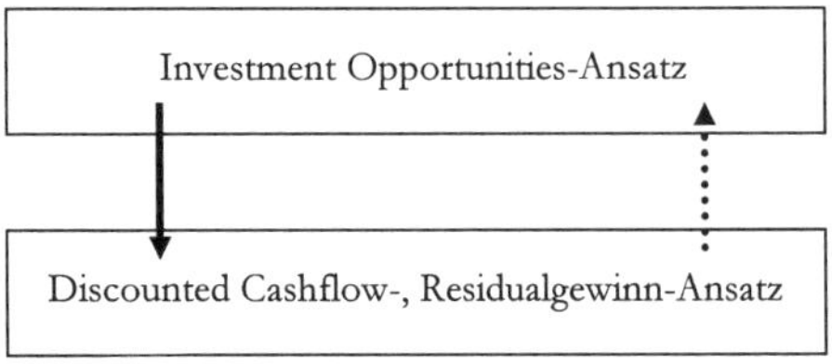

Analog können diese Überlegungen auch auf die *Planung der Kapitalstruktur* (Passivseite) übertragen werden. Der APV-Ansatz erweist sich aufgrund seines niedrigeren Aggregationsgrades (Diskontieren mit differenzierten Renditen) als informationsreicher Ansatz. Dieses Niveau können die anderen DCF-Ansätze auch erreichen, wenn diese ebenfalls von einem niedrigen Aggregationsgrad ausgehen.

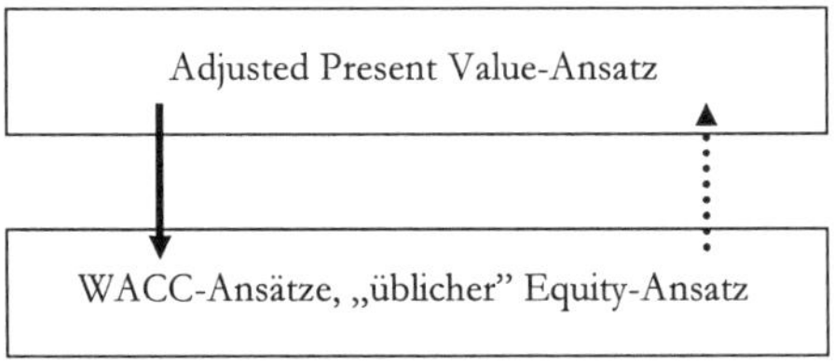

Ansätze für die operative Planung und die Planung der Kapitalstruktur lassen sich verknüpfen. In der Praxis dominiert der DCF-Ansatz in Gestalt des WACC-Ansatzes, und hier insbesondere die Textbuch-Formel. Der Residualgewinn-Ansatz holt auf. Er erfährt ein Relaunch in Wissenschaft und Praxis. Die Beliebtheit dieser Ansätze dürfte auch damit zusammenhängen, dass ein niedriger Aggregationsgrad nicht notwendig ist. Die Ansätze sind daher i.d.R. aber auch informationsärmer. Diese Informationsarmut kann jedoch behoben werden, indem deren Aggregationsgrad auf das Niveau des Investment Opportunities- und des APV-Ansatzes angehoben wird. Es ist gezeigt worden, dass der direkte APV-Ansatz einfach vorgeht und auch komplexe Fragestellungen konzeptionell leicht beantworten kann. Diese Variante des APV-Ansatzes unterscheidet sich vom „üblichen" Equity-Ansatz lediglich dadurch, dass diese mit differenzierten Renditen arbeitet. Der zu diskontierende Überschuss ist genau derselbe.

Zusammenfassend lässt sich formulieren, dass die Verbindung aus Investment Opportunities- für die operative Planung und APV-Ansatz für die Planung der Kapitalstruktur prädestiniert ist für

eine informationsreiche Bewertung aufgrund eines niedrigeren Aggregationsgrades. Diese Ansätze können deshalb auch tiefer gehende Fragen beantworten. Der Nachteil ist, dass diese Informationen freilich erst noch zu beschaffen sind und der Erhebungsaufwand größer wird.
Je nach den Informationsanforderungen bzw. –möglichkeiten können auch unterschiedliche Ansätze für die Planung in der expliziten Phase, als auch für den Endwert herangezogen werden.

Bei der Bewertung der Kapitalstruktur unter Berücksichtigung von Steuereffekten wurde Wert auf eine transparente Planung gelegt. Planungsvorgaben in der Literatur für die Kapitalstruktur sind i.d.R. bedeutend pauschaler als für den operativen Bereich. Es lässt sich eine absolute und eine relative Doktrin für die Planung des Fremdkapitals in der Literatur ausmachen.

Es wird in dieser Arbeit vorgeschlagen, zwischen Planungsdoktrinen, Finanzierungspolitiken und Rechenansätzen zu unterscheiden.
Wichtig ist die Formulierung der Finanzierungspolitik, da sie einen deutlichen Einfluss auf den Wert der Steuervorteile ausüben kann. Nicht alle Politiken erscheinen in gleichem Maße glaubwürdig angesichts eines langen Zeitraums.

Eine Reinterpretation der wertabhängigen Finanzierungspolitik nach Miles/Ezzell wird vorgestellt. Es zeigt sich, dass diese Politik ein breiteres Anwendungsspektrum haben kann, als oft vermutet wird. Diese Politik wie auch die inkrementell wertabhängige Finanzierungspolitik scheinen etwa für einen langen Zeitraum vorstellbar.
Die offensichtlich in Vergessenheit geratene inkrementell wertabhängige Finanzierungspolitik erfährt eine ökonomische Begründung und stellt einen Kompromiss zwischen den Extremfällen autonomer und wertabhängiger Finanzierungspolitik dar. Da diese Politik in der Literatur nicht selten implizit ohne ökonomische Begründung unterstellt wird, erscheinen bisher in der Literatur geführte Debatten in einem neuen Licht.

Es werden unterschiedliche Steuersysteme modelliert: Angefangen über ein sehr einfaches Körperschaftsteuersystem bis hin zu einem die Realität eher abbildenden System, das neben Unternehmensteuern auch eine persönliche Einkommen- und Kapitalgewinnsteuer erhebt.
Eine Modellierung des letzteren Systems für beliebige Cashflow-Strukturen bei anteiliger Fremdfinanzierung mit autonomer und wertabhängiger Finanzierungspolitik wird in dieser Arbeit abgeleitet und ist in der Literatur bislang nicht überzeugend vorzufinden. Die relativ komplexen, aber allgemeineren Modelle beinhalten die schon aus der Literatur bekannten Modelle bei einfacheren Steuersystemen.

Der Endwert ist in der Literatur bislang kein intensiv bearbeitetes Problem. Das Interesse an Fragen des Shareholder Value und damit einhergehend der Unternehmensbewertung weckt den Bedarf an einer fundierten Bestimmung des Herzstücks einer Unternehmensbewertung, nämlich der des Endwerts.

Anhang

Anhang 3-1: Zu unbedingt und bedingt zulässigen Kombinationen von k und δ* bei wertabhängiger Politik

Betrachte man zunächst die Bewertung von $E_0\left[\widetilde{V}_{t-1}^F\right]$ mit dem APV-Ansatz:

$$E_0\left[\widetilde{V}_{t-1}^F\right] = \frac{is_K \cdot E_0\left[\widetilde{V}_{t-1}^F\right] \cdot L}{1+i} + \frac{E_0\left[\widetilde{V}_t^E + \widetilde{D}_t\right]}{1+E_0^w\left[\widetilde{k}\right]} \text{ bzw. } E_0\left[\widetilde{V}_{t-1}^F\right] \cdot \left(1 - \frac{is_K L}{1+i}\right) = \frac{E_0\left[\widetilde{V}_t^E + \widetilde{D}_t\right]}{1+E_0^w\left[\widetilde{k}\right]}$$

Und dann die Bewertung von $E_0\left[\widetilde{V}_{t-2}^F\right]$:

$$E_0\left[\widetilde{V}_{t-2}^F\right] \cdot \left(1 - \frac{is_K L}{1+i}\right) = \frac{E_0\left[\widetilde{V}_{t-1}^E + \widetilde{D}_{t-1}\right]}{1+E_0^w\left[\widetilde{k}\right]} + \frac{is_K \cdot E_0\left[\widetilde{V}_{t-1}^F\right] \cdot L}{(1+i)\left(1+E_0^w\left[\widetilde{k}\right]\right)}$$

Da mit demselben $E_0^w\left[\widetilde{k}\right]$ abgezinst werden soll, ist es eine einfache Überlegung, dass die Stochastik von $\widetilde{V}_{t-1}^E + \widetilde{D}_{t-1}$ und $\widetilde{V}_{t-1}^F$ identisch sein sollte. Die Stochastik ist allein dann identisch, wenn $\widetilde{V}_{t-1}^E + \widetilde{D}_{t-1}$ ein Skalar von $\widetilde{V}_{t-1}^F$ ist. Dies wird dann erreicht, wenn $\delta_t^* = \frac{\widetilde{D}_t}{\widetilde{V}_t^E}$ gilt:

$\left(1+\delta_t^*\right)\widetilde{V}_t^E : \widetilde{V}_t^F$

Letztlich ist eine identische Stochastik aber nicht notwendig, wenn nicht nur Binomialmodelle, sondern Modelle mit höherer Zustandsordnung wie z.B. das Trinomialmodell unterstellt werden. Nötig ist dann der Spezialfall, dass $\widetilde{V}_{t-1}^E + \widetilde{D}_{t-1}$ als auch $\widetilde{V}_{t-1}^F$ mit $E_0^w\left[\widetilde{k}\right]$ arbitragefrei diskontiert werden können. Aufgrund des größeren Freiheitsgrades hinsichtlich des Zustandsraums ist dann eine identische Stochastik bzw. ein deterministisches δ_t^* nicht mehr nötig.

Anhang 3-2: Ableitung von WACC- und Equity-Ansatz für eine inkrementell wertabhängige Politik bei n→∞

Die WACC-Formel (3-35) lässt sich auf Basis der allgemeinen Formeln und nach Vornahme von Vereinfachungen ableiten.

$$(3\text{-}21)\quad E_0^w\left[W\widetilde{A}CC_t\right] = k - \frac{E_0\left[\Delta\widetilde{V}_{t-1}^F\right](1+k) - E_0\left[\Delta\widetilde{V}_t^F\right]}{E_0\left[\widetilde{V}_{t-1}^F\right]}$$

$$(3-23)\quad E_0^w\left[W\widetilde{A}CC_\tau\right] = k - \frac{s_K \cdot \left(F_{\tau-1} + \sum_{t=\tau}^{n} \frac{E_0\left[\Delta\widetilde{F}_t\right]}{(1+k)^t}\right)(1+k) - s_K \cdot \left(F_\tau + \sum_{t=\tau+1}^{n} \frac{E_0\left[\Delta\widetilde{F}_t\right]}{(1+k)^t}\right)}{E_0\left[\widetilde{V}_{\tau-1}^F\right]}$$

Da $\sum_{t=\tau}^{n}\frac{E_0[\Delta\widetilde{F}_t]}{(1+k)^t}\cdot(1+k)-\sum_{t=\tau+1}^{n}\frac{E_0[\Delta\widetilde{F}_t]}{(1+k)^t}=E_0[\Delta\widetilde{F}_t]$ ergibt, erhält man:

$$(3-35)\ E_0^w\left[W\widetilde{A}CC_t\right]=k-\frac{s_K\cdot\left(E_0\left[\widetilde{F}_{t-1}\right](1+k)+E_0\left[\Delta\widetilde{F}_t-\widetilde{F}_t\right]\right)}{E_0\left[\widetilde{V}_{t-1}^F\right]}=$$

$$=k-\frac{s_K\cdot E_0\left[\widetilde{F}_{t-1}\right]\cdot k}{E_0\left[\widetilde{V}_{t-1}^F\right]}$$

Analog kann die Formel für den Equity-Ansatz (3-36) auf Basis von (3-22) abgeleitet werden.

Anhang 3-3: Inkrementell wertabhängige Politik im endlichen Fall

Diese Konstellation ist in der Literatur noch nicht diskutiert worden. Das Konstruktionsprinzip ist aber auch für diesen Fall klar. Zunächst sei der APV-Ansatz betrachtet.

	t = 0	t = 1	t = 2
(1)		is_KF_0	is_KF_0
(2)			$is_K\,E_0\left[\Delta\widetilde{F}_1\right]$
(3) = (1) + (2) Saldo Steuer-ersparnisse		is_KF_0	$is_K\left(F_0+E_0\left[\Delta\widetilde{F}_1\right]\right)$

Beispiel: $E_0\left[\widetilde{D}_1\right]=E_0\left[\widetilde{D}_2\right]=500\,;F_0=200,E_0\left[\widetilde{F}_1\right]=100;s_K=0{,}4;i=0{,}10;E_0^w\left[\widetilde{k}\right]=0{,}16.$
V_0^E = 802,62

Für den Wert der Steuervorteile ergibt sich:[1044]
$E_0\left[\Delta\widetilde{V}_1^F\right]=$ 3,64; ΔV_0^F = 10,75 = 8/1,1 + 8/1,1² – 4/(1,16·1,1)
V_0^F = 813,37; E_0^F = 613,37.

Auf Basis der allgemeinen Formel (3-21) folgt:
$E_0^w\left[W\widetilde{A}CC_t\right]$ 14,914 % für t = 1 und 15,030 % für t = 2.

Analog lässt sich der Equity-Ansatz gemäß Formel (3-22) anwenden.

Klar ist: Die Modigliani/Miller-Formeln von 1963 gemäß (3-35) und (3-36) lassen sich nun nicht mehr anwenden, weil $n\rightarrow\infty$ nicht zutrifft. Die anderen Ansätze weisen also nicht mehr die gleiche Leichtigkeit wie der APV-Ansatz auf.

Außerhalb von $n\rightarrow\infty$ können dann, wie im autonomen Fall auch schon gezeigt worden ist, vier Fallkonstellationen unterschieden werden, die anzeigen, ob die Renditen bzw. Fremdkapitalquoten im Zeitablauf konstant sind oder nicht.

1044 Der Wert der Steuervorteile ist hier größer als bei autonomer Finanzierungspolitik, weil Fremdkapital abgebaut wird.

Anhang 3-4: Sensitivitätsanalyse klassischer WACC-Formeln

Nachdem die theoretischen Grundlagen gelegt sind, ist es nun interessant, einige Sensitivitätsanalysen durchzuführen, um ein Gefühl zu entwickeln, in welcher Größenordnung Fehler auftreten können, wenn die WACC-Formeln nicht konsistent eingesetzt werden. Myers (1974) hatte erste Untersuchungen hierzu bereits vorgelegt.

Zwei Konstellationen werden betrachtet: Eine Annuität $E_0[\tilde{D}_1]$ und ein mit g = 3 % konstant wachsender Zahlungsstrom $E_0[\tilde{D}_1]$. Die in Abbildung 3-I betrachtete Projektdauer variiert von n = 1 bis n = 150.
Es gilt: k = 0,10; i = 0,07; s_K = 0,4.
Als Referenzfall sei eine autonome Politik mit $E_0^w[\tilde{L}] = 0{,}5$ unterstellt.

I: Wie hoch wäre der Fehler, wenn statt der korrekten Formel (3-4) nun die i.a. nicht auf diese Situation passende Modigliani/Miller-Formel $E_0^w[\widetilde{WACC}_t] = k(1 - s_K E_0^w[\tilde{L}])$ aus Tabelle 3-1 angewendet würde?

$$\Delta = \sum_{t=1}^{n} \frac{E_0[\tilde{D}_t]}{\left(1 + k\left(1 - s_K E_0^w[\tilde{L}]\right)\right)^t} \Bigg/ \left(\alpha \sum_{t=1}^{n} \frac{E_0[\tilde{D}_t]}{(1+k)^t} + (1-\alpha) \sum_{t=1}^{n} \frac{E_0[\tilde{D}_t]}{\left(1 + E_0^w[\tilde{i}^{AA}]\right)^t} \right) - 1$$

II: Wie groß ist die Abweichung, wenn statt (3-4) die reinterpretierte Miles/Ezzell-Formel nach (3-6) eingesetzt wird mit L = 0,5 (Fall betragsäquivalenter Fremdkapitalquote)?[1045]

$$\Delta = \sum_{t=1}^{n} \frac{E_0[\tilde{D}_t]}{(1 + WACC)^t} \Bigg/ \left(\alpha \sum_{t=1}^{n} \frac{E_0[\tilde{D}_t]}{(1+k)^t} + (1-\alpha) \sum_{t=1}^{n} \frac{E_0[\tilde{D}_t]}{\left(1 + E_0^w[\tilde{i}^{AA}]\right)^t} \right) - 1$$

III: Wie groß ist die Abweichung, wenn statt (3-1) mit den aus (3-6) implizierten, nun aber deterministischen Fremdkapitalbeständen die reinterpretierte Miles/Ezzell-Formel nach (3-6) eingesetzt wird mit L = 0,5 (Fall betragsäquivalenten Fremdkapitalbestands)?[1046]

$$\Delta = \sum_{t=1}^{n} \frac{E_0[\tilde{D}_t]}{(1 + WACC)^t} \Bigg/ \left(\sum_{t=1}^{n} \frac{E_0[\tilde{D}_t]}{(1+k)^t} + \sum_{t=1}^{n} \frac{i \cdot s_K \cdot F_{t-1}}{(1+i)^t} \right) - 1$$

In IV wird c.p. als Referenzfall eine wertabhängige Politik mit L = 0,5 unterstellt.

IV: Wie hoch wäre der Fehler, wenn statt der korrekten (reinterpretierten) Miles/Ezzell-Formel (3-6) nun die nicht auf diese Situation passende Modigliani/Miller-Formel $E_0^w[\widetilde{WACC}_t] = k(1 - s_K E_0^w[\tilde{L}])$ aus Tabelle 3-1 angewendet würde?

$$\Delta = \sum_{t=1}^{n} \frac{E_0[\tilde{D}_t]}{\left(1 + k\left(1 - s_K E_0^w[\tilde{L}]\right)\right)^t} \Bigg/ \sum_{t=1}^{n} \frac{E_0[\tilde{D}_t]}{(1 + WACC)^t} - 1$$

1045 Vgl. zu einer Gegenüberstellung von $E_0^w[\tilde{L}]$ und L etwa Clubb/Doran (1995).

1046 Vgl. zu einer derartigen Gegenüberstellung von F_{t-1} und L Kruschwitz/Löffler (1999), Richter/Drukarczyk (2001).

Die Ergebnisse sind in der folgenden Abbildung 3-I wiedergegeben:

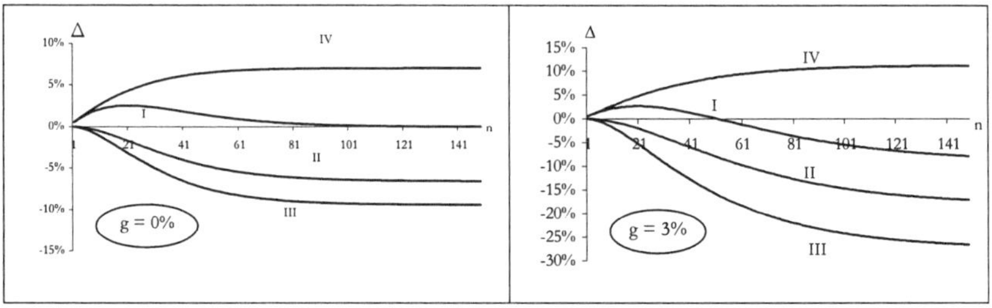

Abbildung 3-I: Abweichungen klassischer WACC-Formeln

Zu I:
Im Fall g = 0 % werden die Beobachtungen von Myers (1974) bestätigt.[1047] $E_0^w[\widetilde{WACC}_t] = k(1 - s_K E_0^w[\tilde{L}])$ überschätzt den Wert geringfügig, der Fehler ist aber klein. Zudem ist die Formel $E_0^w[\widetilde{WACC}_t] = k(1 - s_K E_0^w[\tilde{L}])$ bei $n \to \infty$ korrekt.
Im Fall g > 0 % wird zunächst überschätzt, der Fehler ist klein. Mit steigendem n hingegen wird der Fehler größer und der Wert unterschätzt. Die Formel $E_0^w[\widetilde{WACC}_t] = k(1 - s_K E_0^w[\tilde{L}])$ ist bei $n \to \infty$ korrekt, wenn eine inkrementell wertabhängige Finanzierungspolitik angenommen wird. Die Differenz ist dann Ausdruck unterschiedlicher Finanzierungspolitiken und muss nicht mehr unbedingt als Rechenfehler gewertet werden.[1048]

Zu II und III:
Im einperiodigen Projekt sind die Bewertungen identisch. Ab n > 1 sind die Differenzen Ausdruck unterschiedlicher Finanzierungspolitiken.
Wird mit der identischen *Planungsdoktrin* gearbeitet (II), sind die Unterschiede geringer, als wenn mit identischen *Fremdkapitalbeständen* gearbeitet wird (III). Klar ist, dass der Wert bei wertabhängiger Finanzierungspolitik mit $n \to \infty$ bedeutend kleiner ausfallen kann. Bei g > 0 % steigen die Differenzen erheblich an.

[1047] Vgl. Myers (1974), S. 13-17.

[1048] Es sei am Rande angemerkt, dass sich auch bei anderen, arbiträren Cashflow-Mustern ähnliche Graphen wie in der obigen rechten Abbildung ergeben. Es kann dann zu Oszillationen kommen, so dass auch bei kurzen Projektdauern der Wert unterschätzt und nicht überschätzt werden muss. Das relativiert die Aussage bei Brealey/Myers (1996), S. 535-536. Gleichwohl halten sich die Abweichungen *im Betrag* durchaus in Grenzen im Vergleich zu II und III.

Zu IV:
In dem Beispiel überschätzt $E_0^w\left[\widetilde{WACC}_t\right]=k\left(1-s_K E_0^w\left[\tilde{L}\right]\right)$ den Wert im Vergleich zu einer wertabhängigen Politik recht deutlich.[1049] Gleichwohl kann die Bewertung bei $n \rightarrow \infty$ rechnerisch korrekt sein, wenn abweichend vom Referenzfall der wertabhängigen Politik eine inkrementell wertabhängige Finanzierungspolitik zugrunde gelegt wird.
Die Berechnungen bestätigen, dass die Abweichungen i.a. nicht klein sind und daher begründet werden muss, welche Finanzierungspolitik eingesetzt wird, und geprüft werden muss, ob die zur Anwendung kommenden WACC-Formeln dann auch adäquat sind.

Anhang 3-5: Ableitung der Bewertung der bilanzabhängigen Politik nach Richter/Drukarczyk (2001) für einen unbegrenzten Planungshorizont

- Entwicklung der erwarteten Bilanzsummen im Zeitablauf

$$E_0\left[BS_0\right]$$

$$E_1\left[\widetilde{BS}_1\right]=E_1\left[\frac{BS_0+c\cdot \widetilde{UE}_1}{1+d}\right]$$

$$E_2\left[\widetilde{BS}_2\right]=E_2\left[\frac{BS_0+c\cdot UE_1}{(1+d)(1+d)}+\frac{c\cdot \widetilde{UE}_2}{(1+d)}\right]$$

$$E_3\left[\widetilde{BS}_3\right]=E_3\left[\frac{BS_0+c\cdot UE_1}{(1+d)^3}+\frac{c\cdot UE_2}{(1+d)^2}+\frac{c\cdot \widetilde{UE}_3}{(1+d)}\right]$$

$$\vdots$$

$$E_n\left[\widetilde{BS}_n\right]=E_n\left[\frac{BS_0+c\cdot UE_1}{(1+d)^n}+\frac{c\cdot UE_2}{(1+d)^{n-1}}+\frac{c\cdot UE_3}{(1+d)^{n-2}}+\ldots+\frac{c\cdot \widetilde{UE}_n}{(1+d)}\right]$$

- Zusammenhang zwischen den erwarteten Umsatzerlösen und der Wachstumsrate g_{UE}

$$E_0\left[\widetilde{UE}_2\right]=E_0\left[\widetilde{UE}_1\right]\cdot(1+g_{UE})$$

[1049] Vgl. ähnlich auch Taggart (1991), S. 16. Taggart untersucht eine weitere Situation. Er vergleicht eine Bewertung aufbauend auf dem ME-WACC (wertabhängige Politik und L-Doktrin) mit einer Bewertung aufbauend auf dem APV-Ansatz (autonome Politik und F-Doktrin). Hier scheint eine Vorhersage der Abweichungen a priori schwieriger, da Politiken und Doktrinen gemischt werden. Differenzen können sich dann kompensieren bzw. verstärken. Weston (2002), S. 73-77, kommt in einer Fallstudie zu einer nahezu gleichen Bewertung, indem er einen nicht näher spezifizierten WACC-Ansatz und einen APV-Ansatz bei autonomer Politik mit gleichbleibenden F einsetzt. Offensichtlich kompensieren sich in dessen Beispiel nahezu die Wirkungen unterschiedlicher Politiken und unterschiedlicher Doktrinen.

- Zusammenhang zwischen d und g_{AfA}

$$g_{AfA} = -\left(1 - \frac{1}{1+d}\right) = -\frac{d}{1+d}$$

- Ableitung des Barwerts der Bilanzsummen zum Bewertungszeitpunkt t = 0 mit n→∞:

$$BS_0 + \frac{BS_0 \cdot \left(\frac{1}{1+d}\right)}{i + \left(1 - \frac{1}{1+d}\right)} + \frac{c \cdot E_0\left[\tilde{U}E_1\right] \cdot \left(\frac{1}{1+d}\right)}{i + \left(1 - \frac{1}{1+d}\right)} \cdot \frac{1+i}{1+k} + \frac{c \cdot E_0\left[\tilde{U}E_2\right] \cdot \left(\frac{1}{1+d}\right)}{\left[i + \left(1 - \frac{1}{1+d}\right)\right] \cdot (1+k)} \cdot \frac{1+i}{1+k} + \frac{c \cdot E_0\left[\tilde{U}E_3\right] \cdot \left(\frac{1}{1+d}\right)}{\left[i + \left(1 - \frac{1}{1+d}\right)\right] \cdot (1+k)^2} \cdot \frac{1+i}{1+k} + \ldots =$$

$$BS_0 + \frac{BS_0 \cdot \left(\frac{1}{1+d}\right)}{i + \left(1 - \frac{1}{1+d}\right)} + \frac{c \cdot \left(\frac{1}{1+d}\right)}{i + \left(1 - \frac{1}{1+d}\right)} \cdot \frac{1+i}{1+k} \cdot \left(E_0\left[\tilde{U}E_1\right] + E_0\left[\tilde{U}E_1\right] \cdot \frac{1+g_{UE}}{1+k} + E_0\left[\tilde{U}E_1\right]\left(\frac{1+g_{UE}}{1+k}\right)^2 + \ldots\right) =$$

$$BS_0 + \frac{BS_0 \cdot \left(\frac{1}{1+d}\right)}{i + \left(1 - \frac{1}{1+d}\right)} + \frac{c \cdot \left(\frac{1}{1+d}\right)}{i + \left(1 - \frac{1}{1+d}\right)} \cdot \frac{1+i}{1+k} \cdot \left(E_0\left[\tilde{U}E_1\right] + \frac{E_0\left[\tilde{U}E_1\right] \cdot (1+g_{UE})}{k - g_{UE}}\right) =$$

$$\underbrace{\frac{BS_0 \cdot (1+i)}{i - g_{AfA}}}_{\text{zustandsun-abhängig}} + \underbrace{\frac{c \cdot E_0\left[\tilde{U}E_1\right] \cdot (1+k) \cdot (1+g_{AfA})}{(k - g_{UE})(i - g_{AfA})} \cdot \frac{1+i}{1+k}}_{\text{zustandsabhängig}}$$

- Wert der Steuervorteile im einfachen Steuersystem bei unendlicher Lebensdauer

$L^{Bil} = \frac{F_0}{BS_0}$, die bilanzielle Fremdkapitalquote, sei konstant.

$$\Delta V_0^F = \underbrace{\left[\frac{1}{i - g_{AfA}} \cdot \left\{BS_0 \cdot (1+i) + \frac{c \cdot E_0\left[\tilde{U}E_1\right] \cdot (1+i)(1+g_{AfA})}{k - g_{UE}}\right\}\right]}_{\text{Barwert der Fremdkapitalbestände}} \cdot \underbrace{\frac{F_0}{BS_0}}_{L^{Bil}} \cdot \underbrace{\frac{i \cdot s_K}{1+i}}_{\text{Steuervorteils-multiplikator}}$$

Daraus folgt nach Vereinfachung und Erweiterungen (3-41):

$$\Delta V_0^F = \left[\frac{BS_0}{i - g_{AfA}} + \frac{c \cdot E_0\left[\tilde{U}E_1\right]}{(k - g_{UE})} \cdot \frac{(1+g_{AfA})}{(i - g_{AfA})}\right] \cdot L^{Bil} \cdot i \cdot s_K$$

$$\Delta V_0^F = \left[\frac{BS_0}{i - g_{AfA}} + \frac{c \cdot E_0\left[\tilde{U}E_1\right] \cdot (1+i)}{(k - g_{UE}) \cdot i} \cdot \frac{(1+g_{AfA}) \cdot i}{(i - g_{AfA}) \cdot (1+i)}\right] \cdot L^{Bil} \cdot i \cdot s_K$$

Anhang 3-6: Operative Cashflows und Fremdkapitalbestände bei cashflowabhängiger Finanzierungspolitik

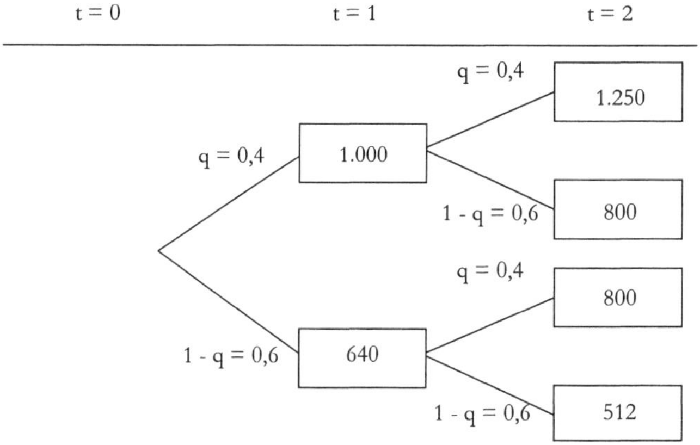

Abbildung 3-II: Operative Cashflows

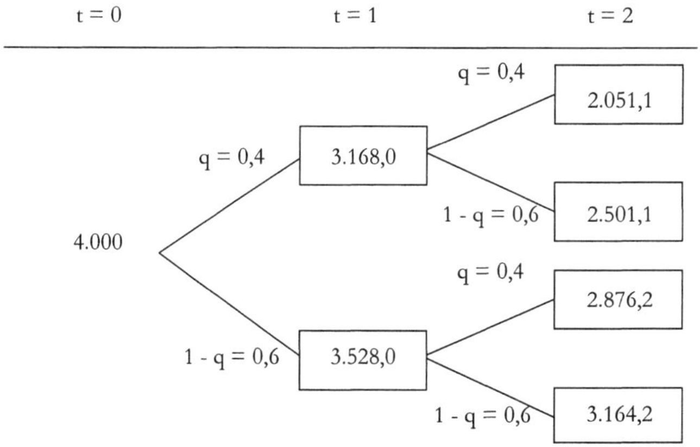

Abbildung 3-III: Fremdkapitalbestände bei cashflowabhängiger Finanzierungspolitik

Anhang 3-7: Fremdkapitalbestände bei dividendenabhängiger Finanzierungspolitik

Die operativen Cashflows gleichen denen aus Abbildung 3-II.

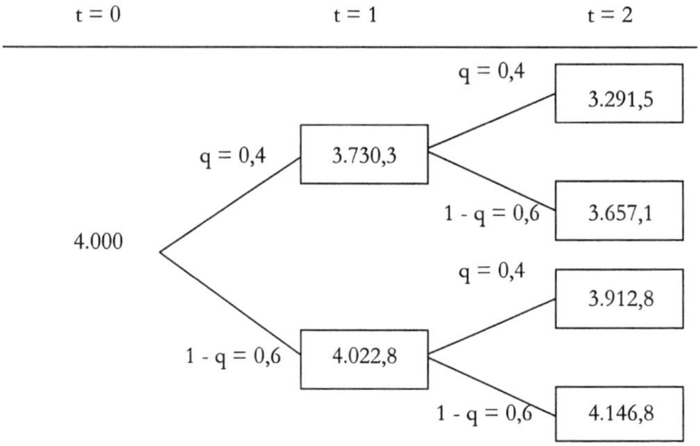

Abbildung 3-IV: Fremdkapitalbestände bei dividendenabhängiger Finanzierungspolitik

Anhang 3-8: Bewertungsrelevante Zahlungen bei Anwendung des APV-Ansatzes und des Equity-Ansatzes für Periode 1 bei der Value AG

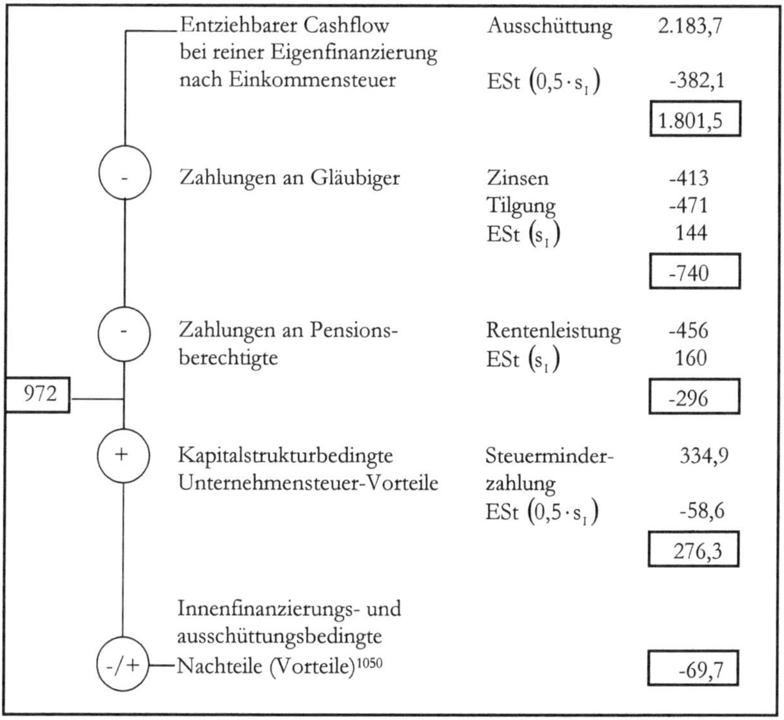

Anhang 3-9: Autonome Finanzierungspolitik und Total Cashflow-Ansatz

Einsetzen von (3-75) in (3-86) führt nach Vereinfachungen zu einer alternativen Formulierung:

$$(3-87)\; E_0^w\left[D\tilde{U}K_t\right] = \left[k_S + (k_S - i(1-s_{IF}))\cdot\frac{(F_{t-1}+P_{t-1})-\left(\Delta V_{t-1}^F+\Delta V_{t-1}^P\right)}{E_0\left[\tilde{E}_{t-1}^F\right]}\right]\cdot\frac{E_0\left[\tilde{E}_{t-1}^F\right]}{E_0\left[\tilde{V}_{t-1}^{F,P}\right]} + i(1-s_{IF})\cdot\frac{(F_{t-1}+P_{t-1})}{E_0\left[\tilde{V}_{t-1}^{F,P}\right]}$$

$$= k_S\frac{E_0\left[\tilde{E}_{t-1}^F\right]}{E_0\left[\tilde{V}_{t-1}^{F,P}\right]} + (k_S - i(1-s_{IF}))\cdot\frac{(F_{t-1}+P_{t-1})-\left(\Delta V_{t-1}^F+\Delta V_{t-1}^P\right)}{E_0\left[\tilde{V}_{t-1}^{F,P}\right]} + i(1-s_{IF})\cdot\frac{(F_{t-1}+P_{t-1})}{E_0\left[\tilde{V}_{t-1}^{F,P}\right]}$$

$$= k_S - (k_S - i(1-s_{IF}))\cdot\frac{\Delta V_{t-1}^{F,P}}{E_0\left[\tilde{V}_{t-1}^{F,P}\right]}$$

[1050] Diese setzen sich zusammen aus Zins- und Rentenleistungsnachteilen sowie Tilgungsvorteilen nach hälftiger Einkommensteuer: (-413 - 456 + 471) · 0,5 · 0,35 = -398 · 0,175 = -69,7.

Wird verzichtet auf die Pensionsrückstellungen und das Halbeinkünfteverfahren betrachtet - dies ist ein Doppelbesteuerungssystem mit asymmetrischer („differenzierter") Einkommensbesteuerung - lässt sich (3-87) dann bei ewiger Rente formulieren als:

$$E_0^w\left[D\widetilde{U}K_t\right]=k_S-\left[\frac{s^0(1-0{,}5s_I)-0{,}5s_I}{1-s_I}\right](k_S-i(1-s_I))\cdot\frac{F}{E_0\left[\widetilde{V}^{F,P}\right]}$$

Wählt man ein Doppelbesteuerungssystem mit symmetrischer Einkommensbesteuerung, und verwendetet einen kombinierten Unternehmensteuersatz, erhält man folgende Formel bei ewiger Rente:

$$E_0^w\left[D\widetilde{U}K_t\right]=k_S-s^0(k_S-i(1-s_I))\cdot\frac{F}{E_0\left[\widetilde{V}^F\right]}$$

Der Steuervorteil beträgt in einem solchen Fall gerade s^0.[1051] Die weiteren Fälle des einfachen Steuersystems (nur Unternehmensteuern) und des Modells ohne Steuern lassen sich nun leicht ableiten, indem die entsprechenden Steuersätze gleich null gesetzt werden.

Anhang 3-10: Wertabhängige Finanzierungspolitik (Miles/Ezzell reinterpretiert) und APV-Ansatz
a) Mit Einkommensteuern

Von (3-100) $V_0^F=\sum_{t=1}^{n}E_0\left[\widetilde{D}_t(1-s_{IE})\right]\cdot\frac{(1-s_{IE}L)^{t-1}}{\left(1+k_S-m\left\{i\left[s^0(1-s_{IE})-(s_{IF}-s_{IE})\right]+s_{IE}\right\}\cdot L\right)^t}$ ausgehend kann zu (3-101) umgeformt werden:

$$\Delta V_0^F=\sum_{t=1}^{n}E_0\left[\widetilde{D}_t(1-s_{IE})\right]\cdot\left[\frac{(1-s_{IE}L)^{t-1}}{\left(1+k_S-m\left\{i\left[s^0(1-s_{IE})-(s_{IF}-s_{IE})\right]+s_{IE}\right\}\cdot L\right)^t}-\frac{1}{(1+k_S)^t}\right]$$

$$\Delta V_0^F=\sum_{t=1}^{n}E_0\left[\widetilde{D}_t(1-s_{IE})\right]\cdot\left[\frac{(1+k_S)^t(1-s_{IE}L)^{t-1}-\left(1+k_S-m\left\{i\left[s^0(1-s_{IE})-(s_{IF}-s_{IE})\right]+s_{IE}\right\}\cdot L\right)^t}{\left(1+k_S-m\left\{i\left[s^0(1-s_{IE})-(s_{IF}-s_{IE})\right]+s_{IE}\right\}\cdot L\right)^t(1+k_S)^t}\right]$$

$$\Delta V_0^F=\sum_{t=1}^{n}E_0\left[\widetilde{D}_t(1-s_{IE})\right]\cdot\left[\frac{(1+k_S)^t(1-s_{IE}L)^{t-1}-\left(1+k_S-m\left\{i\left[s^0(1-s_{IE})-(s_{IF}-s_{IE})\right]+s_{IE}\right\}\cdot L\right)^t}{\left(1+k_S-m\left\{i\left[s^0(1-s_{IE})-(s_{IF}-s_{IE})\right]+s_{IE}\right\}\cdot L\right)^t}\right](1+k_S)^{-t}$$

$$\Delta V_0^F=\sum_{t=1}^{n}E_0\left[\widetilde{D}_t(1-s_{IE})\right]\cdot\left[\frac{(1+k_S)^t(1-s_{IE}L)^{t-1}}{\left(1+k_S-m\left\{i\left[s^0(1-s_{IE})-(s_{IF}-s_{IE})\right]+s_{IE}\right\}\cdot L\right)^t}-1\right](1+k_S)^{-t}$$

[1051] Vgl. auch Drukarczyk/Lobe (2002b).

$$\Delta V_0^F = \sum_{t=1}^{n} E_0\left[\widetilde{D}_t(1-s_{IE})\right] \cdot \left[\frac{(1-s_{IE}L)^{t-1}}{\left(1-\frac{\left\{i\left[s^0(1-s_{IE})-(s_{IF}-s_{IE})\right]+s_{IE}\right\}\cdot L}{1+i(1-s_{IF})}\right)^t} - 1\right](1+k_S)^{-t}$$

$$\Delta V_0^F = \sum_{t=1}^{n} E_0\left[\widetilde{D}_t(1-s_{IE})\right] \cdot \left[\frac{(1-s_{IE}L)^{t-1}}{\left(1-\frac{s^Z \cdot L}{1+i(1-s_{IF})}\right)^t} - 1\right](1+k_S)^{-t}$$

b) Ohne Einkommensteuern

Betragen die Einkommensteuern null, kollabiert die Formel zu dem von Richter (1998), S. 323, präsentierten Ergebnis:

$$\sum_{t=1}^{n} E_0\left[\widetilde{D}_t\right] \cdot \left[\left(1-\frac{is^0L}{1+i}\right)^{-t} - 1\right] \cdot (1+k)^{-t}$$

Anhang 3-11: Wertabhängige Finanzierungspolitik (Miles/Ezzell reinterpretiert) und Equity-Ansatz im Halbeinkünfteverfahren

WACC nach Formel (3-104) = WACC nach Textbuch-Formel (3-85) + $0{,}5s_I \cdot g_{F,t} \cdot \frac{\widetilde{F}_{t-1}}{\widetilde{V}_{t-1}^F}$ [1052]

Bei $g \neq 0$ gilt die sog. Textbuch-Formel $WACC = k_S^F \cdot \frac{\widetilde{E}_{t-1}^F}{\widetilde{V}_{t-1}^F} + i(1-s^0)(1-0{,}5s_I) \cdot \frac{\widetilde{F}_{t-1}}{\widetilde{V}_{t-1}^F}$ unmodifiziert also nicht mehr! Nach Einsetzen und Auflösen nach k_S^F:

$$k_S^F = \left(k_S - \Delta V^F(\text{in }\%) \cdot (k_S - g) \cdot \frac{\widetilde{F}_{t-1}}{\widetilde{V}_{t-1}^F} - i(1-s^0)(1-0{,}5s_I) \cdot \frac{\widetilde{F}_{t-1}}{\widetilde{V}_{t-1}^F}\right)\frac{\widetilde{V}_{t-1}^F}{\widetilde{E}_{t-1}^F} - 0{,}5s_I \cdot g \cdot \frac{\widetilde{F}_{t-1}}{\widetilde{E}_{t-1}^F}$$

$$k_S^F = \left(k_S - \left(i\left[s^0(1-0{,}5s_I)-0{,}5s_I\right]\cdot m - 0{,}5s_I \cdot [1+g-m]\right) \cdot \frac{\widetilde{F}_{t-1}}{\widetilde{V}_{t-1}^F} - i(1-s^0)(1-0{,}5s_I) \cdot \frac{\widetilde{F}_{t-1}}{\widetilde{V}_{t-1}^F}\right)\frac{\widetilde{V}_{t-1}^F}{\widetilde{E}_{t-1}^F} - 0{,}5s_I \cdot g \cdot \frac{\widetilde{F}_{t-1}}{\widetilde{E}_{t-1}^F}$$

Nach weiteren Auflösungen ergibt sich die Formel (3-103) für k_S^F i.S.v. Miles/Ezzell.

$$k_S^F = k_S + (k_S - i[(fs_{GE}(1-s_K)+s_K)(1-0{,}5s_I)-0{,}5s_I]\cdot m + 0{,}5s_I(1-m) - i[1-(fs_{GE}(1-s_K)+s_K)](1-0{,}5s_I)) \cdot \frac{\widetilde{F}_{t-1}}{\widetilde{E}_{t-1}^F}$$

$$k_S^F = k_S + \left(k_S - i\left[s^0(1-0{,}5s_I)-0{,}5s_I\right]\cdot m + 0{,}5s_I(1-m) - i\left[1-s^0\right](1-0{,}5s_I)\right) \cdot \frac{\widetilde{F}_{t-1}}{\widetilde{E}_{t-1}^F}$$

1052 Vgl. Abschnitt 3.3.3.3.

Anhang 3-12: Wertabhängige Finanzierungspolitik (Miles/Ezzell reinterpretiert) und WACC-Ansatz

a) Allgemein

Definition 2 lässt sich analog zu dem Vorgehen von Clubb/Doran (1992) auf Basis der Beziehung (3-100) zu dem WACC nach (3-108) umformulieren:

$$V_0^F = \sum_{t=1}^{n} \frac{E_0\left[\widetilde{D}_t(1-s_{IE})\right]}{1-Ls_{IE}} \cdot \frac{1}{\left(\dfrac{1+k_S - mL\left(i\left[s^0(1-s_{IE})-(s_{IF}-s_{IE})\right]+s_{IE}\right)}{1-Ls_{IE}}\right)^t}$$

$$\frac{WACC}{1-Ls_{IE}} = \frac{1+k_S - mL\left(i\left[s^0(1-s_{IE})-(s_{IF}-s_{IE})\right]+s_{IE}\right)}{1-Ls_{IE}} - 1$$

$$\frac{WACC}{1-Ls_{IE}} = \frac{1+k_S - mL\left(i\left[s^0(1-s_{IE})-(s_{IF}-s_{IE})\right]+s_{IE}\right)-1-Ls_{IE}}{1-Ls_{IE}}$$

$$\frac{WACC}{1-Ls_{IE}} = \frac{k_S - mL\left(i\left[s^0(1-s_{IE})-(s_{IF}-s_{IE})\right]+s_{IE}-s_{IE}/m\right)}{1-Ls_{IE}}$$

$$\text{(3-108)}\quad WACC = k_S - mL\left(i\left[s^0(1-s_{IE})-(s_{IF}-s_{IE})\right]+s_{IE}-s_{IE}/m\right)$$

b) Konstellation von Ruback (1986)

Es gilt L = 1; k_S wird substituiert durch $i(1\text{-}s_{IF})$. Es folgt m = 1. Eingesetzt in (3-108) und (3-109) folgt:

$$\begin{aligned}(3-108)\ WACC &= k_S - mL\left(i\left[s^0(1-s_{IE})-(s_{IF}-s_{IE})\right]+s_{IE}-s_{IE}/m\right)\\ &= i(1-s_{IF})-\left(i\left[s^0(1-s_{IE})-(s_{IF}-s_{IE})\right]\right)\\ &= i(1-s_{IE})\left(1-s^0\right)\end{aligned}$$

$$(3-109)\ V_{\tau-1}^F = \frac{1-s_{IE}}{1-Ls_{IE}} \cdot \sum_{t=\tau}^{n} \frac{D_t}{(1+WACC/(1-Ls_{IE}))^t} = \sum_{t=\tau}^{n} \frac{D_t}{(1+WACC/(1-s_{IE}))^t}$$

Setzt man nun noch (3-108) in (3-109) ein, folgt:

$$(3-109)\ V_{\tau-1}^F = \sum_{t=\tau}^{n} \frac{D_t}{\left(1+i\left(1-s^0\right)\right)^t}$$

Der WACC beträgt also $i(1\text{-}s^0)$ und dieser WACC ist identisch mit dem von Ruback (1986) innerhalb eines einfachen Steuersystems. Spezielle Annahmen über die persönlichen Steuersätze sind *nicht* notwendig. Das Bewertungsergebnis lässt sich verifizieren mit dem APV-Ansatz gemäß den Formeln (3-52) und (3-63), wobei k_S durch $i(1\text{-}s_{IF})$ substituiert wird.

Anhang 3-13: Wertabhängige Finanzierungspolitik (Miles/Ezzell reinterpretiert) und Total Cashflow-Ansatz

Eine an die der Textbuch-Formel angelehnte Definition ist für diese Bewertungskonstellation einschlägig, da sämtliche Einkommensteuereffekte in den Zähler der Gleichung geschoben werden. Daher gilt im zweiten Term auch $i(1\text{-}s_{IE})$, der die Diskontierung des risikolosen, einperiodischen Steuervorteils widerspiegelt. Es gilt für den „Textbuch"-DUK:

Total Cashflow = $D_t(1-s^0)(1-s_{IE})+iF_{t-1}[s^0(1-s_{IE})-(s_{IF}-s_{IE})]-s_{IE}(F_t-F_{t-1})$

Im Fall ewigen Wachstums:

Total Cashflow = $D_t(1-s^0)(1-s_{IE})+F_{t-1}\cdot\{i[s^0(1-s_{IE})-(s_{IF}-s_{IE})]-s_{IE}\cdot g\}$

(3-86) $DUK_t=k_S^F(1-L)+i(1-s_{IF})L$ bzw. $DUK_t=k_S^F(1-L)+i(1-s_I)L$.

Einsetzen von k_S^F gemäß (3-103) in den „Textbuch"-DUK nach (3-86) führt zu:

$$DUK_t=k_S\frac{\tilde{E}^F_{t-1}}{\tilde{V}^F_{t-1}}+\Big(k_S-i\{1+[s^0(1-s_{IE})(-1+m)-(s_{IF}-s_{IE})\cdot m-s_{IE}]\}+s_{IE}(1-m)\Big)\cdot\frac{\tilde{F}_{t-1}}{\tilde{V}^F_{t-1}}+i(1-s_{IF})\cdot\frac{\tilde{F}_{t-1}}{\tilde{V}^F_{t-1}}$$

$$=k_S-\Big(i\{[s^0(1-s_{IE})(-1+m)-(s_{IF}-s_{IE})\cdot m+(s_{IF}-s_{IE})]\}+s_{IE}(1-m)\Big)\cdot\frac{\tilde{F}_{t-1}}{\tilde{V}^F_{t-1}}$$

$$(3-110)\ DUK=k_S+(1-m)\cdot\Big(i\cdot[s^0(1-s_{IE})-s_{IF}+s_{IE})]+s_{IE}\Big)\cdot L$$

Im Halbeinkünfteverfahren gilt analog:

$$DUK_t=\left[k_S+\Big(k_S-i\{1+[s^0(1-0{,}5s_I)(-1+m)-0{,}5s_I(1+m)]\}+0{,}5s_I(1-m)\Big)\cdot\frac{\tilde{F}_{t-1}}{\tilde{E}^F_{t-1}}\right]\frac{\tilde{E}^F_{t-1}}{\tilde{V}^F_{t-1}}+i(1-s_I)\cdot\frac{\tilde{F}_{t-1}}{\tilde{V}^F_{t-1}}$$

$$=k_S+i(1-s_I)\cdot\frac{\tilde{F}_{t-1}}{\tilde{V}^F_{t-1}}+\Big(-i\{1+[s^0(1-0{,}5s_I)(-1+m)-0{,}5s_I(1+m)]\}+0{,}5s_I(1-m)\Big)\cdot\frac{\tilde{F}_{t-1}}{\tilde{V}^F_{t-1}}$$

$$=k_S+\Big(-i\{s^0(1-0{,}5s_I)(-1+m)-0{,}5s_I(1+m)+s_I\}+0{,}5s_I(1-m)\Big)\cdot\frac{\tilde{F}_{t-1}}{\tilde{V}^F_{t-1}}$$

$$DUK=k_S-(m-1)\cdot\Big(i\cdot\{s^0(1-0{,}5s_I)-0{,}5s_I\}+0{,}5s_I\Big)\cdot L$$

Anwendungsvorteile bei gegebenem L hat der DUK auch in dieser Konstellation nicht, da der Einkommensteuereffekt II im Zähler der Bewertungsformel unbekannt ist. Bei gegebenen Fremdkapitalbeständen als auch bei gegebenem L ist der APV-Ansatz rechentechnisch einfacher umsetzbar.

Anhang 3-14: Inkrementell wertabhängige Finanzierungspolitik und APV-Ansatz im Fall der ewigen Rente mit Wachstum nach dem Halbeinkünfteverfahren

$$(3\text{-}112)\ \Delta V_0^F=s\cdot F_0+\frac{(s-0{,}5s_I)\cdot g\cdot F_0}{k_S-g}=F_0\frac{s(k_S-g)+(s-0{,}5s_I)\cdot g}{k_S-g}=F_0\frac{s\cdot k_S-0{,}5s_I\cdot g}{k_S-g}$$

Anhang 3-15: Inkrementell wertabhängige Finanzierungspolitik im Fall der ewigen Rente mit Wachstum

a) Equity-Ansatz

In (3-22) $E_0^w\left[\tilde{k}_{S,t}^F\right] = k_S + \frac{(k_S - i_S)\cdot E_0\left[\tilde{F}_{t-1}\right] - \left((1+k_S)E_0\left[\Delta\tilde{V}_{t-1}^F\right] - E_0\left[\Delta\tilde{V}_t^F - \Delta\tilde{S}_t^F\right]\right)}{E_{t-1}^F}$ wird

$\Delta V_0^F = F_0 \frac{s\cdot k_S - s_{IE}\cdot g}{k_S - g}$ sowie $\Delta S_t^F = iF_{t-1}\left[s^0(1-s_{IE}) - (s_{IF} - s_{IE})\right] - s_{IE}(F_t - F_{t-1})$ eingesetzt:

$$E_0^w\left[\tilde{k}_{S,t}^F\right] = k_S + (k_S - i_S) - \left((1+k_S)\frac{s\cdot k_S - s_{IE}\cdot g}{k_S - g} - (1+g)\frac{s\cdot k_S - s_{IE}\cdot g}{k_S - g} - i\left[s^0(1-s_{IE}) - (s_{IF} - s_{IE})\right] + s_{IE}g\right)\frac{E_0\left[\tilde{F}_{t-1}\right]}{E_0\left[\tilde{E}_{t-1}^F\right]}$$

$$E_0^w\left[\tilde{k}_{S,t}^F\right] = k_S + \left\{k_S - i(1-s_{IF}) - s\cdot k_S + i\left[s^0(1-s_{IE}) - (s_{IF} - s_{IE})\right]\right\}\frac{E_0\left[\tilde{F}_{t-1}\right]}{E_0\left[\tilde{E}_{t-1}^F\right]}$$

$$(3\text{-}113)\quad E_0^w\left[\tilde{k}_{S,t}^F\right] = k_S + \left\{k_S(1-s) - i\left(1-s^0\right)\left(1-s_{IE}\right)\right\}\cdot\frac{E_0\left[\tilde{F}\right]}{E_0\left[\tilde{E}^F\right]}$$

b) WACC-Ansatz

In (3-21) $E_0^w\left[\widetilde{WACC}_t\right] = k_S - \frac{E_0\left[\Delta\tilde{V}_{t-1}^F\right]\left(1+k_S\right) - E_0\left[\Delta\tilde{V}_t^F\right]}{E_0\left[\tilde{V}_{t-1}^F\right]}$ wird (3-112)

$\Delta V_0^F = F_0 \frac{s\cdot k_S - s_{IE}\cdot g}{k_S - g}$ eingesetzt:

$$(3-114)\quad E_0^w\left[\widetilde{WACC}_t\right] = k_S - (s\cdot k_S - s_{IE}\cdot g)\cdot\frac{E_0\left[\tilde{F}\right]}{E_0\left[\tilde{V}^F\right]}$$

c) Total Cashflow-Ansatz

Ausgehend von (3-86)

$$E_0^w\left[\widetilde{DÜK}_t\right] = k_S\frac{E_0\left[\tilde{E}_{t-1}^F\right]}{E_0\left[\tilde{V}_{t-1}^F\right]} + \left\{k_S(1-s) - i\left(1-s^0\right)\left(1-s_{IE}\right) + i\left(1-s_{IF}\right)\right\}\frac{E_0\left[\tilde{F}_{t-1}\right]}{E_0\left[\tilde{V}_{t-1}^F\right]}$$

$$= k_S - \left\{sk_S - i\left[\left(1-s_{IF}\right) - \left(1-s^0\right)\left(1-s_{IE}\right)\right]\right\}\frac{E_0\left[\tilde{F}_{t-1}\right]}{E_0\left[\tilde{V}_{t-1}^F\right]}$$

kann (3-115) nach Substitution mit s abgeleitet werden:

$$(3-115)\quad E_0^w\left[\widetilde{DÜK}_t\right] = k_S - \left\{k_S - i\left(1-s_{IF}\right)\right\}\cdot s\cdot\frac{E_0\left[\tilde{F}\right]}{E_0\left[\tilde{V}^F\right]}$$

Anhang 3-16: Wertabhängige Finanzierungspolitik (Miles/Ezzell reinterpretiert), APV-Ansatz und Halbeinkünfteverfahren mit Kursgewinnbesteuerung

a) Fall der ewigen Rente mit Wachstum

Die Marktbewertung des Steuervorteils der Fremdfinanzierung nach (3-122) beträgt im Halbeinkünfteverfahren bei beliebigem s_{KG}:

$$E_0\left[-\widetilde{F}+\Delta\widetilde{V}^F\right]=E_0\left[\widetilde{F}\right]\cdot\frac{i\left[\left(fs_{GE}(1-s_K)+s_K\right)(1-0{,}5s_I)-0{,}5s_I\right]\cdot m-0{,}5s_I\cdot[1+g-m]}{k_s-g}-E_0\left[\widetilde{F}\right]-s_{KG}\cdot E_0\left[-\widetilde{F}+\Delta\widetilde{V}^F\right]\cdot\frac{[1+g-m]}{k_s-g}$$

$$E_0\left[\Delta\widetilde{V}^F\right]\cdot\left(1+s_{KG}\frac{[1+g-m]}{k_s-g}\right)=E_0\left[\widetilde{F}\right]\cdot\frac{i\left[\left(fs_{GE}(1-s_K)+s_K\right)(1-0{,}5s_I)-0{,}5s_I\right]\cdot m-0{,}5s_I\cdot[1+g-m]}{k_s-g}+s_{KG}E_0\left[\widetilde{F}\right]\cdot\frac{[1+g-m]}{k_s-g}$$

$$E_0\left[\Delta\widetilde{V}^F\right]=E_0\left[\widetilde{F}\right]\cdot\frac{i\left[s^0(1-0{,}5s_I)-0{,}5s_I\right]\cdot m-0{,}5s_I\cdot[1+g-m]+s_{KG}[1+g-m]}{(k_s-g)\left(1+s_{KG}\frac{[1+g-m]}{k_s-g}\right)}$$

Alternativ:

$$(3-123)\; E_0\left[-\widetilde{F}_{t-1}+\Delta\widetilde{V}^F_{t-1}\right]=E_0\left[\widetilde{F}_{t-1}\right]\cdot\frac{(1-s_{IE})\cdot m\cdot\left\{\left[i\left(s^0-1\right)-1\right]+(1+g)/m\right\}}{k_S-g}-s_{KG}\cdot E_0\left[-\widetilde{F}_{t-1}+\Delta\widetilde{V}^F_{t-1}\right]\cdot\left[\frac{1+g-m}{k_S-g}\right]$$

$$E_0\left[-\widetilde{F}_{t-1}+\Delta\widetilde{V}^F_{t-1}\right]\cdot\left(1+s_{KG}\cdot\left[\frac{1+g-m}{k_S-g}\right]\right)=E_0\left[\widetilde{F}_{t-1}\right]\cdot\frac{(1-s_{IE})\cdot m\cdot\left\{\left[i\left(s^0-1\right)-1\right]+(1+g)/m\right\}}{k_S-g}$$

$$E_0\left[-\widetilde{F}_{t-1}+\Delta\widetilde{V}^F_{t-1}\right]=E_0\left[\widetilde{F}_{t-1}\right]\cdot\frac{(1-s_{IE})\cdot m\cdot\left\{\left[i\left(s^0-1\right)-1\right]+(1+g)/m\right\}}{(k_S-g)\left(1+s_{KG}\cdot\left[\frac{1+g-m}{k_S-g}\right]\right)}$$

b) Variable Cashflow-Strukturen und L-Doktrin

$$(1-L)\cdot E_0\left[\widetilde{V}^F_{t-1}\right]=\frac{E_0\left[\widetilde{D}_t(1-s_{IE})+\widetilde{V}^F_t\{L(1-s_{IE})+(1-L)(1-s_{KG})\}\right]}{1+k_S}+E_0\left[\widetilde{V}^F_{t-1}\right]\cdot L\frac{i\left[s^0(1-s_{IE})-(s_{IF}-s_{IE})\right]+s_{IE}}{1+i(1-s_{IF})}-E_0\left[\widetilde{V}^F_{t-1}\right]\cdot L+\frac{s_{KG}(1-L)\cdot E_0\left[\widetilde{V}^F_{t-1}\right]}{1+i(1-s_{IF})}$$

$$(1-L)\cdot E_0\left[\widetilde{V}^F_{t-1}\right]-E_0\left[\widetilde{V}^F_{t-1}\right]\cdot L\frac{i\left[s^0(1-s_{IE})-(s_{IF}-s_{IE})\right]+s_{IE}}{1+i(1-s_{IF})}+E_0\left[\widetilde{V}^F_{t-1}\right]\cdot L-\frac{s_{KG}(1-L)\cdot E_0\left[\widetilde{V}^F_{t-1}\right]}{1+i(1-s_{IF})}=\frac{E_0\left[\widetilde{D}_t(1-s_{IE})+\widetilde{V}^F_t\{L(1-s_{IE})+(1-L)(1-s_{KG})\}\right]}{1+k_S}$$

$$E_0\left[\widetilde{V}^F_{t-1}\right]\cdot\left(1-L\frac{i\left[s^0(1-s_{IE})-(s_{IF}-s_{IE})\right]+s_{IE}}{1+i(1-s_{IF})}-\frac{s_{KG}(1-L)}{1+i(1-s_{IF})}\right)=\frac{E_0\left[\widetilde{D}_t(1-s_{IE})+\widetilde{V}^F_t\{L(1-s_{IE})+(1-L)(1-s_{KG})\}\right]}{1+k_S}$$

$$E_0\left[\widetilde{V}^F_{t-1}\right]=\frac{E_0\left[\widetilde{D}_t(1-s_{IE})+\widetilde{V}^F_t\{L(1-s_{IE})+(1-L)(1-s_{KG})\}\right]}{(1+k_S)\left(1-L\frac{i\left[s^0(1-s_{IE})-(s_{IF}-s_{IE})\right]+s_{IE}}{1+i(1-s_{IF})}-\frac{s_{KG}(1-L)}{1+i(1-s_{IF})}\right)}$$

$$(3-125)\; E_0\left[\widetilde{V}^F_{t-1}\right]=\frac{E_0\left[\widetilde{D}_t(1-s_{IE})+\widetilde{V}^F_t\{L(1-s_{IE})+(1-L)(1-s_{KG})\}\right]}{1+k_S-mL\left(i\left[s^0(1-s_{IE})-(s_{IF}-s_{IE})\right]+s_{IE}\right)-ms_{KG}(1-L)}$$

Anhang 3-17: Wertabhängige Finanzierungspolitik (Miles/Ezzell reinterpretiert), Equity-Ansatz und Halbeinkünfteverfahren mit Kursgewinnbesteuerung

Hier wird ausgegangen vom Fall der ewigen Rente ohne erwartetes Wachstum ($g = 0$ %), da die Ableitung analog zu Anhang 3-11 dann etwas einfacher ist. Die abgeleitete Rendite gilt aber auch für eine ewige Rente mit Wachstum.

$$k_s^F=k_s+s_{KG}[1-m]+\left[(k_s+s_{KG}[1-m])\left(1-\frac{i\left[s^0(1-0{,}5s_I)-0{,}5s_I\right]\cdot m+(s_{KG}-0{,}5s_I)\cdot[1-m]}{k_s+s_{KG}[1-m]}\right)-i(1-s^0)(1-0{,}5s_I)\right]\frac{L}{1-L}$$

$$k_s^F = k_s + s_{KG}[1-m] + \left[\left(k_s + s_{KG}[1-m] - i\left[s^0(1-0{,}5s_I) - 0{,}5s_I\right]\cdot m - (s_{KG} - 0{,}5s_I)\cdot[1-m]\right) - i(1-s^0)(1-0{,}5s_I)\right]\frac{L}{1-L}$$

$$k_s^F = k_s + s_{KG}[1-m] + \left[\left(k_s - i\left[s^0(1-0{,}5s_I) - 0{,}5s_I\right]\cdot m + 0{,}5s_I\cdot[1-m]\right) - i(1-s^0)(1-0{,}5s_I)\right]\frac{L}{1-L}$$

$$(3-127)\quad k_s^F = k_s + s_{KG}[1-m] + \left[k_s - \left(i\left[1 + \left[s^0(1-0{,}5s_I)(-1+m) - 0{,}5s_I(1+m)\right]\right] + 0{,}5s_I\cdot[1-m]\right)\right]\frac{L}{1-L}$$

Anhang 3-18: Wertabhängige Finanzierungspolitik (Miles/Ezzell reinterpretiert), WACC-Ansatz und Halbeinkünfteverfahren mit Kursgewinnbesteuerung

a) WACC-Definition 1

Ausgehend vom APV-Ansatz ergibt sich die erste WACC-Definition:

$$E^F + F = \frac{E_0\left[\tilde{D}_1\right](1-0{,}5s_I)}{k_S - g} + F\left(\frac{i[(fs_{GE}(1-s_K)+s_K)(1-0{,}5s_I) - 0{,}5s_I]\cdot m - 0{,}5s_I\cdot[1+g-m]}{k_s - g}\right) - s_{KG}\cdot E^F\cdot\left[\frac{1+g-m}{k_S-g}\right]$$

$$V^F = \frac{E_0\left[\tilde{D}_1\right](1-0{,}5s_I)}{k_S - g} + \frac{F}{V^F}V^F\left(\frac{i[(fs_{GE}(1-s_K)+s_K)(1-0{,}5s_I) - 0{,}5s_I]\cdot m - 0{,}5s_I\cdot[1+g-m]}{k_s - g}\right) - s_{KG}\cdot\frac{E^F}{V^F}\cdot V^F\cdot\left[\frac{1+g-m}{k_S-g}\right]$$

$$V^F\left(1 - \frac{F}{V^F}\left(\frac{i[(fs_{GE}(1-s_K)+s_K)(1-0{,}5s_I) - 0{,}5s_I]\cdot m - 0{,}5s_I\cdot[1+g-m]}{k_s - g}\right) + s_{KG}\cdot\frac{E^F}{V^F}\cdot\left[\frac{1+g-m}{k_S-g}\right]\right) = \frac{E_0\left[\tilde{D}_1\right](1-0{,}5s_I)}{k_S - g}$$

$$V^F = \frac{E_0\left[\tilde{D}_1\right](1-0{,}5s_I)}{(k_S - g)\left(1 - L\left(\frac{i[(fs_{GE}(1-s_K)+s_K)(1-0{,}5s_I) - 0{,}5s_I]\cdot m - 0{,}5s_I\cdot[1+g-m]}{k_s - g}\right) + s_{KG}\cdot(1-L)\cdot\left[\frac{1+g-m}{k_S-g}\right]\right)}$$

$$V^F = \frac{E_0\left[\tilde{D}_1\right](1-0{,}5s_I)}{\left(k_S - L(i[(fs_{GE}(1-s_K)+s_K)(1-0{,}5s_I) - 0{,}5s_I]\cdot m - 0{,}5s_I\cdot[1+g-m]) + s_{KG}\cdot(1-L)\cdot[1+g-m]\right) - g}$$

Substituieren mit dem WACC-Satz vor Kursgewinnbesteuerung (3-107):

$$WACC = k_S - \left[i\left[s^0(1-0{,}5s_I) - 0{,}5s_I\right]\cdot m - 0{,}5s_I\cdot[1+g-m]\right]\cdot L.$$

Es folgt:

$$(3\text{-}132)\quad V_0^F = \frac{E_0\left[\tilde{D}_1\right](1-0{,}5s_I)}{WACC_{KG} - g(1 - s_{KG}\cdot(1-L))},\ \text{wobei}\ WACC_{KG} = WACC + s_{KG}\cdot(1-L)\cdot[1-m]$$

b) WACC-Definition 2

Nach dem Vorgehen von Clubb/Doran (1992) kann eine zweite WACC-Definition durch Umformulierung von (3-126) gewonnen werden, die kompatibel mit der Textbuch-Formel ist:

$$V_0^F = \sum_{t=1}^{n} \frac{E_0\left[\tilde{D}_t(1-s_{IE})\right]}{L(1-s_{IE})+(1-L)(1-s_{KG})} \cdot \frac{1}{\left(\frac{1+k_S - mL\left(i\left[s^0(1-s_{IE})-(s_{IF}-s_{IE})\right]+s_{IE}\right)-ms_{KG}(1-L)}{L(1-s_{IE})+(1-L)(1-s_{KG})}\right)^t}$$

$$\frac{WACC_{KG}}{L(1-s_{IE})+(1-L)(1-s_{KG})} = \frac{1+k_S - mL\left(i\left[s^0(1-s_{IE})-(s_{IF}-s_{IE})\right]+s_{IE}\right)-ms_{KG}(1-L)}{L(1-s_{IE})+(1-L)(1-s_{KG})} - 1$$

$$\frac{WACC_{KG}}{L(1-s_{IE})+(1-L)(1-s_{KG})} = \frac{1+k_S - mL\left(i\left[s^0(1-s_{IE})-(s_{IF}-s_{IE})\right]+s_{IE}\right)-ms_{KG}(1-L)-L(1-s_{IE})-(1-L)(1-s_{KG})}{L(1-s_{IE})+(1-L)(1-s_{KG})}$$

$$\frac{WACC_{KG}}{L(1-s_{IE})+(1-L)(1-s_{KG})} = \frac{k_S - mL\left(i\left[s^0(1-s_{IE})-(s_{IF}-s_{IE})\right]+s_{IE}-s_{IE}/m\right)-(s_{KG}(m-1))(1-L)}{L(1-s_{IE})+(1-L)(1-s_{KG})}$$

$$(3-134)\ WACC_{KG} = k_S - mL\left(i\left[s^0(1-s_{IE})-(s_{IF}-s_{IE})\right]+s_{IE}-s_{IE}/m\right)-(s_{KG}(m-1))(1-L)$$

Anhang 3-19: Autonome Finanzierungspolitik, WACC-Ansatz und Halbeinkünfteverfahren mit Kursgewinnbesteuerung im Fall der ewigen Rente mit Wachstum

Hier ist nun zu beachten, dass künftige Kursgewinne bezüglich des Werts bei Eigenfinanzierung unsicher und bezüglich des Werts der Steuervorteile sicher sind. Im WACC-Ansatz ergibt sich dann für die Bewertung in $t = 0$:

$$E^F + F = \frac{E_0\left[\tilde{D}_1\right](1-0{,}5s_I)}{k_S - g} - s_{KG} \cdot V^E \cdot \left[\frac{1+g-m}{k_S-g}\right] + F\left(\frac{i\left[s^0(1-0{,}5s_I)-0{,}5s_I\right]-0{,}5s_I \cdot g}{i_s - g}\right) - s_{KG} \cdot (\Delta V^F - F) \cdot \left[\frac{g}{i_S - g}\right]$$

$$V^F = \frac{E_0\left[\tilde{D}_1\right](1-0{,}5s_I)}{k_S - g} - s_{KG} \cdot \frac{V^E}{V^F} \cdot V^F \cdot \left[\frac{1+g-m}{k_S-g}\right] + \frac{F}{V^F} \cdot V^F \cdot \left(\frac{i\left[s^0(1-0{,}5s_I)-0{,}5s_I\right]-0{,}5s_I \cdot g}{i_s - g}\right) - s_{KG} \cdot \frac{(\Delta V^F - F)}{V^F} \cdot V^F\left[\frac{g}{i_S - g}\right]$$

$$V^F \cdot \left(1 + s_{KG} \cdot \frac{V^E}{V^F} \cdot \left[\frac{1+g-m}{k_S-g}\right] - \frac{F}{V^F} \cdot \left(\frac{i\left[s^0(1-0{,}5s_I)-0{,}5s_I\right]-0{,}5s_I \cdot g}{i_s - g}\right) + s_{KG} \cdot \frac{(\Delta V^F - F)}{V^F}\left[\frac{g}{i_S - g}\right]\right) = \frac{E_0\left[\tilde{D}_1\right](1-0{,}5s_I)}{k_S - g}$$

$$V^F \cdot \left(1 + \frac{s_{KG}}{V^F}\left\{V^E \cdot \left[\frac{1+g-m}{k_S-g}\right] + \Delta V^F\left[\frac{g}{i_S-g}\right]\right\} - \frac{F}{V^F} \cdot \left\{\left(\frac{i\left[s^0(1-0{,}5s_I)-0{,}5s_I\right]-0{,}5s_I \cdot g}{i_s - g}\right) + s_{KG}\left[\frac{g}{i_S - g}\right]\right\}\right) = \frac{E_0\left[\tilde{D}_1\right](1-0{,}5s_I)}{k_S - g}$$

$$V^F = \frac{E_0\left[\tilde{D}_1\right](1-0{,}5s_I)}{(k_S - g)\left(1 + \frac{s_{KG}}{V^F}\left\{V^E \cdot \left[\frac{1+g-m}{k_S-g}\right] + \Delta V^F\left[\frac{g}{i_S-g}\right]\right\} - \frac{F}{V^F} \cdot \left\{\underbrace{\left(\frac{i\left[s^0(1-0{,}5s_I)-0{,}5s_I\right]-0{,}5s_I \cdot g}{i_s - g}\right)}_{s^*} + s_{KG}\left[\frac{g}{i_S - g}\right]\right\}\right)}$$

$$V^F = \frac{E_0\left[\tilde{D}_1\right](1-0{,}5s_I)}{(k_S - g)\left(1 + \frac{s_{KG}}{V^F}\left\{V^E \cdot \left[\frac{1+g-m}{k_S-g}\right] + \Delta V^F\left[\frac{g}{i_S-g}\right]\right\} - \frac{F}{V^F} \cdot \left\{s^* + s_{KG}\left[\frac{g}{i_S - g}\right]\right\}\right)}$$

$$V^F = \frac{E_0\left[\tilde{D}_1\right](1-0{,}5s_I)}{(k_S - g)\left(1 + s_{KG}\left(\left[\frac{1+g-m}{k_S-g}\right] + \frac{\Delta V^F}{V^F}\left\{\left[\frac{g}{i_S-g}\right] - \left[\frac{1+g-m}{k_S-g}\right]\right\}\right) - \frac{F}{V^F} \cdot \left\{s^* + s_{KG}\left[\frac{g}{i_S - g}\right]\right\}\right)}$$

Dies entspricht (3-141) i.V.m. (3-142).

Anhang 3-20: Beta-Zerlegung bei autonomer Finanzierungspolitik mit Kursgewinnbesteuerung im Fall der ewigen Rente mit Wachstum

Es soll gezeigt werden, dass (3-144) konsistent zu (3-139) ist.

$k_{S,KG} = i(1 - s_{IF}) + MRP_S \beta^u \cdot \left(1 - \frac{s_{KG}}{1 + i(1 - s_{IF})}\right)$, aufgelöst nach MRP_S, sowie (3-144)

$\beta^F = \beta^u \left[1 + \frac{\left[i\left(1 - s^0\right) - g\right] \cdot (1 - s_{IE})}{i(1 - s_{IF}) - g(1 - s_{KG})} \cdot \frac{F}{E^F}\right] \cdot \left(1 - \frac{s_{KG}}{1 + i(1 - s_{IF})}\right)$ werden eingesetzt in $E_0^w\left[k_{S,KG}^F\right] = i(1 - s_{IF}) + MRP_S \beta^F$.

$$E_0^w\left[k_{S,KG}^F\right] = i(1 - s_{IF}) + \frac{k_{S,KG} - i(1 - s_{IF})}{\beta^u \cdot \left(1 - \frac{s_{KG}}{1 + i(1 - s_{IF})}\right)} \cdot \beta^u \left[1 + \frac{\left[i\left(1 - s^0\right) - g\right] \cdot (1 - s_{IE})}{i(1 - s_{IF}) - g(1 - s_{KG})} \cdot \frac{F}{E^F}\right] \cdot \left(1 - \frac{s_{KG}}{1 + i(1 - s_{IF})}\right)$$

$$E_0^w\left[k_{S,KG}^F\right] = i(1 - s_{IF}) + \left(k_{S,KG} - i(1 - s_{IF})\right) \cdot \left[1 + \frac{\left[i\left(1 - s^0\right) - g\right] \cdot (1 - s_{IE})}{i(1 - s_{IF}) - g(1 - s_{KG})} \cdot \frac{F}{E^F}\right]$$

$$E_0^w\left[k_{S,KG}^F\right] = k_{S,KG} + \left(k_{S,KG} - i(1 - s_{IF})\right) \cdot \frac{\left[i\left(1 - s^0\right) - g\right] \cdot (1 - s_{IE})}{i(1 - s_{IF}) - g(1 - s_{KG})} \cdot \frac{F}{E^F}$$

$$E_0^w\left[k_{S,KG}^F\right] = k_{S,KG} + \left(k_{S,KG} - i(1 - s_{IF})\right) \cdot \left(1 - s_{KG}^*\right) \cdot \frac{F}{E^F}, \text{wobei } k_{S,KG} = k_S + s_{KG}[1 - m]$$

Diese Formel ist identisch mit (3-139).

Anhang 3-21: Beta-Zerlegung bei wertabhängiger Finanzierungspolitik

a) Allgemein

$$E_0\left[\tilde{V}_{t-1}^F\right] \cdot \underbrace{\left(1 - L \frac{i\left[s^0(1 - s_{IE}) - (s_{IF} - s_{IE})\right] + s_{IE}}{1 + i(1 - s_{IF})} - \frac{s_{KG}(1 - L)}{1 + i(1 - s_{IF})}\right)}_{\xi} =$$

$$\frac{E_0\left[\tilde{D}_t(1 - s_{IE})\right] + E_0\left[\tilde{V}_t^F\right] \cdot \left[L(1 - s_{IE}) + (1 - L)(1 - s_{KG})\right]}{1 + k_S}$$

Wird ξ eingesetzt in $\beta^F(1 - L) = \beta^U \xi$, ergibt sich nach Umformungen Formel (3-145):

$$\beta^F = \beta^U \frac{\left(1 - L \frac{i\left[s^0(1 - s_{IE}) - (s_{IF} - s_{IE})\right] + s_{IE}}{1 + i(1 - s_{IF})} - \frac{s_{KG}(1 - L)}{1 + i(1 - s_{IF})}\right)}{1 - L}$$

$$= \beta^U \cdot \left(\frac{1}{1 - L} - \frac{L}{1 - L} \frac{i\left[s^0(1 - s_{IE}) - (s_{IF} - s_{IE})\right] + s_{IE}}{1 + i(1 - s_{IF})} - \frac{s_{KG}}{1 + i(1 - s_{IF})}\right)$$

$$= \beta^U \cdot \left(1 + \left(1 - \frac{i\left[s^0(1 - s_{IE}) - (s_{IF} - s_{IE})\right] + s_{IE}}{1 + i(1 - s_{IF})}\right) \frac{F}{E^F} - \frac{s_{KG}}{1 + i(1 - s_{IF})}\right)$$

b) Halbeinkünfteverfahren ohne Kursgewinnbesteuerung

Allgemein lautet die Beziehung:[1053]

$$\frac{\beta^F}{\beta^U} = \frac{k_S^F - i(1-s_I)}{k_S - i(1-s_I)}$$

Es lässt sich dann zu der impliziten Funktion umstellen:[1054]

$$\beta^F = \frac{k_S^F - i(1-s_I)}{k_S - i(1-s_I)}\beta^U$$

Werden $k_S^F = k_S + \left(k_S - i\left[s^0(1-0{,}5s_I) - 0{,}5s_I\right] \cdot m + 0{,}5s_I(1-m) - i\left[1-s^0\right](1-0{,}5s_I)\right) \cdot \frac{F_{t-1}}{E_{t-1}^F}$ und

$k_s = i(1-s_I) + MRP_S \cdot \beta^u$ in diese Formel eingesetzt, ergibt sich, wobei γ den periodischen Steuereffekt bei wertabhängiger Finanzierungspolitik darstellt, bei Zugrundelegung einer impliziten Funktion:[1055]

$$(\text{E}') \ \beta^F = \beta^U\left(1 + \frac{F}{E^F}\right) + \left(\frac{i(1-s_I) + \gamma}{E_0[\tilde{r}_m] - i(1-s_I)}\right) \cdot \frac{F}{E^F}, \text{ mit}$$

$$\gamma = -i\left[s^0(1-0{,}5s_I) - 0{,}5s_I\right] \cdot m + 0{,}5s_I(1-m) - i\left[1-s^0\right](1-0{,}5s_I)$$

Die Formel erinnert, betrachtet man den ersten Term, vollständig an die Beta-Zerlegungs-Formel im Sinne des pragmatischen Vorschlags von Harris/Pringle.[1056] Durch die Einkommensbesteuerung und durch das Vorliegen des reinterpretierten Miles/Ezzell-Falls ergibt sich aber noch ein zweiter Term, der das Risiko von β^F stets[1057] dämpft.

Die explizite Formel sieht so aus:[1058]

$$(\text{A}') \ \beta^F = \beta^U\left(1 + \left(1 - \frac{i\left[s^0(1-0{,}5s_I) - 0{,}5s_I\right] + 0{,}5s_I}{1 + i(1-s_I)}\right)\frac{F}{E^F}\right)$$

[1053] Vgl. etwa Buckley (1983).

[1054] Die Formel hat deshalb eine implizite Struktur, weil β^F und β^U in den Renditen noch enthalten sind.

[1055] Die Bezeichnungen (E') bzw. (A') lehnen sich an die reinterpretierten ME-Formel-Typen des einfachen Steuersystems an.

[1056] Vgl. die Formel [2C.6] bei Taggart (1991), S. 11. Gleichwohl liegt hier immer noch der reinterpretierte Miles/Ezzell-Fall vor.

[1057] Solange natürlich gilt: $i > 0$; $k_S > 0$; $s_I > 0$; $s^0 > 0$.

[1058] Im wertabhängigen Fall und unter Berücksichtigung von Einkommensteuern sind die hier vorgeschlagenen Formeln nicht kompatibel mit denen von Taggart (1991), S. 14. Der Grund liegt darin, dass die zugrunde liegenden Annahmen für die Tax Shield-Bewertung bei Taggart von den hier vorgestellten abweichen. Vgl. Abschnitt 3.3.7. hierzu.

Von (E´) zu (A´)[1059] gelangt man durch Ausklammern der impliziten Bestandteile aus dem zweiten Term von (E´), wobei $\left(m = \frac{1+k_S}{1+i(1-s_I)} \right)$ und $k_S = i(1-s_I) + MRP_S \cdot \beta^u$ zu berücksichtigen ist. Dieser ausgeklammerte Term wird in den ersten integriert, der Rest des zweiten Terms ergibt null.

c) Einfaches Steuersystem

Formeln [7] und [11] bei Richter/Drukarczyk (2001) bzw. Fernández (2002)[1060]

Es ist zu zeigen, dass die implizite Formel (E) $\beta^F = \beta^U\left(1+\frac{F}{E^F}\right) + \left(\frac{s_K i(1-m)}{MRP}\right)\cdot\frac{F}{E^F}$ und (A) $\beta^F = \beta^U\left(1+\left(1-\frac{s_K \cdot i}{1+i}\right)\frac{F}{E^F}\right)$ kompatibel sind.

Ausgangspunkt sei (E) $\beta^F = \beta^U\left(1+\frac{F}{E^F}\right) + \left(\frac{s_K i(1-m)}{MRP}\right)\cdot\frac{F}{E^F}$

Multiplikation des zweiten Terms im Zähler und Nenner mit β^U und Einsetzen von $m = \frac{1+k}{1+i}$.

Nach leichten Umformungen, wobei die Identität $\beta^U \cdot MRP = k_S - i$ zu beachten ist, ergibt sich dann:

(A) $\beta^F = \beta^U\left(1+\left(1-\frac{s_K \cdot i}{1+i}\right)\frac{F}{E^F}\right)$

Formel [27] von Miles/Ezzell (1985),[1061] Appleyard/Strong (1989), Clubb (1992)

(B) $\beta^F\left[\frac{1-L}{1-s_K iL/(1+i)}\right] = \beta^U$ bzw. $\beta^F = \beta^U\left[\frac{1-s_K iL/(1+i)}{1-L}\right]$, wobei $L = \frac{F}{V^F}$

Einsetzen von $L = \frac{F}{V^F}$ und $\frac{1}{1-L} = \frac{E^F}{V^F}$. Nach leichten Umformulierungen wird ersichtlich, dass die Formeln (B) und (A) bzw. (E) kompatibel sind.

1059 Diese Formel ist interessanterweise von der äußeren Gestalt her ähnlich, aber nicht identisch mit der, die bei autonomer Politik im Halbeinkünfteverfahren für den Fall der ewigen Rente gilt:

$$\beta^F = \beta^U\left(1+\left(1-\frac{\left[s^0(1-0{,}5s_I)-0{,}5s_I\right]}{1-s_I}\right)\frac{F}{E^F}\right)$$

Vgl. zu Letzterer auch Drukarczyk (2001), S. 425.

1060 Vgl. Richter/Drukarczyk (2001), S. 631 und S. 634, bzw. Fernández, (2002), S. 455 und 507.

1061 Vgl. Miles/Ezzell (1985), S. 1489-1491, bzw. Dierkes (2000), S. 21.

Formel [2B.6] bei Taggart (1991)[1062]

$$\text{(C)}\quad \beta^F = \beta^U \left(1 + \frac{F}{E^F}\right)\left(\frac{1 + i\left(1 - s_K \dfrac{F}{V^F}\right)}{1+i}\right)$$

Einsetzen von $\frac{L}{1-L} = \frac{F}{E^F}$ und $L = \frac{F}{V^F}$, sowie Ausmultiplizieren und Kürzen führt zu (B). Die Formel (C) ist nach leichten Umformungen also kompatibel mit Formel (B) und damit auch mit (E) und (A).

Formel [15] bei Clubb/Doran (1991)

$$\text{(D)}\quad \beta^F \cdot \frac{1-L}{\left(1 - \dfrac{Lis_K}{1+i}\right)} = \beta^U$$

Nach Vereinfachungen zeigt sich die Kompatibilität mit (B): $\beta^F = \beta^U \cdot \left(\frac{1}{1-L} - \frac{L}{1-L} \cdot \frac{is_K}{1+i}\right)$

Alle hier aufgezeigten Formeln (A)-(E) sind demnach kompatibel. Für welche man sich im konkreten Fall entscheidet, ist deshalb eine Frage des Geschmacks.

[1062] Vgl. Taggart (1991), S. 11.

Literaturverzeichnis

Aders, C. (1998), Unternehmensbewertung bei Preisinstabilität und Inflation, Frankfurt a. M. et al.

Aders, C./Galli, A./Wiedemann, F. (2000), Unternehmenswerte auf Basis der Multiplikatormethode? In: Finanzbetrieb, S. 197-204.

Aders, C./Hebertinger, M. (2003), in: Ballwieser, W./Wesner, P./KPMG (Hrsg.): Value Based Management, Frankfurt.

Adorno, T.W. (1993), Minima Moralia, 21. A., Frankfurt a. M.

Adserà, X./Viñolas, P. (2003), FEVA: A Financial and Economic Approach to Valuation, in: Financial Analysts Journal, S. 80-87.

Allen, F./Michaely, R. (1995), Dividend Policy, in: Jarrow, R.A./Masimovic, V./Ziemba, W.T. (Hrsg.), Finance, Amsterdam et al., S. 793-837.

Allen, F./Michaely, R. (2002), Payout Policy, in: Constantinides, G.M./Harris, M./Stulz, R. (Hrsg.), North-Holland Handbook of Economics, forthcoming.

Amoako-Adu, B./Rashid, M. (1990), Corporate Tax Cut and Capital Budgeting, in: The Engineering Economist, S. 115-128.

Amram, M. (2002), Value Sweep: Mapping Growth Opportunities Across Assets, Boston.

Amram, M./Kulatilaka, N. (1999), Real Options, Boston.

Ang, J.S. (1973), Weighted Average Cost of Capital vs. True Cost of Capital, in: Financial Management, S. 56-60.

Appleyard, T.R./Dobbs, I.M. (1997), Value Under Active and Passive Debt Management Policy, in: Journal of Business Finance and Accounting, S. 481-496.

Appleyard, T.R./Strong, N.C. (1989), Beta Geared and Ungeared: The Case of Active Debt Management, in: Accounting and Business Research, S. 170-174.

Arditti, F.D./Levy, H. (1977), The Weighted Average Cost of Capital as a Cutoff Rate: a Critical Analysis of the Classical Textbook Weighted Average, in: Financial Management, S. 24-34.

Arditti, F.D./Levy, H./Sarnat, M. (1977), Taxes, Capital Structure, and the Cost of Capital: Some Extensions, in: Quarterly Review of Economics and Business, S. 89-95.

Arditti, F.D./Pinkerton, J.M. (1978), The Valuation And Cost Of Capital Of The Levered Firm With Growth Opportunities, in: Journal of Finance, S. 65-73.

Arnold, G.C./Hatzopoulos, P.D. (2000), The Theory-Practice Gap in Capital Budgeting: Evidence from the United Kingdom, in: Journal of Business Finance and Accounting, S. 603-626.

Arzac, E.R. (1986), Do your business units create shareholder value? In: Harvard Business Review, S. 121-126.

Arzac, E.R. (1996), Valuation of Highly Leveraged Firms, in: Financial Analysts Journal, July/August, S. 42-50.

Arzac, E.R. (2005), Valuation for Mergers, Buyouts, and Restructuring, Hoboken.

Ashton, D./Cooke, T./Tippett, M. (2003), An Aggregation Theorem for the Valuation of Equity Under Linear Information Dynamics, in: Journal of Business Finance and Accounting, S. 413-440.

Ashton, D.J. (1991), Corporate Financial Policy: American Analytics and UK Taxation, in: Journal of Business Finance and Accounting, S. 681-694.

Ashton, D.J. (1995), The Cost of Equity Capital and a Generalisation of the Dividend Growth Model, in: Accounting and Business Research, S. 3-17.

Ashton, D.J./Atkins, D.R. (1978), Interactions of Corporate Financing and Investment Decisions: Implications for Capital Budgeting: A further Comment, in: Journal of Finance, S. 1447-1453.

Auge-Dickhut, S./Moser, U./Widmann, B. (2000), Die geplante Reform der Unternehmensbesteuerung - Einfluss auf die Berechnung und die Höhe des Werts von Unternehmen, in: Finanzbetrieb, S. 362-371.

Ayers, B.C./Lefanowicz, C.E./Robinson, J.R. (2003), Shareholder Taxes in Acquisition Premiums: The Effect of Capital Gains Taxation, erscheint in: Journal of Finance, December 2003.

Baan, W. (1999), Terminal Value, in: Bühner, R./Sulzbach, K. (Hrsg.), Wertorientierte Steuerungs- und Führungssysteme, Stuttgart, S. 253-267.

Babusiaux, D./Jaylet, J. (1997), Investment Project Analysis and Financing Mix. A New Method in Sight? In: Zopounidis, C. (Hrsg.), New Operational Approaches for Financial Modelling, Berlin.
Baetge, J./Niemeyer, K./Kümmel, J. (2002), Darstellung der Discounted-Cashflow-Verfahren (DCF-Verfahren) mit Beispiel, in: Peemöller, V. (Hrsg.), Praxishandbuch der Unternehmensbewertung, 2. A., Herne/Berlin, S. 263-360.
Baker, H.K./Veit, E.T./Powell, G.E. (2001), Factors Influencing Dividend Policy Decisions of Nasdaq Firms, in: The Financial Review, S. 19-37.
Ballwieser, W. (1988), Unternehmensbewertung bei unsicherer Geldentwertung, in: Zeitschrift für betriebswirtschaftliche Forschung, S. 798-812.
Ballwieser, W. (1990), Unternehmensbewertung und Komplexitätsreduktion, 3.A., Wiesbaden.
Ballwieser, W. (1998), Unternehmensbewertung mit Discounted Cash Flow-Verfahren, in: Die Wirtschaftsprüfung, S. 81-92.
Ballwieser, W. (1999), Stand und Entwicklung der Unternehmensbewertung in Deutschland, in: Egger, A. (Hrsg.), Unternehmensbewertung – quo vadis? Wien, S. 21-40.
Ballwieser, W. (2002), Der Kalkulationszinsfuß in der Unternehmensbewertung: Komponenten und Ermittlungsprobleme, in: Die Wirtschaftsprüfung, S. 736-743.
Barker, R. (1999), The role of dividends in valuation models used by analysts and fund managers, in: European Accounting Review, S. 195-218.
Barker, R. (2001), Determining value: valuation models and financial statements, Harlow.
Barth, F./Haller, R. (1985), Stochastik, 3. A., München.
Barthel, C.W. (2002), Handbuch der Unternehmensbewertung, Karlsfeld.
Bartov, E./Goldberg, S.R./Kim, M.-S. (2001), The Valuation-relevance of Earnings and Cash Flows: An International Perspective, in: Journal of International Financial Management & Accounting, S. 103-132.
Bar-Yosef, S. (1977), Interactions of Corporate Financing and Investment Decisions: Implications for Capital Budgeting: Comment, in: Journal of Finance, S. 211-217.
Bar-Yosef, S./Callen, J.L./Livnat, J. (1996), Modeling Dividends, Earnings and Book Value Equity: An Empirical Investigation of the Ohlson Valuation Dynamics, in: Review of Accounting Studies, S. 207-224.
Bauman, M.P. (1999), Importance of Reported Book Value in Equity Valuation, in: Journal of Financial Statement Analysis, S. 31-40.
Beaver, W.H. (1998), Financial Reporting: An Accounting Revolution, 3. A., Upper Saddle River.
Beaver, W.H. (2002), Perspectives on Recent Capital Market Research, in: The Accounting Review, S. 453-474.
Begley, J./Feltham, G.A. (2002), The Relation Between Market Values, Earnings Forecasts, and Reported Earnings, in: Contemporary Accounting Research, S. 1-48.
Bellinger, B./Vahl, G. (1992), Unternehmensbewertung in Theorie und Praxis, 2. A., Wiesbaden.
Benninga, S.Z./Sarig, O.H. (1997), Corporate Finance: A Valuation Approach, New York et al.
Beranek, W. (1975), The Cost of Capital, Capital Budgeting, and the Maximization of Shareholder Wealth, in: Journal of Financial and Quantitative Analysis, S. 1-20.
Berens, J.L./Cuny, C.J. (1995), The Capital Structure Puzzle Revisited, in: Review of Financial Studies, S. 1185-1208.
Berk, J.B./Green, R.C./Naik, V. (1999), Optimal Investment, Growth Options, and Security Returns, in: Journal of Finance, S. 1553-1607.
Berkman, H./Bradbury, M.E./Ferguson, J. (1998), The Magic of Earnings in Terminal Value Calculations, in: Journal of Financial Statement Analysis, S. 27-32.
Berkman, H./Bradbury, M.E./Ferguson, J. (2000), The Accuracy of Price-Earnings and Discounted Cash Flow Methods of IPO Equity Valuation, in: Journal of International Financial Management and Accounting, S. 71-83.
Bernard, V.L. (1995), The Feltham-Ohlson Framework: Implications for Empiricists, in: Contemporary Accounting Research, S. 733-747.
Bhattacharya, S. (1988), Corporate Finance and the Legacy of Miller and Modigliani, in: Journal of Economic Perspectives, S. 135-147.
Bierman, H. Jr. (2001), Valuation of Stocks with Extraordinary Growth Prospects, in: Journal of Investing, S. 23-26.

Bierman, H. Jr./Hass, J. (1971), Normative Stock Price Models, in: Journal of financial and quantitative analysis, S. 1135-1144.
Böcking, H.-J./Nowak, K. (1998), Der Beitrag der Discounted Cash Flow-Verfahren zur Lösung der Typisierungsproblematik bei Unternehmensbewertungen, in: Der Betrieb, S. 685-690.
Bodie, Z./Kane, A./Marcus, A.J. (2002), Investments, 5. A., Boston et al.
Booth, L. (1980), Capital Structure, Taxes, and the Cost of Capital, in: Quarterly Review of Economics and Business, S. 86-98.
Booth, L. (1982), Capital Budgeting Frameworks for the Multinational Corporation, in: Journal of International Business Studies, S. 113-123.
Booth, L. (2002), Finding Value Where Non Exists: Pitfalls In Using Adjusted Present Value, in: Journal of Applied Corporate Finance, S. 8-17.
Boston Consulting Group (2000), New Perspectives on Value Creation. BCG Report, München.
Boston Consulting Group (2001), Dealing with investors´ expectations. BCG Report, München.
Boston Consulting Group (2002), Succeed in uncertain times. BCG Report, München.
Brav, A./Graham, J.R./Harvey, C.R./Michaely, R. (2003), Payout policy in the 21st century, Working Paper.
Brealey, R.A./Myers, S.C. (1991), Principles of Corporate Finance, 4. A., New York et al.
Brealey, R.A./Myers, S.C. (1996), Principles of Corporate Finance, 5. A., New York et al.
Brealey, R.A./Myers, S.C. (2000), Principles of Corporate Finance, 6. A., Boston et al.
Brennan, M.J. (1970), Taxes, Market Valuation and Corporate Financial Policy, in: National Tax Journal, S. 417-427.
Brennan, M.J. (1971), A Note on Dividend Irrelevance and the Gordon Valuation Model, in: Journal of Finance, S. 1115-1121.
Brennan, M.J. (1973), A New Look at the Weighted Average Cost of Capital, in: Journal of Business Finance, S. 24-30.
Brennan, M.J. (2001), Corporate Investment Policy, in: Constantinides, G.M./Harris, M./Stulz, R. (Hrsg.), Financial Economics, forthcoming.
Brennan, M.J./Schwartz, E.S. (1978), Corporate Income Taxes, Valuation, and the Problem of Optimal Capital Structure, in: Journal of Business, S. 103-114.
Breuer, W. (2001), Investition II. Entscheidungen bei Risiko, Wiesbaden.
Brick, I.E./Weaver, D.G. (1984), A Comparison of Capital Budgeting Techniques in Identifying Profitable Investments, in: Financial Management, S. 29-39.
Brief, R.B./Lawson, R.A. (1992), The Role of the Accounting Rate of Return in Financial Statement Analysis, in: The Accounting Review, S. 411-426.
Brigham, E.F./Ehrhardt, M.C. (2002), Financial Management. Theory and Practice, 10. A., Fort Worth.
Brigham, E.F./Pappas, J.L. (1966), Duration of Growth, Changes in Growth Rates, and Corporate Share Prices, in: Financial Analysts Journal, May-June,S. 157-162.
Bruner, R.F. (1999), Case Studies in Finance: Managing for Corporate Value Creation, 3. A., Burr Ridge.
Bruner, R.F./Eades, K.M./Harris, R.S./Higgins, R.C. (1998), Best Practices in Estimating the Cost of Capital: Survey and Synthesis, in: Financial Practice and Education, S. 13-28.
Buckley, A. (1983), Beta Geared and Ungeared, in: Accounting and Business Research, S. 121-126.
Bunke, O./Droge, B./Schwalbach, J. (2002), Die relative Bedeutung von Firmen- und Industriezweigeffekten für den Unternehmenserfolg, in: Zeitschrift für Betriebswirtschaft, S. 275-294.
Bühner, R. (1996), Kapitalmarktorientierte Unternehmenssteuerung, in: WiSt-Wirtschaftswissenschaftliches Studium, S. 334-338.
Callahan, C.M./Mohr, R.M. (1989), The Determinants of Systematic Risk: A Synthesis, in: Financial Review, S. 157-181.
Callen, J.L./Morel, M. (2001), Linear Valuation When Abnormal Earnings Are AR(2), in: Review of Quantitative Finance and Accounting, S. 191-203.
Callen, J.L./Segal, D. (2002), An Empirical Test of The Feltham-Ohlson (1995) Model, Working Paper.
Campbell, J.Y./Lo, A.W./MacKinlay, A.C. (1997), The Econometrics of Financial Markets, Princeton.
Casey, C. (2000), Unternehmensbewertung und Marktpreisfindung, Wiesbaden.

Casey, C. (2002), Von Matrizen, Determinanten und impliziten Bewertungsfunktionen – einige weitere Anmerkungen zum Zirkularitätsproblem in der Unternehmensbewertung, in: Unterlagen zum Workshop 2002 „DCF-Verfahren" in Hannover, S. 80-127.
Casey, C./Loistl, O. (2001), Erfolgs- und Finanzanalyse, in: Breuer, R.-E. (Hrsg.), Handbuch Finanzierung, 3. A., Wiesbaden, S. 609-648.
Chambers, D.R./Harris, R.S./Pringle, J.J. (1982), Treatment of Financing Mix in Analyzing Investment Opportunities, in: Financial Management, S. 24-41.
Chen, A.H./Kim, E.H. (1979), Theories of Corporate Debt Policy: A Synthesis, in: Journal of Finance, S. 371-384.
Christensen, P.O./Feltham, G.A. (2003), Economics of Accounting, Volume I – Information in Markets, Boston et al.
Clubb, C.D.B. (1992), A Pedagogic Note On the Weighted Average Cost of Capital and Project Valuation, in: Journal of Business Finance & Accounting, S. 465-467.
Clubb, C.D.B. (1996), Valuation and Clean Surplus Accounting: Some Implications of the Feltham and Ohlson Model for the Relative Information Content of Earnings and Cash Flows, in: Contemporary Accounting Research, S. 329-337.
Clubb, C.D.B./Doran, P. (1991), Beta Geared and Ungeared: Further Analysis of the Case of Active Debt Management, in: Accounting and Business Research, S. 215-219.
Clubb, C.D.B./Doran, P. (1992), On the Weighted Average Cost of Capital with Personal Taxes, in: Accounting and Business Research, S. 44-48.
Clubb, C.D.B./Doran, P. (1995), Capital Budgeting, Debt Management and the APV Criterion, in: Journal of Business Finance and Accounting, S. 681-694.
Coenenberg, A.G. (2003), Jahresabschluss und Jahresabschlussanalyse, 19. A., Stuttgart.
Coenenberg, A.G./Schultze, W. (2002a), Das Multiplikator-Verfahren in der Unternehmensbewertung: Konzeption und Kritik, in: Finanzbetrieb, S. 697-703.
Coenenberg, A.G./Schultze, W. (2002b), Unternehmensbewertung: Konzeption und Perspektiven, in: Die Betriebswirtschaft, S. 597-621.
Conine, T.E./Tamarkin, M. (1988), Textbook Inconsistencies in Graphing Valuation Equations: A Further Note, in: The Financial Review, S. 237-241.
Cooper, I.A./Nyborg, K.G. (1999), Discount Rates and Tax, Working Paper London Business School.
Copeland, T.E. (2000), Valuing Internet Companies, Mimeo.
Copeland, T.E./Antikarov, V. (2001), Real options. A practitioner's guide, New York, N.Y. et al.
Copeland, T./Koller, T./Murrin, J. (1990), Valuation: Measuring and Managing the Value of Companies, 1. A., New York et al.
Copeland, T./Koller, T./Murrin, J. (1994), Valuation: Measuring and Managing the Value of Companies, 2. A., New York et al.
Copeland, T./Koller, T./Murrin, J. (2000), Valuation. Measuring and Managing the Value of Companies, 3. A., New York et al.
Copeland, T./Koller, T./Murrin, J. (2002), Unternehmenswert. Methoden und Strategien für eine wertorientierte Unternehmensführung, 3. A., Frankfurt/New York.
Copeland, T.E./Weston, F.J. (1988), Financial Theory and Corporate Policy, 3. A., Reading et al.
Cornell, B. (1993), Corporate Valuation. Tools for Effective Appraisal and Decision Making, Homewood.
Cornell, B./Landsman, W.R. (2003), Accounting Valuation: Is Earnings Quality an Issue? In: Financial Analysts Journal, S. 20-28.
Courteau, L./Kao, J.L./O'Keefe, T./Richardson, G.D. (2003), Gains to Valuation Accuracy of Direct Valuation Over Industry Multiplier Approaches, Working Paper.
Courteau, L./Kao, J.L./Richardson, G.D. (2001), Equity Valuation Employing the Ideal versus Ad Hoc Terminal Value Expressions, in: Contemporary Accounting Research, S. 625-661.
Damodaran, A. (1997), Corporate Finance. Theory and Practice, 1. A., New York.
Damodaran, A. (2002), Investment Valuation. Tools and Techniques for Determining the Value of Any Asset, 2. A., New York.
Danbolt, J./Hirst, I./Jones, E. (2002), Measuring growth opportunities, in: Applied Financial Economics, S. 203-212.
Danielson, M.G. (1998), A Simple Valuation Model and Growth Expectations, in: Financial Analysts Journal, S. 50-57.

Danielson, M.G./Dowdell, T.D. (2001), The Return-Stages Valuation Model and the Expectations Within a Firm´s P/B and P/E Ratios, in: Financial Management, S. 93-124.
DeAngelo, L. (1990), Equity Valuation and Corporate Control, in: The Accounting Review, S. 93-112.
Dechow, P.M./Hutton, A.P./Sloan, R.G. (1999), An Empirical Assessment of the Residual Income Valuation Model, in: Journal of Accounting and Economics, S. 1-34.
Dellmann, K./Dellmann, M. (2001), Jahresabschlußbasierte DCF-Valuation ganzer Unternehmen und Risikoanalyse, in: Boyse, K./Dyckerhoff, C./Otte, H. (Hrsg.), Der Wirtschaftsprüfer und sein Umfeld zwischen Tradition und Wandel zu Beginn des 21. Jahrhunderts, Düsseldorf, S. 67-93.
Dempsey, M. (2001), Valuation and Cost of Capital Formulae with Corporate and Personal Taxes: A Synthesis Using the Dempsey Discounted Dividends Model, in: Journal of Business Finance & Accounting, S. 357-378.
Dierkes, S. (2000), Marktwerte, Kapitalkosten und Betafaktoren bei wertabhängiger Finanzierung, in: Diskussionsbeiträge der Universität Leipzig, Wirtschaftswissenschaftliche Fakultät, Beitrag Nr. 21.
Dinstuhl, V. (2002), Discounted Cash-flow-Methoden im Halbeinkünfteverfahren, in: Finanzbetrieb, S. 79-90.
Dinstuhl, V. (2003), Konzernbezogene Unternehmensbewertung, Wiesbaden.
Dirrigl. H. (1988), Die Bewertung von Beteiligungen an Kapitalgesellschaften – Betriebswirtschaftliche Methoden und steuerlicher Einfluß, Hamburg.
Dittmann, I./Maug, E./Kemper, J. (2002), How Fundamental are Fundamental Values? Valuation Methods and Their Impact on the Performance of German Venture Capitalists, Arbeitspapier, erscheint in: European Financial Management.
Dixit, A.K./Pindyck, R.S. (1994), Investment under Uncertainty, Princeton.
Dobbs, I.M./Miller, A.D. (2002), Capital budgeting, valuation and personal taxes, in: Accounting and Business Research, S. 227-243.
Donaldson, G. (1961), Corporate Debt Capacity, Boston.
Drukarczyk, J. (1970), Bemerkungen zu den Theoremen von Modigliani-Miller, in: Zeitschrift für betriebswirtschaftliche Forschung, S. 528-544.
Drukarczyk, J. (1976), Unternehmensbewertung und Normalisierung der Kapitalstruktur, in: Die Wirtschaftsprüfung, S. 72-79.
Drukarczyk, J. (1993), Theorie und Politik der Finanzierung, 2. A., München.
Drukarczyk, J. (1995), DCF-Methoden und Ertragswertmethode – einige klärende Anmerkungen, in: Die Wirtschaftsprüfung, S. 329-334.
Drukarczyk, J. (1996), Unternehmensbewertung, 1. A., München.
Drukarczyk, J. (1997), Discounted Cash Flow-Methoden (10.6.5), in: Achleitner, A.-K./Thoma, G.F. (Hrsg.), Handbuch Corporate Finance, 1. A., Köln.
Drukarczyk, J. (1998), Unternehmensbewertung, 2. A., München.
Drukarczyk, J. (2000), Gutachtliche Stellungnahme zur Bewertung von Gasversorgungsunternehmen in Thüringen, Regensburg Mai 2000.
Drukarczyk, J. (2001), Unternehmensbewertung, 3. A., München.
Drukarczyk, J. (2003a), Finanzierung, 9. A., München.
Drukarczyk, J. (2003b), Unternehmensbewertung, 4. A., München.
Drukarczyk, J./Honold, D. (1998), Unternehmensbewertung und periodische Unternehmenswertänderung. Zur Leistungsfähigkeit von Entity-, APV- und Equity-Ansatz, Regensburger Diskussionsbeiträge zur Wirtschaftswissenschaft, Nr. 300.
Drukarczyk, J./Honold, D. (1999), Unternehmensbewertung, DCF-Methoden und der Wert steuerlicher Finanzierungsvorteile, in: Zeitschrift für Bankrecht und Bankwirtschaft, S. 333-349.
Drukarczyk, J./Lobe, S. (2002a), Discounted Cash Flow-Methoden und Halbeinkünfteverfahren (6.6.6), in: Achleitner, A.-K./Thoma, G.F. (Hrsg.), Handbuch Corporate Finance, 2. A., Köln, S. 1-31.
Drukarczyk, J./Lobe, S. (2002b), Unternehmensbewertung und Halbeinkünfteverfahren – Probleme individueller und marktorientierter Bewertung steuerlicher Vorteile, in: BetriebsBerater-Beilage Unternehmensbewertung, S. 2-9.
Drukarczyk, J./Richter, F. (1995), Unternehmensgesamtwert, anteilseignerorientierte Finanzentscheidungen und APV-Ansatz, in: Die Betriebswirtschaft, S. 559-580.

Drukarczyk, J./Schüler, A. (2000a), Direktzusagen, Lohnsubstitution, Unternehmenswert und APV-Ansatz, in: Andresen, B.-J./Förster, W./Doetsch, P. A. (Hrsg.), Betriebliche Altersversorgung in Deutschland im Zeichen der Globalisierung, Festschrift für N. Rößler, Köln, S. 33-55.

Drukarczyk, J./Schüler, A. (2000b), Rückstellungen und Unternehmensbewertung, in: Arnold, H./Englert, J./Eube, S. (Hrsg.), Werte messen – Werte schaffen, Festschrift für K.-H. Maul, Wiesbaden, S. 5-37.

Drukarczyk, J./Schüler, A. (2001), Unternehmensbewertung und Finanzierungsstrategie, in: Zeitschrift für betriebswirtschaftliche Forschung, S. 273-276.

Drukarczyk, J./Schüler, A. (2003a), Der Fall Holzmann – ein Beispiel über den Nutzen einer kapitalgeberorientierten Performance-Messung, Regensburger Diskussionsbeiträge zur Wirtschaftswissenschaft, Nr. 375.

Drukarczyk, J./Schüler, A. (2003b), Kapitalkosten deutscher Aktiengesellschaften – eine empirische Untersuchung, in: Finanzbetrieb, S. 337-347.

Duffie, D. (1988), Security Markets. Stochastic Models, San Diego et al.

Duffie, D. (1996), Dynamic Asset Pricing Theory, 2. A., Princeton.

Durand, D. (1957), Growth Stocks and the Petersburg Paradox, in: Journal of Finance, S. 348-363.

Durand, D. (1989), Afterthoughts on a Controversy with MM, Plus New Thoughts on Growth and the Cost of Capital, in: Financial Management, S. 12-18.

Durand, D. (1992), What Price Growth? In: The Journal of Portfolio Management, S. 84-91.

DVFA-Kommission "Neue Märkte/Innovative Unternehmen" (1999), DVFA-Standards für Researchberichte am Neuen Markt, Dreieich.

Edwards, J./Kay, J./Mayer, C. (1987), The Economic Analysis of Accounting Profitability, Oxford et al.

Ehrhardt, M.C/Daves, P.R. (1999), The Adjusted Present Value: The Combined Impact of Growth and the Tax Shield of Debt on the Cost of Capital and Systematic Risk, Working Paper.

Ehrhardt, M.C/Daves, P.R. (2002), Corporate Valuation: The Combined Impact of Growth and the Tax Shield of Debt on the Cost of Capital and Systematic Risk, in: Journal of Applied Finance, S. 31-38.

Elton, E.J./Gruber, M.J. (1995), Modern Portfolio Theory and Investment Analysis, 5. A., New York.

Elton, E.J./Gruber, M.J./Brown, S.J./Goetzmann, W.N. (2003), Modern Portfolio Theory and Investment Analysis, 6. A., New York.

English, J. (2001), Applied Equity Analysis, New York et al.

Ernst, D./Schneider, S./Thielen, B. (2003), Unternehmensbewertungen erstellen und verstehen, München.

Esty, B.C. (1999), Improved Techniques for Valuing Large-Scale Projects, in: The Journal of Project Finance, S. 9-25.

Ezzell, J.R./Kelly, W.A. Jr. (1984), An APV Analysis of Capital Budgeting Under Inflation, in: Financial Management, S. 49-54.

Ezzell, J.R./Miles, J.A. (1983), Capital Project Analysis and the Debt Transaction Plan, in: Journal of Financial Research, S. 25-31.

Ezzell, J.R./Porter, R.B. (1979), Correct Specification of the Cost of Capital and Net Present Value, in: Financial Management, S. 15-17.

Fabozzi, F.J./Grant, J.L. (2000), Value-Based Metrics in Financial Theory, in: Fabozzi, F.J./Grant, J.L. (Hrsg.), Value-Based Metrics: Foundations and Practice, New Hope, S. 7-50.

Fama, E.F. (1977), Risk-Adjusted Discount Rates and Capital Budgeting under Uncertainty, in: Journal of Financial Economics, S. 3-24.

Fama, E.F. (1996), Discounting under Uncertainty, in: Journal of Business, S. 415-428.

Fama, E.F./French, K.R. (1996), The CAPM is Wanted, Dead or Alive, in: Journal of Finance, S. 1947-1958.

Fama, E.F./French, K.R. (1998), Taxes, Financing Decisions, and Firm Value, in: Journal of Finance, S. 819-843.

Fama, E./French, K. (2000), Forecasting Profitability and Earnings, Journal of Business, S. 161-175.

Fama, E.F./French, K.R. (2002), Testing Tradeoff and Pecking Order Predictions about Dividends and Debt, in: Review of Financial Studies, S. 1-33.

Fama, E.F./Miller, M.H. (1972), The Theory of Finance, Hindsdale.

Farrar, D.E./Selwyn, L.L. (1967), Taxes, Corporate Financial Policy and Return to Investors, in: National Tax Journal, S. 444-454.

Feltham, G.A./Ohlson, J.A. (1995), Valuation and Clean Surplus Accounting for Operating and Financial Activities, in: Contemporary Accounting Research, S. 689-731.
Feltham, G.A./Ohlson, J.A. (1996), Uncertainty resolution and the theory of depreciation measurement, in: Journal of Accounting Research, S. 209-234.
Feltham, G.A./Ohlson, J.A. (1999), Residual Earnings Valuation With Risk and Stochastic Interest Rates, in: The Accounting Review, S. 165-183.
Ferguson, R. (1997), Making the Dividend Discount Model Relevant for Financial Analysts, in: Journal of Investing, S. 53-64.
Fernández, P. (2002), Valuation Methods and Shareholder Value Creation, Amsterdam et al.
Fischer, E.O. (1999), Die Bewertung riskanter Investitionen mit dem risikolosen Zinsfuß, in: Zeitschrift für Betriebswirtschaft-Ergänzungsheft, S. 25-42.
Fischer, E.O./Mandl, G. (2000), Die Ermittlung des Shareholder Value mittels risikolosem Zinsfuß und Risikokorrekturfaktor, in: Die Betriebswirtschaft, S. 459-472.
Francis, J./Olsson, P./Oswald, D.R. (2000), Comparing the Accuracy and Explainability of Dividend, Free Cash Flow, and Abnormal Earnings Equity Value Estimates, in: Journal of Accounting Research, S. 45-70.
Francis, J./Olsson, P./Oswald, D.R. (2001), Using Mechanical Earnings and Residual Income Forecasts In Equity Valuation, Working Paper.
Franks, J.R./Broyles, J.E./Carleton, W.T. (1985), Corporate Finance, Boston.
Fruhan, W.E. Jr. (1979), Financial Strategy. Studies in the creation, transfer, and destruction of shareholder value, Homewood.
Fruhan, W.E. Jr. (1984), How Fast Should Your Company Grow? In: Harvard Business Review, S. 84-93.
Fuller, R.J./Farrell, J.L. (1987), Modern Investments and Security Analysis, New York et al.
Fuller, R.J./Hsia, C.-C. (1984), A Simplified Common Stock Valuation Model, in: Financial Analysts Journal, S. 49-56.
Gebhardt, W.R./Lee, C.M.C./Swaminathan, B. (1999), Toward an Ex Ante Cost-of-Capital, Working Paper.
Gentry, J.A./Reilly, F.K./Sandretto, M.J. (2003), Learning About Intrinsic Valuation With The Help Of An Integrated Valuation Model, Working Paper.
Gilson, S.C. (2001), Creating value through corporate restructuring: case studies in bankruptcies, buyouts, and breakups, New York.
Gilson, S.C./Hotchkiss, E.S./Ruback, R.S. (1998), Valuation of Bankrupt Firms, Working Paper. Erschienen in: Review of Financial Studies, 2000, S. 43-74.
Goldstein, R./Ju, N./Leland, H. (2001), An EBIT-Based Model of Dynamic Capital Structure, in: Journal of Business, S. 483-512.
Gordon, J.R./Gordon, M.J. (1997), The Finite Horizon Expected Return Model, in: in: Financial Analysts Journal, S. 52-61.
Gordon, M.J. (1962), The Investment, Financing, and Valuation of the Corporation, Homewood, Illinois.
Gordon, M.J./Gould, L.I. (1978), The Cost of Equity Capital: A Reconsideration, in: Journal of Finance, S. 849-861.
Gordon, M.J./Shapiro, E. (1956), Capital Equipment Analysis: The Required Rate of Profit, in: Management Science, S. 102-110.
Graham, B./Dodd, D.L./Cottle, S. (1962), Security Analysis. Principles and Technique, 4. A., New York et al.
Graham, J.R. (1999), Do Personal Taxes affect Corporate Financing Decisions? In: Journal of Public Economics, S. 147-185.
Graham, J.R. (2000), How Big Are the Tax Benefits of Debt? In: Journal of Finance, S. 1901-1941.
Graham, J.R. (2003), Taxes and Corporate Finance: A Review, in: Review of Financial Studies, S. 1074-1128.
Graham, J.R./Harvey, C.R. (2001), The Theory and Practice of Corporate Finance: Evidence from the Field, in: Journal of Financial Economics, S. 187-243.
Graham, J.R./Harvey, C.R. (2002), How do CFOs make Capital Budgeting and Capital Structure Decisions? in: Journal of Applied Corporate Finance, S. 8-23.
Graham, J.R./Lemmon, M.L. (1996), Debt-to-Value as a Measure of Capital Structure: Berens and Cuny Revisited, Working Paper.

Gregory, A. (1992), Valuing Companies, New York et al.
Grinblatt, M./Liu, J. (2002), Debt Policy, Corporate Taxes, and Discount Rates, Working Paper.
Grinblatt, M./Titman, S. (1998), Financial Marktes and Corporate Strategy, 1. A., Boston et al.
Grinblatt, M./Titman, S. (2002), Financial Marktes and Corporate Strategy, 2. A., Boston et al.
Grob, H.L./Langenkämper, C./Wieding, A. (1999), Unternehmensbewertung mit VOFI, in: Zeitschrift für betriebswirtschaftliche Forschung, S. 454-479.
Günther, R. (1998), Unternehmensbewertung: Kapitalisierungszinssatz nach Einkommensteuer bei Risiko und Wachstum im Phasenmodell, in: Betriebs-Berater, S. 1834-1842.
Günther, R. (1999), Unternehmensbewertung: Steuerparadoxe Ertragswerte bei Risiko und Wachstum? In: Der Betrieb, S. 2425-2431.
Günther, R. (2003), Unternehmensbewertung nach IDW S 1: Steuerliche Implikationen der im Wirtschaftsprüfer-Handbuch 2002 dargestellten Netto-Ertragswertformel, in: Finanzbetrieb, S. 348-355.
Günther, T. (1997), Unternehmenswertorientiertes Controlling, München.
Gutenberg, E. (1966), Zum Problem des optimalen Verschuldungsgrades, in: Zeitschrift für Betriebswirtschaft, S. 681-703.
Hachmeister, D. (1995), Der discounted cash flow als Maß der Unternehmenswertsteigerung, Frankfurt am Main et al.
Hachmeister, D. (1996a), Die Abbildung der Finanzierung im Rahmen verschiedener Discounted Cash Flow-Verfahren, in: Zeitschrift für betriebswirtschaftliche Forschung, S. 251-277.
Hachmeister, D. (1996b), Erwiderungen zu den Anmerkungen von Frank Richter, in: Zeitschrift für betriebswirtschaftliche Forschung, S. 931-933.
Hachmeister, D. (1997), Der Cash Flow Return on Investment als Erfolgsgröße einer wertorientierten Unternehmensführung, in: Zeitschrift für betriebswirtschaftliche Forschung, S. 556-579.
Hachmeister, D. (1999), Der discounted cash flow als Maß der Unternehmenswertsteigerung, 3. A., Frankfurt am Main et al.
Hail, L./Mayer, C. (2002), Unternehmensbewertung, in: Der Schweizer Treuhänder, S. 573-584.
Haley, C.W./Schall, L.D. (1978), Problems with the Concept of the Cost of Capital, in: Journal of Financial and Quantitative Analysis, S. 847-870.
Haley, C.W./Schall, L.D. (1979), The Theory of Financial Decisions, 2. A., New York et al.
Hamada, R.S. (1969), Portfolio Analysis, Market Equilibrium and Corporation Finance, in: Journal of Finance, S. 13-31.
Hamada, R.S. (1972), The Effect of the Firm's Capital Structure on the Systematic Risk of Common Stocks, in: Journal of Finance, S. 435-452.
Hamid, S./Prakash, A.J./Anderson, G.A. (1994), A Note on the Relationship between Systematic Risk and Growth in Earnings, in: Journal of Business Finance & Accounting, S. 293-297.
Hamilton, R. (1777), An Introduction to Merchandize, Edinburgh.
Hand, J.R.M. (2001), Discussion of „Earnings, Book Values, and Dividends in Equity Valuation: An Empirical Perspective", in: Contemporary Accounting Research, S. 121-130.
Harris, R.S./Pringle, J.J. (1983), Implications of Miller´s Argument for Capital Budgeting, in: Journal of Financial Research, S. 13-23.
Harris, R.S./Pringle, J.J. (1985), Risk-Adjusted Discount Rates – Extensions from the Average-Risk Case, in: Journal of Financial Research, S. 237-244.
Haugen, R.A. (2001), Modern Investment Theory, 5. A., Upper Saddle River.
Haugen, R.A./Heins, A.J. (1969), The Effects of the Personal Income Tax on the Stability of Equity Value, in: National Tax Journal, S. 466-471.
Haugen, R.A./Kumar, P. (1974), The Traditional Approach to Valuing Levered Growth-Stocks: A Clarification, in: Journal of Financial and Quantitative Analysis, S. 1031-1044.
Haugen, R.A./Wichern, D.W. (1973), The Diametric Effects of the Capital Gains Tax on the Stability of Stock Prices, in: Journal of Finance, S. 987-996.
Hawlitzky, J. (1998), Kapitalmarktorientierte Bewertung von Finanzierungstiteln unter besonderer Berücksichtigung der Besteuerung auf Anlegerebene, Frankfurt am Main.
Heitzer, B./Dutschmann, M. (1999), Unternehmensbewertung bei autonomer Finanzierungspolitik, in: Zeitschrift für Betriebswirtschaft, S. 1463-1471.

Helbling, C. (2002), 25 Grundsätze für die Unternehmensbewertung, in: Der Schweizer Treuhänder, S. 735-744.

Hemmings, D.B. (1973), Leverage, Dividend Policy and the Cost of Capital: Comment, in: Journal of Finance, S. 1366-1370.

Henderson, G.V. Jr. (1979), In Defense of the Weighted Average Cost of Capital, in: Financial Management, S. 57-61.

Henselmann, K. (1999), Unternehmensrechnungen und Unternehmenswert, Aachen.

Henselmann, K. (2000), Der Restwert in der Unternehmensbewertung – eine „Kleinigkeit"?, in: Finanzbetrieb, S. 151-157.

Hering, T. (1999), Finanzwirtschaftliche Unternehmensbewertung, Wiesbaden.

Herrmann, V. (2002), Marktpreisschätzung mit kontrollierten Multiplikatoren, Lohmar.

Herrmann, V./Richter, F. (2003), Pricing with Performance-Controlled Multiples, in: Schmalenbach Business Review, S. 194-219.

Herter, R.N. (1994): Unternehmenswertorientiertes Management (UwM): Strategische Erfolgsbeurteilung von dezentralen Organisationseinheiten auf Basis der Wertsteigerungsanalyse, München.

Herzberg, M.M. (1998), Implementing EBO/EVA® Analysis in Stock Selection, in: Journal of Investing, S. 45-53.

Higgins, R.C. (1974), Growth, Dividend Policy and Capital Costs in the Electric Utility Industry, in: Journal of Finance, S. 1189-1201.

Higgins, R.C. (1977), How Much Growth Can a Firm Afford? In: Financial Management, S. 7-16.

Higgins, R.C. (2001), Analysis for Financial Management, 6. A., Boston et al.

Hochman, S.L./Palmon, O. (1985), The Impact of Inflation on the Aggregate Debt-Asset Ratio, in: Journal of Finance, S. 1115-1125.

Hoke, M. (2002), Unternehmensbewertung auf Basis EVA, in: Der Schweizer Treuhänder, S. 765-770.

Holt, C.C. (1962), The Influence of Growth Duration on Share Prices, in: Journal of Finance, S. 465-475.

Howe, K.M. (1988), Valuation of the Growth Firm under Inflation and Differential Personal Taxes, in: Quarterly Journal of Business and Economics, S. 20-31.

Huang, C./Litzenberger, R.H. (1988), Foundations for Financial Economics, New Jersey.

Hüfner, B. (2000), Fundamentale Aktienbewertung und Rechnungslegung. Eine konzeptionelle Eignungsanalyse, Frankfurt a.M.

Hundsdoerfer, J./Siegmund, O. (2003), Die zehn Varianten der ertragsteuerlichen Entlastung von Beteiligungsaufwendungen, in: Die Wirtschaftsprüfung, S. 1345-1356.

Hurley, W.J./Johnson, L.D. (1994), A Realistic Dividend Valuation Model, in: Financial Analysts Journal, S. 53-62.

Husmann, S./Kruschwitz, L./Löffler, A. (2001a), Diskontierung sicherer Cash-flows unter deutschen Ertragsteuern, Diskussionsbeitrag des Fachbereichs Wirtschaftswissenschaft der Freien Universität Berlin, Nr. 2001/1.

Husmann, S./Kruschwitz, L./Löffler, A. (2001b), WACC and a Generalized Tax Code, Diskussionspapier 243, Fachbereich Wirtschaftswissenschaft der Universität Hannover.

Husmann, S./Kruschwitz, L./Löffler, A. (2001c), Über einige Probleme mit DCF-Verfahren, in: Zeitschrift für betriebswirtschaftliche Forschung, S. 277-282.

Husmann, S./Kruschwitz, L./Löffler, A. (2002), Unternehmensbewertung unter deutschen Steuern, in: Die Betriebswirtschaft, S. 24-42.

Informationsdienst des Instituts der deutschen Wirtschaft (2003), Nr. 38.

Ingersoll, J.E. (1987), Theory of Financial Decision Making, Savage/Maryland.

Inselbag, I./Kaufold, H. (1989), How to Value Recapitalizations and Leveraged Buyouts, in: Journal of Applied Corporate Finance, S. 87-96.

Inselbag, I./Kaufold, H. (1997), Two DCF approaches for valuing companies under alternative financing strategies and how to choose between them, in: Journal of Applied Corporate Finance, S. 114-122.

Inselbag, I./Kaufold, H. (1998), Valuation Approaches to the LBO, in: Dickson, T. (Hrsg.), Mastering Finance, London, S. 24-30.

Institut der Wirtschaftsprüfer, HFA 2/1983 (1983): Grundsätze zur Durchführung von Unternehmensbewertungen, in: Die Wirtschaftsprüfung, S. 468-480.

Jaensch, G. (1966), Wert und Preis der ganzen Unternehmung, Köln und Opladen.

Jakubowicz, V. (2000), Wertorientierte Unternehmensführung, Ökonomische Grundlagen – Planungsansatz – Bewertungsmethodik, Wiesbaden.
Kaplan, S.N./Ruback, R.S. (1995), The Valuation of Cash Flow Forecasts: An Empirical Analysis, in: Journal of Finance, S. 1059-1093.
Keiber, K./Kronimus, A./Rudolf, M. (2002), Bewertung von Wachstumsunternehmen am Neuen Markt, in: Zeitschrift für Betriebswirtschaft, S. 735-764.
Kemsley, D./Nissim, D. (2002), Valuation of the Debt Tax Shield, in: Journal of Finance, S. 2045-2073.
Kester, W.C./Lowenstein, A.J. (2000), Delivering Value Through Growth, Working Paper Harvard Business School.
Kester, W.C./Luehrman, T.A. (1993), Case Problems in International Finance, New York et al.
Kirschbaum, A. (1967), Fremdfinanzierung und Wert einer Unternehmung, Wiesbaden.
Kohl, T./Schulte, J. (2000), Ertragswertverfahren und DCF-Verfahren – Ein Überblick vor dem Hintergrund der Anforderungen des *IDW S 1*-, in: Die Wirtschaftsprüfung, S. 1147-1164.
Kothari, S.P. (2001), Capital markets research in accounting, in: Journal of Accounting and Economics, S. 105-231.
Krag, J./Kasperzak, R. (2000), Grundzüge der Unternehmensbewertung, München.
Krolle, S. (2001), Unsicherer tax shield in der Unternehmensbewertung, in: Finanzbetrieb, S. 18-30.
Kruschwitz, L. (2002), Finanzierung und Investition, 3. A., München, Wien.
Kruschwitz, L./Löffler, A. (1998), WACC, APV, and FTE revisited, Working Paper.
Kruschwitz, L./Löffler, A. (1999), Sichere und unsichere Steuervorteile bei der Unternehmensbewertung I, Arbeitspapier.
Kruschwitz, L./Löffler, A. (2001), DCF-Verfahren, Finanzierungspolitik und Steuern, in: Seicht, G. (Hrsg.), Jahrbuch für Controlling und Rechnungswesen 2001, Wien, S. 101-116.
Kruschwitz, L./Löffler, A. (2003), DCF (Part I), Working Paper.
Kumar, P. (1975), Growth Stocks and Corporate Capital Structure Theory, in: Journal of Finance, S. 533-547.
Kupke, T./Nestler, A. (2003), Steuerliche Verlustvorträge bei der Ermittlung von objektivierten Unternehmenswerten – Plädoyer für eine differenzierte Behandlung, in: Betriebs-Berater, S. 2279-2285.
Laitenberger, J./Löffler, A. (2002), Capital Budgeting in Arbitrage-Free Markets, Working Paper.
Lally, M. (2002), Time Varying Market Leverage, the Market Risk Premium and the Cost of Capital, in: Journal of Business Finance & Accounting, S. 1301-1318.
Landsmann, C. (1999), Finanzplanorientiertes Konzerncontrolling, Wiesbaden.
Langenkämper, C. (2000), Unternehmensbewertung: DCF-Methoden und simulativer VOFI-Ansatz, Wiesbaden.
Langguth, H. (2002), Unternehmenswert- und Emissionspreisermittlung mit der Discounted Cash Flow-Methode, in: Wisu, S. 1266-1270.
Lease, R.C./Kose, J./Kalay, A./Loewenstein, U./Sarig, O.H. (2000), Dividend Policy. Its Impact on Firm Value, Boston.
Lee, C.M./Myers, J./Swaminathan, B. (1999), What is the Intrinsic Value of the Dow? In: Journal of Finance, S. 1693-1741.
Lehmann, S. (1994), Neue Wege in der Bewertung börsennotierter Aktiengesellschaften, Wiesbaden.
Leibowitz, M.L. (1999), P/E Forwards and Their Orbits, in: Financial Analysts Journal, S. 33-47.
Leibowitz, M.L./Kogelman, S. (1990), Inside the P/E Ratio: The Franchise Factor, in: Financial Analysts Journal, S. 17-35.
Leibowitz, M.L./Kogelman, S. (1992), Franchise Value and the Growth Process, in: Financial Analysts Journal, S. 53-62.
Leland, H.E. (1994), Corporate Debt Value, Bond Covenants, and Optimal Capital Structure, in: Journal of Finance, S. 1213-1252.
Leland, H.E./Toft, K.B. (1996), Optimal Capital Structure, Endogenous Bankruptcy, and the Term Structure of Credit Spreads, in: Journal of Finance, S. 987-1019.
León, C.A./Gamba, A./Sick, G.A. (2003), Real Options, Capital Structure, and Taxes, Working Paper.
Lerner, J. (2000), Venture Capital and Private Equity: A Casebook, New York.
LeRoy, S.F./Werner, J. (2001), Principles of Financial Economics, Cambridge.
Levin, J. (1998), Essays in Company Valuation, Stockholm.

Levin, J./Olsson, P. (1998a), Looking Beyond the Horizon and Other Issues in Company Valuation, in: Levin, J., Essays in Company Valuation, Stockholm, S. 45-201.
Levin, J./Olsson, P. (1998b), Company Valuation with a Periodically Adjusted Cost of Capital, in: Levin, J., Essays in Company Valuation, Stockholm, S. 203-233.
Levin, J./Olsson, P. (2000), Terminal Value Techniques in Equity Valuation – Implications of the Steady State Assumption, SSE/EFI Working Paper Series in Business Administration No 2000:7.
Lewellen, W.G./Emery, D.R. (1985), Security-holder Cash Flows and the Valuation of Corporate Investment Projects, in: Managerial and Decision Economics, S. 80-87.
Lewellen, W.G./Emery, D.R. (1986), Corporate Debt Management and the Value of the Firm, in: Journal of Financial and Quantitative Analysis, S. 415-426.
Lewellen, W.G./Long, M.S./McConnell, J.J. (1977), Capital Cost and Adjusted Present Value: Reconciliation and Amplification, in: Journal of Business Research, S. 109-127.
Lewis, C.M. (1990), A Multiperiod Theory of Corporate Financial Policy under Taxation, in: Journal of Financial and Quantitative Analysis, S. 25-43.
Lewis, T.G. (1994), Steigerung des Unternehmenswertes. Total Value Management, Landsberg/Lech.
Lewis, T.G./Lehmann, S. (1992), Überlegene Investitionsentscheidungen durch CFROI, in: Betriebswirtschaftliche Forschung und Praxis, S. 1-13.
Ley, U./Strahl, M. (2002), Steuerlicher Handlungsbedarf zum Jahreswechsel 2002/2003 (Teil I), in: Deutsches Steuerrecht, S. 2057-2065.
Lin, W.-Y. (1999), Implied Terminal Values in Equity Valuation, unveröffentlichte Dissertation, Boston University School of Management.
Lintner, J. (1956), Distribution of Income of Corporations, in: American Economic Review, S. 97-113.
Liu, J./Ohlson, J.A. (2000), The Feltham/Ohlson (1995) Model: Empirical Implications, in: Journal of Accounting, Auditing and Finance, S. 321-331.
Livnat, J. (2000), Discussion: „The Ohlson Model: Contribution to Valuation Theory, Limitations, and Empirical Applications", in: Journal of Accounting, Auditing and Finance, S. 368-370.
Lo, K./Lys, T. (2000), The Ohlson Model: Contribution to Valuation Theory, Limitations, and Empirical Applications, in: Journal of Accounting, Auditing and Finance, S. 337-367.
Lobe, S. (1996), Periodenerfolgsrechnung innerhalb wertorientierter Unternehmenspolitik, unveröffentlichte Diplomarbeit, Universität Bayreuth.
Lobe, S. (2001a), Marktbewertung des Steuervorteils der Fremdfinanzierung und Unternehmensbewertung, Regensburger Diskussionsbeiträge zur Wirtschaftswissenschaft, Nr. 361.
Lobe, S. (2001b), Marktbewertung des Steuervorteils der Fremdfinanzierung und Unternehmensbewertung, in: Finanzbetrieb, S. 645-652.
Locke, S.M. (1990), Property Investment Analysis Using Adjusted Present Values, in: The Appraisal Journal, S. 373-378.
Loderer, C./Jörg, P./Pichler, K./Zgraggen, P. (2001), Handbuch der Bewertung, Zürich.
Löffler, A. (1998), WACC approach and Nonconstant Leverage Ratio, Working Paper.
Löffler, A. (2000), Tax Shields in an LBO, Working Paper.
Löffler, A. (2002a), Gewichtete Kapitalkosten (WACC) in der Unternehmensbewertung, in: Finanzbetrieb, S. 296-300.
Löffler, A. (2002b), Gewichtete Kapitalkosten (WACC) in der Unternehmensbewertung – Replik zu Schwetzler/Rapp, FB 2002 S. 502-505-, in: Finanzbetrieb, S. 505-509.
Löffler, A. (2002c), Miles-Ezzell´s Approach Yields Arbitrage, Working Paper, Version July 2002.
Löffler, A. (2002d), WACC Is Not an Expected Return of the Levered Firm, Working Paper.
Löffler, A. (2003), Das Standardmodell unter Unsicherheit ist ökonomisch unsinnig, Arbeitspapier.
Lübbehüsen, T. (2000), Steuern im Shareholder-Value-Ansatz: der Einfluß von Steuern auf Unternehmensführung und –bewertung, Bielefeld.
Lücke, W. (1955), Investitionsrechnung auf der Grundlage von Ausgaben oder Kosten? In: Zeitschrift für handelswissenschaftliche Forschung, S. 310-324.
Luehrman, T.A. (1997), Using APV: A Better Tool for Valuing Operations, in: Harvard Business Review, S. 145-154.
Lundholm, R.J. (1995), A Tutorial on the Ohlson and Feltham/Ohlson Models: Answers to Some Frequently Asked Questions, in: Contemporary Accounting Research, S. 749-761.

Lundholm, R.J./O'Keefe, T. (2001a), Reconciling Value Estimates from the Discounted Cash Flow Model and the Residual Income Model, in: Contemporary Accounting Research, S. 311-335.

Lundholm, R.J./O'Keefe, T. (2001b), On Comparing Cash Flow and Accrual Accounting Models for Use in Equity Valuation: A Response to Penman (CAR, Winter 2001), in: Contemporary Accounting Research, S. 693-696.

Lundholm, R.J./Sloan, R.G. (2004), Equity Valuation and Analysis with eVal, Boston et al.

Madden, B.J. (1998), The CFROI Valuation Model, in: Journal of Investing, S. 31-44.

Madden, B.J. (1999), CFROI™-Valuation. A Total System Approach to Valuing the Firm, Oxford et al.

Maiterth, R. (2002), Zur sachgerechten Behandlung von Beteiligungsaufwendungen im Steuerrecht, in: Die Betriebswirtschaft, S. 169-183.

Malkiel, B.G. (1963), Equity Yields, Growth, and the Structure of Share Prices, in: The American Economic Review, S. 1004-1031.

Mandl, G. (1999), Können die DCF-Verfahren die an die Unternehmensbewertung gestellten Anforderungen besser erfüllen als das Ertragswertverfahren? In: Egger, A. (Hrsg.), Unternehmensbewertung – quo vadis? Wien, S. 41-64.

Mandl, G./Rabel, K. (1997a), Unternehmensplanung und Unternehmensbewertung – Komplexitätsreduktion durch Einsatz von „value drivers"?, in: Bertl, R./Mandl, G. (Hrsg.), Rechnungswesen und Controlling, Wien, S. 653-672.

Mandl, G./Rabel, K. (1997b), Unternehmensbewertung. Eine praxisorientierte Einführung, Wien/Frankfurt.

Mandron, A. (2000): Improved Techniques for Valuing Large-Scale Projects: a Follow-up, Working Paper Ecole des Hautes Etudes Commerciales Montreal (erschienen 2000 in: The Journal of Project Finance, S. 33-45).

Mao, J.T.C. (1966), The Valuation of Growth Stocks: The Investment Opportunities Approach, in: Journal of Finance, S. 95-102.

Mao, J.T.C. (1969), Quantitative Analysis of Financial Decisions, New York et al.

Mard, M.J./Hitchner, J.R./Hyden, S.D./Zyla, M.L. (2002), Valuation for Financial Reporting. Intangible Assets, Goodwill, and Impairment Analysis, SFAS 141 and 142, New York.

Martin, J.D. (1987), Alternative Net Present Values, in: Advances in Financial Planning and Forecasting, S. 51-66.

Mauboussin, M.J./Johnson, P. (1997), Competitive Advantage Period: The Neglected Value Driver, in: Financial Management, S. 67-74.

McCrae, M./Nilsson, H. (2001), The explanatory and predictive power of different specifications of the Ohlson (1995) valuation models, in: European Accounting Review, S. 315-341.

McGahan, A.M./Porter, M.E. (2002a), What Do We Know About Variance in Accounting Profitability? In: Management Science, S. 834-851.

McGahan, A.M./Porter, M.E. (2002b), The Emergence and Sustainability of Abnormal Profits, Working Paper, erscheint in: Strategic Organization, Februar 2003.

McTaggart, J.M./Kontes, P.W./Mankins, M.C. (1994), The Value Imperative, New York et al.

Miles, J.A./Ezzell, J.R. (1980): The Weighted Average Cost of Capital, Perfect Capital Markets, and Project Life: A clarification. In: Journal of Financial and Quantitative Analysis, S. 719-730.

Miles, J.A./Ezzell, J.R. (1985): Reformulating Tax Shield Valuation: A Note, in: Journal of Finance, S. 1485-1492.

Miller, M.H. (1977), Debt and Taxes, in: Journal of Finance, S. 261-275.

Miller, M.H. (1988), The Modigliani-Miller Propositions After Thirty Years, in: Journal of Economic Perspectives, Fall, S. 99-120.

Miller, M.H. (1998), The M&M Propositions 40 Years later, in: European Financial Management, S. 113-120.

Miller, M.H./Modigliani, F. (1961), Dividend Policy, Growth, and the Valuation of Shares, in: Journal of Business, S. 411-433.

Miller, M.H./Modigliani, F. (1966), Some Estimates of the Cost of Capital to the Electric Utility Industry, 1954-57, in: The American Economic Review, S. 333-391.

Miller, M.H./Modigliani, F. (1967), Some Estimates of the Cost of Capital to the Electric Utility Industry, 1954-57: Reply, in: The American Economic Review, S. 1288-1300.

Modigliani, F. (1982), Debt, Dividend Policy, Taxes, Inflation and Market Valuation, in: Journal of Finance, S. 255-273.
Modigliani, F. (1988), MM-Past, Present, Future, in: Journal of Economic Perspectives, S. 149-158.
Modigliani, F. (2001), Adventures of an Economist, New York et al.
Modigliani, F./Miller, M.H. (1958), The Cost of Capital, Corporation Finance and the Theory of Investment, in: The American Economic Review, S. 261-297.
Modigliani, F./Miller, M.H. (1959), The Cost of Capital, Corporation Finance, and the Theory of Investment: Reply, in: The American Economic Review, S. 655-669.
Modigliani, F./Miller, M.H. (1963), Corporate Income Taxes and the Cost of Capital: A Correction, in: The American Economic Review, S. 433-443.
Modigliani, F./Miller, M.H. (1965), The Cost of Capital, Corporation Finance, and the Theory of Investment: Reply, in: The American Economic Review, S. 655-669.
Modigliani, F./Miller, M.H. (1969), Reply to Heins and Sprenkle, in: The American Economic Review, S. 592-595.
Möller, H.P./Hüfner, B. (2002), Zur Bedeutung der Rechnungslegung für den deutschen Aktienmarkt – Begründung, Messprobleme und Erkenntnisse empirischer Forschung, in: Seicht (Hrsg.), Jahrbuch für Controlling und Rechnungswesen, Wien, S. 405-463.
Molodovsky, N./May, C. (1974), What are your stocks really worth? Value and return via the stock valuator, in: Milne, R.D. (Hrsg.), Investment Values in a Dynamic World, The Collected Papers of Nicholas Molodovsky, Homewood et al., S. 165-288.
Morel, M. (1999), Multi-Lagged Specification of the Ohlson Model, in: Journal of Accounting, Auditing & Finance, S. 147-161.
Morgan Stanley Dean Witter (2001), Equity Research Europe: Quiagen.
Moser, U. (1999), Discounted Cash-flow-Methode auf der Basis von Free Cash-flows: Berücksichtigung der Besteuerung, in: Finanzbetrieb, S. 117-123.
Moser, U. (2002), Behandlung der Reinvestitionen bei der Ermittlung des Terminal Value, in: BetriebsBerater-Beilage Unternehmensbewertung, S. 17-23.
Mossin, J. (1973), Theory of Financial Marktes, Englewood Cliffs.
Moxter, A. (1976), Grundsätze ordnungsmäßiger Unternehmensbewertung, 1. A., Wiesbaden.
Moxter, A. (1983), Grundsätze ordnungsmäßiger Unternehmensbewertung, 2. A., Wiesbaden.
Mueller, D.C. (1972), A Life Cycle Theory Of The Firm, in: The Journal of Industrial Economics, S. 199-219.
Mueller, D.C. (1977), The Persistence of Profits Above the Norm, in: Economica, S. 369-380.
Mueller, D.C. (1986), Profits in the Long Run, Cambridge et al.
Mueller, D.C. (1990), The Dynamics of Company Profits. An International Comparison, Cambridge et al.
Myers, J.N. (1999a), Conservative accounting and finite firm life: Why residual income valuation estimates understate stock price, Working Paper.
Myers, J.N. (1999b), Implementing Residual Income Valuation with Linear Information Dynamics, in: Accounting Review, S. 1-28.
Myers, J.N. (2000), Discussion: „The Feltham/Ohlson (1995) Model: Empirical Implications“, in: Journal of Accounting, Auditing and Finance, S. 332-335.
Myers, S.C. (1974), Interactions of Corporate Financing and Investment Decisions: Implications for Capital Budgeting, in: Journal of Finance, S. 1-25.
Myers, S.C. (1977a), Determinants of Corporate Borrowing, in: Journal of Financial Economics, S. 147-175.
Myers, S.C. (1977b), Interactions of Corporate Financing and Investment Decisions: Implications for Capital Budgeting: Reply, in: Journal of Finance, S. 218-220.
Myers, S.C. (1992), Cost of Capital, in: Newman, P. et al. (Hrsg.), The New Palgrave Dictionary of Money and Finance, Vol. 1, S. 486-489.
Myers, S.C. (1998a), The Search for Optimal Capital Structure, in: Stern, J.M./Chew, H.C. Jr. (Hrsg.), The Revolution in Corporate Finance, 3. A., S. 111-119.
Myers, S.C. (1998b), Still Searching for Optimal Capital Structure, in: Stern, J.M./Chew, H.C. Jr. (Hrsg.), The Revolution in Corporate Finance, 3. A., S. 120-136.
Myers, S.C. (2001), Capital Structure, in: Journal of Economic Perspectives, S. 81-102.
Myers, S.C./Ruback, R.S. (1987), Discounting Rules for Risky Assets, Working Paper.

Nachman, D.C. (2003), The Equivalent Loan Principle and the Value of Corporate Promised Cash Flows, in: Journal of Applied Finance, S. 5-18.

Nantell, T.J./Carlson, C.R. (1975), The Cost of Capital as a Weighted Average, in: Journal of Finance, S. 1343-1355.

Nippel, P./Streitferdt, F. (2003), Unternehmensbewertung mit dem WACC-Verfahren: Steuern, Wachstum und Teilausschüttung, in: Zeitschrift für betriebswirtschaftliche Forschung, S. 401-422.

Nissim, D./Penman, S.H. (2001), Ratio Analysis and Equity Valuation: From Research to Practice, in: Review of Accounting Studies, S. 109-154.

O.V. (1998), Anstelle des Gewinns das Wachstums (sic!) des Cash Flow zugrunde legen, in: Frankfurter Allgemeine Zeitung vom 17.12.1998, S. 97.

O'Brien, T.J. (1991), The Constant Growth Model and Personal Taxes, in: Journal of Business Finance & Accounting, S. 125-132.

O'Brien, T.J. (2001), A Simple and Flexible DCF Valuation Formula, 2nd draft, Working Paper University of Connecticut.

O'Brien, T.J. (2003), A Simple and Flexible DCF Valuation Formula, in: Journal of Applied Finance, S. 54-62.

Ohlson, J.A. (1990), A Synthesis of security valuation theory and the role of dividends, cash flows, and earnings, in: Contemporary Accounting Research, S. 648-676.

Ohlson, J.A. (1995), Earnings, Book Values, and Dividends in Equity Valuation, in: Contemporary Accounting Research, S. 661-687.

Ohlson, J.A. (2001), Earnings, Book Values, and Dividends in Equity Valuation: An Empirical Perspective, in: Contemporary Accounting Research, S. 107-120.

Ohlson, J.A. (2003), Positive (Zero) NPV Projects and the Behavior of Residual Earnings, in: Journal of Business Finance and Accounting, S. 7-15.

Ohlson, J.A./Zhang, X.-J. (1999), On the Theory of Forecast Horizon in Equity Valuation, in: Journal of Accounting Research, S. 437-449.

Olsson, P. (1998), Studies in Company Valuation, Stockholm.

Palencia, L.E. (1999), Continuing Value Determinants in Accounting Based Valuation Models, unveröffentlichte Dissertation, University of California at Berkley.

Palepu, K./Bernard, V./Healey, P. (2000), Business Analysis and Valuation: Using Financial Statements, 2. A., Cincinatti.

Park, C.S./Sharp-Bette, G.P. (1990), Advanced Engineering Economics, New York et al.

Payne, T.H./Finch, J.H. (1999), Effective teaching and use of the constant growth dividend discount model, in: Financial Services Review, S. 283-291.

Peasnell, K.V. (1982), Some Formal Connections Between Economic Values And Yields And Accounting Numbers, in: Journal of Business Finance and Accounting, S. 361-381.

Pellens, B./Gassen, J./Richard, M. (2003), Ausschüttungspolitik börsennotierter Unternehmen in Deutschland, in: Die Betriebswirtschaft, S. 309-332.

Penman, S.H. (1992), Return to Fundamentals, in: Journal of Accounting, Auditing and Finance, S. 465-483.

Penman, S.H. (1998a), A Synthesis of Equity Valuation Techniques and the Terminal Value Calculation for the Dividend Discount Model, in: Review of Accounting Studies, S. 303-323.

Penman, S.H. (1998b), Combining Earnings and Book Value in Equity Valuation, in: Contemporary Accounting Research, S. 291-324.

Penman, S.H. (2001a), Financial Statement Analysis and Security Valuation, 1.A., New York.

Penman, S.H. (2001b), On Comparing Cash Flow and Accrual Accounting Models for Use in Equity Valuation: A Response to Lundholm and O'Keefe (CAR, Summer 2001), in: Contemporary Accounting Research, S. 681-692.

Penman, S.H. (2004), Financial Statement Analysis and Security Valuation, 2. A., New York.

Penman, S.H./Sougiannis, T. (1998), A Comparison of Dividend, Cash Flow, and Earnings Approaches to Equity Valuation, in: Contemporary Accounting Research, S. 343-383.

Pierru, A./Feuillet-Midrier, E. (2002), Discount Rate Value and Cash Flow Definition: A New Relationship and its Implications, in: The Engineering Economist, S. 60-74.

Pike, R./Neale, B. (1996), Corporate Finance & Investment, 2. A., London et al.

Plenborg, T. (2002), Firm Valuation: comparing the residual income and discountend cash flow approaches, in: Scandinavian Journal of Management, S. 303-318.
Pointon, J. (1997), Betas and Debt Management within the UK Tax Environment, in: British Accounting Review, S. 349-366.
Pope, P./Wang, P. (2000), On the Relevance of Earnings Components: Valuation and Forecasting Links, Working Paper.
Pope, P./Wang, P. (2003), Discussion of Positive (Zero) NPV Projects and the Behavior of Residual Earnings, in: Journal of Business Finance and Accounting, S. 17-24.
Poterba, J.M./Summers, L.H. (1995), A CEO Survey of U.S. Companies´ Time Horizons and Hurdle Rates, in: Sloan Management Review, S. 43-53.
Pratt, S.P./Reilly, R.F./Schweihs, R.P. (1996), Valuing a Business. The Analysis and Appraisal of Closely Held Companies, 3. A., Chicago et al.
Preinreich, G.A.D. (1932), Stock Yields, Stock Dividends and Inflation, in: The Accounting Review, S. 273-289.
Preinreich, G.A.D. (1938), Annual Survey of Economic Theory: The Theory of Depreciation, in: Econometrica, S. 219-241.
Prokop, J. (2003a), Die Bewertung zukünftiger Unternehmenserfolge, Wiesbaden.
Prokop, J. (2003b), Probleme der Discounted-Cashflow-Bewertung: FTE-, WACC-, TCF- und APV-Ansatz im Vergleich, in: Unternehmensbewertung & Management, S. 85-92.
Rappaport, A. (1986), Creating Shareholder Value, 1. A., New York et al.
Rappaport, A./Mauboussin, M.J. (2001), Expectations Investing – Reading Stock Prices for Better Returns, Boston.
Rashid, M./Amoako-Adu, B. (1987), Personal Taxes, Inflation and Market Valuation, in: Journal of Financial Research, S. 341-351.
Rashid, M./Amoako-Adu, B. (1995), The Cost of Capital under Conditions of Personal Taxes and Inflation, in: Journal of Business Finance and Accounting, S. 1049-1062.
Reicherter, M. (2003), Pensionsverpflichtungen im Rahmen von Unternehmensübernahmen, in: Betriebswirtschaftliche Forschung und Praxis, S. 358-375.
Reilly, F.K./Brown, K.C. (1997), Investment Analysis and Portfolio Management, 5. A., Fort Worth et al.
Reis, J.P./Cory, C.R. (1994), The Fine Art of Valuation, in: Rock, M.L./Rock, R.H./Sikora, M. (Hrsg.), The Mergers & Acquisitions Handbook, 2. A., New York et al., S. 179-188.
Richardson, G.D. (2001), Editorial Note, in: Contemporary Accounting Research, S. 679.
Richter, F. (1996a), Die Finanzierungsprämissen des Entity-Ansatzes vor dem Hintergrund des APV-Ansatzes zur Bestimmung von Unternehmenswerten, in: Zeitschrift für betriebswirtschaftliche Forschung, S. 1076-1097.
Richter, F. (1996b), Anmerkungen zu dem Beitrag „Die Abbildung der Finanzierung im Rahmen verschiedener Discounted Cash Flow-Verfahren" von Dirk Hachmeister, in: Zeitschrift für betriebswirtschaftliche Forschung, S. 927-930.
Richter, F. (1996c), Konzeption eines marktwertorientierten Steuerungs- und Monitoringsystems, 1. A., Frankfurt a.M. et al.
Richter, F. (1997), DCF-Methoden und Unternehmensbewertung: Analyse der systematischen Abweichungen der Bewertungsergebnisse, in: Zeitschrift für Bankrecht und Bankwirtschaft, S. 226-237.
Richter, F. (1998), Unternehmensbewertung bei variablem Verschuldungsgrad, in: Zeitschrift für Bankrecht und Bankwirtschaft, S. 379-389.
Richter, F. (1999a), Konzeption eines marktwertorientierten Steuerungs- und Monitoringsystems, 2. A., Frankfurt a.M. et al.
Richter, F. (1999b), Nochmals: Unternehmensbewertung bei variablem Verschuldungsgrad, in: Zeitschrift für Bankrecht und Bankwirtschaft, S. 84-85.
Richter, F. (2000), Unternehmensbewertung, in: Picot, G. (Hrsg.), Handbuch Mergers & Acquisitions. Planung, Durchführung, Integration, Stuttgart, S. 255-287.
Richter, F. (2001), Simplified Discounting Rules in Binomial Models, in: Schmalenbach Business Review, S. 175-196.
Richter, F. (2002a), Kapitalmarktorientierte Unternehmensbewertung, in: Regensburger Beiträge zur betriebswirtschaftlichen Forschung, Bd. 29, Frankfurt am Main.

Richter, F. (2002b), Simplified Discounting Rules, Variable Growth and Leverage, in: Schmalenbach Business Review, S. 136-147.
Richter, F. (2002c), On the Relevance and the Irrelevance of Personal Income Taxes for the Valuation of Equity Investments, Working Paper.
Richter, F. (2003), Logische Wertgrenzen und subjektive Punktschätzungen – Zur Anwendung der risikoneutralen Unternehmensbewertung, in: Heintzen, M./Kruschwitz, L. (Hrsg.), Unternehmen bewerten. Ringvorlesung der Fachbereiche Rechts– und Wirtschaftswissenschaft der Freien Universität Berlin im Sommersemester 2002, Berlin.
Richter, F./Drukarczyk, J. (2001), Wachstum, Kapitalkosten und Finanzierungseffekte, in: Die Betriebswirtschaft, S. 627-639.
Richter, F./Gröninger, B. (2000), Kapitalmarktorientierte Steuerung mit Rendite- und Wachstumszielen, in: Berens, W. (Hrsg.), Controlling international tätiger Unternehmen, Stuttgart, S. 289-320.
Riener, K.D. (1985), A Pedagogic Note on the Cost of Capital with Personal Taxes and Risky Debt, in: Financial Review, S. 229-235.
Ring, S./Castedello, M./Schlumberger, E. (2000), Auswirkungen des Steuersenkungsgesetzes auf die Unternehmensbewertung - Zum Einfluss auf den Wertbeitrag der Fremdfinanzierung, den Marktwert des Eigenkapitals und die Eigenkapitalkosten -, in: Finanzbetrieb, S. 356-361.
Robichek, A.A./Myers, S.C. (1965), Optimal Financing Decisions, Englewood Cliffs.
Robichek, A.A./Myers, S.C. (1966), Problems in the Theory of Capital Structure, in: Journal of Financial and Quantitative Analysis, S. 1-35.
Röder, K./Müller, S. (2001), Mehrperiodige Anwendung des CAPM im Rahmen von DCF-Verfahren, in: Finanzbetrieb, S. 225-233.
Rose, G. (2001), Die Ertragsteuern, 16. A., Wiesbaden.
Ross, S.A. (1987), The Interrelations of Finance and Economics: Theoretical Perspectives, in: American Economic Review, S. 29-34.
Ross, S.A. (1988), Comment on the Modigliani-Miller Propositions, in: Journal of Economic Perspectives, S. 127-133.
Ross, S.A./Westerfield, R.W./Jaffe, J. (1999), Corporate Finance, 5. A., Boston et al.
Rozeff, M.S. (1990), The three-phase dividend discount model and the ROPE model, in: Journal of Portfolio Management, S. 36-42.
Ruback, R.S. (1986), Calculating the Market Value of Riskless Cash Flows, in: Journal of Financial Economics, S. 323-339.
Ruback, R.S. (2002), Capital Cash Flows: A Simple Approach to Valuing Risky Cash Flows, in: Financial Management, S. 85-103.
Rudolf, M./Witt, P. (2002), Bewertung von Wachstumsunternehmen. Traditionelle und innovative Methoden im Vergleich, Wiesbaden.
Saunders, A. (1997), Financial Institutions Management – A Modern Perspective, 2. A., Boston et al.
Schäfer, H. (1999), Unternehmensinvestitionen, Heidelberg.
Schall, L.D. (1981), Valuation and Firm Investment and Financing Policies with Personal Tax Biases, in: Journal of Business Research, S. 87-111.
Schall, L.D. (1984), Taxes, Inflation and Corporate Financial Policy, in: Journal of Finance, S. 105-126.
Schildbach, T. (2000), Ein fast problemloses DCF-Verfahren zur Unternehmensbewertung, in: Zeitschrift für betriebswirtschaftliche Forschung, S. 707-723.
Schildbach, T. (2001), Stellungnahme zu den kritischen Anmerkungen zu meinem Beitrag im Heft 12/2000 der zfbf von Jochen Drukarczyk und Andreas Schüler, von Sven Husmann, Lutz Kruschwitz und Andreas Löffler sowie von Martin Wallmeier, in: Zeitschrift für betriebswirtschaftliche Forschung, S. 289.
Schmidbauer, R. (2002), Die Berücksichtigung der Steuern in der Unternehmensbewertung – Analyse der Auswirkungen des StSenkG, in: Finanzbetrieb, S. 209-220.
Schnabel, J.A. (1983), Beta Geared and Ungeared: An Extension, in: Accounting and Business Research, S. 128-130.
Schneider, D. (2001), Betriebswirtschaftslehre, Band 4: Geschichte und Methode der Wirtschaftswissenschaft, München Wien.
Schneider, D. (2002), Steuerlast und Steuerwirkung, München Wien.

Schreiber, U. (1983), Unternehmensbewertung auf der Grundlage von Entnahmen und Endvermögen. Ein Beitrag zur Nutzung von Simulationsmodellen bei der Bewertung ganzer Unternehmen, in: Die Betriebswirtschaft, S. 79-93.

Schüler, A. (1998), Performance-Messung und Eigentümerorientierung, Frankfurt a.M. et al.

Schüler, A. (1999), Zur Bewertung operativer Überschüsse bei Finanzierung durch Eigenkapital, Rückstellungen und Verbindlichkeiten, Regensburger Diskussionsbeiträge zur Wirtschaftswissenschaft, Nr. 330.

Schüler, A. (2000), Unternehmensbewertung und Halbeinkünfteverfahren, in: Deutsches Steuerrecht, S. 1531-1536.

Schüler, A. (2002), Do Firms Earn the Cost of Capital due to Tax Shields of Debt and Provisions? German Evidence, Regensburger Diskussionsbeiträge zur Wirtschaftswissenschaft, Nr. 372.

Schultze, W. (2001), Methoden der Unternehmensbewertung, Düsseldorf.

Schwall, B. (2001), Die Bewertung junger, innovativer Unternehmen auf Basis des Discounted Cash Flow, Frankfurt a.M. et al.

Schwetzler, B. (2000a), Corporate Valuation, Standard Recapitalization Strategies and the Value of Tax Savings in Textbook Valuation Formulas, Insead Working Paper Series 2000/46/FIN.

Schwetzler, B. (2000b), Unternehmensbewertung unter Unsicherheit - Sicherheitsäquivalent- oder Risikozuschlagsmethode? In: Zeitschrift für betriebswirtschaftliche Forschung, S. 469-486.

Schwetzler, B. (2002), Multiples, in: Hommel, U./Knecht, T.C. (Hrsg.), Wertorientiertes Start-Up Management, München, S. 580-609.

Schwetzler, B. (2003), Probleme der Multiple-Bewertung, in: Finanzbetrieb, S. 79-90.

Schwetzler, B./Darijtschuk, N. (1999a), Unternehmensbewertung mit Hilfe der DCF-Methode – eine Anmerkung zum „Zirkularitätsproblem", in: Zeitschrift für Betriebswirtschaft, S. 295-317.

Schwetzler, B./Darijtschuk, N. (1999b), Unternehmensbewertung, Finanzierungspolitiken und optimale Kapitalstruktur, HHL-Arbeitspapier Nr. 31.

Schwetzler, B./Darijtschuk, N. (2000), Unternehmensbewertung und Finanzierungspolitiken, in: Zeitschrift für Betriebswirtschaft, S. 117-134.

Seelbach, H. (1979), Die Thesen von Modigliani und Miller unter Berücksichtigung von Ertrag- und Substanzsteuern, in: Zeitschrift für betriebswirtschaftliche Forschung, S. 692-709.

Sick, G.A. (1990), Tax-Adjusted Discount Rates, in: Management Science, S. 1432-1450.

Siepe, G. (1998), Kapitalisierungszinssatz und Unternehmensbewertung, in: Die Wirtschaftsprüfung, S. 325-338.

Siepe, G. (1999), Verschuldungsgrad und Unternehmensbewertung, in: Albach, H. et al. (Hrsg.), Die Theorie der Unternehmung in Forschung und Praxis, Berlin et al., S. 811-823.

Sigloch, J. (2001), Finanzierung mittelständischer Unternehmen unter dem Einfluß der Besteuerung, in: Böhler, H./Sigloch, J. (Hrsg.), Unternehmensführung und empirische Forschung, Festschrift zum 65. Geburtstag von Peter Rütger Wossidlo, Bayreuth, S. 415-452.

Sigloch, J. (2003), Unternehmensbewertung und Steuern, in: Rathgeber, A./Tebroke, H.-J./Wallmeier, M. (Hrsg.), Finanzwirtschaft, Kapitalmarkt und Banken, Festschrift für Manfred Steiner, Stuttgart, S. 119-141.

Skogsvik, K. (2002), A Tutorial on Residual Income Valuation and Value Added Valuation, Working Paper.

Soffer, L./Soffer, R. (2003), Financial Statement Analysis: A Valuation Approach, Upper Saddle River.

Solomon, E. (1963), The Theory of Financial Management, New York, London.

Spremann, K. (2002), Unternehmensbewertung und Finanzanalyse, München Wien.

Stapleton, R.C. (1972), Taxes, the Cost of Capital and the Theory of Investment, in: Economic Journal, S. 1273-1292.

Statman, M. (1984), Growth opportunities vs. growth stocks, in: Journal of Portfolio Management, S. 70-74.

Steiner, M./Wallmeier, M. (1999), Unternehmensbewertung mit Discounted Cash Flow-Methoden und dem Economic Value Added-Konzept, in: Finanzbetrieb, S. 1-10.

Stellungnahme HFA 2/1983 (1983): Grundsätze zur Durchführung von Unternehmensbewertungen, in: Wirtschaftsprüfung, S. 468-480.

Stelter, D./Plaschke, F.J. (2001), Rentabilität und Wachstum als Werthebel (1.4.2.), in: Achleitner, A.-K./Thoma, G.F. (Hrsg.), Handbuch Corporate Finance, 2. A., Köln, S. 1-32.

Stelter, D./Riedl, J.B./Plaschke, F.J. (2001), Wertschaffungskennzahlen und Bewertungsverfahren (1.4.3.), in: Achleitner, A.-K./Thoma, G.F. (Hrsg.), Handbuch Corporate Finance, 2. A., Köln, S. 1-40.
Stewart, G.B. (1991), The Quest for Value, New York.
Stigler, G.J. (1963), Capital and Rates of Return in Manufacturing Industries, Princeton.
Stiglitz, J.E. (1969), A Re-Examination of the Modigliani-Miller-Theorem, in: The American Economic Review, S. 784-793.
Stiglitz, J.E. (1988), Why Financial Structure Matters, in: Journal of Economic Perspectives, S. 121-126.
Stober, T.L. (1999), Empirical applications of the Ohlson [1995] and Feltham and Ohlson [1995, 1996] valuation models, in: Managerial Finance, S. 3-16.
Stowe, J.D./Robinson, T.R./Pinto, J.E./McLeavey, D.W. (2002), Analysis of Equity Investments: Valuation, Charlottesville.
Streitferdt, F. (2003), Unternehmensbewertung mit dem WACC-Verfahren bei konstantem Verschuldungsgrad, Arbeitspapier.
Strong, N.C./Appleyard, T.R. (1992), Investment Appraisal, Taxes and the Security Market Line, in: Journal of Business Finance & Accounting, S. 1-24.
Taggart, R.A. Jr. (1977), Capital Budgeting and the Financing Decision: An Exposition, in: Financial Management, S. 59-64.
Taggart, R.A. Jr. (1991), Consistent Valuation and Cost of Capital Expressions With Corporate and Personal Taxes, in: Financial Management, S. 8-20.
Tanous, P.J. (1997), Investment Gurus: A Road Map to Wealth from the World's Best Money Managers, Paramus.
Taylor, W. (1974), A Note on Mao´s Growth Stock-Investment Opportunities Approach, in: Journal of Finance, S. 1573-1576.
Tichy, G.E. (1999), „Unternehmensbewertung – quo vadis?“ Die Meinung des Jubilars zu diesem Thema, in: Egger, A. (Hrsg.), Unternehmensbewertung – quo vadis? Wien, S. 101-116.
Timme, S.G./Eisenmann, P.C. (1989), On the Use of Consensus Forecasts of Growth in the Constant Growth Model: The Case of Electric Utilities, in: Financial Management, S. 23-35.
Tirtiroğlu, D. (1998), Property Investment Analysis Using Adjusted Present Values: Modifications, in: The Appraisal Journal, S. 298-304.
Union Européenne des Experts Comptables, Economiques et Financiers [UEC] (1980), Empfehlung zur Vorgehensweise von Wirtschaftsprüfern bei der Bewertung ganzer Unternehmen, München.
Van Horne, J.C. (1998), Financial Management and Policy, 11. A., Upper Saddle River.
Van Horne, J.C./Wachowicz, J.M. (2001), Fundamentals of Financial Management, 11. A., Upper Saddle River.
Varaiya, N./Kerin, R.A./Weeks, D. (1987), The Relationship between Growth, Profitability, and Firm Value, in: Strategic Management Journal, S. 487-497.
Volkart, R. (2002), Unternehmensbewertung und Akquisitionen, 2. A., Zürich.
Wagner, F.W. (1994), Periodenabgrenzung als Prognoseverfahren - Konzeption und Anwendungsbereich der „einkommensapproximativen Bilanzierung“, in: Ballwieser, W./Böcking, H.-J./Drukarczyk, J./Schmidt, R.H. (Hrsg.), Bilanzrecht und Kapitalmarkt, Düsseldorf, S. 1175-1197.
Wallmeier, M. (1999), Kapitalkosten und Finanzierungsprämissen, in: Zeitschrift für Betriebswirtschaft, S. 1473-1490.
Wallmeier, M. (2001), Ein neues DCF-Verfahren zur Unternehmensbewertung? In: Zeitschrift für betriebswirtschaftliche Forschung, S. 283-287.
Wallmeier, M./Husmann, S./Kruschwitz, L./Löffler, A. (2001), Verkehrte Welt der Unternehmensbewertung, in: Finanzbetrieb, S. 254-255.
Warren, J.M. (1974), A Note on the Algebraic Equivalence of the Holt and Malkiel Models of Share Valuation, in: Journal of Finance, S. 1007-1010.
Weber, T. (2000), Methoden der Unternehmensbewertung unter Berücksichtigung von Ertragsteuern und Finanzierungspolitik, in: Finanzbetrieb, S. 464-473.
Welling, B./Kayser, J. (2003), 5. Berliner Steuergespräch: „Die Besteuerung privater Veräußerungsgewinne“, in: Der Steuerberater, S. 383-388.
Weston, J.F. (2002), The Exxon-Mobil Merger: An Archetype, in: Journal of Applied Finance, S. 69-88.
White, G.I./Sondhi, A.C./Fried, D. (2002), The Analysis and Use of Financial Statements, 3. A., New York.

Widmann, B./Schieszl, S./Jeromin, A. (2003), Der Kapitalisierungszinssatz in der praktischen Unternehmensbewertung, in: Finanzbetrieb, S. 800-810.

Wiedmann, H./Aders, C./Wagner, M. (2001), Bewertung von Unternehmen und Unternehmensanteilen, in: Breuer, R.-E. (Hrsg.), Handbuch Finanzierung, 3. A., Wiesbaden, S. 707-743.

Wilhelm, J. (1981), Zum Verhältnis von Capital Asset Pricing Model, Arbitrage Pricing Theory und Arbitragefreiheit von Finanzmärkten, in: Zeitschrift für betriebswirtschaftliche Forschung, S. 891-905.

Williams, J.B. (1938), The Theory of Investment Value, Cambridge.

Wirtschaftsprüfer-Handbuch (1998): Band II, 11. A., Düsseldorf.

Wirtschaftsprüfer-Handbuch (2002): Band II, 12. A., Düsseldorf.

Yagill, J. (1982), On Valuation, Beta, and the Cost of Equity Capital: A Note, in: Journal of Financial and Quantitative Analysis, S. 441-449.

Yao, Y. (1997), A Trinomial Dividend Valuation Model, in: Journal of portfolio management, S. 99-103.

Yee, K.K. (2000), Opportunities Knocking: Residual Income Valuation of an Adaptive Firm, in: Journal of Accounting, Auditing and Finance, S. 225-266.

Young, S.D./O'Byrne, S.F. (2001), EVA and value-based management: a practical guide to implementation, New York et al.

Zhang, X.-J. (2000), Conservative accounting and equity valuation, in: Journal of Accounting & Economics, S. 125-149.

Regensburger Beiträge zur betriebswirtschaftlichen Forschung

Herausgegeben vom Institut für Betriebswirtschaftslehre
an der Universität Regensburg

Band 1 Hans Jürgen Drumm / Christian Scholz: Personalplanung. Planungsmethoden und Methodenakzeptanz.

Band 2 Irmgard Obermeier: Statistische Abschlußprüfung. Konzeptionen und Verfahren.

Band 3 Elmar Sinz: Konstruktion betrieblicher Basisinformationssysteme.

Band 4 Peer Biendl: Ablaufsteuerung von Montagefertigungen. Heuristische Reihenfolgeplanung vergierender Auftragsstrukturen mittels Prioritätenregeln – Computergestützte Simulationsstudien der Werkstattfertigung.

Band 5 Franz Böcker / Ahron J. Schwerdt: Die Planung und Kontrolle praxisbezogener betriebswirtschaftlicher Lehre.

Band 6 Rudolf Paulik: Kostenorientierte Reihenfolgeplanung in der Werkstattfertigung. Eine Simulationsstudie.

Band 7 Reinhard Rieger: Unternehmensinsolvenz, Arbeitnehmerinteressen und gesetzlicher Arbeitnehmerschutz.

Band 8 Hans Jürgen Drumm: Individualisierung der Personalwirtschaft. Grundlagen, Lösungsansätze und Grenzen.

Band 1 - 8 sind erschienen bei Verlag Paul Haupt Bern und Stuttgart.

Band 9 Monika Sixt: Dreidimensionale Packprobleme. Lösungsverfahren basierend auf den Meta-Heuristiken Simulated Annealing und Tabu-Suche. 1996.

Band 10 Peter Terhart: Chapter 11 Bankruptcy Code: Eine Alternative für Deutschland? Dokumentation, Analyse und Bewertung des amerikanischen Reorganisationsverfahrens mit einer kritischen Stellungnahme zur neuen deutschen Insolvenzordnung. 1996.

Band 11 Joachim Eigler: Transaktionskosten als Steuerungsinstrument für die Personalwirtschaft. 1996.

Band 12 Frank Richter: Konzeption eines marktwertorientierten Steuerungs- und Monitoringsystems. 1996. 2., überarbeitete und ergänzte Auflage 1999.

Band 13 Georg Stocker: Prämiendifferenzierung bei der Versicherung kommerzieller Bankkredite anhand von Risikoklassen. 1997.

Band 14 Christoph Plein: »Neue« Organisationskonzepte für die Versicherungsunternehmung. Organisationstheoretische Grundlagen und die Verwendbarkeit von Lean Management und Business Reengineering in der Versicherungsunternehmung. 1997.

Band 15 Ernst Eichenseher: Dezentralisierung des Controlling. 1997.

Band 16 Matthias Bauch: Unternehmensinsolvenzen: Prophylaxe und Bewältigung in Frankreich. Darstellung und ökonomische Analyse von *procédure d'alerte, règlement amiable* und *redressement et liquidation judiciaires*. 1997.

Band 17 Andreas Polifke: Adaptive Neuronale Netze zur Lösung von Klassifikationsproblemen im Marketing. Anwendungen und Methodenvergleich von ART-Netzen. 1998.

Band 18 Andreas Listl: Target Costing zur Ermittlung der Preisuntergrenze. Entscheidungsorientiertes Kostenmanagement dargestellt am Beispiel der Automobilzulieferindustrie. 1998.

Band 19 Andreas Schüler: Performance-Messung und Eigentümerorientierung. Eine theoretische und empirische Untersuchung. 1998.

Band 20 Carola Raab-Stahl: Dezentrale Mikroorganisation. Gestaltungsansätze unter dem Leitbild der "Neuen Dezentralisation". 1999.

Band 21 Martin Goller: Aktuelle Vergleichsverfahren in Deutschland. Eine ökonomische Analyse. 2000.

Band 22 Bernhard Baumgartner: Dynamische Aspekte in Markenwahlmodellen. 2000.

Band 23 Alexander Thume: Die Darstellung konzerninterner Verschmelzungen im Konzernabschluß. 2000.

Band 24 Stefan Marcus Schmidt: Corporate Governance in deutschen und amerikanischen Aktiengesellschaften. Eine Untersuchung unter besonderer Berücksichtigung der Bedeutung und der Entstehung der Anteilseignerstrukturen. 2001.

Band 25 Antonia Graff: Elementarrisiken privater Haushalte. Die Handhabung finanzieller Schäden in Deutschland – derzeitige Situation und Verbesserungsvorschläge. 2001.

Band 26 Cinzia Dal Zotto: Die Simultaneität und Permanenz von Personal- und Organisationsentwicklung. 2001.

Band 27 Franz Xaver Gabelsberger: Equity-Bewertung im Jahresabschluß. Bilanzierung von Beteiligungen unter besonderer Berücksichtigung der Informationsfunktion des Jahresabschlusses. 2001.

Band 28 Christian Lechner: The Competitiveness of Firm Networks. 2001.

Band 29 Frank Richter: Kapitalmarktorientierte Unternehmensbewertung. Konzeption, finanzwirtschaftliche Bewertungsprämissen und Anwendungsbeispiel. 2002.

Band 30 Gerhard Ebinger: Neue Modelle der betrieblichen Altersversorgung. 2001.

Band 31 Marion Steinberger: Multinomiale Logitmodelle mit linearen Splines zur Analyse der Markenwahl. 2002.

Band 32 Thomas M. Ullrich: Endkonsolidierung. Erfolgswirkungen des Ausscheidens von Unternehmen aus dem Konzernverbund und konsolidierungstechnische Abbildung im Konzernabschluß. 2002.

Band 33 Ingo Stangl: Die systemtragenden Änderungen der Unternehmensbesteuerung durch das Steuersenkungsgesetz. 2001.

Band 34 Markus Probst: Neuronale Netze zur Bestimmung nichtlinearer Nutzenfunktionen in Markenwahlmodellen. 2002.

Band 35 Martina Hartl: Kosten- und Erfolgscontrolling in jungen Unternehmen. Konzeption und praktische Umsetzung dargestellt an einer Fallstudie. 2002.

Band 36 Erik Schlumberger: Der Beitrag sonstiger Rückstellungen zum Unternehmenswert. 2002.

Band 37 Florian Biersack: Gestaltung und Nutzung makrostruktureller Flexibilität. 2002.

Band 38 Bettina Orlopp: Abfindungen von Minderheitsaktionären. Eine komparative, ökonomische Analyse zu den Regelungen in Deutschland, USA und England. 2003.

Band 39 Robert Obermaier: Bewertung, Zins und Risiko. Anmerkungen zu Grundproblemen der entscheidungsorientierten Unternehmensbewertung und der wertorientierten Unternehmensführung. 2004.

Band 40 Sigrid Kühn: Ausgestaltungsformen der Erwerbsmethode. Eine Analyse unter Berücksichtigung der Wahlrechte nach IFRS und der fair value-Bewertung. 2004.

Band 41 Jürgen Ernstberger: Erfolgs- und Vermögensmessung nach International Financial Reporting Standards (IFRS). 2004.

Band 42 Karin A. Jenuwein: Entscheidungsorientiertes Teammanagement bei mehrwertigen Erwartungen unter Berücksichtigung von Medieneinsatz. 2005.

Band 43 Petra M. Ritzer-Angerer: Venture Capital-Finanzierung und stille Gesellschaft.Ein Beitrag zur Rechtsformwahl bei VC-Finanzierungsverträgen. 2005.

Band 44 Stefanie Griesbeck: Mediengestütztes Personalmanagement. Konzeption und Bewertung. 2005.

Band 45 Sebastian Lobe: Unternehmensbewertung und Terminal Value. Operative Planung, Steuern und Kapitalstruktur. 2006.

Marijke Dück-Rath

Unternehmensbewertung mit Hilfe von DCF-Methoden und ausgewählten Realoptionsansätzen

Frankfurt am Main, Berlin, Bern, Bruxelles, New York, Oxford, Wien, 2005.
353 S., zahlr. Abb. und Tab.
Europäische Hochschulschriften: Reihe 5, Volks- und Betriebswirtschaft. Bd. 3123
ISBN 3-631-53565-1 · br. € 56.50*

Mit vielen Investitionsprojekten – wie dem Unternehmenserwerb – sind verschiedene Wahl- und Handlungsmöglichkeiten verbunden. Bei einer „naiven" Anwendung der Kapitalwertmethode, die auch die Grundlage für die Discounted-Cash-Flow-Verfahren bildet, werden diese teilweise nicht ausreichend wertmäßig berücksichtigt. Die wertmäßige Erfassung gelingt jedoch unter bestimmten Annahmen, wenn die DCF-Methoden und der Realoptionsansatz miteinander verbunden werden. In diesem Buch werden dazu Wege aufgezeigt und anhand von umfangreichen Beispielen die DCF-Methoden unter verschiedenen Finanzierungsannahmen sowie isolierte zeitstetige und zeitdiskrete Realoptionsmodelle dargestellt und erläutert.

Aus dem Inhalt: Unternehmensbewertung · Discounted-Cash-Flow-Methoden im Anrechnungs- und im Halbeinkünfteverfahren · Zeitdiskrete und zeitstetige Realoptionsmodelle · Isolierte Realoptionen · Interdependenzen von Realoptionen · Passiver und aktiver Unternehmenswert